# A MISCELLANY OF STUDIES IN
# ROMANCE LANGUAGES AND LITERATURES

*From a photograph by Lafayette.*

# A MISCELLANY OF

# STUDIES IN ROMANCE
# LANGUAGES & LITERATURES

### PRESENTED TO

## *Leon E. Kastner*

Professor of French Language and Literature in the
University of Manchester

*Edited by*
## MARY WILLIAMS
*and*
## JAMES A. de ROTHSCHILD

KENNIKAT PRESS
Port Washington, N. Y./London

STUDIES IN ROMANCE LANGUAGES & LITERATURES

First published in 1932
Reissued in 1971 by Kennikat Press
Library of Congress Catalog Card No: 71-118418
ISBN 0-8046-1195-5

Manufactured by Taylor Publishing Company    Dallas, Texas

## PREFATORY NOTE

These papers, dealing with various aspects of Romance philology, are presented by his colleagues, pupils and other friends to Professor L. E. KASTNER, M.A., Litt.D., in recognition of the services rendered by him during more than thirty years as teacher and scholar to the cause of French and Romance studies generally in British universities, and more particularly in the University of Manchester, where he has held the senior Chair of French for the last twenty-two years.

M. W.

*October*, 1931. J. DE R.

# TABLE OF CONTENTS

# ILLUSTRATIONS

# THE *BRUT* TRADITION IN THE ENGLISH MANUSCRIPTS

THE following manuscripts of Wace's *Brut* have been consulted for the purposes of this article:—

A. College of Arms, Arundel xiv.
B. British Museum, Royal 13. A. xxi.
C. British Museum, Cotton A. x. Vitellius.
E. British Museum, Harley 6508.
F. British Museum, Additional MS. 32125.
L. Lincoln Cathedral MS. 104, which was very kindly sent to London for me.

A first comparison of these manuscripts with the text published by Le Roux de Lincy indicated that, while the printed text has omitted little that formed part of the original work, much that is contained in it may possibly have been interpolated. The principles on which Le Roux de Lincy's edition was prepared are far from clear; when inserting passages which do not appear in the manuscript Cangé 27, he generally cites from a single other manuscript, but on occasions he states that a particular passage appears in several manuscripts; before consulting the manuscripts in question, it is, of course, impossible to say whether this variation in method is based on any principle; on the face of it, it appears improbable that the majority of the variants and additions should so rarely have the support of more than one manuscript among those examined. However, one principle was clearly adopted by de Lincy. He was determined, very rightly, not to leave anything out, and so he completed his text by additions from the other manuscripts he had consulted. These additions, totalling some 1300 lines in all, he marked by placing a dot at the beginning of each line. Now a question of immediate interest arises for every student of Wace who uses de Lincy's edition. To what extent do these dotted lines really represent omissions in the manuscript chosen by de Lincy, to what extent do they represent interpolations in one or other of the manuscripts examined by him? In particular cases this can be determined by internal evidence, as Waldner and ten Brink have shown. But an examination of the English manuscripts of the *Brut* indicates that a general conclusion may be drawn as to the value of the manuscripts used by the editor.

De Lincy based his edition on the manuscript Cangé 27, which undoubtedly omitted a good deal of Wace's text, for many of the dotted passages are essential to the understanding of the narrative. On collating the copy he had made of this manuscript with the MS. Cangé 73, he found the latter so much more complete that he almost regretted not having made it the basis of his collation. This manuscript is responsible for the majority of the lines which de Lincy added to his original copy. Next in rank comes the MS. 7515.3.3.Col., providing some 300 lines, and lastly the two manuscripts of Sainte-Geneviève and the Arsenal, furnishing a small quantity of additional lines.

With regard to the readings attributed by de Lincy to Cangé 73, the tradition of the English MSS. is conclusive. I collated de Lincy's text with the MS. C from lines 1 to 5000 and through the whole of the second volume, and collated large sections of Volumes I and II with the other MSS., and in only one case was a reading attributed to Cangé 73 not supported by one or more of these MSS., namely at ll. 13383–4 (a unique interpolation by Cangé 73, or perhaps a misprint in the notes of de Lincy's edition).

Cangé 73 thus appears, in so far as one can judge from the edition, as furnishing an excellent rendering of the original. But this edition tells us nothing of the possible omissions from the manuscript. We can only deduce its completeness from the fact that it does actually, in practically every case, complete the text according to the combined readings of the English manuscripts, wherever Cangé 27 had omitted passages. The English manuscripts add some eighteen lines to the text, and in two cases these readings are supported by the Latin of Geoffrey of Monmouth, so that there is no reason to suppose them interpolations common to the English MSS. only. The two passages are:

(i) after l. 10,291:

> Dire peust e veir deist
> Ke dous hardiz vassals veist.
> Chevals orent bons e isnels,
> Escuz, halbers, healmes bels.

corresponding to the Latin "Ambo erant decenter armati, super equos etiam mirae velocitatis residentes" (Faral, 155, 27).

(ii) after l. 13406:

> Ne vesqui mie longuement,
> Assez morut hastivement.

translating the Latin "et, paulo post eodem vulnere defunctus" (Faral, 176, 10).

The English MSS. also supply two lines after 10726, 12899, 13232, 13968, and 14298, and the lines 14065–8 are expanded to eight lines.

These constitute the total of the passages which, as far as my examination went, are supported by the English MSS., and do not appear in de Lincy's edition.    Whether these lines are actually absent from all the Paris MSS. consulted by de Lincy, or whether they were omitted by an oversight, it is impossible to say without consulting these MSS., and, until all have been examined, it would be hard to say whether or not they form part of the original text.    In two cases, at all events, they appear to find justification in the Latin of Geoffrey of Monmouth.

When Cangé 73 and all the English MSS. are in agreement, there can be little doubt that we are not in the presence of an interpolation, but there are a number of cases in which the evidence of the English MSS. lacks unanimity, and these may now be cited.

1.    1037–40.

> Ne porent pas longues sofrir,
> Bien tost les en estut foir;
> Torné s'en sont trestot fuiant,
> Par les boscages demuçant.

The lines 1037–8 are absent from Cangé 27 (de Lincy's base MS.), from C and F in the English MSS.; they appear in Cangé 73, Sainte-Geneviève, A and E (which omit the two subsequent lines). B has no readings until l. 8957, and L cuts vigorously up to the time of King Arthur.

2.    1137–1138.

> Tornent de ça, tornent de la,
> Chescun fu fors, si s'aira.

These two lines from the combat between Corineus and Goemagot are inserted by de Lincy on the authority of Gen. (Sainte-Geneviève) alone.    They appear in A, E and L, and are absent from Cangé 27, C and F.

3.    1179–1200.    Here we have an interpolation of 22 lines (24 according to de Lincy, who marks with dots lines 1201–2; but these two lines are present in ACEFL).    The interpolation is based on Gen. in the edition; it is only supported by E among

the English MSS. Waldner (*Wace's Brut und seine Quellen*, p. 106) remarks: "Diese Verse hat L.R.d.L. aus dem Ms. de Ste-Genev. herübergenommen wohl aus dem Grunde, weil in unserer Hs. nichts gesagt ist von der Tötung der geflohenen Riesen, die doch mehr oder weniger die Vorbedingung für die ruhige Entwickelung des Trojanerstaates in Britannien war; G. hatte die Gyganten bekanntlich schon in der Schlacht umkommen lassen." This commentary is not entirely accurate. Geoffrey makes no mention of the fate of the giant race. He says they were driven into caves in the mountains, and Wace repeats this (ll. 1073 and 1085, Geoffrey 21, 6). The story given in this passage of a beat across country to wipe out the remnants of the giant tribe is, however, not in Geoffrey. So that, even in this longer passage, we lack the evidence of transmission from Geoffrey which could authenticate the readings of Gen. and E.

4. 1229–1232. These lines, given by Lincy as part of Cangé 27, were recognised as interpolations by Madden (*Layamon* III, 310) and by ten Brink (*Jahrb. f. rom. u. engl. Lit.* IX, 248). They do not appear in any of the English manuscripts.

5. 1263–1264.

> Urbs est latins, citez romanz,
> Cestre est anglois, kaer bretanz.

As Waldner has pointed out, this passage is only relevant in a MS. such as Cangé 73, which calls London *Kaerlud* (l. 1271), and not in de Lincy's MS., which reads *cité Lu*. *Kaerlud* is the reading of the English MSS. But ACFL omit the lines in question, as does Cangé 27. Cangé 73 and E have them (and probably Gen., though de Lincy does not say so). In any case the lines are out of place, attached as they are to *Trinovant*; and it is difficult to see where they could be inserted. The only natural place would be after the word Kaerlud (1271), but in that position they would break the rhyme sequence. Perhaps we have here a marginal note which was introduced into the text at the wrong place by the first manuscript of the Cangé 73–E tradition, and correctly omitted by the group ACFL Cangé 27.

6. 1601–1604.

> Et Metael fu la plus laie
> Et Gandole fu la plus gaie.
> Ourar fu la mellor ovriere,
> Et Inogen la plus parliere.

These lines, which have no counterpart in Geoffrey of Monmouth, are in Cangé 73, Gen., E and A.   They are omitted by CF and Cangé 27.   (L has cut 50 lines here.)

7.   3493–3496.

> 3491 Morpidus par son hardiment
> Vint encontre mult fierement.
> La beste fu merveille fiere
> Et hideuse de grant maniere ;
> Morpidus son cors bien arma,
> Contre la beste s'en ala,
> Trait sajetes et lança dars.

The four lines in question definitely break the sequence of the narrative, while adding nothing to the sense.   They are introduced by de Lincy from 7515 Col., and are not in any of the English MSS.

8.   4401–4406.   These lines, introduced by de Lincy from 7515 Col., have no counterpart in Geoffrey, and are again not supported by any of the English manuscripts.   Like the previous passage, they thus appear highly suspect.

9.   4540–4584.   This long passage is inserted by de Lincy from Cangé 73.   He also cites a variant for two of the lines from Gen.   The English MSS. all have this passage, and it is probable that the omission is characteristic of Cangé 27 alone.

10.   8615–8630.   This passage appears in Gen. and E alone.

11.   9668–9681.   Like No. 9, this passage has been omitted by Cangé 27 alone.   ABCEFL have the passage, and all make the inversion of lines which de Lincy notes (t. II, p. 61, note), though not quite in the way indicated by him.   The lines 9662–7 come after 9681.

12.   10040–10047.

> Tant ont li conteor conté
> Et li fableor tant fablé . . .

As in Nos. 9 and 11, we have here an omission on the part of Cangé 27 alone, for again all the English MSS. have these lines. There can be no doubt as to the authenticity of these passages. The lines 10028–031 are probably an unauthorised variant of Cangé 27 also, for the London MSS. adopt the lines given below from 7515 Col., omitting, however, the last two (L cuts ten lines here).

13.   10167–10170.

> 10165 Et par terme le trametoit
> A Rome, a lor empereour.
> (Ce fu del tans l'empereour
> Cesar le fort conquereour,
> Qui conquist France et Alemaigne,
> Et si conquist tote Bretaigne).

The parenthesis is clearly an interpolation. Geoffrey says "sub Leone imperatore," and when we see that Gen. and CEF read *Luce*, in agreement with l. 10919 (AL A Rome al empereur, B al sie), it is clear that 7515 Col., operating on a manuscript which had substituted *lor* for *Luce*, was unable to resist the temptation to supply (incorrectly, as it happened) the missing name. These four lines are in none of the English MSS. Similarly, in the passage 10177–10221, the only lines which are not in all the English MSS. are ll. 10190–91, which have been supplied from 7515 Col. And 7515 Col. is again opposed to all the English MSS. at lines 10321–4, 10503–16 and 10523–6.

14.   10621–2 and 10626–7 are omitted by all the English MSS. but E.

15.   10823–10866.

> Mult ot a la cort jugleors,
> Chanteors, estrumanteors. . . .

This celebrated passage is dotted by de Lincy, who cites it from Cangé 73, 7515 Col., and Arsenal. It appears in the MSS. C and E, and so we should expect it to appear equally in Gen., and this it does, no doubt, since de Lincy quotes a variant from this MS. (l. 10840). It is omitted by ABL. F has no reading, as a number of folios are missing after l. 10806. If the manuscript grouping here makes it impossible to decide for the present whether or no this passage is interpolated, the next dotted passage is certainly insufficiently authenticated for immediate acceptance.

16.   10879–10900. De Lincy's rendering of this passage is rather mysterious. He starts with three lines which are not from his basic MS., Cangé 27, since they are dotted, neither are they from Cangé 73 or 7515 Col., for which variants are given. There remain Arsenal and Gen., but neither of these is mentioned. The passage is only supported by E among the English MSS., and as it is omitted by the closely related B, as well as by all the other English MSS., it is probably interpolated.

17.   11988–11995.   This passage is an interpolation as far
as the Latin of Geoffrey of Monmouth is concerned.   Without it,
the text of Wace corresponds exactly to the sequence of phrases
of the original.   It is inserted by de Lincy on the sole authority of
Gen., and is supported by E alone of the English MSS.   The
lines are contradictory to the preceding ll. 11957–8, where it is
stated (in accordance with Geoffrey) that Riton was a larger and
more unpleasant giant than the giant of the Mont Saint Michel,
and this supports our suspicion of Nos. 3, 10 and 16, in which
the same group is involved.

Apart from these particular cases, where we have given in
detail the variant readings, and in which it would be premature to
conclude definitely, the readings of Cangé 73 are supported,
throughout the parts of the text we have collated, by the English
MSS., and the same holds good for occasional passages from
Gen. and Arsenal.   But we have seen, in the passages discussed,
that there is ground for suspicion in the case of insertions from
7515 Col., which only obtains on very rare occasions the support
of the English MSS. (these occasions are ll. 10028–31, 10086,
10655–6, 11888–95 except 11892–3, 13207–10, 13965–6).
Apart from these passages, which de Lincy cites from 7515 Col.,
but which it would be surprising not to find in the other Paris
MSS., the readings special to 7515 Col. do not meet with the
approval of the English manuscripts of the *Brut*, and this
corroborates the conclusion to which their content leads the
reader, namely that they are interpolations.   Interpolations made
with what end, one cannot imagine, except that medieval scribes
did exist whose natures forbade them to leave well alone.

The lines introduced by this manuscript, generally couplets,
are usually amplifications of the subject treated; to the description
of a battle scene the scribe will add: "Plaindre navrés et mors
coisir, Les uns crier, les autres noisir," or "Li sans i corut par
ruissiax, Li mort i gisent par monciax," borrowing the lines from
one of Wace's own battle descriptions at another point.   Char-
acterizations of persons form another favourite moment for his
interpolations; an unpleasant character is described by the scribe
in the words: "Toustans faisoit tort et malisce, Plains estoit de
mauvais visce," while the reformed character "Bons hom devint et
droituriers, Et sages et bons justiciers."   The sexual perversion
of Malgo is "asses vilaine, Honis est qui tel vie maine," while the
Oswal who was martyred is "Saint Oswalon li martirs, El ciel

monta ses sains espirs." Many of the interpolations are simply repetitions of something that has already been stated, or comments of an irritating truism. Edwin and Cadwalan are brought up together:

> D'une guise furent calcié
> Et d'une guise apparillié.

7515 Col. adds:

> D'une guise furent vestu,
> Ensamble ont mangié et bu (14453-4).

In cases of this kind there is, of course, always a possibility that de Lincy inserted from 7515 Col. what was not an interpolation but a variant. The two lines cited may have replaced in that MS. the two previous ones. Thus, for instance,

> 3813 Apres le pere ot Lud la terre,
> Qui prous fu et saives de guerre,
> Chevaliers fu mult glorios,
> Et viandiers fu mervillos.

corresponds to the Latin "fuit ille bellicosus homo et in dandis epulis profusus." According to de Lincy, 7515 Col. adds after *guerre*:

> En Bretaigne fu li rois Lud
> Qui a le regne en pais tenud.

This looks much more like a variant to the first two lines than an addition to the text. But the result is the same in either case. If we are to judge by the English manuscripts, the readings of 7515 Col. must go, and it will be evident to any reader of Wace's work that this can only be profitable to the author's reputation; it will, in fact, give us a brighter *Brut*. And this applies not only to the numerous short passages which de Lincy has added to his text from this MS.; there are a few passages of some length which he has introduced from 7515 Col., and which must fall by the same decision. Such is the list of names of the nations who came to Arthur's court (10503-16), such are the lines 14057-62, such is the long passage on Gormond (14095-14124) which ten Brink had recognised as an interpolation, and which all the English manuscripts omit.

IVOR ARNOLD.

Belfast.

# AN EPISODE FROM THE ANGLO-FRENCH LIFE OF ST. MODWENNA

THE French life in 2035 monorimed octosyllabic quatrains is contained in two MSS. : (*a*) Digby 34 of the Bodleian, a small clearly-written MS. of the thirteenth century; it is on vellum and is written in two columns of 26 or 27 lines to the column without division into quatrains; the life occupies folios 1 to 76. There are some holes in the vellum, as the scribe does not seem to have been provided with carefully selected skins. The interest of the life seems to have first been pointed out by the late Professor Suchier in his long review of Dr. Atkinson's Anglo-Norman life of St. Auban entitled: *Ueber die Matthaeus Paris zugeschriebene Vie de S. Auban*, 1873.[1] Suchier published as an addendum an episode of 28 quatrains. (*b*) Welbeck, I C I, belonging to the Duke of Portland, first notified by a former librarian of Welbeck Abbey, Dr. S. Arthur Strong.[2] I have so often published items from this interesting volume that no description is here necessary (e.g. *Romania*, XXXVIII and LV and *Modern Language Review*, IV and VI). Our life occupies folios 156 222. For the purposes of the text here printed I have followed the Oxford MS. (O) and have given important variants only from the Welbeck MS. (W). Both MSS. have practically the same contents; Welbeck has eight extra quatrains in which the hearers' prayers are asked for, and a Latin epilogue and address to Modwenna, but unfortunately no name of author.

The Latin life, of which the French provides a fairly close version, is written by Geoffrey, successively Prior of Winchester and Abbot of Burton (1114–51). It begins: *Incipit prefatio Gaufridi abbatis Burtunie in vitam sancte Modvenne virginis.* Geoffrey remarks in his preface that he had long desired to know something certain about the country of origin, race, life and virtues of the holy virgin; he had sent many times to Ireland and to a certain

---

[1] Nearly twenty years ago Professor Suchier and I undertook to publish an edition of the Latin and French lives of St. Modwenna in the *Stuttgarter Literarischer Verein*; some little while before his death Prof. Suchier handed the whole over to me. The MSS. were practically ready in May 1914, but the War unhappily broke the contract, and I have been unable to find a publisher.

[2] A. Strong, *A Catalogue of Letters and Documents exhibited in the Library of Welbeck Abbey*, Murray, 1903. (Cf. *Romania*, XXXII, p. 637.)

Irish bishop and at length he had received a MS. containing hidden treasure but in barbarous style and confused order. This material he had endeavoured to sift and put into reasonable shape. Geoffrey then sets out in 38 chapters the life and miracles of Modwenna. After her death follow 12 further chapters dealing with miracles of the more usual type.

This is not the place to attempt to disentangle the confusion of the legends which have gathered round the one name. There is confusion of Monenna who received the veil from St. Patrick and Modwenna who is brought into contact with King Alfred of Wessex in his youth; i.e. the legends extend from the fifth to the ninth century.

The work of Geoffrey is handed down to us in two MSS.: (*a*) British Museum, Royal, 15 B IV (here called L). It is mentioned by Hardy in his Descriptive Catalogue, I, p. 98, No. 289, and further described by Mr. Gilson in the Catalogue of the Latin Royal MSS. In its present form it is a volume of 167 folios of sheets of different sizes; many pages are rubbed and injured by damp. It contains grammatical, logical and other treatises and letters of Peter of Blois (*fl.* 1160–1204, see *D.N.B.*, XLV, 52). The life of Modwenna is the only saint's life in the volume and occupies ff. 76–87. It is in an early hand of the thirteenth century. The volume, or part of it, may have belonged to Peterborough. Although the MS. is very minute and difficult to read, it has been found very useful for purposes of collation.

Hardy also mentions the second Latin MS., which I call B., but he attributes it to a library now merged into another. I was able to discover its owner, who kindly allowed me to transcribe it. It is a beautiful MS., very minute, but nearly always perfectly legible. It belonged very probably to the abbey of Burton itself, since it contains at the end a further miracle set down by Jordanus, prior claustral of Burton, concerning a certain Frenchman; unfortunately I have not been able to find any details about Jordanus, and cannot therefore suggest a nearer date for the completion of the MS. than the thirteenth century. The importance of Burton can be judged from the account in Dugdale's *Monasticon*, Vol. III. After Geoffrey's name in the list of abbots appears the remark: "he took great pains to ascertain the legend of St. Modwen."

The author of the French life seems to have used MS. L, or one like it, since he gives the name of the Pope who sent St. Patrick to Ireland as Celestinus (423–432) and not Leo (440–461) as does MS. B, and in the proper names, which are almost hopeless in their confusion, he seems to follow L, rather than B.

The lives of saints, and particularly British saints, are worthy of more attention from the historian than they have yet received. In the absence of definite social history, the information about life and customs furnished by the miracles is often of the greatest value. Not merely do we get interesting sidelights on feudal manners, on the lives of the rich and of the poor, but on contemporary science and medicine. The life from which the following episode is drawn differs considerably from the general type. Whereas the miracles attributed to English saints are concerned mostly with the healing of the infirmities of dwellers in towns, those ascribed to Modwenna deal with life in the country, and the whole wealth of the Celtic imagination is lavished on them, at any rate on those performed by St. Modwenna during her life time. Some of these partake of the nature of a fairy tale.

After conversion and instruction Modwenna gathers together some other maiden converts and they live in a hermitage in the forest of Wicklow. A swineherd who had lost his pigs appeals to Modwenna for assistance; she tells him where they may be found. As a return for her kindness, the swineherd kills and cuts up a pig which he brings to Modwenna. To his chagrin she refuses his gift since she and her ladies eat neither flesh nor fish. She does not, however, wish him to lose his pig, so she makes the sign of the cross, the parts join together and the pig runs off with its owner. On another occasion Modwenna with three of her maidens, desiring to cross over to England, takes her way to the sea-coast. Finding no vessel the ladies sink down on their knees in prayer. An angel appears and separates from the mainland the piece of ground where they were kneeling and ferries them safely across to England. As the miracle hereafter printed makes reference to a preceding one, some account of the latter must be given for clearness. Modwenna had built a church at Cellisclivium (Killevy) and had placed therein eight presbyters. These had been attacked by a band of robbers under Clunelath—Gunelath in MS. L, and Gluvenant in the French—and killed. Modwenna hearing of this decided to go and bring the bodies back to her abbey for proper burial. The robbers advance to lay hands on Modwenna, but *sopor Domini statim irruit super illos*. An angel appearing takes up Modwenna and Gunelath and shows them first the pains of Hell and next the glories of Heaven. Here Gunelath sees a seat specially glorious and asks for whom it is intended; the angel's answer is that it is prepared for Kevin. After several days in this trance Gunelath awakes and is thoroughly penitent. He and his nephew Aphin accompany the bodies of the presbyters and remain in the neighbourhood of the abbey "in holy conversation for the rest of their lives." The devil comes and tempts Kevin, alleging that Modwenna has promised to her robber convert the seat in Paradise prepared for Kevin.

Uns evesquë esteit ja dis
  De qui memorie avant dis,
A qui cel sege fud promis,
4 Ke Gluvenant vit en paraïs.

Sis nums esteit Kevin numé,
E tant par est de grant bunté
Ke trestut a pur Deu laissé,
8 La grant honur d'un evesqué.

Richesce, honur ne manantie
Ke les malveis destreint e lie
Ne quan qu'il veit en ceste vie
12 Ne prise pas a une alie.

Tut a guerpi pur Deu amur:
La veine glorie e la folur
Del mund malveis u li pecheur
16 Sunt retenu par lur errur.

Cist seint home dunt faz memorie
Pur eschivre la veine glorie,
Se est mis en un hermitorie,
20 Cum la lettre dit de l'historie.

Set ans vesqui en la gastine,
A grant dolur, a grant famine,
Kar rien ne truve en la gaudine
24 Fors herbe crue e la racine.

E tant par meine dure vie,
Que li diable en ad envie;
Mes oiez or par quel veisdie
28 L'ad trebuché en grant folie.

Li traïtre par un matin,
En la semblance d'un pelerin,
Descendant vient par le chemin
32 Vers la celle de seint Kevin.

Kevin regarde sur senestre
U par us u par fenestre,
Si veit venir le danz de mestre
36 En la semblance d'un viel prestre.

Icil l'ad mult bel acuilli.
"Diva," fait il, "li mien ami,
Dunt vens tu?" Icil respundi:
"De l'abbeïe dunt uy parti."   40

"Venis tu dunc de l'abbeïe?"
"Sire, oïl," fait il, "par ma vie."
"Modewenne la Deu amie,
Cument le fait, cument se guie?"   44

"Cument," fait il "n'estot chaler;
Asez le poez par tens saver;
Par aventure devant le seir,
Saver purras trestut le veir."   48

A tant le traïtre a pluré;
Kevin le veit, si ad pité.
"Qu'as tu?" fait il, "ne seit celé,
Cunuis mei tute la verté."   52

"Saver volez pur quei jo plur?"
"Certes," fait il, "Pur la dolur,
Que vus menez e nuit e jur,
Dunt vus n'aurez james retur;   56

Vostre travail perdu avez,
E trestut en vain gastez;
A las, dolent, mar fustes nez,
Quant ci ne aillurs ben n'aurez."   60

Kevin respund al enemi:
"Si Deu plest, ne iert pas issi;
Si jo travail ai eu ici,
Bien me serrad, ceo quid, meri."   64

Li traïtre respunt a tant,
Que sun queor vait suzduiant:
"Rien ne fuissez" fait il, "perdant,
Ne fust Afin e Gluvenant.   68

Kar Modewenne lur ad duné
Tun liu el ciel od la clarté;
Mais puske soi la verité,
Unques pus de queor ne fui lé."   72

---

24, *la* not in O.   35 So in both MSS. but incomprehensible.   40 W. *hui p.*
63 W. *si jo travail pur Deu ici.*   64 W. *aillurs meri.*

"Si vus de ceste rien dutez
A l'abbeïe tost enveez,
E si les larruns n'i truvez,
76 Ja mar de rien puis me creez.

"Ele les fait suef nurir,
A volenté e a pleisir
Chascun jur les i fait servir,
80 Pur vus cunfundrë e hunir.

"Pur ço vus di, tuit as perdu
Le grant travail que as ëu."
Quant cil le mot ad entendu
84 Pur poi nen est del sen issu.

Il enveia un messager
A l'abbeïe pur cercher,
Saver mun se il pot truver
88 Icels larruns, dunt ot parler.

Le messager s'en est alé
A l'abbeïe e returné;
A sun seignur ad bien cunté,
92 Que les larruns i ad truvé.

Li evesque trop se dement,
Pur poi de duel sun queor ne fent;
Li fel diable plus l'esprent,
96 E si li dit: "vers mei entent";

"Certes Kevin, or es chaitis,
Quant perdu as en paraïs
Le siege que te fud promis,
Pur dous larruns, maveis fuitis."    100

"Se ore eusez icil honur
Que guerpistes pur Deu amur,
Venger puissez le deshonur
Que fait vus ont li robbëur.    104

"Kar alez quere cumpaignie,
Si enbrasez cele abbeïe;
Puis pren les bens de ceste vie,
Que perdu as par ta folie.    108

"Quant vus de la avez failli,
Prenez les bens que poez ci."
E il si fait tuit autresi.
De l'hermitorie s'en departi.    112

Quant gent asez ad assemblé,
Vers l'abbeïe s'en est turné.
Si les larruns i sunt truvé,
Il jure bien qu'il ert vengé.    116

Icele chose n'est pas celée
Kar par un angle est nunciée
A Modewenne la bonurée,
Que de gracë ert alumée;    120

76 W. *James puis ne me c.* in O.    77 W. *Si les fet tant suef.*    93 *trop* not in O.
99 W. *vus fud p.* in O.    100 *maveis* not in O.    112 W. *s'en est parti.*

---

Cap. xiv.   *De Chevin temptato a diabolo et balneo ejus.*

Quibus ita se habentibus diabolus antiquus, hostis qui mendax est et pater menacii, qui bonis omnibus ubique invidet, qui semper circuit querens quem devoret, qui non cessat machinari dolos quibus valeat invadere ac decipere Christianos, accessit ad Chevin in solitudine similitudinem assumens clerici et velut ei compatiens et pro illo querimoniam faciens, versucias dolose adversus eum non insolitas cogitans, miseracionem se habere de illo ingeniose simulans, aures ejus extrinsecus verbis fictis deliniens, cor illius temptans intrinsecus et veneno iniquitatis infitiendo corrumpens ait illi quasi dolens pro eo. "Quid his agis, Chevin, pontifex et fortissimus heremita? Cur perdis juventatem tuam in hac vastissima solitudine? Quid profecerunt tibi septem anni quos jam transegisti districte vivens in ista heremo in quibus macerasti corpus tuum jejuniis, animam tuam afflixisti vigiliis, cor tuum cruciasti inaniter gemitibus et suspiriis? Quid valuerunt tibi urtice et malve et olera que in cibum acepisti, crude herbe, fructus silvarum, arborum cortices et radices incontrectabiles? Ubi sunt lecciones tue in quibus frequentissime pernoctabas, compuncciones intime, orationes assidue? Ubi sunt labores manuum quibus frustra tam diutissime desudasti, ubi sunt desideria eternorum, ubi sunt effusiones lacrimarum frequentium?

La u ele jut enz el mustier,
En oreisuns devant l'auter;
Deus li tramet un messager
124 Pur garnir la e cunseiller.

A grant clarté li mes descent,
De qui lumere le liu resplent,
Puis li ad dit mult ducement:
128 "Amie Deu, vers mei entent;

Sanz demure vus en alez
As pleins ça hors, u vus verrez
Kevin l'evesque, que veu avez,
132 Qui de diable est enbrasez."

Va tost et n'en aez pöur,
Kar icelui, pur qui amur
Del mund guerpis la fol errur,
136 Te serra pur veir guiur.

La dame a tant s'en est partie;
Mes n'est pas luin de l'abbeïe
Qu'ele ne veit la gent haïe
Ke cil meinë en cumpaignie.    140

Kevin chevalche el frunt primer,
Les sons enorte de l'espleiter,
Sun dol voldra, ceo dit, venger,
Pur nule rien ne poet laisser.    144

Il chevalchë a esperun,
Al pé le siut un neir garçun
Mult par ad laide la façun,
Unc plus laide ne vit nus hum.    148

Laiz est e neirs a desmesure,
Mult ad hiduse la faiture;
Unc plus horible creature
Ne fud furmé sulum nature.    152

124 W. tramist.    144 W. ne vout l.    150 W. sa f. in O.

---

Ecce omnia abstulit tibi Modvenna abbatissa que promisit Clunelath latroni pessimo, pactum firmum cum eo faciens, se daturam ei locum tuum et mansionem quam tua merita preparaverunt tibi in celo.  Aut si existimas me false dicere, mitte mecum quoscunque placuerit ad hoc proximum monasterium virginum quod illa construxit, ibi enim eundem Clunelath et Aphin nepotem ejus discentes literas cum virginibus et cohabitantes cum eis, legati tui nisi mentior poterunt absque dubio reperire.  Vide ergo quam incassum laborasti, cum isti duo latrones nequissimi precedant te in regno celorum. Recogita itaque de te miser et tandem aliquando respice, miserans te ipsum quia melius tibi fuerat saltem temporalem habere leticiam quam semper in angustiis existentem amittere utramque simul et transitoriam et eternam. Hiis dictis diabolus tacuit et confestim Chevin pontificem et hactenus heremitam sanctissimum temptacio immoderata violenter invasit.  Verumtamen antequam se moveret de loco misit exploratores ad monasterium virginum sicut clericus falsus rogaverat qui statim cum illo eunt et reduent et renuntiant vera esse universa que dixerat.  Ad hec iratus, Chevin iracundia magna et se ipsum capere non valens, credens verbis fallacibus et diabolico exagitatus furore obliviscens episcopum et anchoritam relinquens, de pio crudelis, tyrannus de presule, de defensore desertor efficitur, et jam ulterius expectare non sustinens, stimulatus invidia surgit rabidus de loco suo, exuit agnum leonem induit, sumit arma, socios iniquitatis quantos valeat aggregat, viam perversam aggreditur, ultionem desiderans et totus extra se proponit animo Modvennam cum suis omnibus furtim incendere et monasterium ejus cum habitaculis virginum qua citius poterit totum radicitus exstirpare.  Cumque hoc modo ulcisci se cupiens arripuisset iter nequitie et ad perpetrandum tantum nephas ducente eum diabolo cursu perpeti furiosus transvolaret, ecce angelus Domini astitit Modvenne oranti in cenobio suo et vultu placido dixit ad illam:

Ceo fu diables mes nel veit mie;　　Seigne tun quor e tun curage,
Mes la dame qui ert garnie　　　　Si te membre de tun prestrage,
De l'esperit de prophecie　　　　　A las! tun queor trop fud volage,
156 Bien l'ad vëu e tost s'escrie:　　　Quant emprëis itel ultrage.　　　172

"Esteez Kevin, jo vus comand　　　Tu quidas, iceo m'est avis,
En num Jhesu le rei poant,　　　　Tun liu perdrë en paraïs,
Ne me movez del liu avant　　　　Qui te fud, mut pesa, pramis,
160 Tant que die le men talant.　　　　Par Gluvenant, si mespresis.　　176

Ahi, beu frere e mun ami,　　　　　Trop par fud grant ceste folie,
Que deit que as si tost guerpi　　　Quant tu de ceo ëus envie;
Le liu u as tant Deu servi,　　　　Que le pecheur revint en vie
164 Par fol cunseil de l'ennemi?　　　De mort qui l'ot en sa baillie.　　180

U fud tun queor e ta pensée,　　　Dunc ne suffri Jhesu la mort
Quant tu donnas en tei entrée　　　Pur les pecheurs salver de mort?
Al diable, par qui mellée　　　　　Si fist pur veir, trestut a tort,
168 Adam peri od sa lignée?　　　　　Ceo dient li livre a un acort.　　184

156 W. *tost* not in O.　　177 W. *la folie* in O.　　183 W. *Si fist pur veir cum jeo record.*　　184 W. *Ceo dient li clers.*

---

Surge hinc Modvenna velociter et festinans proficiscere ad locum qui Surde dicitur et sta ibi in occursum Chevin quia diabolus temptat eum et venit ad te cum iracundia magna ductus invidia pro Clunelath et Aphin pro quibus proposuit te disperdere et ecclesiam delere.　　Sed vade illi in obviam, secura de auxilio Domini qui docebit te et consiliabitur te qualiter et te ipsam ab illo custodias et ipsum eundem ab inimico qui eum fefellit eripias.　　His auditis protinus ab oratione consurgens adoravit et benedixit et gratias egit omnipotenti Deo, sorores convocatas ut intente funderent preces ad Dominum paucis commonuit et assumptis non multis secum ad locum qui appellatur Surde quam angelus eam ante docuerat sine dilatione properavit.　　Quo dum illa pervenisset prospiciens a longe vidit Chevin armatum venientem precipitem cum clericis et satellitibus suis plurimis, similiter arma gerentibus, quare tunc ingemuit et in alta suspexit et confestim genibus incurvatis ad terram et elevatis ad celum manibus perfusa lacrimis compuncta pietate suorum salutem persecutorum desiderans, contrito corde clamavit ad Dominum et intenta deprecatione atque humillima supplicatione audientibus qui aderant dixit ad eum: O dominator cuntorum Domine, Deus omnipotens, fiat voluntas tua in celo et in terra et clementer respice in nos, esto propitius iniquitatibus nostris et ne avertas a nobis faciem tuam propter scelera nostra, sed succurre in necessitatibus secundum immensitatem gratiarum gratuitarum et suffragare in periculis juxta multitudinem misericordiarum tuarum.　　Hec et similia dum perorasset ad Dominum et completis postulationibus surrexisset a terra, apparuit ei manifesta visione diabolus cum jam Chevin accessisset propinquius et conspexit velut Ethiopen nigrum puerulum ad sinistrum pedem illius pendentem susurrantem ad sinistram ejus auream mala et seminantem in corde ejus

Que estes vus en ceo perdant
Si salvé sunt li mescreant?
Dunt n'est ja Deu asez poant?
188 En le ciel est largë e grant,

Si est pur veir li mien ami;
Mais diable ad tun queor trahi;
Pur ceo le rei del ciel depri,
192 Qui pur pecheur la mort suffri,

Ke il te doinst par sa bunté
Celui veer que t'ad gabbé;
Pren tost cunseil, ne seit laissé,
196 Or regarde vers tun costé."

Cil regarde si ad vëu
Le diable qui l'ad tenu;
De la pöur qu'il ad ëu,
200 Pur poi n'en est de sen issu.

Hisdus le veit, si ad pöur,
A tere chet a grant dolur.
"Dame," fait il, "pur Deu amur,
204 "Merci aiez de cest pecheur!"

"Que jeo ne seie a mort livré
Par diable que m'ad gabbé,
Que jo ci vei a mun costé;
208 Aiez, ma dame, pur Deu pité!"

Ore veit la damë e entent,
Ke li evesque se repent;
Vers lui se plie e sus le prent
De la terë u il s'estent.                    212

De cel signacle l'ad puis garni,
U Jhesu Crist les braz tendi;
Ceo fud la croiz u il suffri
La mort pur nus quant fud trahi.             216

Mais li diable qui decëu
Aveit Chevin, ore est vencu
Par la forcë e la vertu
De la croiz que il a vëu.                    220

Quant l'ad la dame si delivré,
Cum avant le vus ai cunté,
Del diable qui l'ot boisé,
A l'abbeïe l'ad mené;                        224

Lui e tute sa cumpaignie
La dame meine a l'abbeïe;
Mais quant l'ovrë esteit oïe,
Qu'a tel vertu fud acumplie,                 228

Tutes les dames cumunement
En loent Deu devotement,
E Gluvenant numeement
De joie vers Deu les paumes tent.            232

194 W. boisé.    197 W. Kevin regarde.    202 W. del nul soudur.    221 W. Quant la dame l'out d.    224 W. l'ad tost mené.    225 W. tute not in O.    228 W. Que si bel in O.    232 W. A qui cel ovre plus apent.

---

iniquia consilia.    Tunc illa constanter signum crucis in fronte faciens perrexit obviam illi et coram sociis impietatis sue cum ingentis auctoritate fiducie dixit ei.    In nomine Domini nostri Jhesu Christi, sta ibi Chevin et exspecta paulisper, esto quietus et ne movearis adversum me donec loquar tecum et audias sermonem Domini de ore meo.

Ad quam vocem Chevin continuo cum sodalibus audito sancto nomine stupefacti omnes vehementer exteriti sunt et manifesta Dei virtute presentialiter cognita universi pariter perturbati atque attoniti constiterunt. Addidit autem Modvenna et locuta est ad Chevin. Eja frater quare tam subito permisisti Sathanan sine obstaculo introire ad cor tuum ut tam cito te introduceret in cogitationes malignas et relinquere faceret sacram solitudinem

Quant ceste ovrë est achevée,

U ele solt la nuit d'yver

Cum ele nus est ici mustrée,

Desqu'es espalles nue ester,

L'abbeesse s'est purpensée,

Desque ele ëust le sauter

236 Ke de Deu ert espirée,

Tuit terminé ainz le cucher.        248

Que melz le voldra cunfermer,

Quant desque la esteit venue,

Ke mais ne puisse rechaer;

A la terë est tost chaue,

Puis le meine lung del muster

En oreisuns ad tant jëue,

240 Par un batu antif senter.

K'ele ad par Deu bien entendue        252

Par cele veie ke mut est pleine,

Que sa priere esteit oïe.

L'abbeesse les [en] ameine,

A tant se lieve la Deu amie,

Desuz le munt a la funteine,

A la funteine qu'esteit serie,

244 Dunt clere e freidë est la veine;

Oant trestuz en halt s'escrie:        256

237 Both O. and W. have *les* and *puissent in line* 238; the *les* of 242 refers to the onlookers.    247-8 W. *Si la que trestut le s. Eust terminé einz le c.*    255 W. *que veit serie.*

---

heremi et habitaculum sanctum tuum?    Cur tam improvidus emulatus es Clunelath et Aphin emulacione diabolica et putasti Deum esse aut impotentem aut injustum quasi qui vel nolit vel nequeat compensare merita singulorum et retribuere unicuique secundum opera sua.    Cur tam facillime sufflante vento excussus es a facie terre tanquam pulvis levissimus et nullam prorsus solidatem constantie reperire in te potuit temptatoris fallacis repentina pervasio? Numquid non magis congaudere te opportuerat quod fratres tui mortui fuerant et revixerunt, perierant atque inventi sunt?    Numquid non Christus pro impiis mortuus est qui morte sua justificat impium et salvificit circumcisionem ex fide et preputium per fidem?    Quare ergo doluisti tam stolide ab errore gentilium impios conversos ad fidem, qui baptizati in Christo Christum induere, membra Christi effecti, separati per Christi gratias a massa perdita, deleti a cirographo paterni delicti et a vinculo eterne dampnationis liberati. Numquid non karitas que sua sunt non querit sed potius que sunt alterius, et ob hoc etiam si necesse fuisset recedere de loco proprio propter fratrem dubitare debueras merita tua perdere quasi Christus tibi non valeret si vellet multo meliora preparare.    Signa itaque cor tuum, frater, signa cor tuum et agens penitentiam resipisce festinanter a malignis cogitationibus tuis et Deus omnium qui te adhuc servavit ne opere perpetrares malum, Deus omnipotens in cujus ditione sunt omnia, qui cunta condidit et universa gubernat ipse sua pietate jam nunc tibi aperiat oculos ut videas et caveas inimicum qui te decepit, qui de sua fallacia huc usque protraxit, qui de summo studio a sancto proposito conatur evellere quatinus (quod absit) postmodum valeat de tua societate in sua dampnatione gaudere.    Hec cum illa dixisset, revelavit Dominus oculos et intellectum Chevin et conspexit manifeste diabolum in speciem Ethiopis qui prius erat cum eo locutus in similitudinem clerici, viditque eum quasi nigrum puerulum herentem tenaciter ad suum pedem sinistrum quem attendens continuo vehementer exhorruit et confestim Modvennam ut illum a se suis sanctis orationibus expellere procuraret, suppliciter atque lacrimabiliter postulavit.

"Surce," fait ele, "jo vus comant
De par Deu le tuit poant,
Qui fist en mer peisun noant,
260 E en er oiseil volant;

Quant ot finie sa priere,
L'ewe lesse sa beisere;
Ore oiez en quel manere
Li russels recurt arere.                272

Ki sen dona a Salemun,
Vertu e force al ber Sampsun;
Ki Jonas gari del peisun,
264 E Danïel del fel liun.

La dame ad puis le munt pué;
Oiez merveille e verité,
Kar li russels qui ad lessé
Sun dreit chanel, la siut al pé.         276

Lessez la veie de vers la plaigne
Si vus venez en la muntaigne;
Jo voil ke Kevin i se baigne."
268 Sun bastun prent et pus la seigne.

Ele traïne sun bastun,
E la funteine, u n'ad raisun,
A grant bruit e a grant randun
La siut tuz jurs dreit al talun.         280

267 W. K. i seit baigné in O.   270 W. bessere.   273 pué for puié climbed.

---

Quod dum illa voluntarie annuente Domino peregisset, Chevin cum sociis in ipsa hora respecti a Deo et intrinsecus compulsi penitentia protinus arma proiciunt, beluinum animum quem prius induerant universi festinanter deponunt, compuncti corde ad terram prosternuntur, veniam sceleris impetrari sibi a Domino, Modvennam cum lacrimis omnes pariter percutientes pectora valde humili obsecratione deprecantur.    Tunc illa gaudens et gratias agens assumsit eos secum et duxit eos ad monasterium suum, statimque convocavit sorores unaque cum eis Clunelath et Aphin quibus enarravit ad edificationem omnium que de Chevin et ejus sociis mirabili providentia contigerunt, precipiens omnibus ut intimo cordis affectu preces pro illis ad Dominum communiter funderent quatinus Deus omnipotens non eis ulterius adversari permitteret. Qua oratione completa, volens adhuc confirmare Modvenna Chevin pontificem ne unquam amplius demoniace temptationi cederet sed potius rememorans mirabilia Domini que accidissent in eo, pugnans contra diabolum toto tempore vite sue usque ad obitum firmior semper atque audacior et de supernis expectans auxilium confidentior perseveraret accipiens baculum quem gerere solebat in manum duxit eum iterum ad radicem montis juxta cenobium ubi erat fons frigidissimus in quo etiam ipsa in hieme solita fuerat noctibus dum dormirent cetere virgines, dimersa ad scapulas totum ex integro psalterium frequentius decantare.    Quem baculo signum crucis in eo inprimens coram Chevin tetigit et aquis ex fonte fluentibus quasi ratione utentibus, audientibus cuntis qui aderant fiduciali auctoritate imperavit: In nomine Domini nostri Jhesu Christi inquiens, mutate viam limphe fontanee et per potestatem ipsius sequimini post me, venientes quo ego vos duxero ut per vos quoque annuntietur laus Dei et in celo et in terra.    Et cum hec dixisset, traxit post semet baculum suum aquis ostendens quo fluerent super terram, ascendendo ipsa per clivum et perveniendo usque ad montis supercilium.    Atque vero per virtutem Dei contra naturam in superiora enitentes baculum sequebantur, multi autem ad hoc spectaculum presentes aderant qui videntes magnalia tanta fieri, virginis meritum et Christi potentiam stupore maximo universi admirabantur.

Desqu'al sumet l'ad si guiée
De la roche ke fud cavée;
Cum par engin fud overée,
284 E a cel oes ainz aprestée.

L'ewë entrë enz el croiser
Que fud cavé en cel rocher;
Puis i ad fait l'evesque entrer,
288 Qui sun cors i deveit baigner.

Icil quant ot les dras osté,
Enz el baing est tost entré;
Mais chaud le trove e atempré,
292 Cume si fait li fust de gré.

La merveillë en est mut grant
De cest miracle que vois cuntant,
Que les elemenz vunt changant
296 Cum vus oez a sun cumant.

Kar la funtaine que par nature
Esteit freidë a desmesure,
En la roche naïve e dure
300 Devint chaude sanz eschaufure.

Mes qui se volt bien purpenser,
Ne se deit pas esmerveiller
Si Deu fait pur lui changer
304 Les elemenz e reverser.

Kar Deu pramet, ceo m'est avis,
Par l'awangire a ses amis,
Qui en la fei n'avera mespris
De vertu faire a sun devis.                    308

E seint Pol l'apostre dist,
Sulum ceo que jeo trois escrit,
Qui chastement pur Deu se vit,
En lui avera le seint esprit.                  312

Ne vit ceste bien chastement
Ke guerpi ad cest mund present,
Cunfort d'ami e de parent,
Pur Deu servir a sun talent?                   316

Kar orguil het e lecherie;
Unkes sa char ne fud blesmie;
De humblescë ert bien garnie;
Pur ceo ne m'emerveil jeo mie                  320

Si Deu li ad le dun duné,
Qui en li s'est herbergé,
Dunt le pople seit amendé,
E il meismes plus honuré.                      324

A tant oo met la dame avant,
Devant Kevin tuit en estant.
"Sire, fait ele, rei tuit poant,
A cest evesque seez garant,                    328

306 W. has *evangile*. 313 *ceste* is in both MSS., the reference is therefore a direct one to Modwenna as a model of virtuous life.

---

Miracula mirabiliora . secuntur.  Erat enim in collis cacumine rupes cavata quasi preparata ab angelis in quam aque proeunte baculo se infunderunt que continuo postquam illuc ita moderate efficiuntur calide veluti si fuissent ad balneum humano studio cum omni diligentia temperate.  In hoc balneum fecit Modvenna edocta per spiritum intrare Chevin, dicens ad eum: Sicut in hoc balneo lavaris extrinsecus a sordibus corporis sic te Deus omnipotens emundet intrinsecus a maculis cordis.  Quibus ita peractis redierunt omnes ad monasterium virginum et Chevin pontifex cum sodalibus suis, accepta licentia, gratias agens, leti reversi sunt in solitudinem, castigati, emendati, confirmati mirabilibus magnis que viderant et deinceps rememorantes exempla et merita Modvenne, contempnentes omnium temptationum obstacula toto tempore vite sue religioni anachoritice et universis sanctis operibus sine intermissione insudabant.  Ipse autem episcopus Modvennam sepe recognitans semetipsum coram oculis suis despiciens, vitam suam preteritam quasi adhuc parum profecisset, vilipendens exempla virginis et merita pietatis illius diebus

Que diable par sa veisdie,
Ki tuz jurs ad de bons envie,
Vers lui n'en ait mes cumpaignie;
332 Ben duz sirë, iço m'otrie."

Puis l'ad sus del baing levé,
U il sun cors aveit lavé,
E par la force e la bunté
336 De ceste dame ses mals lessé.

Uncore fait Deu vertu greinur
En icel liu pur sa duçur
Kar le baing e la chalur
340 Uncore dure desqu'a cest jur.

Par la merite e les buntez
De ceste dame dunt vus oiez,
De trestutes enfermetez
344 I seinent gent que sunt baingnez.

Uncores est le liu numé
Le baing Kevin pur verité.
A tant l'evesque prent cungé
E si s'en est joius alé,                    348

A l'hermitorie dunt il parti
Quant li diable l'ot trahi;
E l'abbesse tuit autresi
A l'abeïe s'en reverti.                     352

Or me voil ici reposer,
E cest miracle terminer;
Bien i purrez vus recovrer
Quant vus plaira de l'escuter.              356

332 O. W. *iceo*.    355 The copyist of W. seems not to have known *se recovrer* and wrote in its place *recunter*.

---

singulis contemplabatur, mala sua que fecerat plangens assidue cum suspiriis maximis frequentissime lacrimabatur, cotidie ad meliora proficere et culmen virtutum ascendere summo desiderio affectabat, ad premia retributionis perpetue que sunt preparata fidelibus gemitibus enarrabilibus anhelabat, subjectis suis ostendens in omnibus totius religiositatis exemplum, per dios singulos capere cupiens virtutis et gratie aliquid incrementum quanto prestans ceteris ordine, tanto precellens universis etiam sanctitate et eo modo usque ad obitum vitam degens perfectissimam, Christo vero Deo incessanter placere studuit et triumphato diabolo dies suos in bono fine et in summa devotione complevit.

Balneum vero in quo balneatus est, Modvenna jubente sicut prediximus, appelatum est balneum Chevin, in quo perstiterunt latices calidi per longa tempora et multi variis pressi langoribus multociens abluti in eo gavisi sunt, gratias referentes per virtutem et utriusque meritum fugatis infirmitatibus et sanitate recepta.   Hoc quoque invenitur descriptum in libris hiberniensibus quod illud balneum et aque calide in petra durissima indesinenter usque hodie perseverant et plurimi confluentes ad locum balneantur ibi usque ad presentem diem et invocato Christi nomine cum sanctorum suffragiis impetrant de necessitatibus suis auxilium et non tantummodo corporum verum etiam quod multo majus est animarum recuperant sanitatem.   Sed de his huc usque satis dictum: nunc ad narrationis ordinem revertamur.

The great majority of saints' lives are written in non-strophic form and out of the 216 verse lives enumerated in Vol. XXXIII of the *Histoire littéraire de la France* only 48 are in strophic form.

Despite the success of the *quintain* in the lives of St. Alexis and St. Thomas, the quatrain is used in thirty instances out of the forty-eight. Our unknown author uses this strophic form with great skill and his lapses from strict continental scansion are not very numerous and many doubtless must be attributed to his scribe. We must allow that the metrical peculiarities of our insular French —free use of hiatus (e.g. ll. 1, 80, 120, 140, 145, etc.), uncounted feminine *e* at the cesura (ll. 47, 126, 142, 213, etc.) optional counting or omission of pretonic *e* (ll. 82, 104, 153, 180), did not offend the ears of the pious listeners.

A. T. BAKER.

Sheffield.

# UN NOUVEAU NOM DES BASQUES

## LE RADICAL DU BASQUE BIDE "ROUTE"
### DANS LE VOCABULAIRE
### DU FRANÇAIS ET DES DIALECTES DE LA FRANCE

---

## UN RADICAL BID-

---

*(a)* LE V. ET MOY. FR. *bidau* DOIT-IL S'ENTENDRE AU SENS DE "BASQUE, ROUTIER OU MERCENAIRE BASQUE"?

W. von Wartburg, *Französisches Etym. Wbuch*, I, 354 dérive du francique *\*bidal*, le v. fr. *bedel*, fr. mod. *bedeau*, et il en distingue les sens suivants :

(*a*) v. fr. *bedel* "sergent à verge dans les justices subalternes; sergent chargé de fonctions publiques relatives à la police intérieure des villes et surtout de poursuivre et arrêter les voleurs."

(*b*) v. fr. *bedel* "milice urbaine (surtout au Midi); soldat de troupes légères et irrégulières et adonnées au pillage"; *bidau* dans Gay, *Gloss. Archéol.*, I, 156.

(*c*) fr. *bedeau* "huissier des anciennes universités."

(*d*) fr. *bedeau* "officier subalterne préposé au service matériel d'une église" (sens noté pour la première fois dans le dictionnaire de Richelet en 1680).

On peut admettre l'origine germanique du fr. *bedel*, *bedeau* au sens (*a*), (*c*), (*d*). Mon but dans cette note, c'est de nier l'existence réelle d'un v. fr. *bedel* au sens (*b*), et d'affirmer que le v. et moy. fr. *bidau* ne paraît avoir aucune relation avec *bedel*.

Disons en passant que le v. fr. *bedel* a eu une fortune considérable. Au sens (*a*) il transparaît dans le v. prov. *bedel*; au sens (*a*) et peut-être au sens (*d*) il a passé en anglais où la forme *beadle* a chassé l'anglo-saxon *bydel* qui ne survit que dans des noms de famille (Biddle, Buddle); au sens (*c*) il se retrouve dans presque toutes les langues écrites de l'ouest de l'Europe, romanes (ital. *bidello*, prov. *bedel*, catal. *bedell*, esp. et portug. *bedel*) et germaniques (allem. *pedell*, holland. *pedel*). Enfin il est transcrit dans le latin médiéval sous la forme *bedellus* ou *bidellus*.

Déjà en 1610 Claude Fauchet avait proposé de rapprocher

22

*bidau* de *bedeau* (voir le texte dans Godefroy, art. *bedeau*). Mais si W. von Wartburg attribue au v. fr. *bedel* son sens (*b*), et s'il confond *bidau* avec *bedel*, cela provient, j'imagine, de l'article si confus que Godefroy, *Dict.*, I, 608, a consacré au v. fr. *bedeau*. On y trouve citées les graphies *bedel, bedeau, bidel, bidau, bidaut, bediel, petau, pitault*. Tout d'abord il faudrait mettre de côté *petau* et *pitault*, et les considérer comme des mots indépendants (voir P. Barbier, *Miscell. Lexic.*, IV, 28). Puis *bidel* ne se trouve nulle part; c'est une forme hypothétique que Godefroy a tirée du pluriel *bideaus*, variante graphique de *bidaus*. En somme, si l'on examine les nombreux exemples que donne Godefroy, on est bien vite convaincu qu'il a encore confondu deux mots différents : (*a*) *bedel, bedeau, bediel* "bedeau, sergent etc." et (*b*) *bidau, bidaut, bideau* "mercenaire venant du Midi." Aucun des exemples donnés par lui de *bedel* au sens de *bidau* ne saurait convaincre, et dans le seul exemple qu'il donne de *bidau* au sens de *bedel*, rien n'indique que *bidau* n'ait pas son sens ordinaire.

Si l'on étudie les témoignages qu'offrent sur *bidau* les textes français, on peut commencer par noter qu'en 1611 Cotgrave insère le mot comme un pur archaïsme :

† *Bidaulx*—m. cowardly straglers after an army; or as *Bidaux.—Bidaux.* Foot-men, souldiers (*veil mot*).

Il faut remonter jusqu'au xive siècle pour se faire une idée de ce qu'étaient les *Bidaus* et d'où provenait cette ancienne milice. Froissart nous dit que le roi Philippe VI, pour faire face aux Anglais sur mer, réunit de toutes parts une flotte d'écumeurs de mer :

Froissart, *Chron.*, éd. S. Luce, II, 34: "Et estoient bien Normans, Bidaus, Genevois et Pikars quarante mille. . . ."

et plus loin, parlant de la défaite de cette flotte à la bataille de l'Écluse en 1340, il s'exprime ainsi :

Froissart, *Chron.*, éd. S. Luce, II, 222: "Et furent chil esqumeur normant, piquart, genevois, bidau et prouvenciel desconfi. . . ."

Les Bidaus, dans ces textes, paraissent bien provenir d'un pays particulier, on les distingue non seulement des Picards, des Normands et des Gênois, mais aussi des Provençaux; puis comme les Picards, les Normands, les Gênois et les Provençaux, les Bidaus sont des matelots; leur rôle dans la guerre n'est donc pas borné à celui du soldat.

C'est bien cependant comme soldat qu'on s'est le plus longtemps souvenu de lui. Ses armes étaient caractéristiques; elles

sont bien décrites dans un texte tiré de Guillaume Guiart, antérieur
à 1310 :

> De Navarre et devers Espagne
> Reviennent Bidaus a grans routes,
> Desquiez les compaignies toutes
> En guerre par accoustumance
> Portent deux dars et une lance
> Et un coutel a la ceinture
> Et d'autres armeures n'ont cure. . . . .

Ce passage est cité par Ducange qui tire aussi le suivant du même
auteur :

> Bidaux, Navarrois, Espaigniaus
> Remainent vaches et aingniaus:
> Aucuns d'eux viennent par les voies
> Troussez de gelines et d'oies. . . . .

où l'on trouve une allusion aux habitudes des compagnies de
Bidaus qui leur valurent la mauvaise réputation de maraudeurs
dont le dictionnaire de Cotgrave garde le souvenir.   Comme on
vient de le voir, on ne confond les Bidaus ni avec les Navarrais ni
avec les Espagnols.   Dans le plus ancien texte où il en est fait
mention, l'épopée *Les Loherains* qui remonte au xiie siècle, on ne
les confond pas non plus avec les Gascons :

> Ne por Gascons fuient plain pié arier,
> Ne por Bidaus s'il osent aprochier. . . .

Si l'on examine soigneusement les témoignages des textes que
j'ai cités, il me paraît qu'on doit identifier les Bidaus avec les
habitants basques des Basses-Pyrénées.   N'est pas homme de mer
qui veut : le fait que les Bidaus étaient des hommes de mer me
semble très favorable à la solution que je propose, c'est à dire que
les Bidaus étaient des Basques.   On les distingue non seulement
des Gascons, leurs voisins du nord, mais encore des Navarrais
d'Espagne, c'est-à-dire des populations basques établies au delà
des Pyrénées.   Enfin aucun dictionnaire du catalan ou du castillan
dont je puisse disposer ne contient notre mot.   Bien qu'on les ait
connus en Italie, c'est probablement en France que les Bidaus ont
surtout fait leurs carrières.

C'est un fait curieux que l'on ne trouve rien sur une forme
*bidau* dans les grands vocabulaires du vieux provençal qu'on doit
à Raynouard et à Levy, rien encore dans le *Tresor dou Felibrige*.
Cependant nous savons que le mot était connu dans le sud-ouest

de la France car Froissart nous dit dans un passage qui se rapporte aux événements de l'année 1356 :

> Bien assegurez par batailles se tenoient les hommes de la ville [i.e. Carcassonne] que l'on appelle ens ou païs, Bidaus a lance et a pavais. . . .

Si j'ai raison de croire que les Bidaus étaient à l'origine des soldats ou matelots mercenaires de langue basque, deux solutions peuvent se présenter à l'esprit. Ou bien le mot *Bidau* est un mot roman que les populations de langue romane ont donné comme nom à leurs voisins de langue basque; ou alors *Bidau* est un mot basque que les populations basques ont transmis à leurs voisins de langue romane. Si l'on s'arrête un instant à la première alternative, on peut songer au gascon *Bidau*, nom propre provenant du Latin *Vitalis*, qui a été très populaire dans le sud-ouest de la France et en Catalogne au moyen-âge; mais je ne sais rien qui pourrait tendre à confirmer une pareille hypothèse. Si au contraire on considère l'origine basque du mot comme possible, on notera d'abord deux points :

(*a*) Le mot *Bidau* est connu aux Français du nord depuis le XIIᵉ siècle, ce qui nous reporte à une époque où notre connaissance de la langue basque par des moyens directs est nulle;

(*b*) L'explication qu'on trouve dans Ducange : "Bidaudi, iidem qui bidaldi, militum et peditum species, a duobus dardis neu speculis, quibus dimicare solebant sic dicti" est sûrement fausse; on songe naturellement au Basque *bi* "deux" qui a la forme *bida* en bas-navarrais; mais bien que les Bidaus comme soldats à pied fussent armés de deux "dars" et que leurs prouesses avec ces "dars" soient souvent mentionnées dans les textes, le mot *dard* lui-même, que Ducange met en lettres italiques, est un mot d'origine germanique et ne peut entrer dans la formation du mot *Bidau*.

Ce qui me paraît la solution la plus probable c'est que *Bidau* se rattache au basque *bide* "route, voie, moyen." Il serait alors l'équivalent du franç. *routier*; et on le rapprocherait pour le sens des mots qui ont eu à la fois les deux sens de (*a*) Basque, (*b*) routier : le latin médiéval *Basculus, Basculo,* le v. franç. du XIIIᵉ siècle *Basclois, Baclois* et le v. provençal du XIIᵉ siècle *Basclon.*

Peut-on aller plus loin ? J'ai adopté jusqu'ici la graphie *Bidau.* Elle est certainement préférable aux graphies *Bidaut, Bidault,* etc. d'origine analogique et que réfléchissent au XIVᵉ siècle les formes

du latin médiéval *Bidaldus, Bidaudus* citées par Ducange.   Non
pas que ces formes ne correspondent pas à une réalité dans la
conscience populaire de la langue, du moins au xiiie et xive siècles,
puisque le mot *Bidau* ayant survécu comme nom de famille (cf.
Denys Bidault, receveur général des finances en 1481), nous
avons une Peronnelle la Bidaude citée dans le *Rôle de la Taille de
Paris* en 1313.   Mais la forme *Bidau* a pour elle les meilleurs
témoignages.   Dans la grande majorité des textes et dans tous les
plus anciens on trouve le mot *Bidaus* au pluriel.   On comprendrait
donc qu'un singulier *Bidau* ait été formé sur le pluriel *Bidaus*.
En d'autres termes, *Bidau* est-il lui-même un mot de formation
analogique et le singulier de *Bidaus* était-il à l'origine \**Bidal*?   On
pourrait appuyer *Bidal* par l'ital. *bidale* "sorta di pedone" dans
Giovanni Villani, *Storia*, VIII, 78 et XII, 95, cité à la fois par
l'édition de 1840 de Ducange et par le *Vocabolario degli Accademici
della Crusca*, ed. Venezia, 1741, I, 318.   L'ital. *bidale* est un mot
de la première moitié du xive siècle puisque Villani mourut en 1346.
Très curieux est le témoignage de l'édition de 1688 du *Vocabolario
Italiano-Inglese* de Florio qui donne la forme masculine *bidálo* avec
le pluriel *bidáli* et qui explique par "men of Navarre, Gasconie or
Provence, light horsemen."   En Italie, les *Bidali* ont pu être de la
cavalerie légère et ils étaient considérés comme provenant du midi
de la France en général.

En résumé, donc, le v. fr. *Bidau* est un mot tout autre que le
v. fr. *bedel*.   *Bidau*, d'après les textes, paraît être un mercenaire,
soldat ou matelot, de langue basque, originaire plus particulièrement des Basses-Pyrénées.   Le sens primitif du mot s'est sans
doute élargi; en Italie il a pu indiquer des mercenaires venant du
midi de la France; en France même il a abouti au sens de "marau-
deur."   Il semble venir du Basque *bide* "route"; le suffixe primitif
était peut-être *-al*.

### (*b*) SUD-OUEST DE LA FRANCE *bidos, bedos*.

J'ai déjà dit que les dictionnaires du Provençal ne nous donnent
pas de renseignements sur *Bidau* "mercenaire basque."

Il y a cependant un adjectif noté par Mistral et qui me paraît
avoir une certaine importance pour notre étude.   Il se présente
sous deux formes :

(*a*)   *Bidos*, fém. *bidosso*.   *Tresor dou felibrige*, I, 285.
   1.   "Bègue" (cf. *bret* "bègue," proprement "breton").
   2.   "Tortu" (Languedoc).

(b) *Bedos*, fém. *bedosso*. *Tresor dou felibrige*, I, 256.

1. "Forain, qui n'est pas du lieu (1785 De Sauvages, *Dict. langued.-franç.*, I, 78).

2. "Bègue" (Languedoc).

3. "Qui blèse, qui a un défaut de langue" (Gascogne.)

Les Dauphinois donnent à un homme du Vivarais le sobriquet de *bedos* et on applique aux gens du Vivarais le nom collectif de *bedoussaio*. Enfin en Gascogne on se sert du verbe *bedousseja* "bléser, avoir un défaut de langue."

On se demande naturellement quelle relation ce mot *bidos* peut avoir avec le v. fr. *Bidau*. Si *Bidos* voulait d'abord dire "Basque" les sens attestés pour *bidos* sont de ceux qui se développeraient normalement chez une population de langue romane en contact avec un groupe d'habitants dont la langue ne présentait aucun point de ressemblance avec le roman. Autant qu'il est possible de localiser le mot *bidos*, *bedos*, il paraît surtout appartenir à la langue des Gascons et des gens du Languedoc, c'est à dire aux voisins des Basques vers le nord et vers l'est.

Mistral a rapproché *bidos*, *bedos* du Latin médiéval *bedoccus* "étranger" cité dans Ducange d'après un texte de 1322 se rapportant apparemment à Nîmes. L'analogie des sens est claire; on peut se demander si la forme de *bedoccus* doit être prise en considération. Si cela se faisait, le mot *bidos*, *bedos* paraîtrait être une forme du pluriel correspondant à un accusatif singulier *bidoc*, *bedoc* du vieux-provençal; le mot étant en principe un nom de peuple, on comprendrait que comme pour *Bidaus*, ce fût surtout le pluriel dont on se serait d'abord servi et que ce fût cette forme qui se serait plus tard généralisée et aurait servi de point de départ à de nouvelles formations.

Quoi qu'il en soit de ce point sur lequel nous reviendrons, il est important de noter les deux formes *bidos* et *bedos* que nous avons citées, car il y a des raisons pour croire que dans le nord de la France on a eu, à côté de *bidau* "mercenaire basque," une forme avec *bed-* et ayant le même sens. L'article déjà cité de l'abbé de Sauvages a passé tel quel dans l'ouvrage de Roquefort, le *Glossaire de la langue romane* (1808), I, 142 :

> *Bedos*, " forain, qui n'est pas du lieu";

et en 1870 Métivier, *Dict. franco-norm.*, 55, y fait allusion à propos d'un mot *bedos* qui survivait à Guernesey comme "sobriquet donné aux compagnons d'Yvon de Galles dans une de nos ballades insulaires" :

> Mais les Anglois sans retenue
> Remplirent de corps morts la rue
> Sur cette troupe de bedos.

Je suppose que cet Yvon de Galles n'est autre que le célèbre mercenaire Owen de Galles, capitaine au service de la France et tué devant Mortagne en 1378, et que les *bedos* de la ballade guerneseyaise sont les mercenaires qui dans les vieux textes sont appelés *Bidaus*.

Il serait assez curieux que les *Bidaus* ou *Bedos* qui ont joué dans les guerres du xive siècle un rôle si considérable n'aient laissé dans la langue des campagnes aucune trace. Si, comme nous l'avons supposé, les *Bidaus* ou *Bedos* étaient, en principe, des mercenaires de langue basque, on comprendrait fort bien que leur nom ait survécu avec des sens défavorables et qui viseraient surtout leur langue; on prend facilement pour un imbécile celui dont la langue est incompréhensible. En Savoie déjà (1902 Constantin et Desormaux, *Dict. Savoy.*, 42) on dit *bidodi, bidognol, bidot* d'un "homme d'un esprit faible et borné, homme qui s'abrutit par les excès." Mais c'est dans les parlers du nord, et tout particulièrement de l'ouest de la France que la récolte est riche. A côté du provençal *bedet*, "niais," Grenoble *bedot* "niais," Suisse Rom. *bedan* "lourdaud, niais, homme gauche," on a dans les patois de la langue d'oïl :

(a) Poitev. *beda* "gros homme" (Lalanne) ;

(b) Mauges *bedas*, mais vers Baugé *bedou* "paysan sournois, lourdaud, sauvage" (1912 H. Cormeau, *Les terroirs mauges*, I, 82);

(c) Nantes *beda* "paysan";

(d) Anjou *beda* "lourdaud";

(e) Bas-Maine *beda* "homme stupide, paysan," *bedao, bedwe* "niais";

(f) Cancale *bedandan* "niais"; Maubeuge *bedindin* "imbécile";

(g) Yères *vieille bedole* "vieil imbécile";

(h) Rouchi *béda* "niais, imbécile."

Déjà, en moyen-français on avait *bedier* "ignorant, stupide" que le dictionnaire de Trévoux donne comme terme vieilli, mais qui survit encore dans le Bas-Maine et en Anjou.

A côté du langued. *bidos, bedos*, gasc. *bedos* "bègue, bléseur," il faut remarquer que dans les Pyrénées-Orientales on a *bados* "bègue" (*A.L.F.*, 1458, points 794, 795). Or ce *bados* ne peut guère être autre chose que le catal. *badoch* (d'où l'esp. *badoque*) "stupide,".le gasc. *badoc* "niais, benêt, insipide." Le système particulier qu'a adopté Mistral pour ses articles rend souvent difficile leur interprétation. Cependant l'on voit bien que *badoc* est donné comme une forme de la Gascogne et du Languedoc. Plus à l'est on a Barc. *badoca* "poisson d'avril," puis Var. *bado* "moissonneur" avec le fém. *badoco* (cf. le rhodan. *bedoco*) "arc en bois portant une rainure sur le dos dans laquelle les moissonneurs placent le tranchant de leur faucille et les faucheurs celui de leurs faux."

*Badoc* est attesté en vieux-catalan; on le trouve plusieurs fois dans les textes du vieux-provençal; Raynouard cite un exemple au sens d' "imbécile," un autre à celui de "fou (au jeu d'échecs)"; Levy à son tour l'atteste une fois au sens d' "ignorant," deux fois au sens d' "imbécile." On admet généralement que *badoc* se rattache au radical du L. *batare*, et c'est le point de vue de W. von Wartburg, *F.E.W.*, I, 286. Il me semble que, tout en admettant la possibilité de l'influence de *batare*, nous avons déjà de bonnes raisons pour croire que le suffixe *-oc* appartenait en principe à *bidoc, bedoc*. Tandis que le sens de "babiller, bavarder" peut difficilement provenir de "avoir la bouche ouverte" (voir W. von Wartburg, *F.E.W.*, I, 286 : *batare*, section iii, 7), celui de "prononcer mal, bégayer, bléser" est plus facile à comprendre par le type *bedoccus* "étranger." Si c'est au sens d' "étranger," qu'il faut comprendre le prov. *fourestié* "hanneton" (cf. ce qui est dit dans ma note sur L. *quinque cornua*, *Rev. de Philol. fr.*, XXXIV (1921) 54), le lim. *badou* "hanneton" serait un terme intéressant de comparaison; on pourra voir les formes de ce mot données dans l' *A.L.F.* 683 pour la Corrèze (point 617) et la Dordogne (points 611, 612, 624). Enfin, pour le prov. *aigo badoco* "eau tiède," on pourra le rapprocher du patois de la suisse Romande *bedo* "pensif, rêveur; lâche au travail; tempéré quand il s'agit du temps," Les Fourgs *bèdou, bèdot* "tiède," et peut-être du sens "insipide" du gascon *badoc*.

On retrouve *bed-* "bègue" dans un certain nombre de formes. Au point 614 des Landes *bœdue* "bègue" est dans l' *A.L.F.*, 1458. Déjà en 1849, les frères Duméril, dans le *Dict. du patois normand.*, 33, citaient pour la Manche *bedanguer* "bégayer," *bedangous* "bègue"; l'*r* du guernesayais *berdanguer* "babiller, caqueter" doit être adventice comme dans le guernes. *berdière* à côté du normand *bédière*. C'est plutôt sur *bedos, bedou* que doit être formé le guernes. *bedouin* "caquet" que Métivier, *Gloss. franco-norm.*, 55, explique par : "C'est le caquet d'un bedault." La carte 122 *bégayer* de l' *A.L.F.* marque une forme particulièrement curieuse au point

394 de la Manche : c'est *bredŏgyĕ*; car si, dans cette forme, l'*r* est adventice, il est clair qu'elle nous ramène au type *bedoc*.

### (c) Franç. *bidet* "petit cheval."

Comment faut-il entendre *bedault, bedon,* dont Rabelais se sert à plusieurs reprises dans un sens hypocoristique :

(i) 1533 Rabelais, II, 15: "Esmouche, couillaud; esmouche, mon petit bedaud. . . ."

(ii) 1546 Rabelais, III, 18: "Ce sera d'un beau petit enfantelet qu'elle sera grosse. Je l'aime desja tout plein. . . . Ce sera mon petit bedault. . . ."

(iii) 1546 Rabelais, III, 22: "Escoute ça, Epistemon, mon bedon. . . ."

(iv) 1546 Rabelais, III, 26: "Panurge . . . s'adressa a frere Jan . . .: "Tien moy un peu joyeulx, mon bedon. . . ."

(v) 1552 Rabelais, IV, 64: "Escoute, mon petit bedon, mon caporal Xenomanes. . . ."

ou encore *beda,* terme de tendresse employé par Noël du Fail?

Il faut, je crois, y voir un nom du pénis. En ce sens la forme *bidaut* se trouve dans *l'Ancien Théâtre français,* v, 181 :

1579 Larivey, *La Veuve,* II, 4: "Ceste là vouloit avoir de vous autre chose que le bidaut."

Dans le même recueil, I, 305, on lit : "Intravit per boucham ventris Bidauldus purgando renes." Enfin on peut citer aussi pour le xvi<sup>e</sup> siècle :

1585 Cholières, *Matinees,* éd. Jouaust, 301 : "Le cœur me sousleve, et alors mon petit bidaut baisse la teste."

A son tour le sens de "pénis" dérive de celui de "petit cheval" qu'a eu *bidau* tout aussi bien que *bidet.* Il est bon de comparer :

*c.* 1470 Coquillart, *Œuvres,* Bibl. Elz., II, 106: "Maistre Bidault de Cullebute . . . Hospitallier de mainte fille. . . ."

avec l'article de Cotgrave :

1611 Cotgrave: "*Bidet de culbute.* Membre viril."

où l'on constate d'abord l'équivalence de *bidau* et *bidet.* Disons que l'éditeur des œuvres de Coquillard, n'ayant pas compris le vrai sens de *Bidault de Cullebute,* toute son interprétation pèche par la base. Le sens double de "petit cheval" et de "pénis" se retrouve pour *bidouart* :

*Anc. Théâtre franç.,* Bibl. Elz., II, 296: "Là où il cherchoit de l'avoine Pour donner à son bidouart."

Enfin pour *bidet* "membre viril," on pourra voir les indications que fournit en 1718 Philibert Le Roux, dans son *Dictionnaire comique*, 57.

Que *bidau*, *bedos* a eu le sens de "cheval," on en trouve encore des témoignages dans les dialectes. Ainsi Martellière, dans son *Glossaire du Vendômois*, 28, 36 cite *porter à béda* "porter à cheval sur le dos," *à bedou*, *à la badoue*, "à califourchon, à cheval sur les épaules." Déjà Ducange constate à son article *bedogius* que *bedon* veut dire "poulain" dans le patois de Dombes. Le rouchi *bedaine* veut dire "mauvais cheval." Sous la rubrique *BID-, W. von Wartburg, *Franz. Etym. Wbuch*, I, 353 a réuni de nombreuses indications que fournissent les dialectes. A côté de *bidet* et de son dérivé *bidette*, plusieurs formes sont curieuses par leur suffixe. Certaines paraissent requérir un primitif *bidau*, *bidal* : telles *bidaillon* "mauvais petit cheval," qu'on trouve un peu partout dans le patois du nord et de l'ouest, de Picardie jusqu'en Saintonge, et le picard *bidalin* "petit cheval." Les frères Duméril, dans leur *Dict. du patois normand.*, 37, citent 1° *bidoche*, s.f., "machine en carton représentant par devant une tête de cheval et ayant derrière une longue queue de crin, qui joue un grand rôle dans les charivaris," et 2° *bidoque*, s.f. (arr. de Vire) "vieux cheval"; or ces mots pourraient représenter un type en *-occus, -a*. La forme *bidoris* "terme familier dont les officiers subalternes d'infanterie appellent leur monture, tout petit cheval de peu de conséquence" paraît dans le supplément du *Dictionnaire de Trévoux*; il appelle particulièrement l'attention; il devait être déjà en train de disparaître à l'époque où il a été noté et il est regrettable qu'on ne connaisse pas la source où on l'a trouvé. Le suffixe me paraît indiquer que c'est le même mot que le poitevin *badori* "sot, niais" (Lalanne).

Il me paraît donc probable que le sens de "petit cheval" qu'ont *bidau*, *bidet* etc. est dû à une extension d'un sens primitif "petit cheval de bidau," "petit cheval du pays basque" qu'auraient eu ces formes; on pourra ici comparer le Normand *bisque* "mauvais cheval," (Le Havre *biscari* "vieux cheval"), le Poitevin *bisquin* "mauvais cheval" qui se rattache au nom de la province de Biscaye (voir von Wartburg, *Franz. Etym. Wtb.*, I, 379).

"Petit cheval de bidau, petit cheval du pays basque," puis "petit cheval," puis "pénis," enfin terme hypocoristique, voilà le développement sémantique qui me paraît probable pour *bidau*, *bidet*, *bidouart*. En français littéraire *bidet* "petit cheval" devient courant dans la seconde moitié du xviᵉ siècle :

1573 Lefèvre de Laval, *Hist. des troubles* etc., ed. 1576, 474[b] : "Tel estoit l'estat de l'armee protestante.   Tous les harquebusiers estoient à cheval, montés sur de petits bidets, pour mieux fournir aux longues traites de l'armee. . . ."

1578 Vigenère, *Vie d'Apoll. Thyaneen*, éd. 1611, I, 227: "Bestail qu'ils vont mener paistre de costé et d'autre montez sur de petiz bidets. . . ."

*a.* 1584 Brantôme, *Vie d. femmes galantes*, éd. Garnier, 21: "Un petit bidet. . . ."

*a.* 1589 Carloix, *Mém. de Vieilleville*, éd. 1757, II, 313 etc.

Le franç. *bidet* n'est pas emprunté à l'ital. *bidetto* (*Dict. Gén.*, art. *bidet*; Meyer-Lübke, *Rom. Etym. Wtb.*, art. 1085 gaulois BID "petit"); c'est l'ital. *bidetto* qui vient du franç. *bidet*.   Tandis que l'italien *bidetto* ne trouve pas d'explication dans la langue si ce n'est par l'emprunt, le franç. *bidet* se rattache à d'autres formes et à d'autres sens du même radical, et *bidau* à sens identique est déjà attesté au xv$^e$ siècle.

### (*d*) *Bidau* "ESPÈCE D'ARME."

Nous avons vu Guillaume Guiart décrire en quelques lignes les armes caractéristiques des Bidaus : la lance, les deux "dars," le couteau à la ceinture.

Il serait tout à fait naturel qu'on ait donné le nom même des Bidaus à l'une de ces armes.   Les textes font défaut dans le dictionnaire de Godefroy.   Cependent je trouve dans le *Glossaire Archéologique*, de Victor Gay, I, 156.

1358 *Inv. de Guill. de Hainaut*: "I. fier de bidaul et un plus estroit."

Est-ce le fer d'une lance, d'un dard, d'un couteau, je ne saurais naturellement le dire.   Mais il me semble qu'on peut rapprocher un texte un peu antérieur :

c. 1326 *Guerre de Metz*, éd. de Bouteiller, p. 224:
Cilz de Joiey par cialz d'Ancey
Furent garnis a leur venir;
Et li nostre n'ont pas dancieit,
L'assault aimment mieux a tenir;
Moult l'ont bien fait jusqu'au finir,
Lour bidalz ont a nous lanciet,
Plux ne puent l'assault tenir.

L'éditeur traduit la ligne 6 par : "Les ennemis ont lancé sur nous leurs archers," mais il me paraît certain que c'est plutôt une des armes caractéristiques des Bidaus qu'il faut comprendre dans le *bidalz* du texte.

Ce nom d'arme n'était pas connu seulement dans l'est et le

nord-est de la France, car les auteurs du *New English Dictionary* citent le moyen-anglais *bidowe* avec un seul texte à l'appui :

1362 Langland, *Piers Plowman*, A, XI, 211 : "A bidowe or a baselard he beriþ be his side."

Si, comme je le crois, il s'agit du français *bidau*, on peut traduire : "Il porte au côté un bidau ou un baselaire" et le *bidau* est ici probablement le couteau, l'espèce de dague que le Bidau portait à la ceinture.

Les auteurs du *New English Dictionary* considèrent le sens et l'origine du mot *bidowe* comme également incertains. Ils en rapprochent le gallois *bidog* attesté au moyen-âge comme nom d'arme et qui persiste en gallois moderne comme nom du signe † dans la langue des typographes. Il serait intéressant d'avoir des données supplémentaires sur l'historique de ce mot, car sa terminaison fait penser à une adaptation de l'*-oc* du singulier d'un v. fr. *bedos*.

Notons encore que Lalanne, *Gloss. poitev.*, 39, a un article :

*Bedaesse* s.f. lame sans le manche : *Praête me ta b'daesse*, prête-moi ta lame de couteau. D[eux] S[èvres], c. de Chelles,

où *bedaesse* paraît être formé par le suffixe féminin *-esse* sur le mot *beda* ; il aura sans doute été employé d'abord comme adjectif avec un mot féminin, ex. g. dans *lame bedaesse* "lame de bidau."

Le sens de "petit pistolet" que Cotgrave en 1611 attribue au mot *bidet* est dérivé de celui de "dague de bidau" ; cf. la traduction que Cotgrave lui-même donne du mot *pistolet* : "a dag or little pistol." Je suppose que lorsqu'après 1540 le pistolet vint d'Allemagne et qu'il remplaça comme arme du soldat le couteau ou la dague, qui devait avoir le nom de *bidet* par allusion à la dague du bidaut, la nouvelle arme emprunta à l'ancienne ce nom traditionnel.

### (e) Franç. *bidot*, terme de marine.

Les dictionnaires nous présentent avec des graphies fort diverses le mot dont il s'agit :

1797 Lescallier, *Vocab. des termes de marine*, II, 220 : "*Bidot*. s.m. *A bidot*. adv. (The situation of a latine sail, when a-back or laying upon the mast, or when its yard is a-weather of the mast). Terme usité dans la Méditerranée en parlant des bâtimens à voiles latines, il exprime la position de la voile, lorsque l'antenne est au vent du mât, et que la voile étant par conséquent sur le mât, elle forme deux poches ou sacs, l'un en avant, l'autre en arrière du mât. On ne va à bidot que lorsque, courant au plus près du vent, on veut avoir plutôt viré de bord ; parce que de cette manière on n'est pas obligé de treluher ou muder, c'est-à-dire de changer l'antenne de côté; mais cela ne se pratique que dans les bâtimens à une seule voile, et par un beau temps; autrement cela serait dangereux.   La figure 58, planche III représente une tartanne à bidot.—*Croix de bidot*, terme de galère (a cleat for the bowlines of the latine yards).   C'est une sorte de taquet en forme de croix fixé sur le pont des bâtimens à voiles latines, au milieu du bâtiment, et en avant du grand mât, pour y ammarer certains cordages."—

1856 Bonnefous et Paris, *Dict. de Marine*, I (Voiles), 100: "A *bidot, bideau, biido* (aback).   *Aller à bidot, faire un bidot*, c'est, sur un bâtiment latin, courir la bordée où voiles sont au vent du mât, et portent dessus.   Une voile latine est donc à bidot quand elle est marquée.   Médit."—

Bescherelle écrit *bideau* ou *bido* et explique par "voile que le vent pousse contre le mât" tout en admettant les expressions *aller à bideau, faire un bideau.*

Il est évident que ce terme de la Méditerranée, se présentant en principe dans les locutions adverbiales *de bidot, à bidot*, est emprunté au languedocien *de bidos, a bidos*; Mistral explique *de bidos* par "de travers, obliquement"; *ana a bidos* t. de marine, par "courir un bord, ayant l'avant de la voile pressé contre le mât."   Il me paraît clair que lorsque la voile est à bidot, avec les deux poches qu'elle forme, l'une en avant, l'autre en arrière du mât, elle est en bascule sur le mât, à cheval, si l'on veut, sur le mât.   L'expression semble donc bien correspondre au Vendômois *à beda, à bédou, à la badoue* "à califourchons."

(*f*) MOYEN-FRANÇAIS *bider, beder* "COURIR."

Si l'origine que je propose pour le moyen-franç. *bidau* est bonne, on pourra admettre que le moyen-franç. *bider* attesté, si je ne me trompe, qu'une seule fois (*c.* 1470 Coquillard, *Œuvres*, Bibl. Elz., II, 120) et traduit généralement par "courir," voulait dire en principe "courir les routes" (comme les bidaux), d'où "courir, trotter."

On peut ajouter les observations suivantes :

(i) Ce verbe *bider* doit remonter au vieux-français; car, bien que *bider* ne soit attesté qu'au xv<sup>e</sup> siècle et qu'*abider* ne se présente que dans les dialectes modernes, on trouve *rabider* "raccourir" déjà dans Guillaume Guiart :

a. 1310 G. Guiart, *Roy. Lign.*, 14215 dans Godefroy:
> Flamens de l'autre part rabident
> Pour ce qu'aus Alemanz aident. . . .

(ii) Les formes de Liège *bidoguer* "trottiner," *abidoguer* "venir en trottinant" sont particulièrement remarquables parce qu'elles nous ramènent au type BIDOCC-, BEDOCC-, sur lequel nous avons déjà insisté.

(iii) Un des sens de *bider* dans les dialectes : Montbéliard *bidai* "courir vite, avec empressement" (Contejean, 272), Franche - Montagne *bidâ* "avoir la diarrhée" (Grammont, 90), cf. Sancey *roudje bidé* "diarrhée des enfants" (von Wartburg, *Fr. Etym. Wtb.*, I, 353), Bas - Maine *bedi, bedou* "colique" (Dottin, 66), explique sans doute certains noms du rouge-gorge (*sylvia rubecula* Latham); cf. à coté de *foireuse, magnon foireuse* en Picardie les suivants : Orne *bedou* (Rolland, *Faune Pop.*, II, 261), B. Maine (Saint-Aubin-du-Désert, Pail) *bedoue* (Courcebœufs) *bidrouille* (Dottin, *Gl.*, 66, 79), Anjou *bedue* (Verrier et Onillon, *Gl.*, I, 85). Cf. les noms du blaireau : *bedoue, bedouau* (Cotgrave), Avranches *bedou*, Anjou *beduau* (Rolland, *Fa. Pop.*, I, 47); cf. B. Maine *bédouillère* à coté de *beduaudière* "tanière de blaireau" (Dottin, *Gl.*, 73, 74); cf. encore Anjou *bedou* "verrat" (Verrier et Onillon, *Gl.* I, 84).

(iv) A côté de *bider* "courir," il y a *beder* "courir" : p. 1461 Martial d'Auvergne, *Vigiles de Charles VII*, éd. 1493, f⁰ 40ᵇ :

> Depuis s'en vindrent par la ville
> Pour Françoys cuider suborner;
> Mais l'on les fist sur pié, sur bille
> Bien tost beder et retourner.

Cf. Bonneval *abeder* "accourir" (v. Wartburg, *F.E.W.*, I, 353). Les verbes *beder, béder, bider* s'emploient dans certains dialectes de l'Ouest (Maine, Anjou) comme termes de jeux d'enfants et il semble possible que le sens premier soit "courir (en parlant de la bille)"; cf. Bas-Maine *bède* "jeu de billes" (Dottin, *Gl.*, 73); Anjou *bède*. s. f. l'endroit où l'on bède, où le jeu commence et où il faut retourner quand on fait une faute. *Donner la bède* : renvoyer la bille de son adversaire à une distance d'au moins cinq mains ouvertes... On va joliment te l'envoyer *béder*, c.-à-d. promener.—*béder*. v.n. Terme employé dans certains jeux d'enfants, surtout au jeu de billes. Dans le sol est creusé un léger trou ou *poteau*, où l'un des joueurs doit arriver à faire entrer sa bille; celui-là bède, est *bédoux*. Or, après chaque tentative infructueuse qu'il a faite pour se rapprocher du but, tous les autres joueurs s'évertuent à l'en écarter, en chassant sa bille avec les leurs. — *Bedouille* s.f. *Etre à la bedouille.* Se dit au jeu de billes, du joueur qui, ayant fait une faute, reste inactif pendant que les autres ont le droit de le chasser au loin. Même expression pour le jeu de toupie. — *Bédoux.* "Celui qui bède" (Verrier et Onillon, *Gl.*, I, 84); Les Mauges *beder* v.n. Trimer, si l'on veut définir ce mot par un de ses synonymes en usage ailleurs, et bien qu'il s'agisse de tout autre chose que de trimer, si l'on se rapporte au sens ordinaire de *trimer.* *Beder* est un terme employé dans les jeux pour indiquer une pénitence. Celui qui bède reste un certain temps sans part active au jeu bien que sa mise de l'enjeu soit disputée par les partenaires ou adversaires. Il faut, pour sortir de cette condition, qu'il réussisse le coup qui lui a été imposé, ou que le nombre de coups formulé ait été joué par les autres joueurs, ou encore qu'un autre joueur malchanceux vienne le *débéder*, c'est à dire faire cesser sa punition en prenant sa place" (H. Cormeau, *Terroirs Mauges*, I, 83). Les indications données par les vocabulaires cités ne sont pas très claires mais il semble possible d'admettre que "courir" a été le point de départ du sens du verbe.

(v) On peut encore noter une expression qui se rattache à l'idée de "courir, accourir, venir vite" (cf. Franç. *d'emblée*) : Orne *de bedée* "tout-à-coup" (Duméril, *Dict.*, 33); Bas - Maine *beudée* dans *travailler par beudée* "travailler par boudée, par boutade," *aller de beudée* "marcher étourdiment comme un enfant qui va trop vite et qui est sur le point de tomber à chaque pas," *faire sa beudée* "accomplir la pénitence imposée au jeu de canette" (Dottin, *Gl.*, 71); Bas-Maine *agir de bedou* "agir à l'étourdie" (Dottin, *Gl.*, 544); Anjou *de bedée* "brutalement" (Verrier et Onillon, *Gl.*, I, 84); Haut-Maine *de bedée* "tout-à-coup" (De Montesson, *Vocab.*[2], 85).

## (g)

Les formes du nom des Bidaux sur lesquelles nous avons appelé l'attention sont celles qui remontent à des types BIDAL-, BIDOCC-. Il est curieux que les survivances de ces types sont attestées surtout dans la langue des départements de la Manche, de l'Orne et tout particulièrement de la Mayenne : qu'on note à côté des formes masculines (i) *bidau, beda,* (ii) *bedos, bedou* :

(i) les formes féminines : (*a*) Mayenne *bidale* "mauvaise viande"; cf. Poitou *bidale* "gros morceau pris sur le dessus ou le dessous d'un pain entier"; (*b*) Mayenne *bidoche* 1º bourse, 2º viande, 3º tête (au sens péjoratif), et l'adjectif *bidoche* "maladroit, niais, méchant, mauvais" (voir Dottin, *Gl.,* 79, 547).

(ii) les formes verbales : (*a*) Mayenne *se bidaler* "se battre"; cf *bidalée* "ce qu'on apporte quand on vient faire une demande en mariage"; (*b*) Mayenne *bidocher* "piler; dire ou faire des niaiseries, des méchancetés" (voir Dottin, *Gl.,* 79, 547, 548).

Serait-ce que le lexique, que nous devons à M. Dottin, de la langue de la Mayenne est, de tous les dictionnaires de dialectes publiés jusqu'à ce jour, un des plus complets et des plus consciencieux? Est-ce encore parce que les Bidaux du xive siècle ont séjourné longtemps sur les confins de la Normandie et de la Bretagne?

Quoi qu'il en soit, on conviendra que le nombre de formes, dans les dialectes de la France, qui paraissent se rattacher au basque BIDE "route" est remarquable. Je ne crois pas qu'on ait signalé jusqu'à ce jour un mot basque qui aurait tenu, en dehors de son domaine propre, une si large place. Il faut, pour comprendre, se souvenir que les Bidaux sont déjà connus des Français du nord dès le xiie siècle; qu'ils ont pris part, à la fin du xiiie et au commencement du xive, aux guerres de Flandre; enfin qu'il est certain qu'ils ont acquis quelque chose de leur mauvaise réputation durant la triste guerre de Cent Ans. Il serait bien utile d'avoir un travail d'ensemble sur cette milice. Je souhaite qu'un historien veuille bientôt l'entreprendre.

PAUL BARBIER.

Leeds.

# DI UN FENOMENO QUANTITATIVO NEI DIALETTI EMILIANI

Si legge con vivo interesse un articolo consacrato da Cl. Merlo alle "consonanti brevi e consonanti lunghe" nel dialetto di S. Sepolcro (prov. di Arezzo).[1] In questo dialetto il Merlo ha acutamente notato un ordine indiscutibile per quanto concerne lo scempiarsi, o meno, della consonante intervocalica lunga (la così detta doppia) nella postonia immediata. Il fatto, ripeto, è indiscutibile e dobbiamo essere grati a chi lo ha segnalato.

Il M. dice che si conserva la lunga dopo le vocali chiuse di lat. volgare o preromanzo,[2] mentre abbiamo lo scempiamento dopo l'*a* e le vocali aperte: *è* e *ò*. Egli attribuisce, cioè, il fenomeno alla qualità delle vocali. Io, invece, credo che lo si debba far dipendere direttamente dalla *quantità* della vocale o della sillaba, secondo un criterio che ho posto a base dello studio d'un dialetto emiliano (*Profilo storico del dialetto di Modena*, Genève, 1929). Le condizioni di S. Sepolcro hanno un singolare riscontro con quelle che dovettero essere proprie di molti dialetti emiliani (p. es. del modenese). Non c'è nessuno che non avverta, anche in emiliano, la lunghezza del *t* di *båtta*, botte, e la brevità del *t* di *bòta*, botta, colpo; la lunghezza del *ć* di *såćća*, secchia, e la brevità del *ć* di *vèća*, vecchia; la lunghezza del *k* di *såkk*, secco, e la brevità del *k* di *bèk*, becco; la lunghezza del *ć* di *móćć*, mucchio, e la brevità del *ć* di *fnòc*, finocchio, ecc. ecc. Gli *å* gli *å* muovono da *é* e *ó* chiusi, che passano per *è* e *ò* aperti, condizione odierna di S. Sepolcro. Ora, in emiliano (e gli esempi, che ho dati, sono modenesi, a conferma della tesi sostenuta nel mio *Profilo*, tesi, sulla quale mi permetto di richiamare l'attenzione dei compagni di lavoro) questa lunghezza e brevità non dipendono punto dalla qualità della vocale, come è dimostrato da *fnòć*, finocchio, e *pióć*, pidocchio (che risalgono anche qui ad -*oculu*, essendo *pióć* con l'*ó* stretto o chiuso un plurale metafonetico, come ho detto nella

[1] *Italia dialettale*, v. 66 *sgg.*

[2] A. Borgo S. Sepolcro queste vocali si sono poi aperte in processo di tempo. Della qual cosa bisogna tenere gran conto per i rapporti con i dialetti emiliani, come subito si vedrà.

*Miscellanea Schuchardt*, Genève, 1922, p. 134), ma debbono dipendere dalla quantità. Ciò vuol dire che le sillabe con *í, é, ó* e *ú* chiusi erano pronunciate meno estese di quelle con *á*, ed *è* e *ò* aperti. Quando avvenne lo scempiamento delle consonanti lunghe (prima della caduta delle vocali finali, salvo) (-*a*, in emiliano e dopo il digradamento delle consonanti brevi sorde intervocaliche) la frontiera sillabica si spostò e lo scempiamento non ebbe luogo che dopo sillaba estesa, non dopo quella meno estesa. Si tratta, insomma, anche qui di equilibrio della catena sillabica.

Certe voci dotte sono penetrate in emiliano quando le consonanti sorde intervocaliche si erano già sonorizzate; e, allora, se v'era una sorda, questa è stata sentita come una lunga, onde la sillaba precedente si è abbreviata. Così, ad es., si spiega il moden. *vétta* dall' ital. *vita, móṭṭ* dall' ital. *muto* (mentre il lat. *mutu* è rimasto a concordia d'Emilia: *mut*, salvadenaio, cioè: "che ha la bocca e non parla"). Che si tratti di quantità è anche dimostrato da ciò che è avvenuto nei proparossitoni, dove la sillaba tonica ha provocato un allungamento della consonante seguente. Così, un *tepidu* dà *tåvvẹd*, un *pedica* dà *påddga*, ecc. ecc. Per concludere: le sillabe toniche possono essere più o meno estese, ma debbono essere tutte lunghe; e quando sono meno estese, incorporano un elemento della consonante lunga seguente.

G. BERTONI.

ROMA.

# LES IDÉES DE JULES RENARD SUR LE STYLE

La familiarité la plus superficielle avec les écrivains français révèle chez la majorité d'entre eux, tout au moins jusqu'au début de ce siècle, un désir pressant de prendre pleine conscience de leur art, l'ambition d'en dominer l'économie. Obéissant aux impérieuses revendications de l'intelligence ils semblent ne faire qu'à demi confiance au génie qui les inspire et s'efforcent de contrôler l'instinct par la réflexion. Fréquemment, nous voyons ceux mêmes chez lesquels l'élément intellectuel n'est pas prépondérant se retourner pour ainsi dire afin de contempler leur œuvre, s'astreindre à la juger objectivement dans le dessein de l'améliorer et de la parfaire. Telle est en particulier la pratique des classiques auxquels Boileau a tantôt fourni des principes et tantôt prêté sa voix, et ils sont bien loin d'être les seuls à s'y conformer.

Or, l'examen critique de l'œuvre par l'artiste suppose de sa part une esthétique à laquelle il se réfère implicitement. C'est elle qui lui permet de mesurer l'écart entre l'acte et le rêve. Cette esthétique parfois préexiste à la réalisation à laquelle elle préside; elle en détermine le dessein et le modelé. Parfois au contraire l'artiste commence par créer. Son esthétique ne s'élabore que lentement, ensuite, pour arriver à fleur de conscience. Instruit alors du mécanisme de sa technique et des principes qui la dirigent il cherche à les dépouiller de l'accidentel et du transitoire, à les formuler avec précision, à leur donner enfin une valeur d'application universelle. S'il s'agit d'un esprit synthétique, il pousse plus loin l'effort, s'évertue à coordonner ces principes en un système cohérent, en un mot il en dégage une philosophie.

Cette sorte de synthèse, d'art poétique, au sens étymologique du mot, existait-elle inexprimée dans l'esprit de Jules Renard? C'est précisément la question que nous nous posons et que nous essaierons de résoudre en faisant appel aux témoignages de son Journal inédit. Nous nous bornerons toutefois à examiner la question du style. A cela deux motifs principaux. Non seulement en effet le style fait le mérite singulier de son œuvre, mais tout au long de sa vie littéraire le problème du "bien écrire" ne cessa de le préoccuper.

"Jules Renard, dit Paul Souday, a peut-être été le plus passionné styliste qu'on ait vu depuis Flaubert." L'explication s'en
découvre dans l'amour obsédant, exclusif qu'il nourrissait pour la
littérature. Elle était la raison même de son être et tout ce qui
touchait à l'art des lettres prenait à ses yeux l'importance du définitif et de l'absolu. Il le confesse avec une âpreté, un cynisme qui
font horreur. Ne dit-il pas sans qu'on sache précisément s'il s'en
vante ou le déplore "Si vous m'annonciez la mort de ma petite
fille que j'aime tant, et si, dans votre phrase, il y avait un mot
pittoresque, je ne l'entendrais pas sans en être charmé." Du
moins s'efforce-t-on de douter car on a le sentiment obscur qu'il
était fier au fond de cette difformité du cœur. Ce n'est pas qu'il
en méconnût le caractère monstrueux, cela il ne pouvait l'ignorer,
mais, par une perversion de la vanité qui n'est pas sans exemple
en pathologie, il jouissait amèrement de représenter un cas exceptionnel. Exceptionnel, nous l'espérons. Ce n'est pas si certain.
Peut-être notre irritation vient-elle justement de ce qu'il éclaire
d'une lumière inopinée et cruelle les refoulements de nos plus
honteuses pensées? D'autres que lui les ont éprouvées, la différence c'est qu'il semble s'y complaire. Enfin, quel que soit son
mobile, quel que soit le plaisir qu'il prenne à s'accuser—il s'accuse.
S'il n'est pas parfaitement sincère,—et qui l'est jamais?—il fait du
moins pour y parvenir l'effort maximum dont il soit capable.
Aussi, à la minute même où il s'aliène notre sympathie, où nous lui
en voulons pour le faible prix qu'il y attache, il force encore notre
adhésion admirative.

La pratique des rites littéraires a conduit Renard à une véritable
idolâtrie du style. "Je t'aime, dit-il à une femme, comme cette
phrase que j'ai faite en rêve." Il en fournit également la preuve
dans des remarques qui vont jusqu'au paradoxe: "ce que je recherche
avant tout dans un roman ce sont les curiosités de phrase." Chez
un autre la note suivante: "Le mot est l'excuse de la pensée" ne
serait qu'une boutade humoristique, de sa part elle a la valeur
d'un aveu. On sait que, si d'aucuns ont fendu les cheveux en
quatre, Renard les a refendus en huit et l'on aborde avec une sorte
de frisson de voluptueuse attente l'étude de la pensée de ce fin
ciseleur où elle touche à sa plus impérieuse passion, à celle qui
précisément semble avoir fait de lui un cas unique. A défaut
d'une stylistique formelle et explicite, pourrons-nous recueillir, en
ramassant tant de traits dispersés dans son œuvre, les fragments
épars de quelque belle et imposante statue, ou, pour abandonner

une image superflue, s'était-il fait une théorie complète et lumineuse du style, magistralement ordonnée, dont il ne nous aurait laissé entrevoir que de fugitives lueurs? C'est là précisément ce qu'il importe de rechercher.

Il faut reconnaître qu'il ne nous donne que rarement sur la question un jugement d'ensemble, quelque principe directeur qui commande les idées secondaires. Toutefois il dit quelque part: "Il ne peut y avoir, d'un côté, la forme, de l'autre, le fond. Un mauvais style, c'est une pensée imparfaite." Et sans doute cela peut suffire, car l'énoncé est catégorique. Cette interdépendance de l'idée et de l'expression, il la précise en nous affirmant qu'elle a son origine dans la nature même: "Le style, c'est l'habitude, la seconde nature de la pensée."—"On devrait écrire comme on respire. Un souffle harmonieux, avec ses lenteurs et ses rythmes précipités, toujours naturel, voilà le symbole du beau style." Ce n'est point à dire que, selon lui, la notion de cette interdépendance doive être inconsciente. Au contraire elle sera voulue autant que naturelle chez l'artiste. La grande affaire c'est qu'elle paraisse spontanée: "Savoir, en style, et ne jamais le laisser paraître." Et non seulement l' "art" doit être de cacher l'art, ce qui certes n'est pas nouveau mais, dit-il ailleurs, le résultat même ne doit pas être perceptible:

Le beau style ne devrait pas se voir.

Comment concilier cet aphorisme avec celui que nous citions tout à l'heure:

Le mot est l'excuse de la pensée?

Ils nous paraissent en absolue contradiction mais leur conflit est du moins en harmonie avec le caractère de l'auteur, car celui-ci est tout bariolé de couleurs qui se heurtent. Et par ce trait, comme par tant d'autres plus touchants, cet écrivain exceptionnel se voit ramené dans le troupeau de l'humanité moyenne. Notre vanité rassurée, en plus de l'admiration, lui rend encore maintenant cette affection dont sa mesquinerie et son orgueil vraiment luciférien ont tant de fois brisé l'élan.

\* \* \* \* \* \*

De toutes les qualités de style que prise J. Renard, celle qui lui paraît entre toutes excellentes, celle vers laquelle il tend uniformément, c'est la concision, concision unie à la brièveté car les deux mots ne sont point synonymes. Si un carnet de blanchisseuse lui avait été compté je crois qu'il y eut pris un plaisir extrême.

Il revient sans cesse sur cette qualité qui lui semble conditionner toutes les autres: "de presque toute littérature on peut dire que c'est trop long" écrit-il.[1]

D'ailleurs à quoi bon tant écrire?

De tout ce que nous écrivons, la postérité ne retiendra qu'une page, au plus.

La pratique de cette concision résulte-t-elle chez lui d'une disposition, d'un goût naturels? Plusieurs de ses affirmations tendraient à le laisser croire:

Il se souvenait avec goût.   Dans ce qu'il avait vu le choix se faisait tout seul.   Il ne se rappelait que l'essentiel.

Je voudrais être de ces grands hommes qui avaient peu de choses à dire, et qui l'ont dit en peu de mots.

Le goût est tout en art, qui nous "retient" d'écrire une chose moins bien que telle autre.[2]

soit qu'il justifie la brièveté par des raisons d'ordre rationnel:

Renoncer absolument aux phrases longues, qu'on devine plutôt qu'on ne les lit.

Je prétends qu'une description qui dépasse dix mots n'est plus lisible.[3]

soit qu'il le tente par des raisons d'ordre moral:

L'homme se dépeint par quelques mots qu'il laisse échapper.   Dès qu'il fait une phrase entière, il ment.

soit qu'elle lui paraisse représenter l'idéal même:

J'arrive à la sécheresse idéale.   Je n'ai plus besoin de décrire un arbre: il me suffit d'écrire son nom.

Mais au fil des pages du Journal on surprend parfois une autre confession. N'aurait-il pas fait de nécessité vertu? Sans doute après avoir écrit "Incapable de longue haleine, je lis par-ci,

[1] Cf. "Des plus belles choses que j'admire, je dis encore que c'est trop long." "Je ne peux plus relire mes livres, parce que je sens que j'en ôterais encore." "C'est tout de même un peu fort, de croire que l'abondance est une qualité!" "Il faut qu'une note en dise plus qu'une page; sinon, elle est inutile."

[2] Cf. "Je pourrais recommencer tous mes livres en desserrant." "Qu'est-ce que tu prépares?"   "Deux ou trois phrases courtes, et de longues rêveries." "Je n'aime à écrire que de petites choses, en artiste." "Un plaisir, ce serait d'écrire de longues scènes et de m'amuser ensuite à les résumer en trois lignes." "Ma phrase de demain: le sujet, le verbe et l'attribut."

[3] Cf. "Ce sont les 'belles' descriptions qui m'ont donné le goût des descriptions en trois mots." " 'Ciel' dit plus que 'ciel bleu.'   L'épithète tombe d'elle-même, comme une feuille morte."

par-là, et j'écris par-ci, par-là," il ajoute "je crois bien que c'est la destinée du véritable artiste," mais à certaines heures l'aveu d'impuissance apparaît sans réserve:

Je n'ai pas assez de souffle pour tourner la page.[1]

D'ailleurs si cette écriture impitoyablement concise, ce style au compte-goutte convenaient à merveille à ce qu'il définissait lui-même une littérature de furet, aux idées d'un homme qui s'obstine à comprendre une pointe d'épingle (ce que R. de Gourmont appelait si plaisamment des scalps de puce) elle excluait tous les charmes qui nous séduisent dans la phrase ondulante et nombreuse.

De son propre aveu, complètement inapte à comprendre sinon à sentir la musique, il paraît avoir été indifférent à l'harmonie de la prose. Il critique ainsi le style de Franc-Nohain:

Phrase trop littéraire, je veux dire: trop serpentine. Au théâtre, le sujet, le verbe et l'attribut suffisent: plus, c'est trop.

"Au théâtre," dit-il ici, mais il pensait de même à propos de tous les genres.[2]

Et l'on voit le danger. Ce n'est point en effet simple question de forme. Exclure la phrase périodique, la phrase serpentine comme il la nomme, c'est exclure également la peinture vraie, sincère et réussie des objets, des mouvements, des scènes que seule une telle méthode peut rendre avec fidélité. Fréquemment, il est vrai, on trouve chez lui telle petite phrase qui fait l'effet d'un volume mais souvent aussi le souci de faire court a dû garrotter sa pensée. Il s'en rendait compte:

Quand je relis au hasard une page de ce que j'ai fait jusqu'ici, tout de même elle me paraît un peu sèche.

[1] Aveu dont il faut encore rapprocher le suivant:
"Comme écrivain, je tâche de 'savoir me borner.' Comme lecteur, je ne me borne pas. J'aime, croyez-le, beaucoup de choses que mes livres ne laissent point deviner. J'ai été fortement remué par les poètes, et surtout par la prodigieuse abondance verbale de Victor Hugo. Y a-t-il réaction? C'est possible. Il y a plutôt limitation. Au delà, je suis mal à l'aise, et je m'excuse en me persuadant que, pour faire bien il faut que je fasse peu, et même petit."

[2] Sauf peut-être la poésie:
"On reproche aux décadents leur obscurité. C'est une mauvaise critique. Qu'y a-t-il à comprendre dans un vers? Absolument rien. Des vers ne sont pas une version latine."
"J'aime beaucoup Lamartine, mais la musique de son vers me suffit. On ne gagne pas beaucoup à regarder sous les mots. On y trouverait vraiment peu de chose. Mais c'est trop exiger que de vouloir qu'une musique ait un sens."
Et encore n'est-ce là qu'une concession sans doute, car il se reprend et dit ailleurs:
"Je veux du lyrisme clair, et sobre."

remarque que confirme l'aveu pathétique:

Ceci est un cahier d'avortements.

qu'il atténue plus loin:

Ces notes que je prends chaque jour, c'est un avortement heureux des mauvaises choses que je pourrais écrire.

pour se contredire ensuite:

Je lis des pages de ce Journal: c'est tout de même ce que j'aurai fait de mieux et de plus utile dans ma vie.

Et ces notes brèves:

Tirer des balles dans des toiles d'araignées.[1]

Style trop serré.   Le lecteur suffoque.

n'est-ce point à lui-même qu'elles peuvent s'appliquer, même s'il songeait à quelque autre en les écrivant?   Il ne faut pas en douter. Spontanément il l'a reconnu: "mon style m'étrangle" finit-il par avouer.

*       *       *       *       *       *

Pour J. Renard la concision portait en soi sa propre vertu, sa beauté unique et sa récompense.   C'est pour elle-même qu'il la chérissait, mais non point pour elle-même seulement car elle assure, ou du moins elle contribue à favoriser, deux autres qualités connexes: la précision et la finesse.   On va voir que dans sa pensée il ne les sépare point.   Il dit bien:

Le mot juste!   Le mot juste!   Quelle économie de papier le jour où une loi obligera les écrivains à ne se servir que du mot juste!

mais cette pensée pourrait être retournée.   Il considère en effet que c'est en faisant bref, en "économisant du papier" qu'on parvient le plus sûrement au mot juste.   Et "juste" semble encore un mot trop lâche.   Voici qu'il ajoute "rigueur" et "exactitude" qui nous conduisent immanquablement au "fin":

Les mots ne doivent être que le vêtement, sur mesure rigoureuse, de la pensée.

Le style, c'est le mot qu'il faut.   Le reste importe peu.

Ce qui est exact ne peut être que fin.

Avec de la vie, nous faisons un travail fin.

Il voudra non seulement nous donner la définition de la précision, mais nous la faire percevoir d'une façon sensible.   A cet effet il cherchera une image, précise, juste et rigoureuse elle-même.

---

[1] Cf. "Une nature dessinée avec un crayon taillé trop fin."
"Peindre sur toiles d'araignées."

Il la faudra rapide, instantanée, pour gagner du temps aussi bien que du papier.  Comptons qu'il la trouvera.  La voici:

Bien charger ma phrase, bien viser, et faire mouche.

C'est la perfection même, parce que l'image réalise au mieux l'harmonie entre la pensée et sa description.  Au fond elle n'est pas mathématiquement exacte, mais elle cingle notre esprit trop surpris pour analyser et satisfait pleinement notre imagination qui est seule en cause.  A lui elle fait un plaisir égal d'ailleurs et il y revient avec plaisir:

Je suis un littérateur qui ne tire qu'à coup sûr.

Les exemples suffiraient à le montrer: l'arc de sa phrase est toujours tendu et souvent il semble décocher celle-ci plutôt que l'écrire.

On n'a nulle peine à l'imaginer à son établi, tirant de toutes ses forces sur les brins d'acier pour tordre le fin cable de ce style à haute tension.  "Serrez, serrez, votre porte-plume! dit-il.  Le style se lâche.  La phrase s'en va comme une folle.  Vous allez verser."

Ces images, pas plus que les miennes, ne sont cohérentes? Eh parbleu! il le sait bien!  C'est une voiture qui verse et non un porte-plume.  Mais il faut gagner une minute, gagner une ligne et puisque vous avez compris n'a-t-il pas réussi, même si votre imagination s'est un peu essoufflée à franchir d'un saut les trous béants qui coupent la route?

Cependant, à trop serrer le porte-plume, la main se crispe, s'énerve et perd sa sûreté.  De cela il a conscience aussi: une note brève nous le révèle:

Trop de scrupules pour arriver au juste.

\*     \*     \*     \*     \*     \*

L'art, l'art littéraire surtout, vise à deux fins: il permet à l'écrivain de se délivrer, de donner pleine expression à sa personnalité qui prend un corps vivant dans la mesure où elle s'extériorise —il tend aussi à assurer l'intercommunication des êtres et permet à l'auteur d'affecter la sensibilité, l'intelligence, voire la conduite d'autrui.

Et ce dernier résultat fut la suprême ambition des classiques, la raison aussi qui explique le permanent désir de clarté par quoi se distinguent toutes les œuvres qui relèvent de leur doctrine.

Au cœur de Jules Renard brûle ce désir: "Vers la clarté par n'importe quel chemin," s'écrie-t-il![1]

Et ce n'est point seulement parce qu'un penchant naturel l'y incline:

Mon cerveau clair comme un beau soir.

Il ne me manque que le goût de l'obscurité.

c'est encore parce qu'à son sens elle est un devoir de courtoisie envers le lecteur:

La clarté est la politesse de l'homme de lettres,

un devoir de piété envers ceux qui, avant nous, ont porté le flambeau:

Prends garde à cette phrase que tu vas écrire: des yeux de l'autre monde peut-être la liront.   Il ne faut pas qu'elle y laisse un nuage trouble.

Unique et bien légère restriction à la souveraine liberté de l'artiste!  Celui-ci a en effet le droit d'être lui-même à la seule condition de ne point obscurcir ses témoignages:

On ne doit au lecteur que la clarté.   Il faut qu'il accepte l'originalité, l'ironie, la violence, même si elles lui déplaisent.   Il n'a pas le droit de les juger.   On peut dire que ça ne le regarde pas.

La clarté à laquelle il aspire n'est au fond que l'aspect extérieur de la sincérité, le plus impérieux des devoirs.   Et quand il écrit:

A quoi bon ces cahiers?   Personne ne dit la vérité, pas même celui qui les écrit.

A chaque instant ma plume tombe parce que je me dis: "Ce que j'écris là n'est pas vrai."

qu'on comprenne bien qu'il peut s'agir implicitement du style, comme d'ailleurs il l'indique autre part en rubrique:

Style.   Je m'arrête toujours au bord de ce qui ne sera pas vrai.

Cette sincérité de forme devra se traduire non seulement par le caractère général du style mais même par le choix particulier des termes:

Pour décrire un paysan, il ne faut pas se servir de mots qu'il ne comprend pas.

Bien plus, Renard ira jusqu'à renouveler au bénéfice de la sincérité cette concession dont nous avons déjà fait état il y a un instant:

L'ironie doit faire court.   La sincérité peut s'étendre.

[1] On peut même à l'occasion lui sacrifier la brièveté:
"Ne pas écrire trop serré.   Il faut aider le public avec de petites phrases banales. Daudet savait les intercaler."
Nous savons ce que pouvait lui coûter un tel sacrifice.

Et voici donc qu'il nous faut, sinon reviser, du moins atténuer la rigueur de nos observations précédentes.  Sans nous rétracter complètement, sans nier son amour profond de la concision, de la précision, de la clarté, il convient de faire observer que Jules Renard n'est point aussi étroitement catégorique que nous l'avons laissé paraître.  Il a le sentiment des nuances, des contingences.  Et le souci de ses qualités s'ordonne dans son esprit sur un mode moins rigide mais plus vraiment logique.  Il est aisé de reconstituer leur enchaînement.  En fin de compte son premier mobile, son inspiration directe, c'est la sincérité.  C'est par la clarté que cette sincérité se manifeste.  La concision, la précision ne sont non plus, à son gré, que les meilleurs moyens d'y atteindre.

\*      \*      \*      \*      \*      \*

La parfaite sincérité, visée sinon atteinte, va prescrire ses limites à l'originalité en matière de style.  Ne devant être recherchée ni dans l'étrangeté ni dans l'affectation, celle-ci ne sera en somme rien d'autre ni de plus que l'expression vraie de l'expérience et de la vision du tempérament personnel, tout cela synthétisé dans le style, selon la définition de Buffon.  "Le style, dit Jules Renard, c'est ce qui fait dire au directeur, d'un auteur: 'Oh! c'est bien de lui, ça!' "

Mais là où nous disons originalité et invention, lui écrirait plus volontiers "découverte":

. . . l'invention: ce mot vient de "invenire," trouver.  Vous trouvez le vrai là où votre voisin ne le voit pas.

Oui, je crée de la vérité nouvelle.  Sans ma faculté de la voir, elle restait chose morte.  Car, l'observation, c'est de l'invention.

C'est pour cela que s'il concède qu'on peut

allier la plus plate réalité à la plus folle fantaisie.

il se rattrape bien vite:

Fantaisie!  Fantaisie!  Tu es délicieuse, mais tu n'es pas le pur talent.

Qu'est-ce donc que le talent? voici sa réponse:

Le talent: voir vrai avec des yeux de poète.

La traduction de cette vision personnelle, à la fois vraie et poétique, c'est elle qui fait l'originalité du style, c'est à elle qu'il songeait lorsqu'il écrivait:

Oh! pouvoir dire: "J'ai fait style neuf!..

Une phrase battant neuf.

et c'est grâce à cette conception que

des plus classiques descriptions nous pouvons dire: "Aujourd'hui, on fait mieux que ça."[1]

\*        \*        \*        \*        \*        \*

Plus d'une fois Jules Renard a donné son sentiment sur les images dans le style.  A cet égard son attitude s'est peu modifiée. Si par hasard il admet la valeur des figures: "L'esprit n'accueille une idée qu'en lui donnant un corps; de là les comparaisons," il se hâte d'en déconseiller l'emploi:

Tout lasse.  L'image même, qui est d'un si grand secours, finit par fatiguer.  Un style presque sans images serait supérieur mais on n'y arrive qu'après des détours et des excès.

Il faut opérer par la dissociation, et non par l'association des idées.  Une association est presque toujours banale.  La dissociation décompose et découvre des affinités latentes.

Il admire ceux qui n'en font point emploi: "Ah! dit Capus, c'est une langue merveilleuse."—"Et puis, dis-je, Molière ne s'en tire pas avec des images."

Que reproche-t-il donc aux images?  Il peste tout d'abord contre celles qui sont vieillies et rebattues, qui ont par un long usage perdu le relief, le grain et la couleur et qui ne correspondent plus à notre façon de voir et de sentir.  Celles-là ne sont ni sincères ni originales, aussi ne se contente-t-il pas d'un conseil modéré:

Se défier des images, si belles qu'elles soient, qui datent du temps d'Homère.

mais plus souvent emporté par sa fougue il tempête et fulmine:

Il devrait être interdit, sous peine d'amende et même de prison, à tout écrivain moderne, d'emprunter une comparaison à la mythologie, de parler de harpe, de lyre, de muse, de cygnes.  Passe encore pour les cigognes.

Non seulement, d'après lui, les vieilles images vieillissent le style, ce qui ne saurait passer pour un paradoxe, mais les plus neuves elles-mêmes finissent par entraîner une identique conséquence:

Peut-être Mérimée est-il l'écrivain qui restera le plus longtemps.  En effet, il se sert moins que tout autre de l'image, cette cause de vieillesse du style.  La postérité appartiendra aux écrivains secs, aux constipés.[2]

[1] Voici une curieuse recette pour varier le style:
"Changer fréquemment de type de plume, ça change l'écriture et peut-être, un peu, le style."
[2] N'est il pas curieux de voir J. R. finir cette phrase même par une image—et quelle image!

Ainsi l'image, quelle que soit son apparente nouveauté, est pour le style une cause de caducité. De cette constatation axiomatique découlera inévitablement le précepte de s'en abstenir:

Comme toute comparaison originale doit forcément, à la longue, se banaliser, n'en jamais faire.

N'en jamais faire! Vraiment on ouvre des yeux ronds à lire ce conseil impératif sous la plume de Jules Renard. Est-il donc un auteur qui en ait fait davantage, ou qui davantage s'y soit complu? Nulle écriture plus que la sienne ne donne l'impression du kaléidoscope. Prenez sa définition même du style idéal, celui que d'ailleurs il atteint parfois:

Le style vertical, diamanté, sans bavure.

Trois mots, trois images et toutes font mouche: images qui ne vieilleront pas. Il n'avait pas à le craindre et sans doute ne le craignait-il pas. Alors? Ce mépris affiché de l'image ne serait-il qu'un paradoxe, une pose inspirés par une vaine et ridicule coquetterie? Aucunement. Il n'est point si malaisé de concilier sa théorie et sa pratique. J'imagine que les images qu'il refuse d'admettre sont les comparaisons amplement développées, qui retardent le progrès de la phrase, celles qui sont purement décoratives, la broderie du style; mais l'image qui, en un raccourci saisissant, dans un brusque éclair illumine un rapport encore obscur, une synthèse[1] imprévue, celle qui satisfait absolument l'esprit par sa justesse voluptueuse, celle-là il la chérit, il n'en eût point dit de mal.

Elles ne sont en fait que le chemin le plus direct pour atteindre à l'extrême concision de ces phrases qui vibrent court comme un fil de fer bien tendu.

A l'égard des images, il emporte donc de faire un tri. Pour prendre un mot de sa manière il faut "ramener les images au bercail où on les examine, où on les compte, où l'on sépare les saines des galeuses."

Et quelles seront les images saines? Deux citations nous éclairent:

Le goût de l'image juste, mathématique, Victor Hugo l'avait déjà.

Claudel se grise d'images, il ne faut pas confondre l'image vaguement belle avec l'image exacte, bien supérieure.

\* \* \* \* \* \*

[1] A cet égard il méconnaît ses plus belles réussites: "Il n'y a pas de synthèse: il n'y a que le discontinu."

Si l'on voulait donner à son mépris de l'image un sens plus général que celui qui nous a paru légitime, il suffirait d'ouvrir un quelconque des volumes de son Journal à n'importe quelle page pour mettre ses préceptes en défaut.    Ce serait une besogne bien superflue.

Mais il sera d'un double profit pour notre étude de recueillir précisément les images qui se rapportent à sa théorie du style. En voici tout un bouquet sur les mots, la phrase, le style lui-même.

*Mots :*

Il se prenait la tête par la nuque et la secouait sur la page blanche comme pour y faire tomber les mots pas mûrs, difficilement détachables.

Il voudrait donner à manger aux mots, dans le creux de sa main.

Comment dire ce qu'il arrive de délicat quand une mouche éclatante se pose sur une fleur? Les mots sont lourds et s'abattent sur l'image comme des oiseaux de proie.

*Phrase :*

Cette sensation poignante qui fait qu'on touche à une phrase comme à une arme à feu.

Quand il a fait une belle phrase, c'est un pêcheur qui vient de prendre un poisson.

Une pensée écrite est morte.    Elle vivait.    Elle ne vit plus.    Elle était fleur.    L'écriture l'a rendue artificielle, c'est-à-dire immuable.

*Langue :*

La langue a ses floraisons et ses hivers.    Il y a des styles nus comme des squelettes d'arbres, puis arrive le style fleuri de l'école du feuillage, du touffu, du broussailleux.    Puis, il faut les émonder.

*Style :*

Les feuilles mortes du style.

Il écrit à vol d'oiseau.

Style.    Plume d'aigle mouillée.

Un style blanc.

Un style gros et glissant comme le pavé de Paris par un temps brumeux.

Un style roux.    Si les littératures ont des couleurs, j'imagine que la mienne est rousse.

En scrutant plus minutieusement ses écrits on en trouverait sans doute une plus ample moisson.    On conviendra que celles-ci peuvent suffire.

\*    \*    \*    \*    \*    \*

Telles sont, disséminées au travers de son Journal inédit, les remarques dans lesquelles Jules Renard a explicitement exposé ses théories sur le style. Trouverons-nous de quoi les compléter indirectement par les opinions qu'il émet sur le style de ses contemporains ou de ses prédécesseurs? Celles-ci nous confirment tout d'abord dans les idées que nous venons d'exposer, notamment au sujet de l'importance qu'il attribue au style en général: "Capus aura tout de même du mal à résister: la postérité a un faible pour le style"; puis au sujet de la concision, de la brièveté qui lui semblent si indispensables: "Montaigne, c'est tout de même un peu traînard." "A trente ans j'étais déjà comme Goncourt à soixante-dix: seule la note m'intéressait." Cette *note* devra être le résidu, l'essence d'une longue méditation, la cristallisation minuscule d'une rêverie étendue:

Lamartine rêve cinq minutes et il écrit une heure. L'art, c'est le contraire.

Je dirai le contraire de Balzac. Écrire, est-ce que j'ai le temps! J'observe.

D'un mot familier il nous renseigne sur ses classiques préférés au regard du style: "Moi, changer quelque chose au style de La Fontaine, de La Bruyère, de Molière? Pas si bête!"

La Bruyère surtout lui plaisait, sa phrase courte à facettes dont il a lui-même donné tant d'exemples devait le séduire. Certains qui, comme Daudet, voulaient lui faire plaisir, faisaient le rapprochement: il le rapporte volontiers: "Les comparaisons ne disent rien. Il faut pourtant que je vous compare à La Bruyère. Oui, vous êtes un La Bruyère moderne."

Parfois d'ailleurs il exprime franchement, directement cette ambition: "Un La Bruyère en style moderne, voilà ce qu'il faudrait être."

Comme on voit, rien que de prévu dans ses préférences; il en va de même pour ses haines: elles s'attachent à ceux qui ont les défauts opposés aux qualités qu'il admire. Écoutez-le:

Verlaine. Lu ses lettres publiées par la "Revue Blanche," No. 83. Son style: une désagrégation, une chute de feuilles d'un arbre qui se pourrit.

Ailleurs:

Quand je ne suis pas content de mon style, je lis une page de celui de Jules Simon.

Et encore:

Ce qui manque peut-être aux Goncourt, c'est l'art de faire ressortir leurs mots, leurs curiosités de langage, de les mettre en vitrine afin que le badaud s'attarde.

Il revient sur la rareté des images chez Molière: "Quelle pauvreté d'images dans Molière, mais quelle amère éloquence!" et peut-être est-il temps d'expliquer pourquoi il admirait chez l'auteur du *Misanthrope* cette discrétion dans l'emploi du style figuré? Nous en trouvons, je crois, la raison dans la boutade citée plus haut où il l'oppose à Capus. L'image en effet naîtra spontanément sous la plume de l'artiste dont le seul but est de susciter devant nos yeux des représentations sensibles, qui cherche avant tout à nous faire éprouver des sensations esthétiques, désintéressées. Mais elle n'est ni à sa place, ni même ordinairement possible, dans la bouche d'un personnage dont chaque mot est inspiré par la passion ou du moins par des raisons d'intérêt personnel affectant sa vie propre dans ce qu'elle a d'essentiel, d'un personnage qui s'efforce le plus souvent d'influencer, voire de déterminer la conduite de ses interlocuteurs. L'image n'appartient point au style de l'action: elle n'est pas dramatique.

Voici encore deux remarques de Renard sur d'autres auteurs qui nous donnent quelque lumière sur un autre aspect du problème du style: "Le beau rôle, dit-il, que pourrait jouer Malherbe en ce moment! 'D'un mot mis en sa place enseigna le pouvoir.' Et jeter dans la boîte aux rebuts tous les autres mots, qui sont flasques comme des méduses mortes."—"Le mot ne vit que par la place qu'on lui donne. Le lyrisme se contente un peu trop de l'à-peu-près; de là, tant de froids lyriques." C'est là tout ce qu'il énonce sur la construction, sujet si important cependant et sur lequel très peu de choses avaient encore été écrites.[1]

*     *     *     *     *     *

Bien que rongé par d'invraisemblables mesquineries, "Je ne lis rien, de peur de trouver des choses bien," disait-il, et littéralement

---

[1] (1) Je l'ai traité personnellement dans *La Psychologie de la construction dans la phrase française moderne*, Les Presses Universitaires de France, Paris, 1930.

(2) Signalons enfin quelques autres notes qui ne sont pas d'une très grande portée: "la prose—un vers qui ne va pas à la ligne" (sauf, ajouterons-nous, dans François Coppée).

"Le vers est toujours un peu la cage de la pensée."

"Style. Les grosses syllabes lourdes qui assourdissent et empêchent d'entendre la phrase."

"Ce qui caractérise le style des Goncourt c'est le mépris hautain qu'ils ont pour l'harmonie, ce que Flaubert appelait les chutes de phrase."

"Premier que de s'escrimer du poignard. . . ." "Premier que le sûr Péladan se fût voué. . . ." C'est beau, le style! Ce "premier que" est comme le "Il a la gueule noire" du propriétaire d'un chien de race."

"Victor Hugo. Ses éboulements de vers."

pourri d'orgueil, Renard qui n'était pas tendre pour les autres était également dur et sévère pour lui-même: "L'œuvre des autres me dégoûte, la mienne ne m'enchante pas.  Voilà ma force et ma faiblesse."

Après avoir étudié les jugements qu'il porte sur d'autres écrivains, nous rassemblerons ceux qu'il a, au cours de son Journal, émis sur son propre talent.  Fort sensible aux éloges (mais quoi de plus commun et de plus naturel!) il rapporte avec un évident plaisir ceux qu'on a décernés à son style: "Jules Renard, ce Maupassant de poche."—"Vous avez fait d'étonnants progrès en langue française.  Maintenant, chaque mot de vous est poinçonné."—"Je viens d'écrire que vous êtes un artiste japonais."— "On dira de lui que c'était le premier des petits écrivains."  Il s'en décerne lui-même là où il les croit mérités: on ne peut s'empêcher d'y souscrire: "Mon style plein de tours de force dont personne ne s'aperçoit."—"Je n'écris pas trop mal, parce que je ne me risque jamais."—"Donnez-moi de la vie: je me charge de 'la partie littéraire.'"  Il va même quelquefois un peu plus loin que nous ne consentirions à l'accompagner:

Je suis un écrivain que, seul, le goût de la perfection empêche d'être grand.

Quelque part il trahit une ambition assez indéfinie: "Etre un Pasteur littéraire."  Nous ne savons au juste ce qu'il entend par là, mais on ne peut s'empêcher de songer qu'il était bien plus capable de donner la rage aux gens que de les en guérir; ailleurs il précise son rêve avec une caractéristique vigueur; il veut "avoir un style exact, précis, en relief, essentiel, qui réveillerait un mort."

Ceux auxquels d'aventure il se mesure lui permettent de reconnaître les limites de son talent.  Il ne relit pas Saint Simon et Flaubert sans rougir et il appelle son cerveau un gaufrier de mots. Ailleurs il avoue qu'il ne se renouvelle pas parce qu'il est incapable de se renouveler et qu'en somme il ne sera jamais qu'un croque-notes littéraire:

Mon ignorance et l'aveu de mon ignorance, voilà le plus clair de mon originalité.

On voit que sa prétention à la sincérité, il savait la justifier dans les circonstances où elle coûte le plus à l'homme, dans l'examen de soi-même et dans la rigueur judicieuse avec laquelle il était capable de juger ce qui lui tenait au cœur plus qu'autre chose au monde, son talent d'artiste littéraire.

\*      \*      \*      \*      \*      \*

Artiste de lettres, Jules Renard indubitablement l'était: il semble bien même n'avoir point vécu pour autre chose que l'art littéraire. A ce titre il sentait le prix de la forme et savait que c'est par sa seule vertu que la pensée s'immortalise. La forme fut pour lui l'objet d'un soin constant, méticuleux, douloureux parfois et qui parfois aussi le desséchait.[1] Il eut vraiment l'instinct du style, d'un certain style, le sien, non pas tant parce qu'il en usait que parce que nul autre, avant lui, ne l'avait exactement découvert. Dans le domaine de la ciselure, de la joaillerie verbales, de la miniature littéraire il a même souvent ouvré de petites merveilles pour lesquelles il a fallu créer une vitrine nouvelle qu'il suffit presque seul à remplir. C'est vraiment un créateur dans l'ordre du langage.

Ce n'est pas sans profit non plus, on l'a vu, qu'on le consulte sur le secret de son art. Dans l'ensemble il avait très clairement conscience de son idéal de prosateur et consciemment aussi il utilisait les moyens de le réaliser. A maintes reprises il est revenu sur les avantages, sur la nécessité de la concision, de la précision, de la clarté, vertus qui font avec une sorte de lyrisme humoristique le prix de son œuvre. Mais, si passionné que fût l'intérêt qu'il prenait à la question du style en soi, on ne saurait prétendre qu'il l'ait très profondément creusée, ni qu'il en ait fait le tour au sens où l'entendraient par exemple un Jules Romains ou un Albert Thibaudet. Ses commentaires représentent plutôt le jaillissement intermittent et impulsif de l'esprit que le résultat d'une méditation intense et dirigée. On a le sentiment qu'il reste souvent à la surface.

Aussi dans la théorie du style telle qu'elle se dégage de ses propres observations apparaissent de surprenantes lacunes et de nombreuses insuffisances. A vrai dire, ce n'est pas tant une théorie du style qu'une "pratique" de son propre style qu'il est possible d'extraire du Journal inédit, mais cette importante réserve faite, insuffisances et lacunes subsistent. Il suffirait d'ouvrir le traité de stylistique française de Ch. Bally pour les dénombrer.

Quant à trouver dans son œuvre sinon une synthèse complète des problèmes du style, du moins un ensemble cohérent de principes d'application universelle, on se rend assez vite compte non seulement qu'il faut y renoncer, mais encore que l'on n'était point en droit de l'espérer. Pour rendre sa théorie plus complète, ce n'est ni la clairvoyance ni la faculté d'analyse qui lui manquaient, mais, à

---

[1] "Il faut savoir négliger son style pour paraître plus souple," dit-il, quelque part.

défaut d'études spécialisées, une éducation plus solide et surtout le goût des idées. En plus de cet amour passionné du sujet qu'on lui accorde volontiers—du sujet tel qu'il le comprenait,—il lui aurait fallu aussi d'autres dons que les fées, hélas! n'avaient point mis dans son berceau: la sympathie intellectuelle pour toutes les formes d'art différentes de la sienne et surtout l'esprit philosophique.

FÉLIX BOILLOT.

BRISTOL.

# LES PROGNOSTICA DU MS. ASHMOLE 304 DE LA BODLÉIENNE

Ces *Prognostica* (A) ne sont autre chose que la source du livre de bonne aventure (B) contenu dans le MS. Royal 12.C.XII du Musée Britannique et publié pp. 639–655 des *Mélanges de linguistique et de littérature offerts à M. Alfred Jeanroy* (E. Droz, Paris, 1928). Nous avons signalé ce document pp. 639–640 desdits *Mélanges Jeanroy* et le présent article est destiné à en donner une idée plus complète et plus précise.

## Le manuscrit

Le MS. qui contient les *Prognostica* est ainsi décrit dans le *Catalogue of the Ashmolean MSS.*, Oxford, 1845, p. 216:

No. 304. It was in the possession of Thomas West in 1602. A small quarto vol. containing 70 leaves of vellum written in the XIIIth. century in a fair text hand. . . .

8. Prognostica quorum judices sunt septem Planetae, Serpentarius et duodecim signa zodiaci. Sic incipit, "Sol Iudex Ius. Mittam te ad amicum meum et dicet tibi verum. Certe tibi dico prope est ut gaudeas et mutes fortunam." 64–71 b.

At least 3 leaves are wanting after the last paper of this volume which contains only the sixth sign "Virgo XIIII." The last line is: "Sanabitur imfirmus, da gratias Deo."

Ajoutons les remarques suivantes:

1. La première ligne de VIII, IX, X, XI, XII, XIII, XIV est reproduite en lettres très fines au bas de 67 V., 68 R., 68 V., 69 R., 70 R., 70 V.

2. Comme moyen de contrôle pour l'aider dans sa copie, le scribe a numéroté en marge les deux derniers vers de II, les trois derniers vers de III, les quatre derniers vers de IV et ainsi de suite. Cette numérotation est 1 pour l'avant-dernier vers de II, 2 pour le dernier vers de II; 1, 2, 3 respectivement pour les trois derniers vers de III et ainsi de suite jusqu'à XIIII où les quatorze derniers vers sont numérotés 1 à 14 respectivement.

3. Au folio 67 V. les initiales de chaque vers manquent, ainsi que quelques autres lettres venant immédiatement après elles.

Nous les avons rétablies dans notre texte: elles sont imprimées en italiques (cf. VIII).

4. Le ms. est nettement dû à un copiste français.

### Rapport entre A (*texte latin*) et B (*texte français*)

Il y a tout d'abord deux différences à signaler entre A et B:

1. Les groupes III, IV, V, VI, VII n'ont pas les mêmes noms de juges (cf. notes).

2. Il n'y a absolument rien dans B qui corresponde à la ligne de début des groupes de A.

Quant à la traduction même, elle est souvent d'une exactitude remarquable. Par exemple A 4, 3, 6, 7 sont rendus de façon fort fidèle par B 41, 42, 45, 46:

La planete vos dit qe vostre desir trouverez.

Le counsail qe vos savez a nully le descoverez.

Vos achaterez et vendrez, dont tous jours riche serreez.

Ore ne vos marïez; autre oure atendez.

Mais, comme on peut s'y attendre quand il s'agit d'un texte en prose qu'on transforme en un "poème," B prend bien des libertés avec son original.—Il le raccourcit: par exemple il ne traduit ni "ut gaudeas" (cf. A 2 et note), ni "ora" (cf. A 11 et note).—Ou bien il l'allonge: par exemple A 34 devient B 72: De le malade voir vos dy q'il en haste doit moryr.—La rime, cette servante, joue trop fréquemment le rôle de maîtresse. Elle est responsable de modifications considérables (cf. A 197 et 198 et notes). Elle recourt sans la moindre vergogne aux chevilles les plus banales. Ainsi A 270 est traduit par B 297: Le pelryn revendra; Dieu le velt, sachez de fy. Ce "sachez de fy" n'est appelé que par B 298: Ne viverez mie longement, vostre temps est acomply.—Parfois même B se contente de paraphrases (cf. A 18 et note).

Mais il y a un certain nombre de passages qui ne se correspondent que peu ou même qui ne se correspondent point du tout dans les deux textes: prédictions qui ne s'appliquent pas au même sexe (cf. A 5 et note); prédictions de portée absolument opposée (cf. A 170 et note); prédictions ayant des objets tout à fait différents (cf. A 225 et note); contresens de B (cf. 193 et note). Nous ne pouvons ici signaler toutes ces divergences; le lecteur les trouvera indiquées en note.[1]

Quant aux solécismes et barbarismes de A, nous les avons de

---

[1] Les numéros entre parenthèses à la fin des lignes de A indiquent les vers de B correspondant aux lignes de A.

propos délibéré laissés subsister dans notre édition. Quelques-uns d'entre eux sont peut-être susceptibles de mettre sur la trace de la langue de l'auteur; le "vade via" par exemple de A 73 pourrait nous permettre de conclure à une origine italienne, *andar via.*

On trouvera rejetées en notes les corrections que nous avons jugées nécessaires pour faciliter l'intelligence du texte: oublis, confusions, etc.

--------

### PROGNOSTICA

(64 R.)  SOL. JUDEX I.

Mittam te ad amicum meum et dicet tibi verum.
Certe tibi dico: prope est ut gaudeas et mutes fortunam.
Consilium quod tu scis non reveles. . . . . (42)
Bene dicit planeta: invenies quod desideras. . . . (41)
5 Tu diligis; ille vero non.  Tolle te ab eo.
Emes et vendes; unde eris dives. . . . . (45)
Non duces modo uxorem usque in aliam horam. . . (46)
Quod perdidisti invenies; gaude. . . . . (47)
Allongatum est quod speras; sustine. . . . (48)
10 Ipse longinquus venit cum gaudio. . . . . (49)
Non vives multum; appropinquat mors; ora.
Puerum pariet uxor et gaudebit de eo. . . . (51)
Non ambules in via quia non est bona.
Sanabitur imfirmus; det laudes Deo. . . . (53)
15 Quod a te exivit non video ut revertatur. . . (54)
Superior eris in hoc placito; venit tibi gaudium. . (55)
Dies tui abbreviati sunt; de debito non exies. . . (56)
Honorem invenis de Domino; esto sapiens.
Virtutem non habes; quomodo te vis probare? . . . (58)
20 Vade in pace, muta, et invenies bona. . . . (59)
Vade; irretitus es et modo fortunam nòn habes. . . (60)

(64 V.)  LUNA. II.

Dirigam ad fidelem meum qui te certificabit.
Hoc quod vis cum gaudio invenies. . . . . (61)
In hoc quod queris non favet fortuna. . . . (62)
25 Sicuti diligis ita te diligit; confide. . . . . (63)
Non facias mercatum; generat enim iram cum jactura.
Accipe uxorem quia bonam illam invenies. . . . (65)
Hoc quod perdidisti nunquam invenies. . . . (66)
Quod desideras invenies; Dominus enim tribuet. . . (67)
30 Exul remotus est; revertetur cum gaudio. . . (68)
Multum vives; gratus esto Deo. . . . . (69)
Puellam pariet uxor et gaudebit de ea. . . . (70)
Vade in pace quia inde gaudebis, scito. . . . (71)

Imfirmus morietur in proximo.    .    .    .    .    .    (72)
35 Furtum revertetur; da gracias Deo.
Victus eris in hoc placito; cede.    .    .    .    .    .    (74)
Exies bene de debito; regraciare Deum.    .    .    .    .    (75)
Non postules hunc honorem; esset tibi in iram.    .    .    (76)
Omnes contra te creti sunt, sed tu superabis.
40 Non exeas de domo tua; non enim tibi erit honori.
Nuncius tibi venit ut exeas de vinculis.    .    .    .    .    (79)
Lucrum tuum tardatur; placa Deum.    .    .    .    .    (80)

(65 R.)                        SATURNUS.  III.

Ad fidelem te destinabo qui dicet tibi quid erit.
Fortunam mutabis in bono: vult Deus.
45 Amorem non invenies in ea quia alter querit illam. .    .    (82)
Invenies in negocio lucrum bonum. .    .    .    .    .    (83)
Uxorem non ducas quia non est tibi bona.    .    .    .    (84)
Quod amisisti invenies ante expectatum. .    .    .    .    (85)
Hoc quod speras non erit quia invalidus es.    .    .    .    (86)
50 Peregrinus non venit; ora Deum pro eo.    .    .    .    (87)
Appropinquat tempus ut transeat astutus.
Pariet femina filium gaudebitque de eo. .    .    .    .    (89)
Non ambules in via quia non est directa.    .    .    .    (90)
Egrotus sanabitur; per imfirmitatem Deum cognoscet.    .    (91)
55 Peccator es, iccirco illud non recuperas.
Superiores in tuo judicio inimici tui ceciderunt.    .    .    (93)
De debito non exies; conserva te ipsum.    .    .    .    (94)
De principe tibi venit honor, de quo erigeris. .    .    .    (95)
Hanc probacionem non facies; quere pacem.    .    .    .    (96)
60 Si vis te mutare, vade quia cara invenies.    .    .    .    (97)
Reperies quod furatum est; confortare.
Lucrum invenies gratum nec decipieris.    .    .    .    (99)
De consilio invenies odium si dixeris.    .    .    .    .    (100)

(65 V.)                        JUPITER.  IIII.

Ad infallibilem te dirigo; confidenter crede quod dicet.
65 Diligis te bene et sic et illa diligit te fideliter.    .    .    (101)
Non negocieris nunc; expectare expedit. .    .    .    .    (102)
Si vis, accipe uxorem; Deus auxiliabitur.    .    .    .    (103)
Amissa non invenies; dissipata sunt.    .    .    .    .    (104)
Esto fortis et letus; quod speras invenies.    .    .    .    (105)
70 Peregrinus non venit; ora Deum ut eum reducat.    .    .    (106)
Laudes da Domino qui concessit tibi longam vitam.    .    (107)
Pariet puellam nitidam; genitrix gratulabitur.    .    .    (108)
Vade via luna prima et prosperabitur tibi.    .    .    .    (109)
Imfirmus iste transit; provide anime ejus.    .    .    .    (110)
75 Quod furatum est invenies; gaude.
Non istud pacitum; roborantur inimici.    .    .    .    (112)
De debito exies sine molesta; spera.    .    .    .    .    (113)

Invenies cum leticia de Domino quod speras ante mortem. (114)
Non habebis virtutem in prelio; tracta que pacis sunt.
80 Muta te cum salute quia ubi stas non bene manes. . (116)
Capcio allogatur; modo non expecto exies. . . . (117)
Venit tibi lucrum et inde letaberis. . . . . (118)
Hoc quod vis invenies; da Deo laudes. . . . (119)
Ista fortuna pendet inter utrumque. . . . . (120)

(66 R.)            MARS. V.

85 Te dirigam ad veracem augurem qui revelabit tibi.
Eme quod vis quia inde gaudebis. . . . . . (121)
Non accipias modo uxorem donec veniat melius tempus. . (122)
Quod perdidisti invenies, nec decipieris.
Prolongatum est quod speras, nec hoc invenies. . . (124)
90 Ecce venit ipse cum gaudio et cum lucro. . . . (125)
Non vives multum; converte te ad Dominum Deum. . (126)
Filium pariet uxor, de quo gaudebunt amici. . . . (127)
Non ambules in via usque in alia vice. . . . . (128)
Imfirmus sanus efficitur; congaudebunt amici.
95 Non invenies furtum: infelici sidere ablatum fuit. . . (130)
Esto fortis in isto judicio; vana sunt consilia contra te. . (131)
Multum debes adquirere et persolvere. . . . . (132)
Non tibi competit hic honor; convertet te in iram. . (133)
Tu impius es: quomodo cupis vivere?
100 Muta te in ipso loco; paratum est tibi ab angelo.
Parum stabit in carcere; in proximo exiet inde. . . (136)
Quomodo vis rem quam non habuisti? Dei voluntas est.
Non cogite in re quam non habes usque dum veniant menses.
Fortunam in bono mutabis; Deus tibi auxiliabitur. . . (139)
105 Tu ardenter amas, illa non curat, nec cura. . . . (140)

(66 V.)            VENUS. VI.

Tibi significo cui confidas. Roga ut erudiaris.
Mulierem pulchram invenies tibi convenientem. . . (141)
Rem perditam non invenies tam cito; sustine. . . . (142)
Quod speras invenies; Deus tibi hoc ostendet. . . . (143)
110 Peregrinus non tam cito veniet ut sperasti. . . . (144)
Non vives multum; dispone domui. . . . . (145)
Puellam pariet mulier decentem. . . . . . (146)
Invenies lucrum et ibis longam viam. . . . . (147)
Graviter est vexatus; tandem est moriturus. . . . (148)
115 Invenies que perdidisti, si juste sint adquisita. . . (149)
Tu fallax es in judicio et per te tibi venit inclinacio. . (150)
Leviter persolves; absolutus, lauda Deum. . . . (151)
Honor non est tibi bonus quia nescis ei dominari. . . (152)
Bene experieris; omnes fugient ante te.
120 Non te mutes de loco ad locum, si sapis. . . . (154)
Exies de vinculis et in breve reverteris. . . . . (155)

Alii adquirent, tu nil, peccato impediente.
Quod vis querere invenies; paratum est.
Alter lucrum consequitur; sed tu non adquires.
125 Captus es in amore, sed non diligit te. . . . . (159)
Non te adjuvat fortuna; nil consequeris. . . . (160)

(67 R.)             MERCURIUS. VII.

Transmitto te ad amicum qui tibi verum propalabit.
Restituet tibi Deus amissa post desperacionem. . . (161)
Non speras quicquam quia non invenies. . . . (162)
130 Peregrinus venit tibi; Dominus sic disposuit.
Appropinquat tempus in quo es moriturus.
Puerum pariet uxor et diu vivet.
Perge in via; gratam invenies societatem. . . . (166)
Appropinquat tibi sanitas; in spem meliorem erigere. . (167)
135 Non invenies amissum; a Deo roga restui.
Ista arte est tua potentia; fac quod vis; non time. . . (171)
Nunquam eris sine debito; moderare.
Desine ab hac voluntate quia non prosperabitur. . . (172)
Quomodo vis sic muta; invenies honesta et prospera. . (173)
140 Manes in captivitate timendumque est de morte.
Quere que incepisti; invenies bona. . . . (175)
Non perscruteris quod queris, si vis evadere sanus.
Video tibi fortunam advenire cum gaudio. . . . (177)
In honore maximo eris inveniesque quod queris.
145 Illa quam diligis non tui obliviscitur.
In mercato invenies quod desideras; proficiscere. . . (179)
Non ducas modo uxorem; sustine adhuc. . . . (180)

(67 V.)             SERPENS. VIII.

*Si* vis certificari, mittam te ad veridicum amicum meum.
*In*venies quod speras quomodo tu desideras. . . . (181)
150 *Ven*it peregrinus cum gaudio et salute. . . . (182)
*Multu*m te tenuit vita; fac nunc pro anima tua. . . (183)
*Pue*llam pariet femina et gaudium vertetur in tristitiam. . (184)
*In* via ista invenies lucrum cum gaudio. . . . (185)
*Transit* infirmus; convertatur ad Deum devotus. . . (186)
155 *A*missio tibi reddetur; laudes da Domino. . . (187)
*In* isto judicio non stes: inimici tui fortes sunt. . . (188)
*De* debito exies in proximo; gaude inde. . . . (189)
*Hic* honor te non adjuvat; tolle te inde. . . . (190)
*De* hac probacione tu bene exies, inimici tui sub te sunt. . (191)
160 *N*on mutes te modo quia non invenies bonum. . . (192)
*Exies* de captivitate et gratulaberis inde. . . . (193)
*Lucrum* venit tibi in proximo magnum. . . . (194)
*Interroga* mandatum et paratum est tibi perfectum. . . (195)
*Nimium* es mollis; proinde non es fortunatus. . . (196)
165 *Invenisti* amorem quia nimium diligit te. . . . (197)

*In* mercato non habes lucrum nec in vendicione. . . (198)
*F*ortissimam mulierem habebis, unde gratus eris. . . (199)
*A*missionem non invenies donec mundus transeat.

**(68 R.)**               ARIES. IX.

Fluitantem certificabo; mittam te quo non falleris.
170 Peregrinus non venit cum festinacione et salute.
Non potest esse ut non moriantur omnes.
Puerum pariet qui bonum habebit incrementum. . . (203)
Perge in viam et invenies gaudium. . . . (204)
Conpleti sunt dies imfirmi; de peccatis cogitet. . . (205)
175 Latro est captus; in proximo veniet tibi nuncius. . . (206)
In isto judicio non habebis graciam; subtrahe te caute. . (207)
Maximum debitum facit te inclinare; cave tibi. . . (208)
Datum est tibi a Deo ut honorem invenias modo. . . (209)
Non committas nunc bellum quia non est tibi bonum. . (210)
180 Nuncius tibi venit ut te mutes; bonum fatum habes. . (211)
Hoc anno non exies de vinculis; roga Deum pro eo.
Ecce venit quod desideras; non te decipiet; sta.
Prope est ut impleas mandatum tuum; ecce venit certificacio.
Fortunam habes in hoc quod vis: da gracias Deo, adjutori tuo.
185 Quod diligis evanescit et exit de manu tua. . . . (216)
Lucrum habes de mercato et gaudebis inde multum. . (217)
Non ducas modo uxorem quia non est tibi grata.
Non habeas fiduciam ut invenias amissionem. . . (219)
Quod speras vertetur tibi in gaudium; fortunatus es. . (220)

**(68 V.)**               TAURUS. X.

190 Ad veridicum te mitto; crede veridico.
Vives multum; exhibe te Deo et hominibus amabiliter. . (221)
Narrant tibi volucres quod puella orietur.
Alta hora diei perge et quod queris invenies. . . (223)
Egrotus sanabitur post desperacionem. . . . (224)
195 Non amplius videbis furtum; sublatum est. . . (225)
Cades in isto judicio; si sapis, resili. . . . (226)
Exies de debito et eris laudabilis.
Exaltabis in honore et a multis laudaberis.
Bellum non incipias modo; non tibi bene proveniret. . (229)
200 Aves dicunt non mutares te in bonum receptaculum.
Nunc bonum est nubere; nupcias celebra.
Thesaurum invenies in proximo; sape.
Bene est tibi in consilio; non metuas; consule. . . (233)
Non habes fatum aptum tibi in hiis que cogitas. . . (234)
205 Tu eum vel eam bene diligis et hic vel is bene te.
Non facias modo mercatum quia non habes bonum fatum. (236)
Quere tibi aptam mulierem quia feliciter eam invenies.
Amissum nempe non invenies; elongata est. . . . (238)

Ecce veniet tibi quod de amico tuo speras. . . . (239)
210 Qui tardavit in proximo veniet. . . . . . (240)

(69 R.) GEMINI. XI.

Dubitantem te destino ad certificatorem.
Gignit mulier filium prudentie habentem consilium. . (241)
Tu viam vis ire; sustine paulisper. . . . . (242)
Eger surget; non dubites; Deo reddat gratias. . . (243)
215 Furtum non invenies quia consumptum est. . . (244)
Potens eris in judicio; non prevalent inimici. . (245)
De debito non statim exies; sta in fidelitate. . . (246)
Honorem invenies de principe; non extollaris.
Bene eris in probacione; modo hora bona est. . (248)
220 In bono te muta, frutuosa namque est tibi.
Perseveras in vinculis; Deus solus scit exitum tuum. . (250)
Tu qui queris lucrum in proximo tibi proveniet. . (251)
Consilium quod vis docere dic tibi altero fidelissimo.
Fortunam quam queris favorabilem invenies. . . (253)
225 Non ames eum qui te non diligit; cave de eo.
Emas et vendas; bene ex pecunia tibi proveniet. . (255)
Non habes bonitatem in hoc quod attendis.
Amissionem non invenies; confortare. . . . (257)
Tueris dominas, unde honor tibi accrescet.
230 Peregrinus qui recessit sospes revertetur. . . . (259)
Diu vivere vis, nec potes; cura ut melius.

(69 V.) CANCER. XII.

Ecce propheta veriloquus; ad eum te destino.
Ambula per viam modo quia prosperaberis. . . (261)
In proximo evades de discrimine mortis. . . . (262)
235 Fures funibus propter te ligabuntur.
Inimici tui superabunt te in judicio. . . . (264)
De debito exies et in divitias reverteris. . . . (265)
Invenies honorem de rege et potestate. . . . (266)
Bene tibi contingit in probacione quia hora bona est.
240 Non mutabis te modo quia mala tibi esset mutacio. . (268)
Exies de vinculis et gratulaberis inde. . . . (269)
O miser! non invenies bonum; desiderium non est tibi datum. (270)
Quod queris in consilio invenies cum salute. . . (271)
Non te adjuvat fortuna; amissum non invenies. . (272)
245 Tene quod amas quia te vehementer diligit. . . (273)
Perge ad negociacionem quia adquisiturus es. . (274)
Duc uxorem quia tibi conveniens reperietur. . . (275)
Non video ut amissa recuperies. . . . . (276)
Fiduciam quam habes bonam invenies. . . . (277)
250 Peregrinus non venit; Deus sic disposuit.
Multum vives; tu pro te et aliis roga, exaudiendus. . (279)
Puellam pariet mater; luna sic dijudicat. . . (280)

(70 R.)                         LEO.  XIII.

Vis evidentiam?   Mittam te ad vatem specialem.
Eger cito surget etsi desperatus.   .   .   .   .   . (281)
255 Non invenies quod amisisti quia demeruisti.
Superiores in judicio, inimici tui carent auxilio.   .   . (283)
Multum debes; vix est credibile ut solvas.   .   .   . (284)
Non eris deceptus quin invenias honorem.   .   .   . (285)
Non facias modo probacionem, non enim hora est.
260 Mutabis te et invenies prosperitatem.   .   .   . (287)
Duras in captivitate; quandoque tamen exies.   .   . (288)
Invenies lucrum; concessum est tibi donum.   .   . (289)
Rem ipsam quam tu scis non es in ea validus.
Fortunam bonam habebis nec decipieris.   .   .   . (291)
265 Ipsa quam diligis loquax est et ingeniosa verbis.   .   . (292)
Hoc quod emere vis dico tibi quod inde gaudebit.   .   . (293)
Non te associes modo quia tibi non foret honori.   .   . (294)
Quod perdidisti invenies; confide.   .   .   .   . (295)
Fiduciam quam habes, dico, non consequeris.   .   . (296)
270 Peregrinus venit; Dominus sic disposuit.   .   .   . (297)
Non es victurus; completum est tempus tuum.   .   . (298)
Mulier parit prout vis et vult.
Non ambules in viam quia non est modo hora.


(70 V.)                        VIRGO.  XIIII.

Vis scire quid erit?   Mitto te ad expertum in veriloquio.
275 Quod perdidisti invenies; ad manum tuam revertetur.   . (301)
Non stes in hoc judicio; fortes sunt adversarii.   .   . (302)
Gaude, debitor, quia modo bene exibis.   .   .   . (303)
Ne queras hanc potenciam quia esset tibi ad iram.
Bona est probacio: sic dispositum est desuper.   .   . (305)
280 Non te mutabis usque in alia via.   .   .   .   . (306)
De captivitate exibis et modo gaudebis.   .   .   . (307)
Divisa est fortuna et aversa; ne credas ei.
Consilium quod habes bonum et validum est.   .   . (309)
Fatum non est tibi datum; alteri subiit.
285 Cupite da et sic eam optinebis.   .   .   .   . (311)
Perdidisti de manibus tuis; adquire ut prius.
Pete tibi sponsam; congruit enim tibi.
De manu exivit; nihil invenies.   .   .   .   . (314)
Fiducia quam habes bona est; gaudito.
290 Peregrinus incolumis, Deo juvante, venit.   .   . (316)
Vita magna tibi desuper conceditur; da Deo gracias.   . (317)
Puellam pariet tibi mater et breviter transit.   .   . (318)
Non perges modo via donec mutetur luna.   .   .
294 Sanabitur imfirmus; da gracias Deo.   .   .   . (320)

## FOOTNOTES

| | | | |
|---|---|---|---|
| 2. | Cf. B | 43 : | Je vos di, si me creëz, vostre fortune tost chaungerez. |
| 5. | Cf. B | 44 : | Ele vos hiet e vos l'amez; alez vos ent, si la lessez. |
| 11. | Cf. B | 50 : | La mort se haste durement; longes vivre ne porrez. |
| 13. | Cf. B | 52 : | Si crere me volez, en la voie ne vos metez. |
| 18. | Cf. B | 57 : | Si vos sage estre volez, par bien servyr honour averez. |
| 22. | | | *Lire* Dirigam te ad. |
| 25. | | | *Lire* diligis illum vel illam. |
| 26. | Cf. B | 64 : | Sy vos y marchaundez, ire averez countre pleysyr. |
| 35. | Cf. B | 73 : | Ce qe l'em vos ad emblé recoverez vos sauntz mentyr. |
| 39. | Cf. B | 77 : | Vos enymys sunt molt acruz; seiez fort pour bien soffryr. |
| 40. | Cf. B | 78 : | Ore ne vos chaungez; fayly avez de toun desyr. |

*Titre de* III *dans* B : ESTOYLE.

| | | | |
|---|---|---|---|
| 44. | Cf. B | 81 : | Fortune a ceste foiz nulle rien vos destine. |
| 51. | Cf. B | 88 : | Longe vie avera, bien l'aparceif par sa uryne. |
| | | | *Au lieu de* astutus *lire* egrotus. |
| 55. | Cf. B | 92 : | Paresse le vos ad tolu ce dont l'em vos fist ravyne. |
| 61. | Cf. B | 98 : | Le prisoun s'en doit issir: de preyer Dieu nul temps ne fyne. |

*Titre de* IIII *dans* B : TORTORELE.

| | | | |
|---|---|---|---|
| 65. | | | *Au lieu de* Diligis te *lire* Diligis illam. |
| 75. | Cf. B | 111 : | Ce qe l'em vos ad emblee ja n'averez en baylye. |
| 76. | | | *Au lieu de* Non istud pacitum *lire* Non facias istud placitum. |
| 77. | | | *Au lieu de* molesta *lire* molestia. |
| 81. | | | *Au lieu de* allogatur *lire* allongatur. |

*Titre de* V *dans* B : EGLE.

| | | | |
|---|---|---|---|
| 88. | Cf. B | 123 : | Ice qe avez perdu ne poëz vos recoverer. |
| 94. | Cf. B | 129 : | Ly malades ert garis; Deus i puet aorer. |
| 99. | Cf. B | 134 : | Si aore vos chaungez, molt devez amender. |
| 100. | Cf. B | 135 : | La preove ne fournierez, quar en vos n'ad nul poër. |
| 103. | | | *Au lieu de* cogite *lire* cogites. |

*Titre de* VI *dans* B : POOUN.

| | | | |
|---|---|---|---|
| 119. | Cf. B | 153 : | Ceste preove fornyrez; ta resoun est menbree. |
| 122. | Cf. B | 156 : | Autres averount le gaÿn; vos n'y averez darree. |
| 123. | Cf. B | 157 : | Sy bien siwez ton consail, joie t'en ert aprestee. |
| 124. | Cf. B | 158 : | Autre avera cet eür; vos n'averez for la pensee. |

*Titre de* VII *dans* B : CHAPOUN.

| | | | |
|---|---|---|---|
| 129. | | | *Au lieu de* speras *lire* speres. |
| 130. | Cf. B | 163 : | En haste deit revenir; ce vos di sanz deceveyr. |
| 131. | Cf. B | 164 : | En haste devez moryr; pourveez vos, si frez saveyr. |
| 132. | Cf. B | 165 : | Un fitz enfauntera, dont joie doit aveyr. |
| 135. | Cf. B | 168 : | De ce qe vos est emblee n'averez ja vostre voleyr. |
| | | | *Au lieu de* restui *lire* restitui. |
| 137. | Cf. B | 170 : | Pensez de vos counciler, ne serrez ja sauntz mot de veyr. |
| 140. | Cf. B | 174 : | Je dout de la prisoun qe il ne deit n'i eschaper. |
| 142. | Cf. B | 176 : | Celez bien ton consail, si tu vels joie aver. |
| 144. | | | *Correspond en partie aussi à* B 171 : Vostre poër crestra, si n'averez ja le queor neyr. |
| 145. | Cf. B | 178 : | Icele qe vos amez vos lesse tot a nounchaler. |
| 148-168 | | | *Les italiques indiquent que les lettres imprimées ont été omises par le scribe.* |
| 151. | | | pro anima *est répété deux fois*: fac pro anima nunc pro anima tua. |
| 168. | Cf. B | 200 : | Vostre pierte n'averez vos ja; qy qe velt me croye. |

170. Cf. B 201 : Le pelryn revendra; bien doit Dieu mercïer.
171. Cf. B 202 : En haste deit moryr; longement ne puet durer.
181. Cf. B 212 : Vos isterez de prison; loëz Dieu e saint Martyn.
182. Cf. B 213 : Grant gaÿn vos deit venir e loënge graunde.
183. Cf. B 214 : Si vos siwez bon counsail, vos averez vostre demaunde.
184. Cf. B 215 : En ce n'avez point eür : reqerez Dieu qe tous nos fist.
187. Cf. B 218 : Aore ne pernez mulier, quar n'est mie bone sesoun.
192. Cf. B 222 : Une file doit aver qe ert gente, eschevye.
 93. Cf. B 223 : B *traduit* A autre oure, *confondant* alta *avec* alia *ou* altera.
197. Cf. B 227 : Loëz Dieu devoutement; de la dette serez niteez.
198. Cf. B 228 : Honour vos est a venyr; veiez qe Dieu soit löeez.
200. Cf. B 230 : Si ore vos chaungez, ce serra a bon eür.
201. Cf. B 231 : La prisoun ne dotez; bien poëz eschaper.
202. Cf. B 232 : Le gaÿn ou vos tesetz un tresour vos doit valer.
205. Cf. B 235 : Vos l'amez durement e ele s'atourne a autruy.
207. Cf. B 237 : Si ore vos marïez, vos la troverez deboneyre.
218. Cf. B 247 : En haltesse mounterez; bien devez de ce enjoÿr.
220. Cf. B 249 : Bon oure est de vos chaunger, ce dit ly solail que vos salue.
223. Cf. B 252 : Bon consail troverez; ne pensez de blandyr.
                 *Au lieu de* fidelissimo *lire* fidelissime.
225. Cf. B 254 : Ne bÿez a cet honour; ostez vos ent, si frez saver.
227. Cf. B 256 : Ne pernez la a mulier; par mon consail, la lessez.
229. Cf. B 258 : De ce qe vos esperez averez graunt seignorye.
231. Cf. B 260 : A longe vie ne bÿez, quar ne savez quant vos morrez
235. Cf. B 263 : Fuÿs sunt ly laroun; pour vos se sount enloignez.
239. Cf. B 267 : Vostre preove cheverez; vos avez dreit e resoun.
250. Cf. B 278 : Le pelryn revendra; Dieu nos fra la demostraunce.
255. Cf. B 282 : Ce qe l'em vos ad emblé de recoveryr n'eyez espeyr.
259. Cf. B 286 : Ceste preove ne facez; ele n'est pas a vostre prou.
263. Cf. B 290 : Sy cel consail poursiwez, n'y avrez preu ne poër.
272. Cf. B 299 : Ele doit un fitz aver, tiel come ele desire.
273. Cf. B 300 : En la voie ne vos metez, quar duel averez e ire.
278. Cf. B 304 : Ne bÿez a cet poër, le oysel vos conceyle.
282. Cf. B 308 : Al gaÿn ou vos bÿez vos di que n'eyez nul espeyr.
284. Cf. B 310 : Vos n'avez point de eür en ce qe vos entendez.
286. Cf. B 312 : Seürement achatez, quar vos devez gaÿner.
287. Cf. B 313 : Si ore pernez mulier, Dieu ly dorra sen e vertu.
289. Cf. B 315 : L'esperaunce qe vos avez vos ert bone en veryté.
293. Cf. B 319 : Si ore enpernez ceste voie, vos serrez desceü.
                 *Le ms. donne* do. *pour* donec.

LOUIS BRANDIN.

LONDRES.

# DU ROI KI RACATA LE LARON.

## AN OLD FRENCH PARABLE ON CONFESSION AND PENANCE

THE old French parable of "the King who redeemed the thief" is preserved in two manuscripts of the National Library of Paris: (A) Manuscrits français 25,566, and (B) Manuscrits français 378. An account of the former will be found in Tobler, *Li Dis dou vrai aniel*[2], 1884 (V.A.), pp. iv-x (see especially p. viii, No. 26). It was written in the second half of the thirteenth or in the beginning of the fourteenth century (p. ix). An account of B was given by P. Paris, who ascribes it to the end of the thirteenth century, in *Les Manuscrits françois de la Bibliothèque du Roi*, iii, 1840, pp. 246–257 (called there No. 6988[2.2]; see especially p. 254). Nearly all the poets represented in A wrote in the second half of the thirteenth century, and belong to the North East of France (Soissons, Amiens, Arras, Lille, Hainaut), and among the poems included in B there is one by Baudouin de Condé (Hainaut). Tobler's assumption that, since 212 of the 275 leaves of A are allotted to poets of the Picard provinces, the smaller poems placed between them also come from the same region (p. x), applies to our poem. Its language and metre (the octosyllabic rimed couplet) are the same as those of V.A. Its rimes show that the pronunciation of the poet included certain Picard features:

(1) *an* and *en* are not mixed. *Tans* (<*tempus*) ll. 7; 219 (and *ensamble*: *samble* ll. 147-8) occurs in Picard writers. V.A. p. xxxi, and Suchier, *Aucassin et Nicolette, cinquième édition traduite en français* par A. Counson, 1903 (A.N.), p. 72, § 21.

(2) *ain* and *ein* rime together: ll. 35-6; 201-2; 249-50.

(3) L. *c* before *a* remains guttural: ll. 75-6.

(4) L. *c* before *a* which has become in F. *e*, rimes with *c* before L. *e* or *i*, also with L. *ci* and with L. *ti* preceded by a consonant: ll. 5-6; 9-10; 119-20 (cf. also ll. 139-40). The pronunciation of this *c* was = mod. F. *ch* or perhaps E. *ch*; V.A. pp. xx-xxii.

(5) *s* has taken the place of final *z*: ll. 8; 76; 178; 195; 219; 258; 262; 263; 288; 332. *Tiers* l. 299 is perhaps = *tierc* + *s* (cf. A.N. § 11, note on *ains*.)

(6) Rimes such as *racaté* : *pité*, ll. 225-6 and *divinité* : *amisté* (probably, however, to be replaced by *afinité*), ll. 109-10 occur in Picard. V.A., p. xxx.

(7) Ll. 111-12 *sans lance* : *samlance* is, no doubt, intended to be a *rime équivoque*, and, if so, is an example of the Picard pronunciation *ml* without intercalary *b* (but cf. ll. 147-8).   A. N. § 5.

(8) Ll. 45-6 *engien*: *men gien* is presumably intended to be a leonine rime; if so, the poet uses the Picard form of the possessive pronoun.   A. N. § 18.

(9) L. 88-9 *queriele* from L. *querella* riming with *eskiele* shows L. *ĕ* checked > F. *ie.*, as in the North East of France (the scribe of it even writes *pieciĕ* < L. *peccatum*, l. 278).   A. N. § 22.

The number of syllables in the lines gives us further information on the language of the poet:

(10) Unaccented *e* followed by a vowel has become mute in Picard earlier than in Central French (A. N. § 23).   In our text we only find one example of this: l. 235 *soullure* (from earlier *souillëure*).   In all other cases the *e* is preserved: ll. 43, 44, 190, etc.   Also unaccented *a* before a vowel keeps its syllabic value: ll. 143, 160.

(11) The form *gron*, ll. 171, 174, 176, 188 (by the side of *geron*, l. 245) is still used in the Picard dialect (Corblet, *Glossaire du patois picard*, p. 431). Cf. Tobler, *Vom französischen Versbau³*, 1894 (Vb.), p. 36: *peliçon, pliçon*, etc.

(12) *T(e)* is used for *tu*: ll. 99, 185.   Vb. p. 55.

(13) *Nos*, the shortened form of the nom. sg. masc. of the possessive adjective, is used.   A. N. § 32 and Schwan-Behrens, *Grammatik des Altfranzösischen³*, § 329, 1, note.

(14) The poet uses *meterés* for *metrés*, as Gui de Cambrai often does in his *Balaham et Josaphas* (see Appel's edition p. lxvi).   A. N. 14, 5 and p. 79, § 3.

While the evidence given by rime and metre may be regarded as conclusive, the spelling of a MS. only indicates the native district of the copyist, not necessarily of the poet.   It is clear that the copyists of A and B belong to different parts of France.   A abounds in characteristically Picard forms, which the scribe of B has usually taken care to change into the forms of Central France:

(*a*) *ai* is not yet changed to *e*: ll. 15-18 *laissier, abaissier, abaisse, laisse* A.B. etc.   A. N. § 9.

(*b*) *ai* instead of *a*: l. 127 *kerrai* A. *charra* B., ll. 79, 80 *montaigne* A.B., *campaigne* A. *champaigne* B.   Cf. *Li chevaliers as deus espees*, ed. Foerster, pp. xxxi ff.

(*c*) Picard *ē* for *ā* occurs in l. 229 *mengier* A.B.   A. N. § 21.

(*d*) Unaccented *ei* (*oi*) before *ss* > *i*, l. 31 *connissans* A. B.   A. N. § 26. But l. 254 *messonne* A.B.

(*e*) *iee* > *ie* in both MSS., ll. 191, 192, 202, 221, 222.   A. N. § 28.

(*f*) *dix* " God " occurs in A. by the side of *diex*: ll. 182, 276; 272 ; also *liu, aliu*, ll. 63, 64, while B. has *diex, lieu, alieu*.   A. N. § 28.

(*g*) Ll. 324, 196, *boin, boine* A., *bon, bone* B.   A. N. 3, 14.   Schwan-Behrens, *Afz. Gr.* p. 254, vi, l. 3 (a document from Tournai, 1273).

(*h*) Open *o* followed by checked *l* > *au* in A., ll. 47, 68, 133, 142, 164, 273.   B. always writes *ol.*   A. N. § 19.

(*i*) *c* before *a* remains guttural: l. 28 *encantés* A., *enchantés* B., l. 30 *cose* A., *chose* B., l. 57 *escaïr* A., *eschëoir* B., etc. Exception: l. 222 *char* A.B.

(*j*) *c* before *e* or *ie* (from L. *a*) or Germanic *k* before *e* or *i* is written *c*, *k*, or *qu* in A., usually *ch* in B.: l. 59 *sace* A., *sache* B., l. 44 *eskëue* A., *eschëue* B., l. 175 *eskiele* A., *eschele* B., l. 329 *eskive* A., *eschive* B., l. 190 *mesquëance* A., *meschëance* B., etc. But l. 6 *anice* A.B.

(*k*) *c* before L. *e* or *i* or from L. *c*ị or *qu*ị or from L. *t*ị after a consonant appears as *c*, and a few times as *ch* in A., as *c* (no doubt with the phonetic value of *ç*) in B.: l. 4 *nices*, l. 11 *perçoit* A. (wanting in B.), l. 21 *ce* A.B., etc. (cf. below (*q*)), l. 111 *lance* A.B., l. 112 *samlance* A., *samblance* B., l. 192 *lacie* A.B., l. 190 *cachoit* A., *chacoit* B. But l. 227 *dous* only A.(< L. *dulcem*); *dous* in l. 226 A.B. (<L. *dulcis*) may perhaps be = *douǵ*+*s*, as *ains* ll. 235, 248 A.B. may be = *ainǵ*+*s*. A. N. § 11.

(*l*) Latin or Germanic *g* before *a* keeps its guttural sound in A., but not in B.: l. 241 *esgoï* A., *esjoÿ* B. A. has 144 *geron* (no doubt with guttural *g*) and *gron* (cf. above (11)), B. always has *giron*, except l. 188: *gron*. For *sergant* in both A. and B., ll. 128, 136, cf. A. N. § 12.

(*m*) L. bl > *vl* (or *ul*?): ll. 239, 240, 255, 256, 323, 324. V. A., p. xxxii.

(*n*) Germanic *w* appears in A. as *w*, in B. as *g*: ll. 59, 60, 61, 62. Schwan-Behrens *Afz. Gr.* § 30, 3, note.

(*o*) *r* before a consonant has been omitted by A. in 59 *wage* (riming with *rewarge*), B. has *garde*. Cf. G. de Cambrai, *Balaham*, ed. Appel. p. lxiv, l. 4.

(*p*) Neither A. nor B. shows the intercalary *d* between *l* and *r*: ll. 47, 68 *vaurai* A., *volrai* B., *vaurra* A., *volra* B., l. 166 *faura* A., *faurra* B. A. N. § 5.

(*q*) The forms *jou* " I ", *chou* " this " occur in A. ll. 33, 99, 214, 305, but also *je* l. 22 and *che*, l. 61, *ce* ll. 21, 249, 269, 332. B. always has *je*, *ce*. A. N., p. 80, § 12.

(*r*) The nom. sg. of the fem. def. article is in A. *li*, ll. 73, 202, 253, but also *la*, l. 104, and before a vowel *l'*, l. 65; the acc. sg. is *le*, ll. 32, 37, 39, etc., but also *la* and before a vowel *l'*, ll. 103, 223, 228; 96. B. nearly always has *la* or *l'*, but *le* in ll. 32, 37. The fem. sg. forms of the possessive adjectives are in A. *me* ll. 29, 34, *ta* l. 189, *sa* ll. 154, 190, 251, but usually *se*, ll. 12, 76, 95, etc. B. always has *ma, ta, sa*. A. N. § 20.

(*s*) In the acc. sg. of the masc. possessive adjectives, A. usually has *mon*, *ton, son*: ll. 37, 65, 67, 113, 130; 186; 63, 115, 116, etc., but also *men*, ll. 45, 62, and *sen* l. 7. B. always uses *mon, ton, son*, but keeps *men* in l. 46. presumably for the sake of the rime. Cf. above (8).

(*t*) For *cieus* or *ciex* <*cil*+*s* in A., ll. 40, 90, 96, 138, etc., B. substitutes *cil*. V. A., p. xxvi.

(*u*) The infinitive *escaïr*, l. 57 A. (for which B. writes *eschëoir*) occurs especially in the North East of France. Cf. F. Neumann, *Zur Laut- und Flexionslehre des Altfranzösischen*, 1878, p. 22, 2.

(*v*) Final *t* preserved in the masc. sg. past participle ending of the I conjugation occurs in A., but not in B.: ll. 181, 182, 260, 291. V. A., p. xxv.

(*w*) Both MSS. have the following forms of the 3 ps. pl. of the past definite:

l. 147 *misent*, l. 267 *rescousent*, but in l. 266 A. has *fisent*, B. *firent*. A. N. § 15.

(*x*) The 3 ps. sg. of the past definite of *avoir* is l. 145 *eut* A., *ot* B. A. N. § 25.

It follows from the above remarks that A represents the language of the Picard poet far more faithfully than B and, though it is not free from mistakes, should be made the basis of a critical text.

Not much need be added on the accidence of the poem. The declension of nouns, adjectives, pronouns and numerals shows little evidence of decay. The following masc. nom. sg. forms are attested by rime or number of syllables: l. 8 *assentans*, l. 38 *assens*, l. 54 *entiers*, l. 56 *mesdis*, l. 179 *delivres*, l. 232 *voirs* "truth," l. 303 *pesans*, ll. 31, 309 *hom*. In the exclamation of l. 106 *damage* is accusative (cf. G. de Cambrai, *Balaham*, ed. Appel, p. lxix, and l. 8957); *kans* in l. 76 is acc. pl., though the nom. would seem more logical. The nom. pl. form *tuit* never occurs, but instead of it *tout*, ll. 161, 162, 197 (in l. 156 *tout* is probably to be understood as an adverb); cf. Appel, *G. de Cambrai*, p. xlvi, also Foerster, *Li chev. as deus espees*, p. lv. In the fem. nom. sg. we find l. 297 *repentans*, but l. 154 *gent* (similarly in *G. de Cambrai*, ooo Appel, p. lxv). The scribes agree with what rime and metre prove. The only points which perhaps deserve to be noted are: *sires* is used as the nom. sg. in ll. 98, 163, but *sire* as the vocative, l. 129; *mesires* in A., *mesire* in B. as the nom., l. 133; *fil* A., *fill* B., in l. 227 as acc. sing.; *mars* A., *marc* B., in l. 224, but *marc* A.B. in l. 150 as nom. pl. After *il faut* and even *il falent* the acc. pl. *trois deniers* is used, ll. 166, 187, 269; see Tobler, *Vermischte Beiträge* (V.B.), I p. 178; the nom. pl. is *troi denier*, ll. 266, 283. The masc. nom. sg. of the demonstrative pronouns is *cis* = *cist* + *s*, ll. 240, 295, 301, 310, and *cieus* = *cil* + *s* (cf. above (*t*)).

Of verbal forms the following are attested by rime and metre. Pres. ind. 1 sg. of I conjug. without -*e*, ll. 20 *vant*, and 23 *aim*, with -*e*, ll. 41 *despointe*, and 72 *assenne*; 3 sg., l. 57 *troeuve A.*, *trueve* B., *anoie*, l. 146, *poise*, l. 302. Pres. subj. 1 sg., l. 29 *adoise*, 3 sg. (of *racater*), l. 139 *racace* (formed like *griece* from *grever* or *mec(h)e* from *metre*; see L. Jordan, *Altfranzösisches Elementarbuch*, 1923, p. 240); 3 sg., *puist*, ll. 56, 213, 233. Conditional 1 sg., l. 27, *seroie* trisyllabic. Not proved by rime or metre are: Pres. ind. 1 sg., ll. 61, 67, *voe(i)l* A., *vueil(l)* B.; 2 sg., l. 185, *ies*; 3 sg., l. 17, *oeuvre* A., *oevre* B., l. 55, *troeuve* A., *trueve* B., l. 176, *desneue*

A. (*oevre* B.), ll. 279, 313, *veut*, l. 280 *puet*, l. 253 *acuelle* A., *acueille* B., l. 254 *recuelle* A., *recueille* B.; 3 pl., l. 186, *falent* A. (3 sg. impf. ind. *failloit* B.), l 197, *dient* A. (past. def. *dirent* B.), l 307, *dient* A.B.    Imperf. ind. 3 sg., l. 128, *ert* A. (past def. *fu* B.), l. 168, *ert* A.B.    Pres. subj. 2 sg. (in sense of imperative), l. 126, *saces* A., *saches* B., l. 89, (*sacies* 2 pl. A.), *saches* B.; 3 sg., l.59, *wa(r)ge* A., *garde* B., l. 60, *rewarge* A., *resgarde* B. (for the form with *g*, cf. Schwan-Behrens, *Afz. Gr.*, §348, 3 (b), note; also Suchier's note to A.N. 2, 6, and Tobler in *Sitzungsberichte der Kgl. preussischen Akademie der Wissenschaften*, Berlin, 1902, p. 98), l. 36, *couviegne* A., *couviengne* B.; 3 pl., l. 215, *voellent* A., *vueillent* B.    Past definite 3 sg., ll. 80, 82, etc., *ot*, but l. 145, *eut* A., *ot* B., l. 90, *oï* only A., l. 96, *entendi*, ll. 108, 203, etc., *fu*, l. 111, *morut*. Future 1 sg., l. 69, *arai*; 3 sg., l. 271, *ara*, l. 125, *rara*, l. 134, *soufferra* A., *souferra* B., ll. 104, 113, 138, *ert* A., *iert* B.; 2 pl., l. 131, *soufferrés* A., *souferrés* B., l. 132 *sarés*.    Past Participle, ll. 113, 138, 201, *rescous*.

The metre of the poem calls for little comment.  *Desno(u)era*, l. 174, counts as 4 syllables, *paiement*, ll. 186, 276, etc., as 3, *vraiement*, l. 308, as 3 (cf. Tobler, Vb., p. 37); l. 241, *nient* as one syllable (Tobler, Vb., p. 69).    Enclisis and its effects (Tobler, Vb., p. 33) are observed in the following cases: *a*+*le* > *au*, ll. 102, 115, etc.; *de*+*le* > *du* A., *dou* B., ll. 205, 211, etc.; *en*+*le* > *u*, ll. 221, 275 (but the fem. def. article *le* remains separate from *a* and *de*: ll. 88, 196, etc., 319); *si* or *se*+*les* > *ses*, l. 148.    But l. 213, *ki les*, l. 268, *ne se*, l. 290, *se les* A., *si les* B.    As regards elision and hiatus the poet does not depart from the usual practice of his time, as described by Tobler, Vb., pp. 53–66.    Like other contemporary poets (e.g. Rustebuef and Baudouin de Condé), our author is rarely content with plain rime (as such we may consider ll. 71–2, *regne* : *assenne*, cf. Vb., p. 135, note 2, and ll. 307–8 (*l'aquit*: *quit*=*cuit*, cf. Vb., p. 138).    He introduces as often as possible (*a*) rich rime, e.g., ll. 19–20 *avant* : *vant*, (*b*) leonine rime, e.g., ll. 15–6, *laissier* : *abaissier*, (*c*) rimes of homonyms, e.g., ll. 1–2, *mains*, "hands": *mains*, "less," (*d*) rime of a simple word with its compound, e.g., ll. 3–4, *met* : *demet*, (*e*) rime of two compounds of the same simple word, e.g., ll. 11–2, *percoit* : *decoit*, (*f*) rime équivoque, e.g., ll. 13–4, *empris* : *en pris*, (*g*) grammatical rime, e.g., ll. 39–42, *a point* : *a point*, *despointe*: *apointe*, (*h*) double rime, e.g. ll. 89–90, *a rendre* : *atendre*, (*i*) replication (i.e. repetition at the end or in the interior of a more or less long succession of lines of the same word or radical), e.g., l. 1–12, *rice*, *nice*, ll. 1–17, *oeuvre*, *ouvrer*, ll. 276–84 and 291–300, *paier*. Cf. Tobler, Vb., p. 125 ff., and L. E. Kastner, *History of French Versification*, 1903, p. 49 ff.

Allegorical moral poetry flourished especially in Flanders and Picardy from the middle of the thirteenth and during the whole of the fourteenth century. Our poem is a parable illustrating the indispensability of confession and penitence for salvation. The importance of confession, which from the thirteenth century belonged to the sacraments of the orthodox Church, and the authority of confessors were very much increased by the interpolation from about 1200 of the "indicative" formula, "Ego te absolvo," among the intercessory prayers of the priest and by the decree of the Lateran Council (1215–16): "Omnis utriusque sexus fidelis . . . omnia sua solus peccata confiteatur fideliter saltem semel in anno proprio sacerdoti," which changed the character of confession from voluntary to obligatory. The custom of regular annual confession, however, established itself but slowly, as is shown by the orders of several Councils (Rouen 1223, Narbonne 1227, Clermont 1268); see H. C. Lea, *A History of Auricular Confession and Indulgences in the Latin Church*, I, 1896, p. 230. "To overcome the popular repugnance no effort was spared to exalt the virtues and benefits of confession in the estimation of the people" (*ib.*, p. 234). This is reflected in the literature of the thirteenth century. Caesarius of Heisterbach (first half of the thirteenth century) "pours forth a wealth of marvellous stories to prove the advantages, both spiritual and material, flowing from Confession" (Lea I, p. 234). William of Waddington (last third of the thirteenth century) devotes a considerable portion of his *Manuel des pechiez* (on which, in 1303, Robert de Brunne based his *Handlyng Synne*) to the sacrament of penance and to the twelve requisites and the twelve graces of shrift. Jehan de Journi wrote in 1288 a long poem on *La Dîme de Pénitence* (ed. H. Breymann, 1874), in which he desires that his tongue "a Dieu la dime rende Des faus fabliaus que ele a trouvé," and more than 1000 lines of which treat of penitence. An anonymous French poet of the thirteenth century told a pathetic pious story, *Du Chevalier au barisel* (ed. O. Schultz-Gora[2], 1911), to illustrate the truth that confession without penitence is worthless (as William of Waddington says, l. 10816–9, "Cil encuntre vnt trespassé Qe a confession sunt alé Sanz nule contritiun, Qe auant deit auer chescun hom," see Robert of Brunne's *Handlyng Synne*, ed. F. J. Furnivall, London, 1862). To this kind of literature belongs our poem. The literary talent of its anonymous author is not great, a fact of which he is himself fully aware, but as the *Histoire littéraire de la France*, XXIII, p. 131, remarks, "le fond est ici bien supérieur à la forme, et il est fâcheux que le style ne réponde pas à la pensée vraiment morale qui a inspiré une si sage leçon" (cf. ll. 44–5 of the poem). Though it seems doubtful that our author was identical with the more skilful author of the *Dis dou vrai aniel*, who wrote in the last third of the thirteenth century and whose contemporary he presumably was, there are remarkable parallels between the two poems in metre and expression. A relatively large number of rimes (16 or, if partial identity is included, even 32) are used in both, and somewhat striking coincidences of phraseology occur in l. 52 (=V.A., l. 368, Et s'en devant ou en recoi), ll. 111–2 (=V.A., ll. 297–8, Chieus ki point ne morut sans lanche, Nous a tous fais a se samlanche), ll. 222–3 (=V.A., ll. 277–8, Ki en tant lieu fu depechies Pour le racat de nos pechies), ll. 301–2 (=V.A., ll. 152–4, Deus aniaus . . . de fausse despoise. Donnés les ai, pas ne m'en poise). Our parable, "où se retrouve heureusement l'esprit de l' Évangile" (*Hist. litt.*, XXIII, p. 130), appears to have been invented by the poet, but certain elements of it he may, no doubt, have, consciously or unconsciously, derived from written or oral tradition (cf. the stories, *De nobili viro, qui gratia conversionis capitali sententiae subtractus est*, Caesar of Heisterbach I, 31, and *De fure quem idem confessor—Sanctus Nycholaus—a patibulo liberavit*, ib., viii, 73; also the idea of God, the judge, who is appeased by penitence: "Pur ceo dist de confessiun Seint bernard li sages hom, 'O humilite de repentanz, Cum as meruillusement Poer sur deu omnipotent! Tu veins deu par ta vertu Qe par nul poer est vencu, Le iuge qe est si dreiturel (*sic*), Qe desur tute rien fet a duter,'" William of Waddington, ll. 10567–76; and Jehan de Journi's conception of penitence requiring a "dîme" to be paid to God). The three parts or "acts" of penance are usually enumerated in the following order: *contritio* (or *poenitentia*), *confessio* and *satisfactio*. and so they are by Jehan de Journi (ll. 980–4); but our poet (and, according to most commentators, Dante in *Purgatorio*, ix, 94–102) inverted the sequence of the first two parts of the sacrament (cf. also *Du Chevalier au barisel*, ll. 347–51, and the vague manner in which the relative succession of confession and repentance is indicated in Crestien of Troyes' *Graal* (ed. G. Baist), ll. 6297–8,

6322–25, 6401–3, 6457–9). For it may, after all, be said that what matters is *confessions repentans* (l. 297) (F. Loofs, *Symbolik*, I, 1902, p. 336: *absolutio* follows *confessio* normally presupposing *contritio* or attended by it).

Bibl. Nat. MSS. français 25,566.

224v° b.]

Bibl. Nat. MSS. français, 378.

[10 r° c.

Ch'est du roi ki racata le laron.

225 r° a.]

    Ki rice oeuvre met entre mains
    Le nice ouvrier, l'ueuvre en vaut mains,
    *Et* si pert on ce c'on i met;
    S'est nices quant ne se demet
5  Nices ouvriers de l'ueuvre rice:
    Il pert l'autrui *et* si s'anice,
    *Et* quant l'autrui pert *et* sen tans,
    Volentiers seroit assentans
    *Que* cascuns ouvrast nicement,
10  *Qua*nt ouvrer ne set ricement.
    Et quant nices ouvriers percoit
    *Que* se nicetés le decoit,
    K'il pert l'ouvrage k'a empris,
    Dont il cuidoit monter en pris,
15  Si n'ose l'ouvrage laissier,
    Car trop se doute d'abaissier,
    *Et* quant plus oeuvre, plus s'abaisse,
    S'est nices quant l'oeuvre ne laisse
    Ancois k'il ouvrast plus avant.
20  De bien ouvrer pas ne me vant:
    Ce ne seroit mie mes preus,        [10 v° a.
    Ne je ne sui mie si preus
    De trouver, dont j'aim le mestier,
    *Que* li vanters m'ëust mestier.
25  *Et* dont pour coi me vanteroie,
    *Qua*nt par oeuvre ne prouveroie
    Ce dont me seroie vantés ?
    Ja ne serai si encantés

b]

    Ke me langue au vanter adoise,
30  Ne d'autre cose ne me poise,
    C'aucuns hom d'engien connissant

Title B beneath a miniature representing the thief on the ladder leading to the gallows and the messenger of the king offering the judge a bag with money: Cest dou roi qui racheta le larron.

1. riche oeure B.  2. rice A. lueure B.  5. Rices A. lueure riche B.  6. pert son tans A.  7. son B.  9 chascuns B.  10. richement B.  11–16 wanting in B.  11. rices A.  17. com plus oeure B.  18 louurer B.  19. Aincois B.  24. trouuers B.  25. *Et* ie B.  26. oeure B.  28. enchantes B.  29. ma B.  30. chose B.  31. Causcuns A., Kaucuns B. hon B. connissans A., connissans B.

N'a le matere souffissant
Dont jou ai ceste oeuvre entreprise.
Se me science i est reprise,
35  Que je ne sace tout ataindre,
C'aucun bien i couviegne estaindre
Par le defaute de mon sens,
U sera trouvés li assens
De le matere metre a point ?
40  Si cieus ki ouvré n'en a point,
Rapointe ce que je despointe,
Despointiés sui et il apointe.
Nepourquant je di a vëue
Que grans matere est eskëue
45  A moi, ki ai petit engien.
Puisque je l'ai traite a men gien,
Je m'i vaurai tant engignier
Que je ne m'i puisse engignier.
Car n'i ai talent de mesprendre,
50  Et s'aucuns i set que reprendre,
S'il moustre le raison pour coi,
Soit en devant u en recoi,
Je l'amenderai volentiers.
Ne doit mie estre si entiers
55  Li hom ki troeuve nouviaus dis
K'il ne puist bien aucuns mesdis
Escaïr en ce ke il troeuve,
Et quant plus sages l'en fait proeuve,
Sace l'en gré et si s'en warge
60  Et une autre fois i rewarge.
Et pour che me voeil je warder
A men dit faire et rewarder
Ke nus mesdis n'i ait son liu;
Car aussi bien pert je l'aliu
225 v⁰ a]      65  De mon sens, se l'oeuvre n'a fin,
C'uns autres, s'il pert son or fin.
Ci voel mon prologue afiner.
Et si ne vaurai mais finer,
Si vous arai dit sans desroi
70  L'aventure d'un molt haut roi,

32. souffissans A., soufisans B.   33. ie vueill ourrer B.   34. ma B. souzprise B.
35. puisse B.   36. sens i couuiengne B.   37. Et le B.   38. Ou B.   39. la B.
40. Quant cil qui nen a ouure B. oeuure A.   42. Rebousies B.   44. escheue B.
47. volrai B. engingnier B.   48. ni B. engingnier B.   49. nul voloir nai B.   50. se
nus i voloit B.   51. Et il desist raison pour quoi B.   52. Fust B. ou B. requoi B.
53. lamendroie B.   55. hon B. trueue B.   57. Escheoir B. trueue B.   58. prucue B.
59. Sache B. wage A, garde B.   60. si resgarde B.   61–2, originally omitted in A,
but written by a different hand at the bottom of the page with a reference to the proper
place.   61. ce B. vueil B. garder B.   62. mon B. resgarder B.   63. lieu B.   64. le
liu A. plaing ie lalieu B.   65. lueure B.   66 qui B.   67. vueill B.   68. volrai B.

Ki p*ar*tis estoit de son regne.
Se j'a voir dire v*ous* assenne,
Ensi con li matere conte,
P*ar*mi le te*r*re d'un gr*an*t conte
75 Cevaucoit li rois a plains cans,
O lui de se gent ne sai kans.
Li rois a regardé sur destre
*Et* vit gr*an*t plenté de gent estre
Assemblés sur une montaigne.
80 De te*r*re n'ot c'une campaigne
Entre le roi *et* cele gent.
Li rois, ki m*o*lt ot le cuer gent,
Apela un sien escuier.
"Va t'ent," fait il, "sans delaier
85 Savoir pour coi cele gent sont
Lassus assamblé sur ce mont.
Un en i voi sur une eskiele
M*o*lt haut monté: de le q*ue*riele
Me saciés verité a rendre."
90 Q*ua*nt ciex l'oï, n'ot soing d'atendre:
Tost a le montaigne montée.
On li a le raison contée,
Si trestost k'il le demanda,
*Et* li dist on c'on pendoit la
95 Un larron p*our* se fourfaiture.
Q*ua*nt ciex entendi l'aventure,
Vers son segn*our* revint courant.
" Di moi," fait li sires errant,
"Q*ue* chou est et q*ue* t'as trouvé."
100 Cieus li dist c'on a pris prouvé
Un larron, c'on metoit a mort.
Au roi conscience remort,
Q*ua*nt la parole a entendue
Ke la creature ert pendue
105 Ke diex avoit fait a s'image.
" Las," fait li rois, " *con* gr*an*t damage !
Sera dont nos freres pendus ?
Enne fu pour lui despendus
Li tresors de divinité ?
110 S'i ai bien tant d'afinité,

[b

b]

72. iau voir B. assene B. 73. Ainsi com la B. 74. la B. haut conte B. 75. Cheuauchoit B. chans B. 76. ses gens B. quans B. 77. sor B. 79. seur B. 80. champaigne B. 82. cors gent B. 83. En apela son escuiier B. 84. Va tost B. detriier B. 85. gent wanting in A. 86. Lasus B. sor cel B. 87. .j. A. seur vne eschele B. 88. la q*ue*rele B. 89. saches B. 90. *Et* cil iva sans plus atendre B. 91. la B. 92. la B. 93. Aussi tost B. 95. .j. A. sa B. 96. cil B. 97. A son seignor B. en vint A. corant B. 99. ce est ne B. 100. Il B. 103. nouuele B. 104. iert B. 105. ot formee a simage B. 110. Gi ai b*ie*n B. damiste A.

Puis que ciex ki morut sans lance
Nous fist tous deus a se samlance.
Il ert rescous de mon avoir."
Tantost a envoiiet savoir
115   Li rois par son sergant au juge,
Ki cascun selonc son fait juge,
Comment on le porra rescourre.
Li sergans ne fina de courre
Si est venus enmi le place.
120   Le juge voit, a lui le sace
Se li a se raison contée.
Quant li juges l'ot escoutée
Et le mant le roi entendu,
De respondre n'a atendu,
125   Ains dist, volentiers le rara,
Mais saces k'il en paiera
Cent mars, ja n'en kerra deniers.
Li sergans, ki point n'ert laniers,
Li dist: "Sire, je m'en irai
130   A mon segnour et li dirai
Le racat, et vous soufferrés
Le larron tant que vous sarés
226 rº a]   Que mesires faire en vaurra."
Li juges dist k'il soufferra
135   Tant que il sera revenus.
Li sergans ne s'est plus tenus.
Vers son segnour va sans atendre
Et dist, cieus ert rescous de pendre,
Mais que de cent mars le racace.
140   Dont n'i ot escrin ne besace
Ke li rois n'ait fait aporter,      [c
Car celui vaut reconforter
Cui paours de mort desconforte.
Cascuns sergans au roi aporte
145   Ce que du sien eut de monnoie,
Car li detris molt li anoie.
Dont misent les deniers ensamble
Ses ont contés.  Mais il me samble
Que de trois deniers n'i sont mie

111. diex B. parlance B.  112 .ij. A. asa samblance B.  113 Quil iert B.
114. enuoiie B.  115. Par vn de ses sergans B.  116. chascun B.  117. rescorre
B.  119. la B.  120. sache B.  121. sa B.  122. iuges la B.  125. Et dist B.
126. Et A. saches B.  127. kerrai A., charra B.  128. lasniers A.  129. Ains
dist B.  130. seigneur B.  131. Vo respons B. souferres B.  132. Dou B. 133.
me sire B. volra B.  134. souferra B.  135. cil B.  137. A son seigneur vint B.
138. cil iert B.  139. rakache B.  140. besache B.  141. Quil ne fesist lues B.
na A (but corrected in the margin to nait).  142. veut B.  144. Chascuns de ses
sergans aporte B.  145. Au roi ce quil ot de monnoie B.  146. destris A.  148. lor
samble B.  149. .iij. A.

150 Li cent marc.   Point ne s'en gramie
    Li rois, ains dist: " Alés paier !
    Ce puet bien le juge apaier,
    Car ci ore n'ai plus d'argent."
    A tant se departent sa gent
155 Si s'en vont le paiement faire.
    Li juges dist k'il n'a que faire
    Des cent mars, se il n'i sont tout.
    Tant l'ont trouvé fel et estout
    K'il dist que ciex morra sans faille,
160 S'il n'i faloit c'une maaille.
    Dont li prierent tout merci
    Et li jurerent tout que ci
    N'i a lor sires plus que metre.
    Ainc pour ce ne s'en vaut demetre
165 Li juges, ains dist k'il morra,
    Puis que trois deniers i faura.

b]      Dont furent en molt grant doutance
    Pour celui ki ert en balance,
    Les iex bendés et en cemise.
170 Li uns des preudommes s'avise
    Ke ciex avoit le gron noué
    C'on avoit a pendre voué.
    Lors s'apensa que il ira
    Et le gron li desnouera.
175 Tantost est l'eskiele montés,
    Le gron desneue, s'a contés
    Trois deniers a pile et a crois.
    Au larron dist: " Se tu m'en crois,
    De ceste mort seras delivres.
180 Ne sai u cent mars u cent livres
    A ici uns rois envoiet,
    Que dix a pour toi avoiet,
    Si ers delivres par cest nombre;
    Ni autre cose ne t'encombre
185 A ce que t'ies ci longuement,
    K'il falent a ton paiement
    Trois deniers, et je les ai ci
    Pris en ton gron.   Prie merci,

---

150. pas B.   153. Car ie nai ci nient plus dargent B.   Atant sen B.   155. *Et* B.
159. cil B.   160. failloit B.   161. Lors B. priierent B.   162. bien que B.   163.
leur B.   164. volt B.   165. Ains a bien dit que cil morra B.   166. .iiij. A. trois d̄.
B. faurra B.   167. Adont B. en grant B.   169. chemise B.   170 preudomes B.
171. cil ot B. v gron A. giron noe B.   172. voe B.   173. Dont a pense quil i ira B.
174. Le giron B. desnoera B.   175. Lues est en leschele B.   176. giron oeure B.
trouues B.   180. ou B. .c. A. ou B. .c. AB. lbB.   181. ci B. vns haus rois enuoiie B.
182. diex B. auoiie B.   183. Deliures seras *par* cel B.   184. Ne B. chose B.
186. Il failloit B.

Si ert faite ta delivrance."
190  Ciex ki cachoit sa mesquëance
*Et* ki pieca l'avoit cacie,
U il avoit le hart lacie,
A dit: " Renvoiés tout l'avoir,
Je voel mes trois deniers ravoir."
195  Dont en i ot m*o*lt d'esbahis
De le boine gent du païs,
*Et* dient tout: " Ja n'i morrés,
Malvais, vo*us* les i meterés."
Il les i mist a gr*a*nt mescief.
200  Dont li desbenda on le cief,
226v° a]  *Et* fu rescous de mort vilaine.                [11 r° a
Li maisnie le roi l'en maine
A lor segn*our*. Bien fu venus,
Car de se court fu retenus.
205  Or vo*us* ai du larron conté,
Si vous voel le moralité
*Que* j'en ai estraite construire.
Li lerres c'on voloit destruire
S'est *com*parés au pecëour,
210  De coi on voit maint lecëour
Ke du monde s*on*t si souspris
*Et* si de pecier entrepris
K'il n'est nus ki les puist retraire
P*our* biau p*ar*ler n'a chou atraire
215  *Que* de pecier voellent recroire
Ne consel de preudo*m*me croire.
Dont a bien ciex ses iex bendés
Ki nule fois n'est amendés
De mal faire ne repentans.
220  Ki en pecié use son tans,
Il a u col le hart lacie.
Diex, ki le char ot depecie
P*our* nous ens en la sainte crois,
Sont li cent marc, *et* bien le crois,
225  De coi n*ous* s*om*mes racaté.
Car li do*us* rois plains de pité

189. iert B.    190. Cil q*ui* chacoit B. mescheance B.    191. chacie B.    192. Ou B. la B.    193. renuoiies B.    194. vueill B. .iij. A. trois .d. B.    196. la bone B. dou pays B.    197. dirent B.    198. Mauuais B.    199. meschief B.    200. desbenderent le chief B.    201. Si fu B.    202. La B.    203. leur seigneur B.    204. sa B.    205. ai dou B.    206. vueill la B.    208. leres B. deuoit B.    209. Est B. pecheour B.    210. quoi B. lecheour B.    211. *Qui* dou B. sorpris B.    212. *Et* de pechie si entrepris B.    214. De pechie ne ace B.    215. dou mesfait vueillent B. 216 conseill B. preudome B.    217. cil les B.    218. *Qui* B. onques ne sest A. 220. pechie B.    221. la B.    222. la B.    224. .c. mars A.    225. *Que par* ce fumes rachete B.

P*ar* son trés d*ou*s fil nous rendi
La joie k'Adans nous perdi
P*ar* mengier le mors de le po*m*me,
230 De coi on puet vëoir mai*n*t homme
Ki ont aquis les faus avoirs,
K'il cuident bien q*ue* ce soit voirs
Ke n*us* ne puist cel racat perdre.
Li pecierres a trop a terdre
235 Ains k'il puist oster le soullure.
Li las ki vivent en ordure,
Couvoiteus *et* plain d'avarisse.
Ki ne refraignent lor malisse,
N'ierent ja au racat p*ar*tavle:
240 Cis racas ne lor est fors favle,
Il se s*on*t pour nient esgoï.
Vous avés par devant oï
*Com*ment il avint au larron,
*Et* s'on n'ëust en son geron
245 Trouvé ce k'au racat faloit,
Q*ue* riens nule ne li valoit
Canke li rois li voloit faire,
Ains l'ëust fait a la mort traire
Li juges, c'est cose certaine.
250 *Et* quant pecierres se demaine
En vil pecié toute sa vie,
En couvoitise *et* en envie,
*Et* li mors le prent *et* acuelle,
Il ne messo*n*ne ne recuelle
255 Nus des biens u cil s*on*t partavle
Ki s*on*t loial *et* caritavle:
Donq*ue*s li est li racas nus.
Mais q*ua*nt pecieres s'est tenus
En vil pecié tout son ëage
260 *Et* il a paiet le musage
Au siecle, ki tant est divers,
Il doit *et* d'estés *et* d'yvers,
De mois, de semaines, de jours,
Regarder tresto*us* ses labours,
265 *Et* dont a cel larron penser
Ke troi denier fisent tenser,

b]

[b

---

227. tres chier fill B.   228. adans despendi B.   229. de la B.   230. quoi B.
home B.   232. Q*ui* B.   233. rachat B.   234. pechierres B. terde B.   235. kait ostee sa
soillure B.   236. q*ui* gisent B.   237. dauarice B.   238. leur malice B.   239.
rachat p*ar*table B.   240. rachas B. fable B.   241. esioy B.   244. Q*ue* son B. giron
B.   245. rachat failloit B.   246. nule riens B.   247. Kanq*ue*s B.   249. chose B.
250. pechierres B.   251. pechie B.   253. Se la mors lassaut *et* acueille B.   254. recueille
B.   255. Nul B.   ou B. p*ar*table B.   256. charitable B.   257. leur est cis rachas B.
258. pechierres B.   259. viel pechie B. aage B.   260. paie B.   261. m*ol*t est B.
262. deste A.   264. Resgarder toutes B.   265. doit B.   266. Cui B.   .iij. A. firent B.

Et le rescousent de le mort.
Se pecieres ne se remort

227 r⁰ a]   A ce k'il li faut trois deniers

270 Au racat ki nous fu pleniers,
Dont n'ara il au racat point.
Diex fist le racat si a point
K'il ne no*us* vaut mie sousp*r*endre.
Li leres, q*ue* on devoit pendre,

275 Se racata ens u moment;
Mais dix atent le paiement
Du pecëour *et* tant li croit
Q*ue* de piecié faire recroit.
*Et* qu*a*nt pecieres veut paier,

280 De coi se puet il rapaier
P*our* faire paiement certain ?
Ne s*on*t ne d'argent ne d'estain
Li troi denier dont il rapaie
J*e*su Crist, qu*a*nt au racat paie:

285 Metaus est de devotion,
Je vous di, de confession;
Q*ue* c'est li uns deniers des trois.
Car qu*a*nt pecieres est destrois
De ses peciés *et* il ne cesse,

290 Se les a gehis a confesse,
Paiet a de son paiement
Un denier. *Et* savés c*om*ment
Il porra paier le secont ?
Au paiement n'a nul mescont:

295 Cis deniers porte gr*a*nt sustance,
Il est apelés repentance;
Car confessions repentans
Fait du paiement les deus tans.
Or ne faut il mais q*ue* li tiers

300 A paier de ces trois deniers.
Cis deniers est d'une despoise
K'a m*o*lt de gent anuie *et* poise.

b]  Trop lor est cis deniers pesans
*Et* se vaut miex de mil besans:

305 Cis deniers chou est penitance.
Confessions *et* repentance
Dient bien k'il p*ar*fait l'aquit,
Et vraiement q*ue* je le quit.

267. la B. 268. pechierres B. 270. rachat B. mis fu B. 271. rachat B.
272. rachat B. 273. nos volt B. sorprendre B. 274. cui on B. 275. racheta B.
276. diex B. 277. Dou pecheour B. 278. pechie B. 279. pechierres B. 280.
quoi B. 283. .iij. A. 284. rachat B. 285. deuocion B. 288. Quant li pechierres
B. 289. pechies B. 290. Si B. 291. Paie B. 298. dou B. 299. nen B.
303. leur B. 304. si B. 305. ce B. 307. p*ar*font lacuit B. 308. cuit B.

Certes li hom ki est sifais,
310. P*ar* cui cis pàiemens est fais,
Se racata de plain volume,
*Et* s'est il bien, ki l'i alume
Toutes les fois k'il veut paier.
*Et* qu*an*t il li couvient laier
315 Le monde, q*ue* l'ame s'en part,
J*es*us le retient a se part,
*Et* est a se court *com*manderres
Assés plus avant q*ue* li lerres
Ne fu a le court de ce roi,
320 Ki de lui prist si bel conroi.
Car il n'i est fors q*ue* se vie ;
Mais sur celui n'a nus envie,
Ki est en joie parmanavle.
La s*on*t li boin *et* li raisnavle,
325 Ki font le paiement a jour.
Nous n'avons t*er*me ne sejour:
Or no*us* apparellons briement
A faire ce biau paiement,
Ki eskive si trés gr*an*t perte;
330 Car J*es*us Cris, c'est cose ap*er*te,
I mist p*our* nous *et* vie *et* cors.
Paions briement, c'est li recors.

309. hon B.   311. A le rachat B.   316. sa B.   317. sa B. *com*manderes B.
318. leres B.   319 la B. cel B.   320. biau B.   321. fu fors B. sa B.   322. seur B.
323. p*ar*menable B.   324. bon B. raisnable B.   327. apareillons B.   328. cel bel
B.   329. eschiue B.   330. chose B.   332. cest mes B. B. adds: Explicit dou roi
q*ui* racheta le larron.

## NOTES

**3.** "What one puts into them" or "what one spends on it."   **6.** "and nestles
lazily."   **8.** "he would willingly allow."   **15.** "he yet does not dare."   **19.** " rather
than continue his work."   **21.** "that would be of no use to me."   **22.** "so skilful."
**24.** " that boasting would help me."   **29.** If *adoise* is meant to be 3 sg. pres. subj.
(cf. *s'acorde*, Gui of Cambrai's *Balaham & Josaphas*, ed. C. Appel l. 2511), translate
" that my tongue will touch (i.e. have anything to do with) boasting."   If it is meant
to be 1 sg. pres. subj. (cf. Gui of Cambrai, *Bal. & Jos.*, l. 2813: je conte, and Bartsch
and Horning, *La langue et la littérature française*, c. 443, 4: raconte, c. 506, 15:
compere) the sense would seem to be "that I would get my tongue to boast." Examples
of the two meanings of *adeser* "to touch" and "to cause to touch" in Tobler-
Lommatzsch's *Altfranzösisches Wörterbuch*, cc. 141–2.
**31.** "of well-known skill."   Cf. Tobler, *Mélanges de grammaire française*, p. 51.
**32.** "has that important subject-matter."   **35–6.** "because I am not able to attain
all, so that some good must necessarily be lost."   **38–42.** "where will be found the
way of setting the matter in order ? If he who has not produced any part of it, sets
right again what I mar, then I am discharged and he arranges."   **43–8.** "Nevertheless
I say that obviously a great subject has fallen to my share, though I have little skill.
As I have chosen it by my own pleasure, I wish to exert myself at it so much that I
may not deceive myself (i.e. fail) therein."   **52.** "be it openly or privately."   **54.**
"need not be so perfect."   **56–7.** "but that some slip may well occur."   **59–60.**

For the subjunctive forms of *warder* and *rewarder* cf. W. Meyer-Lübke, *Grammatik der romanischen Sprachen*, II, § 147. **62.** "in making my poem." **64.** "the outlay." **69.** *si* "till," as in l. 119. **72.** "if speaking truly I direct you." **76.** "in the open country." **79.** *Assamblés.* Other examples of the use of the plural of a verb or pronoun referring to a collective noun in the singular occur in ll. 85–6, 154, 203, 211, 231. **80.** "a field." **88.** "about the case." **93.** "immediately." Cf. *si trés grant*, l. 329. **98.** "quickly." **100.** "taken in the very act." **104.** "that *that* created being." **108.** *Enne fu* "was not." Cf. *Aucassin et Nicolette*, 10, 48, 73; 22, 9. **123.** "the King's message." **127.** "not a penny shall be abated from it." **128.** "slack, remiss." **131.** "the ransom, price." **131–2.** "you must have patience with the thief." **138.** "saved from being hanged." The infinitive used in the passive sense as in l. 172. **139.** "provided that he (the King) will redeem him." For the subjunctive form of *racater* cf. W. Meyer-Lübke, *Grammatik d. rom. Spr.* II, § 147; also note to l. 29. **149–50.** "that the sum of 100 marks is incomplete by three pence." Cf. Tobler, *Mélanges*, xxii. **150.** "does not grieve at it." **152.** "satisfy." **158.** "cruel and pitiless." **163.** "has no more to give." **166.** "three pence will be wanting.' **167.** "anxiety." **171.** "that the lappet of his coat was tied up." **175.** Littré gives a similar example of *estre montez* with an accusative from Jean Bodel's *Chanson des Saxons : Tost les degrés de marbre est montez au donjon.* On the other hand, cf. l. 91. **177.** "cross and pile." **182.** "has led on his way." **184.** "nor is any other thing an obstacle to you so that you are here long," i.e. if you are here long, that is not due to any other obstacle. **186–7.** *il falent ... Trois deniers*, a mixture of two constructions: *il faut trois deniers + il falent troi denier.* Cf. Tobler, *Mélanges*, xxxi.

**190.** "who was pursuing his own misfortune. **192.** "on whom (round whose neck) the rope was fastened." **195–6.** "then there were many of the good people of the country dismayed at it." **198.** "you must spend them on it." **199.** "in great distress." **204.** "by his court"; or "as (an attendant) of his court"? **209.** *S'* not the reflexive pronoun, but=si (cf. *Aucassin et Nicolette*, 24, 69 : *Aucassins si cevauce*). **210.** "because," Cf. Tober, *Mélanges*, xxiv. **211.** "so beguiled." **212.** "entangled."

**224.** *crois* 2 sg. imperative, or 1 sg. pres. ind.? **230.** "so that." **230–2.** *vĕoir maint homme ... K'il cuident*, an example of attraction of the subject of the dependent sentence as object into the ruling sentence, common in Greek (ἤδει βασιλέα ὅτι μέσον ἔχοι τοῦ Περσικοῦ στρατεύματος. Xenophon, *Cyr.* II, i. 11.) **239.** "partaking in the redemption." **250.** "lives." **253.** "takes and seizes him." **254.** "He neither reaps nor gathers"; *ne recuelle=ni ne recueille.* The omission of the second *ne* is not usual, cf. Meyer-Lübke, *Grammatik d. rom. Spr.* III, § 698.

**257.** *nus*=L. nullus, "without effect." **260.** "and he has paid the price of his folly." **261.** "which is so wayward." **263.** "during summers and winters." Cf. *de nuiz, de jorz* quoted under *de* by W. Foerster in his *Kristian von Troyes, Wörterbuch zu seinen sämmtlichen Werken.* **266–7.** "whom three pence protected and rescued from death." **269.** "while he wants." **270.** "complete." **271.** "he will have no share in." **272.** "so exactly." **273.** "take us by surprise." **274.** "they were going to hang." **277–8.** "gives him credit until." **280.** "can he obtain reconciliation."

**288.** "is in distress." **290.** "until he has avowed them at confession." **294.** "there is no misreckoning." **298.** "two of the three parts." Cf. Meyer-Lübke, *Grammatik d. rom. Spr.* III, § 153, and Diez, *Grammatik d. rom. Spr.* III, i. 2, 20. **301.** "of an alloy." Cf. *Li dis dou vrai aniel*, l. 153, and Tobler's note. **307.** "it completes the redemption." **308.** For *vraiement que* cf. Tobler, *Mélanges*, ix. **311.** "to the full extent." **312.** "and it is well if one enlightens him about it." **320.** "such good care." **325.** "up to date." **332.** "that is the sum of it."

E. G. W. BRAUNHOLTZ.

CAMBRIDGE.

# ANOTHER ANALOGUE TO THE GRAIL STORY

A CONSIDERABLE weight of opinion would incline to regard the grail story as belonging to the enchanted castle type. The most widely spread continental varieties of this type do not however lay stress on the enchantment of the land. In *Dornröschen*, for example, the only trace of enchantment afflicting the land lies in the deadly thorny hedge that grew up round Dornröschen's palace. In *Brunnhilde* there is only a wall of fire. The stories of the *Andromeda* variety, although in other respects different enough, agree with *Dornröschen* and *Brunnhilde* in not saying much about enchanted lands.[1]

Enchanted places are common in the Arthurian romances, and are often mentioned in the popular tales of Ireland and of other Celtic lands. As in many other lands, vessels of plenty are common in Ireland, but I know of only one tale in Ireland (or elsewhere) that combines an enchanted land with an object of plenty in a way that much resembles the grail legend.[2] In the grail legend the fisher king lives in an enchanted land, and is supported by a dish of plenty. The story of an Irish tale which is remarkable because it combines these two elements runs as follows:[3]

The night he was born, he was Christened (*baisteadh é*), and the night he was Christened he was married to Losereen (*Lasairín*) Dhearg, the daughter of the King of Leinster. The Danish King (*Rí Lochlannac*) sent his son Drúcthán to learn feats of valour. He was the same age as the Child and they were brought up together.

The Child and Drúcthán while hunting saw a maiden in a boat in the sea twenty yards from the shore. She threw a ball into the air. The Child

---

[1] In some versions Poseidon lays waste the land of Kepheus by an inundation, Pauly, *Realencyclopaedie*, I, 2155.

[2] Several Irish stories connect in bald outlines an enchanted land and a dish of plenty, e.g. The Lad of the Ferule (*Giolla an Fhiugha*), ed. Hyde, Irish Texts Society, I, (1899); and the older stories *Echtra Laegaire* and *Serglige ConCulainn*.

[3] Summarized and quoted from text and translation which were printed by Conor Maguire, M.D., under the title *Leanbh mhic labhair an ór-sgiathach*, "Child of the son of Lowrey, the gold shielded," and under the general title "Western Folk Tales" in *New Ireland Review*, XXVI, 1906, Sept., pp. 48-51 (Irish), 51-5 (English); Nov., pp. 173-6 (Irish), 176-80 (English). The story was no doubt taken down from oral recitation "in the west of Ireland," but Dr. Maguire gives no particulars.

did the somersault trick and the lapwing's trick and caught the ball before it reached the ground.[1]

"You are the man I am looking for," she said, "I put an obligation[2] on you not to sleep the second night in the same bed till you find the Knight of the Black Castle." (*Ridire an Chaisleáin Duibhe.*)

The Child and Drúcthán sailed from Erin to the Western World. They walked till they came to the ruins of an old castle. To look at the old castle you would think that there was no one living in it for hundreds of years. There were whitethorns, briars, and nettles growing round about it; the walls were covered and the windows were smothered with ivy. They noticed a little smoke going out on top. They went in through a window which was up on the top of the castle, and found a grey old man sitting at the fire.[3]

"A hundred healths and welcomes to you, son of the King of Erin," said the old man. "Sit you down," said he.

They sat down, and it was not long until a table came in from itself (i.e. automatically) with every sort of eatables and drinkables laid on it.[4] They questioned him who he was.

"Let you be eating and I'll be telling," said he.[5]

"The Knight of the White Castle (*Ridire an Chaisleáin Ghill*) is what I was until an old hag who lives near me bewitched me and made me Knight of the Black Castle. She took all I had from me altogether, and left me here as you see me without a person or a living thing, without goods or means, and in addition to doing all that to me she has a pet fairy-hare, and she sends her here every morning humbugging me. She comes on that window, and makes faces and grimaces at me, and when leaving throws a mouthful of a spit down on top of me."[6]

The Child was up next morning at daylight and waited at the window until the hare came. The moment she leapt up on the window the Child jumped up. The hare went off and the Child after her. He caught her by the hind legs, struck her head against the doorstep (of the hag's cave), and knocked out her brains. In he went to the old woman in the cave.

"May you have neither welcome nor health," said she. "Go up to the dirty end of the house and wait until the *gruagach* comes in."

"I will not, but you and your family will," said the Child.

The *gruagach* came in with a dead boar on each shoulder.

---

[1] Rinne sé cleas a trioll ocus cleas an pheilbín san aer ocus rug sé ar an liathróidin sul má dtáinig sé 'un talmhana.

[2] Geasa a curim ort.

[3] Ghabhadar asteach ar fuinneóg a bhí shuas i mbárr an chaisleáin ocus fuair siad sean-dhuine liath i na shuidheadh ag an teine.

[4] Suidheadar síos ocus ní'r bhrada go dtáinig bord asteach uaidh féin ocus 'c 'uile shórt bid ocus dighe leahtha ar.

[5] Biodh sibhse ag ithe ocus beid mise ag innseacht ar seisean.

[6] Tá peata gíorrfhiadh sídhe aici ocus cuireann sí annso 'ch uile mhaidin í ag magadh fum. Tagann sí ar an bfuinneóg sin shuar ocus cuireann sí streill ocus straois uirrthi féin ocus ar imtheacht dí caitheann sí lón a béil de smugairle síos in mo mhullach.

"Fuh, fah, whiskers!" said he, "I perceive that there is a wicked Irishman in the house."

"How would you like to prove yourself?" said the Child.[1]

The *gruagach* proposed to try which could flay a boar first. The *gruagach* worked fast over his boar. The Child watched until the *gruagach* was nearly done, and then skinned the other boar with one movement.

Said the *gruagach*, "You have won. Have what you want."

"Compel that hag of a wife of yours to remove the spell of witchcraft from the Knight, and to give him back his castle again."

"She must do that," said the *gruagach*, "and when you return you will find that the Knight will be the Knight of the White Castle, and that he will have his castle as good as ever it was; and the hag will not interfere with him again while he lives."

When the Child returned to the castle he found the Knight before him at the hall door of the castle having a beautiful lady by the hand. (This was the woman they saw in the boat on the first day.)[2] The castle was as good as it ever was, the stables had their horses, and the lands their cattle and sheep, and he had everything suitable. The Knight offered the Child his daughter for a wife. But the Child said he had a wife already and gave her to *Drúcthán*.

[The story seems to break into two parts here.]

The Child set out to return home in a ship. He met the great *leipreachán*, who was carrying away Losereen Dhearg, and rescued her from him. He then went to an inn in Dublin where the innkeeper fell in love with Losereen and hired a wizard (*sean dall glic*) to help make the Child drunk. Losereen put a ring on the Child's finger that would keep him alive for seven years, but she couldn't prevent the innkeeper from throwing him into the river.

The King of Turkey read one day in a book that nobody could banish the venomous monsters out of his land, but the Child the son of Lowrey the Gold Shielded. He sent a captain to find the Child. Five years had elapsed, during which time the Child lay wrapped in a ball of seaweed in an eagle's nest. The captain released him and took him to Turkey. The Child slew all the monsters and then lay down among the dead bodies and fell asleep. The great *leipreachán* came and put down a large cauldron (*oigheann*). He took a basket (there was the breadth of a rood of land in the bottom of the basket) (*cliab*) and put all the dead bodies in. When the *leipreachán* emptied his basket into the cauldron the Child clung to the rods, and thus escaped.

He started for home and heard a woman crying.

"What is the cause of your wailing?"

"The son I reared is eaten by the *leipreachán*."

"He is not," said he, "I am alive yet. Is it possible that you are my mother?"

"Here is the *leipreachán's* sword. Go out and kill him."

[1] Cia an chaoi ar mhaith leat thú féin a fhéachaint?
[2] Seo í an bhean a chonairc siad san mbád an chéad lá.

When he came close the sword gave a roar and woke the *leipreachán*, but the Child killed him. The Child now returned to Dublin, and heard that everybody was going to a wedding.

An innkeeper is to marry a dumb woman. She has pledged herself not to speak till seven years are up. They will be up to-morrow morning.

The Child went to the wedding disguised in straw ropes. The moment he entered the room Losereen knew him, and though she had not spoken a word since he left her, she said:

"A thousand welcomes and health to you, Kern of the Straw Ropes (*Cheithearnaigh na Súghán*)."

Thereupon the Child killed the innkeeper and took his wife.

[The End.]

About the origin of this recently collected[1] Irish tale three hypotheses are possible: In this tale, an enchanted land, and a plenty-giving object, elements that in Irish story often occur separately, have been combined by mere chance (Hypothesis I). This tale sprang from Chrétien's *Perceval*, or has been influenced by it (Hypothesis II). This tale sprang from the same sources as Chrétien's *Perceval*, but is independent of it (Hypothesis III).

The resemblances between our tale and Chrétien's *Perceval* are too close to make the first hypothesis seem possible. Moreover these resemblances, though close, are not of a kind, it would seem, that can be explained as borrowings from Chrétien's *Perceval*. If the story tellers started from Chrétien, or were influenced by him, they would not have omitted every trace of the knights and their trappings, or of the splendour of the grail castle. They would have kept the dazzling brilliance of the grail, because it is usual in Irish story to describe underground fairy dwellings as lighted by carbuncles or other precious stones.[2]

Our story has indeed many points of difference from the grail legend. It has nothing corresponding to the following incidents in Chrétien's *Perceval:*

1. The bringing up of the hero in a lonely place.

---

[1] The tale has been somewhat distorted by successive narrators. For example, the innkeeper in Dublin must be an invention.

[2] The English *Sir Perceval* has none of the rich trappings of Chrétien's romance. Since, however, *Sir Perceval* contains no recognisable object of plenty, it cannot be the source of our Irish story.

In my opinion *Sir Perceval*, our story, and most of the Irish stories outlined by Dr. R. H. Griffith in his *Sir Perceval of Galles*, Chicago dissertation, 1911, sprang from the same background of Irish folk-lore, and are probably all independent of Chrétien (Hypothesis III). For my argument to prove the independence of *Sir Perceval* see *Modern Philology*, XVI (1919), 553 f.

2. His meeting with five knights who told him about the world.

3. His visit to King Arthur.

4. The Red Knight and the recovery of the Gold Cup.

5. Gornemans who taught the hero the use of arms.

6. Blancheflor and the rescue of her land from two enemies.

7. The testing of the hero by his failure to ask a question.

On the other hand our story has a number of features that are additional to what is in Chrétien's *Perceval*.

1. That the hero was baptised and married the night he was born.

2. That he had a companion on his adventures.

3. That a damsel in a ship put an obligation on him to go on adventures.

4. That his journey was by ship.

5. That a hare was sent by the *gruagach's* witch-mother to annoy at a window the Knight of the Black Castle.

6. That the contest between the hero and the *gruagach*[1] was decided by trying which could skin a boar quicker.

7. That the *gruagach* had a witch-mother.

8. All of the second half of the tale, which deals with the hero's loss of his wife, rescue of his mother from a *leipreachán*, and final recovery of his wife.

A closer inspection of the above incidents which seem to be added to what is in Chrétien reveals that the following are commonplaces of folk-tradition which may have intruded themselves from other tales:

No. 5. The hare who at the command of a witch annoys the hero. (The hare is sometimes the witch herself who has taken the shape of a beast.)[2]

No. 6. The decision of a contest between a hero and his enemy by trying which can skin an animal quicker.[3]

---

[1] *Gruagach*, the primary meaning of which is "hairy," seems to be used as we would use "ogre" or "giant." *Leipreachán*, which ought to mean "dwarf," is similarly used. The *"gruagach"* corresponds to the Red Knight in Chrétien's *Perceval* and in the English *Sir Perceval*. In the English he has a witch-mother. The *leipreachán* corresponds to the second giant in *Sir Perceval*.

[2] See Campbell, *Rev. celt.*, I, 193 f.; Dottin, *Contes Irlandais*, 1901, p. 222 f. (from Douglas Hyde); Curtin, *Myths and Folk-Lore of Ireland*, 1890, p. 256 f.

[3] Cf. S. Thompson, "Types of the Folk-Tale," *FF Communications* 74, No. 1071, "Contest with an ogre."

No. 8. The loss of a wife at an inn by the enchantments of a wizard (*dall glic*), and her subsequent recovery.[1]

Of the other incidents, which at first sight seem to have been added to what is in Chrétien's *Perceval*, several may after examination turn out to be original. Chrétien, we may suppose, omitted them from his (lost) source. These would be the most significant of all resemblances to the grail legend if the parallels here pointed out could be established as more than merely chance resemblances. These incidents which are at once very interesting and very difficult to deal with are as follows:

No. 3. The damsel who at the beginning of our story puts an obligation (*geas*) on the hero, may correspond to the ugly grail messenger in *Perceval* (éd. Baist, 4573 f.) who was surely in origin a transformed *fée*. In Chrétien's romance she appears after Perceval on his first visit to the grail castle had failed to disenchant it, but in Chrétien's original she might, as in our story, have appeared at the beginning of the quest. That the lady was at first ugly is in our story not said, but it is probably implied by the statement that after his deliverance the Knight of the White Castle "held a beautiful lady by the hand. This was the woman they saw in the boat on the first day."

No. 4. The hero's journey was by ship. It is probable that the original grail journey was by ship, and was in fact a kind of an *imram*. A trace of this may be left in the name "Fisher King," and in Perceval's coming to a stream of water before he reaches the grail castle.

No. 5. The hare's annoying the Knight of the Black Castle from a window may be an analogue of the Chapel of the Black Hand. The Chapel of the Black Hand in Wauchier's part of the *Perceval* (éd. Potvin, *Perceval*, 34, 434 f.), must have been in origin the same as the grail castle. A black hand, it will be remembered, comes in the chapel window and extinguishes the candles.[2]

No. 7. The witch-mother of the *gruagach* corresponds to nothing in Chrétien, but the Red Knight must have had such a mother in Chrétien's source. Such a person appears in related folk-tales,[3] and in the English *Sir Perceval*.

No. 8. The hero's mother in our story has evidently been carried off (married) by the *leipreachán*. This corresponds to the

---

[1] Cf. Thompson, No. 400, "Man on a quest for his lost wife."

[2] See *Medieval Studies in memory of Schoepperle-Loomis*, p. 108.

[3] R. H. Griffith, *Sir Perceval*, pp. 40 f.

English *Sir Perceval* where a giant has tried to marry the hero's mother (v. 2145 f.). In both stories the mother thinks that her son has been slain, and in both stories the hero finds at the giant's house helpful talismanic objects—in our story a talismanic sword—in *Sir Perceval* a curative potion. Here again it is probable that *Sir Perceval* has preserved something that was in Chrétien's source.

The following are the incidents in which our story agrees with Chrétien's *Perceval:*

1. The hero's name is "the Child"; in Chrétien's *Perceval* (ed. Baist, 345), "Beax fils." Later (v. 3537), Chrétien gives his name "Percevax."

2. He is a youth who does feats of skill (*cleas*); in Chrétien Perceval kills birds and beasts at a distance with his javelin (v. 202, cf. the English *Sir Perceval,* v. 222).

3. He visits a lonely castle, where he is entertained by a grey-haired old man sitting by a fire,[1] who is the Knight of the Black Castle, and later we learn that the old man is the Knight of the White Castle under transformation.

4. The old man is sustained by an automatic object of plenty (in this story a "table" corresponds to Chrétien's "grail").[2]

5. The country surrounding the castle has been laid waste by an enchantment.

6. The enchantment has been fastened upon the old man and upon his dominions by a hostile *gruagach* (who corresponds to Chrétien's Red Knight).

7. The hero subdues the *gruagach* and is expected to restore the old man and his dominions to their former splendour. He is a destined hero, and his wife is dumb till he appears. (Cf. Wolfram, *Parzival,* 152-20, Antanor is dumb till the hero comes.)

---

The above summary of a rather inaccessible recently collected Irish tale I am printing for what it is worth. It is at least interesting as a parallel to Chrétien's *Perceval.* Nobody will be stampeded

---

[1] Notice the grey hair, and the black cap, in Chrétien's *Perceval*:
> Un bel prodome seoir vit
> Que estoit de chenes meslez
> E ses chies fu anchapelez
> D'un sebelin noir come more. (Ed. Baist, 3048-51).

[2] The words of the old man, "let you be eating and I'll be telling," probably indicate that originally the visitor put pressure upon his host by refusing to eat. Such pressure is visible in Wauchier, *Perceval,* 34762 f.

into believing that it represents the source of that romance.   Even if it is in some way an off-shoot of that romance, it may have been retold so many times by native speakers in Ireland whose heads were full of folk motives and folk traditions that it has by natural processes grown back into something like the simple plot out of which the grail story by artistic influences advanced (Hypothesis IIa).   I do not incline to this view but rather hold (although I remember the onslaught made by Zimmer upon Alfred Nutt, who in 1888 expressed a similar belief in regard to *Amadán Mór* and other tales) that our tale and numerous other Irish stories that contain the enchanted-land motive, sprang from the same sources as Chrétien's *Perceval* and are independent of it (Hypothesis III).

This seems probable because most of these stories resemble here and there the plot of Chrétien's *Perceval*, but not throughout, as they would be likely to do if borrowed from it, and chiefly because many of them throw light on the original meaning of incidents in the *Perceval*—some on one incident and others on another.

For example, Dr. Vernom Hull has kindly summarised for me an incident in the tale, *Eachtra Iollainn Airmdheirg*, from an early eighteenth century Irish manuscript at Stonyhurst College, S.J. This incident represents the King of the Talismans as having lost the use of his legs either in battle or by enchantment (as in *Amadán Mór*) and thus throws light on the lameness of the Fisher King.

The story called the Palace of the Quicken Trees, in a version printed by Campbell[1] in *Revue Celtique*, I, 193 f., mentions a hare that annoys the King of the Talismans.   The context seems to show that the hare has taken the place of a Fomorian who snatched objects from a window with his demon-hand, like the harpies.

The story of the Sword of Light, of which Kittredge summarised nine versions,[2] throws light on the unwillingness of the King of the Talismans to answer questions.   It has a general parallelism to the grail story.   *An Bacach Mór*, one of the versions summarised by Kittredge, has the following points of resemblance:

---

[1] Some other versions are: MacDougall, *Folk and Hero Tales*, 56 f. (see 270, 271); Campbell, *Popular Tales of the West Highlands*, II, 168 f.; Joyce, *Old Celtic Romances*, 177 f., 362 f.; Curtin, *Hero Tales of Ireland*, 407 f.; Curtin, *Myths and Folk-Lore of Ireland*, 221, 281, 292 f.; Campbell, *The Fians*, 74 f., 233 f.

[2] (Harvard) *Studies and Notes*, VIII, 166.   Compare Kittredge's remark, page 263: "the frame-story was simple, belonging to a well-known type of quest-adventures, with which Perceval's neglect to ask the Grail question may be compared."   *An Bacach Mór* is summarized by Kittredge on page 274.

The *Bacach*, who is enchanted and has talismans, corresponds to the Grail King.    *Mianach*, who has but one eye and who snatches objects from a window, corresponds to the Red Knight.    He has a hag mother.    The hero's helpful father-in-law corresponds to Gornemans.

In conclusion let it be said that stories about a land laid waste by enchantment, whatever may be their ultimate origin, seem to flourish more in Ireland than anywhere else in the world.

ARTHUR C. L. BROWN.

EVANSTON, U.S.A.

# "PELLANDE," "GALVOIE" AND "ARRAGOCE" IN THE ROMANCE OF *FERGUS*[1]

GUILLAUME le Clerc, the author of "Fergus," tells us of a hunting party, that it rode from *Glascou* (i.e. Glasgow) through *Aroie* (i.e. Ayrshire) into *Ingegal* (6/7 ff.).

> Puis chevaucent delivrement
> Vers Cardoel sans arestement.
> Ens en l'issue d'Ingegal,
> En un castiel des(o)us un val
> Manoit uns vilains de Pel(l)ande
> Asés prés de la mer d'Irlande (9/12 ff.).

This *vilain's* name was *Somellet;* one of his sons was *Fergus,* the hero of the romance. In a later passage (101/28) he is called

> Li fius au vilain de-Pel(l)ande.

There is one more passage that concerns us here. Fergus' lady-love, *Galiene,*[2] princess of *Lodian-Lodien* (55/10; 106/29; 107/3) (i.e. Lothian) sent out her maid, *Arondele* (144/27),[3] to bring, within a week, either Fergus or a knight of the Round Table to be her champion against a hostile king and his nephew. The messenger rode from *Roceborc* (i.e. Roxburgh) to King

[1] List of works quoted in abbreviations:
    (a) Guillaume le Clerc, *Fergus,* ed. E. Martin, Halle, 1872.
    (b) *Ferguut,* ed. Verwijs and Verdam, Groningen, 1882.
    (c) Skene, W. F. *Chronicles of the Picts and Scots,* Edinburgh, 1867.
    (d) *Idem, Celtic Scotland,* 2nd ed., 3 vols, Edinburgh, 1886-90.
    (e) Munch, P. A., *Chronica Regum Manniae et Insularum,* Christiania, 1860.
    (f) Rhys, J., *Celtic Britain,* 4th ed., London, 1908.
    (g) Schlauch, M., *The Historical Background of Fergus and Galiene* (P.M.L.A. XLIV, 1929).
    (h) Pedersen, H., *Vergleich. Grammatik der keltischen Sprachen,"* Göttingen, 1909.

[2] Miss Schlauch (p. 371) is quite right in rejecting the derivation of this name from "Galwegian" (but it is her own hypothesis!), on account of linguistic "principles" (the *l* would not be the only nor the chief irregularity). The name is French and occurs in several chansons de geste and is derived from the masculine *Galien*; see both names in Langlois' *Table des Noms Propres dans les Chansons de geste.*

[3] She is not "named from the earldom of Arundel" (Sussex), as Miss Schlauch assumes. Her name means *hirondelle* and is just as pleasing as e.g. Colomba in a modern romance. Probably the poet gave her this name because of her speed in her rôle as messenger, just as he called Fergus' horse *Arondiel* (86 f. with variant reading: *Des esperons fiert Arondiel Que plus tost l'emporte que vent*). Cf. *Der festländ. Bueve de Hantone, Fassung III,* ed. Stimming, Dresden 1914, v. 1670 ff.: . . . *son destrier de Castelle ; C'est Arondials qui keurt com'arondelle.*

Arthur's court at *Cardoil* (i.e. Carlisle), where she arrived after three days (145/32 f.). Unfortunately all the good knights were absent in quest of Fergus:

> Mesire Gavains est alés
> Tot droitement parmi Irlande
> Et Perchevals [ens] en Pel(l)ande;
> D'autre partie en Ingegal
> Estoit dans Kés li senescal;
> En Arragoce estoit tornés
> Dans Saigremors li Desreés;
> [Et] Erés en Eschoce esto(i)t;
> En Gales tourna Lanselot (146/5 ff.).[1]

They had left the court six weeks before and had promised to be back on Ascension day (146/21), which would be *ainc doze jors* (147/3). The maid could not wait so long, so she wanted to know where she would find Gavain. The king told her: *en Galvoie ala* (147/9). Then she rode *cele part*; but all her efforts proved futile:

> Galvoie tote trespassa,
> C'onques n'en ot avoiement (147/17 f.).

Now only two days were left till her lady would have either to provide a champion or to surrender to her enemy (thus Arondele must have spent three days in going from Carlisle to the furthermost limits of Galvoie). She resolved to return. On her way back she passed by *Maro(i)s* (147/31) (i.e. Melrose), whence she could arrive at Roceborc before nightfall (148/27). At Maros however she found him whom she wanted, Fergus, who had been there incognito during all the time of her quest, in the castle he had conquered from a giant.[2]

---

[1] The editor Martin has followed his taste in reconstructing this passage and I have followed mine. The three first lines are in MS. A as follows: *Mesire Gavains est alés Tot droitement par une lande Parmi la terre de Pelande.* The reading of MS. P is as in my text, with the exception of line 3, which is: *Et Perchevals en Hupelande.* Like Martin I have adopted the reading of P (with the exception of the impossible *Hupelande*), since A, though the older and generally better MS., is less satisfactory; for *par une lande* has here no sense, and *Perchevals* and *Irlande* seem to be indispensable (cf. infra). But where Martin introduced *est* without MS. evidence, I have *ens*, because nowhere else the present tense is used. The other changes need no commentary.

[2] The Dutch translator has changed all this and has introduced other names: The maid, here called *Lunette* (borrowed from Chrétien's *Yvain*) went from *Rikenstone*, her lady's castle, to Arthur's court at *Ghincestre* (Winchester), having 40 days at her disposal for finding a champion. She waited at the court for the return of the knights whose names and whereabouts are not indicated. As no one returned within that time, she went back to Rikenstone and met with Fergus at a place not named (4338 ff.). Thus the names Arragoce and Galvoie could not occur in this translation. *Pelande* is mentioned once (v. 271).

These are all the passages that bear upon the three names I propose to explain.

The scene of the action of this thirteenth century romance is Scotland, which the Continental poet must have personally known rather well.   Most of the geographical names have been identified by the editor Martin.   He has also recognised that the hero is an historical personage, Fergus, chief of Galloway, who died in 1161, and that the hero's father, Somellet, was a contemporary of this chief, viz. Sumerled, "regulus" of Argyle and the southern Hebrides, who was slain in battle at Renfrew in 1164.   A few geographical names have not been explained, or insufficiently, by the editor.   Since it is practically certain that they refer to Scotland, an attempt to find out their equivalents cannot be a hopeless task.

In a recent article entitled "The Hebrides in the French Arthurian Romances" (published in *Arthuriana*, Vol. II, Oxford, 1929–30) I interpreted one of these names, *Ingegal*,[1] as a slightly corrupted form of *Innse-Gall* or *Inche-Gall*, the name given by the Irish and Scotch to the Western Isles, meaning "Islands of the Strangers, i.e. Vikings."[2]   Now the kingdom of Innse-Gall was one of the dominions of the historical Sumerled, and Ingegal in the romance is *la terre* (6/17) of the hero's father, Somellet, the only dominion, as it seems.   The poet wanted, for reasons we have not to examine here, Somellet to be no longer a king, but simply a *riche vilain* (10/27).   This may be the reason why he deprived him of his other dominion, Argyle, and why he did not bestow on him, as it seems, the sway over Galloway, which, being the dominion of the historical Fergus, would naturally have devolved on him when the protagonist was made his son.   Now, it is a strange fact that the poet did not describe Ingegal as a group of islands, but quite clearly as the mainland country, Galloway (as I demonstrated in the article referred to).   The name of *la terre d'Ingegal* is that of one of King Sumerled's dominions, its description that of the dominion of the historical Fergus.

---

[1] I have introduced this form, which I have proved to be the original one, into the quotations above.

[2] In that article I also showed that in other French Arthurian romances the Hebrides have the names *Les Estraignes Illes*, *les Lointaines Illes* and simply *les Illes*.   I avail myself of this opportunity to point out an omission I there made : One of the romances in which the "king of the Isles" plays a rather important part is *Humbaut* (ed. Stürzinger-Breuer, Dresden, 1915); it is also almost sure that king Madeglant of Oriande in the romance of Perlesvaus (ed. Potvin, p. 271 ff.) was a king of the Isles.

However, the poet also affirmed that Somellet was *de Pel(l)ande*.[1] The editor Martin merely remarked (p. xxiii): *Pelande = Pentland? Pentland Hills ziehn sich südwestlich von Edinburgh nach Lanark hin.* Pel(l)ande and Pentland are indeed the same word. The Anglo-Saxon name of the Picts was *Peohtas* (West-Saxon), *Pehtas* (Anglian), the Middle-English name, which is naturally of rare occurrence, was *Peghtes-Pehtes*.[2] The "land of the Picts" was necessarily in Anglo-Saxon *Pe(o)hta-lond* (*-land*), in Middle English *Peght(e)-land, Peht(e)-land*.[3] In the pronunciation of Northmen it became regularly *Pétland*.[4] This is perhaps not devoid of interest; for in the time when our poet wrote Norse was spoken in large western and northern districts of Scotland, inclusive of parts of the countries once ruled by Sumerled and Fergus. The modern *Pentland*, not only preserved in Pentland Hills (Lothian), but also in Pentland Firth (between Caithness and the Orkneys), is no doubt derived from Middle English *Pehtland*.[5] The regular French equivalent of Middle English

---

[1] This form is given by the older and better MS. A and the Dutch translation v. 271, whilst MS. P has *Pullande* 9/14, *Poulande* 101/28, *Hupelande* 146/7 (cf. the labialisation of *e* in *fumier, buveiz, jumel*, etc.: Behrens, *Grammatik d. Altfranz.*, sec. 84, A.).

[2] In the alliterative *Morte Arthure*, v. 3533: *Peyghtes*, 4125: *Peghttes*. Whilst in southern English *gh* had a very weak sound, it was pronounced hard in the English dialect of Scotland (Owen Price, *English Orthographie*, Oxford, 1668, states: "the Ancients did, as the Welch and Scots do still, pronounce *gh* thorow the throat," quoted from Sweet, *History of English Sounds*, Oxford, 1888, p. 261) and written *ch*. So we find in a Chronicle of the Scots of the 15th/16th century, published by Skene, *Pechtis* (*Chron.* p. 381, 382, 384) (*-is* instead of *-es* is also peculiar to this dialect), and J. Rhys, *C.B.*, p. 313, affirms that *Pechts* survives in Broad Scotch.

[3] *e* in this position could be retained or dropped; cf. Anglo-Saxon *Oxna-ford, Oxena-ford*, Middle English *Oxeneford, Oxenford*; A. S. *Cantwara-byrig*, later *Cantware-byrig*, M. E. (Chaucer) *Caunterbury*.

[4] Saxo Grammaticus: *Petia* (lib. IX, ed. Müller I, 448). The Pentland Firth was in Norse *Pettlandzfjordr* (cf. Rhys, l.c., p. 313, Müller, l.c.).

[5] Either *h* has become *n* by graphical distortion (for *h* looked like *n*, if its upper part was obliterated), as *Hebudes* has become *Hebrides* (*Lohot*, Arthur's son, is in Wolfram's *Parzival*: *Ilinot*), or *n* is the inorganic intrusive nasal as found in many other words such as dialectic *skelinton, milintary*. Cf. Luick, "Der sekundäre Nasal in *nightingale, messenger* und ähnlichen Wörtern" (*Archiv f. d. Studium d. neuern Sprachen*, 144, p. 76 ff.); Bradley, "The intrusive nasal in *nightingale*" (*Mod. Phil.*, I); Louise Pound, *Intrusive nasals in English* (M.L.N. 30, p. 45 ff.); Balcke, "Der anorganische Nasal im Französischen" (*Beiheft* 39 *der Zeitschrift f. rom. Phil.*, 1912). I suppose that *n* was first introduced in compounds such as Northpetland, Eastpetland, in which *Pet* was unstressed.

*Peghtland*, *Pehtland*, or of Norse *Pétland*, was *Pellande or Pelande*.[1]

Bede (*Hist. eccles.* III, 4) distinguished the *Australes Picti* and the *Septentrionales Picti*, which he also called *Transmontani Picti* (V, 9). They occupied at his time all the country north of the firths of Clyde and Forth, called at first Albania, later Scotia,[2] with the exception of the Irish-Scottish Dalriada. But there were also Picts south of those firths. If Bede did not mention them in this work, it probably was because at his time they had lost their independence.[3] South of the Firth of Forth we find the Picts of Lothian and Manau.[4] In the Irish Books of "Lecain" and of "Ballymote" (written in the early fifteenth century) there is a tract which mentions *Scal Balbh ri Cruithentuaithi acus Manaind*, i.e. S.B., king of Cruithentuaith (= Pictavia, Albania) and Manau, "showing the two as forming one kingdom" (cf. Skene, *Chron.*, p. cvii). Hector Boethius, the author of the *Scotorum Historia* (l. IX), states that Lothian was formerly called *Pi[c]thlandia* and owed its later name *Laudonia* (*Leudonia, Lodonia*) to one of its kings, Loth (who seems, however, to have been only its eponymus.)[5] The second Pictish district south of the Firths is Galloway. Bede himself, in his *Life of St. Cuthbert*, speaks of the *terra Pictorum qui Niduari* (from the river Nith, which forms the eastern boundary of Galloway) *vocantur* (cf. Skene, *C.S.*, I., 133). In the eleventh century Bishop Joceline of Glasgow, in his *Vita S. Kentigerni*, relates that his saint *Pictorum patriam, que modo Galwiethia dicitur,*

---

[1] *-lande* in French names usually comes from Germanic *-land*, Latinised *-landia;* cf. *Islande, Irlande, Nortomberlande* etc. and *Pi[c]thlandia* in Hector Boethius (cf. infra). The velar or palatal consonant (*h, gh, ch*), unknown to the French language, had to be dropped; *t* was assimilated to *l* (Geoffrey of Monmouth's *Gotlandia* became *Gollande* in Wace's *Brut*); the double *l* of *Pellande* is preserved in one of the readings of MS. P, *Pullande*.

[2] The meaning of Albania-Scotia in the Middle Ages I treated in full in my article "Almain and Ermonie as Tristan's Home" (*Mod. Phil.*, XXVI, 5 ff. (1928).

[3] This is Skene's explanation (*Chron.*, p. cvii, *C.S.*, I., 133).

[4] The Irish annalist Tighernach states, ad a. 717; *Strages* Pictorum *in campo* Manand *a Saxonis* (a similar entry in the Ulster Annals). The battle took place according to the *Saxon Chronicle* between *Haefe* and *Caere*, i.e. the rivers Avon and Carron south of the Firth of Forth (cf. Skene, *Chron.*, p. lxxxi). About Manau cf. my article "Almain and Ermonie as Tristan's Home" (*Mod. Phil.*, XXV, 280 ff.) (1928), about Lothian my article "Loenois as Tristan's Home" (*Mod. Phil.*, XXII, 186 ff.) (1924).

[5] Buchanan in his *Rerum Scoticarum Historia* (V, 45), following Hector Boethius, speaks of *Pictorum rex Lothus* (1582).

*et circumjacentia ejus ab ydolatrie spurcicie et heretice doctrine contagione purgavit* (cap. XXXIV).[1]

Whilst the names Pentland Firth and Pentland Hills have preserved for us a record of the Picts of Albania-Scotia and of Lothian respectively, there is no such reminiscence of Pictish occupation in Galloway. Yet it was in the latter district that the Pictish nationality and language lasted longest. At the time when Guillaume composed his romance, the northern Picts of Albania-Scotia had been for centuries assimilated to the Scots, i.e. Irish, their rulers (since 844), and had adopted their language. It is very unlikely, too, that the territory of Lothian and Manau, which was open to all traffic and communication and ever since the seventh century seems to have been subject to the Angles of Northumberland (cf. Skene, *C.S.*, I., 256 f.), was able to preserve its Pictish language so long. Galloway, however, situated in a corner of the island and remote from all traffic and only nominally dependent on the Angles of Northumberland, preserved, owing to its isolation, its Pictish character, for a very long time. According to the chronicler Ailred (*De bello apud Standardum*) the *Galwenses* who formed, in 1138, the first body of King David's army, "still bore the name of Picts" (cf. Skene, *C.S.*, I., 467). Richard of Hexham (*De gestis regis Stephani*), writing about the same event, speaks of the *Pictis qui vulgo Galleweienses dicuntur* (cf. *ibid.*). In 1164 Reginald of Durham mentions Kirkcudbright as being *in terra Pictorum* and calls their language *sermo Pictorum* (cf. Skene, *C.S.*, I., 203), and even as late as 1582 the Scotch chronicler Buchanan says of *Gallovidia* in his *Rerum Scoticarum Historia: Ea magna ex parte patrio sermone* adhuc *utitur* (cf. *ibid.*). It is evident that the *patrius sermo* must have been the Pictish language.

At the time when the "Picts" of Galloway fought in the battle of the Standard, Fergus, the hero of our romance, was their sovereign (cf. M. Schlauch, p. 368). We know now that in his time Galloway was still considered as a land of the Picts. It was no doubt the only country that still could be called *terra Pictorum*. Both Ailred and Richard of Hexham also named the two other territories that once had been Pictish, but without making the slightest allusion to this fact. They called their inhabitants *Scoti* and *Laodonenses* or *de Lodonea* respectively, and thus made

---

[1] As to the history of the Picts I may also refer to J. Rhys (*C.B.*, ch. V and VII and note p. 311 ff.), who, however, proposed impossible etymologies of the names Pentland and Galloway.

it very probable that Galloway was for them the only Pictish district.

Our poet's own indications point in the same direction. *Pel(l)ande* is among the countries where the knights of the Round Table seek Fergus in vain.   It cannot be Albania-Scotia; for this country is mentioned in the same list by the name of *Eschoce*.[1] It cannot be Lothian either; for Lothian, to which *Roceborc* and *Maros* belonged, appears in our text as *Lodian-Lodien*, and, if it is not in the list of the countries where Fergus was to be sought in vain by the knights, it is because our author wanted it to be the country where Fergus was to be found by the maid Arondele. Two of the three once Pictish territories being thus excluded, *Pel(l)ande* must be the third, i.e. Galloway.   Besides, it would have been difficult to understand how the author could have connected Somellet either with Albania-Scotia or with Lothian, whilst it is quite natural that Somellet, after having been made the father of an historical chief of Galloway, could be named *de Pelande* in the sense of "of Galloway."   It cannot be urged against my conclusion that Guillaume also mentions *Ingegal* among the countries where Fergus was sought in vain by the knights, and that, as I have shown in my *Arthuriana* article, it was Galloway that he (wrongly) called Ingegal.   For if he thought that Ingegal, i.e. the Hebrides, was Galloway he probably meant that Pel(l)ande, i.e. Galloway, was the Hebrides: Ingegal and Pel(l)ande seem to have changed places in our romance.   I am going to prove also that the mention of *Galvoie* in our text does not contradict the fact that Pel(l)ande is Galloway.[2]

It is true that *Galvoie*,[3] a name that, unlike Pel(l)ande and Ingegal, is not particular to *Fergus* but occurs rather frequently in French Arthurian texts, may also designate Galloway.   Whilst Pel(l)ande was the Anglo-Saxon or Norse name of the country as modified by the Anglo-Normans, Galvoie is the Frenchified Latinisation of its Celtic (probably British) name which is not

[1] In medieval texts *Escoce* or *Scotia-Albania* never designated Scotland in its modern sense, never applied to the Lowlands.   The author of *Fergus* himself makes the meaning of *Escoce* perfectly clear in the verses 107/3-4: *Illueques* [i.e. at *Port-la-Roïne*=Queenferry on the Firth of Forth] *Lodïen define Et Escoche est de l'autre part ; La mers* [the Firth] *ces deus terres depart* (cf., regarding the context, my article "Huon de Bordeaux and Fergus" in *Mod. Language Rev.*, XX, 1925).

[2] The fact that in the early thirteenth century Galloway could still be called *Pel(l)ande* may have some historical interest.

[3] MS. A has the readings *Glamoie* and *Glavoie;* MS. P seems to have in both cases *Gauvoie ;* therefore the editor was justified in reconstructing *Galvoie*.

older than the Viking period. This period brought forth a population called in Irish documents *Gaill-Goedil* (*-Gaidil*, etc.) (usually occurring in Gen. Plur. after *ri* = king: *Gall-Goedel*, *Gall-Gaidel*, etc., which is also the Nom. Sing. form),[1] which name means Viking-Irish, probably in the sense of Irishmen taking part in Viking life, or supporting the Vikings, but possibly in the sense of mixture of Vikings and Irish.[2] This population is first found in Ireland (in 856 according to the *Annals of Ulster*), then in the Hebrides and finally in Great Britain, especially in the country called after them Galloway, probably along the coast, while the interior, as we saw, remained Pictish. A typical Gallgaidel was the historical Sumerled, who is the protagonist's father in our romance, a man of Irish descent with a Viking name and a Viking wife. Probably Fergus too was a Gallgaidel. For his grandson Rolant and his great-grandson Ailin (Allan) are still called *ri Gallgaidhel* in the *Annals of Ulster* (ad. a. 1199, 1234); but, when we consult texts written in Latin, we find *Alanus dominus Galwethie*, etc. (e.g. *Chronicle of Melrose* ad. a. 1234, as quoted by Skene, *Chron.*, p. lxxx); i.e. the name of the people is replaced by a territorial name derived from it. Already in charters of 1136–41 our Fergus has the attribute *de Galweia* (cf. M. Schlauch, p. 368). The usual forms of the name of the country in Latin documents are: *Galwethia*, *Galwedia*, *Galwidia*, *Galweia*. They show that they are not derived from the Gaelic form of the ethnical name, but from its British equivalent, which was *Gal-(g)wydel*.[3] From the

[1] Concerning the forms of the second component, cf. Pedersen, *V.G.*, I, 58; Rhys, *C.B.*, p. 245; Zimmer, *Nennius Vindicatus*, p. 216; J. Loth, *Les Mabinogion*, 2nd ed. I, 140, n. In Norse sagas the Gaillgoedil are called *Galgedlar* (cf. G. Henderson, *The Norse Influence on Celtic Scotland*, Glasgow, 1910, p. 18, 32; Munch, *Chronica*, p. xxxii, 46), (Sing, *Galged(d)ill* [cf. *thistill-thistlar*]).

[2] Cf. the Irish annals transcribed by Macfirbis (Skene, *Chron.*, p. 404).

[3] *gwy-*, in compounds *-wy-*, was the Welsh equivalent of Irish *goi-* (cf. Pedersen, sec. 39, A.); *y* was written *i* in Old Welsh; *w* was also a vowel (*u*), but was treated as a consonant in the Latinisations. The dental is in Irish and Welsh a spirant and could therefore be written *th*, *dh*, *d* or even *t*. Its disappearance in *Galweia* seems to be irregular (influence of the French form?). In all the Latinised forms known to me the *-el-* or *-il-* has been omitted; for the regular Latinisation would have been *Galwethelia* (or *Galwethilia*), etc. Below we shall find the same phenomenon in the Latinisation of another Irish name. The form *Walweitha*, used by William of Malmesbury, may owe its first *w* to this author's connecting it with the Arthurian hero Walwen or to an assimilation of the first syllable to the second [cf. the Norse *Gaddgedlar* (Henderson, l.c., p. 32) from *Galgedlar* and *Ingegal* from *Insegal* and other examples in my "Arthuriana" article, p. 12, n.] or to a mistaken derivation from Anglo-Saxon *Walas*. The latter influenced the second syllable of the Latinisation *Galwallia* used in Fordun's *Scotichronicon* (cf. quotation in Martin, p. xxiii).

Latin territorial name a new name of the people was derived: *Galleweienses*, *Galwenses*, etc. (cf. *supra*).[1] The French forms *Galveide* (in Chrétien's *Guillaume d'Angleterre*), *Galewee* (Wace), *Galoee* (Rigomer), *Galveie-Galvoie-Ga(u)voie*, etc.[2] and the English form Galloway (Middle English *Galeweie*) are derivatives of the Latin forms.[3]

In spite of these facts Martin's explanation of *Galvoie* in *Fergus* as Galloway is not beyond dispute. For the author who reports that Gavain went *parmi Irlande* in quest of Fergus evidently seems to contradict this statement when, only some forty verses later, he makes King Arthur tell the messenger that Gavain *en Galvoie ala*. In fact the contradiction is only in MS. P; but, like Martin, I gave preference to the reading of P, because the other reading is so poor in style as to betray itself as patchwork. It is not very likely that a scribe (P) would have introduced, merely to improve the style, *Irlande* and *Perchevals*; it would be more plausible that a scribe (A), being aware of the contradiction, omitted *Irlande* and *Perchevals*; but, as it is rather doubtful whether a scribe was able to identify *Galvoie* and *Pel(l)ande* (only this identification could have made the

---

[1] Since Fordun wrote *Galwallia*, he had to call the inhabitants *Galwalenses* (cf. Martin's quotation, p. xxiii).

[2] If the Latinisation *Galweia* should not be the prototype of French *Galveie*, but should be posterior to it, we may explain the disappearance of the interdental consonant as being in conformity with French phonetics. Cf. Anglo-Saxon (dative after prepositions such as *to*) *Portesmuthe*, *Geornemuthe* (Latinised *Gernemuta*), French *Portesmue*, *Gernemue* (=Portsmouth, Yarmouth) and in Old French the older forms *mustrethe*, *espethe*, etc., and the younger forms *mustree*, *espee*, etc. (concerning the latter see Behrens, *Gramm. d. Altfranz.*, sec. 116, A.). Those who rendered *Galwedia* with *Galveide*, proceeding from the written word, considered the dental no longer as a spirant.

[3] In Arthurian literature Pictish Galloway seems to have had also a mythical significance. Like the Pictish territories north of the Firth of Forth (*Estramore*, *Estrangore*, *Gorre*=Strathmore in a wider sense; cf. my article on "Gorre" in *Zeitschr. f. franz. Spr.*, XXVIII, p. 1 ff. and XXX², p. 206 ff.), and north of the Firth of Clyde (*Sorelois*=Sutherland in a wider sense, and *Sorlinc*; cf. my article just referred to, p. 16 ff.), it was considered as a country from which nobody returns (cf. J. L. Weston, *The Legend of Sir Perceval*, I, 186 ff.), i.e. as the Hades, the Other-World (cf. also Procopius' description of *Brittia*, quoted by me l.c., p. 66 f., which, however, refers only to the districts of the northern Picts). This reputation of the Pictish territories may explain why, according to J. Rhys (*C.B.*, p. 313) who unfortunately gives no particulars, the name "Pechts" in Broad Scotch is "used more or less as meaning *Fairies*." In Cornwall and south-western England certain fairies are called "pixies" or "piskies." It has been suggested that this name is derived from "Picts"; but it would be surprising that the fairy-folk is named thus in districts which are so remote from the home of the Picts. Cf. J. Grimm, *Deutsche Mythologie*, III, 125, 144; W. Y. Evans Wentz, *The Fairy Faith in Celtic Countries*, Oxford, 1911, p. 164 ff.; E. A. Philippson, *Germanisches Heidentum bei den Angelsachsen*, Leipzig, 1929, p. 77.

contradiction disappear for the scribe P),[1] it is preferable to suppose that the scribe misread *parmiirlande* as *parunelande*, which obliged him to change the following line.

The only way to make the situation non-contradictory, is to assume that for our poet *Galvoie* was some district in *Irlande*. And indeed Fritz Seiffert, in his *Namenbuch zu den afz. Artusepen* (Greifswald, 1885, p. 78) suggested that for Guillaume Galvoie was Galway in Ireland. The Irish name for Galway is now, as I am told by an Irishman, *Gallimh*, according to H. Pedersen (*Vergleich. Grammatik der kelt. Sprachen*, § 228), *Gaillimh*, Gen. *Gaillmhe*. But *mh* represents the sound *v*. Thus in Arran the name is, according to the same authority, phonetically *galə*, Gen. *galəvə*. J. J. Egli (*Nomina geographica*, Leipzig, 1893), gives the following older forms: *Gailibh*, *Galvy*, *Galiva*, *Galvia*. The latter forms are evidently Latinisations. There is hardly any among these forms that would regularily yield in French *Galveie-Galvoie*; but the difference between *Galvia* and *Galweia* is so slight that for a Non-Celt a confusion was hardly avoidable. In fact, the modern English form, *Galway*, which corresponds to medieval *Galweia* (=Galloway) clearly shows this confusion. Thus it cannot be denied that exceptionally *Galvoie* may mean Galway.

Galway is one of the most western districts of Ireland. It was appropriate that Fergus should be searched for in the furthermost regions of the Celtic world, in Ireland as well as in the Western Isles, and that Galway should be the goal of Gavain's expedition to Ireland. No doubt Guillaume could not expect his Continental auditory to be acquainted with Galway; but this public probably knew Galloway and most of the other places he mentions no better. His public in Great Britain, however, for which he seems to have cared most, may have known a good deal about Ireland at an epoch when part of Ireland was subject to the English crown.[2] Possibly Guillaume's use of the name of Galvoie for Galway was

---

[1] Moreover we should then be obliged to suppose that the poet had given two different names (*Pellande* and *Galvoie*) to the same country, which might lead his public astray. It is true that the poet who usually named the district of Lothian *Lodien-Lodian* once (probably induced by the exigencies of rhyme) called it *Loënois*. But this case would not be a parallel; for the two names were at least similar and their meaning was known to every Anglo-Norman. Besides it was here of no consequence whatever if part of the public (the Continental French), from insufficient geographical knowledge, could not identify the two names.

[2] In the romance of *Rigomer* (ed. W. Foerster, Dresden, 1908), which has laid the scene of action in Ireland, *Conart* (=Connaught) is mentioned; it is the province of which Galway was a part.

the reason why he gave Galloway its older name, Pellande.[1] There is only one drawback to Seiffert's hypothesis, viz. that the poet ought not to have said that Arondele, leaving Carlisle, "rode" *cele part* (i.e. to Galway), but that she crossed the sea.  There is more than one Arthurian romance in which navigation is not mentioned where it ought to have been mentioned.  We may think that our poet was more careful.  But cannot a poet be credited with such carelessness, who describes *Ingegal*, the name of which is that of the Hebrides, as a mainland country, in fact, as Galloway?[2]

The list of countries in which Fergus was sought in vain by Arthurian knights is interesting: *Irlande, Pel(l)ande* (= Galloway), *Ingegal* (= the Hebrides), *Arragoce, Eschoce* (= North-Eastern Scotland; cf. *supra*), *Gales* (= all the territory occupied by the *Walas*, i.e. Britons, after the Anglo-Saxon conquest, from the English Channel to the Firth of Clyde).[3]  We miss some districts; above all *Logres*, i.e. the territory of the Anglo-Saxons (from the English Channel to Lothian), which, by intentional anachronism, is in the Arthurian romances Arthur's special country: it was no doubt omitted, because the author thought that Arthur would have known it, if Fergus had been in his own country.  Another district omitted is *Lodien-Loënois*: it was the country of the lady Galiene, where Fergus was ultimately found by Arondele; it was not included among the districts where the knights sought him, because the poet did not want them to find him.  Besides these, there is only one important district of the British Isles missing, viz. Argyle, which in the twelfth century comprised all North-Western Scotland, from the Firth of Clyde to Caithness (cf. Skene, *C.S.*, I., map

[1] On the other hand it is also possible that Guillaume used a name for Galway which was, though similar to, yet distinct from, *Galvoie*, and that the latter form was introduced by a scribe.

[2] It would be unfair to charge our poet with having given too short a time for Arondele's long journeys.  In romances a young lady and a good horse could travel like an *arondele*.

[3] *Gales* in Arthurian romances had a narrower meaning (Wales) and a wider meaning (as indicated above).  The wider meaning explains expressions such as *Carduel en Gales* (Chrétien's *Yvain*) and *Sinaudon* (i.e. Stirling) *en Gales* (Renaut's *Guinglain*), (cf. J. Loth in *Rev. Celt.*, XIII, 498).  The name of the North-British territory, from the Mersey to the Clyde, is in our text *Corbelande* (166/2) (= Cumberland) and was also *Estregales* [= *Strae(cled)-Wealas* = the Welsh of Strathclyde; cf. my article on "Estregales" in *Zeitschr. f. franz. Spr.*, XXVII, p. 78 ff. and in XLIV², p. 83 f.].  It may be that the names *Corbelande* and *Estregales* were also restricted to the southern (now English) and to the northern (now Scotch) district respectively, as e.g. in the passage *Cumbrorum et Stregwallorum reges* (Skene, *Chron.*, p. 223).

facing p. 396, and III, p. 47 f.). We miss it all the more, since it was one of the possessions, the more important one, of the historical Sumerled. But in the above list of countries there is one we have not identified, Arragoce. It may be taken for granted that this is Argyle, if the identification is admissible from a linguistic point of view.[1]

The original of the name Argyle is *Oirir Goidel*.[2] An explanation of this name was given in the tract *De Situ Albaniae*, composed about 1165: *Arregathel dicitur quasi Margo Scottorum seu Hibernensium, quia omnes Hibernenses et Scotti Gattheli dicuntur* (Skene, *Chron.*, p. 136). Irish *oirir* (later form *airer*) meant "border, border-land, coast, district," whilst the other component, *Goidel* (later form, *Gaidel*) is the name of the people, the Irish (in the Gen. Plur.). In fact, the southern part of Oirir Goidel, called *Dalriada*, had been Irish since the sixth century; but in the Viking period the middle and northern parts were added to it, when it became a dependency of the Norwegian Jarls of Orkney (Sigurd, 989–1014; Thorfinn, d. about 1057; cf. Skene, *C.S.*, I., 375 f., 378, 387, 389, 390, 397, 411, 413; *Munch*, p. 46 f.), until our Sumerled acquired possession of it.[3] In 1222 it became part of the kingdom of Scotia (cf. Skene, *C.S.*, III., 36).

Just as the names Inse-Gall (the Hebrides) and Gaill-Goidil (Galloway) have one component (= Viking) in common, so the names Gaill, Goidil and Oirir-Goidel have a common second component (= Irish). We have seen above to what Latinised territorial names the ethnical name Gaill-Goidil or rather its British equivalent gave rise. Although Oirir-Goidel was already a territorial name (used as such, e.g. in the tract mentioned above: the forms are *Arregathel, Arregaithil, Arregaichel, Arregarchel*; the modern name Argyle is derived from them),[4] learned Latinised forms were also formed from it on the same lines as *Galwethia*, etc. from *Galwydyl*, no

---

[1] The reading of the older and better MS (A) is *Arragouce*. Nevertheless the editor has given preference to the reading of MS. P, *Sarragoce*. It is evident that the scribe P, not knowing what to make of *Arragoce*, has replaced it by *Sarragoce* (which he may have known from the Chansons de geste), because this has a meaning (Saragossa); but what is wanted in the passage is no doubt a district of the British Islands.

[2] For details concerning this name and its variant readings cf. my article "Almain and Ermonie as Tristan's Home," in *Mod. Phil.*, XXV, 286 ff.

[3] I think that it was this *Oirir Goidel* that was called by the Vikings of the Orkneys *Sudrland* (Southland, now Sutherland), whence *Sorlinc* and *Sorelois* (cf. *supra*).

[4] Cf. *Ergeille* in an Anglo-Norman text of 1280 (Skene, *Chron.*, p. 202), *Orgaile*, *Argayle* in the Middle English alliterative *Morte Arthure*, v. 3534, 4123.

doubt by men who did not understand the meaning of the Irish name. Only it must not be forgotten that the basis of the Latinised forms in the case of Argyle was the Irish form, not its British equivalent (which makes a difference in the letter or letters intervening between *g* and the dental), since the Britons were only to a small extent neighbours of Argyle, whilst they were the only neighbours of Galloway. By the simple addition of the Latin suffix we get the form *Argathelia*, which Skene has in the Index of his *Chronicles*.[1] But usually the *-el* was dropped just as in *Galweth-ia*, etc. Thus we find in the texts published by Skene the forms *Argad-ia* (*Chron.*, p. 174, 335) and *Ergad-ia* (most frequently attested).[2] If we find no others, we are not allowed to conclude that there were no others. Since the dental of the ethnical name was not only written *d* or *dh*, but also *th* (cf. *supra*) and since the diphthong was not only written *ai, ae*, but also *oi, oe*,[3] there may have existed Latinisations such as *Ar(re)gathia, Ar(re)godia, Ar(re)gothia*,[4] etc. Now, if a Frenchman could not see that *th* in such words was a spirant,[5] he treated it as a stopped consonant (*t*), especially if it was written *tth* (cf. *supra* my quotation from *De situ Albaniae: Gattheli*). Therefore, *Arrego(t)thia* would be Frenchified *Arregoce*, just as *Scotia*, frequently written *Scottia*, became in French, *Escoce*. From *Arregoce* there is only one little step to our *Arragoce* (assimilation of the second syllable to the first).

The editor Martin has shown that the hero of our romance and his father were the historical Celtic chieftains, Fergus and Sumerled. I have been able to prove that the names of the three countries owned by them, Galloway, Argyle and the Hebrides, were also preserved in the romance: *Pel(l)ande, Arragoce, Ingegal.*

---

[1] I have not discovered it in the texts.

[2] Cf. omissions of syllables also in *Northumberland—Northumbria, Annandale—Anandia; Catanes—Cathania* (by the side of *Cathanesia*), (cf. *Mod. Phil.*, XXV, 285 f.); *Straecled-Walas—Stregwalli* und *Estregales* (cf. *supra*).

[3] *oi, oe* is older than *ai, ae*, yet occurs also in very recent MSS. In *Cogadh Gaedhel re Gallaibh* (="War of the Gaedhel with the Gaill"), an Irish text of the tenth century (MSS. of the twelfth and fifteenth centuries) we find *Airer Goedel* and *Oirer Gaoidhil* (quoted by Skene, *C.S.*, I., 387), (*aoi* seems to be a sort of combination of *ai* and *oi*). In the very late Book of Clanranald we find *Eargaoidheal* and *Oirir-gaoidheal* (Skene, *C.S.*, III., 400), (observe the *oi* in *Oirir*).

[4] Before the Latin suffix *-ia* the diphthong always seems to have lost its second element.

[5] Those who derived *Galwethia*, etc. from *Galwydel* did not see that *w* in Welsh was a semivowel. The French who formed *Galveide* from *Galwedia* did not see that *d* was a spirant; otherwise they would have dropped it (cf. *Portesmue*, etc., *supra*).

We might have expected that Somellet, having been made by our poet the father of Fergus, would have been represented as ruler of all the three countries, since, as long as Somellet lived, his son could not have any territories of his own, unless he acquired them by conquest or gift or marriage.[1]    For some reason or other the poet wanted to represent Somellet not as a powerful ruler but only as a *riche vilain*.    In this case one of those countries was enough, if not too much, property for him.    The poet's choice fell, perhaps at haphazard, on Ingegal.    He vaguely connected also Pel(l)ande with Somellet by calling him *uns vilains de Pel(l)ande*.    *De* probably denoted origin, although it was quite indifferent for the romance whether the *vilain* was born in the country which belonged to him, or not.    It seems that the poet merely did not want to lose the name.    The same reason may have made him create an opportunity for employing the name of Arragoce; a direct connection with Somellet was no longer possible.    If he gave Galloway the older name of Pel(l)ande instead of using the more common name of Galvoie, he may have done so because he reserved the latter for another country (Galway).    It is puzzling why he described Ingegal as Galloway (between *Aroie* and *Carduel*, i.e. Ayr and Carlisle). If he did so because he knew no better, this ignorance would not speak in favour of Martin's suggestion that his patron was Allan of Galloway.

E. BRUGGER.

Davos.

---

[1] In fact he acquired by his marriage with Galiene the kingdom of *Lodïen*, so that at the end of the romance we are told: *Sires et rois est apielés Et ele apielee roïne* (189/31).    Miss Schlauch (p. 370) thinks that these "titles were almost, if not quite, justified by the chieftainship and royal connections of the real Fergus."    But the hero's marriage with a king's daughter and heiress is a commonplace in romance and has nothing to do with history.

## LE BARDE DE TEMRAH

Pour ce poème comme pour tant d'autres, le savant et consciencieux Vianey, dans son beau livre sur *Les sources de Leconte de
Lisle*, avec sa précision et son bonheur habituels, a mis le doigt sur
celle où le poète est venu puiser. On n'a donc pas le dessein de
refaire son enquête; on se propose de la suivre; et peut-être,
lisant par dessus son épaule les livres mêmes qui lui servirent, y
pourra-t-on ramasser encore quelques glanes échappées à son
attention; peut-être, ayant sur lui l'injuste avantage de vivre à
Dublin, au contact depuis des années avec ces légendes ossianiques
qui sont bien loin de Montpellier, d'avoir à sa portée des livres et
des concours à lui moins accessibles, peut-on espérer de compléter
ses recherches et se trouve-t-on mieux armé pour peser, en ce cas
spécial, s'entend, la science de Leconte de Lisle, surtout l'usage
qu'il en a fait. Alors, éprouvant cet échantillon à la pierre de
touche, on dosera l'alloi du lingot ou, si vous préférez, de l'exemple
particulier on tâchera de s'élever à des considérations plus
générales.

*　　*　　*　　*　　*　　*

On se rappelle les deux épisodes, assez lâchement cousus, qui
composent le poème. Dans le premier, un ascète — innommé,
mais qui est saint Patrick — , défié par deux druides malveillants qui
couvrent la terre d'une nuit magique, annule leur sortilège en un
tournemain et, d'un signe de croix, il ramène le jour. Dans le
second, il cherche à convertir le vieux barde Murdoc'h en lui
montrant, ouvert et qui l'attend, l'abîme de feu qui a déjà englouti
les païens ses frères et compagnons : plutôt l'enfer que d'abandonner
les siens! le brave se jette sur son épée. L'un et l'autre, Vianey l'a
montré, sont empruntés à la *Légende celtique* de La Villemarqué;
et le second redit une histoire très fameuse et mainte fois reprise,
et sur les tons les plus divers, dans la tradition et la poésie irlandaises:
la rencontre, ou dispute, de Patrick et d'Oisín, — que nous
appelons, à l'écossaise, Ossian.

Je ne vais pas quereller Leconte de Lisle sur certaines infidé-
lités, délibérées certes, mais qui ne font aucun tort réel, à la

légende; je demande seulement la permission de risquer, après Vianey, là-dessus à mon tour quelques hypothèses. Par exemple, la scène de la rencontre, dans la littérature gaélique comme chez La Villemarqué, se place au "palais" d'Almoin, plus exactement Almhuin, forteresse principale du héros Finn et de ses guerriers les Fianna : lieu parfaitement repéré (paroisse de Knockaulin, comté de Kildare), et où subsiste encore un immense retranchement en terre. Selon Vianey, Leconte de Lisle "a transporté la scène à Temrah parce que Temrah fut le principal théâtre des luttes de Patrice contre les druides." Peut-être; et aussi parce que là fut, du IIIe siècle au VIe, la capitale de l'Irlande; mais, soyez-en sûr encore, pour la simple raison qu'Almoin a je ne sais quelle apparence trop française, tandis que Temrah sonne autrement "celtique." C'est déjà une considération de cet ordre, Vianey le montre avec un sourire, qui change Urien en Kenwarc'h dans *La tête de Kenwarc'h*[1]; et c'est, j'en ai peur, la même qui transforme ici Ossian en Murdoc'h. Vianey suppose qu'il a semblé à notre poète trop peu vraisemblable que Patrick eût rencontré Ossian. Non. Chacun sait qu'Ossian a fait dans l'autre monde un voyage pareil à celui des Sept Dormants et qu'il resta trois siècles avant de reparaître. Mais ce nom d'Ossian, surtout prononcé à la française, n'aura pas eu un air suffisamment farouche; peut-être aussi, compromis par les tripotages de Macpherson, soulevait-il pour les narines délicates d'un poète érudit une odeur suspecte qui l'aura fait écarter.

N'importe, laissons là ces préliminaires. Vianey souligne maintenant à très juste titre l'attention que Leconte de Lisle accorde à la couleur locale : il "suit de très près son auteur (La Villemarqué), bien qu'il l'ait transfiguré par la magnifique poésie des détails." D'accord. Par exemple, "il ne manque pas de ressusciter le décor que La Villemarqué n'avait pas su voir : la bruyère, le coq aux plumes d'or, la perdrix, le lièvre, et des bœufs rouges que poussent par la vallée des guerriers tatoués,

La plume d'aigle au front, drapés de longues peaux."

D'accord, jusqu'aux bœufs rouges inclus; ajouterai-je même que le coq de bruyère, rare dans nos climats et commun en Irlande, bien plus spécial en tous cas que la perdrix ou le lièvre, est d'un très heureux choix pour caractériser le pays? Mais quant aux guerriers tatoués, si pittoresques, et d'ailleurs très conformes à

---

[1] *Op. cit.*, p. 184.

l'histoire,[1] ils sont empruntés à La Villemarqué, p. 40; leur costume, également, p. 73 : " En arrivant dans la plaine de Brèg, le roi d'Ulster forma un cercle à droite du palais avec ses guerriers vêtus de peau et couronnés de plumes." Le poète a fièrement spécifié que ces plumes sont d'aigle, voilà tout.[2] S'il nous montre Patrick

> Sous l'humble vêtement tissé de poil de chèvre,

il a cueilli ce détail *ibid.*, p. 67 : " Étonnées... de sa tunique en poil de chèvre, elles le prirent pour un esprit des montagnes."

Même, oserai-je risquer qu'à mon sens, il n'a point toujours fait plein usage, épuisé le suc du texte dont il s'inspirait? Par exemple, dans La Villemarqué[3] ou dans le moine Jocelin,[4] ces deux jeunes filles que trouve le saint sur sa route, tandis qu'elles lavent à la fontaine, ce sont les filles de son principal ennemi le roi Laoghairé, Ethna la Rousse et Fidella la Blanche, pareilles, dit gentiment le bon clerc du xiie siècle, à des roses poussées dans une roseraie, " velut de roseto exortae rosae, et a magis nutritae et educatae : quae cum die quadam mane, orto jam sole, venissent lavandi gratia ad quemdam fontem perspicuum, repererunt super ejusdem fontis marginem, cum aliis sanctis sacerdotibus et viris actu et habitu religiosis, sedentem Patricium." L'apôtre sur le champ les convertit. Peu de temps après leur baptême, elles tombent dangereusement malades; plutôt que de demander un miracle indiscret, il préfère pour elles la grâce d'une jeune mort; et par l'intercession de leurs prières célestes, les deux druides qui étaient leurs pères nourriciers croient à leur tour et meurent dans le Seigneur. Images délicieuses et obscures, indécises, lourdes d'allusions et de réminiscences, filles d'un double rêve, mi-chrétiennes déjà et mi-fées encore, si elles rappellent invinciblement les lavandières magiciennes et tentatrices des plus vieilles

---

[1] César, *De bello gallico,* V, 14, signale l'habitude des Bretons de se peindre (tatouer ?) le corps; et le nom même de Pictes, qui traduit *brith,* signifie peut-être *les hommes peints.* Meyer, dans la *Zeitschrift für Celtische Philologie,* cite deux références, dont l'une tirée du *Glossaire de Cormac,* relatant la coutume du tatouage aux jambes; et dans *Eriu,* IX, 30, le Dr. Gwynn cite un document du moyen-âge qui signale les 'stigmata, signa, pictura(s ?) in corpore, quales Scoti ( = *les Irlandais*) pingunt in palpebris." Je suis grandement reconnaissant pour ces dernières références au Dr. E. Gwynn, Provost, Trinity College, Dublin.

[2] Cf. *Le massacre de Mona,* vers 60 :
> Avec la plume d'aigle et celle du héron.

Mais le héron est bien plus " local ". . . .

[3] P. 65 *sqq.*

[4] *Vita Patricii,* dans *Acta Sanctorum,* 17 mars, 549 C et D.

mythologies celtes,[1] et si en même temps elles ont la pureté exquise, la transparence de vitrail de la *Légende dorée*. Qu'a fait notre poète de ces figures mystérieuses, attirantes par leur mystère même, et qui semblent, ne fût-ce que par leur sang royal, symboliser l'embrasement de l'Irlande par la foi du Christ? Peu de chose. Les a-t-il comprises? seulement interrogées? même soupçonnées d'avoir leur secret? J'en doute. Elles deviennent, dans sa version,

> Trois filles aux yeux bleus, le sourire à la lèvre,

figurantes reléguées à la cantonade, assez nulles, sans lien essentiel avec le récit, et dont le seul rôle, si tant est qu'elles en aient un, est de nous montrer — idée passablement éculée — l'indifférence de l'ascète devant l'Eve éternelle.

Même en ce choix des détails, dont Vianey le félicite, il semble que Leconte de Lisle, faute d'un peu de bonheur ou d'érudition, ait passé à côté de trouvailles qui n'attendaient qu'un regard. Ses guerriers tatoués ne sont pas mal; mais les peaux dont il les drape, on les a déjà beaucoup vues :

> Lorsqu'avec ses enfants vêtus de peaux de bêtes...

N'y avait-il pas mieux à en dire? Comment! La Villemarqué, à côté du tatouage, lui signalait "les cheveux en partie relevés en nattes sur les tempes, en partie relevés en panache au dessus du front," et il n'a pas repris cette coiffure? Augustin Thierry n'y a pas manqué;[2] mais il savait, lui, qu'encore au XIIe siècle, et immémorialement, ces tresses épaisses ramenées sur le crâne, signalaient les *kerns* ou fantassins d'Irlande, dont elles étaient le seul casque, et très efficace contre les coups de taille.[3] Si notre poète, amoureux comme il l'était des choses primitives, eût connu celle-là, comment croire qu'il n'eût pas été arrêté par ce trait d'ingéniosité barbare, si naïf et si coloré? De même, avec un peu plus de chance ou d'extension dans ses lectures, il aurait pu tracer

---

[1] Cf. La grande défaite de Mouirhevné, dans R. Chauviré, *La geste de la Branche-Rouge*, p. 252, et A. Le Braz, *La légende de la mort*, II, p. 218 *sq.*

[2] *Conquête de l'Angleterre par les Normands*, 1883, II, p. 156.

[3] Chose curieuse, L. de L. a utilisé ce passage dans le *Massacre de Mona* (et c'est peut-être pourquoi il ne s'en est pas aidé ici):

> La touffe de cheveux qu'une écorce relève
> Flotte, signe héroïque, au crâne large et rond,

et il l'a utilisé de travers, faute de distinguer entre barbare et barbare. Visiblement, ce qui l'arrête et qu'il veut reproduire, c'est la boucle en panache sur le sommet de la tête, comme il l'a vue aux Francs dans les éditions illustrées des *Martyrs*. Ce qui est irlandais et spécial, ce sont au contraire ces tresses qui matelassent le crâne, et qu'il ne mentionne pas.

de ses guerriers une esquisse autrement enlevée, précise et particulière. Que ne nous les montre-t-il embroussaillés dans leurs grandes barbes, coutume évidemment singulière à la nation, puisqu'encore au temps du roi Jean elle excitait la dérision des chevaliers normands rasés à la romaine?[1]   Que ne nous montrait-il ce costume étrange, si ancien puisqu'on y retrouvait la bariolure déjà chère aux Celtes de Gaule, si immuable puisqu'on le voit sur les croix sculptées au x$^e$ siècle comme sur un bois d'Albert Dürer au xvi$^e$, laine noire prédominante, petite capuche serrée tombant jusqu'au coude et faite de morceaux de drap bigarrés entrecousus, sayon de laine, braies de laine descendant jusqu'aux pieds, grand manteau sans manches accroché sur l'épaule par une large fibule?[2]

Encore, jusqu'ici, ne sont-ce que péchés par omission.   Mais voici pis, voici la fantaisie et la bévue substituées à l'archéologie. L'apôtre arrive aux ruines du palais où finit tristement le barde Murdoc'h :

> Le lichen mord déjà le granit crevassé,
> Et l'herbe épaisse croît dans les fentes des dalles,
> Et la ronce vivace entre au mur renversé.

> Les piliers et les fûts qui soutenaient les salles,
> Épars ou confondus, ont entravé les cours,
> En croulant sous le faix des poutres colossales.

Et un feu, "jet rouge et puissant",

> Flamboie entre deux pans d'une tour solitaire.

Le malheur est qu'en ces temps-là, et jusque très avant dans le moyen-âge, l'homme irlandais n'a connu ni piliers ni fûts de granit, encore bien moins tours ou cours!   Tout ce qu'il savait élever, c'étaient des enceintes circulaires en terre (irl. *rath*), formant fossé sec et talus, souvent simples, parfois doubles ou triples, au centre desquelles se dressait l'habitation, toujours en bois, et dont par conséquent jusqu'au dernier vestige a péri.   Si nous savons ce qu'elle était, c'est par les descriptions de l'ancienne épopée,[3] et

---

[1] Giraldus Cambr., *Expugnatio Hiberniae*, II, 36.   Quand saint Patrick ordonne prêtre son disciple Fiacc, il lui fait d'abord tomber la barbe. Cf. Fiacc's hymn, dans Stokes et Strachan, *Thesaurus palaeo-hibernicus*, p. 308.

[2] Sur les Celtes de Gaule, cf. Jullian, *Histoire de la Gaule*, Paris, 1909, 2$^e$ vol., p. 299 *sq.*; sur les Irlandais aux X$^e$ et XVI$^e$ siècles, cf. MacAlister, *Muiredach abbot of Monasterboice*, Dublin, 1914, p. 40: Arms, armour and dress in Ireland, A.D. 1521, from a drawing by Albrecht Dürer now in Vienna.   La description vient de Giraldus Cambr., *Top. Hib.*, III, 10.

[3] *Fled Bricrend* ou *Festin de Bricriu*, dans d'Arbois de Jubainville, *L'épopée celtique en Irlande*, Paris, 1892, vol. I, pp. 80 *sqq.*

aussi par l'iconographie que livrent des monuments antiques comme les croix sculptées.   Imaginons Leconte de Lisle visitant ce Temrah qu'il nous dépeint si aventureusement, il aurait de ses yeux vu, inscrits vaguement encore sur les pentes herbues, les restes de ces retranchements circulaires, parfois bizarrement accolés en 8, où les rois suprêmes d'Irlande avaient leur "palais", baraque jonchée de jonc frais pour s'y asseoir aux jours de grandes fêtes et percée au toit d'un trou pour laisser échapper la fumée d'un foyer central, exactement comme le *mégaron* d'Ulysse.   Le pis est que La Villemarqué lui tendait la perche, et qu'il n'a pas su la saisir.   Racontant, d'après Jocelin et Colgan, l'incendie de la maison de Milchu, il écrit : "Des flammes s'élevant *en cercle*, comme celles d'un bûcher, dévoraient *la maison de bois* du chef irlandais."[1]   Voilà le *rath* classique, et dont il reste, paraît-il, quelque 2,700 exemples à consteller le territoire des 32 comtés; mais ce texte topique, Leconte de Lisle n'en est pas frappé, faute des notions préalables qui lui en décèleraient la valeur.   A la place, il nous brosse à la diable d'assez banales ruines, avec tours éventrées, colonnes croulantes, tout un décor vague et convenu, et qui vient de loin, du romantisme le plus vulgaire, du "roman noir" d'Anne Radcliffe, de Lewis et de Maturin, même de la fin de notre propre XVIIIe siècle.   En bref, non seulement ici notre historien est matériellement inexact; mais, chose plus horrible et dont il serait marri bien davantage, ces *Poèmes barbares* manquent un peu de barbarie...

Et l'instant d'après, les voilà trop barbares.   De quelle autorité s'appuie la "harpe de pierre" que nous voyons aux mains de Murdoc'h?   Probablement d'aucune.   Simple imagination du conteur.   Mais qui se chargera de toucher d'un instrument qui ait pareille caisse de résonance?   Sincèrement et sans nulle exagération, à force de vouloir faire "antique", il semble bien qu'ici on ait fini par faire absurde.   Et si quelque regratier malin s'amusait à éplucher *Le massacre de Mona*, il y trouverait bien davantage encore de quoi apprêter à rire.[2]

[1] *Op. cit.*, p. 45.
[2] On y retrouve, dans un passage emprunté à La Villemarqué, les "harpes de granit" qui pourtant ne viennent pas de lui, car il n'en parle nulle part.  On y trouve, *ad finem*, des flèches à pointe de cuivre (V[e] ou VIe siècle après J.-C.) quand le cuivre, métal d'ailleurs mou et impropre à l'usage précité, semble avoir cédé au bronze vers le début du IIe millénaire avant J.-C.  On y lit:

> Les bardes sont debout dans leurs sayons rayés,
> Aux harpes de granit leurs deux bras appuyés.
> A leurs reins pend la Rhote et luit le large glaive.

Mais, dira-t-on, à quoi bon toute cette pédanterie? Qu'importe que tel ou tel détail soit archéologiquement inexact, si la beauté, spécieuse ou non, du poème reste indiscutée? Est-ce la faute de l'auteur si les sciences du passé étaient de son temps moins avancées que du nôtre? Et enfin peut-on attendre de lui, peintre de vingt civilisations disparues, d'avoir sur toutes et chacune les connaissances de vingt spécialistes?

Parfaitement raisonné. Mais d'abord Leconte de Lisle n'a pas raisonné ainsi. Il n'aurait pas admis, avec la facilité que nous y mettons de grand cœur, d'aussi légères excuses pour ses erreurs ou pour ses manques. Il tenait à être informé, et pensait l'être. Et si vous en voulez une preuve, je la trouverai ne fût-ce que dans l'usage qu'il a fait de la forme *Temrah*, au lieu d'autres plus courantes. Cette forme, qui est un génitif (irl. *Temhrach*), il ne la trouve ni dans La Villemarqué, qui dit *Tara*, graphie anglicisée et la plus commune aujourd'hui, ni dans le moine Jocelin, qui dit *Teammair* ou, en latin, *Themariam*, ni dans Colgan, qui dit *Themoriam*[1]. J'entends bien que, là encore il a choisi, lui, *Temrah* comme sonnant plus farouche; mais il ne l'a pas inventé, il faut bien qu'il l'ait trouvé quelque part; et j'en induis que, par delà La Villemarqué, il a poussé plus loin ses recherches. Dans quel ou quels livres, je n'en sais rien. Ce qui seul importe à ma démonstration, c'est qu'il ait désiré s'enquérir, c'est qu'il ait attaché du prix à l'information quasi-technique. Et cela seul déjà m'autoriserait à lui montrer son béjaune.

Quant à moi, on voudra bien me faire l'honneur de croire que palais de Murdoc'h en granit ou en bois, manteau des guerriers

---

Je ne sais pour quoi Leconte de Lisle a pris la "Rhote"—évidemment pas pour une harpe, puisque les bardes sont déjà servis. Or, *crot* ou *chrot* (gén. plur. de irl. *cruit*) c'est la harpe, et le mot a passé des langues celtiques (non directement du gaélique, mais du brittonique, et avec le sens légèrement différent de *viole*) dans l'ancienne France:

> Une autre que toz tens frestele
> Plus cler que rote et que viële. (*Roman de Thèbes*).

Et puisque me voilà sur ce poème, me permettrai-je de présenter après Vianey, qui hésite entre plusieurs hypothèses, à mon tour la mienne sur l'origine du *Massacre*? La Villemarqué raconte, pp. 24 *sqq.*, d'après la *Confessio Patricii*, l'histoire d'un certain Korétik, roi des Korètes du Cardigan, apostat revenu au paganisme, et qui prenait plaisir à massacrer les chrétiens. Il a suffi à Leconte de Lisle de retourner comme un gant l'histoire, ainsi que nous allons le voir retourner la Rencontre de Patrick et d'Ossian, pour obtenir le chrétien féroce massacreur de druides. C. Q. F. D.

[1] Au début de son livre, dès après la préface, le bon Colgan donne, dans l'original et en traduction latine, le très ancien Hymne de Fiacc: on y trouve, dans l'irlandais et en caractères gaéliques, la forme *Temrach*. Faut-il croire que Leconte de Lisle ait été l'y chercher, aidé dans sa lecture par quelque celtisant?

en laine ou en peau, barbe courte ou longue, ce sont là soucis qui ne troublent pas mon sommeil. Ni mon sommeil, ni mon admiration pour Leconte de Lisle : une admiration si entière qu'il ne faudrait pas me pousser beaucoup pour me le faire saluer comme le plus grand, sans en excepter Hugo, des épiques français, ni pour me faire préférer à toute la *Légende des Siècles* (*Booz endormi* peut-être mis à part) la *Fin de l'Homme* et surtout *Qaïn*. Cela dit, il me paraît que, si l'on me vante à la porte de la boutique un produit nouveau, une poésie nouvelle et différente, fondée sur la connaissance objective, impassible et minutieuse, en un mot sur la science, j'ai le droit de vérifier la marchandise qu'on me livre, et de protester si je ne la trouve pas conforme au prospectus. C'est la seule raison qui justifie ce déploiement d'une érudition que nul mieux que moi ne pèse à sa juste, et assez médiocre, valeur.

\*   \*   \*   \*   \*   \*

Possible, dira-t-on ; mais quant à lui, se tromper sur de minuscules détails, bagatelle ; quant à vous, chamailler sur des pointes d'épingle, mesquinerie. Hélas, voici bien pis. Errer sur le fond des choses, fausser les problèmes, méconnaître l'essence même des âmes, n'est-ce point grave ? Or, c'est ici, j'en ai peur, justement ce qui lui arrive. "La seule chose qu'on soit en droit de lui demander, écrit avec bon sens Vianey, c'est s'il a conservé les caractères que la légende prête à la prédication de Patrice et aux oppositions qui furent faites à son apostolat." Et, avec quelques réserves, Vianey penche à répondre oui. Je réponds non.

Qu'est-ce que le Murdoc'h, "barde de Temrah" ? Un sauvage, avec les déficiences et aussi les grandeurs, avec les raideurs que le mot, suppose-t-on, comporte, avec les brusques flots d'une rage de Berserke :

Quelle langue l'a dit de moi, que je l'arrache ?

avec la sombre imagination, comme enivrée par la splendeur de la mort, qu'on trouverait chez un Viking, chez un Regnar Lodbrok chantant son chant funèbre au fond de la fosse aux vipères. Lisez *Le cœur de Hialmar* ou *L'épée d'Angantyr* : même atmosphère d'orgueil, de violence et de sang. Entre la légende scandinave et la légende gaélique, Leconte de Lisle n'a pas su distinguer ; et là est une des raisons pourquoi il a renversé le dénouement traditionnel, pourquoi son barde, au lieu de se convertir, se tue, — va rejoindre, au fond, ses compagnons de guerre dans un Walhalla tout germain.

Qu'est-ce que l'Ossian irlandais ? Rien de tel.

Le cycle ossianique est récent, — relativement, s'entend. Il a succédé dans la faveur générale au cycle de la Branche-Rouge, qui prévaut jusqu'aux XIIe et XIIIe siècles. Il est l'expression d'une Irlande encore fruste, certes, mais adoucie déjà par des siècles de christianisme, et qui a déjà conçu pour l'Église, pour ses saints, pour sa légende cette confiante et tendre vénération qui est encore aujourd'hui sa marque. En outre, beaucoup plus que la geste de la Branche-Rouge, assemblée par des aèdes professionnels pour une classe d'aristocrates, guerriers, savants et princes, les récits ossianiques ont été dits et redits familièrement pendant des siècles par le peuple paysan, adaptés aussi et transformés par lui, jusqu'à finir en contes de fées, absorbant en route ce que la collaboration d'une race douée entre toutes y a pu apporter d'imaginations fantastiques, plus d'une fois d'esprit ingénu. Le double résultat, c'est que dans ces histoires, l'Église a finalement le beau rôle et le dernier mot, et qu'aussi ce qui leur manque en grandeur, elles le regagnent en charme, et parfois en sourire. Quand Patrick rencontre Caoilté, le dernier héros survivant, avec Oisín, des Fianna, il lui déclare tout net : " Jusqu'à la fin du monde vous rendrez hommage et obéissance à l'Évangile du Roi de la Terre et des Cieux, le vrai et très glorieux Dieu." *Hic et nunc*, il les asperge avec l'eau du baptême du Christ, présage du baptême et de la conversion de l'Irlande entière.[1] Point d'autre forme de procès ; nulle difficulté, nulle opposition même. Voilà le ton. Où est l'obstination farouche de Murdoc'h ?

Quant à Oisín lui-même, visiblement sa dispute avec Patrick a dû être pour des générations, même d'âmes pieuses, même d'ecclésiastiques, un thème délectable, piquant, risqué, d'autant plus amusant et chéri, — quelque chose comme l'invective misérieuse, mi-jouée, d'Aucassin contre les clercs, la vie chrétienne et ascétique —, puisque ce thème a été traité tant de fois, et, par quelques poètes, avec une touche légère, mais certaine, d'humour. "Une seule minute de Dieu, dit Patrick, a plus de prix que tous les Fianna d'Irlande mis ensemble. — O Patrick, répond le héros, n'insulte pas un chef du clan des Baoisgné. Si Conan avait vécu jusqu'à mon temps, lui, le plus mal embouché des Fianna, il *te romprait le cou* pour cette parole, ô clerc ! Ce n'est pas à *beugler* (des cantiques) que des nobles trouvent leur plaisir, mais à ouïr un

---

[1] Standish O'Grady, *Silva Gadelica*, 1892 (The Colloquy of the Ancients), Vol. II, p. 108.

poème louangeur et à parler entre eux des Fianna passés."[1]  Là encore, je le répète, on voit le ton.  Et cette "dispute", gentille en ce qu'on la sent toute fantaisiste, écrite un peu pour rire, elle n'est possible toutefois dans la pieuse Irlande — cette Irlande qui voulut que même parmi ses héros venus avant le Christ, deux, Morann le Sage et le roi Conohor, soient miraculeusement entrés au royaume du ciel[2] — qu'à la condition expresse de finir bien, et que le saint l'emporte.  Invariablement Oisín est converti et, semble-t-il, sans grand effort.  En sorte qu'inverser ce dénouement, et ce (notons-le) contre le texte même de La Villemarqué, c'est bien plus que modifier la tradition, c'est en ignorer, c'est en contredire l'esprit.  En vain Vianey, plaidant pour Leconte de Lisle, écrira-t-il : "Il a bien respecté la physionomie des adversaires de l'apôtre : dans les deux vieillards du début, dans le Murdoc'h de la fin, nous reconnaissons sans peine ces magiciens et ces chefs à l'intraitable orgueil dont l'obstination fait tant de peine au bon Jocelin."  Ma réplique est que Murdoc'h n'est ni un de ces magiciens ni un de ces chefs : il n'est qu'Oisín, affublé d'un pseudonyme arbitraire, et, j'ai regret à le dire, un Oisín qu'on ne reconnaît plus guère.

Et Patrick?  Avec lui, le contresens me semble encore plus clair, et Vianey lui-même en convient : "N'a-t-il pas (le poète) altéré la physionomie traditionnelle, si douce, du saint qui convertit l'Irlande?"  Assurément.  On sait quel l'apôtre apparaît dans *Le barde de Temrah* : prêcheur éloquent certes, vantant avec chaleur la Rédemption que le Sauveur apporta sur la terre, mais, dès qu'il sent une résistance, passant à l'ultimatum, décrivant avec entrain l'enfer et ses tortures, âme impatiente et tyrannique, prompte au défi, à la menace, à la hargne, somme toute assez mauvais chien, parfaitement antipathique, et qui a tout fait pour que l'autre lui fausse compagnie, à l'anglaise.

Le vrai Patrick, celui de l'histoire ou, mieux, de la légende, c'est bien simple, il est à l'opposé.  Loin de rompre en visière à son futur troupeau, loin de le malmener, il le gagne, il s'adapte et se fait à lui; loin de réduire ces âmes, il s'y glisse à la faveur même de leurs idées acquises, de leurs coutumes, de leurs pratiques, qu'il se garde bien de heurter, que, dans toute la mesure où c'est possible, il utilise au lieu de détruire.  En un mot, il n'essaye pas de romaniser l'Irlande, tâche impossible; il irlandise Rome pour la

---

[1] *Transactions of the Ossianic Society*, Vol. I, The Battle of Gabhra, *ad finem.*
[2] Chauviré, *La geste de la Branche-Rouge*, Paris, 1926, p. 252.

leur rendre acceptable et séductrice, il s'irlandise lui-même pour s'insinuer dans leur bonne volonté.  Les Gaëls sont habitués aux magies des Druides?  Il surclassera les druides par ses contre-prodiges, et prouvera aux gens que le plus druide des druides, c'est encore lui.  L'idole Ceann-Cruach, il la renverse parce qu'il le faut : c'est la grande idole centrale, le faux-dieu suprême; mais les idoles secondaires qui l'entourent, il se borne à les enfouir à demi et à dresser auprès le bois de vie, pour rendre sensible leur infériorité au signe exalté de la croix.  Il christianise, il annexe pierres debout, arbres, puits sacrés.  Il arrache au démon, par ses dévotes retraites, un antre oraculaire qui devient le fameux Purgatoire de saint Patrick.  Il conserve le feu perpétuel de Kildare, transforme en couvent de nonnes, avec sainte Brigitte pour abbesse, le collège de quasi-vestales qui en avaient la charge.  Il garde la coutume des feux de Beltain et de Samhain, mais les dédie aux saints dont c'est la fête ces jours-là.  Loin de vouloir abolir les confréries de druides et de conteurs, il tâche visiblement de les faire passer en bloc à la nouvelle cause, Dubhtach, Fiacc, Mael, Caplait, d'autres encore, et lui-même semble bien s'affilier aux écoles bardiques.  Bref, loin d'agir par la menace ou la force, c'est à l'adresse qu'il a recours, aux accommodements, disons le mot : à la diplomatie.  Bousculer sans nécessité absolue choses ou gens, voilà qui est à l'opposé de sa manière.  Rien d'étonnant qu'à ce compte, il baptise en un jour six rois et douze mille hommes.  Rien d'étonnant qu'à la veille de sa mort, après 33 ans d'apostolat, il s'émerveille lui-même d'un succès si facile, si complet, et si pacifique.  Ce que les prélats anglais, au xiie siècle, trouvent à reprocher à l'Irlande, c'est de n'avoir pas de martyrs[1].

On voit que le vrai saint et celui du *Barde de Temrah* sont aux antipodes l'un de l'autre.  Mais le plus grave, c'est que Leconte de Lisle n'avait qu'à lire pour voir qu'il se trompait.  La Villemarqué[2] nous donne tout au long l'image que, d'après les *Acta Sanctorum*, j'ai tracée de saint Patrick, indulgent, large d'esprit, habile, n'ayant rien du *zelante* ni de l'inquisiteur, tout déjà du clerc irlandais, facile et bon enfant.  Si notre poète ne l'a pas vu, c'est qu'il n'a pas voulu le voir.  Et il nous reste à nous demander pourquoi.

On n'irait pas bien loin pour le trouver, je pense.  La première raison, c'est l'*a priori* singulier qui circule à travers tous les poèmes, barbares ou non, de Leconte de Lisle et qui définit le "barbare" un

---

[1] Giraldus Cambrensis, *Topographia Hibernica*, III, 32.
[2] *Op. cit.*, pp. 90-93 et 105-110.

être irréfléchi, tout instinct, élan, violence, le sang aux yeux et la main prompte, mais aussi tout d'une pièce, courageux, fidèle, inflexible, incorruptible, au prix du civilisé, et somme toute plus grand. Inutile de dire que c'est là préjugé pur, gratuit, et indémontré parce qu'indémontrable. Qu'y a-t-il au contraire de plus retors et de plus fuyant que le sauvage? de plus sujet à caution qu'un marché fait avec des indigènes? de plus prudent, traînant, piétinant qu'un palabre? Et à l'inverse, ne trouve-t-on pas dans les plus anciens âges les nuances de sentiment les plus compliquées, délicates, prétendûment modernes, dont nous aurions tendance à nous prévaloir exclusivement : pitié pour la créature, même ennemie, chez Achille devant Priam, raffinement du point d'honneur chez Roland, de la chevalerie chez les champions de la Branche-Rouge? Non, en vérité, plus on y regarde, plus on se persuade que ce qui varie en l'homme — et dans une mesure infinitésimale —, c'est l'expression, non le fond, qui reste à peu près constant. Simplesse, énergie, esprit de sacrifice, grandeur morale enfin, considérés comme plus probables chez le primitif que chez nous, c'est une de ces notions qui ne se discutent même pas, parce qu'elles ne s'appuient sur rien, et qui s'apparentent à toutes sortes d'idées confuses, aussi vieilles que le monde et qui n'en valent pas mieux, la *laudatio temporis acti*, le mythe de l'âge d'or, et cette foi vague, que nous n'avons jamais pleinement abjurée depuis Rousseau, dans "l'homme de la nature." Voilà un second motif pourquoi le poète a renversé la légende, décerné à son héros la palme du suicide : le baptême lui semblait une fin en queue de poisson, le saut dans la mort une fin grandiose. Car, bien entendu, la grandeur du barbare, à chaque coin de poème, elle se prouve par le sang, le sien, celui des autres, dont il est également prodigue; elle se prouve par l'insouciance avec laquelle il joue le plus gros jeu, toujours prêt à jeter magnifiquement sa vie sur la table, — cette vie dont nous autres civilisés sommes si mesquinement, si laidement ménagers. "C'est un grand poète," dit un jour du nôtre J.-J. Brousson, à son 'bon maître.' Et le 'bon maître' de repartir : — "Possible; mais je n'ai jamais connu plus grosse bête. Quel orgueil! quelle ignorance!... C'était un sauvage endimanché. Son habileté, sa roublardise consistaient à déguiser les héros homériques en lutteurs de foire, avaleurs d'étoupes enflammées, buveurs de pétrole, mangeurs de verres de lampe."[1] Enlevez la méchanceté de M. Bergeret, terriblement vindicatif et "gendelettre," enlevez l'irrévérence et la goguenardise

[1] *Illustration*, 18 octobre 1924.

à lui habituelles, il restera beaucoup de vrai.   L'apôtre un fanatique
et un tyran, le barde un fier barbare à l'échine raide, au poing
sanglant, voilà évidemment des personnages conformes et chers à
cette poétique.

Une autre raison de contresens, et plus naïve encore, est à
chercher, n'en doutons pas, dans les convictions personnelles de
l'auteur.   Il avait d'abord, on s'en souvient, rêvé d'une carrière
politique et s'était placé, tout jeune étudiant encore, à l'extrême
gauche républicaine.   Cet aspect quarante-huitard ne s'est jamais
effacé chez Leconte de Lisle : indifférent en apparence aux religions
diverses, égal à toutes, spectateur désintéressé et supérieur de leur
flambée transitoire à travers les siècles, cet Olympien prétendu est
un partisan très déterminé, très fidèle à ses haines; et ses haines,
elles sont exclusivement contre le christianisme, plus précisément
encore contre sa forme la plus arrêtée : l'Église romaine.   C'est là
peut-être la raison la plus forte qui l'ait déterminé à ce suicide de
Murdoc'h, qui sonne pour le paganisme comme un défi et une
victoire.   Si fort même, ici, était son instinct qu'il n'a pas voulu, ou
su, voir que Patrick vainqueur, Patrick vaincu, cela créait entre les
deux parties du poème une disparate qui en accusait l'hétérogénéité,
le collage maladroit.   Il s'est fait, une fois pour toutes, une image
nette, un peu simple et schématique, omnibus en quelque sorte,
du prêtre, borné, buté, orgueilleux, despotique, volontiers féroce,
et n'en démord plus.   Les bourreaux d'Hypatie, à la bonne
heure! ils sont conformes au type.   Écoutez-le faire gémir, au lit
de mort, le vaincu de Canossa :

> Le hibou clérical m'a crevé les deux yeux.

L'abbé de *L'agonie d'un saint*, le dom Guy des *Paraboles*, le Hilde-
brand des *Deux glaives*, voilà ses clercs : à vrai dire, un peu bien tous
pareils et, comme les pièces détachées, interchangeables.   Ce ne
sont pas *des* prêtres, c'est *le* prêtre, à la manière dont Victor Hugo,
dans la *Légende des Siècles*, dit : le prêtre, le roi.   Et en face, il y
a le païen, le révolté, l'homme libre, Welf castellan d'Osbor ou
Murdoc'h barde de Temrah.   Les uns un peu marionnettes, les
autres un peu épouvantails pour les petits enfants : ils en ont la
raideur empaillée, la simplicité élémentaire.   Seulement, dans ces
figures en quelque sorte génériques, il ne reste plus rien des nuances
fines et précises, de la bonhomie naïve et gracieuse, de l'esprit
prompt et vif, des complexités savoureuses, des originalités enfin
qui faisaient de l'Oisín et surtout du Patrick traditionnels des
individus tout palpitants de vie, et non des échantillons.

A présent, du point de vue esthétique, n'allez pas croire que je me plaigne de cette stylisation schématique des personnages, encore moins des vigoureux parti-pris de l'auteur : je les louerais plutôt. L'un me semble la condition nécessaire de l'émotion, ou lyrisme, ou poésie; l'autre, un des caractères mêmes de l'épopée. Blanc et noir, droiture et crime, Roland et Ganelon, Roland et les infants, Qaïn le juste et Dieu le bourreau, tels sont bien les membres constants de l'équation épique. Mais ce qu'il faut ajouter tout de suite, c'est que le poète vaut par où il n'avait pas songé à valoir, et ne vaut pas par où il pensait valoir.

Lassé des aveux romantiques, excédé et honteux des "histrions" et des "prostituées," il refusait à la "plèbe carnassière" de s'exhiber comme eux devant elle :

> Je ne te vendrai pas mon ivresse ou mon mal,

lui disait-il avec une orgueilleuse chasteté. Et ce qu'il réprouvait dans la poésie de 1830, ce n'en était pas l'impudeur seulement, c'était aussi ce qu'elle avait d'éphémère et de fragile, étant faite des douleurs et des joies mouvantes, transitoires, individuelles d'un seul être, et donc insignifiantes pour tout autre. Mais lui, il bâtirait sur le marbre, et pour jamais, en redisant les dieux, les races, les mondes; il bâtirait sur l'universel et l'éternel, sur la science qui ne change pas, sur la vérité sévère et fixe, sur l'impassible, indiscutable, impérissable histoire. Hélas... "L'histoire, dit je ne sais où M. Jérôme Coignard à M. Jacques Tournebroche, n'est qu'un art, ou tout au plus une fausse science. Qui ne sait aujourd'hui que les historiens ont précédé les archéologues, comme les astrologues ont précédé les astronomes? L'histoire est un recueil de contes moraux, ou bien un mélange éloquent de narrations et de harangues, selon que l'historien est philosophe ou rhéteur : on n'y doit point chercher la vérité." Et Paul Valéry : "L'histoire justifie tout ce qu'on veut. Elle n'enseigne rigoureusement rien, car elle contient tout, et donne des exemples de tout." De fait, dès qu'elle quitte le terrain plus solide des documents qu'étudient ses sciences auxiliaires, archéologie, diplomatique, critique des textes, dès qu'elle se mêle d'interpréter, il est bien à craindre que l'histoire, quelque honnêteté qu'elle professe, quelques précautions qu'elle prenne, ne soit plus guère que la projection de l'historien dans le passé, — de l'historien avec ses traditions, ses préjugés, ses penchants ignorés de lui-même, sa sourde et toute-puissante personnalité enfin. Elle n'est plus qu'un art, extrêmement conjectural, et, en dernière analyse, d'essence lyrique, car à travers ses jugements, c'est l'historien qui se raconte lui-même.

Ainsi de Leconte de Lisle entre tous, lequel, avec toutes ses prétentions à l'impersonnalité, à la science, à l'esprit critique, à la sérénité olympienne, ne fut un poète que parce qu'il était le contraire de ce qu'il croyait être, et dans la mesure précise où il était ce contraire. Sans doute ni le barde, ni l'apôtre de Temrah ne sont l'Oisín ni le Patrick de la légende, bien s'en faut. En sont-ils moins éloquents, moins beaux, moins frémissants de vie? Non ; mais d'une autre vie. D'une vie où bat le cœur, où court le sang de Leconte de Lisle. Romantisme indirect, mais romantisme aussi certain que l'autre, et c'est tant mieux; car c'est de là, de cette ardeur secrète, et qui est lui-même, c'est de cette confidence voilée, faite comme à voix basse, et d'autant plus intime, que jaillissent le souffle, la passion, la flamme.

Seulement, alors, valait-il la peine d'accabler Lamartine de tant de mépris pour s'être avoué au lecteur? Valait-il la peine de lancer contre lui l'invective fameuse : " La marque d'une infériorité intellectuelle caractérisée est d'exciter d'immédiates et unanimes sympathies,"[1] quand, tout bien pesé, on avait fait à très peu près la même chose que lui? Allons plus loin. De l'histoire, connaissance hésitante, chantier en devenir perpétuel, et que son progrès même démolit et refait à chaque génération, amas d'hypothèses où l'historien ne peut pas ne pas enfouir beaucoup de soi, ou bien de l'émotion simple et nue, sentie fortement et tout droit transmise au lecteur, est-il sûr que la première fournît l'élément d'intérêt le plus solide, permanent, immuable? Des nuances du passé flottant et changeant, si mal connu et si peu connaissable, ou de cette constante, le cœur humain, quel était, surtout pour un poète ayant cette soif de fixité, quel était donc le plus fixe? N'est-il pas à craindre que de génération en génération il y ait plus d'hommes à communier dans *Le lac* ou *Les nuits* que dans *Le runoïa*, s'il est vrai que de siècle en siècle il y aura éternellement des hommes anxieux de se déguiser à eux-mêmes la violence du désir sous les prestiges de l'amour?

ROGER CHAUVIRÉ.

DUBLIN.

---

[1] Article sur les *Méditations*, publié dans le *Nain Jaune*, 1864, et reproduit dans les *Derniers poèmes*, p. 251.

Principaux livres de référence :

Joseph Vianey, *Les sources de Leconte de Lisle*, Montpellier, 1907.

Vte Hersart de la Villemarqué, *La légende celtique et la poésie des cloîtres*, Paris, 1864 (Ie éd., 1859).

*Acta sanctorum*, mars, IIe volume, à la date du 17. On y trouve la *Confessio Patricii*, *l'Épître* de saint Patrick au roi Korétik, et surtout la *Vita* de Jocelin. Jocelin, moine anglais de la fameuse abbaye de Furns, florissait au XIIe siècle; il a sans aucun doute une information étendue, et qui lui vient principalement d'Irlande: les mots gaéliques sont nombreux, la géographie sûre, les coutumes décrites authentiques.

*Acta sanctorum hibernicorum*, Lovaniae, 1647, IIe volume. Il contient *Triadis thaumaturgae, seu divorum Patricii, Columbae et Brigidae*, etc., *Acta*. J'ai consulté ces in-folios, très rares, à la Royal Irish Academy. Jean Colgan, l'auteur de ces *Acta*, était un prêtre irlandais, réfugié à Louvain, qui travaillait sur des documents irlandais anciens aujourd'hui perdus, mais qu'on identifie avec certitude parce que la traduction latine de Colgan cadre avec les textes (en irlandais) du *Livre d'Armagh*, ms. écrit entre 807 et 846, et conservé dans la bibliothèque de Trinity College, Dublin. C'est sur ces derniers textes que W. Stokes a publié *The tripartite life of Saint Patrick*, Rolls edition, 1887, infiniment plus facile d'accès que le vieux Colgan, et qui donne une traduction anglaise commode. Mais il est bien évident, de par les dates, que La Villemarqué, et éventuellement Leconte de Lisle n'ont pu connaître que Colgan.

# KING EDWARD'S RING

THE following Anglo-Norman version of this well-known story is found in MS. Add. 3392. C., fol. 137, v°. of Cambridge University Library. The contents of this MS., which contains 157 leaves of vellum (308 × 208 mm.) are entirely in Latin, with the exception of this piece, and are for the most part historical in character, including Henry of Huntingdon, *De gestis Anglorum*, *Leges Anglorum Willhelmi Regis*, *Leges Sancti Edwardi* (which may have suggested the inclusion of this French poem, though the two do not stand together). The MS. is of the fourteenth century and belonged to St. Mary's Abbey, near Dublin; at the head of fol. 1 is written, "iste monstrat liber quod albis monachis de Dublina constat." Some space is given to Irish affairs: on fol. 93 begins a defective copy of Giraldus Cambrensis, *Expugnatio Hyberniae*: fol. 132, *de rebus gestis in Hybernia*, 1314–1318: fol. 138 gives a list of the abbots of St. Mary's Abbey from the foundation to 1314: on fol. 139 the list is continued in another hand until 1500. There are various handwritings, early and late, in the volume, some part of which may have been produced in Ireland; the handwriting of this poem is of late thirteenth or early fourteenth century.

Another Anglo-Norman version of the story is printed in the *Estoire de Seint Aedward le Rei*, in the Lives of Edward the Confessor, edited by H. R. Luard, Rolls Series, 1858. This version, as the editor points out, is based on the *Vita Edwardi Regis* of Aelred of Rievaulx (Migne, Patr. Lat. cxcv), which again is derived in part, at least, from the *Vita Sancti Edwardi* by Osbert of Clare, Prior of Westminster.

There are two MSS. of Osbert's work (Corpus Christi College, Cambridge, No. 161 and British Museum, Add. MSS. 36737), which has been printed by M. Bloch, in *Analecta Bollandiana* (t. xli, 1923).[1] M. Bloch shows that the Corpus MS. is an

---

[1] See also Osbert of Clare's Letters, E. W. Williamson, Oxford, 1929, pp. 22-23. For Frere's Lives of St. Edward, see *Romanic Review*, Vol. XL (1911), p. 42 ff. As M. Bloch says, the story was a common subject of medieval iconography: to his instances may be added those mentioned by M. R. James, *Catalogue of MSS. in Trinity College, Cambridge*, Vol. I, p. 286.

abbreviated version of the copy in the British Museum, but contains some matter which does not appear in the British Museum MS. and was probably unknown to Osbert and added by another hand. Among this matter is the Ring story, and it is this version which the author of our poem appears to have used; for his version differs in detail from that given by Aelred, and the Anglo-Norman poetical version (v. 3453 ff.).   Our poem omits the incident which induced Edward to part with his ring—the fact that his purse was empty and that his almoner was lost in the crowd; it does not mention the bewilderment of the palmers lost in the desert at night.   It states a number of facts which Aelred omits, that the palmers were born at York, that they found a stream which led them to the walls of Paradise, where they met Solomon, and that they were miraculously transported home in the manner of Habbakuk (*see* Bel and the Dragon).

This poem is noteworthy for the fact that it is written in Alexandrines, whereas the majority of saints' lives are written in octosyllables.   Contractions resolved in the text are printed in italics; a few corrections are in square brackets.   The scribe shows some carelessness or ignorance; he uses *le* for *les*, *lui* and *leur* (36, 50, 78, 91); declension is neglected (80); genders vary (*un esglise*, l. 6).   The past participle *nee* (*natum*) was thus written to distinguish it from *ne* (*nec*) in 31, 41 and elsewhere, and rime words have been made to conform to this spelling; but the use is not consistent.

Each couplet is indicated in the MS. by a bracket in red which joins the rime words.   If l. 20 is placed before l. 18, and l. 25 immediately before l. 28, the rime sequence will be restored and the sense improved.   I do not understand "ore a lo may" in l. 36; it appears to mean "now forthwith," but I have not met with the locution elsewhere.

H. J. CHAYTOR.

CAMBRIDGE.

### KING EDWARD'S RING

Del anel seint Edward oiez la verité,
Que au seint Johan l'ewa*n*gli*ist* jadis fu doné,
E deuz anz e demi en sa garde sauvé,
Coment a seynt Edward fust remandé.
5 Li riche roy seynt Edward sa terre visita ;
Passa p*ar* un esglise q*ui* dedie fust ja
En l'onour l'ewanglist q*ue* Dieus tant ama.

Quant vient a la porte, un mendivant trova;
Ly mendivant escrie, le roy aresona,
10 E pur l'amour l'ewangelist du bien ly pria.
Ly roy plein de pité le povre regaurta;
De large quoer son anel real lui dona.
Ore orez de[s] pelerins qui unt visité
La terre de Jerusalem ou Dieus fu peiné;
15 De Everwik furent neez, vos di par verité,
Par quels ceo noble anel li fust reporté.
Le[s] pelerins passerent le mount de Olivet,
Mes qui fust lour dustre Dieu meme le seit;
En estrange terre li un e l'autre chiet
20 Ou nee fu e precha le verray prophet;
Les deus bons pelerins avant s'en alerent
Et pres d'une rive ambedeuz passerent;
Vunt queran la sursse, mes il n'atroverent.
Toust vindrent a un mur dount se merveillerent;
25 Le awe per desuth le mur verent ben passer,
Que estoit bien haut e de riche attyr;
Bien resembloit peridoz, rubie e saffir.
Les pelerins s'en passent pour merveille trover;
Passez sont les pelerins, si unt encontré
30 Vieuz homme e chanue, ly unt aresonée;
Respont, "du sank David li riche roi fu née,
E le roi Salamon jadiz fu apellé,
E pour ceo que moun Dieus moult offendi,
Ne sui pas en joie, mes sui demore cy;
35 Plus avant i passerez, ne seiez abay."
Le pelerins respoignent, "ore a lo may."
Passerent le pelerins e unt encountré
Compaignie de bele gent de quels furent mult lée;
Entre euz un vieuz homme unt regardé,
40 E il sanz demure les ad demandé,
"Que estez vous, pelerins, de quel pays née?
Qui est de vostre terre roi coronnée?
Dittez, ne le celez pas, en fine verité."
Et il repoignent que Edward plein de chasteté.
45 "Ore," fet ly chanuz, "toust vous retournez
A la procheine cité, si vous reposez;
Grant plenité de biens dens vous i troverez,
Et par moi demein a jour serrez visitez."
L'endemein le veuz homme les vient encontrant,
50 Si le[ur] di: "pelerins, folie alez querant;
Ceo est l'entré de parays e entra[n]ce le grant,
Que unk n'aprocha homme en char vivant.
A vostre roi Edward toust vous returnez;
Par moi, Johan l'ewangeli[s]t, un present le freez,

55 Le anel qu'il moi dona a lui reportez,
   E par ces enseignez le roi saluez:
   Jeo sui Johan l'ewang[e]list qui par chasteté
   Dieus enprist en pres de lui e taunt ad honuré;
   Le flour de pucel fut en ma garde baillé
60 Quant pendi en la croice qui par nos fut peiné.
   Jeo eime le roi seint Edward, vous di par verité,
   Qui est roi poestifs e mult plein de pitée.
   Un fu tut sanz arson s'ame ad demené,
   E tient sa compaigne tut en chasteté.
65 Un mouster en mon noun estoit dedié,
   E le roi seint Edward illoiques s'en est alé;
   En povre atyr l'encontre paumier e nu pée;
   Pur l'amour l'ewangelist du bien l'ay prié;
   Ceste anel moy dona e joe l'ay bien sainié;
70 Ore le reportez que Dieu vous sache grée;
   Le ditez que devant Dieu serra coronnée
   Pur chasteté, largesse, fei e verité."
   Cungé unt les pelerins, commencent retourner,
   Seyn Johan unt [cum] du[s]tre e tres bon conceilier.
75 Sur littz en chimenant si wolent reposer,
   Mes ore orra merveille qui wolt escouter;
   Dieus qui fist Abacuc per un angle porter
   De Judé en Caldé, le[s] veut conforter;
   Tant dormirent, passent terre e meer,
80 Ja sont en Engleterre les dieus treslaus peaumiers.
   Lui deuz leaus compaygnons adunque s'en veillerent,
   E d'estrange terre mult se merveillerent;
   La lange englese de pasturs oierent;
   Quant sevent le miracle, dunque Dieu loerent.
85 A nul temps seint Edward [ne] seut a manger,
   Que manger ne beivre ne voleit guster;
   Mes dit qu'il attendreit li bon messager
   Que par le seint ewangelist li vient visiter.
   Entrerent les messagers, lour message counterent,
90 E le present seynt Johan a seynt Edward bayllerent;
   Quant que mandé le[s] fust, a lui recounterent;
   A la cité de Everewik puis se retournerent.
   Del anel seynt Edward ore vous ay counté,
   Coment fu doné e coment remaundé.
95 Priom Deu omnipotent qui meint en Trinité
   Que ove lui en joye seyoms coronné.

62 Porifs
63 Cp. the Rolls Series ed., l. 1253:
        Si est du seint roi Aedward
        Cum la ligne k'en fu pas n'art.

75 sun latz
81 Lin
85 Anel tenps s. E. sith

# CARLYLE AND SOME EARLY ENGLISH CRITICS OF BAUDELAIRE

"THIS is her *first* lesson poor France is getting. It is probable she will require many such. For the last twenty years I have been predicting to myself that there might lie ahead for a nation so full of mad and loud oblivion of the laws of this universe, a destiny no better than that of Poland." So wrote Carlyle with a somewhat callous unction in his journal on the 3rd of October, 1870, after hearing the news of France's misfortune.[1] Eight days later he proclaims the Franco-German War the "grandest and most beneficent of heavenly providences in the history of my time."[2] As the apocalyptic reference to the "laws of this universe" noted above would seem to indicate, there was in this attitude something more than a mere admiration for Germany. To judge by the occasional references in his letters and journal during the years immediately preceding, Carlyle's harshness derives from a double source, political and moral. He disliked the *régime* of Louis Napoléon and regarded France as the ringleader in the "atheistical" movements whose advance he deplored with a sour and impotent misanthropy.

The revolutions of 1848 had but aggravated his natural hostility to democracy. He regarded them as the bankruptcy of falsehood, "the tumbling out of impostures into the street." He hated the beliefs upon which the hopes of democracy were built. In his opinion government by suffrage and the ballot-box was a deadly illusion. Liberty, in a world lacking spiritual convictions, was fated to end in anarchy and universal wreck. The extension of the franchise would merely result in the election of persons representative of the level of the mob. A voting power which placed Judas Iscariot and Paul of Tarsus on the same plane was a monstrosity the like of which was not to be found in the "annals of human infatuation." Strange illogicality of a providentialist refusing to accept the consequences of his system! A democracy from its nature could never choose noble leaders or prudent

[1] Froude, *Thomas Carlyle, Life in London*, Vol. II, p. 401.
[2] *Ibid.*, p. 407.

counsellors.  The contemporary cant about progress excited in him merely a splenetic irritation.  "Progress whither? he would ask, and prosperity in what?  People talked as if each step which they took was in the nature of things a step upwards; as if each generation was necessarily wiser and better than the one before; as if there was no such thing as progressing down to hell."[1]  The only progress to which Carlyle would allow the name was moral progress; and such progress was possible only in a society where the wise ruled and the ignorant obeyed.  The progress which involved the destruction of authority was but a precipitous descent "down to the devil and his angels."

What sympathy could Carlyle, with such opinions, have for the Revolution of '48?  The course of that revolution, the eventual election and *coup d'état* of Louis Napoléon[2] could only confirm him in this attitude, for the "Scandalous Copper Captain," in spite of the echoes of Carlyle's providentialism in his *Histoire de Jules César* (1865), was hardly the sort of ruler to fit in with the prophet's aristocratic scheme of things.  Carlyle had known Louis Napoléon in England.  "He had watched him stepping to the throne through perjury and massacre and had been indignant and ashamed for the nation who could choose and tolerate at its head an adventurer unrecommended by a single virtue.  From the first he was certain that for such a man no good end was to be looked for."[3] The manner in which the English newspapers in 1854 hailed the French ruler as the saviour of European order and a fit ally for England filled him with disgust.  Nor was this disgust lessened when he learned that the detested monarch was paying a visit to the Queen.  Of this visit he writes on the 20th of April, 1855: "Louis Napoleon has not been shot hitherto, that is the best that can be said.  He gathers, they say, great crowds about him, but his reception from the hip-hip-hurrahing classes is not warm at all." There is more in much the same strain.  In his eyes Napoleon III was the abomination of desolation, a symbol and a creature of his time, an insult to his notions of Providence.  There could be only one end and Carlyle had the satisfaction, when that end came, of remembering that he had always predicted it.

[1] Froude, *op. cit.*, p. 453.

[2] If Emile Montégut's statement to Buloz (January 1853) that he found Carlyle "partisan du gouvernement de Louis-Napoléon" is to be trusted, it is possible that Carlyle at first expected good results from Napoleon III's accession.  See A. C. Taylor, *Carlyle.  Sa Première Fortune Littéraire en France.*  Paris, 1929, p. 180.

[3] Froude, *op. cit.*, p. 152.

Carlyle went to Paris with Lord Ashburton in 1851. He saw Thiers several times; "a lively little Provençal figure," he describes him, "not dislikable, very far from *estimable* in any sense," talking "immense quantities of watery enough vain matter." Mérimée he judged a "wooden pedant, not without conciseness, pertinency, and a certain sarcastic insight." His bile soured every impression; he found no mortal "of the slightest interest or value" to him and thought the trouble of speaking French not compensated by the value of the conversation. But he took some interest in contrasting the Paris of 1851 with that of his earlier visit twenty-six years previously (October 1824).[1] "The town had a dirty unswept look still; otherwise was much changed for the better. Ride in the Bois with Lord Ashburton, horses swift and good, furnished by an Englishman—nothing else worth much—roads all in dust-whirlwinds, with omnibuses and scrubby vehicles; the Bois itself nearly solitary with a soft sandy riding course; otherwise dirty, unkempt, a smack of the sordid grating on one's ill humour. Articulate-speaking France was altogether without beauty or meaning to me in my then diseased mood. But I saw traces of the inarticulate, industrial, being the true France and much worthier."[2]

But there is another side to Carlyle's disgust, his hatred of the growing "atheism" on both sides of the channel. In his journal at the date 29th June, 1868, we find the following note with its echo of Taine : "An immense development of Atheism is clearly proceeding at a rapid rate and in joyful exultant humour both here and in France. . . . French medical prize essay of young gentleman . . . declaring 'we come from monkeys.' Virtue, vice are a *product*, like vitriol, like vinegar; this, and in general that human nature is rotten and all our high beliefs and aspirations *mud*. See it, believe it, ye fools, and proceed to make yourselves happy upon it! I had no idea there was so much of this going on!" For French literature, as for political events, he had the same scorn. The literature was "a new kind of Phallus-worship, with Sue, Balzac, and Co. for prophets, and Madame Sand for a virgin." The reinstatement of the Church and the declaration of Papal infallibility was "the re-establishment of exploded lies." In a word, "as the people were, such was their government."

---

[1] For details of this first visit see *Love Letters*, Vol. II, letter 105, and Froude, *Thomas Carlyle, A History of the First Forty Years*, pp. 245-50.

[2] See also a letter to his brother, *New Letters*, Vol. II, p. 112.

The tirade against positivist tendencies in both countries grows louder and fuller as we approach the entry with which we are more particularly concerned. On the 13th November, 1869, Carlyle writes: "The quantities of potential and even consciously increasing Atheism sprouting out everywhere in these days, is enormous. In every scientific or quasi-scientific periodical one meets it. . . . In fact there is clear prophecy to me that in another fifty years it will be the new religion to the whole tribe of hard-hearted and hard-headed men in this world, who for their time bear practical rule in this world's affairs. Not only all Christian Churches but all Christian religions are nodding towards speedy downfall in this Europe which now is. Figure the residuum: man made chemically out of *Urschleim*, or a certain blubber called *protoplasm*. Man descended from the apes, or the shell-fish. Virtue, duty or utility an association of ideas, and the corollaries from all that. France is amazingly advanced in that career. England, America, are making still more passionate speed to come up with her, to pass her and be in the vanguard of progress." And all that Carlyle can think of to counter this teaching is his own thunderous *ipse dixit*, the bald assurance of an absolute moral intuition, the grotesque asseveration of a gratuitous categorical imperative! Three weeks later, on the occasion of his 74th birthday (4th December, 1869), the same insistence, coupled this time with what is, in the circumstances, a diverting association: "The fast increasing flood of *Atheism* on me takes no hold—does not even wet the soles of my feet. I totally disbelieve it; despise as well as abhor it; nor dread that it can ever prevail a doom of the sons of men. Nay, are there not perhaps temporary *necessities* for it, inestimable future uses in it?" The limping providentialism of the earlier years has thus been driven by necessity or logic to complete its circle. "Patience! patience! and hope! The new diabolic school (the phrase of the critic) of the French is really curious to me. Beaudelaire (sic), for instance. Ode of his in the *Fraser* (edited by his friend Froude) the other night. Was there ever anything so bright infernal? *Fleurs du Mal indeed!*" Carlyle's next entry (21st January, 1870), still harps on this obsession of atheism, culminating in a burst of wrath in which the exasperated philosopher hurls an atheistical treatise into the fire. But we have done with this fury of Carlyle. The point of it lies, apart from the author's comments upon France, in the fact that Carlyle seems to mention Baudelaire *à propos* of this atheism, as if he were some sign, his work a symptom, of the disease.  In a certain complex and somewhat recondite sense there is justice in the association; it is none the less diverting that Carlyle should make it at the very moment when his remarks are exactly in the tone of Baudelaire's fulminations in the journals and elsewhere.  Obviously Carlyle has in his mind only the few poems of Baudelaire quoted in the article mentioned and the comments of the reviewer.  He could not know the extent to which the work of Baudelaire as a whole is coloured by hostility to the idea of progress, to republican politics, to "materialism," by providentialism and the belief in the destiny of great men, in a word by an attitude to the century in many points similar to those ideas of his own which we have indicated.

It is perhaps unnecessary to remind the reader that Swinburne, by his article in the *Spectator* (September 1862), had first introduced Baudelaire to the British public.  We do not intend to re-open the question of the influence of Baudelaire upon Swinburne, which has perhaps been sufficiently explored.  We shall merely indicate the contribution of a few subsequent critics to the history of Baudelaire in England and the atmosphere in which their judgments were produced.  Professor Saintsbury, in what he claims to have been the first really serious article on Baudelaire in England,[1] asserts that "before 1866 probably not one educated Englishman in twenty had ever heard of him; but his name was dragged in pretty freely in the controversy which arose about Mr. Swinburne's *Poems and Ballads* (published in 1866)."  In the preface to the volume of *Collected Essays* in which Professor Saintsbury has reprinted his article, he declares that a great part of his Baudelaire essay "may be said to date not merely from 1875 but almost ten years earlier.  It was in 1866 that a friend, at my request, brought me from Paris the second edition of the *Fleurs du Mal*.[2]  The four-volume collection of the *Works*[3] had completed my knowledge in the interval."

It was indeed the publication of the definitive edition in 1868 and 1869 which really brought Baudelaire to the attention of the critics in the principal English reviews.  In his biography of the poet published in 1869, Asselineau comments upon one or other of the articles written by these critics.  "Tout récemment encore, le rédacteur d'une revue de Londres, examinant les dernières

[1] *Fortnightly Review*, October 1875.
[2] Poulet-Malassis et de Broise, 1861.            [3] Michel Lévy, 1868-9.

productions de la poésie anglaise, reconnaissait Baudelaire comme un chef d'école dont l'influence s'était fait sentir même en dehors de son pays." We are not quite sure to which of the articles we mention Asselineau refers, or whether he is thinking of some essay which we have not as yet discovered, but the concurrence of the articles at this date is significant of the attention given to the publication of the definitive edition and of the kinship established between the work of Baudelaire and the disturbing tendencies of English poetry.

It is difficult to say whether we ought to regret the confusion of Baudelaire's reputation in England with the controversy about decadence and the place of "morality" in poetry, obscuring as it did the saner but none the less characteristic aspects of the poet's work, or whether we must find it natural and in the main desirable that this support from France should have contributed to rid the English atmosphere of certain aesthetic misunderstandings. Swinburne's article had already prejudiced the case by focussing attention on this question of the independence of art, and the manner in which he conducted his own plea betrays the influence of Gautier and Baudelaire. The critics merely took their cue from the poet and filled the columns of their reviews with awe-stricken but dignified treatises upon art and morality. An article in the *London Quarterly* (Vol. XXXI, p. 399) throws unconsciously into relief, by its quotation of Swinburne, the nature of the French influence. The author rebukes Swinburne for using, *à propos* of Lucrezia del Fede, the wife of Andrea del Sarto (in an article in the *Fortnightly Review*, July 1867), the phrase "her full face in all its glory of form without a fault—not heavenly, but adorable as heaven." The trace of Baudelaire's notion of *la beauté dans le mal*, though not indicated by the critic, is obvious. The same critic objects to Swinburne's treating *Mademoiselle de Maupin* as "the most perfect and exquisite book of modern times," with the scandalous corollary of "the love of beauty for beauty's sake, the faith and trust in it as a god indeed." The source of his disgust is the following quotation from the poet's *Notes on the Royal Academy*: "This gift of love and faith, now rare enough, has been and should be ever, the common appanage of artists. *Rien n'est vrai que le beau*; this should be the beginning and ending of their belief, held in no small or narrow sense, but in the largest and most liberal scope of meaning. Beauty may be strange, quaint, terrible, may play with pain or with pleasure, handle a horror till she leave it a delight; she forsakes not such among her servants as Webster or Goya.   No good art is unbeautiful; but much able and effective work may be, and is . . . .   The worship of beauty, though beauty be itself transformed and incarnate in shapes diverse without end, must be simple and absolute; hence only must the believer expect profit or reward.   Over every building made sacred to art of any sort, upon the hearts of all who strive after it to serve it, there should be written these words of the greatest master now living among us: La beauté est parfaite, La beauté peut toute chose, La beauté est la seule chose au monde qui n'existe pas à demi."

The *Westminster Review*, in an article entitled "Art and Morality" (January 1869), in reality a detailed criticism of the two books of Victor de Laprade's *Le Sentiment de la Nature*, did not hesitate to group Swinburne with the writers whose support he had sought.   After establishing a distinction between the functions of art and morality as against the positions of Laprade, the critic hastens to defend himself against a possible charge of supporting the tendencies of Swinburne and his fellows.   "In maintaining, however, and that with the most assured conviction, the necessity of this reciprocal independence as between fine art and ethics, we must not be understood as committing ourselves to another theory now current, the reverse, indeed, of these which we have been combating, but one which seems to involve some of the same fallacies.   Impatient of the shackles with which some would tie art to the heels of virtue, and possibly themselves addicted less to virtue than to art, a certain school of writers have in our day attempted to force the two into a relation of mere oppugnancy.   They have extolled vice, the display of the ungoverned impulses of human nature, as the finest material for art, and have scoffed at all the current moralities and social restraints as something mawkish, Philistine and dull.   They have found more to gratify their æsthetic sensibilities in the spectacle of selfishness, cruelty, and lust, than in the spectacle of temperance, fortitude or magnanimity.   They have at times seemed to wish that the place held to-day by the latter passions in public esteem, if not in public practice, should be transferred to the former.   Meanwhile they have done what they could to make up for the shortcomings of their contemporaries by making selfishness, cruelty and lust the chief, if not the exclusive topics of their art.   The beauty of wickedness, erected into a dogma by only a few writers, of whom Baudelaire and Gautier in his early days may be taken as examples, has in practice been recognised with singular uniformity by French writers of the realist and romanticist school. By the most distinguished among our own younger poets, one who in some particulars of his art is a match for any of the greatest of poets, it has been recognised both in theory and practice."

But the recognition of the part played by Baudelaire in determining the course of contemporary poetry was accompanied by more detached and personal consideration which, even though it was marked by traces of this controversy and by the limitations of contemporary criticism, did at least make an attempt to bring the subject of discussion more into the light of day. In this year (1869) a somewhat ill-equipped polygraph, R. H. Shepherd, published a volume with the deceptive title, *Translations from Charles Baudelaire. With a few original poems.* Only three poems of Baudelaire figure in this collection ("La Charogne," "Moesta et Errabunda" and "Lesbos")[1] and the *Westminster Review* (October 1869, p. 641), was guilty of most uncritical benevolence when it wrote: "The translations, chiefly from the too little known Charles Baudelaire, are admirably done and have all the swing and fire of originals." The *Athenæum*, which Baudelaire had scornfully indicted for its severity to De Quincey,[2] was more frigidly pontifical in its generalisation from a bad translation of three poems. But its opening lines do point out a limitation necessarily imposed upon the contemporary reader. "The world knows little about M. Baudelaire, and his translator should have given some account of the original author of these pieces." Swinburne's article had naturally not ventured into these biographical regions and, although Gautier's notice did in part fill the gap, it was not till the publication of Asselineau's work that any real account of the poet was to hand. And even Asselineau's work suffers, as does Gautier's, by the stress it unwittingly placed upon those aspects of the mind and work of its subject most calculated to alienate and bewilder the orthodox critic.

The rest of the *Athenæum* review is remarkable for its amusing juxtaposition of ignorance and infallibility. "We are not ourselves aware of the French gentleman having accomplished much in literature. He has translated a portion of Edgar Poe's works, and he certainly made a noise by his "Fleurs de Mai" (*sic*), some

---

[1] Translations of two further poems (*La Pipe* and *Une Martyre*) were included in the new edition, 1877.

[2] V. the "note nécrologique" placed before his translation of the *Confessions* in *Les Paradis Artificiels.*

portions of which he was compelled (if we remember rightly) to withdraw. On the last work such reputation as M. Baudelaire enjoys chiefly rests; but he has been not unfavourably known in his time as an Art-critic. After all, Mr. Shepherd has translated only three of the French poems, and the best we can say of them is, that they are in part nasty, and are altogether unwholesome." An article in the *Revue Contemporaine* prompted at once a return to the subject of Baudelaire and an occasion to remedy the unfortunate *Fleurs de Mai* which the critic has to admit "are of quite another parterre." But the tone is the same: "This champion of the deceased morbid bard asserts that his works are not immoral, but that they are dangerous! Thus, we are told that their immorality, previously denied, lies partly in the "exaltation of the personal aims of men, to the detriment of those of society," and also in his giving objectivity to evil. This singular champion adds that these dangers are, after all, *not* dangerous, but that the poet's works might have a pernicious effect on ill-regulated minds!" (*Athenæum*, No. 2183, August 28th, 1869, in "Our Weekly Gossip.")

But the most considerable of the judgments passed upon Baudelaire in this year is that mentioned by Carlyle. This article, unsigned and entitled "A Poet of the Lower French Empire," appeared in the December number of *Fraser's Magazine*. Its author has the advantage of the information given by Gautier's introduction to the definitive edition of the *Fleurs du Mal*, and, although the study suffers from exclusive concern with the poems, and is marked by the severity common to English articles of the period, it none the less attempts to give serious consideration to its subject. Swinburne's article, written thoughout in a vein of ecstatic admiration, and confining itself for the most part to technical appreciation, had offered no estimate of the mind of the author of the *Fleurs du Mal*. Hampered as he is by the lack of such aids to understanding as the letters and journals of Baudelaire, the critic of *Fraser* nevertheless hazards here and there a shrewd conjecture concerning the complicated psychology of the French poet. It will, however, be obvious that Carlyle, with the preoccupations we have already described, could not fail, after reading this article, to pass his somewhat categorical judgment.

"The name of Charles Baudelaire," the writer begins, "has lately become of note in poetic French literature and we have now, in one volume, a final edition of his poems, except a few suppressed by the censorship as too bad for the not very squeamish taste of the

French public." He proceeds to give a few succinct biographical details culled from Gautier, some of which, like the journey to India, would not now pass muster, and sums up the youthful Baudelaire as "an artistic intellect, of that order in which æsthetics and materialism are mingled in hazardous proportions." The personal portrait which follows is a summary of Gautier's account. The inadequacy of the concluding sentence of this portrait was naturally calculated to offer a seeming justification for Carlyle's judgment: "Philanthropists of every sort he held in the deepest contempt. In political, social or moral questions he neither had nor pretended to have the slightest interest." Speaking of the natural sympathy between the minds of Poe and Baudelaire the writer continues: "Baudelaire in fact has little inventiveness; his distinction rests in his style, and that, we are told by French critics, is exquisite of its kind."

After a few words on the form and classification of the *Fleurs du Mal* and particularly on Baudelaire's use of the *sonnet libertin*, the critic passes to a consideration of the state of mind revealed by the poems themselves. "The phrase *Spleen et Idéal* is very significant, and briefly indicates the characteristic mood of Baudelaire's mind, a mood unwholesome, yet interesting as something really felt by a man, and in less degree, or at all events with less power of expressing itself, by many other men. His pursuit in life is the enjoyment of a refined and artistic voluptuousness. He abhors ugliness, pain, poverty, old age, but they haunt his steps, he meets them everywhere; this world, when illusive mists of youth have melted away, is seen to be full of tortured men and women, suffering for the most part by and through their evil propensities, which are natural and ineradicable. The Imp of the Perverse (to use Edgar Poe's phrase) is the ruling demon of man's life. The poet, for his part, devotes himself to adoration of the Beautiful—*le beau*—and avows this as his only religion. It is a Parisian kind of *beau*, we find, wholly material and sensual, yet with exquisite and fastidious manners, and always more or less *factice*. Yet this form of worship also, however cunningly refined and varied, is found to be unsatisfactory. In the man abides a conscience, a soul, a something, which, after all sensual and æsthetic satiation, is neither filled nor satisfied, but tormented with hunger and unrest, and then whither can he turn? what do but groan, or grind his teeth, or sit with chin on fists and eyes staring into the *néant*, his only utterance a profound sigh at long intervals. He finds the only practical relief in his natural turn for literary composition.   In such soil and climate have grown these *Fleurs du Mal*.   So has come this dismal volume of highly artistic verse, 'langue marbrée des verdeurs de la décomposition.' "

A few short details upon the later life of Baudelaire which omit, as they could not avoid omitting, the relation of the poet's distress in Paris, and indicate an ignorance of his love affairs, except in so far as they left their marks upon the poems, and the writer passes for a moment to the *Petits Poèmes en Prose*.   Though he confesses to not having seen them[1] he ventures a guess that in them "we should expect to be reminded of Edgar Poe, as is the case here and there throughout the poems."   On Gautier's contradiction of the rumour of Baudelaire's addiction to opium and hashish there is a shrewd comment: "We cannot however avoid noticing that he (Gautier) puts his contradiction forward in argumentative form: Baudelaire frequently writes with repugnance of *ce bonheur acheté à la pharmacie*, therefore, etc.; he was *sobre comme tous les travailleurs;* the true man of letters *n'aime pas que sa pensée subisse l'influence d'un agent quelconque.*   But M. Gautier (whose pen in fact is much more sparkling than profound) forgets that a few pages before this he had described the death from delirium tremens of Baudelaire's favourite American writer, and has remarked of poor Poe, "he never deceived himself as to the disastrous effect of this vice, he who wrote, in his story of *The Black Cat*, this significant phrase, 'What malady is comparable to alcohol!' "

On the topic of his "amours and subsequent disgusts" Baudelaire always speaks, the writes continues, "with a kind of saturnine lubricity."   "He plunges into sensualism, emerges satiated, disgusted, sad; then plunges again.   Physical horrors have a morbid attraction for him as they had for the American; he examines minutely into the hideousness of disease, death, putrefaction.   His imagery abound in serpents, corpses, vampires, graveworms, nightmares, demons.   His *spleen* finds food in every natural sight and sound, the firewood brought into the courtyard fills him with dreary thoughts of winter,[2] the sound of cock-crow is like a sob cut short by a spitting of blood."[3]   In the following line

---

[1] They were published as Vol. IV of the *Œuvres Complètes*, Michel Lévy, 1869.

[2] *Chant d'Automne :*
> J'entends déjà tomber avec des chocs funèbres
> Le bois retentissant sur le pavé des cours.

[3] *Le Crépuscule du Matin :*
> Comme un sanglot coupé par un sang écumeux
> Le chant du coq au lóin déchirait l'air brumeux

of *Harmonie du Soir*, "intended as we suppose to express one of
the milder shades of pensiveness,"

> Le soleil s'est noyé dans son sang qui se fige,

he notes "the not tragic but butcherly image by which the setting
sun is presented." The poem in which this line occurs may, he
thinks, be taken "as a specimen of the art, amounting to artifice,
of Baudelaire's style." In *A Une Madone* he finds "though not
in their most offensive form, all the main characteristics of the
writer, presented with a carefully considered ingenuity of form
and great choiceness of language." The details of this poem lead
him to a significant comparison with which we shall deal at greater
length.

"In several points, and particularly in a strange *cruelty*, a
gloating upon physical torture, the French poet reminds us of his
contemporary and fellow-countryman, Gustave Doré, especially
as the latter displays himself in the designs to Balzac's *Contes
Drolatiques*, probably the most characteristic of the artist's works.
This cruelty is a 'note' of The New Diabolic School." The comparison of Baudelaire and even Swinburne with Doré is a feature
of the critical articles of this year. The reason is to be found in
the fact that Doré had been holding in London an exhibition of
his works to which the *élite* had flocked and which had received
from the critics, with perhaps this notable reserve, very favourable
reviews. It is significant of this later comparison that Baudelaire
had himself thought of asking Doré to illustrate the new edition of
the *Fleurs du Mal*. In answer to a query from Nadar, Baudelaire
wrote (16th May, 1859)[1] "Certainement oui, j'avais pensé à
Doré; et je ne me rappelle pas si c'est moi qui, toute réflexion faite,
l'ai rejeté à cause de l'enfantillage qui se fait voir si souvent à
travers son génie, ou à cause de l'antipathie qu'il inspire à Malassis.
Encore, je ne suis pas sûr de cette dernière affirmation." Further
on in the same letter he returns to the subject. Like one of the
English critics we are about to quote, he found in Doré "un
talent extraordinaire pour donner aux nuages, aux paysages et
aux maisons un caractère positivement surnaturel." So far so
good. But in Baudelaire's opinion Doré could not draw: "Mais
les figures! Il y a toujours quelque chose de puéril même dans
ses meilleurs dessins." Doré's treatment of Dante in the illustrations to the *Divine Comedy* seemed to the French poet merely
sacrilegious. Hence his rebuke to the more enthusiastic but less

[1] Nadar, *Baudelaire Intime*, pp. 100, 101.

discerning Nadar: "Quant à la *Divine Comédie,* tu m'étonnes fortement.   Comment a-t-il pu choisir le poète le plus sérieux et le plus triste?"

In spite of the technical difficulty Baudelaire, we see, had acknowledged the approach of Doré to the *manière ultra-romantique,* the *caractère d'outrance* which he demanded in the illustrator of the *Fleurs du Mal.*   From the kinship of Baudelaire with Doré and Swinburne it is an easy passage to a comparison between the author of *Poems and Ballads* and the French artist.   The writer of an article on Swinburne in the *London Quarterly* (Vol. XXXI, p. 387), emphasises the English poet's "very distasteful way of treating the grotesquely horrible," a characteristic which is also "one of the most crying faults of Gustave Doré, between whom and Mr. Swinburne there is considerable affinity."

In a general review of the work of Doré the *British Quarterly* (January 1869), attacked the same characteristic as a "sort of beauty blindness": "With equal care and minute accuracy he lingers over the most repulsive and the most attractive faces.   It might almost be said that he preferred the former."   Baudelaire, Swinburne, Doré, it is all one.   The attack is really upon the new æsthetic and such ancestors of it as come to the mind of the critic. Even the innocuous Leighton "has not scrupled to shock us by presenting his otherwise lovely Ariadne as a corpse."   This disease of decadence has left its mark upon the poet laureate. "Mr. Tennyson has just indulged us with a most morbid self-dissection of Lucretius."   There is no need to recite the medieval and other origins affirmed for the artistic sadism which "finds an outlet in the literature, the art and the controversy of England in 1868."   The canon of true art is to be found in classical literature: "The rules laid down by Horace for the drama equally condemn offences such as the *Ars Poetica* points out, whether committed by the painter or by the poet.   The sensation literature of the day,— a natural form of degeneration from the ignoble fictions, and the unhealthy and morbid poetry, which people are not ashamed to admire,—is a product of the same taste that revels in the horrors of the *Inferno* or in some of the impossible executions of the *Contes Drolatiques.*[1]   The golden rule, Non satis est pulchra esse poemata, dulcia sunto, has been forgotten.   Medea slays her children *coram populo*; and even the painter of the child Jesus in the temple has not shunned to employ the pencil, which achieved in that

---

[1] That is, in Doré's illustrations to these works.

picture the highest triumph of a certain branch of modern art, in the illustration of the odious and disgusting tale of the Pot of Basil." The writer makes a distinction between this deliberate cultivation of horror and the legitimate methods of tragedy, methods which he acknowledges are admirably used in Doré's landscape. "Doré has shown how scenery, even when entirely devoid of animal life, may be so represented as to strike the fancy with a force like that of the language of Homer." But the decadent artist is without the justification of the tragic poet: "Unmitigated horror is not tragedy, any more than representation of what is only mean, base, and vulgar, is comedy, or than farce is literature. It is an evil, which is perhaps highly characteristic of the age, that M. Doré finds the temptation which, of all temptations, is most likely to lure him from a steady ascent towards the highest excellence in art."

To come back to the article in *Fraser*. The writer turns to the eulogistic notices in the appendix to the definitive edition[1] and comments on their enthusiasm for the "formative art and the force of language displayed by the poet," regarding it as a mere product of the strangeness of Baudelaire's work. The appearance of the definitive edition prompts him to attempt a more balanced judgment, while recognising the inherent difficulty, the "mystery in the matter." What is admirable in this judgment, in spite of its excessive simplification, is the refusal to accept the "mysticism" of Baudelaire at its face value, the attempt to make a more refined and sophisticated analysis than the one recently popularised by Catholic critics of doubtful orthodoxy. This critic recognises quite justly, in our opinion, that Baudelaire's spiritualism is in part a mere result of frustrated or bankrupt hedonism. "A young Parisian, handsome, clever and with some money to spend, seeks pleasure as his aim; tries vulgar sensuality, which disgusts his taste; and aims at a refined and artistic voluptousness, but even this proves unsatisfying; every path leads him to the black gulf of ennui." The remarks on Baudelaire's "idealism," though marred by the simplistic conclusion, are unusually penetrating: "Before him all the time floats an ideal, a recognition of better things, which he chooses to describe as a longing for the beautiful. Whatever it be, his ideal is something infinitely above his actual life, it beckons to him, it tortures him, he makes no effort to follow, but acknowledges its power by signs and moans. He is man of

[1] *Articles justificatifs* by Asselineau, Barbey d'Aurévilly, Dulamon and Thierry.

letters withal, a poet of cultivated taste, and even with genius. With careful artistic skill, therefore (his mental temperament is cool and critical), he distils into most elaborate verse his desires, his fancies, his orgies, and also his disgusts and horrors, his satiety and ennui, with ever and anon a cry of sadness, which might also pass muster for a prayer.   But the utterer would be ashamed to have it so recognised, or rather would curl his lip in contempt; for it is an evanescent mood, originating mainly in selfishness, and expressed chiefly for artistic effect.   He is unhappy in the midst of indulgence; this makes him not contrite, but angry; not angry with himself, but with the Power that rules at once the material and spiritual world.   I find in myself a taste for fair women; I can't get them, enough of them, for I am not rich; I do get them, and they sting me; in either case, Damn the Nature of Things!" An examination of the letters and journals inaccessible at the date of this article, or even a closer analysis of certain poems like *Examen de Minuit*, would have corrected the crudities of these last lines.

The *esprit laborieux* which Barrès attributed to Baudelaire is anticipated by this critic.   The French poet, he ventures to assert, "possesses not a particle of imagination in the highest sense of that word, of that great and healthy faculty (including all others)[1] whereby man has wide and profound visions of truth.   He has an unwholesomely stimulated and morbidly active fancy.   He has wonderful taste and skill in the artful management of language. He makes a forcible impression by means of the cold audacity of his choice and treatment of subjects which social (founding itself on natural) decency has taught us to avoid as far as possible. Still, Nature made him an Artist, gifted him with a true sense of literary form; his poems are brief, pithy, expressive, each conveying a definite and generally a striking idea, and conveying it fully, without loss of power."

Some of the phrases characterizing certain groups of poems are strikingly suggestive: "the miseries of life . . . excite in him a kind of cold rage"; "even the ghastliest horrors are treated with a certain prurience."   The passage which follows must be regarded, though with the reserves we have already formulated, as really excellent criticism: "There is remorse (gnawing pain) but no contrition, no longing to be better, only a desire to be *better off*. He calls to Death, without hope, but at least it will bring a change.

---

[1] Baudelaire had used similar language in his *Salons de 1859*.

The thought of a Higher Power, though sometimes it impels him to sue for pity, usually breeds a mood of scoffing or defiance. His contempt for the Christian code of morals, for benevolence and self-sacrifice, is bitter and constant. Our sense of Right and Wrong . . . Baudelaire images as a serpent living and biting in man's bosom.[1] "A little grain of conscience made him sour." Thirsting for sensual pleasure, *volupté*, he would also fain have the delights of moral purity and elevation, and is angry because the world is not made to indulge these contradictory cravings. He looks round and sees evil everywhere, because he has polluted his mental vision. And the sight makes him unhappy. He can in no way reconcile himself to the diabolic; much less can he come out of it. His *amour* is merely varieties of lustfulness; love he does not see, save perhaps in a far-off star-like glimpse through the vapours of the pit, and even then the vague glimmer is suggestive not so much of spiritual as of an ethereal double-distilled sensual delight. The lofty and tender relations between human creatures, the happiness of parents, children, friends, lovers, the power of good teachers, the nobility of heroes, all wisdom, purity, duty, unselfishness, he ignores or else scoffingly denies. He utters words of pity, but his pity is not sympathy, nor humanity, far from it. He only pities picturesque or sensational sufferings, mainly those caused by vice, those of the criminal, the gambler, the harlot grown old. Commonplace poverty and misery excite in him no feeling but disgust."

In conclusion, the Protestantism of the writer is not to be denied its gesture of superior condescension: "No wonder if people find Catholicism (Councils and all) more comfortable than this kind of philosophy. The Diabolic School (the phrase which struck Carlyle) promotes immorality, and at the same time, fanaticism. Charles Baudelaire could not escape from the reality that clutches every human being. He lived, and he was wretched. His writing has a representative truth in it, and a deep moral lesson unintentionally enclosed. He at least points out with unmistakable clearness the practical unwisdom of a certain way of thinking about life." Poor Baudelaire! All his tortuous posturings and the agonized searchings of heart which are the obverse of their medal do but serve to point a moral and adorn a tale! The consciousness of the enemy within the critic's well-stockaded camp even urges him to a valedictory exculpation which a perusal of Baudelaire's draughts for a preface to the *Fleurs du Mal* would have

[1] The reference is to *L'Avertisseur*.

shown to be what it really is, a simple thrust *en passant* at the blasphemies of Swinburne and company: "After all, one parts from him with a deep sadness and pity.  He is immeasurably above those, whether his direct imitators or others, who write foul and blasphemous cleverness from the sting of vanity, as the most telling way to exhibit themselves and make a strong and immediate sensation.  His book is altogether dismal and in parts disgusting, but of this ignominy we hold him guiltless."

It is a relief to turn from the dust and smoke of this controversy to the serener air of another article.  We have seen that the judgments passed upon Baudelaire at this period are marred by insufficient biographical information and by incomplete knowledge of his work.  An article in the *Westminster Review* (New Series, Vol. XXXVI, No. 1, July 1869), always inclined to be more considerate to French works than the run of English reviews, offers an appreciation of the *Curiosités Esthétiques* and the *Art Romantique*[1] which does something to redress the balance.  The writer feels himself bound to recognise the "sinister" nature of the impression held at this time of "an author of whom little is known in England."  But at the same time he pays his homage to the artist: "Nevertheless, Charles Baudelaire was a writer who developed his rare natural parts by a most heedful cultivation.  He was one of the most accomplished as well as one of the most original of that brilliant group of men of letters that have illustrated their country since the Revolution of 1830.  On one side of his mind he seemed akin to whatever we hold most diseased and repulsive in the French imagination.  He handled sometimes, in verses which for finish and purity of form are unsurpassed, those fouler mysteries of a feverishly civilised human nature among which so many French writers have loved to rake.  He seemed to have some taint of that frenzy which long ago reached its hideous and pestilent climax in de Sade."

But that subject, so relentlessly and exclusively stressed by his fellow-critics, does not detain him.  For him Baudelaire's strength is best seen in his criticism.  "We should say that with his poetical faculty he joined a critical faculty perhaps keener and surer than any poet had ever had before."  And this while disputing the necessary relation affirmed by the French poet between the creative and critical faculties in the *Salons de 1859*.  "This union, as it seems to us, is much rarer than some would have it: indeed, the critical

---

[1] Michel Lévy, 1868, Vols. II and III of the *Œuvres Complètes*.

dogma wherein we most differ from M. Baudelaire is the dogma that a born poet is probably also a born critic. On the contrary, experience seems to show that a poet's criticism of poetry, just as a painter's criticism of painting, though both acute and enthusiastic within the range of certain special sympathies, is apt to be rigidly limited to that range." But he hastens to acknowledge the justice of the association in Baudelaire's own case, and to stress a very important point, the absence of the enormities and exaggerations of the *Fleurs du Mal* from the "clear sufficiency and certainty" of Baudelaire's style in the critical articles: "The criticisms of painting and poetry contained in these two volumes are full of the subtlest discrimination, the most pliant sagacity, and, what is rarer, the coolest reasoning. Into his prose style M. Baudelaire imported nothing of metaphor, nothing of rhetoric, nothing of extraneous decoration; its charm lies in its freedom from superfluities, its unerring precision and adequacy in the expression of ideas however intricate. It has the keen edge and penetration of polished steel, and turns these qualities to equal account in laying bare the beauties of a work of art or the fallacies of an argument."

What first strikes him is an agreement with Baudelaire's attack upon "la fameuse doctrine de l'indissolubilité du Beau, du Vrai et du Bien," "the specious and shallow æsthetic which the French spiritualists of our century patched together for themselves from Plato and Descartes." After citing various passages of Baudelaire in support of this difference of function he exclaims: "That is the plain, and what ought to be the trite truth of the matter. Had we space, it would be interesting to cite on this occasion certain passages from Shelley in his Defence of Poetry—nay, even from Wordsworth in his Prefaces—to show that when poets who are true artists look into themselves, however opposite their styles, they find that the manner of their work is in truth such as is here set forth." A careful examination and discussion of these and other passages of Baudelaire's criticism might certainly have clarified much of the contemporary English controversy and softened some of the judgments passed on his and other poets' work.

The writer next proceeds to recommend Baudelaire's account of Romanticism and its representatives. "M. Baudelaire lived all his life at the centre of Romanticism, and these volumes will form for the English reader a safe as well as a fascinating guide to the knowledge of that great movement which had for its leaders in poetry Hugo and in art Delacroix. Two whole groups of

Frenchmen of genius, in England for the most part ignored, are here discussed in a manner both clear-sighted and sympathetic."

In conclusion, the writer utters a warning justified by the desultory character of Baudelaire's critical articles, and indicates certain contradictions in his judgments. "It is fair to add that the reader seeking in these volumes for a coherent body of critical doctrines will find the object of his search elude him to the end. M. Baudelaire, with all his logical subtlety, is in truth not always at one with himself either in precept or practice. During the whole of his literary career, he made it his task constantly, though not always consistently, to rebuke the excesses of the school which he loved. It is strange to find the writer of the sentences quoted above scornfully reproving the vagaries of the "School of Art for Art" and the "Pagan School."[1] It is strange to find the author of the *Fleurs du Mal* condemning Petrus Borel[2] for impurities. It is strange to find the passionate admirer of Gautier's *Mademoiselle de Maupin* outraged at the licence of Michelet's *De l'Amour*."[3] But what the writer, out of imperfect regard for dates and inadequate knowledge of the life of Baudelaire, failed to observe, is that inconsistency of reasoning may be indicative of consistency of character. The first of these "contradictions" is explained by a shortlived republican fervour, the second by the chastening of the years, and the third by a rooted distaste for humanitarian sentimentalities. And, in any case, Baudelaire recked little of contradiction. Was it not he who declared that, in a world which is a vast system of contradictions, "un goût supérieur nous apprend à ne pas craindre de nous contredire un peu nous-mêmes"?

G. T. CLAPTON.

SHEFFIELD.

---

[1] *L'École Païenne* in *L'Art Romantique.*
[2] Article in *Réflexions sur mes Contemporains, L'Art Romantique.*
[3] *L'Art Romantique*, éd. Lévy, p. 170.

# BRODER, GUAZ!

. . . . . . . . . .
La gent d'Alemaigna
non voillaz amar,
ni ja sa compaigna
no·us plaza usar,
car cor m'en fai' laigna,
ab lor sargotar.
      Lombart, be·us gardaz.

Granoglas resembla
en dir: *broder, guaz*;
lairan quant s'asembla,
cum cans enrabjaz . . . .[1]

LE parole, che Peire de la Cavarana, o Caravana, attribuisce, al v. 33 del suo tanto noto sirventese, agli Alemanni, suonano nel modo testè riprodotto qui sopra, secondo il canzoniere D[a], mentre IK trasmisero una metatetica deformazione: *border*. Neppur l'ombra d'un dubbio: D[a] (f. 206[a]) legge *broder*; ciò ch'è ormai risaputo da un pezzo. Discordano, e come!, le interpretazioni. Da ultimo Ezio Levi ha fatto una proposta nuova di zecca rispetto a *guaz*.[2] Egli non tiene il debito conto dell'esatta lezione D, IK, che darebbero, nella sua non definitiva e coerente informazione, *brodet guaz* il primo, com'aveva creduto già il Canello;[3] *brodder guaz* gli altri due. Ma più gli preme *guaz*, dove gli spunta un fiore del gergo militare tedesco nel dugento e nei secoli seguenti; confermato da testi lombardi sincroni. Eccolo nel *Libro* d'Uguccione da Lodi, che di Cristo rammenta che

no volse metre *guazo*,
mai si medesmo per ostazo
per noi condur a guarison
de crudelissema preson.

[1] V. il mio *Man. Prov.*[3], 32, vv. 25-35 (p. 237).

[2] *Studi Medievali*, N.S., II, 2, pp. 425-429.

[3] *Peire de la Cavarana e il suo sirventese*, nel *Giornale di Fil. Romanza*, No. 7 (III), 1880, p. 7. Per il Canello, si sa, *brod et guaz* direbbero "pane e acqua." Ci sarebbe più spirito, in doppio senso, nel composto *baragouin*, "lingua ininintelligibile" ecc., se veramente avesse origine bassobrettone e risultasse dall'aggiustarsi di *bara* "pane" e *gwin* "vino." Cfr. Gamillscheg, *Etym. W. d. fr. Spr.*, s.v.; Meyer-Lübke, *REW.*[3], 1039.

È *gaggio*, vecchio termine militare italiano, vivo gran tempo, fino al secolo XVI, e grattacapo per chi assoldava gli avventurieri ingordi, i lanzi famelici.  Possibile *broder* quale piace a' più, innegabilmente alemanno, che parrebbe al Levi invocazione veramente fraterna per avere adito bonario a sollecitare più lauto il *guazo*.  Tuttavia egli preferisce *brot*: così la frase varrebbe quanto "pane e danaro."

La quale spiegazione sembrò al Bertoni meritare una *réprimande*. Egli pensa che con le due parole *broder guaz*, tedesche l'una e l'altra, non si miri che a un intento onomatopeico, per alla meglio rifare il verso della rane, cui viene burlescamente ravvicinato il vociare alemanno.  La gente alemanna

> granoglas resembla
> en dir: *broder, guaz.*

E pur senza scartare affatto altra ipotesi, quella dello Schultz-Gora,[1] si rifaceva il Bertoni stesso, con maggior persuasione, a *guaz = waz*, *was*, equazione de me pure accolta; mentre *guazo* d'Uguccione e consimili forme, sono d'immediata origine francese, non più dunque germaniche.  O che era Peire un etimologo e sapeva, lontano precursore dei nostri studi, che in fine il termine francese corrispondente risaliva pur esso a genesi germanica?[2]

Codesta *réprimande* non disarmava punto il Levi, che imperterrito replicava,[3] senz'addurre tuttavia nuovi argomenti di valor decisivo, indugiando piuttosto nel trastullo di più o meno opportuni dileggi.  La frase resterebbe *brot e guaz*, col senso di "pane e paga."  E poco fa al Levi la nazionalità delle parole in paragone al modo del pronunciarle: *brot* tedesco e *guaz* presso che lombardo s'eguaglierebbero nella qualità di quella tal proferenza, che richiamerebbe il gracidare delle rane.  Anche il Novati non credette necessario qui far parlare nel loro tedesco i Tedeschi, congetturando un suo "brodo e guazzo"; manicaretto, quest'ultimo, brodoso, e anche, se meglio piace, salsa da acconciarvi la vivanda: con che sarebbe punta un'altra volta l'*obscoenitas in conviviis*, solitamente rinfacciata ai Tedeschi.[4]  D'origine tedesca pure "brodo,"[5] ma però di ben lontana assimilazione romanza, da riuscire già nel medioevo parola affatto nostra.  Sennonchè "pane" e "brodo"

[1] *Archiv f. d. St. d. neuer. Spr. u. Lit.*, CXLII, 136.
[2] *Studi Medievali*, N.S., III, 1, p. 142.
[3] *Studi Medievali*, III, 2, pp. 321, 322.
[4] *L'influsso del pensiero lat. sopra la civiltà ital.*[2], Milano, 1899, p. 231.
[5] Meyer-Lübke, *REW.*[3], 1321.

rappresentano una specialità modesta della cucinatura filologica del Canello, del Novati, del Levi, perchè il testo vuole proprio *broder*. Lungi da noi l'antico vezzo di modificare la tradizione manoscritta secondo i voli della fantasia! Dunque *broder*, "fratello";[1] intorno alla quale lezione siamo, credo, necessariamente d'accordo tutti, eccezion fatta del Levi. Così "pane" e "brodo" possono tornare tranquillamente in cucina: dove ritrova il suo posto anche il *käse* dell'Andresen, il quale, rimasto ancora alla lezione arbitraria *brot*, vedeva nella voce successiva il riflesso di *käse*, memore della frase abituale *brod und käs, käs und brod*, "pane e formaggio," "formaggio e pane," attestata abbondantemente nel vocabolario dei Grimm.[2] Poichè, se circa *broder* s'è formata una concordia degna di questa parola, ossia fraterna, non s'è spenta la discordia riguardo alla seconda, la quale equivaleva per il Roethe a *guot*, con che l'intera frase direbbe "fratel buono";[3] per lo Schultz-Gora al personale *Wazo, Gazo, Guazzo*, onde "fratel Guazzo"; per il Bertoni, già s'accennava, a *wasz*, con l'interpretazione, in tono interrogativo, "fratello, che cosa?";[4] mentre ora propende il Bertoni stesso verso la spiegazione mia, che svincola l'un termine dall'altro, e li considera insieme intesi, fuor da ogni continuità logica e sintattica, a imitare tanto quanto i suoni tedeschi, sgarbati e fastidiosi all'orecchio romanzo, tali da suscitar l'impressione del gracidare dei ranocchi.[5]

Il trovatore vuole pigliarsi giuoco dei Tedeschi, rifarne il verso, e, s'intende, il verso non in qualsiasi lingua, che si sforzino per avventura di parlare, ma nella lor propria, nella quale tanto meglio riescono manifeste e urtanti quelle tali caratteristiche foniche. E scelse egli due voci, tra le più frequenti e usuali, che più gli parvero produrre sgradevoli suoni ranocchieschi. Così gli antichi sentivano codesta musica ranocchiesca sì come uggiosa alla lor volta, e la rendevano con κόαξ, con *coaxare*, il qual verbo si riproduceva e continuava in *coasser* dei Francesi: e qui ancora torna a mente *kwaken* dell'olandese, insieme con *quacken, quaken* del tedesco, *to quack* dell'inglese, riecheggianti in coro le gracidanti

---

[1] V. già Roethe presso Nickel, *Sirventes u. Spruchdichtung*, Berlin, 1907, p. 22, n. 4; Schultz-Gora, nel *Literaturblatt*, XXIX, 323; nell'*Archiv* cit. p. 135; Bertoni, *L'elem. germ. nella lingua it.*, Genova, 1914, pp. 97, n. 1; 247; *I Trov. ital.*, Modena, 1915, pp. 207, 209, 491.

[2] F. Wittenberg, *Die Hohenstaufen im Munde der Troub.*, Münster i. W., 1908, p. 50, n. 4.

[3] Nickel, *l. c.*          [4] *L'elem. germ.* ecc., *ll. cc.*

[5] V. mio *Man. Provenz.*[3], p. 402, s.v. *guaz*; *Studi Mediev.*, III, 1, p. 142.

orchestre dei fossati. Ebbene, egli pure, il trovatore, colse istintiva-
mente un simile riecheggiamento onomatopeico in una voce
tedesca, abituale, *guaz* (*waz*, modernamente *was*), la quale con la
gutturalità di *g-*, seguita da quello sguaiato dittongo -*ua*- (non
importano qui le ragioni scientifiche di tal condizione fonetica),
anche a lui ridava alla peggio la nota dominante nel frastuono dei
batraci. E *broder* (forse meglio *bruoder*) gli parve contenere
press'a poco il degno spunto, che vi preludesse.

E potrebbe foneticamente *guaz* risalire all'etimo escogitato
dal Levi? Egli citava il passo d'Uguccione da Lodi, che ho
recato più sopra, seguitando il procedimento da lui tracciato. Ma
il testo del Tobler legge *guaçe*,[1] non *guazo*, come leggeva il Levi,
perfezionando a suo modo la rima con *ostazo*.[2] Ora, *guaçe* non è
nè fortuito nè arbitrario, perchè riflette, con fedeltà fonetica e
desinenziale, *gage* francese, *gatge*, *guatge* provenzale. Così il
troncamento *guaz*, collega Levi, sarebbe fantastico! Nelle rime
dei trovatori, -*atz*, -*az*, mi si conceda questo ricordo elementare, non
possono trarre origine da -*adjo*- (*\*wadjo*-), che mette capo a -*atge*.[3]

E non ci lasciamo sedurre per caso dall'esempio solitario di
*guaz \*wadjo* (1. sg. pres. ind. di *guager \*wadjan*) del *Roland*
Oxfordiano, v. 515; chè troppo ci allontana dal dominio provenzale
e dall'uso trobadorico. D'altra parte *waz* della proposta, che ho
fatta pur mia, risoltosi in *guaz*, secondo la pronuncia percepita
e trascritta dal nostro trovatore, chiaramente finiva col non di-
scordare affatto da -*az* d'*enrabjaz* e *loingnaz* rimanti nella cobbola
stessa (vv. 35, 37). Nè sembra a me, come al Bertoni, che occorra
qui giustificare il poeta per esotica inesattezza di rima.[4]

Il Novati pretese che i Tedeschi parlassero, tra noi, lombardo: il
Levi fu più conciliativo, immaginando una specie di contaminazione
tedesca e lombarda, un'alleanza linguistica inaspettata; ma le milizie
seguaci d'Arrigo VI imperatore perchè mai avrebbero fatto la
concessione di mescolare il linguaggio loro e quello dei Lombardi
spregiati? Eustache Deschamps visse nel secolo XIV: rimane
tuttavia possibile che ciò ch'egli rimprovera ai Tedeschi, d'ostinarsi
a parlare nella lingua lor propria anche nel caso che sapessero il
romanzo, s'effettuasse pur nei tempi precedenti. "Io sono," dice

---

[1] *Das Buch des Uguçon da Laodho*, Berlin, 1884 (estr. dalle *Abhandl.* dell'
Accademia prussiana), p. 79, vv. 927-930.
[2] Per le rime presso Uguccione, cfr. Tobler, *op. cit.*, p. 38.
[3] Erdmansdörffer, *Reimw. der Trob.*, Berlin, 1897, pp. 111-112. V. p. 119, da
*vadium* pure *gazi* (*Breviari* di M. Ermengau, 14306).
[4] *Elem. germ.*, p. 247, n. 1.

egli, Eustache Deschamps, "ridotto all'estremo tal quale un cervo, e non intendo cosa che mi si dica in alemanno, tranne che in mezzo a clerici il latino. Or non trovo sempre clerici. . . ." E prosegue affermando che pur qualora conoscano romanzo, se ci sia in mezzo ad essi un francese, loro ospite magari da vent'anni, non c'è caso che parlino altro che tedesco.

È questo anzi il ritornello della ballata, da cui piglio un tale spunto:

> ja n'y parleront que thioys;

rifrangentesi in fondo a ognuna delle tre strofe, onde la *balade* si compone, come in fondo, si capisce, all'*envoy*. La ballata vivacemente rappresenta la soldatesca ruvidità del costume alemanno: l'urlare, il crapulare, il cavalcare per montagne e burroni, attraverso geli e nevi, senza riposo (ma codesto non attesterebbe energia degna d'ammirazione?), il giacere sopre la paglia, tra drappi grossolani, male odoranti, magari in venti, il mangiare dieci nello stesso piatto, immergendovi le mani. . . .[1] Ma ciò che più doleva al poeta era che non parlassero costoro se non il loro tedesco:

> mai ce dont je suy plus dolens,
> ja n'y parleront que thioys.[2]

È vero che tale osservazione Eustache ebbe a fare durante un suo viaggio fra Tedeschi;[3] ma testimonianze non mancano intorno a tale orgoglio, ad essi addebitato, del non usare che la propria favella pure in paesi romanzi. E se mai accade che un alemanno si manifesti del pari destro in parlare *ties* e *romanz*, tal fatto si novera tra i suoi vanti, come in quel passo del *Girart de Rossillon*, in cui l'eroe riconosce sotto le spoglie di pellegrino un suo vassallo, un conte alemanno, Guintrant, il quale era

> bons parlers en ties e en romanz
> e adroiz chevalers e combatanz . . . .[4]

---

[1] Cfr. Crescini, *Giunte allo scritto sopra un frammento del "Guiron le Courtois,"* Venezia, 1915 (estr. dagli *Atti del R. Ist. Veneto*, LXXIV, II), p. 39, ove si reca dalla *Entrée d'Espagne*, vv. 13972-79, l'accenno alla gentilezza romanza nel costume del mangiar ciascuno in un vase, mentre altrove, fra Tedeschi, si serbava la consuetudine del mangiare anche sei e sette insieme nello stesso recipiente.

[2] *Œuvres complètes de E. Deschamps* (*Soc. des anc. Textes fr.*), VII, 61-62.

[3] G. Raynaud, *Vie de Deschamps*, nel vol. XI delle cit. *Oeuvres*, pp. 80-82; E. Hœpffner, *Eustache Deschamps, Leben und Werke*, Strassburg, 1904, pp. 33, 38 sgg., ecc.; K. L. Zimmermann, *Die Beurteilung der Deutschen in der französischen Literatur des Mittelalters*, Münster i. W., 1910, p. 59, n. 4.

[4] Ms. d'Oxford Can. 63, f. 170ᵛ, lassa 665, vv. 9845-46 (ed. Foerster, *Roman. St.*, V, 190); ms. della Naz. parigina, f. fr. 2180, f. 113, vv. 8795-96 (ed. Hofmann, presso Mahn, *Werke d. Tr., Ep. Abth.*, p. 188); P. Meyer, *Gir. de Ross.*, Paris, 1884, p. 313.

S'era codesta duplice abilità un disinvolto merito, vuol dire che riusciva qualche cosa di non comune.[1]

Reciprocamente non comune di certo fu l'uso delle lingue germaniche da parte degli assoggettati romani.   Valga un esempio. Cassiodorio, che, nel 526, a nome di re Atalarico, aveva già solennemente affermato, scrivendo al popolo romano, aver Goti e Romani, presso il sovrano, pari diritto, nè altra differenza intercedere fra i due popoli, se non questa, che i Goti sopportavano le belliche fatiche a vantaggio di tutti, mentre i Romani moltiplicavansi nel tranquillo soggiorno della città[2] (ciò che, del resto, prolungava la condizione stessa degli ultimi tempi dell'impero, allorchè barbariche erano quasi interamente le milizie); Cassiodorio, circa un anno dopo, nel nome del re stesso, scriveva altre celebri parole, dalle quali fu argomentato, che si fosse diffusa tra i Romani la gotica lingua.   Ma bisogna leggere l'intero testo (eccellente metodo, che suol essere poco seguito); ed allora ci si persuade, che il valore di quelle tali parole fu esagerato.   Esse infatti non si riferiscono a tutti, in genere, i giovani romani; ma solamente ai figliuoli di Cipriano, che il re nominava patrizio così per i meriti suoi, come per quelli della esemplare sua prole, la quale manifestava l'intendimento di servire il re nel fatto stesso dell'essersi resa capace di parlarne il linguaggio.   L'adesione al dominio gotico, in codesta forma del farsi gotici anche idiomaticamente, si palesava nella famiglia d'un eminente romano; non in tutte le famiglie, in tutto il popolo.[3] Anzi tale testimonianza riconferma che il re gotico, signoreggiante l'Italia, rimaneva tra noi, nonostante tutto, col sentimento d'uno straniero, fedele alla nativa sua lingua, felice che qualcuno almeno tra i soggetti romani gli s'appressasse più intimamente, approprian-

---

[1] Ripenso ora anche a Savarí dell' *Aymeri de Narbonne*, il quale, capo di tedeschi, sa tuttavia parlare romanzo:

> Mès Savaris, qui ot la barbe lée,
> parla romanz, que la terre ot usée. . .

E siamo in terra di Lombardia.   V. *Aym. de Narbonne*, ed. De Maison (*Soc. des anc. Textes fr.*), II, 1634-35 (p. 70).

[2] *Mon. Germ. Hist., Auctor. Antiquissimor.*, XII, *Cassiod. Senatoris Variae*, 3, p. 234.

[3] *Ivi*, 21, pp. 252-253.   Queste le parole: *Pueri stirpis romanae nostra lingua loquuntur, eximie indicantes exhibere se nobis futuram fidem, quorum iam videntur affectasse sermonem*.   E s'ha a intendere, chi osservi tutto il contesto, non, genericamente, "i fanciulli di stirpe romana ecc.," ma così: "fanciulli di stirpe romana," "pur essendo fanciulli di stirpe rom. [i figliuoli tuoi. . . ]."   V. nella lett. seg. 22, pp. 254-5, come ancora s'accenni al poliglottismo dei figli di Cipriano: . . . *variis linguis loquuntur egregie* . . . .

dosene il prediletto eloquio. Avverrà l'assorbimento degl'invasori entro le masse romane, per l'orbe imperiale, nell'occidente; ma prima, resistenza anche linguistica, da parte germanica, ci fu, e di quale efficacia: come appare dagli elementi germanici in vario grado penetrati, senza tuttavia snaturarne l'organismo essenziale, nelle favelle romane. Quale strazio per la delicatezza dell'orecchio romano la prossima acerbità delle barbare voci! Ripenso al famoso epigramma dell'antologia latina, *de conviviis barbaris*; dove il poeta avverte malinconicamente, che oramai, fra i Goti brindiseggianti in gozzoviglia, manca l'animo di metter fuori buoni versi. Ecco alla dolcezza della parola nostra mescolarsi così un saggio dell'esotico accento:

> Inter *hails* goticum, *skapei jah matjan jah drigkan,*
> non audet quisquam dignos educere versus. . . .[1]

Tale il valore delle voci gotiche: "Salve! . . . Fa'che si mangi e beva."[2] Or bene, questo passo, che inserisce l'urtante esotismo della parola germanica nel contesto latino, ponendo a contrasto le due genti e le due lingue, mi riconduce d'un balzo al sirventese di Peire de la Cavarana e al luogo, che dà pur esso, con irrisione stizzosa, un esempio dell'ostico idioma straniero. Dal secolo VI, o addirittura dal V, se altrimenti si voglia, allo scorcio del XII non sono gran che mutate condizioni e relazioni: rimangono Romani e Germani di fronte, talvolta con antipatia reciproca, la quale si sfoga, tra l'altro, nel sarcasmo, onde sono oggetto le rispettive loquele. E non si deve in alcun modo sceverare il luogo di Peire dall'insieme delle congeneri testimonianze; ciò che sommamente giova a meglio comprenderlo e interpretarlo.

Non è a dire che, per esempio, i trovatori perdano sempre il lume della ragione al solo pensiero dei Tedeschi e per costoro non abbiano se non collerici scatti e parole gonfie d'odio e di disprezzo.

---

[1] *Anth. lat.*, rec. Riese, I, 285, p. 187, Lipsiae, 1869; Massmann, nella *Zeitschr. für deutsches Alterthum*, I, 379-84; Wrede, *Ueber die Sprache der Ostgoten in Italien*, Strassburg, 1891, pp. 140-1.

[2] Si assegnò l'epigramma al sec. VI, e si credette composto in Italia, al tempo del dominio ostrogotico; ma l'esame dei suoi gotici elementi indurrebbe a farlo risalire più in su, all'età d'Alarico, ai primi anni del sec. V. Cfr. Wrede, *l.c.* Il W. trova che il gotico dell'epigramma, corretto e ricostituito, ha aspetto arcaico. E non potrebbe trattarsi di formole tradizionali, appunto arcaiche? *Hails*, che l'ostrogoto del sec. VI avrebbe avuto nella riduzione *el*, potrebbe essere stato da età più antica trasmesso nella integrità rituale, come *salve* presso noi: ed è *hails*, che fa soprattutto dubitare il W. *Eils* della lez. ms. quasi parrebbe star di mezzo tra *hails* e *el*, come una forma del gotico arcaico un po' intaccata dall'influenza moderna dell'ostrogoto.

L'umore e il canto pur in essi variano secondo i momenti storici, le impressioni, le passioni, le fazioni. Possono ravvivarsi alla memoria luoghi, ove l'accenno ai Tedeschi riesce obbiettivo e neutrale o magari favorevole; e basti ricordare, tra altro, le simpatie entusiastiche talora, verso Federico II, raggiunto peró anche da qualche esplosione d'odio, pur trobadorico.[1] I trovatori non sogliono esprimere un sentimento politico monotono e convenzionale: la loro poesia s'illumina di pensieri cavallereschi e cristiani, massime nei canti di crociata, che la innalzano a ispirazioni trascendenti l'angustia dei limiti locali e la rendono eco sonora e suggestiva dell'universalità europea. E allora i Tedeschi hanno la parte, che loro spetta, insieme con gli altri popoli, in vedute e menzioni superiori ai contrasti e alle antipatie nazionali.[2] E quanto al linguaggio stesso, non sempre è fatto argomento d'esplicito scherno, specialmente se facciamo capo a testi francesi, che introducano per avventura caratteristiche esclamazioni tedesche (*Gode helpe, Gode herre*).[3] Ma sono cose troppo note: a toni così fatti di benignità o almeno di tolleranza verso i Tedeschi e la loro favella altri accenti si contrappongono irosi e sarcastici. Francia e Italia qui van d'accordo, con fraternità latina.[4] Alla quale neppur la Provenza vien meno. C'è intanto la incomprensione del linguaggio. Sono stati ormai citati più e più volte due luoghi trobadorici significativi, di Ponz de Capduoill e di Pistoleta. Il primo resta siffattamente confuso e smarrito al comparirgli della persona gioiosa dell'amata che se altri gli parli in quel momento

---

[1] Vedi l'elenco delle poesie provenzali riguardanti Federico II presso Schultz-Gora, *Ein Sirventes von Guilhem Figueira gegen Friedrich II*, Halle a. S., 1902, pp. 33 sgg. Vedi ancora Torraca, *Fed. II e la poesia provenz.*, nel vol. *Studi sulla lirica ital. del Duecento*, Bologna, 1902, pp. 235 sgg.; De Bartholomaeis, *Osservazioni sulle Poesie provenzali relative a Fed. II*, Bologna, 1912 (estr. da S.I, T. VI delle *Mem. della R. Accad. delle Scienze dell'Ist. di Bologna*, Scienze Mor., Sez. stor.-filologica).

[2] Si riscontrino le poesie indicate nell'*Onom.astique des Troub.*, secondo la nota compilazione Chabaneau-Anglade, Montpellier, MCMXVI (*Publications spéciales de la Soc. des Langues Romanes*, t. XXVI), s.v. *Alaman*, pp. 8-9. Non rettamente assegnata a G. de Sant Desdier la lirica *Sitot me soi*, ch'è di Folquet de Marselha, XI, ed. Stronski. Nessun cenno in essa circa gli Alemanni.

[3] Cfr. Bertoni, *Elem. Germ.*, p. 247.

[4] Mi permetto di citare, tacendo tant' altro, le mie *Giunte allo scritto sopra un frammento del "Guiron le Courtois,"* p. 32 sgg. Ma un prospetto antitetico del bene e del male che dei Tedeschi fu nel medioevo pensato e detto, v. nella ricca dissertazione di K. L. Zimmermann, *Die Beurteilung der Deutschen in der französischen Literatur des Mittelalters*, già cit., pp. 9 sgg. (*Günstige Urteile*); 47 sgg. (*Ungünstige Beurteilung der Deutschen, ecc.*).

non gli avviene d'intenderlo più che se fosse un alemanno.  Ciò
che gli si dice in quel punto è per lui tedesco.

> Bes non es menhs qu'a bona domna tanha,
> per qu'ieu n'estau marritz e cossiros,
> qu'aissi m'espert, quan vey son cors joyos,
> qu'ieu non enten plus que selhs d'Alamanha,
> qui parl' ab me . . . . . . . . . .[1]

L'altro, Pistoleta, non ha mercè presso la donna: nessun conforto,
ma anzi risposta fiera, quasi le avesse egli ucciso il padre: e allorchè
supplice le si rivolge pregando, gli fa ella tal faccia attonita peggio
che se intendesse parlarle un incomprensibile, un alemanno.

> E quan la prec, elha·m fai un semblan
> que no m'enten pus que un Alaman.[2]

A queste due suol venire aggiunta una terza citazione, ed è dal
contrasto bilingue, in provenzale e in genovese, di Rambaldo di
Vaqueiras, dove la donna snoccia all'interlocutore incalzante
ch'essa, in fondo, non lo sa comprendere.  È inutile: il *proenzalesco*
è per lei pari ai linguaggi più estranei ed oscuri; e qui è messo il
tedesco in un fascio con i parlari di Sardegna e di Barbería:

> Jujar, to proenzalesco,
> s'eu aja gauzo de mi,
> non prezo un genoì;
> no t'entend plui d'un toesco,
> o sardo o barbarì . . . .[3]

E fin qui non siamo ancora propriamente all'odio e al vituperio.
Sennonché le voci romanze più iraconde contro i Tedeschi e la
loro parola prorompono appunto da labbra provenzali.  E ciò
accade in Italia, dove contatto e contrasto con i Tedeschi più facil-
mente si producono, per condizioni e urti che si protraggono
lungamente nel tempo.[4]  In Italia, o nell'occasione d'eventi
italiani, come allorquando il sentimento dei trovatori fu suscitato,
ostile o benigno, dall'impresa del conte di Provenza, Carlo d'Angiò,

---

[1] M. v. Napolski, *Leben u. Werke des Tr. Ponz de Capduoill*, Halle, 1880, p. 79
(XX, 17-21).

[2] E. Niestroy, *Der Trob. Pistoleta*, Halle a. S., 1913, p. 30 (II, 11-16).  L'intero
lavoro nel *Beiheft* 52 della *Zeitschr. f. roman. Philologie*.

[3] V. il mio *Man. Prov.*,[3] p. 248-49 (35, 71-75).

[4] Scorro B. Ziliotto, *La cultura lett. di Trieste e dell'Istria*, P.I.: "dall'antichità
all'umanesimo"; Trieste, MCMXIII; e m'imbatto, a p. 111, nel fatto che Fabrizio
da Acquapendente, il quale fu tra i maggiori lustri delle scuole padovane, facendo
lezione un bel giorno, che potrebbe essere giudicato piuttosto un giorno brutto, sopra i
muscoli della lingua, si prese gioco degli scolari germanici e della loro favella, onde ire,
tumulto e minacce degli scolari stessi, inconsultamente berteggiati.

contro Manfredi di Svevia. Per esempio, Paoletto di Marsiglia, pur dove manifesta simpatie ghibelline e sveve, si scaglia contro gli Alemanni, che avrebber mancato a Enrico di Castiglia, là a Tagliacozzo, allorché questo principe, mutatosi dalle parti di Carlo a quelle di Corradino, combatté per la causa disgraziata di quest'ultimo:

> Alaman flac, volpilh, de frevol malha,
> ja lo vers Dieus no·us aiut ni vos valha,
> quar a n' Enric falhitz a la batalha. . . .[1]

Sta bene: ma qui non c'era motivo che balenasse alcun accenno al linguaggio. Risaliamo allo scorcio del secolo precedente e a Peire Vidal:

> Alaman, trop vos dic
> vilan, felon, enic,
> qu'anc de vos no·s jauzic
> qui·us amet ni·us servic. . . .[2]

Le voci e le insolenze si ripercuotono e si continuano da un secolo all'altro. Press'a poco sempre la stessa musica. Nella quale non s'avverte ancora la nota più stridula e più comica e offensiva: quella che vorrebbe rappresentare, con eccesso caricaturale, il linguaggio degl'invisi oltremontani. Ma ecco subito il sirventese di Peire Vidal, che più caratteristicamente s'appressa, per la contenenza e per la data, a quello di Peire de la Cavarana:

> Alamans trob deschauzitz e vilans;
> e quand negus si feing esser cortes,
> ira mortals cozens et enois es:
> e lor parlars sembla lairar de cans;
> per qu'ieu non vuoill esser seigner de Frisa,
> c'auzis tot jorn lo glat dels enois:
> anz vuoill estar entre·ls Lombartz joios. . . .[3]

Il sirventese è vivacissimo, come non di rado avviene della lirica di Peire Vidal. La contrapposizione degli Alemmani rudi e sgarbati e dei Lombardi gioiosi è piena di rilievo e di colore. *Joios* è un qualificativo di significato pregnante, come *joy*, da

---

[1] E. Levy, *Le troub. Paulet de Marseille*, Paris, 1882 (extr. de la *Revue des Langues romanes*, juin 1882), p. 22 (VII, 19-21).

[2] Anglade, *Les poésies de P. Vidal*², Paris, 1923 (*Les Class. fr. du moyen âge*, 11*), p. 122 (XXXVIII, 77-80). Per la data di questa lirica v. Diez, *Leben u. Werke der Tr*², p. 143; Bartsch, *P. Vidal's Lieder*, Berlin, 1857, p. LIV; S. Schopf, *Beiträge zur Biogr. u. Chron. der Lieder des Tr. P. Vidal*, Breslau, 1887, p. 33. Vi si rimpiange manifestamente re Alfonso II d'Aragona, morto nel 1196.

[3] V. il mio *Man. Prov.*³, p. 233 (30, 9-15); Anglade, *Les poésies de P. V.*², p. 116 (XXXVII, 9-15).

cui deriva, e adombra tutto l'insieme dei temperamenti singoli e della temperie sociale, fronti spianate, facce allegre, anime serene, accoglimenti benevoli, costumi cortesi, aspetti e sensi di civiltà. Sorriso e luce. Quanto buio, all'incontro, dall'altra parte: torbide fronti, superbi atti, aspri modi. . . . Quale tristezza e quale cruccio! Contrasto fra civiltà e barbarie. E di tra quei barbari, quei soldatacci, escono voci, che non sanno d'umanità: non parlano coloro come gli esseri consimili; urlano, abbaiano come cani. L'uomo s'imbestia nei suoni del loro linguaggio. Poi si giudica dai saputi che i trovatori non hanno stile! Ma di quel linguaggio Peire Vidal non dà anche il pratico esempio: Peire de la Cavarana, sì: *broder, guaz.* Parole, che sono germaniche, autentiche, e vive e consuete. E torna in lui il paragone con i cani:

> lairan, quant s'asembla,
> cum cans enrabjaz.

Non è la prima volta questa di Peire Vidal e di Peire de la Cavarana che si ricorra a confronti animaleschi per trarne un'imagine che renda tanto quanto l'impressione disgustosa fatta dai suoni barbarici nella squisita sensibilità romana. Rammentiamo così Giuliano, salvatore della Gallia e vincitore dei Germani, fra il 356 e il 361, allorchè vigilava e combatteva sul contrastato Reno e sentiva di là dal fiume fatale i selvaggi canti dei barbari, poco dissimili dal gracchiare dei corvi.[1]

Nel fatto nostro la cosa un pochino si complica: i corvi e i cani, il gracchiare e l'abbaiare, stan bene: Giuliano e Peire Vidal rappresentano nelle due imagini la rispettiva impressione;[2] ma l'altro Peire addoppia la similitudine:

> granoglas resembla
> en dir: *broder, guaz;*
> lairan quant s'asembla,
> cum cans enrabjaz. . . .

Quale relazione fra le due similitudini? I tre codici, DIK, danno concordi la lezione *grant nogles.* Il Canello ne fece, un po' strambamente, *cans engles;* e così ridusse ad una le due imagini, perchè

---

[1] Ἰουλιάνου αὐτοκράτορος Ἀντιοχικὸς ἢ Μισοπώγων, recens. F. C. Hertlein, II, 433-434, Lipsiae MDCCCLXXVI.

[2] P. Vidal usa *lairar* e *glat:* v. della cobbola riportata poco sopra, vv. 4, 6. Circa l'equivalenza semasiologica cfr. le rime aggiunte al *Donat proensal,* ed. Stengel, 44, 36 (*glatz .i. uox canis uenantis*). Così *glatir .i. in uenatione latrare* (*ivi*, 37, 27; 90, 30). V. pure Zingarelli, *P. Vidal e le cose d'Italia,* negli *Studi Mediev.,* 1928, I, 2, p. 338, n. 2.

a scoprire un "cane" nella lezione tramandata dai manoscritti lo guidò il "cane" arrabbiato del v. 35;[1] ma il Levy più tardi, col solito acume chiaroveggente, dedusse primo, con minore sforzo e maggiore verisimiglianza, da *grantnogles* la lezione *granoglas*.[2] Altro che "cane inglese": si tratta di "rane." L'imagine così si sdoppia, e può parere che cresca la difficoltà del contesto. Come le combiniamo le "rane" e il "cane rabbioso"?[3] Eppure la ricostruzione intraveduta prima dal Levy riesce convincente. E come mai da *granoillas, granolhas*, per influenza grafica italiana *granoglas* (-*ill*-, -*lh*-=-*gl*-), si sia giunti al guasto rappresentato dalla lezione *grant nogles* della triade manoscritta DIK, d'origine italiana, fu già spiegato sufficentemente. Un menante italiano, non ben sicuro e destro nel provenzale, frantese il valore della prima sillaba, intravedendo in *gran*- l'aggetivo *gran, grant, grande*-. Forse il procedimento fu questo, in successive copie: *gra nogles*, con errata separazione, onde, mal compiendo *gra*, incompreso, *gran nogles*, *grant nogles*. Incomprensione resa manifesta pur dall'anomalia desinenziale: -*es* per -*as*.[4]

La *granolha* aveva retoricamente già servito a Peire d'Alvernhe, secondo una variante notevolissima, nella finale caricatura trobadorica, onde il poeta investe e deride se stesso:

Peire d'Alvernhe a tal votz
que canta cum granolh'en potz. . . .[5]

---

[1] *Giorn. di Fil. Romanza*, già cit., III, 7, 9 (n. al v. 32). Nella *Fiorita di lir. provenzali tradotte*, Bologna, MDCCCLXXXI, p. 56, il Canello traduceva, con l'unità predetta dell'imagine:

Sembran buldòch,
che in zuffa latrino,
lorchè borbottano:
wîn, waz, brot, noch. . . .

[2] *Literaturblatt f. germ. u roman. Philologie*, XVI, 1895, c. 230. Cfr. poi Schultz-Gora, nella *Zeitschr. f. roman. Phil.*, 1896, XXI, 128-129; Torraca, *Il serv. di P. de la Cavarana*, estr. dalla *Rassegna crit. della lett. it.*, 1899, IV, p. 6; ma il T. giungeva alla felice scoperta per conto proprio.

[3] Cfr. anche *Romania*, XXVI, 328, ove P. M(eyer), pur accettando *granolhas*, non mancava d'accennare all'incongruenza con la seconda vicina comparazione.

[4] Cfr. Schultz-Gora, nell'articolo or ora citato, dove per -*es* in cambio di -*as* si reca l'es. di *mesjauzire* secondo D, nel 10 v. di

Per fin' Amor m'esjauzira,

nel *vers* attribuito a Cercalmon (Jeanroy, *Les poésies de C.*, Paris, 1922, No. 27 de *les Class. fr. du moyen âge*, pp. 26, 36).

[5] Zenker, *Die Lieder Peires von Auvergne*, Erlangen, 1900, p. 117 (XII, 79-80 e varianti). V. anche mio *Man. Prov.*,[3] p. 185 (12, 79-80, dove non ho esitato a considerare propria del testo originale la variante, v. 80).

Come che sia, in qual modo s'aggiustano e coordinano le due comparazioni di Peire de la Cavarana, che parrebbero troppo vicine e quasi contradittorie? La gente d'Alemagna rassembra rane, all'usar certe sue parole: *broder*, *guaz*, gracidando; con che s'allude al parlar di singoli; ma allorchè s'accumula, s'assembra, si fa moltitudine vociante, urlante, tutti barbaricamente a un tempo, pare che mandi un latrar di cani arrabbiati. Prima è, in qualunque maniera, un dire; poi, nel secondo caso, un latrare, un urlio incomposto, selvaggio, canino. Le rane di dianzi, assembrandosi, ecco si trasformano in cani. È pur sempre una gamma bestiale. Quale relazione è fra queste imagini e il testo della cobbola precedente? I Lombardi non debbono amar gli Alemanni, non debbono accontarsi con loro e averli in compagnia. Perchè? Il poeta lo dice il perchè, seguitando:

> car cor m'en fai laigna,
> ab lor sargotar.

Che è *sargotar*? Vien subito dopo questo verbo sostantivato l'adombramento delle qualità del linguaggio alemanno. *Sargotar* prelude a codestra qualità? Qui c'è dunque il problema del valore di *sargotar*. Il verso tosto precedente:

> car cor m'en fai laigna,

che l'italiano antico persuaderebbe a tradurre senz'alcun mutamento, "chè cuore me ne fa lagna," sembra includere l'accenno a un secreto dialogo fra "cuore," quasi personificato, e il poeta. "Cuore" si lagna, nell'intimo del poeta, per la repugnanza al possibile contatto con gli Alemanni, insopportabili *ab lor sargotar*, il quale offende nell'anima del poeta stesso il sentimento vivo della cortesia, in contrasto con la scortesia di quei *deschauzitz e vilans*, come li qualifica Peire Vidal:

> Alamans trob deschauzitz e vilans;
> e quand negus si feing esser cortes,
> ira mortals cozens et enois es. . . .

*Sargotar* pertanto non si riferisce ancora al linguaggio degli Alemanni; ma piuttosto ha da fare con la lor scortesia, con i loro atti e modi villani. Anche nel luogo corrispondente di Peire Vidal s'indica e rappresenta prima codesta scortesia urtante; poi s'accenna al linguaggio. Disgraziatamente *sargotar* è un ἅπαξ λεγόμενον[1] il cui valore si può dire sospeso fra un senso d'ordine fonico e un senso d'ordine tattile: suoni e mani! Il Raynouard,

---

[1] Levy, *Prov. Suppl.-W.*, VII, 473.

che nel suo *Choix*, IV, 197–198, aveva dato il sirventese,[1] nel *Lexique*, V, 155, riproduceva l'unico luogo di Peire de la Cavarana, e spiegava: *jargonner*. Il Rochegude, nell'*Essai d'un Glossaire Occitanien*, senza citazione del luogo stesso, spiegava duplicemente: *secouer*, *sangloter*. Vengono poi i lessicologi del provenzale moderno. Ecco l'Honnorat, *Dictionnaire provençal-français*, II, con questa glossa: *Sargotar . . . Secouer, sangloter, jargonner*: a che s'aggiunge: *vieux langage antérieur au XVIᵉ siècle*. Dove io mi permetto di vedere una contaminazione delle due interpretazioni del Rochegude (1819) e del Raynouard (1843). L'opera dell'Honnorat è del 1847. Il Raynouard interpretò soggettivamente, collegando *sargotar* alle successive indicazioni sopra il linguaggio degli Alemanni: il suo *jargonner*, "parlare in gergo, incomprensibilmente," non ha certo altra origine. Sennonchè in *broder*, *guaz* non s'occulta un gergo incomprensibile, se il trovatore coglie codeste due parole di su le labbra alemanne, con intendimento soprattutto onomatopeico, ma tuttavia mostrando di saperle rilevare e, tanto quanto, riconoscere, con quell'approssimativo poliglottismo, che ci avviene d'incontrare presso qualche altro trovatore, come, per esempio, Rambaldo di Vaqueiras. Quanto al Rochegude, altra cosa. Il suo *secouer* mette capo, lo vedremo, al provenzale moderno. E *sangloter*? Qual relazione intercederebbe fra *secouer* e *sangloter*? Si tratterebbe del trasferimento dall'idea d'una scossa per atto esterno a quella d'un interno scotimento per effetto di singulto, di spasimo? Nello spasimo sfuggono suoni convulsi, interrotti; e allora si tornerebbe press'a poco a un tal quale adombramento di voci mal comprensibili: ciò che ci parve di poter escludere poco fa. Lasciando altri lessicografi meridionali, come il Boucoiran, *Dictionnaire des idiomes méridionaux*, che pone insieme *sargoulhá* e *sargoutá*, con significazione varia, che da *secouer* va novamente a *jargonner*, *marmotter*, dove oso sospettar l'influenza del Raynouard e dell'Honnorat, per passare invece alla maggiore autorità del Mistral, vediamo ch'egli abbandona questa vieta tradizione per attribuire al nostro verbo solamente significazioni attinenti al concetto fondamentale incluso in *secouer*, come *cahoter*, *tirailler*, *houspiller* ecc., in modo che di suoni, quali che fossero, non si tratti più; bensì, all'incontro, di atti brutali, propri di quella villania, cui nel sirventese di Peire Vidal si collega un moto di

---

[1] Anche presso Mahn, *Werke der Troub.*, III, 271-273. Dal Raynouard, *Choix* cit. sopra, traeva il testo, fra noi, pure il Bartoli, *I primi due secoli della lett. ital.*, Milano, 1880, pp. 74-75; *Storia della lett. ital.*, Firenze, 1879, II, 355-357.

cruccio e di pena, che il poeta esprime efficacemente (vv. 9–11), come nel sirventese di Peire de la Cavarana il lagno secreto del cuore, doglioso della brancicante, squassante, manesca inciviltà, ond'erasi fatta odiosa *la gentz d'Alemaigna*. Ora, allorchè non soccorre la documentazione antica, è lecito far conto della testimonianza dialettale moderna, che può avere fonti remote. Nel caso nostro la critica del testo conferma e compie la testimonianza dialettale e questa, alla sua volta, conforta e quasi accerta quella. Così, nell'ultima edizione del mio manuale occitanico, sono uscito dalla perplessità, che, quanto a *sargotar*, aveva investito me pure con altri tanto meglio autorevoli, e mi sono risolto per l'interpretazione, che fin qui sono venuto, *pro viribus*, sorreggendo e giustificando: *sargotar*. . . . "scotere, squassare, usar modi violenti e maneschi."[1]

. . . . . .

L'occasione invoglierebbe ad altre postille, che giovassero a nuove illustrazioni del sirventese, così interessante, di Peire de la Cavarana, ma d'Inghilterra viene un richiamo cortese, che invita a sollecitare l'invio di queste note. Finalmente andranno verso le amiche rive, ma fidando nella indulgenza del collega Kastner, che avrebbe meritato un omaggio ben più degno del suo valore e della sua amicizia.

VINCENZO CRESCINI.

Padova.

---

[1] *Man. Prov.*[3], p. 445 s.v. Per la irresolutezza di prima, cfr. *Man. Prov.*[2], p. 501, s.v.; e Levy, *Prov. Suppl.-W.*, VII, 473. Cfr. già Diez, *Etym. W.*,[5] p. 675, s.v.; e per es. anche Bertoni, *I trov. d'Italia*, pp. 490-491.

# MUSSET AND MALIBRAN

María Felicità Garcia, known to the world as M<sup>me</sup> Malibran, made her début in the summer of 1827, at the age of seventeen, as "Rosina" in the "Barber of Seville," and became for the brief space of ten years one of the most famous of European singers. Her art was the product of an inherited talent from her father, Manuel Garcia, the tenor, and of years of arduous study under his spirited and tyrannous direction, an art which was distinguished by its union of youthfulness and maturity, a combination peculiarly suited to this decade of precocious poets and singers, born in the stimulating atmosphere which succeeded the upheavals of the Revolution, and loudly vaunting its enthusiasms, its disillusionments and its youth.

Accident precipitated the opening of this meteoric career. The illness of one *prima donna*, and the retirement of another, gave M<sup>lle</sup> Garcia the opportunity that she needed, and her first appearance was made on the English operatic stage in London, where her father was engaged at the time. It was a brief season of successive triumphs, followed by a temporary eclipse when Garcia left the capital for a tour of the provinces and later for a voyage to New York. Here, under the stimulus of her father's overbearing tyranny and a strong, if evanescent affection of her own, Maria Garcia contracted a marriage with the French merchant, M. Malibran, a union which was as unhappy as it was short lived, and which was finally dissolved in 1835.

In 1827 M<sup>me</sup> Malibran returned to France with a talent considerably matured by the vicissitude of a life passed in the company of Garcia and Malibran, and by the hard work and varied artistic experiences of two years. She spent the winter season singing at concerts, gradually increasing her popularity and her professional skill, and at last made her *début* on the Paris operatic stage in the April of the following year. From this time forward her success was assured.

It is not without excuse that a variety of European countries laid claim to the talent of La Malibran, whose career was essentially cosmopolitan. She was born in Paris of Spanish parents, she trained in Italy, France, and England (if one may consider training as the process which brings talent to a state of maturity), she married first a Frenchman, then a Belgian, sang in four or five different European countries as well as America, and spent the greater part of her leisure in Paris and, after her *liaison* with de Bériot, in her villa in Brussels.

In the years 1830 and 1831 M^me Malibran's talent was attracting the musical world to the opera in Paris, nor was she less popular in London and in all the great Italian towns. In company with the musician de Bériot, whom she afterwards married, she passed in triumphal progress from city to city between 1831 and 1836, sure of success in comic and tragic rôles alike and everywhere welcomed and fêted on her way. It was not until the spring of 1836 that there appeared the first premonition of the end of her glorious career. A fall from her horse in London caused injuries which gradually resulted in her illness and death in Manchester, where she was singing at the musical festival in the September of that year. "Beauté, génie, amour, furent son nom de femme" is the epitaph subscribed to her by Lamartine.

It was a peculiar, challenging art, combining the powers of a brilliant tragic actress with those of a great singer, interesting and attractive not only through genius, but through personality and the mysterious gift of "temperament." Critics might deplore the violence of her acting and enemies expatiate on the dead notes intervening between her contralto and soprano registers, or comment on the want of taste in some of her improvisations. Yet her clear, ringing voice with its "quelque chose de si rude et de si doux à la fois" and perhaps still more the tragic passion of her Spanish nature made her supreme; her very defects added to her charm.

The portrait of M^me Malibran by M. Aimé de Pontmartin[1] is a familiar one: "Elle était brune, d'une pâleur chaude et saine qui paraissait promettre de longs jours. Ses cheveux noirs, partagés en bandeaux sur un front où rayonnait le génie, donnaient l'idée de deux ailes de corbeau sur un marbre de Canova. Ses yeux, fendus en amandes, bruns, avec des reflets d'or en fusion, trahissaient l'inépuisable flamme du foyer intérieur; ils nous causaient sans cesse de nouvelles surprises par leurs alternatives d'ardeur dévorante et d'irrésistible langueur. Le bas du visage manquait peut-être de régularité. La bouche était un peu grande;

[1] *Souvenirs d'un Vieux Mélomane.*

l'ovale s'allongeait un peu trop; mais il aurait fallu des regards et un cœur marquant vingt degrés au-dessous des glaces du Spitzberg pour s'apercevoir de ces imperceptibles défauts. L'ensemble était adorable, et, par une faculté de transformation vraiment extraordinaire, excellait tour à tour à exprimer l'espièglerie sémillante de Rosine, l'émotion dramatique de la *Gazza* et l'intensité tragique d'*Otello*. . . . On ne pouvait juger toute sa beauté qu'en la voyant, au troisième acte d'*Otello*, penchée sur sa harpe, ses cheveux épars sur ses épaules nues, de vraies larmes dans ses yeux de gazelle, enveloppée dans ce peignoir de mousseline blanche. . . ." This enthusiastic description gives a fair impression of the effect produced by M^me Malibran on her audience of 1828.

In a corner of the great opera house throughout M^me Malibran's first season in Paris, Alfred de Musset would sit, listening to the music and letting his imagination wander at will. He had no great technical knowledge, and with his habitual sense of fitness and quick recognition of his own limitations he always confined his criticisms to those aspects of an art that were within his comprehension. Even in 1839 he writes candidly of M^me Malibran's younger sister: "Je ne vous dirai pas si M^lle Garcia va de *sol* en *mi* et de *fa* en *re*, si sa voix est un mezzo-soprano ou un contralto, pour la très bonne raison que je ne me connais pas à ces sortes de choses, et que je me tromperais probablement. Je ne suis pas musicien, et je puis dire, à peu près comme M. de Maistre: 'J'en atteste le ciel et tous ceux qui m'ont entendu jouer du piano.' "[1] But he had great natural taste, an excellent ear and sense of rhythm combined with the training in essentials that comes from a profound interest in the art and the constant study of the best performers. His aptitude for music had been shown at an early age, when, on leaving school, he had determined to devote himself to four principal subjects of study, namely the works of foreign writers, law, art and music. His proficiency in law remained a negative quantity, but his achievements in the arts showed more than average ability, if not on the practical, at least on the theoretical side. His article[2] on the salon of 1836 is the work of no mean critic and we have evidence of his sense of rhythm and sound, not only in a series of anecdotes illustrative of his love of music, but still more in the composition of the *Nuits* and in other examples of his lyric verse.

[1] *Mélanges de Littérature : Concert de M^lle Garcia.*
[2] *Mélanges de Littérature et de Critique.*

His admiration for M^me Malibran was profound. "On ne surpasse pas la perfection" was his reply to those who claimed later that Pauline Garcia surpassed her sister. The younger singer had tones so like those of the elder as to startle those who heard her for the first time. Musset himself owns to feeling profoundly moved at the sound of those familiar notes, so peculiarly reminiscent of La Malibran that it might have seemed supernatural were it not quite simple that two sisters should be alike.[1] But according to Musset not only the voice, but the soul was the same; both these great artists had the faculty, not only of expression, but of feeling, and their art was the result of complete comprehension and sympathetic rendering; the actress was at one with the subject that she was translating.

Yet the manner was not the same and the differences were the more challenging in that M^lle Pauline Garcia made her *début*[2] in the great rôle in which M^me Malibran had made so profound an impression on Musset—the Desdemona of Rossini's *Otello*. The younger sister was quiet and restrained where the elder had been vibrant with energy and passion; the Desdemona of M^lle Garcia met her fate with courage and resignation while M^me Malibran had fled from her pursuer in all the abandonment of despair, weeping and struggling in a wild endeavour to escape. Which of the two more nearly reproduced the sentiment of this drama, which has in it the fatality peculiar to *Romantic* tragedy and eliminates much of the action of character on circumstance that belongs to the Shakespearian play?[3] Musset would pass no verdict, yet it is interesting to note that in the two articles on M^lle Pauline Garcia he constantly refers to the art of the elder sister, whose memory is fresh in his mind three years after her death. She had in his opinion the rare faculty of drawing tragic inspiration from the inspiration of the music.

It is perhaps not unnatural that the poet's contemporaries credited him with a greater intimacy with M^me Malibran than he actually had. He was known to be a devoted attendant at the opera during her seasons and to express his admiration frequently and with fervour, it is probable that he candidly proclaimed the reforms of conduct to which these æsthetic passions were wont to lead. There appears, however, to be no ground for discrediting the

---

[1] *Concert de M^lle Garcia.*    [2] In 1839.

[3] *Otello* was composed in 1816 and first played in Paris in 1821 with M^me Pasta in the *rôle* of Desdemona.

assertion of his brother Paul that Musset had only once seen the singer off the public stage and that at a concert when there had been no opportunity for speech. His constant and devout attendance at the opera during the years 1830 and 1831, his efforts to regulate his life and to confine himself to "des récréations paisibles,"[1] his passionate absorption in music in general and in the tragic art of the great singer were quite as characteristic of a temperament in which the idealistic was so often at variance with the materialistic, as was the period of dissipation which had come before. Paul was probably right in speaking of music as an excitant for his brother; immersed in the intoxication of his senses through sound, Musset would achieve the same concentration and ecstasy as on the occasion when, still a child, he would kneel for hours on his bed, with his head resting on the sunlit frame of an old portrait in his darkened room, lost in dreams and drunk with gold and sunlight,[2] or when in the summer of 1836, in a setting of lights and flowers, he submitted to the rapture of poetic composition which resulted in the *Nuit d'Août*. It is evident that in the case of Musset sound was often an important factor in the source of his poetic inspiration.

It is possible then that the singing of Mme Malibran had a profound, if not lasting, effect on Musset's character; it is certain that it left a mark upon his art. To her we owe not only the famous verses that commemorated her death, but a part of *Le Saule* and *Lucie* and fragments from other poems. And it is undoubtedly her rendering of Rossini's "Desdemona" that gave the most frequent stimulus to the poet's imagination.

With the exception of a possible reminiscence in "Portia,"[3] it is almost always the scene of the "Willow Song" to which Musset recurs, not indeed the third scene of Shakespeare's fourth act, but the corresponding scene in Berio's libretto, composed from Ducis' rendering of Shakespeare into French. This variation contains an incident which is absent in the Shakespearian play, but which

[1] Paul de Musset: *Biographie*.

[2] A. de Musset: *Les Deux Maîtresses*. Paul de Musset assures us that Valentin was a self-portrait.

[3] Onorio contemplating his sleeping wife recalls Othello watching Desdemona, V. 2. This may be a recollection of Shakespeare's *Othello* and have no connection with the opera. On the other hand the corresponding scene in *Don Paez* seems to recall the opera, in spite of the quotation at the head. The lover climbs a spiral staircase with his light in his hand, so that the moving shadow of the banisters announces his approach, as in the staging of the opera.

served as an introduction to the singing of the "Willow Song."
During the storm that heralds Desdemona's death a boat passes
beneath the window and the voice of the fisherman is heard singing
three lines from Francesca's tragic speech in the *Inferno:*

> . . . . . . Nessun maggior' dolore
> Che ricordarsi del tempo felice
> Nella miseria . . . . . .

The lines remind Desdemona of her nurse, an African slave,
who died singing the "Willow Song," and she sings it herself to
the accompaniment of the noise of the wind and storm which seem
a presage of the tragic end to come.

This swan song haunts Musset. Francesca's sad words, sung
by the Venetian fisherman, recur from time to time in his verse,
now in *Les Vœux Stériles,*

> Entend-on le nocher chanter pendant l'orage ?
> A l'action! au mal! Le bien reste ignoré.

where the thought of Iago's call to action and treachery is mingled
with the lament, now at greater length in *Le Saule,* where Miss
Smolen sings the very song from "Othello," or again in *Lucie,*[1]
when the singing of the romance heralds Lucie's approaching
death and finally in *Souvenir,*[2] when, in defiance of the Italian poet,
Musset claims that a happy memory is perhaps more true on
earth than happiness itself.[3]

Sometimes it is the fancy of the swan song that dwells in
Musset's mind, with the pale, fragile heroine whose death it
presages, and in such cases he must have had a clear vision of the
great singer when the romance of the willow "éclatait sur les lèvres
comme un long sanglot." In spite of the outward differences of
Georgina Smolen and M^me Malibran, *Le Saule*[4] undoubtedly
contains a tribute to the actress's powers of moving her audience.

[1] l. 52. Sentais-tu dans ton cœur Desdemona gémir,
Pauvre enfant ?

[2] l. 57. Dante, pourquoi dis-tu qu'il n'est pire misère
Qu'un souvenir heureux dans les jours de douleur ? etc.

[3] There is possibly also an allusion in *Rolla,* Canto V :
Un groupe délaissé de chanteurs ambulants
Murmurait sur la place une ancienne romance.
Ah ! comme les vieux airs qu'on chantait à douze ans
Frappent droit dans le cœur aux heures de souffrance.

[4] For a detailed study of the source of the Willow Song in *Le Saule,* v. M. Estève :
*Études de Littérature préromantique* (*De Shakespeare à Musset: Variations sur la
"romance du Saule"*), 1923.

"La romance du *Saule* est la poésie même," he exclaims elsewhere,[1] "c'est l'inspiration la plus élevée d'un des plus grands maîtres qui aient existé."

The dying swan theme is sometimes varied by the reminiscence from Dante and the drifting boatman singing his refrain:

> A l'action, Iago!   Cassio meurt sur la place.
> Est-ce un pêcheur qui chante, est-ce le vent qui passe?
> Écoute moribonde!   Il n'est pire douleur
> Qu'un souvenir heureux dans les jours de malheur.[2]

The noise of the wind and the sea and the passing melody of the fisherman produced a combination of sound which was both aural and sentimental in its appeal, and the impression upon Musset had been so deep that he even interrupts his lament over the singer's lonely grave to recall the famous scene:

> Une croix! et l'oubli, la nuit et le silence!
> Écoutez! c'est le vent, c'est l'océan immense;
> C'est un pêcheur qui chante au bord du grand chemin.
> Et de tant de beauté, de gloire et d'espérance,
> De tant d'accords si doux d'un instrument divin,
> Pas un faible soupir, pas un écho lointain.[3]

Two other features appear from time to time in Musset's imitations of the passage, one, Iago's call to action, whose fierce harshness sharpens the contrast between the gentle melancholy of Desdemona and the murderous jealousy of her husband, the other the idea of presage which generally adds to the mystery and tragedy of the atmosphere. In *Le Saule*, in *Lucie*, in *Stances à La Malibran* and even mingled with the George Sand recollections in the *Nuit d'Octobre*,[4] there is a reminder of the storm that heralds disaster or death.

Among these memories of the tragic genius of M^me Malibran come glimpses of a lighter side of her art: Corilla in *La Prova di un' opera Seria*, the last part that M^me Malibran performed in Paris, and Rosina, the heroine of Rossini's *Barber of Seville*, in which *rôle* she made her first appearance.   Musset claims her as an "Espiègle enfant ce soir, sainte artiste demain," but it is evident that he dwells with greater satisfaction on her serious *rôles*, and

---

[1] *Débuts de M^lle Pauline Garcia.*       [2] *Le Saule.*       [3] *A La Malibran.*
[4] l. 114.   "Quand la bise soufflait dans la porte entr'ouverte,
> On entendait de loin comme un soupir humain.
> Je ne sais, à vrai dire, à quel fâcheux présage
> Mon esprit inquiet alors s'abandonna."
The allusion is at any rate probable.

indeed it might be expected in one of Musset's temperament that the tragic in art would make a more general appeal than the comic. In spite of his gay comedies and his caustic satires Musset's best art, like his philosophy of life, is composed of the elements of tragedy.

It is a curious and melancholy coincidence that the association that impressed the poet most strongly should have been so fitting at the end. M^me Malibran's brilliant career closed when she had reached the age of twenty-eight in circumstances so sudden and dramatic that she might well have said with Emilia

I will play the swan
And die in music. . . .

The fall from her horse in London in the spring of 1836 caused injuries to the head from which she never recovered, and the evil was aggravated by her strenuous and exacting mode of life. After the accident she went to Brussels with her husband, de Bériot, and to Aix la Chapelle, where she was singing that summer, and was in England again in the middle of September for the musical festival in Manchester, which began on September 12th and lasted for three days. She had sung at a concert on the very night of the accident and she carried out her programme unchanged until her last appearance, in spite of acute suffering. On the first day of the Manchester festival she had sung in fourteen different pieces, and on the second had appeared in the morning in the Collegiate Church (now the Cathedral) and in the evening in the theatre. On the third day she sang, with M^me Caradori Allan, the famous duet from the *Andronico* of Mercadante and even succeeded in completing the encore that her enthusiastic audience demanded, but she collapsed immediately afterwards and had to be carried to her hotel. For nine days she lingered, while the city, and indeed the whole of England, held its breath with anxiety and consternation; she died at last on September 23rd, amid a universal mourning which echoed through the whole of Europe. "The event," says the *Times* of September 26, ". . . is the more to be regretted, that many consider she has fallen a sacrifice to her desire to please, by attending the concert when the state of her health in the evening became such as to render it dangerous." Both the *Manchester Guardian* and the *Times* testify to the sympathy of the public and the efforts of the medical faculty for her welfare.

M^me Malibran's death was attended by several unusual and tragic circumstances. Her restless mode of life, her excitability of temperament, and above all her great success had provoked much criticism and adverse comment: jealous detractors were not wanting to hint that slackness in keeping her engagements, or excessive physical indulgence were at the root of her illness. At any rate, the press accounts of the time,[1] vigorously defending the art and character of the popular favourite, declare that it was fear of ill-natured gossip and unwillingness to disappoint the public that impelled M^me Malibran to appear in spite of great physical suffering.   Her death seemed the more tragic on account of the departure of her husband, who fled from the hotel the same night with the Italian Doctor Bellomini, leaving the alien city to take charge of the burial.   The subsequent legal proceedings undertaken by de Bériot to force the City of Manchester to transfer the body to Belgium were begun immediately afterwards and therefore probably before the composition of Musset's greatest tribute to the singer: the *Stances à La Malibran*.

It is clear therefore that the details mentioned by Musset in the *Stances* are correct in actual fact, the reckless sacrifice of her health to her art, not only in the last scene, but throughout her life; her death, almost literally "au sortir du théâtre"; the passionate preoccupation with the true rendering of her theme and indifference to such matters as external appearance and pose, and the "voix du cœur qui seule au cœur arrive." Two sources of pathos in particular strike the poet, one the great sacrifice of the artist to her art, and the other the tragedy that underlies all interpretative art, in that it leaves no lasting memorial behind.   In the *Stances à La Malibran* Musset is not only expressing, after his fashion, his personal sorrow, he is trying to create, in concrete shape, a monument to a transitory form of beauty.

There remains the problem, interesting but insoluble, as to what proportion of influence is contributed by M^me Malibran herself and what by the poets and musicians whose work she interprets.   Musset[2] was well acquainted with Shakespeare's *Othello*, both in the original, and also, like all his contemporaries, through the mediums of Letourneur and Alfred de Vigny; he was, moreover, familiar with Ducis, whose variations formed a basis for Berio's version of the text.[3]   All these had contributed towards

---

[1] Especially the *Manchester Guardian*, from which the substance of these accounts was taken.

[2] V. M. Estève's article already mentioned.

[3] V. Stendhal's *Life of Rossini*, Vol. I.

the material of which Rossini's music was formed, not to mention the lines from Dante, which further confuse the origin. Yet in the main personal, rather than literary, sources prevailed with Musset, once he had freed himself from the yoke of Romanticism; in this instance his imitations are suggestive of the effect of personality and atmosphere rather than of verbal reproduction, and it is clear that the poetry and the music worked on him, not so much directly, as through the medium of M<sup>me</sup> Malibran herself.

P. E. CRUMP.

Manchester.

# POUR SERVIR A L'ÉDITION DE *LA SALE*

## NOTES SUR LES DEUX MANUSCRITS (10959 ET 9287–8) DE LA BIBLIOTHEQUE ROYALE DE BRUXELLES

Ce n'est pas d'aujourd'hui que les "quattrocentistes" appellent de tous leurs vœux une édition des "Œuvres complètes" d'Antoine de La Sale. *La Salade*[1] et *la Sale*,[2] les deux vastes compilations de l'écrivain précepteur, sont encore presque entièrement inédites, c'est-à-dire, en somme, les *deux tiers* d'une production que nous connaissons donc fort mal. Et l'on a beau dire que le mérite littéraire est mince de ces encyclopédies *ad usum delphini*. Il reste que toute étude d'ensemble sur la langue d'Antoine, sur le vocabulaire et la syntaxe de ce moyen français si curieux, est prématurée, voire impossible, dès lors qu'on en est réduit à des éditions fragmentaires.

Nous avons dans nos cartons la copie *in extenso* de *la Salade*. Nous nous occupons actuellement de *la Sale*. Il nous est particulièrement agréable de saisir l'occasion de cet "hommage" rendu à un maître dont les recherches ont contribué à préciser le rôle de l'écrivain que nous aimons,[3] pour apporter à l'édifice qui doit s'achever quelques pierres nouvelles.

\* \* \* \* \* \*

[1] De *la Salade* on connaît surtout *le Paradis de la Reine Sibylle* (éd. W. Söderhjelm, 1897; éd. J. Nève, 1903), que nous venons de publier (Paris, Droz, 1930) d'après le manuscrit, original selon nous, de Chantilly.—*L'Excursion aux Iles Lipari*, qu'avait également imprimée M. Nève, a été rééditée par M. C.-A. Knudson, qui s'autorise lui aussi du manuscrit de Chantilly, dans le t. LIV (1928) de *Romania* (p. 101 et s.).—Avec les quelques fragments reproduits par Söderhjelm au chapitre qu'il consacre à *la Salade* dans ses *Notes sur Antoine de la Sale et ses Œuvres* (*Acta Societatis Scientiarum Fennicae*, t. XXXIII, n° 1, pp. 34-75), cela représente tout juste un cinquième de la compilation.

[2] Pour *la Sale*, nous sommes bien plus mal partagés encore. De cette seconde œuvre, plus volumineuse que la première, nous ne connaissons guère que les fragments de l'édition Nève (*Antoine de La Salle, sa Vie et ses Ouvrages.* Paris, Champion, 1903, p. 226-45) et l'un ou l'autre passage cité par Söderhjelm (cf. *op. cit.*, chap. III, *passim*), soit six chapitres à peine sur cent soixante-sept.

[3] L.-E. Kastner, *Antoine de La Sale and the Doubtful Works* (*Modern Language Review*, t. XIII, 1908, pp. 35-57 et 183-207).

Deux manuscrits nous ont été conservés de *la Sale*.[1]  Tous deux reposent à la Bibliothèque Royale de Bruxelles (10959 et 9287–8).  Tous deux—les indications de Barrois en font foi— ont appartenu à la librairie de Bourgogne: le 10959 correspond au n° 1849; le 9287–8, au n° 1678 (cf. aussi le n° 2245) de la *Bibliothèque protypographique.*

Mais alors que le premier, le 10959, daté du 20 octobre 1451 au Châtelet-sur-Oise, est un simple volume de 275 feuillets sur papier (o m. 281 × o m. 213), que relèvent à peine, outre les rubriques et certains ornements à la plume, des initiales et crochets alinéaires rouges avec quelques rehauts jaunes dans les majuscules, le second, le 9287–8, mériterait, semble-t-il, une description plus détaillée.  Transcrit sur vélin, d'une calligraphie haute, il ne comporte pas moins de 336 feuillets (o m. 380 × o m. 278), avec rubriques, lettrines sur champ d'or, initiales et crochets de para- graphes en or, cadres rouge et bleu à filets blancs et majuscules rehaussées de jaune; la superbe miniature en couleurs qui lui sert de frontispice[2] et les 38 grisailles qui l'illustrent sont de Loyset Liédet; reliure d'époque; de dix ans postérieur au 10959, il fut achevé à Bruxelles le 1er juin 1461.

Pour Gossart, qui s'y est intéressé le premier, le manuscrit 10959 constitue l'original;[3] et c'est d'après lui qu'il publie de trop rares extraits.  Tel est aussi le sentiment de M. Grojean,[4] lequel reproche précisément à M. Nève de s'appuyer sur le 9287–8, une simple copie.  Quant à Söderhjelm, tout en avouant qu'il suit "en général" le manuscrit 10959, il émet des doutes cependant sur la qualité d'exemplaire d'hommage de ce volume sans extérieur: Antoine n'aurait pas osé offrir à Louis de Luxembourg si pauvre marchandise.

[1] Nous écrivons donc *la Sale* avec une seule *l*: c'est l'orthographe voulue par Antoine, qui joue ici sur son nom (cf. la signature autographe du manuscrit B.N. n. acq. fr. 10057 du *Saintré*); c'est d'ailleurs l'orthographe de l'épître dédicatoire du manuscrit original, le 10959 de Bruxelles.

[2] C'est cette miniature que nous avons fait reproduire au pochoir, en guise de frontispice pour notre édition du *Saintré* (*Le Petit Jehan de Saintré* d'Antoine de La Sale, édité par Pierre Champion et Fernand Desonay, avec une Introduction et des Notices critiques.  Paris, Éditions du Trianon, 1927).—Le seigneur assis, à qui l'auteur offre son livre,—et nous sommes heureux de donner acte à M. Knudson de sa rectification (cf. *Romania*, t. LIII, 1927, pp. 367-8)—représente, non pas Philippe le Bon, mais Louis de Luxembourg.

[3] E. Gossart, *Antoine de La Sale, sa Vie et ses Œuvres.*  Bruxelles, Lamertin, 1902, 2e éd., p. 37.

[4] O. Grojean, *Antoine de La Sale* (*Revue de l'Instruction publique en Belgique,* t. XLVII, 1904), p. 164.

En réalité, Gossart avait raison, et M. Grojean après lui: seul, le manuscrit 10959 fait autorité; c'est l'original, incontestablement. Mais ni Gossart, ni M. Grojean ne se sont avisés de deux particularités *essentielles* qui viennent corroborer leur thèse, et prêter à l'établissement du texte critique de *la Sale* le plus expédient des concours.

1º *Le manuscrit 10959 est corrigé de la propre main d'Antoine.*—Il suffit de le feuilleter attentivement pour constater qu'il porte, d'un bout à l'autre, sans excès d'ailleurs, une série de corrections (grattages, ratures, surcharges, interlignes) et d'annotations marginales. Que ces corrections et annotations soient de la main de l'auteur, nous avons pu l'établir dans une étude de paléographie comparée actuellement sous presse.[1]

Qu'il nous suffise de reprendre ici les grandes lignes de cette démonstration.  Confrontant trois fac-similés du manuscrit 10959 avec ceux qu'a reproduits M. Pierre Champion du manuscrit d'auteur du *Saintré*,[2] nous retrouvons, dans le volume de Bruxelles, les deux écritures d'Antoine: cette cursive droite, menue, négligée, tremblée, qui est son écriture ordinaire; et une capitale, plus appliquée, quoique tremblée à son tour, imitée de celle du scribe, et dont il se sert ici, soit pour indiquer en marge une rubrique, soit pour souligner d'un *nota bene* tel passage intéressant, ou encore s'il s'efforce, à la faveur d'une modification plus légère, de dissimuler son intervention personnelle.  Une note autographe surtout devait nous combler d'aise: le A initial de AMOUR en surcharge au fol. CXXXIX<sup>ro</sup>.[3]  Cet A bizarre, biscornu, un A en 8, cet A qui commence par au-dessus à droite pour s'infléchir vers la gauche, tracer de gauche à droite une boucle ascendante et s'infléchir de nouveau vers la droite, un A si particulier que M. Champion, expert en paléographie, l'avait donné à composer au typographe, c'est l' A de la signature du manuscrit Barrois, l' A d'Antoine, calligraphe sans prétention, dont la main de vieillard, la main de

---

[1] *Encore des Notes autographes d'Antoine de La Sale* in-4º, avec 3 fac-similés.

[2] Pierre Champion, *Le Manuscrit d'Auteur du "Petit Jehan de Saintré"* avec *les Notes autographes d'Antoine de La Sale*.  Paris, Champion, 1926; in-4º avec 3 fac-similés.

[3] Soit le 160<sup>ro</sup> de la pagination moderne (en chiffres arabes).—Le décalage de 21 folios provient du fait que la pagination ancienne (en chiffres romains), qui est de la main d'Antoine, ne commence qu'avec le texte proprement dit, après l'épître dédicatoire et la très longue table des matières.  Au cours de cette étude où nous aurons souvent à faire appel à des considérations d'ordre autographique, nous renvoyons, sauf s'il s'agit des 21 premiers feuillets (auquel cas force nous est d'employer les chiffres arabes), à la pagination de l'auteur.

porte-glaive tremble sur le "porte-plume." Noir sur rouge, se détachant sur la rubrique corrigée du manuscrit 10959, cet A capital prenait aussi pour nous la valeur d'une signature: il authentiquait en quelque sorte la revision de *la Sale* par son auteur.

Werner Söderhjelm, dont tous les amis d'Antoine de La Sale ont déploré la récente disparition, était le seul à avoir entrevu une partie de la vérité, lorsqu'il observait: "Le ms. 10959 . . . montre quelques rares remarques d'une autre main (?), écrites d'une picture très fine et, à ce qu'il semble, de la même plume que les corrections dans le ms. du *Petit Jehan de Saintré*, B.N. Nouv. acq. 10057."[1] Lui seul, en tout cas, avait signalé que l'ordre des matières dans la table ne concorde pas du tout avec celui du texte même. Mais sans en tirer l'importante conclusion que voici—et nous abordons ainsi notre second point:

2º *La table des matières du manuscrit* 10959 *a été interpolée par ordre d'Antoine, au moment de la revision de l'ouvrage.*—Nous allons nous en expliquer plus à loisir.

Que veut l'auteur, en reprenant son manuscrit? Certes, corriger au courant de la plume, et presque toujours de la petite écriture négligée, l'une ou l'autre bévue échappée au copiste[2]; mais il procède, bien plus qu'à la manière de l'écrivain, à la manière de l'architecte. Ce qu'il veut surtout, c'est redistribuer les chapitres, disposer autrement les matériaux rassemblés, reconstruire sur nouveaux frais—sur un nouveau plan—cette "sale" allégorique. D'où, ces retouches particulièrement apparentes dans les rubriques, ces changements de numérotation, voire d'intitulé des chapitres. Et ce "rifacimento," qui signifie un bouleversement général, Antoine l'entreprend d'après une toute nouvelle table, la table interpolée dont il vient d'être question.

Un examen attentif du manuscrit 10959 va nous permettre de reconstituer le très clair processus de l'affaire. Que les feuillets 3 à 20, soit un cahier de 18 feuillets, aient été interpolés, c'est l'évidence même. Si l'on n'osait jurer qu'ils sont écrits d'une autre main (bien que le tracé de certaines majuscules, l' A et surtout l' E,

---

[1] Cf. *op. cit.*, p. 76, n. 4.

[2] Quelques exemples. Fol. XIX[ro]: *vauldra presque paier a son seigneur*, corrigé en *v. estre pareil a s.s.* (spécimen de transcription défectueuse sous la dictée); fol. XLI[vo]: *il chia* (sic) *ce tresfastidieux poeuple*, corrigé en *il pugny* (curieux, ce *pugny* décent, pour *chastia* sans doute !); fol. XCVI[ro]: *cités des philosophes*, incompréhensible, devient *sectes d.ph.*; fol. CXXXIX[ro], Antoine rétablit un *joye* omis par le scribe; fol. CXCVIII[ro], un vers mal bâti: *on te tendroit pour ung fol* est restitué avec sa valeur d'octosyllabe : *on ne te tendroit que pour fol.*

soit sensiblement différent de ce que nous montrent les autres cahiers), à tout le moins procèdent-ils—la coloration de l'encre et l'esprit général de l'écriture en font foi—d'une autre "reprise": c'est le même copiste, peut-être . . . mais qui, sûrement, ne copie pas à la même époque. Et d'ailleurs, entre les feuillets 2 et 3, c'est-à-dire à l'endroit précis de l'interpolation, on relève distincte- ment les "bavures" de trois feuillets arrachés, le troisième corres- pondant au feuillet 21, primitivement vierge, mais au verso duquel, et en regard du fol. 22ro (soit le folio paginé I du texte proprement dit), le scribe a noté, par ordre, une longue addition qu'introduit un signe de renvoi. Ainsi donc la preuve est faite: un cahier de 18 feuillets a été interpolé entre l'épître dédicatoire et le premier chapitre de *la Sale*.

Ce cahier interpolé, que contient-il?—Une table des matières, ou même deux: l'une sommaire, l'autre très détaillée. Table liminaire certes, mais dont l'emplacement ne nous doit point abuser. Liminaire, mais postérieure dans l'ordre du temps. Refaite après coup, au gré de l'architecte mécontent de l'ordonnance d'une "sale" qu'il va reconstruire sur un plan neuf.

Le fait est que la disposition des chapitres, l'enchaînement des parties, en un mot le plan de l'ouvrage souffrait dans la rédaction première de flagrantes irrégularités. C'est ainsi qu'il est question (fol. LXXIro) d'un "deuxiesme livre," qui traitera de Justice; et au fol. IIc XXXIvo, d'un "sixiesme et derrain livre," qui annonce quatre manières d'exemples[1]: mais vous chercheriez vainement des indications sur les limites des troisième, quatrième et cinquième livres; quant au premier, évidemment circonscrit entre Iro et LXXvo, il n'en est pas fait mention en termes explicites. Antoine suivait-il un plan initial? C'est assez probable. Combien vague cependant! . . . Ce plan, peut-être se trouvait-il jeté, ébauche informe, sur les trois feuillets arrachés dont on voudrait reconstituer la substance. En tout cas,—et le détail a sa valeur,—pas un mot touchant l'ordon- nance des matériaux dans les deux feuillets conservés (1 et 2): le pédagogue se contente d'y exposer assez lourdement, après la dédicace rituelle, les raisons qui l'ont incité à prendre la plume.

Voici donc notre reviseur au travail! Antoine a rouvert son manuscrit; il le pagine pour la commodité des renvois; et, tout en relisant son texte la plume à la main, il s'avise—grosse tâche!—de mettre ce texte d'hier en concordance avec la table d'aujourd'hui, la "sale" démodée de la restaurer, de la mieux

---

[1] Ces quatre manières ne sont que trois: Libéralité, Gratitude, Abstinence.

édifier en raison, quitte à sacrifier aux exigences allégoriques, à parler proprement la langue du bâtisseur: fondement, murs, fenêtres, portes et jusqu'au pavement!

Pour se rendre compte de la nature de ce travail, rien de tel que de confronter, en deux colonnes, l'ordre primitif et l'ordre modifié, la "sale" sans plan connu et la "sale" avec plan.

| *Avant le remaniement* | *Après le remaniement* |
|---|---|
| Épître liminaire | Épître liminaire |
| ——— | table des matières |
| 21 *chapitres de Prudence* | 1er livre: 21 *chapitres de Prudence* ⎫ |
| 7 *chapitres de Modération* | 9 *chapitres de* { *Dévotion / Religion* ⎬ fondement |
| 9 *chapitres de* { *Dévotion / Religion* | 7 *chapitres de Modération* ⎭ |
| 7 *chapitres de Sacrilège* | 12 chapitres de Justice ⎫ |
| 2e livre: 14 chapitres de Justice | 5 chapitres de Pitié ⎪ |
| 7 *chapitres de Sévérité* | 6 *chapitres d'Humanité* ⎬ murs |
| 22 chapitres d'Amour | 7 *chapitres de Sévérité* ⎪ |
| 7 chapitres d'Amour d'amis | 3 chapitres de Discipline ⎭ |
| 2 *chapitres de Félicité* | 2e livre: 36 chapitres de diverses ⎫ |
| 12 chapitres d'Amour de Pitié | Amour ⎪ |
| 6 *chapitres d'Humanité* | 2 *chapitres de Félicité* ⎪ |
| 3 *chapitres de Vergogne* | 6 *chapitres d'Histoires* ⎬ fenêtres |
| 8 *chapitres de Merveilles* | 4 *chapitres* { *d'Abstinence / de Continence* ⎪ |
| 6 *chapitres d'Histoires* | 3 *chapitres de Vergogne* ⎪ |
| 1 chapitre de Discipline | 8 *chapitres de Merveilles* ⎭ |
| 5 *chapitres de Pauvreté* | 3e livre: 7 *chapitres de Libéralité* ⎫ |
| 2 *chapitres de Songes* | 5 *chapitres de Gratitude* ⎪ |
| 2 *chapitres d'Avarice* | 5 *chapitres de Pauvreté* ⎬ porte |
| 7 *chapitres d'Ingratitude* | 2 *chapitres de Songes* ⎭ |
| 3 *chapitres de Prodiges* | 7 *chapitres de Sacrilège* ⎫ |
| 6e livre: 7 *chapitres de Libéralité* | 2 *chapitres d'Avarice* ⎪ |
| 5 *chapitres de Gratitude* | 7 *chapitres d'Ingratitude* ⎬ pavement |
| 4 *chapitres d'Abstinence* | 3 *chapitres de Prodiges* ⎭ |
| lettre d'envoi. | lettre d'envoi. |
| ——— | ——— |
| Soit, 167 chapitres. | Soit, 167 chapitres. |

Quelques observations ne seront pas inutiles.

Certaines rubriques—celles que nous n'avons pas soulignées—supportent des changements quant au nombre des chapitres afférents: Justice perd 2 chapitres (14 à 12) au profit de Discipline (qui passe de 1 à 3), c'est-à-dire que les deux derniers chapitres de Justice sont devenus les deux premiers de Discipline; les 41 chapitres d'Amour, répartis primitivement en 22 d'Amour, 7 d'Amour d'amis et 12 d'Amour de Pitié, sont groupés maintenant sous les deux chefs: Pitié (5), diverses Amours (36); Abstinence s'accompagne de Continence.

Les interversions sont nombreuses. Il suffira, pour s'en convaincre, de jeter un coup d'œil sur notre tableau comparatif. C'est que le plan de la compilation est bouleversé de fond en comble. Plan d'un caractère désormais plus allégorique, on l'aura noté. Et certes, l'allégorie est lourde, comme était lourd le jeu de mots initial sur "la sale," nom patronymique de l'auteur et titre de l'ouvrage tout à la fois.  Qui ne voit cependant que l'enseignement ainsi distribué en trois points, en trois livres—*omne trinum perfectum* —a quelque chose de plus accessible? la "sale" reconstruite, une plus logique ordonnance, avec fondements "bons et puissans" et, par-dessus, les murs "bons, fors et plaisans" (livre I), les fenêtres ensuite, qui doivent donner "joyeuses et grans clartez" (livre II), puis les portes "haultes, belles, larges et plantureuses," et enfin le pavement, "sur tous les autres moins prisié," puisque aussi bien chacun le foule aux pieds (livre III)?  On pourrait épiloguer sur certains détails de construction: pourquoi le reviseur n'a-t-il pas songé à réunir les Merveilles, les Songes et les Prodiges, au lieu de disperser ces trois rubriques dans des ensembles (?) où elles n'ont que faire? . . .

Tout bien considéré cependant, Antoine reviseur n'est pas mauvais architecte.  Mais quel piètre calculateur!  Nous l'allons prendre en défaut, maintes fois, dans ce prologue général (fol. 4) qui précède la table détaillée.  Tout d'abord, *la Sale* ne comporte que 167 chapitres ou "exemples," et non pas 177.[1] En second lieu, si le nombre des chapitres de chaque rubrique coïncide dans le texte et dans la table, il s'en faut que les chiffres récapitulatifs que nous fournit le premier prologue après chacune des cinq grandes subdivisions architecturales soient toujours exacts: pour le premier, qui concerne les fondements $(21+9+7=37)$, rien à redire; pour le second,—les murs,—il faut lire 33, et non 42; les fenêtres comportent 59 exemples: la formule d'Antoine (*Et cy donray fin a mon II$^e$ livre, tous sur XV exemples*) ne vaudrait guère que pour les trois dernières rubriques réunies $(4+3+8=15)$; les chapitres de la porte sont bien dénombrés $(7+5+5+2=19)$; toutefois, une dernière discordance éclate à la fin du prologue: le troisième livre tout entier embrasse 38 exemples $(19+19)$, au lieu des 37 annoncés.

La pagination est plus soignée.  Nous avons démontré

---

[1] Observons d'ailleurs que la somme des chiffres récapitulatifs soulignés en rouge sur le manuscrit $(37+42+15+19+37)$ donne 150!

ailleurs[1] qu'Antoine lui-même s'est chargé de ce travail préliminaire.
L'auteur pagine régulièrement, en chiffres romains, à partir donc
du premier feuillet du texte proprement dit (1er chapitre de
Prudence) jusqu'à la fin de la lettre d'envoi (fol. IIc LV). Les
erreurs—il s'en était glissé à partir du fol. CXXXVII et jusqu'au
fol. CLXVI—ont été corrigées, presque toujours par grattage;
deux seuls exemples de rature: fol. CXXXIX et CXLIX, où les
chiffres exacts sont substitués respectivement à CXXXVIII et
CXLVIII. Notons, à ce propos, que la table des matières présente, aux chapitres de Pitié, c'est-à-dire précisément pour des
passages compris entre les fol. CXXXVII et CXLVIII, des traces
de pagination refaite, à son tour. Sans pousser la minutie jusqu'à
spécifier le recto ou le verso du feuillet auquel il renvoie, Antoine
ne tombe guère qu'en des erreurs vénielles. Nous en avons relevé
aux deux chapitres consécutifs de Vergogne et de Merveilles,
entre CLVIIIro et CLXVI vo; mais, encore une fois, nous sommes
dans le domaine des feuillets "repaginés" : notre reviseur aura
négligé de reporter sur la table les indications exactes rétablies
dans le corps du manuscrit. Deux broutilles encore: le 4e
chapitre de Sacrilège commence—la rubrique, tout au moins
—au fol. LXIIvo (et non pas LXIII); le 5e et dernier exemple
de Gratitude n'est pas au fol. IIc XLVIII, mais au précédent:
IIc XLVIIro.

Quelles que soient d'ailleurs les imperfections de ce travail de
réadaptation ou de concordance, et sans attacher au plan remanié
de *la Sale* plus d'importance qu'il ne convient, soulignons—et c'est
l'essentiel pour notre propos—qu'Antoine s'y tient à ce travail,
son plan neuf qu'il prétend le réaliser. D'où, les nombreuses
retouches, particulièrement visibles (noir sur rouge) dans les
rubriques du texte qui doivent se modeler sur les divisions de la
table.

Deux séries d'*exempla*—nous l'avons dit—se trouvaient plus
spécialement dérangées: Justice et Amour. Pour ce qui touche
Justice, le nécessaire est fait: Antoine a corrigé de sa main les
XIIIe et XIVe chapitres de Justice en premier et IIe de Discipline
(cf. fol. LXXXVvo et LXXXVIvo); corrélativement, au fol.
CXCIIIvo, une note marginale précise qu'il s'agit désormais du
"IIIe chappitre de dexipline (*sic*)," l'ex-premier et unique. Pour
ce qui concerne Amour, la tâche était plus malaisée. Antoine a bien
modifié dans le texte les rubriques maintenues (5 au lieu de 12) des

---

[1] Cf. *Encore des Notes autographes d'Antoine de La Sale, op. cit.*

chapitres de Pitié.[1]  Restait à numéroter 36 chapitres d'Amour: notre reviseur s'en tire assez proprement.  Nous n'aurons à lui reprocher que deux omissions légères.  Après le XIᵉ exemple de mariage (fol. CVIII), la table passe, pour le XIIᵉ, au fol. CXI, et revient, pour le XIIIᵉ, au fol. CIX;[2] or, l'interversion n'est pas faite dans le texte.  Plus loin, il eût fallu corriger (fol CXXXᵛᵒ) un "VIᵉ" en "XXXVᵉ"; Antoine, pressé, ne va pas jusqu'au bout de l'effort: il gratte le "I," y substitue un point noir ... et tourne la page, omettant les trois signes de dizaine!  Et c'est ainsi qu'un malencontreux Vᵉ chapitre d'Amour s'intercale sereinement entre le XXXIVᵉ et le XXXVIᵉ!  Nous aurons l'occasion de bénir cependant cette erreur: *felix culpa*![3]

Au demeurant, répétons-le, l'auteur a fait tout son possible pour "redistribuer" d'après la table ses 167 chapitres.  La première interversion consistait à déplacer Dévotion et Religion, qui précéderont dorénavant Modération.  Or, nous avons des traces, au fol. XXVᵛᵒ, d'une annotation marginale, mutilée malheureusement par le couteau du relieur, et où il est question de "moderacion"; en outre, un signe de renvoi, que nous retrouvons au fol. XXXVIIIʳᵒ, facilitait la tâche du prochain copiste.

* * * * * *

Car—et c'est ici que nous voulions en venir—le manuscrit 10959 corrigé, corrigé par l'auteur, n'avait été corrigé qu'en vue de la préparation d'un nouveau manuscrit, et, fort probablement, d'un exemplaire d'hommage.

Cet exemplaire d'hommage, ce manuscrit refait, qui eût tenu compte de desiderata aussi explicites, le possédons-nous?—Oui et non.

Et voici que réapparaît le beau volume sur vélin, le 9287–8, exécuté pour Philippe le Bon, et dont Barrois reproduisait en ces termes le très exact signalement: *"Ung autre grant volume couvert de cuir blancq, a tout deux clouans et cincq boutons de leton, historié et intitulé* La Salle, *comenchant ou second feuillet*: fait a cause de leurs engins, *et finissant ou derrenier*: l'an de Nostre Seigneur 1461."

---

[1] Le "IIIIᵉ de pitié" (fol. CXXXVIIʳᵒ)—une correction déjà—avait été recorrigé en "IIIIᵉ d'amour"; mais, plus bas, Antoine a récrit le mot "pitié."

[2] Interversion intentionnelle, les chiffres XII et XIII portant des traces de correction.

[3] Les trois chapitres de Prodiges "ou Indivinacions" doivent se lire dans l'ordre suivant: 2 (IIᶜ XXVIIIᵉ), 3 (IIᶜ XXIX), 1 (IIᵛᵒ XXVIIIʳᵒ); Antoine n'a pas corrigé les rubriques.

Sans doute, ce manuscrit d'offrande, daté de Bruxelles, a été transcrit sur le 10959 corrigé.    Mais combien mal, par un copiste sans discernement, plus expert calligraphe qu'habile interprète des volontés autographes de l'auteur, c'est ce qu'il ne nous sera pas difficile de démontrer!

Que le manuscrit 9287–8 n'ait pu être établi que d'après l'original revisé, le fait est patent.    Nous sommes en présence du décalque le plus fidèle, le plus servile.    Tellement servile, en vérité, que le copiste n'hésite pas à reproduire, en même temps que la table interpolée, la pagination de cette table *telle qu'il la trouve dans son manuscrit de base*!    Comme le format du 9287–8 est sensiblement différent de celui du 10959, différente surtout la calligraphie, à telle enseigne qu'un feuillet-texte (recto et verso) du premier ne recouvre que les trois quarts à peu près d'un feuillet-texte du second, on saisit tout de suite l'incohérence du procédé: la pagination de la table du manuscrit d'hommage ne sert à rien, absolument à rien, sinon à déceler la source de cette transcription la plus puérile du monde.

Mais il y a mieux.    Respectueux des corrections d'Antoine écrivain, d'Antoine styliste,—pour autant qu'il sache les déchiffrer, —le copiste de Bruxelles ne tient nul compte des intentions d'Antoine architecte, d'Antoine rebâtisseur.    Il suit la lettre de son modèle: il n'en a pas pénétré l'esprit.    C'est ainsi que nous le verrons *recopier froidement les rubriques modifiées, avec leurs modifications, sans qu'il songe un seul instant à modifier, d'après ces rubriques si claires, l'ordonnance du volume.*    Chez lui, Modération succède toujours à Prudence; les deux premiers chapitres de Discipline continuent de s'intercaler immédiatement après Justice; et, pour lire à la suite les 36 exemples d'Amour, force nous est de nous livrer, comme à travers le manuscrit 10959, à cette gymnastique compliquée que nous connaissons bien, tantôt sautant des pages et des pages, tantôt revenant en arrière, pour rétrograder encore.

De ce manque absolu de sens critique, voire de sens tout court, veut-on une preuve amusante?    Nous avons signalé tout à l'heure la bévue d'Antoine qui corrige incomplètement la numérotation de son XXXVe chapitre d'Amour.    Le scribe du manuscrit 9287–8 n'a garde de rectifier: comme dans le modèle, nous retrouverons la singulière progression XXXIVe–Ve–XXXVIe (cf. fol. 183ro)!

Servile jusqu'à l'incohérence dans la transcription telle quelle de la table paginée et des rubriques corrigées, il lui arrive, à ce

piètre copiste, d'être déchiffreur malavisé.  Par exemple, il interpré-
tera de travers la portée d'une correction.   Au fol. XXXVIII<sup>ro</sup> du
10959, Antoine, qui avait biffé trop loin, efface la fin de la rature,
rétablissant ainsi trois mots importants: *dont le premier*; il a soin
d'ailleurs d'indiquer par un signe vertical la limite de la suppression.
Le scribe n'a rien compris: il laisse de côté *dont le premier* ... et
sa rubrique (cf. fol. 71<sup>ro</sup>) n'a plus guère de sens.   Aventure du
même genre au fol. 263<sup>ro</sup>.   Ici, c'est toute la rubrique qui est omise
(il s'agit du 3<sup>e</sup> exemple de Discipline).   Et sans doute, Antoine
l'avait d'abord biffée, en croix, mais pour la restituer: la croix elle-
même a été grattée (cf. fol. CLXXXIII<sup>vo</sup>).   N'importe!   Notre
copiste de Bruxelles se contentera de transcrire cette annotation
marginale de renvoi (*le III<sup>e</sup> chappitre de dexipline*) dont il a déjà été
question.

Corrigeant assez vite, et parfois négligemment,[1] Antoine avait
oublié de raturer (fol. II<sup>c</sup> XIX<sup>ro</sup>) le mot *prince*, qu'il a remplacé
par *proverbe*—et la substitution s'imposait.   Que lisons-nous au
fol. 269<sup>ro</sup> du manuscrit de Bruxelles: *le commun prince proverbe*!

Un dernier exemple: Antoine avait récrit quelque part (fol.
II<sup>c</sup> XXXI<sup>vo</sup>) de sa main, de sa capitale la plus appliquée du reste,
toute une rubrique: *Ci connemssent* (sic) *les tresdoulz, tresplaisans et
les tresamiables a Dieu et au monde les exemples de liberalité*.   Les
trois mots *et* (*&*) *au monde* liés en un seul ont été lus par le copiste:
*recommandés* ... ce qui donne une variante peu recommandable!

Cette variante—bien involontaire—mise à part, nulle trace de
personnalité chez le calligraphe du 9287–8: s'il lui arrive de sauter
une correction, c'est par distraction; d'intervertir timidement
deux mots, c'est par erreur.   Une seule notation originale.   Elle
a son importance, à vrai dire.   Arrivé au terme de son travail, au
moment de dater sa copie, le copiste est saisi d'un scrupule: lui
qui, bien qu'aux gages de Philippe le Bon, a transcrit sans sourciller
la dédicace à Louis de Luxembourg, lui que n'ont arrêté ni les
discordances entre la table et le texte, ni les incohérences des
rubriques en ordre dispersé, il n'ose pas reproduire le nom du
"Chasteller sur Oise," la date du 20 octobre 1451; et il écrira:
*achevé et parfait en vostre ville de Bruxellez, le premier jour de juing,
l'an de Nostre Seigneur mil CCCCLXI.*

\*       \*       \*       \*       \*       \*

De cet examen objectif du manuscrit 9287–8 vont découler
deux conclusions du plus vif intérêt:

---

[1] Nous en connaissons maint exemple sur le manuscrit d'auteur du *Saintré*.

1º *Une édition critique de "la Sale" ne peut s'appuyer sur le manuscrit 9287–8,* copie sans autorité. *C'est au manuscrit 10959 corrigé que devra s'attacher l'éditeur* que nous voudrions être, *en respectant les volontés autographes d'Antoine,* c'est-à-dire en présentant un texte ordonné, une "sale" reconstruite d'après les indications de la table reprises dans les rubriques.

2º *Il n'est pas vrai que la dédicace du manuscrit 9287–8 atteste la présence d'Antoine de La Sale à Bruxelles en 1461.* Au contraire: les bévues de cette copie témoignent hautement qu'elle a dû être exécutée *loin des yeux de notre écrivain.* Lui présent, le copiste de l'exemplaire d'hommage n'aurait pas osé dénaturer de la sorte les intentions si clairement exprimées sur l'exemplaire original.

\*    \*    \*    \*    \*    \*

Et cette seconde conclusion est grosse, à son tour, de prolongements inattendus.

1461: ce n'est pas seulement la dernière date, le *terminus ad quem,* que les biographes ont accoutumé de citer touchant Antoine de La Sale; c'était aussi une des rares indications concernant les relations personnelles du précepteur des Luxembourg avec la maison de Bourgogne. Dans un article solidement documenté,[1] M. Knudson, dont les études sur Antoine de La Sale se distinguent par un sens très vif de l'objectivité, n'a pas été loin de démontrer que rien ne nous autorise, jusqu'à nouvel informé, à défendre l'opinion que l'auteur du *Saintré* aurait pris du service, voire simplement résidé à la cour ducale. Nulle trace de sa présence dans les pièces originales. Quant aux trois témoignages indirects: date d'un manuscrit du *Petit Jehan* (Genappe, 25 septembre 1459), date de notre second manuscrit de *la Sale* (Bruxelles, 1er juin 1461), qualification d'Antoine ("premier maistre d'hostel de Monseigneur le duc") en tête de la 50e des *Cent Nouvelles nouvelles,* il y a "des raisons sérieuses" de s'en méfier.

Nous croyons avoir établi, pour notre part, qu'Antoine n'était pas à Bruxelles en 1461. "Un manuscrit peut voyager sans son auteur," observait M. Knudson. En tout cas, si la copie du *Saintré* (Genappe, 1459) a pu être prise sans que l'auteur fût présent, la copie de *la Sale* a dû être prise en son absence (Bruxelles, 1461).

Au surplus, Antoine vivait-il encore en 1461 ?—A notre sentiment actuel, non.

[1] *Antoine de La Sale, le Duc de Bourgogne, et les "Cent Nouvelles nouvelles"* (*Romania,* t. LIII, 1927, pp. 365-73).

Nous ne voudrions pas nous aventurer sur le terrain mouvant de l'hypothèse. La question mérite d'être serrée de plus près. Toutefois, tant de choses s'éclairent aujourd'hui, à la lumière des révélations des deux manuscrits de *la Sale*, que nous serions disposé à reconstituer de la sorte les dernières années de notre écrivain. Antoine n'aura pas fréquenté le milieu bourguignon. Plus que sexagénaire dès son second préceptorat, il n'aura jamais quitté les domaines de Luxembourg. Le temps est passé des aventures, des courses errantes. Tantôt au Châtelet, tantôt à Vendeuil-sur-Oise, il poursuit son bon labeur d'homme de plume sur le retour: après *la Sale*, le *Saintré*, le *Reconfort* ensuite, puis les *Anciens Tournois*. Le succès est venu au pédagogue mué en romancier: le *Petit Jehan* connaît la faveur. Antoine prend conscience de son talent; il prend goût au métier; en vue de se rééditer, il se corrige.[1]  En 1459, une copie rapide est faite du *Saintré* à Genappe, sur ce manuscrit d'auteur corrigé qu'y apporta, à l'occasion d'une de ses fréquentes visites, Louis de Luxembourg. Mais Antoine a exigé qu'on lui retournât son exemplaire raturé: il y reportera quelques corrections encore.[2]  Il revise également *la Sale*; et sans doute aussi, *la Salade*, dont la version imprimée procède d'un manuscrit tout différent de l'*unicum* conservé à Bruxelles (18210–15). A ce travail qu'il mène, Provençal en exil, sous le ciel froid du nord, ses forces s'épuisent. Il décline. . . . Le 2 février 1460, en bon chrétien qui sent venir la mort, il fait donation à l'église collégiale de Ligny-en-Barrois, pour des bénéfices spirituels, d'un tableau de Notre-Dame des Vertus, qu'il possédait depuis un quart de

---

[1] Pour le dire en passant, combien tout ceci confirme la thèse récente de M. Joseph Bédier ! Des pénétrantes réflexions qu'a suscitées en son esprit la magistrale étude sur *La Tradition manuscrite du "Lai de l'Ombre,"* il en est une surtout que nous avions retenue pour son originalite séduisante et prometteuse. M. Bédier admettrait volontiers que Jean Renart, voulant procurer de son œuvre une seconde, puis une troisième édition, a introduit dans le texte original des retouches, puis de nouvelles retouches encore. "Dire que tel et tel de nos manuscrits peuvent représenter des recensions d'auteur, c'est dire cette chose toute simple que les écrivains venus avant l'invention de l'imprimerie ont dû, aussi bien que ceux d'aujourd'hui, . . . veiller eux-mêmes à la bonne exécution des "tirages" nouveaux . . . Pourtant il est rare que des philologues, étudiant la tradition manuscrite d'un ouvrage ancien, aient retenu, ou conçu seulement, l'hypothèse de deux ou trois "états" du texte, tour à tour avoués par l'auteur." C'est cette chose toute simple que nous prétendons dire à propos d'Antoine écrivain, hier à propos du *Saintré*, aujourd'hui à propos de *la Sale*, demain à propos de *la Salade*.

[2] La signature autographe de Marie de Luxembourg, qu'on lit au dernier feuillet du manuscrit B.N.n.acq.fr. 10057, prouve que le volume est resté entre les mains de l'auteur jusqu'à son dernier jour.

siècle.[1]  Et puis . . . plus rien.  Et puis . . . il aura passé.
Après ce trépas, Philippe le Bon, toujours à l'affût d'"occasions"
pour sa librairie, fait venir à Bruxelles l'exemplaire original de
*la Sale*.  Il le confie au calligraphe ignorant que nous savons,
lequel mande sa copie au miniaturiste.  Comme l'auteur n'est
plus en vie, et à la différence du manuscrit autographe du *Saintré*,
le modèle ne sera pas rendu![2]

Tout s'enchaîne, tout s'explique à merveille.  Reste l'allusion
des *Cent Nouvelles nouvelles*.  Peut-être résoudrons-nous l'énigme.
Nous savons déjà qu'Antoine n'est pas l'auteur du recueil.[3]  Ne
pourrions-nous pas supposer avec infiniment de vraisemblance que
la 50e nouvelle, graveleuse entre toutes, et qui n'est du reste qu'une
imitation de Poggio (fac. CXLIII), aura été malignement endossée
à ce brave Antoine absent,—les absents ont toujours tort!—mais
connu néanmoins dans le cercle de Genappe, et connu précisément par la copie du *Saintré* de 1459 comme un écrivain respectable
entre tous?

\*      \*      \*      \*      \*      \*

En restituant ainsi le cours probable des événements, nous
avançons d'un an la date de la mort d'Antoine.  Nous voudrions,
pour terminer, tirer du manuscrit de *la Sale*—encore—une indication qui nous permît de le vieillir de deux ou trois années, de le
faire naître plus tôt.  Et ceci confirmerait un peu cela, puisque
Antoine, d'autant plus âgé à l'époque de son arrivée chez Saint-Pol,
aurait eu d'autant plus de peine à se déplacer, d'autant plus vieux en
1460, aurait d'autant plus de raisons de mourir. . . .

Comme il préparait l'introduction, d'ailleurs peu avertie, qu'il
voulut rédiger pour sa traduction anglaise de notre édition du
*Saintré*,[4]  M. Irvine Gray—et c'est la seule contribution un peu

[1] Cf. L.-H. Labande, *Antoine de La Salle.  Nouveaux Documents sur sa Vie et
ses Relations avec la Maison d'Anjou* (*Bibliothèque de l'École des Chartes*, t. LXV,
1904, p. 99).—M. Knudson a raison de faire observer, à propos de l'acte de donation,
que la femme d'Antoine (Lionne de la Sellana de Brusa) y est dite cellérière de la
duchesse de *Bourbon*, et non pas de *Bourgogne*.

[2] D'où la présence des deux volumes, le modèle (10959) et la copie (9287-8), sur
les pupitres de la librairie ducale.

[3] Cf. l'édition des *Cent Nouvelles nouvelles*, de Pierre Champion (Paris, Droz.
1928).  Cf. aussi le compte rendu détaillé que nous en avons fait dans la *Revue belge
de Philologie et d'Histoire* (t. VIII, 1929, pp. 993-1027, et surtout p. 997–1005).

[4] *Little John of Saintré*, by Antoine de La Sale.  Translated, with an Introduction,
by Irvine Gray, London, *The Broadway Medieval Library*, 1931, demy 8vo, x+339
pp., illustrated.—Nous croyons devoir signaler que cette traduction, où sont reproduites
jusqu'à un choix d'illustrations, la miniature-frontispice et une composition sur bois
de l'édition du Trianon, a été publiée sans que M. Pierre Champion ni nous-même
en fussions avisés.

neuve que nous apportent ces quelques pages—s'est occupé d'un passage de *la Sale*. Il s'agit de l'épître dédicatoire à Louis de Luxembourg. Antoine nous y renseignerait sur sa date de naissance. Ce passage, le voici, d'après le manuscrit 10959: "Je, Anthoinne de La Sale, escuier, vostre treshumble serviteur, pour eschiver ce tresperilleux pechié de occieuseté,[1] . . . *aussi pour passer de mon tristre cœur la tresdesplaisante merencolie par infortune tumbé ou LXIIIᵐᵉ an de ma vye et ou XLIXᵉ de mon premier service*— jour et nuyt il avoit tant a souffrir seullement pour tresloyaument amer et servir ce que Dieux par nature m'avoit ordonné; dont vous estant en vostre saint voyaige de Saint Jacques, et moy demouré au service de la garde et gouvernement de mes tresdoubtez seigneurs Jehan, Pierre et Anthoine, voz enfans, me suis delitez a vous faire ce present livre, trait de pluiseurs sains docteurs et aultres ystoriographes, etc."

Aux yeux de Gossart qui, le premier, utilisa cette source biographique, l'allusion est claire: Antoine est né en 1388 (1451 moins 63). Labande cependant penche pour 1386, puisque nous savons, d'une part, qu'Antoine naquit en Provence, et, d'autre part, que Bernard de La Sale, son père, a quitté la Provence en août 1386 pour n'y revenir qu'en 1390.[2] Or, voici que M. Irvine Gray prétend trouver dans le texte même de *la Sale* les preuves en faveur de cette date: 1386. Et nous lui donnerions volontiers raison, certaines réserves faites d'ailleurs.

Que dit, en réalité, l'épître dédicatoire? Non pas que l'œuvre a été *achevée* en 1451 (ce sera le rôle de la lettre d'envoi: "achevé et parfait en vostre chastel du Chasteller le XXᵉ jour du moys d'octobre, l'an de Nostre Seigneur mil CCCC cincquante et ung"), mais qu'Antoine s'est mis en tête de compiler, de dépouiller saints docteurs et historiographes, à l'âge de 63 ans, en la 49ᵉ année de son *premier service*. Pourquoi reprend-il la plume du compilateur pédagogue? Parce qu'il veut fuir l'oisiveté, sans doute; mais ce n'est là qu'un poncif. Et aussi, et surtout, *parce qu'il veut porter remède à une crise de neurasthénie*: ce sexagénaire, à la veille de fêter ses cinquante ans de premier service, de bons et loyaux offices prêtés à la même famille, Mélancolie l'a prostré, très-déplaisante!

Le *premier* service d'Antoine, c'est le service d'Anjou. C'est

---

[1] Suivent deux références à saint Jérôme et à Ovide.

[2] Nous avions cru pouvoir lui objecter, après Söderhjelm, que la présence du père n'est pas indispensable lors de l'accouchement: Perrinette aurait accompagné son beau capitaine par delà les Alpes et serait revenue au pays pour mettre au monde l'enfant de l'amour.

chez les Anjou qu'il entrait en page, dès sa quatorzième année, continuant une tradition que lui avait léguée son père. 49 ans, il a servi, loyalement. Il a servi Louis II, Louis III et le bon roi René; formé Calabre, la fleur des chevaliers. Las! en 1448, Jean de Calabre a vingt-deux ans: le préceptorat est achevé . . . La Sale, la mort dans l'âme, doit quitter ses fonctions, quitter, du même coup, la dynastie princière à laquelle l'attachaient tant de souvenirs. Nous connaissons la date de ce départ: peu avant (*novissime*) le 19 juin 1448.[1] Tout ne nous porte-t-il pas à croire que c'est précisément ce départ, cet arrachement qui navra le vieux serviteur? La crise de neurasthénie, il nous la faut placer en 1448; c'est en 1448 qu'Antoine marche vers ses 63 ans; c'est de 1448 que nous retrancherons 62 ou 63 (Antoine déclare qu'il est dans sa 63e année): et nous arrivons ainsi à une date 1385–1386 qui s'accorde mieux avec ce que nous savons des séjours de Bernard de La Sale en Provence.

Pour gouverne, nous ne sommes pas tout à fait d'accord avec notre traducteur anglais. Tout d'abord, sur la question de la date elle-même: on peut, comme nous venons de le dire, retrancher 62 *ou* 63 (cela dépend du mois de la naissance); et rien ne nous autorise à préférer un des premiers mois de 1386 à un des derniers de 1385. En second lieu, M. Gray a tort d'écrire qu'Antoine "had suffered some misfortune, *before* quitting the service of Anjou." Pour nous, au contraire, la séparation est à l'origine de la mélancolie; c'est *après* la séparation, quand il a "tant à souffrir"— loin de ses princes, loin du soleil—de l'esseulement gris de sa nouvelle condition préceptorale, qu'il rassemble, pour se distraire, les matériaux de la "sale."

Nous terminerons ces notes sur un petit détail qui a bien sa valeur: le mot *premier* (dans l'expression "premier service"), mot capital pour toute la discussion qui précède, a été ajouté sur le manuscrit 10959 *de la propre main d'Antoine.*[2] Preuve évidente que l'épithète prend ici tout son sens: le premier service, celui d'Anjou!

Au terme d'une étude dont le caractère autographique n'aura échappé à personne, cette indication autographe nous ravit.

LiÉGE.                          FERNAND DESONAY.

---

[1] Cf. la lettre du roi René, datée ce 19 juin de Tarascon (*Pièces justificatives* publiées par M. Nève, n° VIII).

[2] L'esprit de l'écriture et la couleur de l'encre ne laissent subsister aucun doute. C'est Antoine également qui a tracé une barre de ponctuation après *m'avoit ordonné*, montrant ainsi le caractère d'incidente de la proposition: *jour et nuyt il avoit*, etc.

# TALMA A LONDRES EN 1817

TALMA vint à Londres en 1817, en compagnie de M<sup>lle</sup> Georges, et donna deux représentations françaises au King's Theatre. L'histoire de cet épisode des relations littéraires entre la France et l'Angleterre, sous la `Restauration, mérite d'être précisée. Ce fut, sur un théâtre et devant un public londoniens, une première épreuve de ces confrontations du goût français et du goût anglais auxquelles devaient donner lieu, plus tard, à Paris, les représentations anglaises de 1822 et de 1827, et dont on a montré l'influence sur l'évolution du romantisme français.[1]

Personne n'était plus apte que Talma à rétablir, après 1815, entre les théâtres de Londres et ceux de Paris, les rapports que les guerres napoléoniennes avaient longuement interrompus : ses origines, ses relations personnelles, ses goûts le désignaient pour ce rôle d'agent de liaison.   Il avait passé en Angleterre une grande partie de son enfance : venu, à huit ans, à Londres, où son père était dentiste, il y était resté jusqu'à l'âge de quinze ans : jeune homme, il y avait fait un second séjour, de 1783 à 1786.   Il parlait anglais couramment, bien qu'avec l'accent français.[2]   C'est en Angleterre que sa vocation pour le théâtre s'était, de bonne heure, manifestée : enfant, il avait eu l'occasion de jouer des rôles français, aux Hanover Square Rooms, devant le Prince Régent et le Duc d'York : plus tard il avait fait partie, à Londres, d'une troupe d'amateurs.[3]   Depuis 1786 il n'était pas retourné en Angleterre : mais il était en relation avec des acteurs anglais qu'il avait connus jadis, ou qu'il avait vus à Paris dans des périodes de trève entre la France et l'Angleterre.[4]   On savait à Londres, dans le monde des théâtres, qu'il accueillait aimable-

---

[1] Cf. Borgerhoff, *Le Théâtre anglais à Paris sous la Restauration*, 1912.

[2] Cf. Frances Ann Kemble, *Record of a Girlhood*, London, 1879, I, 41 : "(Talma) spoke very good English, though not without *the pure Parisian accent*."

[3] Cf. A. Méjanel, *Mémoires de Talma*, Londres, 1817 (d'après *The Literary Gazette*, 16 août, 1817).

[4] John Kemble écrit à son frère Charles, de Paris, 23 juillet 1802 : "Talma and I are grown very well acquainted : he seems an agreeable man. . . ." (*Memoirs of the Life of John Philip Kemble*, by James Boaden, London, 1825, II, 356.

ment et recevait volontiers chez lui, ses confrères anglais.   D'autre part, c'est un fait que l'influence anglaise a profondément marqué les goûts de Talma, et son art.   Il est un fervent admirateur de Shakespeare, et, n'ayant à sa disposition, en France, pour le faire connaître, que les adaptations timorées de Ducis, il galvanise ces pauvres textes par la puissance suggestive de son jeu.   Du sage et pâle récit qui remplace, dans le *Macbeth* de Ducis, la scène des sorcières, il fait surgir la vision des horribles femmes sur la lande, et, quand il joue *Hamlet*, au premier acte, son regard soudain égaré projette sur le fond de la scène le fantôme que les bienséances du théâtre français ne permettent pas encore de faire paraître.[1] Son jeu s'inspire fortement de la nouvelle école anglaise.   Il a admiré dans son enfance Kemble et Mrs Siddons : il suit leur exemple, poussant aussi loin qu'eux, plus loin même, l'exactitude minutieuse du costume, la vérité et le réalisme du jeu.   En appliquant ces principes au répertoire classique, il l'a renouvelé.   Quant aux productions pâles et monotones de la tragédie post-classique, il en est fatigué.   Il passe sa vie à demander aux auteurs de "réduire aux proportions naturelles la stature gigantesque des héros tragiques, de les humaniser";[2] il leur répète : "faites-moi du nouveau."[3] Il s'en faut d'ailleurs que les innovations de Talma plaisent universellement, en France.   On sait ses démêlés avec Geoffroy, qui lui reproche sa "manière anglaise."   A son jeu violent, à ses "convulsions tragiques," détestables applications des "principes d'une école étrangère fondée sur une nature vulgaire," le critique du *Journal de l'Empire* oppose la grande tradition de Lekain, caractérisée par la noblesse dans le pathétique.   Lekain "s'embellissait par la passion": Talma "s'enlaidit par les grimaces" ; Lekain "cherchait à inspirer des sentiments": Talma "s'efforce de produire des sensations."   Si de jeunes acteurs, tentés par les succès de Talma, semblent vouloir l'imiter, Geoffroy leur dit : "Laissez les étrangers jouer la tragédie comme des énergumènes et des fous!"[4]

Talma n'en est pas moins, de beaucoup, la personnalité la plus éminente du Théâtre Français, à la fin de l'Empire.   Dans le livre *De l'Allemagne*, qui a paru à Londres en 1813, M^me de Staël lui a

---

[1] Cf. M^me de Staël, *De l'Allemagne*, II^e partie, ch. XXVII, *De la Déclamation*.

[2] Moreau, *Mémoires historiques et littéraires sur Talma*, 1826.

[3] Al. Dumas, *Souvenirs de 1830–1842*, VIII, 256.

[4] Cf. Des Granges, *Geoffroy et la critique dramatique sous le Consulat et l'Empire*, 1897.

consacré quelques pages d'éloges sans réserves.[1]  Talma, dit-elle, est un de ces hommes de génie qui, en France, atteignent "à un degré de perfection sans exemple," parce qu'ils savent réunir "l'audace qui fait sortir de la route commune au tact du bon goût qu'il importe tant de conserver." En lui les contraires s'harmonisent : "il est un modèle de hardiesse et de mesure, de naturel et de dignité" ; "Ses attitudes rappellent les plus belles statues de l'antiquité... L'expression de son visage, celle de son regard, doivent être l'étude de tous les peintres... Le son de sa voix ébranle dès qu'il parle..." Il donne à la tragédie française ce que les romantiques étrangers "lui reprochent de n'avoir pas : l'originalité et le naturel." Sa déclamation et son jeu, qui "combinent artistement Shakespeare et Racine," offrent sur la scène un exemple de synthèse esthétique dont les poètes devraient bien s'inspirer. A l'hommage ardent de M<sup>me</sup> de Staël répond, quelques années plus tard, le témoignage plus calme, mais également très élogieux, de son émule irlandaise, lady Morgan. Pendant son séjour à Paris (1816) elle a connu Talma :[2] elle l'a vu jouer *Britannicus*, au Théâtre Français, dans une loge qu'il lui a choisie. Elle n'aime pas, ni ne comprend, la tragédie française, où elle ne voit que froide déclamation, et qui l'ennuie. Mais l'art extraordinaire de Talma compense la monotonie des longues tirades classiques. Dans le rôle de Néron, il fut parfait : "a keeping, a tact, a fidelity to nature, indescribably fine." D'une conversation qu'elle a eue avec lui elle a gardé l'impression que Talma, admirateur passionné du drame anglais et de Shakespeare, étouffe dans les contraintes du genre français classique : "Talma is eminently superior to the school whose rules he is obliged to obey... He is the *Gulliver* of the French stage tied down by *Lilliputian threads*."[3]

Lady Morgan parlait aussi, avec une grande admiration, de M<sup>lle</sup> Georges : "Her fine countenance, so little aided by art, that her very colour seems to vary in her transparent complexion, is of the true heroic cast; and is susceptible of all the stronger passions; but most of indignation, or of hatred, brooding and suppressed, but ennobled by the passion that awakens it... I think she is one of the finest specimens of the human form I ever beheld."[4]

---

[1] *Loc. cit.*
[2] Lady Morgan, *née* Miss Owenson, était elle-même fille d'un acteur irlandais.
[3] *France*, by Lady Morgan, London, 1817, II, p. 103.
[4] *Ibid.*, II, p. 108.

On a beaucoup lu et discuté, en Angleterre, le livre de M<sup>me</sup> de Staël, et celui de lady Morgan, qui étaient, quand ils parurent, de toute actualité. On connaît les relations amicales qui ont existé entre Talma et Napoléon : lady Morgan les rappelle. On n'ignore pas non plus, semble-t-il, le sentiment très vif que Napoléon a eu jadis pour M<sup>lle</sup> Georges; on sait les aventures de l'actrice, son séjour en Russie; tout récemment encore, elle a fait parler d'elle : ses incartades ont fatigué la direction du Théâtre Français : elle a donné sa démission, qui a été immédiatement acceptée (mai 1817).[1] Ces souvenirs anciens ou récents expliquent assez la très vive curiosité qui se manifesta, à Londres, quand on apprit, à la fin de mai 1817, la visite des deux vedettes du Théâtre Français.

Pourtant la disposition générale des esprits, en Angleterre, à cette date, n'était guère favorable à l'organisation de spectacles français. Indépendamment des préventions des "antigallicans" contre tout ce qui vient de France, le théâtre français n'a pas une bonne presse. Un Français, Defauconpret, qui visite l'Angleterre en 1819, déclare qu'il y a dans ce pays "une haine nationale contre le spectacle français."[2] C'est affaire d'intérêt autant que de goût: "Jamais John Bull" dit le même auteur, "ne permettrait l'établissement d'un théâtre français en Angleterre : il craindrait trop pour les siens le fâcheux effet de cette concurrence."[3] Il y a, à Londres, une troupe française qui joue, une fois par semaine, sur la petite scène des Argyle Rooms : mais c'est un spectacle d'abonnés, pour lequel on n'autorise ni publicité ni vente de billets. Il en est de même pour les représentations françaises que donne, dans Berwick Street, une troupe d'amateurs. Encore ces spectacles privés et intermittents indisposent-ils l'opinion anglaise. Un charivari organisé par une bande d' "antigallicans" dans la salle de Berwick Street ayant dégénéré en rixe, la police arrête les perturbateurs : le magistrat les relâche en déclarant que c'étaient les spectateurs et les acteurs qu'il eût fallu arrêter.[4] Il est évident, d'ailleurs, que le goût anglais ne s'accommode que d'un certain genre de spectacles français. Ce qu'on joue aux Argyle Rooms, ou à Berwick Street, avec un succès dont les gallophobes s'irritent, ce sont des comédies. La tragédie classique, avec ses conventions de composition et de

---

[1] Un article caustique de la *Gazette de France* sur les démêlés de M<sup>lle</sup> Georges avec le Théâtre Français est traduit dans *The Literary Gazette*, du 31 mai 1817.

[2] *Une année passée à Londres*, 1819, p. 284.

[3] *Six Mois à Londres en 1816*.

[4] (Defauconpret), *Une Année à Londres en 1819*.

style, avec sa noblesse un peu froide, représente une esthétique difficilement accessible aux habitués de Drury Lane. En 1817 Kemble a voulu jouer l'*Andromaque* de Racine traduite en anglais. Il est allé spécialement à Paris pour voir Talma dans le rôle d'Oreste : il a reproduit exactement son jeu, dans les plus petits détails. La représentation a paru longue, et le public londonien a été déçu.[1]

On pouvait donc prévoir que la tâche ne serait pas aisée, à Londres, pour Talma et Mlle Georges, s'ils venaient y chercher une consécration de leurs succès parisiens.

Ils arrivèrent à la fin de mai[2] et repartirent au début de juillet. La nouvelle de leur arrivée fit sensation[3] et pendant tout leur séjour il fut beaucoup parlé d'eux, dans la presse anglaise.[4] Talma surtout fut très aimablement accueilli. Une Française, Mme d'Avot, qui était à Londres, cet été-là, écrit dans ses *Lettres* : "Talma a reçu l'accueil le plus flatteur de tout ce que l'Angleterre a de distingué... Il est invité, fêté partout..."[5] Le soir même de son arrivée (28 mai) son ami Howard Payne, l'auteur dramatique, le mena à Covent Garden et le présenta aux acteurs.[6] Plus tard il fut reçu à Drury Lane, au Lyceum, au Surrey Theatre : partout sa cordialité, sa simplicité, et l'aisance avec laquelle il parlait anglais faisaient sur ses confrères une excellente impression. Les grands quotidiens publiaient des notices aimables (voir notamment *The Morning Chronicle*, 5 juin, *The Courier*, id.) : on insistait sur l'enfance à demi anglaise de Talma, sur les influences anglaises qu'il avait subies, sur l'attitude modérée et réservée qu'il avait observée pendant la Révolution, sur les relations amicales qu'il avait

---

[1] Cf. *L'Angleterre et les Anglais* (par R. Southey, revu par Dickinson et De Gourbillon), Paris, 1817, III, p. 232.

[2] *The British Stage* (1817, p. 294), annonce qu'ils sont arrivés ensemble : mais d'après le *Courrier de Londres* (23 mai) Mlle Georges est arrivée le 19, et on attend Talma. Talma s'arrêta à Boulogne, où il donna quelques représentations et n'arriva à Londres que le 28 (cf. Regnault-Warin : *Mémoires sur Talma*, 1827) : il avait emmené avec lui, pour lui donner la réplique, Mlle Féart, de la Comédie Française, et l'acteur Mainvielle. D'après la revue *La France et l'Angleterre* (30 mai) Talma et Mlle Georges sont logés tous deux à l'hôtel Brunet, Leicester Square.

[3] Cf. *The Theatrical Inquisitor*, juin 1817. "Talma's visit to England has produced a great sensation."

[4] Cf. le *Journal des Débats*, 23 juin : "L'arrivée de Talma à Londres fournit chaque jour un nouvel article aux journaux anglais. A peine fait-il un pas ou un geste qu'ils croient devoir en rendre compte au public. . . ."

[5] Mme M.D., *Lettres sur l'Angleterre, ou Mon Séjour à Londres en 1817 et 1818*, Paris, 1819, p. 197, sq.

[6] Cf. *The Morning Post*, 30 mai ; *The Theatrical Inquisitor*, juillet.

toujours entretenues avec ses confrères anglais, sur sa distinction et son charme personnels.[1]   Dans les revues littéraires, dans les journaux de théâtre, ou dans les journaux français de Londres, on trouve des biographies plus détaillées.   La *Literary Gazette* du 7 juin reproduit, sous le titre "*Memoirs of Talma*," une notice biographique qui avait paru dans *l'Antigallican* du 1er juin, et à laquelle elle apporte des rectifications ou des compléments.   Elle donne quelques détails sur l'opinion française au sujet de Talma : il a ses enthousiastes, qui trouvent réalisé en lui le beau idéal : mais on lui reproche quelquefois son débit lourd, sa voix sourde qui ne se développe que dans des éclats intermittents.   Il est supérieur dans les rôles de tyrans et de conspirateurs ; dans les rôles de noblesse et de dignité soutenue certains lui préfèrent son rival Lafond.   La *Literary Gazette* rappelle les critiques de Geoffroy, mais cite aussi les éloges de lady Morgan, et présente Talma comme "a well bred and accomplished gentleman" — La revue *France et Angleterre* publie également, en français, une notice détaillée, où elle cite Lady Morgan (15 juin) — Le *Theatrical Inquisitor* consacre à Talma une bonne part de son numéro de juin : en tête une gravure représente l'acteur dans le rôle de Néron :[2] puis vient une biographie de huit pages, avec des détails plus circonstanciés sur les premiers succès de Talma, sur ses relations amicales avec Ducis, "the French Shakespeare" ; le journal rectifie certaines informations inexactes de lady Morgan sur les rapports de Talma avec Napoléon, et donne, sur la vie privée de l'acteur, des détails nouveaux : Talma est riche ; il a une belle propriété, aux environs de Paris ; il mène une vie bourgeoise: "his dispositions are all domestic." Sous l'Empire il donnait chez lui des réceptions, le mercredi : depuis le retour des Bourbons, ces réunions ont cessé : il faut éviter les soupçons.   Mais le gouvernement de la Restauration, bien que connaissant les relations amicales que Talma entretenait avec Napoléon, ne le suspecte pas : on sait qu'il ne fait pas de politique : le roi le traite "with affectionate distinction."

[1] Cf. *The Morning Chronicle*, 5 juin.   "His commanding talents, his general acquirements—and, above all, the excellency of his private character, so distinguished for liberality and hospitality, cannot fail to ensure him a favourable reception in this country. . . ." Lady Morgan avait dit (*France*, 1817, II, p. 104), "The dignity and tragic power of Talma on the stage are curiously but charmingly contrasted with the simplicity, playfulness and gaiety of his most unassuming, unpretending manners off the stage. . . ."

[2] Au bas de la gravure sont cités ces vers de *Britannicus* (II, 3) :
"Caché près de ces lieux, je vous verrai, Madame ;
Renfermez votre amour dans le fond de votre âme."

On parle aussi, mais moins, de M^{lle} Georges.[1]   *Le Journal des Débats* du 23 juin annonce à ses lecteurs qu'il y a, à Londres, une cabale contre elle, et que c'est le résultat "d'une intrigue de salon." De fait, l'*Antigallican* a publié sur elle un article assez venimeux qu'on trouve traduit en français dans les *Mémoires Secrets ou Chronique de Paris imprimée à Londres* (no. X, du 20 mai au 20 juin 1817). "La belle et célèbre M^{lle} Georges," dit l'*Antigallican*, est venue en Angleterre "sur la recommandation d'un noble duc" : il est regrettable que des actrices françaises soient ainsi admises dans la haute société de Londres : cette assimilation sociale des actrices françaises et des actrices anglaises ne se justifie pas : l'aristocratie anglaise devrait faire la différence, et ne pas se laisser contaminer par les mœurs dissolues que la noblesse française a cruellement expiées sous la Révolution.

Le 9 juin, les acteurs de Covent Garden donnèrent, en l'honneur de Talma, au Clarendon Hotel, un grand dîner, présidé par Fawcett et Charles Kemble, auquel Macready et John Kemble assistaient aussi.[2]   Tous les journaux en parlèrent. Dans son speech à Talma, Fawcett le remercia de l'hospitalité qu'il donnait gracieusement, à Paris, à ses confrères anglais; il disait en terminant : "To the accomplishments of an actor you add the graces of a gentleman." Talma le remercia, en anglais, en quelques mots émus.[3]   Plus tard, dans la soirée, Fawcett ayant porté un toast à John Kemble, Talma s'y associa chaleureusement, porta la santé de son "dear friend and brother John Kemble," et lui donna l'accolade.[4]   Dans la suite, Talma fut encore l'objet d'attentions flatteuses. Il assista, le 23 juin, à la représentation d'adieux de John Kemble, qui joua *Coriolan*. Il était à l'orchestre : on lui fit passer, de main en main, dans la salle, une couronne, avec dédicace imprimée sur une écharpe de satin blanc, qui devait être remise à Kemble : ce fut lui qui la jeta sur la scène, au milieu des applaudissements. Puis, ce fut le dîner d'adieu de John Kemble, donné par les amateurs de théâtre, à la Freemason's Tavern (27 juin); il y avait une brillante assistance de nobles, d'artistes, d'écrivains, d'hommes politiques : le duc de

[1] Cf. *The Morning Chronicle* du 5 juin : "The beautiful and celebrated M^{lle} Georges . . . the most distinguished tragic actress of the Théâtre Français. . . ."

[2] Cf. *Macready's Reminiscences*, ed. by Sir Frederick Pollock, London, 1875, I, p. 150.

[3] "A delicious specimen of French sensibility," dit le *Literary Gazette*, 1817, p. 294.

[4] Le texte des speeches est donné dans le *Theatrical Inquisitor*, juin; *The Morning Chronicle*, et *The Courier*, 10 juin; en français dans *France et Angleterre*, 15 juin.

Bedford, le marquis de Lansdowne, le marquis d'Abercorn, le comte d'Aberdeen, le comte d'Essex, lord Erskine, Thomas Moore, Crabbe, Sir Thomas Lawrence, sous la présidence de lord Holland. Talma était là : au cours de la soirée, lord Holland lui porta un toast et but aux succès du théâtre français. Talma remercia de l'honneur qu'on lui faisait en associant son nom à l'hommage rendu à Kemble, et but "aux succès de la nation anglaise et du théâtre anglais." Les journaux de Londres reproduisirent ses paroles.[1]

Ces cordialités et effusions confraternelles n'empêchaient pas qu'on ne fît une sourde opposition, dans certains milieux londoniens, aux projets de Talma et de Mlle Georges. Rien, semble-t-il, n'avait été arrêté d'avance, et il fallut surmonter toutes sortes de difficultés pour organiser, sur place, des représentations françaises. Il paraît bien que l'intention de Talma, en allant à Londres, ait été de jouer Shakspeare en anglais. Nous avons, sur ce point, les témoignages concordants de lady Morgan et de Fanny Kemble.[2] Mais John Kemble l'en dissuada énergiquement : si couramment qu'il parlât anglais, sa prononciation n'était pas assez bonne pour qu'il risquât l'épreuve.[3] Alors il voulut jouer des tragédies françaises.[4] Mais il fallait trouver une salle et obtenir les autorisations nécessaires. Aux *Argyle Rooms* la salle et la scène étaient petites : d'ailleurs le comité de direction était hostile à Mlle Georges.[5] Finalement Talma et Mlle Georges adressèrent une demande au Prince Régent pour être autorisés à disposer, pour quelques soirs, de la scène de l'Opéra (King's Theatre). Le Prince refusa son consentement, alléguant que ces représentations feraient une concurrence injuste aux théâtres nationaux : mais il autorisa Talma et Mlle Georges à jouer au King's Theatre, les jeudis 19 et 26 juin, des scènes choisies de Corneille, de Racine et de Voltaire, une partie de ces soirées étant réservée à un programme musical qui serait exécuté par l'orchestre de l'Opéra. Ces représentations devaient avoir lieu dans la salle de concert : il fallait donc y construire une scène provisoire. La solution était peu satisfaisante : encore

---

[1] Cf. *The Antigallican Monitor*, 29 juin; *The Times, The Morning Chronicle*, 30 juin; *France et Angleterre*, 1er juillet; *The Literary Gazette*, 4 juillet.

[2] Cf. lady Morgan: *France*, II, p. 104. "He ... told me that he had a great desire to play in one of Shakespeare's tragedies." Frances Ann Kemble, *op. cit.*, I, p. 42: "He consulted my uncle on the subject of acting in English. . . ." Le *Journal des Débats* (23 juin) annonce que " le directeur de Covent Garden lui a proposé une somme considérable pour jouer deux fois en anglais sur son théâtre."

[3] Frances Ann Kemble, *loc. cit.*    [4] Cf. *The Morning Chronicle*, 5 juin.

[5] Cf. *Journal des Débats*, 23 juin.

souleva-t-elle, du côté anglais, des objections. Le *Courrier de Londres* écrit (13 juin) :

Nous ignorons encore si le grand Talma daignera déployer ses talents sur aucun théâtre . . . de cette capitale. Une grande irrésolution règne dans ses conseils, et depuis dix jours dix plans divers ont été successivement adoptés et abandonnés. Il avait été enfin arrêté mercredi soir (11 juin) qu'il jouerait ou réciterait quelques scènes dans la salle de concert du Théâtre du Roi. Des préparatifs s'y faisaient hier matin; on y érigeait un petit théâtre, on plaçait en avant des pupitres pour le nombreux orchestre de l'opéra italien. . . . Mais hier tout a été contremandé et on ne sait pas encore quelle sera enfin la détermination de Talma. M^lle Georges l'attend, dit-on, avec impatience. . . . Elle a quitté, à Paris, un emploi. . . . Ici elle se trouve sans emploi, et ne sait comment utiliser un voyage sur lequel elle avait fondé de hautes espérances. . . .[1]

Les journaux de Londres, notamment le *Theatrical Inquisitor*, nous donnent la clef de ces tergiversations dont la responsabilité n'incombait pas à Talma, mais à certaines mauvaises volontés locales que l'autorisation du Régent ne désarmait pas. Un des propriétaires du King's Theatre, Taylor, demanda à la Court of Chancery d'interdire les soirées projetées sous prétexte que le théâtre n'était assuré contre l'incendie que pour les représentations de l'opéra italien. L'affaire passa le 21 juin, et le *Theatrical Inquisitor* donne un compte rendu du débat. Le lord Chancellor réserva sa décision, en maintenant provisoirement l'autorisation accordée; le 25 juin, ayant consulté la police d'assurance, il rejeta définitivement la requête de Taylor. Il convient de remarquer que dans cette affaire la presse de Londres fut généralement en faveur des artistes français, et marqua sa désapprobation de ces procédés désobligeants; personne ne fut dupe du prétexte invoqué.[2]

Les représentations eurent donc lieu aux dates prescrites (19 et 26 juin). Le programme comportait une partie musicale (instrumentale et vocale) et une partie dramatique.[3] Talma et M^lle

---

[1] Article reproduit dans le *Journal des Débats*, du 19 juin.

[2] Cf. *The Theatrical Inquisitor* (juillet) : "Mr. Taylor, a proprietor of the King's Theatre, having been instigated by some unaccountable influence to oppose the intended professional exertions of this distinguished actor, applied to the Lord Chancellor for an injunction to restrain the manager of that establishment from pursuing his laudable intentions."

*The Morning Chronicle* (5 juillet) : "The greatest tribute paid to Monsieur Talma and M^lle Georges has certainly been shewn by Mr. Taylor, late of the Opera House, for he thought the fire of French acting was so great as to endanger the Insurance Office."

[3] Les journaux annoncent : "Grand Concert and Recitations by M. Talma and M^lle Georges" : le prix des billets est d'une guinée.

Georges jouaient — ensemble ou alternativement — quelques scènes : M^lle Féart et Mainvielle leur donnaient la réplique. A la représentation du 19 juin le programme de la partie dramatique, autant qu'on peut le reconstituer par les comptes rendus, était le suivant : *Phèdre*, de Racine, acte 1, scène 3, par M^lle Georges; *Manlius Capitolinus* (de Delafosse), deux scènes, par Talma; *Œdipe*, de Voltaire, deux scènes, par Talma et M^lle Georges; *Andromaque*, de Racine, les deux derniers actes, par Talma et M^lle Georges. L'assistance, disent les journaux, était "très nombreuse et très brillante"[1] : il y avait là le duc et la duchesse de Cumberland, le duc et la duchesse de Gloucester, le prince de Solms, et beaucoup de personnes "of rank and fashion." Le succès des deux vedettes fut très vif : "In all they undertook," dit le *Morning Post* (20 juin), "they were honoured with the universal applause of a most numerous and splendid assembly." Même témoignage dans le *Morning Chronicle* (21 juin).

. . . The lofty and beautiful versification of the French poet was finely delivered on Thursday night; and the emotion of the two principal artists was felt in every bosom, by the warmth, the truth and electricity of their expression. . . . Frequent bursts of applause, and what was perhaps more certain indications of feeling, throbs from many a heaving heart and tears from many a beautiful eye bore testimony to the force of (their) delineations. . . .

A la représentation du 26 juin le programme comportait : une scène d'*Athalie* (M^lle Georges), une scène du *Philoctète* de La Harpe (Talma), une scène d'*Horace*, les imprécations de Camille (M^lle Georges), une scène d'*Iphigénie en Tauride*, de Guimond de Latouche (Talma, dans le rôle d'Oreste), et une scène du *Macbeth* de Ducis, jouée par M^lle Georges. Peut-être, en ajoutant aux scènes classiques ce dernier numéro, voulait-on répondre au vœu qu'avait formulé le *Morning Chronicle* (19 juin), de pouvoir comparer la manière française et la manière anglaise dans des scènes de Shakespeare remaniées par Ducis. Cette deuxième soirée fut moins brillante : il y avait eu, ce jour-là, une longue réception à la cour, par une chaleur torride,[2] et bien qu'on eût retardé, pour cette raison, l'heure du spectacle, l'assistance fut moins nombreuse et moins choisie. Les acteurs eurent encore un beau succès,

---

[1] Salle pleine, disent le *British Stage* (juillet), et le *Courier* (20 juin, article reproduit par le *Journal des Débats*, 24 juin) : près de mille personnes, dit le *Morning Chronicle* (21 juin). Mais le *Courrier de Londres* (20 juin), journal français assez mal disposé, semble-t-il, pour les deux artistes, ne compte que 800 spectateurs, dans une salle qui pouvait en contenir de 12 à 1500.

[2] Cf. *Morning Chronicle*, 25 et 27 juin.

surtout Talma dans *Philoctète* :[1] mais on estima que ç'avait été une erreur d'ajouter au programme purement français une scène du *Macbeth* de Ducis; le rôle de lady Macbeth avait été incarné par Mrs Siddons avec une telle perfection qu'il était pour ainsi dire fixé, pour les Anglais de cette époque, et c'était jouer la difficulté que d'en tenter une nouvelle interprétation.[2]

Matériellement le résultat était médiocre. Le *Courrier de Londres* (1er juillet) évalue la recette de la première soirée à 6 ou 700£, celle de la seconde à 350£. Après remboursement des frais, et prélèvement de la part du théâtre, il restait à partager, entre Talma et Mlle Georges, moins de 400£. Mais Talma déclarait qu'il était venu en Angleterre " non pour gagner de l'argent, mais pour en dépenser."

Quant au prestige du théâtre français, il ne paraît pas qu'il ait été beaucoup rehaussé. Ces spectacles morcelés, exécutés sur une scène improvisée et sommaire,[3] avaient-ils quelque chance de vaincre l'antipathie anglo-saxonne pour l'esthétique de la tragédie classique, esthétique si spécifiquement française, si nationale, que même à Paris, et dans les meilleurs conditions possibles d'exécution, une spectatrice pourtant bienveillante et cultivée, comme lady Morgan, avait tant de peine à l'apprécier équitablement? Et puisque la représentation d'un ensemble était impossible, puisqu'une sélection de scènes était imposée, était-ce dans le *Manlius* de Delafosse, ou dans l'*Iphigénie* de Guimond de Latouche, ou même dans l'*Œdipe* de Voltaire qu'il convenait de prendre des spécimens de la poésie tragique en France? En réalité, les programmes, tels qu'ils avaient été établis, étaient des programmes d'acteurs, plus préoccupés d'art scénique que de poésie dramatique : de là cette préférence donnée, dans le répertoire classique, à des morceaux à effet, les imprécations de Camille, les fureurs d'Oreste, et le choix de tragédies comme *Manlius* et *Philoctète*, œuvres médiocres, mais où Talma s'était "taillé un rôle."[4] Les

---

[1] Cf. *The Times*, 28 juin: "In the passages from the *Philoctète* Talma's action was greater than we can possibly describe: he really penetrated us with horror at the description which he gave, and the semblance he afforded, of a man left wounded, betrayed and forlorn on a desolate island."

[2] Cf. *The Times, ibid.* ". . . We wish Mlle Georges herself could see Mrs Siddons in Lady Macbeth. . ." Cf. aussi *La France et l'Angleterre*, 1er juillet.

[3] ". . . une espèce d'échafaud qui ne méritait pas le nom de théâtre, qui était beaucoup trop petit et trop élevé, et qui n'offrait aux yeux rien de ce qui sert à entretenir l'illusion théâtrale. . . ." (*Courrier de Londres*, 1er juillet).

[4] "Talma, disait Mme de Staël (*loc. cit.*), sait donner à la tragédie de *Manlius* l'énergie qui lui manque. . . ."

acteurs cherchaient à se faire valoir, plutôt qu'à faire valoir des chefs d'œuvre : perpétuelle erreur des virtuoses.

M^me d'Avot, qui a assisté aux représentations, et qui semble bien avoir reçu les confidences de Talma, ne cache pas son mécontentement.   Elle déplore que les acteurs français aient accepté de jouer dans des conditions aussi défavorables.  "M^lle Georges et Talma, dit-elle, ont joué avec autant de désagréments qu'il est possible d'en éprouver... Il est impossible d'être plus contrarié que Talma ne l'a été."   On lui avait promis des figurants : des notices imprimées expliquant les scènes, en anglais, devaient être distribuées dans la salle.  Mais "tout manqua ou se fit de travers."  Les Anglais, "toujours jaloux des artistes étrangers," ont fait tous leurs efforts pour que Talma parût avec moins d'avantage.   D'ailleurs les habitudes du public anglais lui interdisent de goûter la tragédie classique.  L'attitude de certains spectateurs, que M^me d'Avot a pu voir près d'elle, ne laissait aucun doute sur l'incompatibilité du goût anglais et du goût français au théâtre : "Arracher des étrangers au genre qu'ils se sont formé, à leurs habitudes, à leurs mœurs, c'est presque impossible."[1]

Les acteurs avaient-ils du moins pleinement obtenu ce succès personnel qu'ils ambitionnaient, et qui devait être, pour M^lle Georges, une revanche de ses déboires parisiens ?

Évidemment, ils ont produit un grand effet, et ont reçu de grands éloges.  On a beaucoup admiré leur prestance, les dons physiques de Talma, la beauté de M^lle Georges, dont on a bien dû constater, pourtant, l' "embonpoint" menaçant, et les allures parfois un peu masculines.[2]   Leur jeu puissant a fait une impression profonde, et les éloges sans réserves, surtout pour Talma, ne sont pas rares.   "Le jeu de l'acteur et celui de l'actrice, dit un journal de Londres, ont été si énergiques, si terribles . . . que l'assemblée a été électrisée"; dans les fureurs d'Oreste "Talma est parfait:

---

[1] M^me M. D., *Lettres sur l'Angleterre* . . . , *loc. cit.*

[2] Cf. *Morning Post*, 20 juin : "M^lle Georges has an expressive countenance, a figure not a little inclined to *embonpoint*, and a commanding air.  Talma boasts a good figure, a full face, which, illuminated by a fine eye, is capable of working terrific emotion with prodigious effect, and which is also equal to the portraiture of animated dignity and fervent love."   *The British Stage*, juillet : "Talma appears to have been designed by Nature for the profession he has so long adorned; his person is manly and majestic, and his countenance extremely handsome and expressive.   His eye is dark, penetrating and finely overshadowed by strongly-marked brows.   M^lle Georges is of a middle stature, and excessively corpulent.   Her face is however expressive, and her gesture graceful. . . ."

toute tentative pour en donner une idée serait superflue. . . ."[1]
Hazlitt, qui a assisté aux représentations, en garde des souvenirs
très précis qu'il se plaît à rappeler en 1824, quand, de passage à
Paris, il apprend avec regret que Talma et Mlle Georges sont tous
deux absents :

I had seen them both formerly and should have liked to see them again.
Talma has little of the formal *automaton* style in his acting.  He has indeed
that common fault of his countrymen of speaking as if he had swallowed a
handful of snuff; but in spite of this, there is a great emphasis and energy in
his enunciation, a just conception, and an impressive representation of character.
He comes more in contact with nature than our Kemble-School, with more
of dignity than the antagonist one.  There is a dumb eloquence in his gestures.
In *Œdipus* I remember his raising his hands above his head, as if some appalling
weight were falling on him to crush him; and in the *Philoctetes*, the expression
of excruciating pain was of that mixed mental and physical kind, which is so
irresistibly affecting in reading the original Greek play, which Racine[2] has
paraphrased very finely.  The sounds of his despair and the complaints of
his desolate situation were so thrilling, that you might almost fancy you heard
the wild waves moan an answer to them.  M[lle] Georges (who gave recitations in London in 1817) was, at the time I saw her, a very remarkable
person.  She was exceedingly beautiful, and exceedingly fat.  Her fine,
handsome features had the regularity of an antique statue, with the roundness
and softness of infancy.  Her well-proportioned arms (swelled out into
the largest dimensions) tapered down to a delicate baby-hand.  With such
a disadvantage there was no want of grace or flexibility in her movements.
Her voice had also great sweetness and compass.  It either sunk into the
softest accents of tremulous plaintiveness, or rose in thunder.  The effect
was surprising, and one was not altogether reconciled to it at first. . . ."[3]

Hazlitt admire beaucoup, et fait peu de réserves.  Mais dans la
presse de Londres, en 1817, du moins dans les comptes rendus un
peu détaillés, où l'art des acteurs français est l'objet d'une analyse
un peu poussée, des critiques se mêlent aux éloges, critiques qui
d'ailleurs attestent, par leur désaccord, que le goût anglais, en
matière d'art scénique, est loin d'être unanime.

Le *Morning Post* (20 juin) estime que la " brillante" déclamation
de Talma, malgré ses "vivid flashes of feeling" ne répond pas au
goût anglais : c'est un produit français qui ne saurait être trans-
planté.  Sans doute il y a beaucoup d'art dans sa mimique des
émotions poignantes, dans ses branlements de tête, dans ses tremblements des genoux : mais si un acteur anglais se permettait de tels

---

[1] *The Courier*, 20 juin, article traduit dans le *Journal des Débats* du 24 juin.

[2] Hazlitt confond: le *Philoctète* est de La Harpe, et non de Racine.

[3] *Notes on a journey through France and Italy* (*Œuvres*, éd. Waller et A. Glover,
IX, p. 154).  Hazlitt analyse encore, avec plus de détails, le jeu de Talma dans
*The Plain Speaker: on Novelty and Familiarity* (*Œuvres*, VII, p. 298).

effects, il risquerait de faire rire. C'est affaire de goût : ce qui paraît naturel et noble, d'un côté de la Manche, paraîtrait, de l'autre côté, extravagant et absurde.

La *Literary Gazette* (28 juin) exprime le même avis, parfois dans les mêmes termes. Ce qui caractérise le jeu de Talma et de M^lle Georges, c'est l'impétuosité, la fougue : ils jouent avec feu. Mais il est difficile que leur jeu plaise à Londres. Cette violence des gestes et des attitudes, cette agitation des bras, ces tremblements des mains répondent sans doute au goût français; en Angleterre, cette mimique paraît extravagante. Le calme (sedateness) est le fondement de la majesté, de la grandeur de l'art antique : il est aussi la caractéristique du tempérament anglais : aussi les tragédiens anglais sont-ils plus capables que les Français de représenter les mouvements majestueux de la scène antique. Le Philoctète de Talma, en dépit de toute la véhémence et de toute la puissance de son jeu, est un Français : il n'a de grec que le costume, et le nom. M^lle Georges, dans *Macbeth*, ne répond pas non plus exactement à l'idée que l'on se fait, en Angleterre, de la grandeur tragique.

C'est là l'opinion des partisans de l'école de Kemble. Talma pousse à l'extrême sa réaction de réalisme contre l'ancienne déclamation : il tombe dans une recherche excessive des effets physiques; il manque de style, sans doute par désir d'animer des œuvres qui ne sont que trop stylisées. Les acteurs anglais, soutenus par des textes plus chargés de réalité concrète et plus colorés, gardent dans leur jeu plus de sobriété et de tenue. Un disciple de Kemble, l'acteur Charles Mayne Young, formulera cette critique de façon plus brutale, à Paris en 1821, et, dans son journal, reprochera à Talma de donner parfois dans la vulgarité.[1]

D'autres, il est vrai, estiment qu'au contraire Talma et M^lle Georges restent encore trop attachés à la tradition de "déclamation sonore" qui est celle du Théâtre Français. Dans un article d'ailleurs bienveillant et élogieux que nous avons déjà cité, le *Morning Chronicle* (21 juin) rappelle que les Français considèrent qu'il est au-dessous de la dignité de la tragédie qu'un acteur prononce les vers de Corneille et de Racine sur un ton familier et naturel, et fasse parler les rois et les héros comme des hommes ordinaires : une

---

[1] Il écrit dans son journal, après avoir vu Talma dans le rôle d'Oreste : "I lament to say—so much I like the man—that I was disappointed. He was deficient in dignity, simplicity and grace throughout, though he gave one point in the 5th Act very finely indeed. His insanity, too, was, unquestionably, for the most part, powerfully given, but his merits and impressiveness were impaired by a manner and action which I can only characterise as vulgar." Dans *Coriolan* Talma "was immeasurably inferior to John Kemble."

voix profonde, un débit solennel, un "bourdon sépulcral," un tremblement perpétuel des lèvres et des mains sont les signes traditionnels des émotions suprêmes.    Ces caractères de la déclamation française sont encore apparents chez M$^{lle}$ Georges et chez Talma, en dépit des progrès qu'ils ont réalisés.    Talma a beaucoup fait pour moderniser l'art scénique : mais il n'y est pas parvenu aussi bien que Garrick en Angleterre : il est bien obligé d'ailleurs de tenir compte du goût très conservateur de son public français.

Ainsi ce mérite personnel et rare que Hazlitt louait chez Talma, cette aptitude à concilier dans son jeu des tendances opposées de l'art scénique moderne, en allant plus loin, dans le réalisme, que l'école de Kemble, mais en conservant plus de dignité que les adeptes de l'école réaliste, est cause que l'acteur français, à Londres, ne satisfait pleinement personne.    Aux uns sa manière paraît un peu vulgaire : aux autres, trop noble.    On se met d'accord en disant qu'il est trop français, et que le goût français, décidément n'est pas le goût anglais!    Trop anglais pour plaire aux vieux habitués de la Comédie Française, Talma ne l'est pas assez, à Londres, pour rallier tous les suffrages.

Inévitablement, dans ces comptes rendus, la discussion atteignait parfois, par delà les acteurs, les œuvres qu'ils avaient interprétées. Or, dans ces premières années de la Restauration, la critique française, mise en éveil par les attaques qui viennent d'être lancées successivement contre le théâtre classique par Sismondi, par Schlegel, par M$^{me}$ de Staël, par Lady Morgan, se montre susceptible et combative.    Un écho parvint en France de certaines réflexions anglaises qui parurent déplacées et provoquèrent une riposte.    Dans un article, d'ailleurs élogieux, sur Talma et M$^{lle}$ Georges, le journal londonien *The Courier* (20 juin) avait dit :[1]

Tout le monde connaît la passion, fatale et horrible de Phèdre pour son beau-fils. . . . Les Français répètent avec orgueil que Racine a eu l'art de dépouiller ce sujet de tout ce qu'il y a d'odieux dans le caractère de Phèdre: ceux qui se contentent de lire la pièce, ne seront pas de cette opinion, mais ceux qui verront ce rôle représenté par M$^{lle}$ Georges auront de la peine à lui refuser leur pitié. . . ."

Et à propos de l'*Œdipe* de Voltaire:

Il serait inconvenant de détailler toute la complication des horreurs attachées aux noms d'Œdipe et de Jocaste; un semblable sujet ne serait pas souffert un instant sur notre théâtre.    Notre goût moral est infiniment supérieur à celui des Français; ils peuvent nous répondre que leur goût littéraire, au moins dans la tragédie, est supérieur au nôtre. . . .

[1] Nous citons la traduction de cet article qui parut dans le *Journal des Débats* du 24 juin.

Cet accès de moralisme anglo-saxon irrita un rédacteur des *Débats*, Duvicquet, qui protesta, dans son feuilleton dramatique du 26 juin, contre les "nombreuses hérésies" du journaliste anglais :

. . . Le journaliste prétend, en bon et honnête gentleman, que le goût moral des Anglais est, en matière de théâtre, infiniment supérieur à celui des Français. Suivant lui les Anglais ne souffriraient pas, sur leur scène, la complication des horreurs attachées aux noms d'Œdipe et de Jocaste. Il faut, de la part du critique, une prévention bien robuste et bien bizarre pour s'aveugler ainsi sur les inconvenances morales dont presque toutes les pièces de Shakespeare sont remplies. Quoi! le théâtre anglais est exempt de turpitudes, d'obscénités, d'indécence de toute espèce, et de ces horreurs dégoûtantes, aussi contraires aux mœurs qu'à la raison et au goût! Quoi! l'union d'une mère et d'un fils qui s'ignorent, et qui se punissent si cruellement l'un et l'autre d'une erreur qui n'est la faute que de la destinée! Quoi! la passion fatale

"De Phèdre, malgré soi, perfide, incestueuse,"

cette passion combattue par des efforts dont une divinité seule peut triompher, expiée par tant de regrets, vengée par une mort volontaire, présenterait un spectacle plus révoltant, plus indigne d'une nation polie et civilisée, ferait un outrage plus sanglant à la décence et à l'humanité, que les plaisanteries des dames d'honneur de la reine Catherine, sur le nom d'une robe de femme en anglais, et les équivoques du *Maure de Venise* sur les caresses dont il vient d'être témoin entre deux amants, et l'abominable assassinat d'un vieux roi égorgé par les mains et dans le château d'un homme comblé de ses faveurs, qui vient de lui donner l'hospitalité, et toutes ces farces à la fois barbares et burlesques, où la cruauté la plus atroce le dispute au cynisme le plus effronté! Je passe sous silence et la violation des règles, et la bassesse des personnages, et la trivialité du style. Le critique a la bonne foi de reconnaître, *au moins dans la tragédie*, la supériorité de notre goût littéraire: la restriction est plaisante! Le goût de Molière, apparemment, ne vaut pas le goût de Cowley et celui de Colman. . . .

Talma, qui était encore à Londres quand ces lignes parurent, pouvait se rendre compte que l'heure n'était pas encore proche où l'amour-propre national cesserait, de part et d'autre, d'envenimer les débats artistiques et littéraires. Il devait d'ailleurs en faire encore l'expérience personnelle. Son retour lui réservait de sérieux désagréments.

Il quitta Londres le 8 juillet, se rendant, avec M^lle Georges, à Calais, d'où M^lle Georges rentrait à Paris, tandis qu'il allait donner des représentations en Flandre. Passons sur les difficultés qu'ils semblent avoir eues, à Calais, avec la douane.[1] A Valen-

---

[1] Cf. *Morning Chronicle*, 16 juillet: ". . . We hear that when M. Talma and M^lle Georges landed at Calais, all their purchase in England of flannels, cottons, shawls, etc. were seized by the Custom-House officers as contraband." Talma démentit cette information, au moins en ce qui le concernait, dans les premières lignes de sa lettre du 21 août, que nous citons plus loin.

ciennes, un incident surgit entre Talma et une troupe d'acteurs anglais dirigée par Oxberry et Penley,[1] de Drury Lane, qui jouait alternativement, avec une troupe française, au théâtre de la ville. Pour que Talma pût donner une représentation, le lendemain de son arrivée (14 juillet), le maire, à la demande de la population et des officiers de la garnison anglaise, disposa en sa faveur de la salle de spectacle : or c'était le jour des acteurs anglais, qui avaient annoncé une représentation à bénéfice.    Oxberry rendit Talma responsable de cette substitution, et lui écrivit une lettre très discourtoise qui fut largement répandue dans la presse anglaise. Talma, qui n'était pour rien dans l'affaire, tâcha d'arranger les choses.    Mais Oxberry poursuivit, dans les journaux de Londres, ses récriminations.    En général d'ailleurs on lui donna tort, et le *Morning Chronicle*, notamment, lui fit observer que toutes les scènes de Londres avaient été refusées à Talma.[2]    Cet incident, néanmoins, succédant aux réceptions cordiales et aux toasts chaleureux de Londres, faisait une fâcheuse impression.

D'autres ennuis attendaient Talma à Paris.    Les journaux français, qui avaient donné des nouvelles de son séjour à Londres, n'avaient pas manqué de relater le dîner d'adieux de John Kemble où Talma, dans la chaleur communicative du banquet, avait dit qu'il buvait non seulement au succès du théâtre anglais, mais aussi "au succès de la nation anglaise," paroles malencontreuses, et qu'on pouvait trouver déplacées, en France, à une époque où les troupes anglaises occupaient encore une partie du territoire.    On les lui reprocha vivement : on menaça de le siffler.    Talma crut devoir démentir, dans une lettre publique,[3] les propos incriminés, en rejetant la faute sur les journaux anglais qui auraient inexactement rapporté ses paroles; il racontait ainsi le dîner d'adieux de Kemble :

. . . Le noble lord, président de la fête, proposa un toast en mon honneur et à la gloire du Théâtre Français; j'y répondis par quelques phrases qui furent gracieusement accueillies, et dans lesquelles je fis entendre l'expression de ma reconnaissance pour la réception pleine de bonté qu'on avait bien voulu me faire, et de mes vœux pour la prospérité du théâtre anglais: ce retour de politesse était en quelque sorte un devoir que le plus sévère observateur des convenances ne saurait désavouer.

[1] C'est Penley qui dirigera, en 1822, la troupe anglaise qui donnera des représentations à Paris.

[2] Cf. *The Theatrical Inquisitor*, août et sept. 1817; *The British Stage*, 1817.

[3] Cette lettre, datée du 21 août, parut notamment dans le *Journal du Commerce*, 22 août; elle est reproduite dans les *Mémoires historiques et littéraires sur Talma*, par M. Moreau, Paris, 1826, et dans la *Correspondance de Talma avec M^me de Staël* publiée par Guy de la Batut, Paris, 1928, p. 202.

Quelques journaux anglais qui n'ont pu rapporter avec une scrupuleuse exactitude les discours improvisés dans cette réunion n'ont pas rendu le mien plus textuellement que les autres, et les feuilles françaises, en les traduisant, n'ont pu se montrer plus fidèles.

Joindre un vœu politique à cette santé que je proposais au milieu de personnes qui n'étaient réunies que pour célébrer les arts, et honorer plus particulièrement ma profession, c'eût été pour moi une sottise: oublier, en pareille circonstance, que j'étais Français, c'eût été plus qu'une distraction, et cette double inconvenance aurait été tacitement blâmée même par ceux à qui je m'adressais.

Je me plais à publier l'accueil vraiment fraternel que j'ai reçu des artistes de Londres, les distinctions flatteuses, les empressements dont j'ai été l'objet dans les plus hautes classes de la société: mais la reconnaissance profonde que je conserve pour ces témoignages d'affection et d'estime ne m'a jamais fait, ne me fera jamais oublier ce sentiment sans rival, cet attachement de prédilection que tout homme bien né doit au pays qui l'a vu naître.

La lettre était piteuse. Talma n'avait nullement démenti, à Londres, les paroles que tous les journaux anglais lui avaient attribuées. En France, on se moqua de cette épître "bien longue, bien sérieuse, bien solennelle," par laquelle un acteur croyait devoir conjurer les conséquences de propos inconsidérés, de ce "pique-nique" d'acteurs transformé soudain en dîner diplomatique, de l'importance que se donnaient "quelques comédiens sots et vaniteux."[1] En Angleterre, la lettre fut traduite et publiée[2] et fit mauvaise impression : le *Courrier de Londres*, qui n'est pas très bienveillant pour Talma, déclare qu'elle a "dégoûté les personnages les mieux disposés en sa faveur."[3]

Le voyage, décidément, finissait mal. Talma payait cher quelques lauriers nouveaux. A Paris, on lui faisait un crime de son anglophilie : à Londres, on était en droit de lui reprocher sa palinodie; d'autre part la rancune d'Oxberry éternisait l'affaire de Valenciennes; pendant le mois d'août, à Haymarket, un acteur anglais, Matthews, se taillait un joli succès en parodiant le jeu de Talma dans les fureurs d'Oreste.[4] Quant aux relations littéraires entre les deux nations, il ne paraissait pas qu'elles eussent retiré un profit immédiat de cette expérience : de part et d'autre le goût national s'affirmait plus irréductible et plus intransigeant que jamais. Peut-être était-il prématuré, si peu de temps après les événements de 1815, et lorsque les susceptibilités nationales étaient

---

[1] *Courrier de Londres*, 2 septembre 1817.
[2] Cf. *The Theatrical Inquisitor*, septembre 1817.
[3] *Courrier de Londres*, 2 septembre 1817.
[4] *Courrier de Londres*, 15 août 1817.

encore très vives, d'escompter des progrès rapides du libéralisme littéraire.

Est-ce à dire que la visite de Talma à Londres ait été sans effect utile sur l'avenir des rapports littéraires entre la France et l'Angleterre? Nous ne le croyons pas. Talma avait rétabli la liaison entre les théâtres de Paris et ceux de Londres. Et comme il avait donné à ses confrères anglais, en dépit des réserves qu'on avait pu faire sur sa technique, une haute idée de son talent, comme on le savait anglophile et accueillant, les relations nouées ou renouées à Londres allaient être entretenues. Charles Mayne Young en 1821, Macready en 1822, — pour ne parler que des acteurs anglais dont nous pouvons lire les mémoires — viendront voir Talma à Paris, s'entretiendront avec lui, observeront attentivement son jeu.[1]  La visite que les acteurs français ont faite à Londres en 1817 sera rendue par la troupe anglaise qui viendra à Paris en 1822, et qui d'ailleurs se heurtera, elle aussi, à des incompatibilités de goût, compliquées d'animosités politiques.  Mais en 1827 Charles Kemble, Macready et leurs compagnons obtiendront, à l'Odéon, un franc succès qui aura un grand retentissement dans l'histoire du théâtre en France.  Talma ne sera plus là pour applaudir ses confrères d'Angleterre, et pour se réjouir de l'évolution du goût français dans le sens qu'il avait désiré : mais son initiative de 1817 avait préparé les voies.

EDMOND EGGLI.

Liverpool.

---

[1] Cf. *Extracts from the Foreign Journal of Charles Mayne Young*, dans *Last Leaves from the Journal of Julian Charles Young*, Edinburgh, 1875 ; *Macready's Reminiscences*, London, 1875.  Macready dit de Talma qu'il est "the most finished artist of his time, not below Kean in his most energetic display, and far above him in the refinement of his taste and extent of his research, equalling Kemble in dignity, unfettered by his stiffness and formality." (I, 237 *sq*.)  Il lui emprunte certains procédés, notamment l'habitude de s'habiller d'avance, afin de s'habituer au costume et de mieux entrer dans les sentiments du personnage.

# CONCERNING CERTAIN SPANISH BALLADS IN THE FRENCH EPIC CYCLES OF *AYMERI*, *AÏOL* (MONTESINOS), AND *OGIER DE DINAMARCHE*

In the year 1917 Señor Menéndez Pidal published his remarkable study of the Spanish thirteenth century epic fragment of *Ronces-valles.*[1] Previous to that date the circulation of French epics in Spanish dress had been assured by convincing inferences from the prose texts of the general chronicles and from the contents of Spanish *cantares*; but the discovery and critical edition of the *Roncesvalles* superseded inference by documentation, as well as throwing a flood of light on the nature of the versions current in Spain. At the same time, Señor Menéndez Pidal took a great step forward in the criticism of the ballads of these cycles, by recognising in the *Fuga del Rey Marsín* certainly, and the *Romance de doña Alda* probably, disjoined fragments of the *Roncesvalles* poem. In the ancient *Chanson de Roland* the death of Roland's betrothed occupies but one pregnant tirade (3705–3722):

> Alde respunt: "Cist moz mei est estranges.
> Ne placet Deu ne ses seinz ne ses angles
> apres Rollant que jo vive remaigne!"
> Pert la culur, chiet as piez Carlemagne,
> sempres est morte. Deus ait merci de l'anme.

The distinguished Spanish scholar was able to show, however, that this simple, moving theme was not left untouched in the later recensions of the legend; but appears with a flush of romantic sentiment in the versified *Rolands*, where dreams and presages are allowed to play a part, as in the Spanish ballad. The tendency of the later *Rolands* therefore is towards a scene like that developed in the *Romance de doña Alda*, which may well have been derived from the Spanish *Roncesvalles*. What this ballad lacks to complete the inference is offered by the *Fuga del Rey Marsín;* the former is a poem complete in itself, and so it may always have been; but the latter is unmistakably a fragment, and offers so many unexplained particulars as to require a setting of epic dimensions. The critical study of

---

[1] "Roncesvalles," in *Revista de Filología Española*, IV (1917), pp. 105-204.

the *Roncesvalles* fragment thus gave rise to the hope that the oldest fund of ballads belonging to the French cycles would be found to be fragments of epic poems; that is to say, would coincide with the theory which had been adopted successively by Milá, Menéndez Pelayo and Menéndez Pidal to account for the origin of Spanish balladry.

It is not very easy to test this view of ballad origins within the French cycles.   Even in the two poems cited the epic passages do not survive, and we cannot term them fragments of epics without the aid of hypothesis, and ·what is itself hypothetical can only at our peril be made the basis for further hypotheses.   In the great number of cases it is impossible to point to the French original, and still less to a Spanish intermediary.   The ballad of *Conde Dirlos*, for instance, gives itself out for Carolingian.   Its theme is that known in European balladry as the *Crusader's Return*, or to readers of Scott as *The Noble Moringer*, the home-coming of the soldier thought to be killed in the wars, which is still fecund in dramatic appeal.   The *Conde Dirlos* might quite well be a translation of some French epic or epyllion; but unhappily there is no evidence on the point.   Again, the ballad of *Guarinos, almirante de la mar*, which has attained the singular honour of being translated into Russian and sung in the middle of Siberia, is such as might quite probably depend on a lost French epic original.[1]   Garin d'Anseüne, in French epics, is one of the illustrious obscure. His name is, as it were, thrust upon the poets, without any very definite associations, and they kill him off in divers manners and with great *éclat*.   He is slaughtered at Roncesvalles, at Narbonne, in the Saxon war.[2]   According to the *Enfances Vivien* he was captured at Narbonne and taken a prisoner to Luiserne, where he suffered the torments of captivity; after some adventures he contrived to make himself master of the town with the aid of some merchants.   Ogier, when released by Charlemagne to fight the

---

[1] *Primavera y Flor de Romances*, No. 186.  In *Antología*, XII, p. 376, n.l. Menéndez Pelayo cites the opening lines of this ballad in a Russian version, on the authority of A. Erman's *Reise und* (sic—*um* ?) *die Erde durch Nordasien*, Berlin, I, p. 514.   The transcription is a little difficult to follow, so I retranscribe in Russian:

> Худо, худо, о французы,
> Въ Ронцовалѣ было вамъ!
> Карлъ Великій тамъ лишился
> Лучихъ рыцарей свихъ.

[2] According respectively to the *Covenans Vivien*, *Mort Aymeri*, and *Sesnes*.

pagans, demanded the restoration of his old arms, and his charger Broiefort; and if we suppose the adventure of the *Enfances Vivien* rewritten with the aid of this episode from *Ogier*, we have the data required for the Spanish ballad; but there is nothing to show that the combination of motifs may not have been the work of the Spanish poet himself. In three cases the cloud of uncertainty is lifted a little, namely, in the ballads of Aymeri, Aïol-Montesinos and Ogier. In these cases, it is true, we still have no access to the immediate French sources used in Spain; but they bear upon episodes that can be recognised in the standard versions of the legends. These three cycles do not tend to corroborate the theory of ballad-origin which would represent ballads as fragmented epics. On the contrary, they each bear witness that they were originally conceived as short poems; for they each *deny those data on which the epics rely for their length.*

Wolf and Hofman attributed to the cycle of Aymeri two ballads, Nos. 196 and 197 of the *Primavera y Flor de Romances*, with which we ought, perhaps, to associate the *Romance de Bovalías el pagano* (No. 126), seeing that this infidel is mentioned in No. 197. Bovalías may be a distant remembrance of the pagan Barfumez, a lord of Narbonne, where the tower was lighted by a carbuncle in much the same manner as Bovalías' tent (No. 126):

Nel medio de todas ellas    está la (tienda) del renegado;
encima en el chapitel    estaba un rubi preciado;
tanto relumbra de noche    como el sol en día claro.

Sus as estages del palès principer
ot .j. pomel de fin or d'outremer;
un escharbocle i orent fet fermer
qui flanbeoit et reluisoit molt cler,
comme li solauz qui au main doit lever;
par nuit oscure, sans mençonge conter,
de .iiij. lieues le puet en esguarder. *Aymeri de Narbonne,* 175 ff.

The marvellous qualities of the carbuncle are a commonplace of the French epic, and among other mentions we can cite the description given by the *Mort Aymeri* (85–87) of the arms of Gautier de Termes:

L'elme laça ou l'escarbocle pert
si que par nuit rendoit tele clerté
.m. chevalier en voient asez cler.

The *Mort Aymeri* (366 ff.) recounts one of the hero's dreams. He dreams that Dame Hermengarde is led off to a burning fire by a couple of black screech-owls and rescued by her son Guibert; but it probably did not require this recondite suggestion to create the banal scene of the second Spanish ballad (No. 197), where the Infante Bovalías, unable to sleep for love of the countess, mounts the walls and picks her out of Aymeri's arms. These two ballads seem to have no more connection with the Aymeri cycle than the use of the same name for the French hero, and of some banal conventions. Not so, however, the ballad which commences:

> Del Soldán de Babilonia,      de ese os quiero decir. (No. 196).

This is a direct memory of the central episode of the *Mort Aymeri*: the count's capture by the infidels, and his poignant interviews with his wife. The general issue of the French poem is that Narbonne is retained for France, and this point is stressed in the Spanish ballad. When Benalmenique is captured by the Sultan, his wife offers a large ransom, the city of Narbonne and her three daughters in exchange for him, but the count refuses the sacrifice:

> "No dedes por mí, señora,      tan sólo un maravedí,
> heridas tengo de muerte,      de ellas no puedo guarir:
> adiós, adiós, la condesa,      que ya me mandan ir de aquí."
> "Vayades con Dios, el conde,      y con la gracia de Sant Gil:
> Dios os lo eche en suerte      a ese Roldán paladín."

This involves an immense simplification of the French *geste*. The result is the same in the epic or the ballad, for Narbonne remains French; but in the epic the town is surrendered to save Aymeri's life, the citadel suffers a long siege, the town is repeopled by 14,000 virgins from Feminie, Aymeri is rescued, and dies fighting another battle in defence of the town. In the ballad this effect arises from a single moment of heroic abnegation. Even in concentrating on a single episode the ballad poet simplifies the epic; for the countess at first could not speak to the captured Aymeri for horror, whereas the ballad records a brief conversation. The data of the ballad can be discovered in the *Mort Aymeri;* the count's advice not to surrender the city:

> "Por nule rien que Sarrazin vos dient
> de la cité ne lor rendez vos mie,
> ançois me lessiez ardre." (1407–1409);

his departure for Spain:

> Et en Espagne envoia Aymeri
> que cuide fere a grant honte morir;
> si l'ont monté sor un povre roncin. (1725–1728);

the hope of his release:

> "Biax sire Guiberz, que ne le savez vos,
> que je sui pris et menez a dolor!
> Car par deça, vendra vostre secors,
> devers Espaigne sordra vostre oriflor.
> Dex m'envoit vostre aïe!" (x, 1605–1609.)

But these citations, separated from each other over some 300 lines, only serve to mark the poet's independence of his text, nor is it probable that we need go to *Li Nerbonnois* 3678 (Sarrazin furent issu de lor navie) for his authority to convert Corsuble's approach into a naval expedition. It is rather to be supposed that he was acquainted with the long epic poem, mastered its secret, and expressed that meaning in the short, simple ballad manner.

A similar conclusion arises from the ballads dealing with Montesinos. Not all of these are in contact with the original epic, for Montesinos proved to be a favourite with the *juglares*. So he was told off to fight Oliver (Nos. 177, 177a) by way of proving his knightly eminence; to marry Guiomar, daughter of King Jafar (No. 178); and to receive the dying confession of that strange hero, Durandarte (Nos. 181, 182).[1] There is a charming ballad of *Rosaflorida* (No. 179), telling us that the damsel, despising seven counts and three dukes, loved Montesinos—"de oídas que no de vista,"—and suffered from jealousy of her sister. There is a vague similarity between this situation and Lusiane's jealousy of Mirabel in *Aïol*, 8011 ff., which does not pass beyond the generic. Deducting the ballads mentioned we find only two (Nos. 175 and 176) in contact with the original tale, and these form between them a coherent story. They are not immediately begotten from *Aïol*, but from some late recension, very likely in prose. This can be noted in the much amplified account of his birth and upbringing in the first ballad (No. 175), and by the name given to the hero. The name Aïol or Aïoul, connected with a serpent (*Aïol*, 63,) proved troublesome to later poets and romancers, and had to be substituted by some more explicit term. The Italian version therefore gives him a surname, derived from his clothes, Ajolfo del

---

[1] Durandarte (Durendal) is still a sword in *Roncesvalles*, 57. It has been claimed that Durendal l'amiré appears as a hero in *Reinaud de Montauban*, but this has also been denied (*Romania*, XLI, p. 469). If Durandarte is not, like Belerma his lady, a free creation of the poets, then he probably owes his life to some piece of ambiguous syntax, like *Ogier*, 5194:

> Cortain le bon brant principal,
> qui mult ce tint valt mains de Durendal.

Barbicone. The Spanish connects his name still with his birth, and as he was born among the mountains, calls him Montesinos:

pues nació en ásperos montes        Montesinos le dirán.

There are other details to show that the Spanish minstrel did not simply take up his tale where the French poet left off, but they do not prevent our using these two documents to illustrate an argument which turns on the length or shortness of narratives. Aïol's business is to restore his father Élie to royal favour, by taking vengeance on a certain Makaire; that is also Montesinos' problem. Both Aïol and Montesinos have the moral and physical superiority required to carry out their task with promptness and despatch. None the less, *Aïol* is a long poem of almost 11,000 lines, because the hero lives in a feudal society and the villain is entrenched among friends and relations. These are conventions not to be found in the simple society of popular ballads, and Montesinos performs his duty in a dozen lines:

Desque hubieron ya comido        al ajedrez van a jugar
solos el rey y Tomillas        sin nadie a ellos hablar,
sino fuero Montesinos        que llegó a los mirar;
mas el falso de Tomillas,        en quien nunca hubo verdad,
jugara una treta falsa,        donde no pudo callar
el noble de Montesinos,        y publica su maldad.
Don Tomillas que esto oyera,        con muy gran riguridad
levantara la su mano,        un bofetón le fué a dar.
Montesinos con el brazo        el golpe le fué a tomar,
echó mano al tablero,        y a don Tomillas fué a dar
un tal golpe en la cabeza,        que le hubo de matar.
Murió el perverso dañado,        sin valerse su maldad.[1]

By means of this admirable simplicity the Spanish poet rids himself of the need for some 10,000 lines in the original poem!

The third of the instances I desire to raise is the illustrious series of poems that deal with *Ogier de Dinamarche*, and for them we have a valuable corroboration as to the ballad technique in the Danish poems of *Holger Danske*. The hero's shield was to be found, according to *Kong Diderik og hans Kæmper* (Grundtvig, *Danmarks Gamle Folkeviser*, No. 7), among those which followed Dietrich of Bern, the Teuton Charlemagne. But another ballad—

---

[1] The Spanish ballads conflate *Aïol* and *Doon de la Roche*. Tomille is the traitor in *Doon de la Roche*. It was Tomille's hard fate to receive several blows on the head, such as the very effective one from Landri (795 ff). He very narrowly escaped one over a game of chess (1067 ff.). Makaire seems to have specialised in cheating at horse races (*Aïol*, 4382 ff.), and was ultimately, and appropriately, torn to bits by wild horses (*Aïol*, 10895 ff.).

*Kong Diderik og Holger Danske*, No. 17—tells us that he was king in North Jutland, and fought and defeated Dietrich, the representative of Germany. This, the most famous of the *Kæmpeviser* is comparatively late, and owes its origin to the earlier, but still not primitive, *Holger Danske og Burmand* (No. 30). This ballad presents us Ogier as a Danish hero, victor in a frontier conflict like Offa in the fourth century or Niels Ebbeson in the fourteenth, a situation always grateful to Danish nationalists; the removal of the troll Burmand for the German Dietrich in the later ballad merely made for greater precision. The account which Grundtvig gives of *Holger Danske og Burmand* is somewhat obscured by the critical notions of his day, which saw in the French epics the product of numerous primitive lays; and such a lay he is willing to see reflected in this ballad, and even in the Germanised Dutch *Ogier*, preserved at Heidelberg:

Munstrele singen in iren gesang,     wie Baldewyn sin kint war erslagen. . .
Dise historie können wol     munstrele in tútscher zale,
me sie wissent nit davon,     wie er Broyfort gewan.[1]

But it is simpler to look on both the Dutch and the Danish poems as derived from the *Enfances Ogier*. According to the Danes, Burmand, a troll whose bite was fatal, demanded from Iceland's king the hand of Gloriant, the betrothed of King Karvel. Gloriant indicated Holger as a possible champion, though he had lain in prison for fifteen years. Holger, of course, would prefer to be excused, as he thinks Karvel a more suitable opponent for the troll; his chivalry does not extend to the protection of betrothed ladies:

"Eders Fader gav Eder saa fin en Mand,
    Kong Karvel saa er hans Navn;
    kan han Eder ikke for Trolden værge,
    saa ganger I mig tilhaand."

However, on receiving his horse, arms, sword and food, he undertakes the battle, which lasts for three days with one interval for mutual recriminations; and Burmand lies dead. The thirty-two stanzas of the ballad thus contain the gist of the *Enfances Ogier*, occupying 3102 lines of Raimbert de Paris's *Ogier de Dinamarche*. The plot is the very simple scheme of the *Kæmpeviser*: an outrageous

---

[1] See Grundtvig's elaborate notes on Nos. 17 and 30 in *Danmarks Gamle Folkeviser*, Vol. I. My citations are drawn from Abrahamson, Nyerup and Rahbek's edition of Vedel and Syv's *Udvalgte Danske Viser fra Middlealderen*, Copenhagen, 1812, which is the best collection to which I have access in Glasgow. A fifteenth century church at Floda in Sweden has the inscription on a picture: "Hallager dansk han wan siger af Burman," which is the refrain of this poem. *Berner* (or *Bermer*) *Rise* is No. 7 of Abrahamson, Nyerup and Rahbek.

demand from some giant, followed by a prodigious battle.  It is particularly to be identified with the plot of *Berner Rise og Orm Ungersvend*, for the alternatives proposed by Burmand to Iceland's King—"give me your daughter, or your land"—resemble those that Berner Rise offers to the Danish king:

> "Du skal giv mig Datter din
> og Brev paa halve dine Lande."

In this very simple scheme there is no room for the strange peripeties of the French epic.  As neither the Danish poet nor his public knew who was Karaheut, nor what his claim on Ogier, an obvious difficulty arose.  They had to suppose him a coward, and Ogier inspired by the passions of Donnybrook,—

> for han vilde stridde gierne.

What is of interest to our present case is the fact that the Danish minstrels have taken the theme of a whole *chanson de geste*, and expressed it in the simpler, unsophisticated ballad manner.

What the North accomplished for the *Enfances Ogier*, the South did for the *Chevalerie*.  Raimbaut de Paris uses 6691 lines to tell us what was the result for Ogier of Charlot's killing of Baudouin.  Ogier's son having been murdered by Charlemagne's, Ogier rightly demanded vengeance; but his methods were too simple for feudal society:

> Carlot queroit, ke il n'ot gaires chier;
> s'il le tenist, ja n'éuist mais mestier
> ne li fesist tos les membres trenchier. (3194–96.)

To this Charlemagne opposed an emphatic negative:

> Et dist li rois: "Dont vuidiés mon regnier,
> quant a la pais ne volés otroier.
> Se puis demain vos puis as poins baillier,
> je vos ferai en ma cartre lanchier." (3213–3216.)

This long poem, with all its exciting peripeties, depends on this opposition of wills; Ogier demands immediate personal vengeance, Charlemagne refuses all satisfaction.  The correct procedure is that which Ogier refused in the beginning of the poem:

> "Prendés l'amende, car prés sui del baillier,
> com jugeront duc et comte et princhier." (3207–08);

and this is what Charlot himself demands in the end (9441 ff.). We may say, therefore, that refusal on both sides to adopt the regular procedure is the cause of this epic's length; and the sign of an intention to treat the situation briefly would be the acceptance of the court of honour.  That is precisely what happens in the

Spanish ballads of the *Marqués de Mantua* cycle (Nos. 165–167).
Ogier sends from Mantua—which is at no great distance from
Paris—an embassy to demand the punishment of Charlot.
Charlemagne assents:

> "Vengan pedir su justicia      que yo la haré guardar
> como es costumbre de Francia      usada de antigua edad;
> si buena verdad trujeren      en mi corte se verá;
> do mi persona estuviere      la justicia será igual."

A court is set up consisting of all the high-sounding names that
occur to the minstrel's mind; and, despite Charlot's attempt to
escape with Roland's aid (Roland is rarely on the side of the
angels in these ballads), he was executed in a manner to please the
groundlings:

> delante toda París      fué todo ejecutado.

The *Marqués de Mantua* ballads are wordy and pompous, but they
are none the less conceived as short poems, that is, as ballads.
There is nothing fragmentary about them, as there is nothing fragmentary about the other two cycles under discussion. They cover
the whole subject of the epic, but in such a manner as to exclude
epic handling. Beside the ballads which may have originated as
fragments of epics, like the two ancient members of the *Roncesvalles*
cycle, there are those which have never been anything but ballads;
and such are the most distinguished derivatives of the French
*chansons de geste* in Spain.

It is not fitting to leave this subject without mentioning the
literary honour attained by these pieces, and particularly by those
of Ogier. In Denmark Ogier rapidly made himself the type of
the Danish patriot.[1] In an old Swedish Legendarium he was
made out to be the son of Thyra Danebod, the builder of the Dane-
work, which the natives of Schleswig call the Olgerdige. He is the
guardian of the Danish frontier against German invasion. With
his knights he sleeps under several old towns, as Helsingør,
Slagelse and Møgeltender, ready to rush out in defence of the
fatherland. His horse's shoes have left traces near Copenhagen,
his bowl, his sword and his portrait have been preserved by a
grateful nation. In Spain the ballads gave rise to a drama by
Lope de Vega, *El Marqués de Mantua*, though it is not among his
best; but they also are the "onlie begetters" of its greatest contribution to the world. Señor Menéndez Pidal pointed out recently
that Cervantes did not originally propose to parody the novels of

---

[1] Grundtvig's *Danmarks Gamle Folkeviser*, notes to No. 30.

the *Amadís* cycle, but that Don Quixote's first sally was inspired by that of Ogier, or "el danés Urgel," from Mantua, and it was only when the barber and vicar scrutinized the Manchegan's library that the novels became the butt of Cervantes' shafts. From that moment onwards Cervantes was free to give expression to his love and respect for the ancient ballads; but to them he returned in search of Montesinos who, with the aid of another personage of the same name, gave to the second part of his work one of its most elaborately comical episodes. Ogier inspiring the Danes as they manned the Danewerk against the Prussians last century or recovered parts of Holstein in our days, Ogier and Aïol launching the world's first and greatest novel,—could there be more fitting evidence of the genius of Old France, "la douce France," the mother of civilizing ideals?

WILLIAM J. ENTWISTLE.

GLASGOW.

# UN SIRVENTÉS DE CARDINAL, ENCORE INÉDIT
## EN PARTIE (1271–1272)

TEXTE DU MS. *M* (FOL. CCXXV *b c d*)

S[enhe]r Pere Cardenal.

I Totz lo mons es vestitz et abrazatz a 10
 De fals enjans et tot jorn van creissen(t) b 10
 Tant d'or en or qe n'es sobreversatz. a 10
4 E·l sobrevers non pren nul mermamen, b 10
 Q'ieu vei li gent renhar malvaisamen, b 10
 E non porton l'un[s] a l'autre fiansa: c¹ 10
 Qe Cobeitatz a morta Amistansa, c¹ 10
 Ez Enveja, qes on a en talen b 10
9 De ço d'autrui en c'om non ha nien. b 10

II Ieu non trueb fons don iesca Lialtatz,
 Pres, ni Valor[s]—Aissi sal Dieus mon sen!—
 Mas pro trueb fons de q'escon Malvestatz,
13 Don ja per sec non penran perimen.
 Q'enans defailh cel qe viu lealmen
 Qe cell q'ista tot jorn en malestansa.
 An pauc de Deu no·m per Mal'esperansa,
 Pueis qe·l fals [son] abastat e manen.
18 Mais ieu non crei qe si'a Deu plazen.

III Ben ai per fol[s] e per trop non senatz
 Cell[s] qui [estan] honest e lialmen,
 S'el deslials era·n per nos amat[z],
 Ver Paire Dieu! ben auriam pauc de sen!
 Qar cill q'istan confes e peneden,
 De cells crei ben q'il n'auran benanansa
 En Paradis, e·l(s) fals la malanansa.
 Dinz en Enfern cremaran veramen.
27 S'ieu ver non dic, doncs l'Escritura men.

IV    Si s'abastes enaissi Lialtatz
Consi si pert, ja non fora plazen
Als deabols.  Anz en foran iratz,
31  Per qe jamais dedinz en lur coven(t)
Non intrera nul'arma veramen.
Mais no lur cal aver nulla duptansa
Que ja mueira enjans, ni malestansa
Per secada, ni per freg, ni per ven!
36  Qar (en) qec jor pren razis e noirimen.

V    Pauc son de sels q'om vei enrazigatz
En drechura, ni en bon estamen.
E semblon s'en g[r]a[n]z ren qe son malvatz.
40  Qe son plus fals qe non son a parven.
Aqel feinhers es a decebemen
De las armas, qe n'auran la grevansa.
Es en [clergues] es aqella uzansa
Qe si fan bons!  Mais Dieus sap l'estamen
45  Dels fals clerges e dels laics eyssamen.

VI    *A trastotz prec qe pregon coralmen*
*Dieu J[he]su Crist qe don lai alegransa*
*A N'Audoard—qar es la meilh[e]r lansa*
*De tot lo mon—e don cor e talen*
50  *Al rei Phelipp qe·l secorra breumen.*

VII    *[De mi ti part, sirventes, e vait'en*
(Texte de *T*)  *A mon Seinhor, on Valor[s] pren onransa,*
*—Nomnar lo t'ai, car mielz n'aur[as me]nbransa—*
*Lo rei Jacme, c'om ten per tan valen*
55  *Que sap non re far pus entieiramen.]*

[*Pour les variantes des manuscrits* C, R, T, *voir p.* 220.]

### Le Texte

Ce poème, d'une si haute portée historique, ne se trouve pas dans les manuscrits les plus anciens, c'est-à-dire dans *A*, *I*, *K*, et même dans *D*. Et cela est assez étrange, car il justifie deux indications de la biographie de Cardinal par Miquel de La Tor, copiée dans *I* et *K*, ainsi que dans *D*ᵃ. Miquel dit, en effet, que Cardinal "allait par les cours des rois," *anava per cortz de reis*, et qu'il fut particulièrement "*onratz e grazitz* par mon Seigneur le bon roi Jaime d'Aragon."

Le poème figure dans *C* et dans *R*, qui, ici comme ailleurs, sont étroitement apparentés et ont puisé leur texte à la même source. L'un et l'autre ont oublié les deux *tornades* du sirventés. La première de ces *tornades*, encore inédite, d'ailleurs, ne paraît que dans le manuscrit *M*, et la seconde, également inédite, se trouve dans *T*. Enfin, la première strophe du poème a été transcrite dans *Y*, comme une véritable *cobla esparsa*, mais dans un texte si corrompu qu'elle ne fournit rien à la critique.

Ainsi mutilé et rejeté dans les chansonniers du xivᵉ siècle, le poème avait pourtant attiré l'attention de Raynouard. L'éminent provençaliste l'a publié dans le *Lexique roman* (I. 462), mais s'en est tenu aux deux textes de *C* et de *R*. Il a ainsi négligé les deux *tornades*, c'est-à-dire ce qui constitue le véritable intérêt du sirventés et permet d'en saisir le sens historique. Le sirventés, privé des deux envois, n'est plus guère qu'un sermon, de haute portée morale, sans doute, mais dont on retrouverait le thème dans une foule d'autres chants de Cardinal.[1]

Nous avons donc laissé la leçon de Raynouard pour adopter celle de *M*. Ce manuscrit, avec la première *tornade*, fournit la date même du poème et transforme le chant en une sobre page d'histoire. Mais la seconde *tornade*, fournie par *T*, ne pouvait pas rester inédite, quoiqu'elle ait moins d'intérêt que la première. Nous l'avons donc ajoutée au texte de *M*, en indiquant sa provenance et en la mettant entre crochets.

L'ensemble du texte ainsi déterminé, voici les remarques de détail que nous croyons utile de formuler.

Nous avons scrupuleusement respecté l'orthographe de *M*.

v. 5.—*Li gent*.—Cette forme est celle du nominatif pluriel et le mot est au cas régime, complément direct de *vei*. Aussi, les manuscrits *C* et

---

[1] Le docteur C. A. F. Mahn a naturellement republié le texte de Raynouard dans ses *Werke*, II, 236.

## VARIANTES DES MANUSCRITS *C, R, T.*

**C. fol. 284 *bc.***
P. Cardenal.
à la table: peyre Cardenal del Puey.

**R. fol. 67 *d.***
P. Cardenal.
portée musicale.

**T. fol. 103 *c.***
anonyme.
ordre des strophes: 1, 2, 4, 3, 5.

| | C | R | T |
|---|---|---|---|
| 1 | . . enguans . . . totz jorns vai creissen. | Tot lo mon es vestit. | le montz . . . . abarratz. |
| 2 | Tant . . . que | . . mals enjans . . . creissen | En falsetatz e totz jorns vai c. |
| 3 | nulh | | Tant derenos que. . . |
| 4 | Que las gens vey . . . . | | meilz mermamen |
| 5 | . . l'us . . firansa | las jens | Que'ls gens estan malvaziadamen. |
| 6 | Que Cobeytatz . . . | | que non portan |
| 7 | Et Enveia que om . . . | | . . . . mortat |
| 8 | . . ; so d'autruý en que | . . . . que hom ha . . . . | Ez Enveia adus hom en talen |
| 9 | Qu'ieu . . truep font . . Leyaltatz. | . . . . d'autruy . . . . | D'aco d'autruy en que non a nien |
| 10 | Pretz . . Aissi·m | | trop fons . . Lealtat. |
| 11 | Mas pron truep . . don hieysson. | Dieu | Aissi·m sal Dieus. |
| 12 | . . per se . . tarimen. | . . . fon . . iesson . . . . | Mas pron trop fons don ieis delialtatz. |
| 13 | Qu'aissi defalh selh . . leyalmen. | . . ja per sec non penra tarimen. | . . per cert. . penra perimen. |
| 14 | Quon selh qu'estan. . . | . . . . sel que vieu lialmen. | Qu'enans defail sel . . . |
| 15 | Ab pauc no·m par de Dieu. . . . | Que sel . . . . jor . . . . | Que sel qu'esta totz jorns . . . . |
| 16 | Pus que·ls fals son | Ga pauc . . no·m par . . . . . | Ab pauc no·m pert . . ma esperansa. |
| 17 | . . . cre sian a Dieu | Pueis que·lls fals son. | Pos que·l fals son. |
| 18 | . . Folhs . . dessenatz. | Mais ieu non cre sian | . . cre que ssia Dieu plazen. |
| 19 | Selhs que estan . . . leyalmen. | Sels que non estan honestamen lialmen | Ben tenc per fol sel e per non cenatz. |
| 20 | Si·lh deslials eron . . honratz | | Que non estan honest e lialmen. |
| 21 | Vers paire Dieus! ben an pauc d'escien | . . ben auran pauc de sen. | Si deslials era per nos amatz. |
| 22 | Quar selhs qu'estan cofes | Car sels qu'estan cofes ni peneden. | Bel senher Dieus, motz a pauc de sen. |
| 23 | . . selhs cre . . que auran | | Car sels qu'estan confes |
| 24 | Em Paradis | | D'aquel cre ben que auran b. |
| 25 | | | . . . . . . *manque* . . . . . . |

| | Column 1 | Column 2 | Column 3 |
|---|---|---|---|
| 26 | Del fuec d'ifern | Del foc | . . . . . *manque* . . . . . |
| 27 | . . non dic ver, doncx l'Escriptura. | S'ieu non dic ver | S'ieu non dic ver, donx l'Escriptura |
| 28 | Si·ls . . . Leyaltatz | Si s'abastes . . . | Si abastes enaissi Lealtatz |
| 29 | Quon si depert . . . no fera plazen. | Cossi depert . . . | coma defail . . . |
| 30 | . . diables | . . . diables. Ans en fora iratz | diables. Anz en foran irat. |
| 31 | Si que . . dedintz . . coven. | Si que . . dedintz . . . coven. | Si que . . . dedintz . . . |
| 32 | . . nulh'arma. | . . nulh'arma. | Non intrera nuill'arma |
| 33 | Mas . . . . . nulha . . | Mas . . . . . . nulha . . | Mas . . . nuilla |
| 34 | . . . . enguans . . . . | Que ja mueyra enjans . . . | Que ja mora enguan . . |
| 35 | | | Per gran eisuch . . . frech. |
| 36 | Quar ab totz . . raziz . . noyremen. | Quar ap totz . . razitz | Car ab totz pren razis . . |
| 37 | . . d'aquels que son enraziguatz | . . d'aquels que son. | . . d'aquels c'om ves enrazigar |
| 38 | | | |
| 39 | E fenhon s'en gran ren que . . . . | E fenhon s'en gran res . . . | E feinhon s'en gran ren . . . |
| 40 | . . . . no fan a parven. | Que son plus . . . a parven. | E son plus fols que non fan a.p. |
| 41 | Aquel fenhers es a dechazemen | Aquel fenh . . . . . . . | Aquel feinhers es en dessebemen |
| 42 | . . . . que·n perdon alegransa | . . que·n perdon alegransa. | . . . que perdon alegransa. |
| 43 | Et en clergues . . . . uzansa | Et en clergues . . lauzansa. | Et en clergues es aquella uzansa. |
| 44 | Que se fan bos. | Que·s fenhan bos. | Que si fan bon. Mas . . . |
| 45 | . . clergues . . . . laicxeyssamen | . . clergues . . . laics eissamen. | . . de lac estamen. |
| 46 | | | |
| 47 | | | |
| 48 | *manquent* | *manquent* | *manquent* |
| 49 | | | |
| 50 | | | |
| 51 | | *manquent* | naur nbransa |
| 52 | *manquent* | | conten . . tari valen. |
| 53 | | | |
| 54 | | | |
| 55 | | | |

*R* écrivent-ils *las gens* et *las jens*; mais nous conservons la leçon incorrecte de *M*, parce que le sens reste quand même très clair.

6. *un*[*s*].—Par contre, nous restituons a *un* la forme du nominatif singulier en ajoutant une *s* que *M* a oubliée, mais qui se trouve dans *C*.

7–9.—Le sens de ces trois vers n'est pas très clair. Il faut entendre "Car la Cupidité a tué l'Amitié, comme l'a tuée l'Envie, puisqu'on a le désir du bien d'autrui auquel on n'a aucun droit ou aucune part." Le sens est donné par la leçon de *T*: *Et Enveja adus hom en talen d'aco d'autrui en que non a nien.* "Et Envie conduit l'homme au désir du bien d'autrui dont il n'a aucune part."

11.—*Valor*[*s*].—"Ce mot, comme *Lialtatz* et *Pres*, est sujet de *iesca*, "sorte." Il doit donc prendre la forme du nominatif singulier et avoir une *s*.

12.—*q'escon malvestatz*—La rime exige *malvestatz*, sujet singulier (nominatif). Le verbe *escon*, "sortent, proviennent," pluriel, est donc une faute de grammaire. *C*, avec *hieysson*, et *R*, avec *iesson* ont commis la même faute. Seul *T* respecte la grammaire avec la leçon excellente: *don ieis Deslialtatz*, "d'où provient Déloyauté."

13.—*Per sec*, "par sécheresse," paraît un néologisme bien hardi. *C* fournit *per se* "par soi," qui n'est pas meilleur. La vraie leçon est peut-être celle de *T*, *per cert*, "certainement."

16.—*m per*.—C'est le verbe "se perdre," dans le sens de "s'égarer." D'où le vers entier signifie: "Il s'en faut peu que la Mal'espérance (désespérance) ne *me perde* (m'éloigne) de Dieu." Les autres manuscrits ont adopté le verbe *part* "éloigne, sépare," qui paraît plus clair.

17.—[*Son*].—Le manuscrit *M* fournit *es*, mais les autres *son*, qui s'impose ici, le sujet *fals* étant au pluriel, comme l'indiquent les deux attributs *abastat* et *manen*, qui sont au pluriel nominatif dans tous les manuscrits.

20.—Ce vers a une syllabe de trop dans les manuscrits, excepté dans *C*. Il faut donc adopter la leçon de ce dernier chansonnier et supprimer *non* dans le texte de *M* (*Cells qui (non) estan honest e lialmen*). Le sens même de la phrase exige cette suppression.

21.—*amatz*.—La rime exige *amatz*, avec *z*. Il faut donc construire: *S'el deslials era per nos amatz*. D'où *eran* de *M* doit s'écrire *era·n* "en était."

25.—*e·l*(*s*).—Ce double mot signifie *e il*, nominatif pluriel. Le sens est le suivant; "et les hypocrites auront le tourment." Il faut donc enlever l'*s* du nominatif singulier que donne le manuscrit.

30.—*iratz*.—La rime exige le mot avec la *z* du pluriel régime, quoique le mot soit attribut pluriel et dût s'écrire *irat*. Nous sommes donc en présence d'une des nombreuses licences que se permettaient les troubadours pour les besoins de la rime. Le manuscrit *T* a respecté la grammaire en écrivant *irat*.

36.—(*en*).—Ce vers, tel qu'il est écrit dans *M*, a une syllabe de trop. Je mets donc entre parenthèses (signe de suppression) le mot *en* de *en qec jor*, où il est inutile, *qec jor* "chaque jour," étant suffisant.

39.—Le vers signifie: "Un grand nombre d'hommes mauvais semblent s'être enracinés dans la droiture (justice)." Mais l'expression *semblon s'en* est faible, et les autres manuscrits ont eu raison de la remplacer par *fenhon s'en*, "feignent de s'être enracinés dans la droiture." D'ailleurs, le mot *fenhon* est commandé par *aqel fenhers*, "cette feinte, cette hypocrisie," que le manuscrit *M* emploie lui-même au vers 41. *Granz*, qualifiant *ren*, devrait s'écrire *gran*, comme dans *C* et *T*.

43.—[*Clergues*].—Le vers est écrit comme suit dans *M*: *Et en greges es aqela uzansa*. Or, *greges* ne peut signifier que "troupeaux, troupes," et ne semble pas convenir au sens de la phrase, à moins qu'on ne lui donne le sens de "congrégation de prêtres ou de moines." Mais alors, il aurait exactement le sens de *clergues*, "clercs," c'est-à-dire du mot fourni par les autres manuscrits. Nous remplaçons donc *greges* par [*clergues*]. Le mot est, d'ailleurs, fourni aussi par le poème de Bertrand d'Alamanon, que Cardinal a imité. (Voir plus loin l'étude de la strophe).

45–50.—Ces vers, qui forment une première *tornade* bien régulière, ne se trouvent que dans *M*, et sont encore inédits. Aussi les écrivons-nous en italiques; nous les avons relevés à la Bibliothèque nationale de Paris en juillet 1926.

48.—*Meilh*[*e*]*r*.—Le manuscrit *M* écrit *meilhor*; mais cette forme est celle du cas régime singulier, tandis que *meilher* est celle du sujet singulier et de l'attribut. Or, ici, le mot est, avec *lansa*, l'attribut de *N'Audoard*, "sire Édouard." Nous lui donnons donc la forme que réclame la grammaire.

51–55.—Ces vers forment une seconde *tornade*, très régulière, qui se trouve seulement dans *T*, et qui est encore inédite comme la première.

52.—*Valor*[*s*].—Ce mot est sujet singulier de *pren*; il faut donc lui donner la forme du nominatif singulier, et ajouter une *s* au mot *valor* du texte.

·53.—*Car mielz n'aur*[*as me*]*nbransa*, "Car tu en auras mieux souvenir." Le texte de *T* est exactement: *Car mielz naur nbransa*; mais il manque deux syllabes dans le vers. Nous écrivons donc: *n'aur*[*as me*]*nbransa*, en interprétant: "tu en auras souvenir." Mais il est évident que ce sens reste hypothétique et qu'on peut aussi interpréter: "car il (mon seigneur le roi Jaime) en aura mieux souvenir (de toi, sirventés)." Il faudrait alors écrire *n'aura* au lieu de *n'auras*.

54.—*C'om ten* est écrit *conten* dans *T*, et l'on pourrait transcrire *c'on ten*, *on* étant souvent écrit pour *om* (cf. au vers 8: *qes* ON *a en talen*).—*Tan* (*valen*) est écrit *tari* dans le manuscrit.

## ANALYSE DE LACURNE DE SAINTE-PALAYE

Le texte, publié incomplètement par les éditeurs de Raynouard,[1] n'a jamais été traduit. Cependant, Lacurne de Sainte-Palaye, qui avait aussi copié les textes, excepté celui de *M*, alors au Vatican, avait consacré au poème quelques lignes d'analyse dans un de ses manuscrits qui se trouve aujourd'hui à la Bibliothèque de l'Arsenal (Paris), sous le numéro 3283 (fol. 276). Lacurne interprétait le texte incomplet de *R*, mais signalait néanmoins la *tornade* du ms. *T*, qu'il appelait *S*.

"Ms. G, 562.[2]

[1] Raynouard était mort en 1836 et le *Lexique roman* (t. I) a été imprimé en 1844.
[2] Lisez: "Manuscrit *R*, de Bartsch," pièce no. 562.

"Plainte contre le débordement continuel des désordres du siècle, qui, par sa convoitise, sa fausseté, sa méchanceté, etc. perd le paradis qui est promis, suivant l'Ecriture, à ceux qui bien confessez et pénitens, auront pris une route opposée. Il taxe les gens d'Eglise d'hypocrisie et leur dit qu'eux, ni les laïcs ne peuvent tromper Dieu.—Le manuscrit $S^1$ ajoute un envoy de ce sirvente au Roy Jacme dont il fait l'éloge."

### TRADUCTION

#### Seigneur Pierre Cardinal.

I. Le monde tout entier est enveloppé et embrasé—d'hypocrites perfidies, et (celles-ci), chaque jour vont croissant—tellement d'une heure à l'autre qu'il (ce monde) en est submergé.—Et le débordement ne subit aucune diminution—car je vois les gens se mal conduire—et ils ne gardent point leur foi l'un envers l'autre.—Cupidité a tué Amitié,—comme l'a tuée Envie, car l'on a le désir—du bien d'autrui auquel on n'a aucune part (ou aucun droit).

II. Je ne trouve pas de sources d'où provienne Loyauté,—Prix ou Valeur. (Dieu sauve ici mon bon sens!)—Mais je trouve force sources d'où vient Méchanceté.—Et jamais, par sécheresse, ces sources ne prendront fin (ne tariront),—Car plus tôt fait défaut celui qui vit loyalement—que celui qui reste toujours dans la malhonnêteté.—Il s'en faut peu que la désespérance ne m'égare (loin) de Dieu,—puisque les hypocrites sont récompensés et riches!—Pourtant, je ne crois pas que cela soit agréable à Dieu.

III. Je tiens bien pour fous et pour trop dépourvus de sens— Ceux qui demeurent honnêtes et loyaux.—Si l'homme déloyal était aimé par nous—Vrai Dieu le Père, nous aurions peu de raison!—Car ceux qui demeurent confès et repentants, —ceux-là, je crois bien qu'ils goûteront du bonheur—en Paradis, et les hypocrites auront du tourment.—Dans l'Enfer, ils brûleront, en vérité.—Si je ne dis pas vrai, alors l'Écriture ment.

IV. Si Loyauté progressait—aussi bien qu'elle se perd, cela ne plaîrait pas—aux diables. Ils en seraient plutôt irrités,— parce que jamais, dans leur couvent (société),—il n'entrerait nulle âme certainement.—Mais il ne leur faut avoir nulle

---

[1] Le manuscrit $S$ de Lacurne de Sainte-Palaye est le ms. $T$ de Bartsch.

crainte—que meure jamais ni Perfidie, ni Méchanceté,—soit
par la sécheresse, soit par le froid ni le vent;—car, chaque
jour, Perfidie, comme Méchanceté, prend racine et nourriture.

V. Peu nombreux sont ceux qu'on voit enracinés—dans la
justice et dans la bienséance,—et beaucoup en prennent le
masque qui sont mauvais,—et qui sont plus faux qu'ils ne le
laissent paraître.—Cette hypocrisie est la cause de la déception
—des âmes, qui en auront la punition.—Et parmi les clercs
règne cet usage—qu'ils se donnent pour bons! Mais Dieu
connaît la conduite—des faux clercs aussi bien que celle des
laïques.

VI. *J'adresse à tous la prière d'invoquer de tout cœur—Dieu Jésus-
Christ, pour qu'il donne là-bas (en Terre-Sainte) allégresse—à
Sire Édouard (Car il est la meilleure lance—du monde entier)
et qu'il donne cœur et envie—au roi Philippe de le secourir
promptement.*

VII. *Éloigne-toi de moi, sirventés, et va-t'en—Chez mon Seigneur
où Mérite reçoit honneur.—J'ai à te le nommer, car tu en auras
mieux le souvenir.—C'est le roi Jaime, qu'on tient pour si
valeureux—qu'il ne sait rien faire plus parfaitement (que des
actions de valeur).*

### Date du sirventés (1271–1272)

#### Croisade d'En Audoard (*prince Édouard d'Angleterre*).

La date du poème est donnée par la mention à la première
*tornade* d' *En Audoard* et du *rei Phelipp*, et cette double mention,
ignorée jusqu'ici par les provençalistes, puisque seul le *Lexique
roman* de Raynouard avait relevé le poème sans les *tornades*, est
une découverte décisive pour la carrière poétique de Cardinal.
Elle fait *écrire le troubadour* jusqu'en 1271–1272, tandis que Diez
(*Leben und Werke*, 446) ne le faisait chanter que jusqu'en 1230,
et que Paul Meyer n'avait pas prolongé sa production poétique au
delà de 1250 (*Les Derniers Troubadours de la Provence. Bibliothèque
de l'École des Chartes*, XXX, 1869, p. 274). C'est, en effet, en
1271–1272 que la *tornade* a été forcément écrite. *N'Audoard*,
c'est Édouard d'Angleterre, fils aîné de Henri III. Il deviendra
roi en 1272, sous le nom d'Édouard Ier, sera un des plus grands
monarques de son temps et de son pays et règnera jusqu'en 1307.
Et le *rei Phelipp* est le roi de France, Philippe III, le Hardi (1270–
1285). Celui-ci étant déjà roi (*rei*), le poème ne saurait être

antérieur à 1270 (25 août), date où mourut à Carthage Saint Louis, le père de Philippe; mais les événements auxquels fait allusion Cardinal reportent ce poème en 1271–1272.

Ces événements sont les suivants:—Édouard, qui s'était croisé avec son frère Edmond, en 1268, à Northampton, après un concile tenu à Londres, devait accompagner Louis IX dans son expédition de 1270. Il se rendit, en effet, à cette expédition et arriva à Carthage en novembre, au moment où, sous la direction de Charles d'Anjou, les croisés venaient de conclure un traité avec le roi de Tunis, Abou-Abd-Allah Mohammed Ier el Mostancer Billah (1247–1277), de la dynastie des Hafsides. Il désapprouva hautement le traité et proposa même de le rompre. Mais les princes français restèrent fidèles à leur parole, et Édouard dut les suivre en Sicile, à Trapani, pour y passer l'hiver. Là, tandis que Philippe-le-Hardi repartait pour la France avec le cercueil de son père, celui de son beau-frère Thibault II de Navarre, puis celui de sa femme, Isabelle d'Aragon, Édouard prépara une expédition en Terre-Sainte, où un convoi de cinq cents Frisons l'avait précédé. L'assassinat à Viterbe, pendant le carême de 1271, de son cousin, Henri d'Allemagne, qui s'était croisé avec lui, ne le fit pas renoncer à son projet. Il mit à la voile au printemps et débarqua à Saint-Jean-d'Acre le 9 mai 1271.

"Après ce fait (l'assassinat d'Henri d'Allemagne), s'en passa mi Sires Odouart, filz le roi d'Engleterre, en Surie avec grand gent" (*Historiens Occidentaux des Croisades. Éracle*, II, 460). Il avait avec lui, dit Fleury (*Hist. ecclésiastique*, XVIII, 165), mille guerriers choisis. Il fut rejoint par son frère Edmond dès le mois de septembre. Il avait comme adversaire un des soudans les plus valeureux qui aient régné en Égypte et à Damas, El Mélik-ed-Daher (Le roi illustre), que les croisés appelaient *Le Melicadesser*,[1] et que les historiens connaissaient sous les noms de *Bibars* et de *Bondocdar*. Celui-ci, depuis 1268 surtout, avait fait des progrès terrifiants contre les chrétiens, auxquels il n'avait laissé que Saint-Jean-d'Acre, attaquée, d'ailleurs, plusieurs fois vainement (Fleury, *Hist. eccl.*, XVIII, 165). Pour lutter contre un tel prince, les chrétiens

---

[1] Voir le sirventés de Ricau Bonhomel: *Ira e dolors s'es dinz mon cor asseza* (Raynouard, *Choix*, IV, 131, fin de la cobla IV):
> . . . Bafomet obra de son poder
> E fai obrar lo Melicadesser.

"Et Mahomet agit de tout son pouvoir et fait triompher El Mélik-ed-Daher." J'ai étudié ce beau poème et la carrière d'El Mélik-ed-Daher dans les *Mémoires de la Société scientifique du Puy*, en 1905, t. XIII, p. 73.

et Édouard avaient demandé des secours aux Tartares. Ceux-ci vinrent bien ravager la région d'Antioche et d'Alep, mais se retirèrent ensuite. Édouard conduisit lui-même deux expéditions qui devaient lui ouvrir le chemin de Jérusalem, mais qui ne donnèrent pas de résultats.

1⁰. A. XII. jors de jugnet, Sire Odouars et sa gent, et cil d'Acre alerent brisier Saint-Jorge et li Anglois moroient de chaut et de soif par le chemin, et manjoient tant de fruit et de raisins et de miel qu'il cheoient tantost mort (*Hist. occ. des Croisades, Éracle*, II, 461).

2⁰. A. XII. jors de novembre, sire Odouars et ses freres et li rois de Chipre et li Templier e li Hospitalier, et li Alemant et tuit li Chiprois et tuit li pelerin et toute la serjenterie a pié chevaucherent la terre de Cezaire (Césarée), pour brisier la tor de Quaquo. Et quant il furent la venu, il trouverent plusors herberges de Turquemans qui la estoient herbergiés et ne savoient rien de leur venue. Par quoi il pristrent lor herberges et tuerent bien .M. persones et gaaignierent bien .XM. bestes, et s'en retornerent sain et sauf en Acre a poi de perte (*Ibid.*, II, 461).

Mais la tour de Quaquo, qui avait provoqué l'expédition, ne fut pas même assaillie, et le Soudan put dire à un ambassadeur de Charles d'Anjou "que puis que tant de gent avoient failli a prendre une maison, il n'estoit pas semblant qu'il deussent conquerre telle terre com est le royaume de Jérusalem" (*Ibid.*, II, 461).

Dès le printemps de 1272 commencèrent les déboires. Le roi de Chypre et de Jérusalem, Hugues de Lusignan, conclut le 12 avril, une trêve de dix ans avec Bibars. Celui-ci ne laissait aux chrétiens que Saint-Jean-d'Acre et le chemin de Nazareth (*Ibid.*, II, 462).

"En may s'en ala sire Heymons, frere Sire Odouart." Et "a .XVII. jors de Jung, .I. Assassis navra sire Odouart en sa chambre." Cette tentative de meurtre est rapportée en détail par quelques historiens qui ne sont guère d'accord entre eux. Ce qui est certain, c'est que la blessure fut sérieuse et imposa à Édouard deux mois de repos.

En août (le 23), Guillaume de Valence, comte de Pembroke, oncle d'Édouard, reprit le chemin de l'Europe. En septembre (le 13), Jean, fils du comte de Bretagne, et beau-frère d'Édouard, en fit autant. Édouard lui-même remit à la voile le 22 septembre (*Ibid.*, II, 462). Il avait conclu avec Bibars une trêve de dix ans et dix jours, qui laissait à chacun ce qu'il avait.

Un seul événement réellement heureux pour Édouard s'était produit en septembre 1271. C'était l'élection à la papauté de Théaldo Visconti, qui l'avait accompagné en Terre-Sainte en qualité de légat.   Celui-ci, devenu pape sous le nom de Grégoire X, consacra immédiatement tous ses soins au recouvrement des Lieux-Saints et fit organiser des secours qui, s'ils arrivèrent trop tard, et après le retour d'Édouard, rassurèrent pour quelque temps les chrétiens de Saint-Jean-d'Acre.

Or, ces secours furent surtout demandés au roi Philippe de France, et ainsi s'explique, à son tour, la prière de Cardinal au même monarque .   La première démarche du pape se produisit par lettre du 4 mars 1272 (Fleury, *Hist. eccl.*, XVIII, 168).   Le pontife priait le roi d'expédier d'urgence en Terre-Sainte une certaine quantité de troupes et de galères.   Philippe prêta aussitôt aux Templiers 25,000 marcs d'argent, gagés sur les biens des chevaliers; "il etait meme prest d'aller en personne" au secours d'Édouard. Mais le pape le pria de différer son départ jusqu'à ce que les préparatifs de la nouvelle expédition fussent achevés.   En réalité, Grégoire X confia celle-ci à Thomas de Lentino, qu'il nomma patriarche de Jérusalem le 21 avril.   Thomas partit, en effet, avec l'argent de Philippe et cinq cents hommes, mais n'arriva en Palestine que le 8 octobre.   Édouard avait repris quinze jours plus tôt le chemin de l'Occident.[1]

Ainsi le poème de Cardinal, qui prie le roi Philippe de venir rapidement au secours d'Édouard, est nécessairement de 1272, au printemps, c'est-à-dire du moment où le roi organise réellement des secours, ou d'une date légèrement antérieure et que nous pourrons faire remonter, plus loin, jusqu'au 11 novembre 1271.

### ESPRIT GÉNÉRAL DU SIRVENTÉS

*L'opinion contemporaine sur la croisade de* 1270 *à Tunis.*

Le sirventés ainsi composé en faveur de l'entreprise du prince Édouard, et adressé au roi de France, prend les allures d'un sermon qui pousse à la croisade.   Cet esprit est éminemment

---

[1] Ce premier secours ne fut pas le seul.   "En l'an de M.CC.LXXIII. a .VIII. jors d'avril, revint Oliuier de Termes en Acre, avec .XXV. hommes a cheual et .C. arbalestriers as deniers le roi de France." (*Hist. occ. des Croisades*, II, 463.)

(1273).   "Et vint en Acre sire Giles de Saucy, avec .IIII.C. arbalestriers as deniers le roi de France et de l'Yglise; et puis vint sires Pierres d'Aminnes, avec .III.C. arbalestriers, en cele mesme maniere." (*Ibid.*, II, 464.)

En se séparant à Trapani en 1271, les princes s'étaient donné rendez-vous au même port pour le printemps de 1274.   Cette promesse ne fut pas tenue, mais, en 1275, "vint en Acre de par le roi de France, sire Guillaume de Roussillon, et amena .C. homes a cheual, c'est a sauoir .XL. cheualiers et .LX. serjans a cheual, et .III.C. arbalestriers a pié as deniers de l'Yglise." (*Ibid.*, II, 464.)

dans la manière de Cardinal, dont les chants de croisade sont nombreux. Nous verrons, d'ailleurs, qu'il est, pour le rythme, imité d'un chant de Bertrand d'Alamanon qui poussait aussi à la croisade.

Dès lors, la portée du poème est très haute et devient très claire. La perfidie qui a enveloppé et embrasé le monde entier et qui ne fait que croître, au point de tout submerger (vv. 1–3), c'est l'égoïsme des souverains, qui devraient secourir Édouard et qui ne se soucient que de leurs querelles. La cupidité et l'envie du bien d'autrui (vv. 7–9) sont leur seul souci. Ainsi se comportent tous les princes laïques et le clergé lui-même, quoique celui-ci (vv. 48–49) affiche de bons sentiments.

Les remarques de Cardinal trouvent donc leur justification directe dans ce qui se passe dans la chrétienté en 1271–1272, ou plutôt dans l'opinion des contemporains sur les événements qui viennent de se produire. La croisade de 1270 à Tunis a été une cruelle déception. Elle aurait dû trouver unis tous les princes chrétiens, ou, au moins, tous les parents du saint roi de France. Or, Alphonse X de Castille, qui était, à un double titre, par sa tante Blanche de Castille, et par sa bru, Blanche de France, le parent rapproché de Louis, avait refusé de prendre part à l'expédition. En vain, Louis l'avait-il fait solliciter par Édouard, qui était le beau-frère du monarque castillan; Alphonse était resté sourd à tous les appels, et, dès lors, l'*amistansa* (v. 7) avait cessé entre lui et la maison de France: quelques années plus tard, il poussera l'hostilité jusqu'à vouloir mettre la main sur la Navarre et à déshériter ses petits-fils, les enfants de Lacerda et de Blanche de France, qu'il avait lui-même constitués les héritiers de son trône. Louis IX lui-même, aux yeux de tous, et particulièrement du populaire, avait commis un véritable crime, une "*falsetat,*" en détournant son armée sur Tunis. Voici comment une chronique du temps exprimait l'opinion de la chrétienté sur cette *fraude* ou *falsetat*: "Ils se retirèrent ainsi tous, laissant la moitié des leurs ensevelis dans la terre étrangère, *juste punition de leur conduite, parce qu'ils étaient allés en Afrique frauduleusement,* contrairement à la volonté ·de Dieu et de la justice qui leur commandaient de marcher au plus tôt à la délivrance de la Terre-Sainte."[1]

Le traité de Tunis avait surtout effaré les croyants pieux. Ce traité était surtout l'œuvre de Charles d'Anjou, qui, seul, en

[1] Malaspina, *Chronicon de rebus in Italia gestis*, p. 322; édition Huillard Bréholles, 1856.

tirait un véritable profit.[1] Il assurait au roi de Sicile les arrérages d'un tribut qui n'était plus payé depuis cinq ans, et un tribut double pour l'avenir. La paix devait durer quinze ans, et, au bout de ce temps, Charles avait le privilège de la renouveler ou de la rompre à son gré, tandis que l'émir musulman ne conservait pas le même droit. Abou-Abd-Allah Mohammed el Mostancer Billah accordait aussi 210,000 onces d'or aux croisés et payait immédiatement la moitié de cette somme, mais le roi de Sicile en obtenait le tiers pour sa propre part.

Ce pacte avait été sévèrement blâmé par l'armée elle-même devant Tunis: "les croisés employaient dans leurs conversations des expressions détournées et des allusions blessantes pour se plaindre du roi de Sicile. Ils répétaient souvent que la ruse avait triomphé des desseins du sage Achitopel, voulant dire que le traité conclu hâtivement avec le roi de Tunis avait paru bon aussitôt que le roi Charles avait été certain d'obtenir le rétablissement du tribut dû par le royaume de Tunis à la Sicile" (G. de Nangis, *Gesta Philippi* III: Bouquet, XX, 476; Mas-Latrie, 136).

Édouard, qui avait abordé à Carthage au moment où le traité venait d'être conclu, l'avait hautement désapprouvé: "Avons-nous pris la Croix, avait-il dit aux Français, et nous sommes-nous assemblés ici pour traiter avec les Infidèles? Dieu nous en garde! Le chemin nous est ouvert et facile pour marcher à Jérusalem." Il n'avait voulu prendre part ni au traité, ni à l'argent des Infidèles qu'il considérait comme maudit, s'était enfermé dans sa tente et avait juré par le sang de Dieu: "J'irai à Saint-Jean-d'Acre, quand je ne serais accompagné que de Fauven, mon valet de chambre" (Fleury, *Hist. eccl.*, XVIII, 159).

Philippe-le-Hardi n'échappa point lui-même aux critiques que provoqua le traité. On en vint jusqu'à l'accuser de s'être, de connivence avec son oncle, institué le protecteur même des Musulmans. Cette accusation est nettement formulée par le troubadour N'*Austorc de Segret*, qui fait, en 1272, comme Cardinal, l'éloge d'Édouard:

> Ieu vey gueritz los Paguas mescrezens
> E·ls Sarrazis e·ls Turcs d'outra la mar,
> E·ls Arabitz, que no·n cal un gardar
> Del rey Felip, don es grans marrimens,

[1] Voir texte et étude dans Mas-Latrie, *Traités de paix et de commerce . . . avec les Arabes de l'Afrique septentrionale au moyen âge*, pp. 137-141 de l'Introduction historique, et 93-97 des Documents.

Ni d'En Karle, qu'elh lur es caps e guitz.
No sai don es vengutz tals esperitz,
Que tanta gens n'es morta e perida.
E·l reys Loïx n'a perduda la vida.

Je vois protégés les Païens mécréants—et les Sarrasins et les Turcs d'outre mer—et les Arabes, car aucun n'a rien à craindre—ni du roi Philippe, ce qui est grande tristesse,—ni de Charles, qui est leur chef et leur guide.—Je ne sais d'où est venu un tel esprit—après qu'une si grande armée en est morte et disparue—et que le roi Louis en a perdu la vie.[1]

Voilà bien la *perfidie* ou la *trahison* dont parle notre poète. Et Cardinal affirme que cette perfidie ne diminue pas, mais croît tous les jours (vv. 1 et 2). Si bien que les nations (*gens*) se conduisent mal et que la cupidité et l'envie ont tué l'amitié. Nous avons signalé, en effet, la discorde qui divisait les maisons de France et de Castille. Les relations devinrent même bientôt tendues entre Philippe lui-même et son oncle, Charles d'Anjou. Celui-ci avait, malgré les avantages que lui avait procurés le traité de Tunis, emprunté des fonds au roi de France, à qui il avait engagé ses bijoux. Ses besoins d'argent le poussèrent même à s'approprier les épaves du naufrage de la flotte chrétienne devant Trapani. Enfin, lorsque, après le mois d'août 1271, s'ouvrit la succession de son frère Alphonse de Poitiers et de Toulouse, mort au retour de la croisade, avec sa femme, à Savonne, Charles réclama une partie de l'héritage. Il prétendit au Poitou, à l'Auvergne et au Venaissin (Papon, *Hist. de Provence*, III, 53). Cette prétention précise semble bien indiquée par Cardinal aux vers 7–9; elle indiposa la maison de France, et même celle d'Angleterre. A Paris, la reine douairière, Marguerite de Provence, abhorrait son beau-frère et lui réclamait jusqu'à un quart de la Provence; à Londres, sa sœur Éléonore en faisait autant de son côté. En résumé, Charles était considéré comme le mauvais génie de la maison capétienne. Philippe rejeta ses prétentions sur le Poitou, l'Auvergne et le Venaissin. Mais, quand il cèdera cette dernière province à l'Église en 1274, le pape devra donner à Charles, en compensation, des terres dans la Campanie.

Charles prétendait, d'autre part, à la couronne de Jérusalem, comme successeur de Conrad et de Conradin; il l'obtiendra, d'ailleurs, en 1278. C'est une des raisons qui lui avaient fait prendre part à la croisade de Tunis. Enfin, il aspirait aussi au titre de roi des Romains, c'est-à-dire à l'Empire d'Allemagne, et

---

[1] Voir mon étude sur le *Sirventés d'Austorc de Segret* dans les *Annales du Midi*, Toulouse, octobre 1910.

c'est ce qui l'avait fait le rival de Richard de Cornouailles, oncle d'Édouard.   Richard était mort le 2 avril 1271, et la prétention de Charles était devenue plus pressante; il s'était dressé en concurrent d'Alphonse de Castille, qui avait été élu empereur en 1257, en même temps que Richard, et l'on voit ainsi la nouvelle *inimitié* qu'il s'était attirée: la plus chère ambition d'Alphonse X était d'être mis enfin en possession d'un empire qu'il attendait depuis quatorze ans.

Cette prétention de Charles est signalée avec énergie dans les poèmes de *Raimon de Tors de Marseille*, un disciple de Cardinal.

> . . . Le coms d'Anjou s'aficha
> En l'emperial deman.
>
>> (Pièce: *Ar es ben dretz*, vv. 4 et 5.)
>
> Se cil cui Proenza blan
> Cre la clercia d'aitan
> Con le coms Richartz crezec
> E·l reis Castellans esmers,
> Encar ai paor del ters.
>
>> (*Ibid.*, vv. 46–50.)
>
> . . . Sai qu'a nostre comte
> De Proenza rendra comte
> Qi·s coronera lonc clau.
>
>> (Pièce: *Ar es dretz*, vv. 25–27.)

(Traduction A. Parducci, dans *Studj Romanzi*, VII.—Il conte d'Angiò aspira alla rivendicazione dell'impero. . . .

Se quegli cui Provenza favorisce, crede la chieresia precisamente come la credette il conte Riccardo e l'eccellente re Castigliano, ancora ho paura del terzo. . . .

So che al nostro conte di Provenza renderà conto chi si coronerà il longo chiodo (La couronne de fer).

Mais on sait ce qui arriva.   Grégoire X fit élire empereur Rodolphe de Hapsbourg, le 30 septembre 1272.

Et voilà, à grands traits, le spectacle que donnaient les souverains laïques.   Mais Cardinal laisse entendre, aux vers 43–45, que les clercs qui se "feignent bons," ne sont pas non plus sans reproche et s'associent à la perfidie universelle, c'est-à-dire oublient volontairement les intérêts sacrés de la Terre-Sainte et ceux du prince Édouard.   Le reproche ne saurait s'adresser à Grégoire X, qui, dès son accession au souverain pontificat (1er septembre 1271), s'occupa exclusivement de la Terre-Sainte et engagea Gênes, Marseille et Venise à envoyer chacune douze galères armées à Saint-Jean-d'Acre, puis demanda des secours au roi de France dès le 4 mars suivant.

Mais, avant l'élection de Grégoire X, et depuis près de trois ans, l'Église avait donné un spectacle navrant d'impuissance et de luttes intestines. Le Saint-Siège était resté vacant depuis novembre 1268, et les cardinaux, réunis à Viterbe, ne parvenaient pas à se mettre d'accord pour élire un successeur à Clément IV. En vain, le podestat de Viterbe les enfermait-il dans le château de la ville, où ils étaient presque prisonniers. Ils ne s'entendaient pas davantage. Philippe-le-Hardi, revenant d'Afrique en France par l'Italie, en mars 1271, alla les visiter avec son oncle Charles, leur donna le baiser de paix, et les pria instamment d'assurer promptement un pasteur à l'Église. Ils n'en firent rien et ce ne fut qu'en septembre suivant qu'ils se résolurent à s'en rapporter au choix de six d'entre eux qui désignèrent Thealdo Visconti, archidiacre de Liège, alors légat à Saint-Jean-d'Acre, auprès d'Édouard. Pendant ce long interrègne, les intérêts de la Terre-Sainte avaient été complètement négligés, ou plutôt, l'Église s'était associée à la *fraude* de Tunis. Là le légat, Raoul de Chevrières, cardinal-évêque d'Albano, était mort de la peste un peu avant le roi Louis, mais le traité lui alloua mille onces d'or pour ses frais de croisade (Fleury, *Hist. eccl.*, XVIII, 168).

Le poème de Cardinal ne fait aucune allusion directe au pape, et se contente de laisser entendre que l'Église rendra compte, comme les laïques, de son attitude, devant Dieu (v. 45). Il est donc possible que le chant ait été composé avant que l'élection même de Grégoire X fût connue ou consacrée par l'intéressé. Grégoire ne prit possession de la chaire de Saint Pierre qu'en janvier 1272. La date du 12 novembre 1271, à laquelle nous songeons pour la composition du poème au Puy, devient de plus en plus probable. En tout cas, la demande de secours adressée par Cardinal à Philippe était d'autant plus naturelle qu'avant de se séparer à Trapani, les rois et les seigneurs croisés avaient juré de se retrouver dans ce port le 22 juillet 1274, "préparés à passer en Terre-Sainte" (Fleury, *Hist. eccl.*, XVIII, 161). Seuls seraient dispensés de leur serment, ceux qui auraient une excuse approuvée par le roi de France. Et nous avons vu que les envois de secours eurent lieu par les soins du roi jusqu'en 1275.

Il résulte donc du rappel des événements que Cardinal a déploré, dans son sirventés, les conséquences de la croisade de Tunis, l'égoïsme et l'hypocrisie des rois et de l'Église, et particulièrement la cupidité de Charles d'Anjou. Celui-ci eut à supporter les effets de la réprobation qu'il avait soulevée. Grégoire X, sans lui être hostile, ne lui confia point l'Empire, et, pendant près de dix ans, le roi de Sicile n'eut plus de relations cordiales avec la cour de France.

Nous avons déjà remarqué que, sans les *tornades*, qui révèlent son importance historique, le poème ressemblerait à un simple sermon. Les *coblas* III, IV et V présentent surtout ce caractère. Le poète, invoquant l'Écriture, songe au Paradis, aux peines éternelles, aux diables, aux faux clercs. Or, Cardinal était Vaudois, ou au moins très sympathique à ces chrétiens austères, et c'est surtout pour leur secte qu'il prêchait. Les *coblas* III, IV et V doivent donc être conformes aux doctrines du valdisme. Et, en effet, on en retrouve l'esprit, et parfois la lettre, surtout à la fin de la *Nobla Leycson* ou du *Novel Sermon*, c'est-à-dire dans les poèmes vaudois :

> Aquilh que han czai lo deleyt auren lay lo torment;
> Ma li serf del Segnor, que han czai tribulation
> Auren lay eternal gloria e grant consolacion.
> Benaura seren aquilh que son de li perfeit,
> Cant la sere compli lo nombre de li eyleit;
> La poiczenza del Payre e la sapiencia del Filh
> E la bonta del Sant Sperit nos garde tuit
> D'Enfern e nos done Paradis!

Ceux qui ont ici le délice auront là le tourment;—mais les serfs du Seigneur qui ont ici tribulation,—auront là éternelle gloire et grande consolation.—Bienheureux seront ceux qui sont des parfaits—quand là sera complet le nombre des élus;—la puissance du Père et la sagesse du Fils—et la bonté du Saint-Esprit nous garde tous—d'Enfer et nous donne Paradis! (Raynouard, *Choix*, II, 110).

### CARDINAL ET PHILIPPE-LE-HARDI

Par la première *tornade*, le poème est adressé à Philippe-le-Hardi, qui, selon l'usage du temps, l'avait peut-être commandé. Et ceci est encore à remarquer dans la carrière de Cardinal. Il est, en effet, surprenant que le poète nomme un roi de France sans en dire du mal. Il n'en avait aimé et admiré aucun. Dans le poème *L'afar del conte Guio*, qui est de 1214, il avait mentionné un *rei*, qui était Philippe-Auguste (1180–1224), mais il l'avait accusé d'avoir profité du pillage de *Mauzac*, près de Riom (*de Mauzac lo barrey*) pour dépouiller le comte Gui II d'Auvergne. Dans un autre chant de la même époque, *Qui volra sirventes auzir*, il avait reproché au même monarque d'être *fat* et de subir toutes les volontés du clergé, contrairement à l'exemple qu'avait donné Charles Martel (d'après les Chansons de geste).

Dans son poème *Per folhs tenc Polhes e Lombartz* (1219), il avait traité le fils de Philippe-Auguste, le futur Louis VIII (1224–1226), de *rei que non garda lei*. Quant aux attaques contre les Français du Nord, elles remplissaient son œuvre depuis la première époque de sa carrière. En 1211, les Français sont *buveurs* et Raimon VI, "comte de Toulouse, duc de Narbonne et marquis de Provence" ne doit pas plus les craindre "qu'un autour ne craint une perdrix!" (poème: *Falsedatz e Desmezura*). En 1226, Raimon VII se défend victorieusement contre les *"pires gens, les Français et les clercs"* (*Ben volgra*).

Louis IX, malgré son long règne de quarante-quatre ans (1226–1270), n'est jamais nommé dans les poèmes de Cardinal, et l'on a vu comment le troubadour traite implicitement Charles d'Anjou.

Cependant le neveu de ce Charles d'Anjou abhorré semble enfin trouver grâce devant le vieux satirique. Le revirement est indéniable et les documents que Cardinal a peut-être rédigés dans son extrême vieillesse, en 1284, sur l'histoire du Puy et du Velay,[1] le confirment aussi bien que notre sirventés. Philippe-le-Hardi, dès le mois de novembre 1271, envoie au Puy son grand amiral, Florent de Varennes, et son chapelain, Guillaume de Villeneuve, chanoine de Chartres, pour recevoir, en son nom, le serment de fidélité que lui doivent les habitants à son avènement, et Cardinal, l'historien probable, rappelle le fait dans sa chronique sans aucune rancœur: "L'an .m.II^{et}LXXI trames lo reys Philipz el Peu, Mossen Florent de Varenas, chivalier, et mossen Guillaume de Villanova, chanoni de Chartres, que resaupegueront la fezeutat de[l]s homes del Peu, per sagrament à Sainct-Laurens, lo dia de Sainct-Marti d'ivern" (11 novembre).

Aucun regret ne passe dans ce texte écrit avec la concision et l'impassibilité des chroniques du temps. Et l'on ne serait peut-être pas trop hardi en pensant que c'est peut-être à l'occasion du voyage des hauts dignitaires de la cour de France au Puy, que Cardinal fut désigné aux faveurs du roi. Il dut prêter, comme "homme du Puy," le serment de fidélité, et son âge et son passé auront dû faire impression.

En tout cas, Cardinal signale encore deux fois Philippe-le-Hardi dans sa chronique, en 1282 et 1283; et les deux fois, le roi est traité avec les égards qu'il a obtenus en 1271, quoique entre temps, en 1277, il ait violemment frappé la ville du Puy d'une amende ruineuse de trente mille livres et lui ait enlevé son consulat.

---

[1] Voir mon étude de ces documents dans *Archivum romanicum*, III, Luglio-Settembre, 1919, pp. 328-346, Genève.

Bien mieux! le poète devenu historien rappelle que Philippe-Auguste, en 1218, avait donné au Puy ses *privilèges* de commune, et qu'en 1254, le roi Louis IX, dont il n'a jamais parlé dans ses poèmes, était venu au Puy, à son retour de la Terre-Sainte et y était descendu dans la maison de *Pierre Cambafort*.

A quoi était due cette attitude nouvelle? Était-elle inspirée seulement par l'ambition? Le roi avait-il fait des avances pressantes à celui qui avait été le serviteur dévoué de Raimon VII de Toulouse? Nous croyons plutôt que le poète eut la claire vision que le roi était devenu légitimement comte de Toulouse, comme héritier de son oncle Alphonse, et, par conséquent, des Raimon. Il lui fait donc hommage! D'ailleurs, Le Puy fait partie depuis quarante-deux ans de la sénéchaussée de Beaucaire. L'Auvergne, c'est-à-dire la grande province qui s'étend jusqu'à Langeac et à La Chaise-Dieu, aux portes du Velay, passe aussi dans les domaines du roi avec les autres terres du comte Alphonse, et Béraud de Mercœur, le grand baron de la région, est un cousin de Philippe lui-même. A quoi bon résister et au nom de qui? Il n'y a plus de seigneurs indépendants dans le Midi. Le comte de Foix, qui se révolte, va être châtié. Édouard, duc de Guienne et Gascogne, est lui-même le cousin germain de Philippe, et l'on comprend que le poète prie le roi d'aller à son secours.

### ÉDOUARD LA MEILLEURE LANCE DU MONDE ENTIER. SA POPULARITÉ DANS LES POÈMES DU TEMPS

L'admiration que Cardinal exprime en termes enthousiastes pour le prince Édouard, "la meilleure lance au monde entier," est toute naturelle. La résolution de ce prince de se rendre en Terre-Sainte, avec sa femme, pour y remplir, contre tous, le serment qu'il avait prêté à Dieu, suffirait pour l'expliquer. Mais Édouard appartenait à cette maison angevine des Plantagenets que les troubadours avaient célébrée à l'envi du temps d'Éléonore d'Aquitaine et de ses fils, Henri au Court Mantel, Geoffroy de Bretagne et Richard Cœur de Lion. Cardinal était entré dans la poésie peu après la mort de Richard (1199) et, jeune *joglaret*, avait peut-être entendu le Dauphin d'Auvergne faire pieusement l'éloge du défunt, de son père et de ses frères.[1] Jean-sans-Terre ne semble pas

---

[1] Voir la nouvelle *Abrils issi'e Mais intrava*, de Raimon Vidal de Bezaudun, édition Bartsch, et édition Bohs dans *Romanische Forschungen*, 1905. La conversation entre le Dauphin et le *Joglaret* n'a jamais été commentée d'une manière suffisante, mais a eu lieu certainement vers 1207, moment où Cardinal était déjà poète.—Longs extraits dans Raynouard (*Choix*, V, 347).

l'avoir charmé, pas plus qu'Henri III (1216–1272), le père même d'Édouard, qui était encore vivant au moment où il écrit. Henri III, il l'avait même vivement accusé, dans un poème de 1224, *Aquesta gens quan son en lor gaiesza* (*cobla* V) d'être lâche et timide à l'égard des Français, qui lui enlevaient alors le *Gastines* (pays de Thouars), après avoir conquis un instant l'Angleterre elle-même en 1216.

Mais Édouard était un tout autre caractère. Duc de Gascogne depuis vingt ans, il était très populaire dans le Midi de la France et avait montré un courage qui faisait réellement de lui "la meilleure lance de son temps." Pour les lecteurs à qui les détails de l'histoire d'Angleterre ne seraient pas familiers, je me permets de rappeler que je me suis déjà occupé de lui en publiant et commentant, en octobre 1910, le *Sirventés d'Austorc de Segret*, dans les *Annales du Midi*. Édouard, né en 1239, avait déjà trente-trois ans en 1272, et, six ans auparavant, il avait rétabli son propre père sur le trône. Henri III avait vu, en effet, la noblesse se révolter contre lui à l'instigation de son propre beau-frère, Simon de Montfort, comte de Leicester, le petit-fils du baron barbare que Cardinal avait vu à l'œuvre pendant l'atroce guerre contre les Albigeois. Vaincu à Lewes (14 mai 1264), Henri avait été fait prisonnier par les rebelles, avec son fils. Mais celui-ci s'était évadé peu après de sa prison, avait rallié les forces royales et remporté la célèbre victoire d'Evesham (4 août 1265), où Simon de Montfort avait trouvé la mort. Pendant les deux années qui avaient suivi, Édouard avait si bien pacifié l'Angleterre, qu'en 1268, il avait pu prendre la croix, puis, sur la demande de Louis IX, passer en Espagne pour engager son beau-frère, Alphonse X, à en faire autant. Il avait, avant ces graves événements, parcouru en vainqueur presque tous les tournois de France, d'Espagne et d'Allemagne. Sa réputation de *prouesse* était si bien établie qu'en 1273, après son retour de la Palestine et déjà roi, il ne voudra point, pour la soutenir, refuser le défi d'un comte de Chalon, en Bourgogne. Il sera vainqueur encore une fois, mais la lutte sera si rude et même si meurtrière, qu'on appellera le tournoi "le combat de Chalon."

Édouard a été, d'ailleurs, l'idole des poètes de son époque, et Cardinal, en le célébrant, se range dans tout un groupe de chanteurs enthousiastes. Dans un poème qui peut avoir été écrit dès 1257, mais qui est vraisemblablement de 1262–1265, Raimon de Tors, de Marseille, nous montre *Odoartz*, "qui n'est ni lent, ni lâche,"

heureux de voir son oncle, Richard de Cornouailles, aspirer au
royaume de Vienne et d'Arles:

> Ar es dretz qu'ieu chan e parlle,
> Pos de Viena e d'Arlle
> Vol esser reis En Richartz;
> Don a . . . . . . . . .
> . . . ric plazer *N'Odoartz*
> Que non es lentz ni coartz.[1]

En 1265, lorsque Charles d'Anjou s'apprête à attaquer
Manfred, Paulet de Marseille écrit sa *pastourelle* si connue, contre
l'ambition et la cruauté du, comte, et rappelle que la Provence
devrait revenir à l'Infant d'Aragon, le futur Pierre III, et à Édouard,
qui est fils d'Éléonore de Provence, et qui vient de replacer son père
sur le trône: "Je voudrais voir ce noble Infant et Édouard, bien
unis entre eux.   Avec leurs grandes qualités, sortis de la même
tige, chers à leurs amis, redoutés de leurs ennemis, ils acquerraient
beaucoup plus de gloire en se soutenant l'un l'autre, et feraient de
grandes conquêtes. . . ." "Les deux jeunes gens, l'Infant et
Édouard, sont généreux, habiles, bien armés.   Il ne convient
pas qu'ils restent dépouillés de leur héritage."[2]

L'année suivante (1266), Aimeric de Péguilhan, dans un *planh*,
*Totas honors e tuig fag benestan*, déplore la mort de Manfred, et
range Édouard parmi les princes à qui devront désormais s'adresser
les troubadours que la mort de Manfred a privés de soutien.

Lorsque, vers 1270, Louis IX entreprit sa croisade de Tunis,
Édouard, nous l'avons vu, devait accompagner le saint roi de
France.   Mais il se trouva légèrement en retard, et voici comment
les historiens expliquent ce contre-temps: "Édouard ne demandait
pas mieux que d'unir ses forces avec celles d'un si grand prince, et
d'aller commander sous lui.   Mais il lui fit connaître qu'il ne
pouvait pas être prêt assez tôt, parce qu'il manquait d'argent pour
son voyage.   Louis, étant bien aise qu'il ne rencontrât point
d'autre obstacle, lui prêta trente mille marcs, pour lesquels Édouard
lui assigna les revenus de Bourdeaux pendant sept ans" (Rapin de
Thoyras, *Histoire d'Angleterre*, La Haye, 1747, t. II, p. 535).

Et le troubadour Bertholomé Zorzi, de Venise, rappela le
retard dans le poème *Non laissarai qu'en chantar non atenda*, où il
félicite Louis IX de "venger l'abaissement honteux où est tombée

---

[1] Éd. A. Parducci, dans *Studj romanzi*, nº 7, 1910.   P. 36 du tirage à part.

[2] Un texte satisfaisant n'a pas été établi, et la leçon du manuscrit *E* est très mutilée.
Je donne donc la traduction de Sainte-Palaye, reproduite par Millot (*Hist. litt. des
Troubadours*, III, 144) et par Papon (*Hist. de Provence*, III, 458).

la terre où Jésus est mort." Il appelle déjà Édouard "le roi anglais" (l'*engles rei*), et pense que "son secours est supérieur à tous les autres":

> . . . ges non taing qu'om l'*engles rei* reprenda,
> S'un petit es per non poder tarsatz,
> Quar ben s'acor que sa promez' atenda
> E·n faza mais tan qu'en sia lauzatz
> . . . autre socors al sieu non sobravanza.

J'estime qu'on ne doit pas blâmer le roi anglais—s'il est un peu en retard à cause de son manque de moyens.—Car il s'efforce de tenir sa promesse—et de se conduire si bien qu'il en soit loué. . . . Aucun autre secours ne surpasse le sien.

Cette dernière remarque ressemble fort à l'éloge de Cardinal. Et celui-ci écrit deux ans après Bertholomé Zorzi. On peut donc dire qu'il résume dans une formule lapidaire, "la meilleure lance du monde," les louanges qui allaient à Édouard depuis six ans, c'est-à-dire depuis le moment où il avait atteint vingt ans et était devenu, dans sa vaillante jeunesse, le sauveur de sa dynastie et l'espoir des croisés.

Édouard devint roi par la mort de son père le 20 novembre 1272, et le parlement anglais le reconnut aussitôt. Mais il était en mer et sur son retour de St-Jean-d'Acre. Il n'apprit la mort de son père qu'en Sicile. Il revint alors en France par l'Italie, alla voir Philippe-le-Hardi à Paris et gagna Bordeaux, où il demeura jusqu'en 1274. C'est pendant ce temps, en 1273, qu'Austorc de Segret l'engagea à venger son cousin Henri d'Allemagne, puis l'incita à faire la guerre aux Français:

> Ar aura ops proez'et ardimens
> A N'Audoart, si vol Haenric venjar
> Qu'era de sen e de saber ses par
> E totz lo mielhs era de sos parens.
> E, si reman aras d'aisso aunitz,
> No·l laissaran ni cima, ni razitz,
> Frances de sai, ni forsa ben garnida,
> Si sa valors es de pretz desgarnida.
> .     .     .     .     .     .     .
> Yeu . . . volgra vezer . . . . .
> . . . derrocar fortz castels ben bastitz,
> E qu'om crides soven: "A la guerida!"
> A N'Audoart qu'a la patz envazida.

Maintenant, le courage et la prouesse seront nécessaires—à Sire Édouard, s'il veut venger Henri—qui était sans pareil pour l'intelligence et le savoir—et le meilleur, sans conteste, de tous ses parents.—Or, s'il demeure dorénavant honni pour cela,—les Français ne lui laisseront par ici (en Guienne) ni cime, ni racine, ni forteresse bien munie,—si sa valeur est dénuée de prix. . . . Je voudrais voir . . . démolir les forts manoirs bien construits, et (entendre) que chacun criât souvent: "A l'aide!" à Édouard, car il a rompu la paix.

Je répète que j'ai étudié tout le poème d'Austorc de Segret dans les *Annales du Midi*, en octobre, 1910.

Et, tandis qu'Austorc de Segret célébrait ainsi le roi, duc de Gascogne, rentré dans ses beaux domaines de la Guienne, Guilhem Anelier de Toulouse, reprenait son éloge dans son sirventés *El nom de Dieu qu'es Paire omnipotens*, où il le comparait à l'Infant Pierre III, comme l'avait fait Paulet de Marseille en 1265. Il l'appelait *Lo joves Engles*, "le jeune Anglais," et l'incitait à résister aux Français et aux clercs étroitement unis et chez qui "*Saint Marc* était plus puissant que Jésus assisté de tous les autres saints."

Le nouveau roi rentra en Angleterre au printemps de 1274, y fut couronné le 19 août suivant et revint rarement en Guienne. Dès lors, on le comprend, les voix des troubadours se firent plus rares en son honneur. Cependant Guiraut Riquier le célèbre de nouveau dans un poème de 1280, *S'ieu ja trobat*,[1] Giraud du Luc, dans un sirventés de 1282, *Si per malvatz*, et enfin Paul Lanfranc de Pistoia, dans son poème provençal de 1284.

D'autre part, la poésie de langue d'oïl avait aussi parfois parlé du roi d'Angleterre. Rutebeuf avait composé, vers 1273, un chant de croisade connu sous le titre de *Nouvelle complainte d'Outre Mer* ou *La complainte d'Acre* (Jubinal, *Œuvres de Rutebeuf*, I, 110–123). Cette complainte poussait aussi à la croisade les divers princes et entre autres, le roi de France et le roi d'Angleterre, qu'elle qualifiait de "jeunes" (en 1273 Philippe avait 28 ans et Édouard, 34):

> Rois de France, rois d'Angleterre,
> Qu'en jonesce deveiz conquerre
> L'oneur dou cors, le preu de l'ame,
> Ainz que li cors soit soz la lame,
> Sanz espargnier cors et avoir,
> S'or voleiz Paradis avoir
> Si secoreiz la Terre-Sainte. . . .

Enfin, Dante lui-même (1265–1321) ne pouvait pas oublier dans sa *Divine Comédie*, qu'il date de 1300, un des plus grands princes de son temps. Il fait son éloge sans le nommer, en énumérant, dans le chant VII du *Purgatoire*, les divers souverains qu'il

---

[1] J. Anglade (*Le Troubadour Guiraut Riquier*, 167) a donné une excellente traduction et une sûre interprétation historique de ce poème. Édouard y conseille un accord entre Alphonse X de Castille, et Philippe-le-Hardi.

place dans la "vallée des princes," savoir : Rodolphe de Hapsbourg, l'empereur, Ottocare, roi de Bohême, Philippe-le-Hardi, Henri I$^{er}$ de Navarre, Charles d'Anjou, Pierre III d'Aragon, et enfin, Henri III, roi d'Angleterre.   Celui-ci, dit-il, eut *un meilleur rejeton* que les fils de Charles d'Anjou et de Pierre III :

> Vedete il re della semplice vita
> Seder là solo, Arrigo d'Inghilterra.
> Questi ha nei *rami suoi migliore uscita.*

Voyez le roi à la vie simple—assis là seul (à l'écart), Henri d'Angleterre. —Celui-ci a dans ses rameaux une meilleure issue (descendance).

### Deuxieme Tornade
#### Cardinal et le roi Jaime I$^{er}$ d'Aragon.

La *tornade* que nous a conservée le manuscrit *T* envoie le poème de Cardinal à *mon Seinhor lo rei Jacme.*[1]   Ce roi est certainement Jaime I$^{er}$ d'Aragon, le *Conquistador* (1213–1276), qui vivra quatre ans encore, et non son fils Jaime, roi de Majorque et de Montpellier. Cela est confirmé par Miquel de La Tor, qui, dans sa biographie de Cardinal, dit que le poète fut *mout onratz e grazitz per mon Seinhor lo bon rei Jacme d'Arragon.*   L'expression *mon Seinhor,* commune à notre texte et à la biographie, prouve que Miquel a copié le mot dans le poème.   C'était l'habitude des biographes provençaux, on l'a souvent remarqué, de puiser leurs renseignements dans les chants mêmes des troubadours dont ils rappelaient la vie, la carrière et les œuvres.   Mais Miquel dit aussi que Cardinal *anava per cortz de reis,* "allait par les cours des rois."   C'est encore peut-être notre poème qui lui a fourni le renseignement.   Nulle part ailleurs, l'œuvre de Cardinal ne nomme explicitement des rois, et ici, elle en nomme trois, Édouard d'Angleterre, Philippe de France et Jaime I$^{er}$.   Il est certain que Cardinal ne s'est pas rendu à la cour d'Édouard, même à Bordeaux, quand ce prince n'était encore que l'héritier futur du trône d'Angleterre et simple duc de Gascogne. Il ne s'est pas non plus, vraisemblablement, rendu à Paris, à la cour de Philippe-le-Hardi, puisqu'il fait simplement prier le monarque par tous (*trastotz*), d'envoyer des secours à Édouard, *lai* en Terre-Sainte, et nous avons pensé que cette prière a pu être adressée au Puy, aux envoyés de Philippe, Florent de Varennes et Guillaume de Villeneuve.   Mais Cardinal s'est probablement rendu à la

---

[1] La *tornade* du ms. *T* était si bien ignorée des provençalistes que M. A. Jeanroy écrivait encore en 1915 (*Annales du Midi,* XXVII, 250) : "Peire Cardinal aurait été, selon son biographe, "fort honoré" par le roi Jacques, mais il est permis de douter de ces relations, dont il ne subsiste aucune trace dans les soixante-six pièces du poète."

cour de Jaime I<sup>er</sup> qu'il appelle *mon Seinhor*. Milá y Fontanals (*Los Trovadores en España*, 2<sup>e</sup> édit., p. 184), pense même que l'intimité du roi et du poète devint telle que Jaime honora Cardinal au point de le faire coucher dans sa chambre. Il est vrai que le romaniste de Barcelone ne fournit aucune preuve de son assertion, et celle-ci dut paraître invraisemblable à Balaguer, qui ne la répéta point dans son *Historia literaria y política de los Trovadores*. D'après M. Giorgio Dalmazzone (*Peire Cardenal*, Turin, 1910), Cardinal aurait, non seulement fréquenté la cour de Dom Jaime, mais aurait même reçu un fief en Aragon, puis aurait été disgracié au profit de Nat de Mons. C'est encore, je le crains bien, une simple supposition inspirée par la vraisemblance. En réalité, M. Dalmazzone, comme Milá y Fontanals, comme tous les provençalistes, n'a connu, sur les relations de D. Jaime et de Cardinal, que ce qu'en a dit Miquel de la Tor.

Que devons-nous penser en définitive? La découverte de notre *tornade* ne fait guère avancer la question. Elle ne dit pas que Cardinal se rend chez le roi, mais seulement qu'il lui envoie son sirventés. Et Cardinal a plus de quatre-vingts ans en 1271–1272. Le voit-on monter à cheval pour se rendre à Saragosse, à Barcelone ou à Valence? Rien dans ses poèmes ne laisse même soupçonner qu'il ait jamais fait un pareil voyage, ni par terre, ni par mer. Mais justment, Jaime vint, en 1272, dans sa bonne ville de Montpellier et y resta plusieurs mois, puisque nous l'y voyons tomber malade, y faire son testament, puis y régler des différends qu'il avait avec Bérenger, évêque de Maguelonne, le 5 janvier et le 10 février 1273. (Ferreras, *Histoire d'Espagne*, traduction d'Hermilly IV, 272 et 276, note). L'*Histoire générale de Languedoc* (éd. Privat, IX, 28) relate en détail ce séjour du roi d'Aragon dans sa baronnie de France, et fait remonter ce séjour jusqu'au mois de juin 1272. Cardinal aurait donc pu envoyer son sirventés, non à Valence, mais simplement à Montpellier, et, s'il l'y avait porté lui-même, le voyage ne serait plus invraisemblable. Miquel de la Tor demeurait dans cette ville et aurait pu être témoin des honneurs que Jaime, d'après lui, rendit au poète.[1] En tout cas, Cardinal, si nous transcrivons bien sa *tornade*, fait l'éloge du roi, comme l'avait remarqué Lacurne de Sainte-Palaye, dit qu'on le tient pour

---

[1] D'ailleurs, la famille de Cardinal semble s'être fixée alors à Montpellier. Les archives de cette ville signalent, en 1292, un *Pierre Cardinal* qui est professeur "ès droicts" à l'université et peut être un fils ou petit-fils du troubadour. Un autre *Pierre Cardinal* est mentionné par les mêmes archives en 1326.

très *valen*, que *Valors pren* chez lui *onransa*, et qu'il ne "sait rien faire plus parfaitement (que des actions de valeur et de mérite").

Cette appréciation ne saurait étonner quand il s'agit du glorieux *Conquistador* qui avait acquis par l'épée les Baléares, puis le royaume de Valence en 1238 sur les Almohades. Mais Cardinal doit faire allusion à des faits récents: en 1269, Jaime avait pris la Croix, et, prêt avant le roi de France lui-même, avait inauguré la croisade et pris la mer avec une flotte; il est vrai qu'une tempête l'avait assailli dans les eaux de la Sicile et qu'il avait dû rentrer à Aigues-Mortes sans avoir rien fait (Ferreras, *Hist. d'Espagne*, trad. d'Hermilly, IV, 263). Mais rien ne laissait supposer qu'il ne recommençât point son expédition, surtout depuis qu'Édouard était en Orient.

## LA STROPHE

*Cardinal, Bertrand d'Alamanon et Bertrand Carbonel de Marseille.*

Le sirventés, auquel Raynouard lui-même ne donnait pas les *tornades* qui en font un monument d'histoire, n'a été examiné par aucun commentateur. C'est à peine si Vossler[1] en rapproche un instant les deux premières *coblas* d'un autre chant de Cardinal, *Quals aventura*, pour signaler la personnification des vertus et des vices: *Amistansa, Cobeitatz, Enveja, Lialtatz*, etc. Par contre, la strophe, qui, dans l'œuvre de Cardinal, inaugure le compas de neufs vers, a été examinée par Maus dans sa brochure *Peire Cardenals Strophenbau* (p. 88, nº 20). Là elle est d'abord rapprochée de celles qu'avaient modulées Bertrand d'Alamanon dans les numéros 8 et 13 de Bartsch, Guilhem de Montanhagol, dans le numéro 10, puis Luquet Gatelus, dans son unique sirventés de 1262. Et Maus, fidèle à l'opinion de Diez, qui terminait la carrière poétique de Cardinal en 1230, pensait surtout que le poète avait adopté le mètre de Guilhem Montanhagol dont il plaçait le chant en 1225 (p. 78). Bertrand d'Alamanon et Luquet Gatelus passaient ainsi au nombre des imitateurs de Cardinal.

C'est une erreur. Cardinal a adopté la strophe du chant 8 de Bertrand d'Alamanon:

D'un sirventes mi ven gran voluntatç.

Ce poème que contient seul le ms. *T* (fol. 219), a néanmoins été connu de bonne heure. Lacurne de Sainte-Palaye l'avait copié et traduit le plus fidèlement possible, si bien que Millot (*Hist. litt. des Troubadours*, I, 296) avait relevé en partie la traduction

---

[1] *Peire Cardinal, ein Satiriker aus dem Zeitalter der Albigenserkriege*, Munich, 1916, p. 163, note.

en ajoutant: "Le pape Innocent IV déposa au concile de Lyon, en 1245, l'empereur Frédéric, dont le crime irrémissible étoit de joindre la fermeté à la puissance. Après cet attentat, Innocent offrit l'empire à différens princes, ou plutôt n'oublia rien pour le leur faire acheter. C'est le sujet du sirvente."

Papon, dans son *Histoire de Provence* (III, 441), disait au même moment des choses analogues: "Alamanon parle de la déposition de l'empereur Frédéric, faite par Innocent IV au concile de Lyon en 1245." Raynouard (*Choix*, V, 72) relevait vingt-huit vers du poème, mais répétait la date de 1246, "lorsque le pape Innocent IV s'arrogeait le droit de disposer de l'empire et le faisait espérer à divers princes." Émeric David confirmait bientôt tout cela dans l'*Histoire littéraire de la France* (t. XIX, 466): "En 1246, nouveau sirvente contre les princes que le pape Innocent IV faisait successivement élire au préjudice de Frédéric II, qu'il avait déposé.' É. David, qui n'interprétait que le texte incomplet de Raynouard, détournait même de leur sens les deux vers suivants du poème, qui font allusion à un projet de croisade.

> 56 Del papa sai que dara largamen
> Pro del pardon e pauc de son argen.

Heureusement, en 1888, Chabaneau eut la curiosité de remonter au manuscrit et publia tout le poème dans la *Revue des Langues romanes* (t. XXXII, pp. 568–70) fournissant ainsi le texte qu'a enfin reproduit, en 1902, M. Salverda de Grave dans son *Le Troubadour Bertran d'Alamanon*.

Il fut dès lors visible que la date devait être portée après 1257. Bertrand d'Alamanon dit lui-même que son sirventés s'adresse d'abord à *las granç poestatç, cells ques an de l'enperi conten*, "aux grands podestats (Souverains) qui sont en querelle au sujet de l'empire" (vv. 3 et 4). Ces souverains, le pape les tient en haleine (*los ten en balansa*, v. 6) et le poète s'étonne "qu'ils aient l'espoir qu'il fasse l'octroi de l'empire à l'un d'eux, puisqu'il reçoit de chacun rente d'or et d'argent."

> 7 Be·m meravegl car igl an esperansa
> Ques a nengun en fas' autregiamen
> 9 Puois qu'el a d'els renda d'aur e d'argen.

Les grands podestats sont donc Alphonse X, roi de Castille, et Richard de Cornouailles, frère de Henri III, et oncle d'Édouard. Ces deux princes furent, l'un et l'autre, élus empereurs en 1257, après la mort de Guillaume de Hollande. Ils demandèrent au pape Alexandre IV, successeur d'Innocent IV, de les proclamer.

Mais le pontife refusa nettement cette faveur à Alphonse X (Fleury,
*Hist. eccl.*, XVII, 621) et se contenta d'appeler Richard *roi des
Romains*, dans ses lettres.    Ainsi le poème ne peut être antérieur à
1258.    La querelle, ajoute le poète, ne sera pas résolue et les prétendants feront bien de la vider par une guerre où l'un d'eux sera
vainqueur.    Ce vainqueur trouvera le pape "bien disant," il sera
proclamé "fils de Dieu" et bientôt "couronné."

    27  Puois troberan lo papa ben disen. . . .
        Aicelh sera fils de Dieu apelatz.
        Che aura fait al camp lo vensimen,
    30  [E] per los clergues er leu coronatz.

Mais il y a un autre moyen "cent fois meilleur" de gagner la
faveur divine, c'est d'aller outre-mer où se perd la chrétienté, et de
s'y rendre en force (*apoderadamen*) avec le roi de France et le roi
Jaime.    Si ce secours est différé, la Terre de promission sera perdue
sans retour.    Quant au pape, "il donnera largement des indulgences,
mais peu d'argent."    Ces dernières remarques semblent bien
résumer les projets que le pape Clément IV (1265–1268) forma en
1267 et qui aboutirent, en 1269, à la deuxième croisade de Louis IX,
dont nous nous sommes si longuement occupé plus haut.

    A la rigueur donc, le sirventés de Bertrand d'Alamanon pour-
rait avoir été écrit, non en 1258, mais près de dix ans plus tard.
A ce moment Alphonse X et Richard de Cornouailles attendent
encore leur accession à l'Empire, et, d'autre part, Bertrand d'Alamanon est encore en vie.    Il avait suivi Charles d'Anjou à Naples
et mourut en 1270, d'après M. de Lollis.    En tout cas, le sirventés
ne saurait être postérieur au 2 avril 1271; Richard de Cornouailles
mourut à cette date sans avoir reçu la couronne impériale.

    Cardinal a donc demandé sa *cobla* à un poème récent, qui, comme
le sien, poussait à la croisade.    Son choix, comme toujours, était
excellent et caractéristique; le chant de Bertrand d'Alamanon est
une des productions les plus fortes et les plus intéressantes de ce
troubadour.    Il agite la plus haute question politique du temps,
celle qui se demandait quelle était la destinée de l'Empire.    Il
donne des conseils de circonstance aux plus grands monarques du
temps, apprécie l'attitude intéressée du pape et de l'Église avec
courage et indépendance.    Enfin, dans la seconde *tornade*, il
est adressé au roi de Castille dont il fait l'éloge et qu'il prie de
prendre soin de son mérite et de son honneur:

    51  Reis Castelans, car sobeyranamen
        Est sobeyrans, de fin preis e d'onransa
    53  Donas vos suoing, Segnor.

Et naturellement, Cardinal n'a pas seulement, par les rimes, rappelé son modèle.  Il a emprunté aussi tout un vers à ce modèle :

> Alamanon, 33.—Car ades an clergues aital uzansa. . . .
> Cardinal, 43.—Es en clergues es aquella uzansa, . . .

Bertrand d'Alamanon méritait à plus d'un titre cet acte de déférence de la part de Cardinal.  Le poète d'Eyguières avait laissé une œuvre abondante, très variée et parfois très haute, comme on vient de le voir, tout empreinte d'une bonne humeur satirique très fine et d'un verve anticléricale intarissable et spirituelle.  Mais surtout Bertrand avait de bonne heure rendu hommage au génie de Cardinal en adoptant les rythmes de ses poèmes.  Il avait imité *Lo segle vei chamjar* dans un sirventés de 1257, au rythme prestigieux, *Lo segle m'es camjatz.*  Et le chant de Cardinal, *De sirventes faire no·m tuelh*, lui avait fourni le rythme de son remarquable *ennueg* sur *le sel de Provence* :

> De la sal de Provenza·m doill.

Maus achève son énumération en signalant les n<sup>os</sup> 14, 53 et 57 de Bertrand Carbonel de Marseille.  Cette indication se trouvait déjà à la page 76 de la brochure, et Maus pensait que ces poèmes étaient des imitations de celui de Cardinal.  Cela n'est pas sûr pour les numéros 53 et 57, qui sont des *coblas esparsas* qu'on ne saurait dater.  M. A. Jeanroy les a publiées et traduites sous les n<sup>os</sup> XXIX et LXVIII de sa belle édition de 1913,[1] mais ne leur a pas donné une date, même approximative.  Voici le premier vers de chacune de ces *coblas* :

> XXIX.—Huey non es homs tant pros ni tant prezatz. . ..
> LXVIII.—En aisso truep qu'es bona pauretatz. . . .

Mais le n° 14 mérite toute notre attention.  C'est une tenson de Bertrand Carbonel avec son cheval (roncin) :

> Si anc null temps fuy ben encavalcatz.

P. Meyer avait trouvé le poème dans le manuscrit *f* (ou Giraud) (fol. 15 et 16).  Il le publia dans sa fameuse étude bien connue, *Les derniers Troubadours de la Provence* (*Bibliothèque de l'École des Chartes*, XXX, 1869, pp. 471–73), et l'analysa copieusement dans l'*Histoire littéraire de la France*, XXXII, 1898, pp. 67–68.  Mais là, P. Meyer ne se contente pas de dire que la tenson "est, pour la forme," imitée de notre sirventés.  Il en indique la date en remarquant qu'elle est adressée au comte d'Avellino : *Que ven lo coms de Vellin ab grant gent.*  Ce seigneur, Bertrand du Baus, avait été

---

[1] *Les coblas de Bertran Carbonel* (*Annales du Midi*, XXV, 1913).

créé comte d'Avellino dans le royaume de Naples, par Charles d'Anjou, en 1270. Il resta en Italie jusqu'en 1278, et revint alors en Provence. Or, c'est à Aubagne, lors de son retour, que Bertrand Carbonel lui envoie son poème. La date est donc toute trouvée, et comme celle du sirventés de Cardinal est aussi incontestablement 1271–1272, nous sommes, cette fois, en présence d'une imitation. Celle-ci ressort, d'ailleurs, de la construction même du poème de Carbonel et de son texte.

En ce qui concerne la construction, Cardinal avait dérogé à ses habitudes et donné deux *tornadęs* au lieu d'une à son sirventés. Cela ne lui était guère arrivé qu'une fois dans *Tostemps azir falsedat et enjan*. Bertrand renchérit et affuble sa tenson de trois *tornades*. Dans le texte, les rimes et les expressions communes foisonnent. Les rimes communes sont: *noiremen, veramen, valen, duptansa, alegransa, malanansa, amistansa*. Et voici des tournures où l'imitation est visible:

> Cardinal:—A trastotz prec que pregon coralmen. . . .
> Carbonel:—Tu, li vai dir qu'ieu li prec humilment. . . .
> Cardinal:—De mi ti part, sirventes, e vai t'en. . . .
> Carbonel:—Tenson, vai t'en ad Albania corrent. . . .

La comparaison des deux poèmes montre surtout la supériorité de Cardinal sur son disciple. Cette supériorité, P. Meyer s'est plu à la faire ressortir, mais dans des remarques d'ordre purement général: "On a reconnu (dans les poésies de Carbonel) l'imitation très marquée des poésies bien supérieures par la force de la pensée et par la puissance de l'expression de Peire Cardinal." (*Hist. litt. de la France*, XXXII, 67.) "Ses sirventés, plus intéressants par le sujet (que les *coblas esparsas*), ne sortent pas de la voie que parcourait, avec bien autrement de force et de poésie, Peire Cardinal. Il paraît même avoir pris pour modèle son illustre devancier: du moins, il en était nourri: non seulement il le cite, mais même il l'imite parfois" (*Bibliothèque de l'École des Chartes*, XXX, p. 468).

C. FABRE.

Le Puy.

# SUR LE RITE DE LA "CAPILLATURE" DANS QUELQUES TEXTES MÉDIÉVAUX

Il nous est parvenu un ouvrage latin, d'origine galloise, composé entre la fin du vi<sup>e</sup> siècle et la fin du viii<sup>e</sup>, qu'on appelle généralement l'*Historia Britonum* de Nennius et qu'on ferait mieux (car Nennius n'en a été que le remanieur) d'appeler tout court, sans nom d'auteur, l'*Historia Britonum*.[1]

Cette *Historia Britonum* est une compilation, formée d'une série de neuf opuscules, dont l'un, le principal, qui répond plus rigoureusement que les autres au titre général de l'œuvre et qui concerne l'histoire des Bretons de Grande-Bretagne depuis leurs origines jusqu'au temps de l'invasion anglo-saxonne, a fait une assez large part au règne du roi Guorthigirn. Guorthigirn, traître à sa nation, traître à la religion chrétienne, avait favorisé l'installation des Saxons, païens de Germanie, sur les terres de son propre peuple, converti depuis plus de trois siècles à la vraie foi. Monstre de vices, il s'était heurté à la censure virulente de saint Germain, qui, venu pour extirper l'hérésie pélagienne, avait débarqué en Grande-Bretagne en 429 et s'était employé, entre autres tâches, à ramener le mauvais prince dans la bonne voie. Mais Guorthigirn opposait au saint homme une résistance obstinée et, endurci dans le mal, entassait crime sur crime, tant et si bien qu'un jour se produisit l'épisode rapporté dans le texte en ces termes (§ 39):

Nam, super omnia mala adjiciens, Guorthigirnus accepit filiam sui uxorem sibi et peperit ei filium. Et hoc cum compertum esset a sancto Germano, eum corripere venit cum omni clero Britonum. Et dum conventa esset magna synodus clericorum ac laicorum in uno concilio, ipse rex praemonuit filiam suam ut exiret ad conventum et ut daret filium suum in sinum Germani et ut diceret quod ipse erat pater filii; et mulier fecit sicut erat edocta. Germanus autem eum benigne accepit et dicere coepit: "Pater tibi ero nec te dimittam, nisi mihi novacula cum forcipe pectineque detur et ad patrem tuum carnalem tibi dare licetur." Et obaudivit puer, et usque ad avum suum patrem carnalem Guorthigirnum perrexit, et puer illi dixit: "Pater meus es, caput meum tonde et comam capitis mei." Et ille siluit et tacuit, et puero respondere noluit, sed surrexit et iratus est valde, ut a facie sancti Germani fugeret. . . .

---

[1] Le texte a été publié par Th. Mommsen dans les *Monumenta Germaniae historica, Chronica minora*, t. III, p. 111 ss., et par E. Faral, *La légende arthurienne*, t. III, p. 1 ss.

C'est-à-dire, en traduisant:

A tous ses forfaits Guorthigirn mit le comble en prenant pour épouse sa propre fille, de laquelle il eut un fils.   Saint Germain ayant eu connaissance de ce scandale, vint lui adresser ses remontrances avec tout le clergé de Bretagne.   Or, tandis que se tenait un grand synode, composé de clercs et de laïcs, le roi enjoignit à sa fille de se rendre à ce synode, de déposer son fils dans les bras de saint Germain et de lui dire qu'il était, lui, saint Germain, le père de l'enfant.   La femme fit comme elle en avait reçu l'ordre.   Germain accueillit l'enfant sans colère et lui dit: "Je serai ton père et je ne te renverrai point avant qu'on ne m'ait passé un rasoir, des ciseaux et un peigne et que tu ne puisses les remettre à ton père charnel."   L'enfant obéit, se rendit auprès de son grand-père, qui était son père, et lui dit: "Tu es mon père: tonds ma tête et fais tomber ma chevelure."   Guorthigirn, ne trouvant mot à dire, ne fit aucune réponse à l'enfant, mais se leva, plein de dépit, et s'enfuit, pour échapper au regard de saint Germain."

Cette anecdote, assez obscure en elle-même, a beaucoup embarrassé la critique.

Les celtisants en ont rapproché un épisode du "mabinogi," c'est-à-dire du conte gallois, de *Kulhwch et Olwen*.   Kulhwch, fils de Kilydd, au temps où est venu pour lui l'âge de prendre femme, est envoyé par son père au roi Arthur, dans l'espérance que ce roi puissant favorisera ses desseins: "Va, dit le père, va trouver Arthur, qui est ton cousin, pour qu'il arrange ta chevelure: demande-le lui comme un présent."   Le jeune homme se rend auprès d'Arthur, qui, faisant profession d'inépuisable libéralité, lui promet plaisirs et richesses.   Mais Kulhwch réplique orgueilleusement: "Je ne suis pas venu ici pour gaspiller nourriture et boisson.   Si j'obtiens le présent que je désire, je saurai le reconnaître et le célébrer; sinon, je porterai ton déshonneur aussi loin qu'est allée ta renommée."   Et comme Arthur l'invite à déclarer le présent qu'il souhaite, le jeune homme répond: "Je veux que tu mettes en ordre ma chevelure."—"Je le ferai," promet Arthur, et, prenant un peigne d'or et des ciseaux aux anneaux d'argent, il lui coiffe la tête.

Ce récit présente assurément certaines analogies avec celui de l'*Historia Britonum*.   Mais un texte du xive siècle, je veux dire celui du "mabinogi," n'est pas très recommandable pour le commentaire d'un texte de quelque sept siècles plus ancien, comme est celui de l'*Historia Britonum*, et il apparaît que l'écrivain gallois, à en juger par certaines étrangetés de son conte, travaillait ici sur un thème dont lui-même, déjà, ne saisissait plus la signification: ce n'est pas lui qui peut aider à comprendre le sens du vieux récit latin.

A défaut du "mabinogi" de *Kulhwch et Olwen*, peu instructif, il existe d'autres textes, d'ailleurs rares, qui ont échappé aux celtisants et qui méritent qu'on s'y arrête.

Le premier est un passage du *De gestis Langobardorum* de Paul Diacre où se lit (IV, 40) le récit suivant, rapporté à l'année 631 :

Mortuo, ut diximus, Gisulfo Forojuliensi duce, Taso et Cacco, filii ejus, eumdem ducatum regendum susceperunt. . . . Hos duos fratres Gregorius, patricius Romanorum, in civitate Opitergio dolosa fraude peremit. Nam promittens Tasoni ut ei barbam, sicut moris est, incideret eumque sibi filium faceret, ipse Taso, cum Caccone, germano suo, et electis juvenibus, ad eumdem Gregorium nihil mali metuens advenit. Qui mox cum Opitergium cum suis esset ingressus, statim isdem patricius civitatis portas claudi praecepit et armatos milites super Tasonem ejusque socios misit. . . .

C'est-à-dire en traduisant :

A la mort de Gisulf, duc de Frioul, Taso et Cacco, ses fils, prirent le gouvernement du duché. . . . Gregorius, patrice de Rome, fit périr traîtreusement les deux frères dans la ville d'Uderzo. Sur la promesse qu'il avait faite à Taso de lui couper la barbe, selon l'usage, et de le prendre pour fils, Taso, en compagnie de son frère Cacco et de quelques nobles jeunes gens, se rendit sans méfiance auprès de Gregorius. Il entra avec les siens dans la ville d'Uderzo, et aussitôt le patrice, ordonnant de fermer la porte de la cité, lança contre lui et ses compagnons une troupe de soldats qui les accabla.

Ce texte, à la vérité, n'est pas, lui non plus, extrêmement instructif. Non pas seulement parce que Gregorius offre à Taso de lui couper la barbe, et non pas la chevelure: on peut supposer que la coupe de la barbe a été un mode d'adoption inventé pour le second âge, une fois que les cheveux avaient été coupés et quand, l'enfant étant devenu homme, la seule ressource pour l'adopter encore était fournie, si l'on peut dire, par la première barbe: ainsi cette adoption par la barbe pourrait prouver indirectement l'existence du rite de l'adoption par la chevelure. Mais le témoignage de Paul Diacre relatif à Taso présente un inconvénient plus grave: les faits qu'il évoque ne sont pas attestés avec une entière certitude. Sans doute Paul Diacre était bien placé pour connaître sûrement les événements dont il parle: originaire du Frioul, appartenant à une noble famille de Lombardie, il était tout voisin des meilleures sources de la tradition. Mais ce n'est pas là une raison pour que la tradition ne l'ait pas trompé. Il écrivait à une date postérieure de quelque 125 années à la mort de Taso et, dans l'intervalle, la légende avait eu largement le temps de travailler aux dépens de l'histoire. Un écrivain mérovingien, qui écrivait en 660, l'auteur de la chronique dite de Frédégaire, l'aîné de Paul Diacre d'environ un siècle et beaucoup plus proche que lui de l'événement, bien informé, au surplus, des choses franques, burgondes et lombardes de son temps, a raconté la mort de Taso en des termes sensiblement différents.   Il a écrit (IV, 69) qu'en 631, Charoald, roi des Lombards, avait envoyé secrètement des émissaires au patrice Isacius, pour obtenir de lui, moyennant bon salaire, qu'il le débarrassât de Taso, duc de Toscane.   Le patrice, usant d'astuce, avait engagé Taso, qui s'était brouillé avec Charoald, à se réconcilier avec lui: lui-même devait l'y aider.   Taso, s'étant laissé persuader, était venu à Ravenne.   Isacius avait envoyé à sa rencontre, pour l'avertir que, par crainte de l'empereur, il n'osait le recevoir en armes dans la ville.   Alors Taso, laissant ses armes hors des murs, était entré sans défiance dans la cité et aussitôt des gardes appostés s'étaient précipités sur lui et les siens et les avaient massacrés.

On le voit: le récit diffère profondément de celui de Paul Diacre.   La scène du massacre n'est pas à Uderzo (en Vénétie), mais à Ravenne; Taso n'est pas duc de Frioul, mais duc de Toscane; le patrice n'est pas Gregorius, mais Isacius; et il n'est nullement question de la barbe de Taso.   Où est la relation authentique? On ne saurait le dire.   Mais celle de la Chronique de Frédégaire n'est pas entachée de vices qui la condamnent aussitôt, il s'en faut; et même on observe que, sur un point au moins, elle est plus exacte que celle de Paul Diacre, puisque réellement, en 631, le patrice de Rome était Isacius, et non pas Gregorius.   La prudence veut donc qu'on ne retienne pas ce premier texte de Paul Diacre.

Mais le même Paul Diacre, dans le même *De gestis Langobardorum* (VI, 43) a produit un autre récit, qui se rapporte à une époque plus tardive que le précédent et qui se situe aux environs de l'année 720.   Le voici:

Circa haec tempora Carolus, princeps Francorum, Pippinum, filium suum ad Liutprandum direxit, ut ejus juxta morem capillum susciperet.   Qui, ejus caesariem incidens, ei pater effectus est, multisque eum ditatum regiis muneribus, genitori remisit.

C'est-à-dire, en traduisant:

Vers ce temps-là le chef des Francs, Charles Martel, envoya son fils Pépin à Luitprand, afin que celui-ci prît, selon l'usage, sa chevelure. Luitprand, la lui tondant, devint le père de l'enfant et le renvoya, comblé de présents, à celui qui l'avait engendré.

Il résulte de ce texte, qu'au temps de Charles Martel, c'est-à-dire dans la première moitié du vIIIe siècle, la personne qui acceptait de couper de ses mains la chevelure d'un enfant devenait de ce fait le père d'adoption de cet enfant ou, comme le dit l'auteur de la *Chronique de la Novalèse*, en reproduisant l'information de Paul Diacre, son "père spirituel."

Je dis: " dans la première moitié du VIII<sup>e</sup> siècle". Mais il est possible que l'usage, à cette époque, ait existé déjà depuis longtcmps. Sans doute Charles Martel, en envoyant Pépin à Luitprand, accomplissait-il un geste assez nouveau parmi les gens de sa race. Les rois chevelus ne faisaient pas tondre leurs enfants: comme on le voit dans l'*Historia Francorum* de Grégoire de Tours en particulier, la longue chevelure était considérée par les Francs comme un privilège des princes de la famille royale. Mais l'usage que ne pratiquaient pas les personnages de sang princier pouvait être répandu parmi les familles de moindre dignité.

Quoi qu'il en soit, il semble tout d'abord, à la lumière du texte de Paul Diacre concernant Pépin, que le récit de l'*Historia Britonum* relatif au fils de Guorthigirn devienne clair: la coupe des cheveux symboliserait, comme dans le cas de Pépin, une acceptation de paternité spirituelle. Mais, quand on y regarde de près, cette explication n'apparaît plus comme satisfaisante. Guorthigirn envoie son fils à saint Germain, en lui faisant dire par la mère: "Prends-le: il est ton fils." Et saint Germain renvoie l'enfant à son père, en lui faisant dire: "Tonds ma chevelure: tu es mon père." S'il faut admettre que la première coupe des cheveux ait été le privilège du père d'adoption, du parrain, l'épisode n'a de sens qu'à la condition d'attribuer à la riposte de saint Germain la valeur d'un trait ironique: l'évêque, renversant les rôles, aurait affecté par dérision de saluer Guorthigirn comme le père spirituel de son fils. Mais c'est là beaucoup raffiner. La réplique de saint Germain, si on l'interprétait de cette façon, apparaîtrait-elle comme tellement cinglante qu'elle eût pu confondre le roi, ainsi que l'indique le texte, et le déterminer à la fuite?

Une second interprétation, beaucoup plus naturelle, serait d'admettre que, pour saint Germain (si l'épisode est authentique), ou pour l'auteur du récit (si l'épisode a été inventé), la première coupe des cheveux était une opération réservée, non pas au père d'adoption, mais au père véritable, au père selon la chair. Il n'y a pas à forcer le texte pour l'entendre ainsi. La forme la plus ancienne de l'épisode est celle-ci: l'enfant se rend auprès de son grand-père, qui est son père selon la chair, et lui dit: "Tu es mon père: tonds ma chevelure." "Tu es mon père," c'est-à-dire, en serrant l'interprétation, "tu es mon père charnel". Et cette façon de comprendre est tellement indiquée, que le traducteur irlandais du texte, Gilla Coemgin, qui écrivait au xɪᵉ siècle, a placé dans la bouche de l'enfant ces paroles exemptes d'équivoque:[1] "Mon père, tonds ma chevelure, car tu es mon père charnel." De la sorte, le sens du récit devient parfaitement clair. Guorthigirn tente d'abord de perdre saint Germain par la calomnie: il le fait accuser publiquement d'être le père de l'enfant. Saint Germain réplique: "Oui, je l'admets, je suis son père: mais son père spirituel, non pas son père selon la chair"; et, dédaignant d'ajouter crûment: "Son père selon la chair, c'est le roi Guorthigirn," il emploie un détour: "Va, dit-il à l'enfant, va trouver le roi et prie-le, comme c'est son devoir, de couper ta chevelure." Et le roi est ainsi désigné, sans équivoque possible, comme père selon le sang.

S'il en est bien ainsi, l'on voit que le texte de l'*Historia Britonum* constitue un témoignage unique, le seul qui nous parle de la première coupe des cheveux d'un enfant comme d'un droit appartenant en propre à son père. Témoignage intéressant, à coup sûr, pour qui voudrait retracer l'histoire d'un usage curieux, mais témoignage qui a besoin d'être confirmé et précisé. Car un texte n'a de valeur que dans la mesure où il se laisse situer dans le temps et dans l'espace; et tel n'est pas ici le cas.

On ignore, d'abord, à quelle date exacte s'est formée la compilation de l'*Historia Britonum*, et tout ce que l'on peut dire, c'est qu'elle prend place entre ces deux bornes chronologiques, fort imprécises et fort éloignées l'une de l'autre: la fin du vɪᵉ siècle et la fin du vɪɪɪᵉ.

D'autre part, pour ce qui est du lieu d'origine, il est certain que l'*Historia Britonum* a été l'œuvre d'un Breton de Grande-Bretagne, très probablement un Gallois. Mais cette attribution n'implique rien quant à la provenance des divers éléments dont se compose la compilation. En ce qui concerne notre passage, des indices certains permettent de reconnaître qu'il appartenait à un *Liber sancti Germani*, c'est-à-dire à une Vie de saint Germain, dont plusieurs extraits copieux ont été incorporés à l'*Historia Britonum*.[2] Or, ce *Liber sancti Germani* était un ouvrage d'inspiration ecclésiastique, un livre de clerc, un de ces livres de lettrés (il y a des lettrés de tous grades) qui exploitent, dans leurs inventions, les ressources d'une érudition étendue et qui ne connaissent pas les limites imposées au vulgaire par les frontières nationales. Les

---

[1] Mommsen, *ouvrage cité*, p. 180-1.      [2] Faral, *ouvrage cité*, t. I, p. 98 ss.

auteurs de ce genre d'écrits apportent dans les traditions des pays
où ils vivent des perturbations profondes : aux thèmes indigènes ils
mêlent des thèmes étrangers ; ils implantent, ils acclimatent, ils
mélangent les espèces. C'est pourquoi leurs ouvrages sont
souvent des documents trompeurs.   Dans le cas présent, peut-on
tenir pour exact, sous prétexte qu'on le lit dans le *Liber sancti
Germani*, qu'au temps du roi Guorthigirn, c'est-à-dire vers l'an 430,
la règle ait été en Grande-Bretagne que le père eût charge de couper
pour la première fois les cheveux de son fils ?   Et s'il faut supposer
que l'épisode, inauthentique, n'ait été imaginé que plus tard, par
un conteur du VIIe ou du VIIIe siècle, en résulte-t-il que ce conteur
se soit inspiré d'un usage réellement pratiqué de son temps dans le
pays où il vivait, plutôt que d'un usage pratiqué dans d'autres
pays et peut-être en d'autres temps, dont il n'aurait eu qu'une
connaissance indirecte ?

Ainsi, l'isolement du texte de l'*Historia Britonum* relatif au fils
de Guorthigirn fait à la fois sa force et sa faiblesse, son interêt et
son insignifiance.   Ce texte, qui pourrait être un précieux jalon
dans la longue histoire du rite de la "capillature," répond-il à un
usage réellement observé en Grande-Bretagne ?   Dans l'affirma-
tive, pour quelle époque est-il valable ?   Je ne crois pas possible
de répondre actuellement à ces questions.   Mais je crois utile,
pour diverses raisons, de les poser.

EDMOND FARAL.

PARIS.

# THE RETURN OF BARRÈS

The years immediately following the War were marked in France, as in England, by a general reaction against the writers who, until then, had been considered as most representative of the national genius. Such a reaction was, to a certain extent, in the nature of things. Each generation, as it comes of age, thinks it necessary to run counter to its immediate predecessors. Not only are their literary methods proclaimed out-of-date: the ideas to which they have given expression are denounced as misleading or worthless.

In this particular case, the *déboulonnage* of the idols was carried out with a vigour rare even in such operations. There was no standing on ceremony. One after the other, the masters of the day were called to the bar for pitiless indictment. Anatole France was but a "bourgeois" masquerading as a dilettante: his philosophy was nothing more than a timid re-edition of Renan, and his much vaunted style only a watered-down classicism. Loti had no ideas, no real sense of form: even his exotism smacked of the cheap bazaar. Bourget? A mediocre manufacturer of "novels with a purpose," whose horizon was limited by salons and boudoirs. Barrès had made the mistake of identifying himself with the aggressive nationalism of the "Right." What could the author of *Colette Baudoche*, the champion of "national energy" offer a generation whose desire was to escape from the fetters of pre-war thought, or, as they termed it, pre-war prejudice? On one and all, a sentence of summary execution was passed.

France and Loti, already near the close of their brilliant careers, were content to rest on their laurels, wisely electing to leave their reputation to the care of a more distant, and less biassed posterity. Bourget, sincerely anxious to keep up with his time and to remain in touch with the *jeunes*, one of whose leaders he had been in the far-off days of *Le Disciple*, made a desperate effort to renew his manner; but the cool reception accorded to the *Danseur Mondain*, and the novels which followed it, must have convinced him of the impossibility, in his case, of bridging the gulf. Barrès alone, of the famous quatuor, succeeded in retrieving his lost prestige. His unexpected "return," with *Un Jardin sur l'Oronte* (1922) is one of the most significant episodes of the literary history of recent years.

It may perhaps be not uninteresting to seek the reasons of this change of front towards Barrès, to endeavour to discover how and why the youth of 1922 were brought once more to acknowledge the sway of the writer whom another generation had hailed as "le Prince de la Jeunesse."

## I

The first element of the success of *Un Jardin sur l'Oronte* lay no doubt in its subject. Across the years filled by the novels of "national energy" and the ardent advocacy of watchful patriotism, it rejoined the themes which, in his earlier works, had won for Barrès the whole-hearted admiration of the young men of his time. The political theories which had distorted the perspective of the post-war generation and had prevented them from judging him equitably had here no place. There remained but this story "d'azur et d'argent," the poignant drama of passion and ambition played in two lofty souls.

In another century, amid other surroundings, it was the story of Philippe and of Bérénice over again. Here, once more, were two hearts and two minds in communion, uplifted in tense exaltation, striving to soar above all contingences as on wings of fire. And here once more, behind this generous effort to abolish the trammels of insipid life, was the menace of material existence, with its indifference, its compromises, its mediocrity. Bérénice on the crumbling ramparts of Aigues-Mortes, which saw the departure of the Crusaders, looked towards Oriante, standing on the ramparts of Qualaat, as the Crusaders arrived. Philippe, seeking in impassioned contemplation and violent action to discover and to renew himself, joined hands with the Christian knight Guillaume, seeking in Asia those moments of intensity which medieval France could not afford him. And between each couple burned the "gem-like flame" which for Barrès, as well as for Pater, is the true measure of success in life.

In this Guillaume, "plein de coeur, de franchise et d'élan," with his ardent desire to accomplish "de grandes choses," in this Oriante, "ce cantique vivant," whose face and being exhaled the melody of a soul full of love and grace, who could fail to recognise the protagonists with whom the Barrès of 1890 had identified himself in the hearts of his generation? And just as, in the novels of the "culte du moi," the interest centres first on Philippe but ends by fixing itself on Bérénice, so, in *Un Jardin sur l'Oronte*, it moves, little by little, from Guillaume, and finally concentrates itself about Oriante. Out of the shadow of mystery into full light each of the heroines comes to stand forth in complete significance, at once simple and complex, transparent yet deep, absorbing into herself all that surrounds her. Their lovers exist only in so far as they receive from them something of their fervour, their will, their mystery. Guillaume, like Philippe, is a glass whose life is the reflection of the ever-changing Oriante. She is essential to him, whereas he is but accessory to her.

"Tendre et impérieuse," Oriante is indeed sister to Bérénice. To both might be applied the striking phrase in which Barrès sums up the first impression left on Guillaume by the Saracen princess: "Elle répandait autour d'elle une joie étincelante, aussitôt suivie du mélancolique sentiment que nulle minute ne peut être fixée. Et par ce chemin de tristesse on pénétrait jusqu'aux mondes qu'elle portait en son cœur." Manifold and diverse are the worlds she bears within her heart—worlds of sunshine, of flowers and singing birds, worlds of strange night, of immobility and silence. In her presence Guillaume feels himself, like Philippe by the side of Bérénice, "submergé sous les songes d'amour et les désirs de mort." Even in the moment when he feels at one with her, seeing with her eyes, speaking with her voice, she escapes him. Close to him, she is far from him; and yielding, she remains inaccessible. Let him strain in mind and soul ever so high, she is still above him, remote, unattainable:

Les deux amants passaient leurs jours et leurs nuits dans un état de vibration de leurs âmes, montées au plus haut point et pourtant accordées étroitement. . . . Et Guillaume l'ayant dans ses bras, continuait de la poursuivre, avec autant d'ardeur que s'il ne l'eût jamais atteinte. Attachés l'un à l'autre, ils s'appelaient comme si le fleuve Oronte les eût séparés.

Thus, embodied in Guillaume and, above all, in Oriante, the attitude towards existence which Barrès had so admirably translated at the outset of his career found new expression. From the inner conflict of these two natures whose harmony reposed on a subtle variance sprang once more the lesson of resistance to all that tends in life to reduce the soul to the level of ordinary things.

The decisive conversation between the lovers when Qualaat is about to fall into the hands of their enemies reveals the eternal duel:

—Fuyons donc à Damas.  Le plus sûr est de hasarder cette fuite.
—Je ne pourrai jamais parvenir à Damas.
—Tu seras l'étoile du désir qui guide la caravane.
—Et là-bas, je ne serai plus une reine.

There can be no question, for Oriante, of sacrificing her rank. Rather will she sacrifice her love and even her lover.  The foremost place is hers, and to keep it, she will risk all.  Against safety won by abdication of her rights, of herself, she places the difficult, the hazardous solution, sure, within herself, of her triumph.  What matters the betrayal of others if she remains true to herself, if she remains the mistress of her fate?

The splendid egotism which lies at the heart of all the work of Barrès, the idea of the sacredness of a personality, the inviolability of the individual being thus shines forth in every page of *Un Jardin sur l'Oronte*.  It is not an egotism bound down to minor things, but the egotism which rests on the passionate claim to be one's self, to realise fully and freely all the potentialities of one's soul, and which admits of no compromise, of no retreat.  The secret of Oriante is "la courageuse volonté de vivre en acceptant les conditions de la vie," but only so long as this acceptance brings with it no decline, no degradation.  On those terms alone is life tolerable.  All that Oriante had to give, she has given to Guillaume; but when the hour strikes bringing a choice to be made between his happiness and herself, she affirms her right to live in accordance with her ideal.  And, to the end, she proudly justifies herself. "Comprends qu'Oriante n'est pas née pour admettre qu'il y ait des vainqueurs qu'elle renonce à assujettir.  Je ne pouvais pas me résigner à être comme une morte.  Il faut connaître ce que sont les femmes ou du moins leurs reines.  Tu peux me demander de ne plus vivre; c'est peut-être le devoir de la femme de mourir avec celui qu'elle aime, mais, tant que je respire, il m'est impossible de ne pas obéir à la force royale qu'il y a en moi."  And almost the last words that reach the ears of Guillaume in his death-agony are these: "Je ne pouvais pas consentir à déserter le premier rang."

In the atmosphere of the years following the War, filled with the noise of conflicting theories and formulæ, clouded by discouragement and disillusion, *Un Jardin sur l'Oronte* could not fail to act as *Le Jardin de Bérénice* had done thirty years before.  Its "message" appealed to the latent romanticism of the youth of the period, as it answered, too, the need they felt for a more rigid discipline. The "egotism" of Oriante carried with it an irresistible call, and that call was answered joyously, enthusiastically.

## II

The second factor that determined the success of the work was the perfection of the form. More than the theme, the matter, it was the manner which struck the imagination of the young men of the time, and excited their admiration. Had it not been always so with Barrès? Even those who, in the past, had contested his doctrine, had nevertheless rendered a sincere tribute to the prestige of his style. And now the *sortilège*, the spell of Barrès was to act once more.

*Un Jardin sur l'Oronte* is a model in composition. Striking are the opening pages which are the prelude to the narrative. In the failing light, on the outskirts of Hamah, before the Syrian landscape, Barrès listens to the young Irish *savant* who translates for him, from an old manuscript, the adventure of Guillaume and Oriante. As the sun sinks, the air is filled with the groaning of the wheels which turn, night and day, lifting water from the Oronte—the eternal concert of the East. And the mind of the listener sinks into a reverie on the strange seduction of this burnt-up land:

> Mon savant se plongea dans l'examen de son grimoire, et moi, sous les beaux arbres,—pareils aux arbres de chez nous, mais qu'ici l'on bénit de daigner exister et fraîchir à la brise,—en face de cette eau de salut et devant ces humbles roues de moulin élevées à la dignité de poèmes vivants, je goûtai la volupté de ces vieilles oasis d'Asie, accordées invinciblement avec les pulsations secrètes de notre âme.

As the night falls and the story is unfolded, a rapid and brilliant vision passes before his eyes, that of a dazzling bird flitting through the star-lit darkness, wheeling above the river:

> Toute une nuit, j'ai vu . . . voltiger sur l'Oronte un beau martin-pêcheur . . . Un oiseau bleu sous les étoiles, c'est impossible? Pourtant, mes yeux l'ont vu. Puissé-je l'amener tout vivant sous les vôtres.

So, in the opening bars of a symphony, come forth the essential motives of the piece. Here, on the unchanging background of an ancient realm, pass the figures of a dream wherein all is passion and beauty: "un poème d'opéra sur un fond de gémissement éternel."

There are few direct descriptions. Only at the beginning

of the story do we find an evocation of the gardens of the Emir, full of colour and light. And here Barrès makes use of the process of "enumeration," of which Chateaubriand and Flaubert had offered him so many examples. But the rhythm, the harmony of these passages belong to Barrès alone. Take, for example, Guillaume's first sight of the gardens:

> On y voyait les fameuses roses de Tripoli, qui ont le cœur jaune, et celles d'Alexandrie, qui ont le cœur bleu. Au milieu de pelouses parfumées de lis, de cassis, de narcisses et de violettes, rafraîchies par des ruisseaux dérivés de l'Oronte et ombragées de cédrats, d'amandiers, d'orangers et de pêchers en plein vent, étaient dispersés de légers kiosques, tous ornés de soies d'Antioche et de Perse, de verreries arabes et de porcelaines chinoises.

The picture is complete only when Barrès calls up the same gardens after the sounds and movement of day are gone, for then the real significance of this splendour appears:

> Les roses dormaient sur les rosiers et, près des roses, les rossignols, et dans les kiosques veillaient les sultanes. Ces minces petites lumières, le parfum des fleurs et le silence faisaient une si violente promesse de bonheur que l'on sentait qu'il allait éclater quelque enchantement.

If the old phrase which defines a landscape as an *état d'âme* has a meaning, it is surely here. As in the famous pages on Venice and Toledo, the soul of things is revealed, the interior reality which alone counts.

But the triumph of Barrès is in the images which rise beneath his pen, and whose succession creates in the mind of the reader that sense of communion with the artist which is the real success of art. No better example could be found than the chapter which relates Guillaume's first contact with Oriante. Invisible in the night, Oriante sings. In the silence, heavy with shadow and perfume, her voice is like a spell; it falls "like water on feverish hands." From time to time, she pauses:

> *Elle* suspendait de se raconter pour qu'on suivît mieux son sillage, comme la fusée, à mi-route des étoiles, épanouit son cœur brûlant et retombe en gerbe de feu.

Then the song is heard again, mysterious, elusive, disconcerting at once by its subtle meanders and its terrible directness:

> Jamais elle n'indiquait tout droit un sentiment: elle l'entourait, le dessinait, comme font les pas d'une danseuse, et le jetait de ses deux mains tout vif dans son âme.

Dreams of love and hope and death. The singer multiplies her themes, casts them, lightly or solemnly, into the night:

A la fois chaste et brûlante, elle montait de la langueur au délire, pour redescendre au soupir, et parfois endolorie comme un papillon dans les mailles d'un filet, d'autres fois guerrière et prête à tuer, elle faisait jaillir du ciel et de la terre tout ce qu'ils peuvent contenir de pathétique voluptueux.

It is in such passages as these that the art of Barrès reaches its highest point. The images become a music, enveloping and penetrating. All attempt at analysis is vain. The reader is carried away by the melody of the phrase, the rapid visions conjured up for an instant and born directly from that melody.

What is striking is the variety of the harmonies, the diversity of the images. It is never the harmony we expect, the image we thought to find. Where, but in Barrès, should we read a phrase such as this:

Il aimait ce lent coup de poignard de la voir s'avancer paisiblement et longuement.

Or again:

Il sentait physiquement cette phrase pénétrer en lui par ses yeux, par ses oreilles, et descendre avec les ravages d'un éclair mortel à travers tout son être.

Sometimes, by the very suddenness of the image, violent, brutal in its simplicity, he attains extraordinary effects. For instance, when Guillaume learns of the desertion of Oriante:

Toute sa force physique et spirituelle s'écroule massivement, en une seconde, comme d'une outre crevée d'un coup de poignard.

He surveys his happiness, shattered to pieces like some precious vase:

C'était comme des fragments d'une construction dans la plaine, comme les débris d'une grande faïence à inscriptions ou plus vraiment, hélas! comme un alphabet de blessures.

At other times, the image fills the whole vision, stretches over the whole horizon. Tossed between despair and hope, Guillaume's mind is a heaving sea of pain:

Toutes ses pensées, autant de barques qui sillonnent la mer profonde et dont les voiles paraissent ou disparaissent à l'horizon: un souffle du ciel les balaye, et seule subsiste une mer de douleur, éternellement mouvementée par l'espérance.

What avails it, here again, to study the epithet or the adverb, to endeavour to distinguish the propriety of the image to the thought expressed? The soul of a poet is beyond all the efforts of the critic. It is not with words that we have to deal, but with a temperament.

That temperament is essentially romantic—so much we can

say. But this romanticism is deliberate, controlled by a subtle sense of art. If sensibility seems everywhere to hold its sway, the intellect abdicates none of its rights. There are moments, even, when intellectuality comes to predominate, when sensibility is expressed in terms of intellectuality. In those moments, the style is most typically "barrésien." The conversations between the two lovers illustrate this manner, familiar to all readers of Barrès. Thus, Guillaume pleading with Oriante:

—Tout devient clair, aisé, quand je t'ai près de moi; tout mon chagrin s'embue des subtiles particules qui se lèvent de nos amours réunies, mais quelle effroyable limpidité sèche, peu après ton départ!

And how could we leave aside this magnificent phrase which sums up the whole of the doctrine of Barrès:

Pour supporter toutes les douleurs qui foisonnent dans mon amour et toutes les révélations que nous donne la vie sur un objet aimé, il faut mettre nos forces et nos ivresses d'amant dans une action commune qui nous semble éternelle, les échauffer et les engager indissolublement dans quelque construction qui nous importe plus que notre vie bornée; pour qu'avec ses sombres écumes la passion ne nous corrode pas, il faut qu'elle ne stagne jamais, qu'elle soit un grand fleuve emportant nos espérances vers des rivages toujours neufs et non un étang que corrompent ses plus belles fleurs de la veille.

There is the note, the characteristic accent, the inimitable manner of Maurice Barrès.

Intellectually passionate, passionately intellectual, the style of *Un Jardin sur l'Oronte* is an epitome of all the writings of Barrès. Into this work he had poured all the resources of his art. Stirred already by the theme he had chosen to treat, by the "message" he wished to convey, the new generation could not but yield to the magnetism of his style. It came to them as a revelation. Barrès had given them a lesson in thought: he gave them here a lesson— a supreme lesson—in art.

## III

Gide, Proust, Valéry,—each marks a certain direction of literature in the years which followed the War, each can claim to figure among the *chefs de file* of contemporary thought. Their influence is visible, recognizable in most of the writings of to-day. But it would be a mistake to suppose that the present generation is content to admire Barrès from afar, taking its inspiration from other masters. True, there is about his work, as about his life, a certain inaccessibility: he does not encourage direct imitation. But his example persists as a living force, subtly but profoundly permeating the thought and aspirations of the youth of present-day France. The wide-spread interest aroused by the recent publication of the *Cahiers* is a clear testimony on this point.

Whatever be the changes the future may bring about in literature, Barrès will always be sure of finding an audience. For his writings carry within them something which defies the transformations of taste and the caprice of literary fashion. They bring a doctrine, a form of expression which appeal to the heart of youth: they express its eternal aspiration towards an escape from the commonplace things of existence, its quest for a mode of thinking and living, based, not on the acceptance of convention, but on the resolute affirmation of self.

A. J. FARMER.

GRENOBLE.

# LES NOMS FÉMININS ET LA DÉCLINAISON EN ANCIEN FRANÇAIS

On sait que le système de la déclinaison présente en ancien français une curieuse lacune, ou comme il serait plus juste de le dire, une curieuse particularité; les mots féminins ne connaissent pas l'*s* de flexion, ou en tout cas l'*s* qui s'ajoute à un mot féminin marque une différence de nombre, mais non pas de cas. Et bien que cette règle ne s'applique strictement qu'aux noms terminés par un *e* sourd, ces mots constituent certainement la catégorie de beaucoup la plus nombreuse parmi les mots féminins. On peut donc dire que, sous réserve d'un certain nombre de noms terminés par une consonne, les substantifs féminins nous apparaissent comme complètement en dehors du système de la déclinaison. Le fait est singulier. Sans doute, il y a parmi les noms masculins des mots indéclinables comme *cors*; mais leur nombre est infime par rapport à celui des noms qui se soumettent à la déclinaison; ils ne tirent pas un instant à conséquence. Les mots féminins au contraire forment dans l'ensemble des substantifs français un groupe imposant. On peut juger qu'ils représentent environ la moitié du total de ces substantifs; et si encore une fois il est juste de tenir compte des mots du type *raison*, il reste que les mots féminins qui ne connaissent pas la déclinaison constituent un bloc de très peu inférieur en nombre à celui des mots masculins.

Comment se représenter une langue à déclinaison dans laquelle près de la moitié des substantifs sont indéclinables? Ne va-t-il pas en résulter d'entrée de jeu une asymétrie intolérable dans le fonctionnement de la langue? Tandis que, grâce à l'*s* de flexion, les masculins pourront prendre dans la phrase telle place qu'on voudra, sans que le rapport de chacun avec le verbe en soit obscurci, les féminins, indéclinables par nature, ne devront-ils pas observer une marche prudente et, en vue de la clarté à maintenir, suivre par exemple un ordre déterminé une fois pour toutes? Et dans ce cas n'aurons-nous pas là un exemple d'une langue partagée entre deux systèmes opposés et contradictoires, si peu viable par là-même qu'on se demande comment dans ces conditions elle a pu vivre ne fût-ce qu'un siècle?

Si la déclinaison en ancien français était une innovation, une découverte ingénieuse du xiie ou du xie siècle, ou de tel siècle immédiatement antérieur, il faudrait bien, bon gré mal gré, accepter cette conclusion, quitte à en marquer fortement le caractère paradoxal. Il faudrait admettre qu'une langue, travaillée par on ne sait quel malaise intérieur, peut s'abandonner brusquement à deux tendances incompatibles quoique simultanées, s'accommoder fort bien de cet état de guerre intestine, et attendre avec patience que l'une ou l'autre de ces tendances s'affaiblisse et disparaisse pour faire triompher l'autre et retrouver ainsi l'unité et la paix.

La déclinaison toutefois n'est pas au moyen âge une apparition soudaine. Elle a une longue histoire derrière elle. Elle représente un des caractères distinctifs d'une langue qui dure depuis des siècles. Elle s'est simplifiée et allégée au cours des temps, elle a perdu bien des cas en route, mais en son essence elle est encore dans les poèmes de Chrétien de Troyes ce qu'elle était dans les discours et les traités de Cicéron, ce qu'elle était même sur les lèvres des hommes lointains qui parlaient l'indo-européen. Le cas-sujet est un nominatif, le cas-régime est un accusatif, ou un génitif, ou un datif. La continuité est parfaite. Une poussée puissante dirige et maintient la langue. Croira-t-on que, pour manquer d'une s au singulier, les noms féminins vont échapper à cette formidable pression ? Vont-ils d'emblée rompre la longue et forte chaîne d'une tradition vingt fois séculaire, et de leur propre autorité engager la langue dans une voie révolutionnaire ? Sans doute ceux qui parlent une langue n'ont aucune conscience de son passé, et en tant que sujets parlants ils sont tout entiers dans le présent ; mais les termes qu'ils emploient leur sont antérieurs, ils ont été façonnés et marqués par bien des générations précédentes, ils sont gros d'un avenir sur lequel leur prise d'un instant est précaire et souvent inefficace. Il est visible que la langue d'*Érec* et de *Cligès* est marquée du signe de la déclinaison : et tous les substantifs, qu'ils soient féminins ou masculins, sont entraînés dans le même sillage.

Assurément, si dès le xiie siècle les noms avaient perdu tout signe distinctif des cas, le système de la déclinaison eût été de ce moment même voué à une destruction inévitable. La poussée du passé se fût heurtée ici à un obstacle matériel impossible à renverser ou à franchir. Le système toutefois n'eût pas croulé en un jour. La machine eût continué pendant quelque temps à fonctionner en vertu de la vitesse acquise. L'écho aurait prolongé longuement les dernières vibrations de son rythme. Supposons

que l'*a* final du français moderne s'assourdisse dans tous les mots,
comme l'*a* final du latin l'a fait jadis dans presque tous les mots :
plus moyen de distinguer entre *la* et *le*.    Que par suite d'un autre
accident de l'aveugle évolution phonétique *un* et *une* viennent un
jour par surcroît à se confondre dans la prononciation, et c'est la
notion même de genre qui s'évanouit.    Mais croit-on que du
jour au lendemain on doive oublier que *vin* est masculin et *bière*
féminin?    Cette notion, tout inutile qu'elle sera devenue, survivra,
alors que la particularité qui lui servait de support n'aura plus
d'existence.    Quelques liaisons fréquentes entre adjectifs et
substantifs—un *bon* vin, une *bonne* bière—contribueront à la maintenir.    Longtemps, peut-être même un siècle et demi ou deux
après la disparition de *la*, quelques personnes cultivées sauront
encore les genres, et se piqueront de les savoir.    Le picard avait
ramené *la* à *le* depuis bien des années qu'on distinguait encore
dans les livres entre "la maison *du* roi" et "la maison *de le* reine."
Semblablement, depuis la Révolution française au moins, les gens de
Paris et de la région centrale ne prononcent plus l'*h* "aspirée,"
mais ceux d'entre eux qui appartiennent aux classes cultivées
conservent encore impeccablement en plein xxe siècle—et ils en
tirent vanité—l'absence de liaison ou d'élision qui n'était pourtant
que la conséquence de cette aspiration.    Et même là où il peut y
avoir équivoque gênante et utilité à préserver le souvenir de l'aspiration, la langue populaire sait fort bien le garder : le peuple dit
*mon hache* (mɔ naʃ), *des haricots* (de zariko), mais *en haut* (ã o).

Ainsi, même en mettant les choses au pis, même en supposant
que le début du xiie siècle ait vu disparaître la dernière désinence
qui marquât les cas, la déclinaison aurait survécu, du moins en
quelques-unes de ses conséquences, peut-être jusqu'en plein xiiie
siècle.    Mais si au lieu d'imaginer ce qui aurait pu être, nous nous
en tenons à ce qui a été, aux faits que révèle l'observation des textes,
si nous notons que la moitié au moins des substantifs ont à cette
date une terminaison qui distingue à première vue un sujet d'un
régime, ce n'est plus d'une survivance partielle qu'il faut parler,
mais d'une continuité ininterrompue, d'un large et puissant courant
qui emporte encore la langue tout entière.    Sous la poussée d'une
force que tend une tradition millénaire, les mots masculins se grou-
pent et évoluent dans les cadres de la déclinaison, ils se rangent et
s'ordonnent suivant toutes les possibilités de ce système, et les mots
féminins que ne rassemble aucune autre force d'attraction suivent
le mouvement et se plient aisément à des tours qu'une vue logique

des choses semblerait devoir leur interdire.    Indéclinables eux-mêmes ils se meuvent constamment dans le reflet des mots déclinables, et ils calquent les évolutions de leurs éléments neutres sur des combinaisons plus claires qui les justifient et leur donnent un sens.

Les exemples ne manquent pas.    Des juxtapositions comme "la volenté *Nostre Seignor*" (*Gr.*[1] 9, 3), "Galaad li filz *Lancelot*" (9, 19), "li ostex *le roi Artus*" (18, 9), en appellent et expliquent d'autres comme "duel dou corrouz *sa dame*" (*Gr.* 24, 8), "son fil retraire des amours *Nicolete*" (*Auc.*,[2] IV, 2), "par Diu le fil *Marie*" (V, 23).

Une construction comme

> Cele molt dolente remaint,
> *Gavain* escrie qu'il s'en aille.
>
> Gerbert de Montreuil,[3] 12954–5.

entraîne les suivantes:

> Seignors barons, de vos ait Deus mercit,
> *tutes voz anmes* otreit il pareis !
>
> *Roland*,[4] 185.

> Pur ceste honur e pur ceste bontet
> li nums Joiuse *l'espee* fut dunet.
>
> *Roland*, 2507–08.

Ces deux phrases de *Roland* sont limpides.    Mais quand le mot féminin qui doit être un régime ouvre la phrase ou un membre de phrase, comment la langue s'y prend-elle, dans les cas douteux, pour éviter qu'on y voie un sujet, car c'est là, nous le savons, dès le XIIe siècle au moins, une des places favorites du sujet?    Si chaque phrase ou chaque membre de phrase formait un tout indépendant, et que le développement d'un paragraphe ou d'une suite de vers se fît comme par une série de soubresauts, le cas serait désespéré, l'équivoque trop souvent inévitable, et les féminins obligés de renoncer sur ce point aux libertés d'une construction fondée sur la déclinaison.    Mais il n'en est rien: les développements se font par transition graduelle, toute phrase est éclairée par ce qui précède et par ce qui suit: il y a une unité intérieure qui illumine l'ensemble et fait surgir chaque détail avec sa nuance vraie.    Arracher une phrase de son contexte, ou fabriquer une phrase schématique qui ne se relie à aucune autre, c'est en bien des cas se mettre en

---

[1] *La Queste del Saint Graal*, éd. A. Pauphilet, 1923.
[2] *Aucassin et Nicolette*, éd. M. Roques, 2e éd., 1929.
[3] La Continuation de *Perceval*, éd. Mary Williams, 1922 et 1925.
[4] Éd. J. Bédier.

dehors même des conditions de la réalité. Dans la conversation, un geste, une inflexion achèvent ce que les mots peuvent avoir d'incomplet, ou nous guident sur la portée ou le sens de quelque réflexion grammaticalement obscure. De même, dans les œuvres écrites, le mouvement général d'un passage impose à chaque partie de l'ensemble un rythme et une signification inévitables.

A l'occasion même, l'auteur peut être si sûr de son fait, si certain de la collaboration du lecteur qu'il n'aura même pas la pensée d'une équivoque possible, et négligera certaines précautions faciles qui écarteraient d'emblée cette possibilité. Ainsi Jean Renart écrit:

> Ne vous vueil faire trop long conte
> de la feste qu'a fait le conte
> Gente, la fame Brundoré.
>
> *Galeran,*[1] 5195-7.

Détachée du contexte, cette phrase est à double entente. "Conte" est-il un régime, comme il devrait être en droit, est-il un sujet, comme en fait il l'est souvent à cette époque, et en particulier dans *Galeran* même ("Ce sache *le conte* mon pere," 1831), c'est ce que nous ne pouvons décider sur le vu seul de ces trois vers. Est-ce donc le conte qui fait fête à Gente, ou Gente qui fait fête au conte? Il suffit toutefois de lire ce qui précède pour voir que c'est Galeran, venu en visite chez Brundoré, qui est courtoisement et cordialement accueilli par la maîtresse de maison et par sa fille. Remis dans son cadre, le passage ne fait pas difficulté un instant, et Jean Renart n'a pas songé à une solution qui aurait dissipé l'ombre même d'un malentendu: "la feste qu'a fait *au* conte Gente. . . ."

l Il n'y a donc rien de surprenant dans les passages que nous al'ons citer. Ils ont ceci de commun que, si en chaque cas, faute d'une terminaison distinctive pour marquer le rôle grammatical d'un mot féminin important, les phrases soulignées, quand on les détache du reste, sont obscures, elles deviennent fort claires dès qu'on les maintient dans le développement qui les enchâsse.

> Por Dieu, seignor, pensez du corre,
> si alez ma dame rescorre,
> que li prisons est eschapez
> qui les chiez nous eüst colpez
> se nous ne fuissons afuïes . . .
> *Ma dame velt le chief colper,*
> s'ele ne le laisse eschaper.
>
> Gerbert de Montreuil, 13509-16.

[1] Éd. L. Foulet, 1925.

Erroment, sanz plus arrester,
dona Juglet sa roube hermine . . .
*La bone dame de l'ostel*
*dona trop bon fermail a coste :*
" Garder le bien, fet il, bel'oste . . . ."
*Guillaume de Dole*,[1] 1820–6.

La dame par la main la prent ;
a ses puceles l'enmena,
*la mestresse la commanda,*
erraument s'en revint arier.
*Trubert*,[2] 2377–80.

  Il vont cerchant
le blanc cherf au Noir Chevalier. . . .
Mais je vous di sor la moie ame
qu'il ne puet estre par atains,
dont li rois est mornes et tains,
*car la roïne l'ot pramis,*
si s'est de chachier entremis.
Gerbert de Montreuil, 1210–19.

  Dans tous ces cas le mot féminin qui logiquement pourrait faire difficulté est un complément indirect. Trouverait-on en semblable position, c'est à dire en tête de la phrase, un mot féminin jouant un rôle de complément direct, le sujet également féminin venant en dernier lieu, après le verbe? Nous laissons de côté en effet les cas où un sujet masculin proclame qu'un substantif féminin est régime et les cas parallèles où un régime masculin proclame qu'un substantif féminin est sujet. Nous écartons par là-même, bien entendu, d'innombrables phrases qui appuient trop évidemment notre thèse, et nous nous en tenons aux constructions où apparaissent seulement des féminins, et à celles seules, il va de soi, où le nombre du verbe ne donne aucune indication sur le rôle des substantifs qui l'encadrent. Là aucun secours immédiat des formes déclinables: la lumière ne peut venir que du système même de la déclinaison.

  Les constructions que nous soumettons à toutes ces conditions existent. Tout d'abord, il y a les très nombreuses phrases du type:

  *Ceste envie ot madame Gente*
*Galeran*, 115.

Je qui diz la laide parolle
a Marsille, la sainte dame,
que *follie avoit fait la femme*
qui portoit deux enfans jumiaux.
*Galeran*, 7294–7.

[1] Éd. G. Servois, 1893.
[2] Méon, *Nouveau recueil de fabliaux et contes inédits*, 1823.

> Quant *la nouvelle oit l'abbaesse*
> Hault s'escrie. . . .
>
> *Galeran,* 2404–5.

On dira qu'une envie ne peut "avoir" madame Gente, ni une folie "faire" une femme, ni une nouvelle "entendre" une abbesse, et que l'absurdité intolérable de ces interprétations impose l'autre sens d'emblée, sans réplique, et sans intervention d'un système quelconque de déclinaison.  Qu'il n'y ait pas lieu de recourir ici au système de la déclinaison pour expliquer le sens de ces phrases, nous l'admettons.  Mais on devra nous accorder que ce système explique tout au moins l'ordre des mots.  Commencer la phrase par un régime, voilà qui est parfaitement naturel dans le cas des masculins, où la présence ou l'absence de l's de flexion ne nous laisse pas un moment dans le doute.  Ouvrir la phrase par un régime féminin indéclinable, comment serait-ce naturel, s'il n'était pas trop clair que cette construction, courante dans la langue depuis des siècles et maintenue en pleine efficacité par le bloc des substantifs masculins, est devenue pour ceux qui écrivent cette langue un moule familier où la pensée se coule sans effort?  Nous qui avons perdu la déclinaison, nous comprenons encore à première vue ces phrases de l'ancien français.  Mais nous ne les disons ni ne les écrivons plus.  C'est toute la différence, et c'est la seule chose qui importe ici.  Notre thèse est que les noms féminins, loin d'être un élément aberrant dans la syntaxe de l'ancien français, suivent docilement le mot d'ordre des masculins.

D'autre part, dire que ces phrases sont expliquées par le sens, ce n'est pas constater une exception et l'excuser par un recours à des circonstances particulières, c'est simplement formuler une loi très générale qui domine toute la langue.  Sans doute les désinences, la construction, l'ordre des mots visent à assurer la clarté parfaite du sens, mais le sens, ainsi obtenu par des moyens dont il est en son tréfonds indépendant, réagit à son tour sur la contexture grammaticale, il la pénètre et l'éclaire, il lui assure une valeur qui dépasse la portée des procédés purement formels.  Cette collaboration n'est pas toujours aussi intime, parce qu'elle n'est pas toujours aussi nécessaire.  Il y a des cas où la grammaire seule rend une phrase claire, d'autres où la phrase est claire en dépit de la grammaire, et entre ces deux cas extrêmes toutes les gradations qu'on voudra.

Enfin, à force d'écarter des tours où l'absence de désinences dans les noms féminins n'empêche pas ces mots de former des phrases claires, alors que pourtant ils usent de la même liberté que les noms masculins, on en vient à réduire singulièrement le nombre des constructions familières aux noms masculins d'où les noms féminins soient exclus uniquement en raison du caractère neutre de leurs terminaisons.   Et ainsi, qu'on le veuille ou non, on fait ressortir de plus en plus nettement le peu d'importance qu'a eue dans le fonctionnement de la déclinaison cette particularité des substantifs féminins.

Il reste tout de même, objectera-t-on, un large groupe de phrases où deux noms féminins, désignant tous deux des êtres animés sont mis en rapport par un verbe.   Peut-on supposer qu'ici aussi la simple existence d'une déclinaison dans les noms masculins nous permettra, indépendamment de l'ordre des mots, de faire le départ entre sujet et régime ?   La phrase "la vache voit la pucele" a-t-elle pu signifier à l'occasion en ancien français que la pucelle voyait la vache ?[1]   Nous répondons oui.   Il suffit—et nous en revenons toujours là—que le sens général du développe-ment impose ce sens.

Voici un exemple où "la vache aura ma dame" signifie que c'est ma dame qui aura la vache.   Renart distribue à la famille du lion les parts du butin :

> Il m'est avis. . . .
> que ce est le mielz qui i soit
> que ce tor a vostre oes aiez. . . .
> Et *la vache aura ma dame,*
> qui est et crasse et tendrete.
> Et vostre filz qui mes n'alete . . .
> aura, se ainssi le voulez,
> a son menger ce veelet
> qui est et tendres et de let.
>
> *Renart,*[2] XVI, 1274–86.

Il est vrai que, même dans l'épopée animale, la vache n'a jamais été un protagoniste de l'action et qu'en toute occasion elle n'a pu être qu'une proie.   Impossible donc de s'y méprendre.   Soit. Il n'en est pas moins établi une fois de plus que pour dire une chose qui exige aujourd'hui l'ordre sujet-verbe-complément on peut, en ancien français, même en l'absence de toute désinence significa-tive, et simplement en vertu des facilités que permet le système général de la déclinaison, adopter l'ordre complément-verbe-sujet. Il suffit que le sens ne soit pas douteux.

[1] Voir A. Terracher, *Géographie linguistique, histoire et philologie,* 1924, pp. 270-75.
[2] Éd. Martin, 1882-1885.

Voici un autre exemple plus probant encore, car il nous met théoriquement en présence de deux interprétations qui cette fois sont également soutenables. En fait, l'une d'elles va s'imposer avec une telle évidence qu'elle semble seule compter:

> Nouvelle va a Biausejour
> que Galeren a Fresne prise.
> Si s'est l'abbaesse reprise
> en soy durement et blasmee
> quant elle ne l'a plus amee,
> *comme fillole doit marrine.*
>
> *Galeran,* 7758–63.

Détachez le dernier vers de son contexte: il signifiera qu'une filleule doit aimer sa marraine; remettez-le dans l'ensemble du développement, il signifie qu'une marraine doit aimer sa filleule. L'ordre des mots, justifié dans le cas des masculins, ne s'explique ici que par l'influence de la déclinaison masculine, mais c'est le mouvement général du passage qui donne son sens à la phrase. L'auteur ne s'y trompe pas. Il sait jusqu'à quel point précis il peut compter sur la collaboration de son lecteur.

Même quand par exception un nom féminin est déclinable, comme c'est le cas de *suer*, l'écrivain pourra faire accepter son sens en dépit de la morphologie. Gerbert de Montreuil écrit

> Tant chevalcha
> Perchevaus *qui sa suer en maine* (v. 3006–7).

et bien que *qui* puisse être en ancien français un régime direct et que *suer* soit normalement un sujet, il ne lui vient pas à l'idée que nous interpréterons "Perceval que sa sœur emmène." S'il emploie *suer* plus d'une fois comme sujet (v. 2721, 2801), il le connaît aussi, à l'exemple de bien d'autres, comme régime (v. 2619, 3207), et il sait pertinemment que, entraîné par le sens évident du passage, c'est ainsi que comprendra le lecteur, "Perceval qui emmène sa sœur." Ailleurs, quand les exigences du mètre ne s'y opposeront pas, Gerbert mettra fort bien d'accord la forme et le sens:

> Et Perchevaus isnelement
> s'en va *qui sa seror en maine.* 2796–7.

\*     \*     \*     \*     \*     \*

Ainsi, malgré leur caractère de mots indéclinables, les noms féminins de l'ancien français n'ont nullement troublé l'économie de la déclinaison. Il n'y a pas une construction propre aux noms masculins du fait de leur double désinence qui n'ait été reproduite docilement, et aussi souvent que besoin en était, par les mots féminins, en dépit de leur désinence unique.[1]   Nulle trace dans les textes d'une gêne produite par la présence dans le lexique d'un large groupe de mots dissidents.   Nulle trace d'un fléchissement de la déclinaison masculine sous l'action désintégrante des substantifs féminins.   On voit au contraire pendant le xiie et le xiiie siècle cette déclinaison se renforcer et s'unifier de plus en plus par l'addition d'une *s* au cas-sujet à des mots qui primitivement n'avaient pas d'*s* (*hons, preudons, peres, sires, mestres, pastres, pechierres, deffenderres, conduisierres*, etc.).   Les mots féminins qui ressemblent le plus à des masculins, c'est à dire ceux qui se terminent par une consonne, prennent également au cas-sujet une *s* qu'ils ne tiennent nullement de la tradition (*raisons, onours*, etc.).   On voit dans quel sens s'exerce l'analogie, et quelle est la direction du courant.

La déclinaison pourtant a disparu.   Retracer l'histoire de cette disparition nous entraînerait bien loin.   Mais nous croyons qu'elle ne s'est pas produite par suite d'un désaccord interne, d'une complication du système.[2]   L'attaque est venue de l'extérieur. La morphologie y est pour très peu de chose: c'est la phonétique qui est en cause.   Nous ne prétendons pas que la déclinaison n'aurait pas cédé de toute façon un jour ou l'autre, comme elle a cédé dans la plupart des langues indo-européennes, mais nous affirmons qu'en fait ce qui a causé sa ruine en français, à un moment défini de l'évolution historique, c'est que l' *s* de flexion, sur lequel reposait tout l'édifice, s'est affaibli et finalement n'a plus été prononcé. Ce n'est pas la déclinaison des masculins qui a fléchi pièce par pièce jusqu'à l'écroulement final, c'est le système même de la déclinaison, le système tout entier embrassant dans ses cadres et dans son jeu masculins et féminins, qui d'un seul coup a manqué par la base.

Bien entendu, la langue parlée a été atteinte la première; elle aussi la première s'est orientée vers un système nouveau, fondé uniquement sur l'ordre des mots.   Comme il est naturel, la langue littéraire a résisté longtemps.   Tant qu'elle l'a pu, elle a maintenu

---

[1] Nous modifierions aujourd'hui ce que nous avons écrit dans notre *Petite Syntaxe*, 3e éd., § 42 : "On ne rencontre que rarement, au féminin, des phrases du type '*son oncle* conta bonement son couvenant.'   Elles sont franchement équivoques."

[2] Raison indiquée par M. Meillet, *Bulletin de la Société Linguistique*, XXXI, 3, p. 149.   Mais nous sommes d'accord avec M. Meillet quand il ne trouve pas pleinement convaincante la raison que nous avons nous-même donnée dans notre *Petite Syntaxe*, § 45.   En tout état de cause, elle ne saurait s'appliquer au cas de la langue parlée.

l'ancien édifice.   Elle n'a abandonné la déclinaison qu'après des siècles d'effort.   Mais de bonne heure elle a senti le contre-coup de ce grand bouleversement.   Elle n'a pu échapper totalement à l'influence de la langue parlée, et y a échappé de moins en moins. De là l'entrée, sournoise d'abord, puis toujours plus confiante, des cas-sujets sans *s* dans les œuvres littéraires.   *Pechierres, raisons* au cas-sujet, c'est un système vieilli, déjà artificiel, qui s'amplifie, s'arrondit, se pare de symétrie pour jeter un dernier éclat avant de disparaître; *enfant, chevalier* dans un rôle de sujet, c'est la langue de la vie journalière qui fait irruption dans la langue des livres.   Et d'autres indices encore nous révèlent ce recul de la tradition devant les forces du présent.   La plupart des constructions que nous avons relevées au cours de ce mémoire n'apparaissent pas dans les textes en prose.   *Érec* et *Cligès*, nous le voyons maintenant, ne nous renseignent d'intention expresse que sur la langue d'un poète. Mais un ou deux siècles auparavant cette langue a été celle de tout un peuple.

L. FOULET.

PARIS.

# IMAGINATION AND MEMORY IN THE PSYCHOLOGY OF DANTE

AQUINAS and the Schoolmen, following Aristotle, normally regarded both Imagination and Memory as internal senses; cognitive faculties of the sensitive or organic order; treasuries of images received ultimately from the external senses. The Imagination forms and presents images called phantasms; when these are consciously referred to the past, and their presentation is accompanied by the perception of time, we have Memory. But the Aristotelian doctrine was complicated by the acceptance of mystical experience in the case of the imagination, and by the mystical treatment of memory by St. Augustine, both in the tenth book of the *Confessions* and in the *De Trinitate*, where he speaks of "that more profound depth of our memory where we find the thought when we first think it."

Dante uses various words as synonymous for imagination: *fantasia, imaginazione, imaginativa* (adjective used as substantive, agreeing with *virtù* or *potenza* understood), *imaginare* (infinitive as substantive), and sometimes (in verse only) *imagine*. He occasionally employs *imagine*, more rarely *fantasia*, not for the faculty itself, but for the representation that it forms; that is, as equivalent to *fantasma*, which word occurs nowhere in his works. In the *Vita Nuova*, his treatment is not strictly scholastic, but the simple psychology of personal experience: the imagination inspiring the will and nevertheless held in subordination by reason; the action of memory in prompting the imagination to draw from its storehouse; the imagination rendered abnormally active by illness, presenting a succession of images that are interrupted by a powerful external stimulus.[1] But, in the *Convivio*, we find a singularly clear statement of the scholastic doctrine of the imagination as an organic faculty, and of its relations with intellect. Dante is commenting upon the lines of his canzone, *Amor che ne la mente mi ragiona*, where he says that, in uttering what he hears of his lady Philosophy, he must first omit "what my intellect does not comprehend:

Dico che nostro intelletto, per difetto de la virtù da la quale trae quello ch'el vede, che è virtù organica, cioè la fantasia, non puote a certe cose salire (però che la fantasia nol puote aiutare, chè non ha lo di che), sì come sono le

[1] *Vita Nuova*, II, XVI, XXIII.

sustanze partite da materia. . . . Sì che, se la mia considerazione mi trans-
portava in parte dove la fantasia venia meno a lo 'ntelletto, se io non potea
intendere non sono da biasimare.[1]

By "sustanze partite da materia," Dante means souls and
Angels, spiritual substances of which we can form no sense-images.
The imagination cannot form phantasms, which are sense-images,
of purely spiritual substances, and therefore cannot enable the
intellect to comprehend them perfectly. But this passage may be
supplemented by one, of high importance as bearing upon the
poet's mystical psychology, from the canzone, *Amor che movi tua
vertù dal cielo*, where he speaks to Love of his lady Philosophy:

> Quanto è ne l'esser suo bella, e gentile
> ne gli atti ed amorosa,
> tanto lo imaginar, che non si posa,
> l'adorna ne la mente ov' io la porto;
> non che da se medesmo sia sottile
> a così alta cosa,
> ma da la tua vertute ha quel ch'elli osa
> oltre al poder che natura ci ha porto.[2]

Imagination cannot, unaided, as a mere internal sense, adorn the
spiritual beauty and nobleness of Dante's lady in his mind (that
is, form a phantasm of her from which the mind can draw an
intelligible conception), because (in so far as she is a personification
of Philosophy) she is beyond the sphere of sense. "Of itself it is
not subtle for so lofty a thing." But it is supernaturally aided by
love: "From thy virtue it hath what it dares beyond the power
that nature has brought us." It forms a phantasm not derived
from sense. Here, then, we find the distinction, further em-
phasized in the *Divina Commedia*, between imagination as an
internal sense and imagination as a mystical faculty, which can
be moved by other than the senses and can form images not derived
from them.

There are various passages in the *Paradiso* illustrating the
inadequacy of the imagination, as a sensuous faculty, for the
representation of spiritual and immaterial things. Thus, our
phantasies are too lowly for the poet to express what is revealed to
him in the Sphere of the Sun:

> Perch'io lo 'ngegno e l'arte e l'uso chiami,
> sì nol direi, che mai s'imaginasse;
> ma creder puossi e di veder si brami.

---

[1] *Conv.* III, 4.  I quote throughout from *Le Opere di Dante, testo critico della
Società Dantesca Italiana*.

[2] Canzone XC (*Testo critico*), IX (*Oxford Dante*), 31-38.

> E se le fantasie nostre son basse
> a tanta altezza, non è maraviglia;
> chè sopra 'l sol non fu occhio ch'andasse.[1]

Again, the greeting of St. Peter to Beatrice in the Stellar Heaven is described with a curious illustration of the inadequacy of the imagination from the practice of painters using darker colours for the folds of drapery:

> E tre fiate intorno di Beatrice
> si volse con un canto tanto divo,
> che la mia fantasia nol mi ridice.
> Però salta la penna e non lo scrivo;
> chè l'imagine nostra a cotai pieghe,
> non che 'l parlare, è troppo color vivo.[2]

Here *nostra imagine* is usually understood as the faculty itself; but it might, I think, be taken as the image or phantasm, which is too vivid in colour, not delicate enough, for spiritual representation.

Dante's fullest treatment of imagination is in the *Purgatorio*, the first forty-five lines of the seventeenth canto, where—at the end of the terrace in which anger is purged away—he emerges from the dark mist as the sun is setting, and receives imaginary representations of examples of the punishment of wrath. He starts from the action of memory in prompting the imagination to draw from its treasury of images received through sense. Let the reader remember how, when overtaken by a mist on the mountains, the sun feebly penetrated through the vapours as they began to dissipate, "and thy imagination will be prompt in coming to perceive how I at first saw again the sun." This is imagination moved by remembrance of sense experience. But in contrast with this is the higher imagination, in which phantasms are formed that are not derived from the senses:

> O imaginativa, che ne rube
> tal volta sì di fuor, ch'om non s'accorge
> perchè d'intorno suonin mille tube,
> chi move te, se il senso non ti porge?
> Moveti lume che nel ciel s'informa
> per sè o per voler che giù lo scorge.[3]

This is the spiritual imagination of the mystic, which Dante will presently call "l'alta fantasia." In each of the examples he now gives, he uses a different word for the faculty: *imagine, fantasia, visione;* employing the more general term, *imaginare*, at the end. Of the crime of Philomela, "ne l'imagine mia apparve l'orma"; and

---

[1] *Par.* X, 43-48.  [2] *Par.* XXIV, 22-27.  [3] *Purg.* XVII, 13-18.

he gives a striking representation of how all the mental faculties can be absorbed and held captive by a concentrated imagination:

> E qui fu la mia mente sì ristretta
> dentro da sè, che di fuor non venia
> cosa che fosse allor da lei recetta.[1]

"Poi piovve dentro a l'alta fantasia" the scene of the death of Haman, and the actual representation in the imagination—the phantasm, here called *imagine*—passes away like the bursting of a bubble. Lastly, the image of Lavinia "surse in mia visione"— *visione* being here used for the faculty of imagination in its higher aspect, not the vision that is the subject of the poem. Finally comes the sudden cessation of the act of the imagination by a more powerful external stimulus:

> Come si frange il sonno, ove di butto
> nova luce percuote il viso chiuso,
> che fratto guizza pria che muoia tutto;
> così l'imaginar mio cadde giuso,
> tosto che lume il volto mi percosse,
> maggior assai che quel ch'è in nostro uso.[2]

Particularly notable, for our present purpose, are the lines quoted on the workings of the higher imagination, where sense offers nought: "Chi move te, se il senso non ti porge?" The imagination, according to the Schoolmen, is the medium between sense and intellect, between sensation and understanding. From the data supplied by the external senses, the imagination forms its phantasms, that are still sense-images; but the intellect, by the process of abstraction, passes from them to the intelligible concepts, or ideas, that are the proper object of understanding. "It is the doctrine of the philosophers," says Aquinas, "that sense receives images from sensibles, imagination from sense, intellect from phantasms."[3]

Now, apart from grace and revelation, the Schoolmen held that the intellect can gain some knowledge of God and spiritual beings by inference and analogy, by abstraction and reflection exercised upon the data supplied by sense, by exclusion of imperfections incompatible with supernatural existence.[4] Dante, in the *Convivio*,

---

[1] *Purg.* XVII, 22-24.

[2] *Purg.* XVII, 40-45. It is noteworthy that in the series of different terms for the imagination and the sudden cessation of its act, there is some analogy between the whole of this passage and *Vita Nuova* XXIII.

[3] Cf. *Summa Theologica*, I, q. 85, a. 1.

[4] See, in general, the chapter "Psychology," in P. H. Wicksteed, *Reactions between Dogma and Philosophy illustrated from the Works of St. Thomas Aquinas.*

says of the Angels: "Non avendo di loro alcuno senso (dal quale comincia la nostra conoscenza), pure risplende nel nostro intelletto alcuno lume de la vivacissima loro essenza."[1]   And he declares that there are certain things (to wit, God, Eternity, and Primal Matter), upon which our intellect cannot look, but which we believe by faith to exist, though we cannot understand them and can only approach to the knowledge of them by a process of negation, that is, by the exclusion of incompatible qualities.[2] But it is clear that, in the passage of the *Purgatorio* that we are considering, Dante admits knowledge of spiritual things, not merely by abstraction from sensible experience, but through the working of the higher imagination.   "O imagination, that dost snatch us at times so outside ourselves that man perceives it not, though a thousand trumpets are sounding round him—who moves thee, if sense offers thee nought?   A light that is formed in heaven moves thee, of itself, or by Will that guides it down."   Similarly, Aquinas:

A more perfect knowledge of God is had by us through grace than through natural reason.   For the knowledge that we have through natural reason requires two things: phantasms received from sensibles, and natural intelligible light, by virtue of which we abstract intelligible conceptions from them. Human knowledge is aided by the revelation of grace.   For the natural light of understanding is strengthened by the infusion of light freely given; and sometimes, too, phantasms are formed in the imagination of man by divine aid that express divine things better than do those that we receive naturally from the senses, as appears in prophetical visions.[3]

It is this kind of imagination that appears again in almost the last line of the Sacred Poem: *A l'alta fantasia qui mancò possa;* "Here power failed the lofty phantasy."[4]   This *alta fantasia* does not mean the vision that is the subject of the work, but the faculty through which Dante has seen the vision; the higher imagination of the mystic, or, as Aquinas would say, of the prophet, in which "phantasms are formed in the imagination of man by divine aid that express divine things better than do those that we receive naturally from the senses."

Dante defines Memory as "the book that reviews the past": *il libro che 'l preterito rassegna.*[5]   And he elsewhere adopts this image

[1] *Conv.* II, 4 (5).
[2] *Conv.* III, 15.   I read with the earlier editions: "se non cose *negando* si può appressare a la *sua* conoscenza, e non altrimenti."   The *testo critico* has "come *sognando.*"
[3] *Summa Theologica*, I, q. 12, a. 13.
[4] *Par.* XXXIII, 142.        [5] *Par.* XXIII, 54.

of a book, in preference to the accepted use of "treasury" or store-house, speaking of its capacity of retaining images or representations of past experiences as mental writing. Thus, at the beginning of the *Vita Nuova:*

In quella parte del libro de la mia memoria dinanzi a la quale poco si potrebbe leggere, si trova una rubrica la quale dice: *Incipit vita nova.* Sotto la quale rubrica io trovo scritte le parole le quali è mio intendimento d'assemplare in questo libello.[1]

Here the representations that the memory retains are called "words," and the capacity of reminiscence and recognition is "copying," transcribing from an exemplar. We find, again, the storing power of memory described as mental writing in Cacciaguida's injunction to Dante concerning the future exploits of Can Grande della Scala:

E portera'ne scritto ne la mente
di lui, e nol dirai;[2]

but elsewhere he uses the more usual phrase, "conserving":

La mente tua conservi quel che udito
hai contra te.[3]

And, instead of "book," he has recourse to "treasury" (memory as the *thesaurus* of *intentiones* or *species* formed in the mind by acts of cognition):

Veramente quant' io del regno santo
ne la mia mente potei far tesoro,
sarà ora matera del mio canto.[4]

In these, and other passages, Dante uses *mente* as synonymous with the fuller capacity of *memoria* in the Augustinian sense as the storehouse of all potential thought: *Mens pro memoria accipitur.*[5] Aquinas and the Schoolmen, while regarding memory as a property, not of the soul alone, but of the composite of soul and body, attempted to reconcile Aristotle and St. Augustine by distinguishing between sensuous memory, the faculty of retention and repro-duction of past impressions of concrete things of which the know-ledge has come through the senses (the treasury of "intentions" concerning sensible images, which is in the sensitive part of the soul, as an internal sense), and intellectual memory, the faculty of retention of intellectual images, the treasury of spiritual intentions or ideas, which is in the intellectual part of the soul: "Understanding arises from memory, as an act from a habit."[6]

[1] *V.N.* I.    [2] *Par.* XVII, 91-92.    [3] *Inf.* X, 127-8.
[4] *Par.* I, 10-12.    [5] *De Trinitate*, IX, 2. Cf. *Confessions*, X, 14.
[6] *Summa Theologica*, I, q. 79, a. 7 ad 3. The word *intenzione*, in the scholastic sense, occurs only once in Dante (*Purg.* XVIII, 23).

St. Augustine finds an image of the Divine Trinity in the trinity of the human mind: Memory, Understanding, and Will. Dante refers twice to this mental trinity. In the separated spirit after death, the sensitive faculties are in abeyance, while memory, understanding and will are in actuality far keener than before:

> Memoria, intelligenza e volontade
> in atto molto più che prima agute.[1]

The theory that this mental trinity exists also in the Angels, that the angelical nature is such that "it understands and remembers and wills," is rejected, as far as memory is concerned, on the grounds that the angelic vision of God has never been interrupted, and therefore an Angel, whose being is "nought else than the act of continuous understanding," has no need of remembering.[2]

Perhaps the most interesting side of Dante's treatment of memory is his handling of its relations, to expression on the one hand and to intellect on the other, in mystical experience. Memory, he insists, can retain more than can be expressed in words; articulate speech falls short before memory fails.[3] The ultimate cause of this failure of speech is that the memory itself cannot follow the intellect in its highest flights, and cannot retain and reproduce representations that the seer or poet can copy. This is particularly urged upon us in the crowning vision or experience of the *Paradiso*. Thus, in the prelude, in the opening canto:

> La gloria di colui che tutto move
> per l'universo penetra e risplende
> in una parte più e meno altrove.
> Nel ciel che più de la sua luce prende
> fu' io, e vidi cose che ridire
> nè sa nè può chi di là su discende;
> perchè appressando sè al suo disire,
> nostro intelletto si profonda tanto,
> che dietro la memoria non può ire.[4]

And again, with even more beautiful poetic imagery, in the last canto:

> Da quinci innanzi il mio veder fu maggio
> che 'l parlar nostro, ch'a tal vista cede,
> e cede la memoria a tanto oltraggio.
> Qual è colui che somniando vede,
> che dopo il sogno la passione impressa
> rimane, e l'altro a la mente non riede,

[1] *Purg.* XXV, 83-84.  [2] *Par.* XXIX, 76-81. Cf. *Monarchia*, I, 3.
[3] Cf. *Par.* XIV, 103-5; *Purg.* XXXI, 97-9.  [4] *Par.* I, 1-9.

> cotal son io, che quasi tutto cessa
> mia visione, ed ancor mi distilla
> nel core il dolce che nacque da essa.
> Così la neve al sol si disigilla;
>   così al vento ne le foglie levi
>   si perdea la sentenza di Sibilla.[1]

In the Letter to Can Grande, Dante's explanation is definite and scholastic:

The human intellect, when it is exalted in this life, because of its being co-natural and having affinity with a separated intellectual substance, is so far exalted that, after its return, memory fails, because it has transcended the measure of humanity . . . . . After the intellect had passed beyond human measure in its ascent, it remembered not the things that took place outside its own range.[2]

It is clear that Dante is here considering memory, with the Schoolmen, as a property, not of the soul alone, but of the soul and body, the union of which constitutes humanity. Through its affinity with an Angel, the human intellect may transcend the measure of humanity (humanity being the composite of soul and body), but it cannot—save for what the mystics call the brief space during which there is silence in heaven—attain that "act of continuous understanding" which is the life of an Angel and in which there is no room for memory. In such experiences the intellect has transcended the measure of humanity; it has attained the region of pure intellectual perception, apprehending immaterial and spiritual substances directly—not by the process of abstraction and negation which is its mode of understanding according to the state of the present life. Of these memory can form no adequate images. Therefore it cannot follow the intellect, nor bring back ought save the *ombra del beato regno;* there remains only *la passione impressa,* and the undying sweetness of the vanished vision in the seer's heart.

EDMUND G. GARDNER.

London.

---

[1] *Par.* XXXIII, 55-66. Aquinas speaks of the prophetical vision of God "by way of a certain passing passion."

[2] *Epist.* XIII (X), 28.

## LA *SAVOYE* DE JACQUES PELETIER DU MANS

Le pays de Savoie, l'un des plus beaux qui soient sous le ciel, et qui, sublime en certaines de ses parties, se recommande, en d'autres, par une grâce si humaine, a été, depuis le temps où Jean-Jacques Rousseau vivait aux Charmettes, maintes fois dépeint et, souvent, avec cette sympathie, cette intelligence, cette magnifique inspiration qui appartiennent aux hommes de génie. On n'en finirait plus si l'on prétendait dénombrer les romanciers et les poètes qui ont décrit ou chanté cette région. Elle a suscité toute une littérature où brillent d'illustres noms, et il s'ensuit que l'on peut aisément se représenter une Savoie "romantique" et la voir, avec les yeux ou avec l'esprit, telle que la voyaient, par exemple, ou Jean-Jacques ou Lamartine.

Mais quelle impression produisait-elle avant eux? C'est là une très intéressante question, et l'on aimerait savoir, notamment, ce que, transportés au cœur de cette province, ressentaient les poètes du xvie siècle, eux qui venaient de redécouvrir une partie de la nature. Par malheur, ils ont été, sur le point qui nous occupe, avares de confidences. Marot et Jean de Boissoné, qui l'un et l'autre séjournèrent à Chambéry, ont été moins frappés par la splendeur des Alpes que par la difficulté de leurs chemins. Si l'on interroge Eustorg de Beaulieu ou Malingre, ces rimeurs dont Calvin avait fait des prédicants, ils ne consentent pas à répondre; ils n'ont rien observé sur la route qui les menait à Genève, et, de Genève même, ils ne voyaient pas le Mont Blanc.

Aussi faudrait-il, faute de documents, renoncer à l'étude que nous nous proposons, si Jacques Peletier du Mans ne nous offrait justement ce dont nous avons besoin, un poème en trois livres intitulé *La Savoye*.[1]

L'auteur n'était pas le premier venu, et ce n'est pas sans cause qu'on lui a consacré (avec plus de diligence que de bonheur) une longue thèse de doctorat.[2] Précurseur de Joachim du Bellay dont il annonce, dès 1544, le hardi manifeste,[3] ami de Ronsard qui

---

[1] *La Savoye* de Jacques Peletier du Mans. A très illustre Princesse Marguerite de France, Duchesse de Savoye et de Berry. A Anecy, par Jacques Bertrand, 1572. Réimpression par Ch. Pagès, Moutiers-Tarentaise, impr. Ducloz, 1897.

[2] Abbé Clément Jugé, *Jacques Peletier du Mans*. Thèse de Caen, 1907.

[3] Cf. la préface du livre que voici: *L'Art Poëtique* d'Horace, traduit en vers François par Jacques Peletier du Mans, recongnu par l'auteur depuis la première impression (1544). Paris, Vascosan, août 1545.

lui dédie l'ode *Des Beautez qu'il voudroit en s'amie*, Jacques Peletier
avait publié, en 1547, un recueil[1] où se lisaient, outre de médiocres
traductions, quelques pièces remplies d'agrément et qui révélaient
(il y avait là comme une engageante promesse) un gracieux et naïf
sentiment de la vie à la campagne.

Notre homme était donc capable de produire, pour s'exprimer
comme lui, des "vers lyriques de son invention." Toutefois, son
activité s'étendait sur beaucoup d'autres domaines. Il méritait le
titre d'humaniste, car il n'ignorait pas le grec, et le latin était pour
lui une seconde langue maternelle; il comptait parmi les juristes,
puisqu'il avait (et c'est lui qui parle) *erré cinq ans dans le labyrinthe
du droit*; il en était sorti pour se jeter ou, plutôt, se rejeter dans la
philosophie (*ad philosophiam redii*); l'astrologie ne lui était que trop
familière, et nous y gagnons, lorsqu'il s'agit de fixer des dates,
quantité de passages où nous, profanes, ne comprenons rien.
Ajoutez que cet astrologue fut aussi un grammairien qui essaya
de réformer l'orthographe et un mathématicien à qui nous devons
au moins trois traités d'arithmétique et d'algèbre. . . . Est-ce
tout? Mais non, et il manque même l'essentiel, puisque Peletier
déclare en 1560: *totus sum in medicina*. Ajoutez donc la médecine
et, comme vous le verrez plus loin, la pharmacie.

En dépit des apparences, je ne m'écarte pas de mon sujet, et,
déjà, j'y suis en plein. Certes, cette soif de connaître qui s'observe
chez les écrivains de la Renaissance les rend très dignes d'être
admirés; nulle passion ne semble plus respectable; on ne saluera
pas sans émotion cet effort, cet élan vers la lumière, et, pour avoir
voulu devenir "un abysme de science," Peletier nous touche et
nous séduit. Mais, transférée en face d'un paysage qui requiert
une imagination candide et l'ingénuité du regard, que vaudra cette
science? Ne sera-t-elle pas un poids accablant? Remplacera-t-elle,
devant la nature, la spontanéité des cœurs simples et leur fraîche
intuition? Ou, sous une autre forme, est-il utile, pour voir et
dépeindre la Savoie, d'être philosophe, médecin, juriste, et de porter
une encyclopédie dans sa tête?—Tel est le problème à examiner.

On aurait le droit de penser qu'un si docte personnage avait
des goûts sédentaires, et ne quittait point sa *librairie*. Mais non.
Il avait la manie du changement; il se plaisait à "aller voer le païs,"
et il nous apprend que, "par le fort tems des etez et hyvers," les

---

[1] *Les Œuvres poëtiques* de Jacques Peletier du Mans. A Paris, de l'imprimerie
de Michel de Vascosan, pour luy et Gilles Corrozet, 1547.—Réimpression par Léon
Séché, Paris, *Revue de la Renaissance*, 1904.

Muses l'ont promené çà et là. De fait, toujours prêt à regagner Paris où il finit par mourir, il campa, tantôt principal de collège, tantôt médecin ou régent de mathématiques, à Bordeaux, où nous le retrouvons trois fois, à Lyon, en Piémont, à Rome, à Poitiers. . . Pour ce translateur de *l'Odyssée*, la Savoie ne fut qu'une étape. On sait par lui qu'il avait 55 ans lorsqu'il célébrait cette province (1572); elle le retint "deus ans entiers," et il semble avoir—exerçant peut-être la médecine—séjourné surtout à Saint-Jean-de-Maurienne[1] et à Annecy.[2]

Lui-même nous découvre la principale raison qui l'a conduit dans les Alpes. Haïssant le fanatisme, plein d'aversion pour les sectaires, il a fui le spectacle des crimes commis aussi bien par les huguenots que par les papistes. Les excès des deux partis l'écœuraient également, et, las d'assister, lui si paisible, au déchaînement de ces furieux, *il se recula du sang civil*, abandonnant des "lieus massacrez." Heureuse et tranquille malgré le voisinage de Genève, la Savoie lui gardait un asile. Sur cette terre "ornée de simplesse" on pourrait vivre en sage, en homme libre. *Great expectations!* Elles valaient le voyage, et l'on ne s'étonne pas qu'elles aient séduit l'auteur d'un livre daté de l'année même de la Saint-Barthélemy. Toutefois, il n'est pas défendu de croire que le nomade rimeur cherchait encore un autre avantage, celui qui consistait à s'établir sur le domaine d'une bonne fée, Marguerite de France, fille de François Ier et femme de Philibert-Emmanuel, duc de Savoie. A cette princesse, qui fut la providence des écrivains, et de laquelle certains d'entre eux ont parlé en termes émouvants,[3] Peletier avait déjà dédié (1547) ce qu'il a laissé de meilleur, ses tableaux des quatre saisons. Il n'arrivait donc pas en inconnu; le passé, dont il sut adroitement réveiller le souvenir,[4]

---

[1] "Entre ces monts y gist un lieu d'aisance     [2] "Vers la minuit la terre s'ébranla
Que j'ai connu tout un tems en presance:         Dans Anecy, Peletier étant là."
C'est Maurienne. . ."

[3] Voir une lettre (5 octobre 1559) que Joachim du Bellay écrit à Jean de Morel au moment où Marguerite, qui venait d'épouser Philibert-Emmanuel, allait se rendre en Savoie. Ce départ "d'une telle princesse, . . . unique support et refuge de la vertu," Du Bellay le regarde comme un désastre. Il ne peut y songer sans larmes, et ce sont, dit-il, *les plus vraies larmes qu'il pleura jamais.*

[4] Le poème de *la Savoye* est suivi d'un *Chant de l'Auteur présenté à ma dite Dame.* En cette brève pièce, moins semblable à un chant qu'à une épître, Peletier rappelle les termes mêmes dont il s'était servi lorsqu'il dédiait (1547) ses tableaux des saisons à Marguerite de France. En un huitain liminaire (*Œuvres poétiques*, p. 86 de l'édition Léon Séché), il lui promettait alors un très plantureux été, un automne abondant en fruits, un hiver plein de joyeuseté, et il la prie, vingt-cinq ans plus tard, de lui savoir gré "d'avoir si bien predit."

lui garantissait le présent, et ce fut à la nouvelle Pallas, à la franche Marguerite qu'il offrit son poème de *la Savoye*.

Cet ouvrage s'ouvre par d'aventureuses considérations sur le régime des eaux. Tant qu'elles restent "sans air," elles montent, puis, "ayant pris air," elles descendent. Avant de jaillir à la lumière, tous les fleuves coulent sous le sol. Ils ont une source unique, et sortent d'une humide *spélonque*. C'est là que loge l'instable Protée, et nul n'a jamais vu sa demeure, hormis le fils de Cyrène, le berger qui avait perdu ses abeilles.[1] Peletier l'accompagne en ces *palais moites*, et ce lui est, puisqu'ils partent de là, une occasion de décrire en quatre pages nos fleuves de France. Il n'en parle pas comme un poète, et se borne à un chapitre de géographie élémentaire, qui, en prose, eût paru meilleur. La Seine passe à Châtillon, à Bar, à Troyes-en-Champagne; grossie de l'Aube à Nogent, elle reçoit la Marne à Charenton; elle traverse Paris où plusieurs ponts se remarquent, dont l'un (et les autres aussi, probablement) est "en arches comparti"; de Saint-Cloud elle "vient à Conflans où l'Oise perd son nom" . . . Et ainsi de suite. . . .

Nous voici fort loin des Alpes, et l'auteur s'en aperçoit. Laissons là, s'écrie-t-il, le triste Aristée! Occupons-nous de la Savoie! Elle possède quantité de lacs. Tous sont beaux, mais contemplons d'abord celui du Bourget.

L'attention du lecteur s'éveille et s'aiguise ici; il conçoit une magnifique espérance, un pressentiment de beauté. Quiconque a vu le paysage dont il s'agit se rappelle son charme délicieux, qui se mue, à certaines heures et selon que varie la lumière, en austère et presque angoissante splendeur. La surface de l'onde est tellement noire tandis que le soleil couchant enflamme la Dent du Chat! Et puis, de même que les bords du Léman évoquent les ombres de Julie et de Saint-Preux, couple aussi réel que s'il eût vécu, le Bourget nous raconte une pathétique histoire; ses flots la redisent à la rive, et l'air qu'on respire là, comme chargé de poésie, suscite et entretient des pensées lyriques: l'amour, la fuite

---

[1] Il serait intéressant de rechercher les sources de *la Savoye*. Notons que Peletier a imité surtout Virgile et—naturellement—*les Géorgiques*. Le passage relatif à la commune origine des fleuves est une lamentable adaptation de quelques vers qui se lisent, merveilleux, dans l'épisode du pasteur Aristée (*G.*, IV, 363–73).—L'interminable récit des présages qui annoncent (I<sup>ère</sup> partie du livre III) les fléaux prêts à fondre sur la France s'explique par un malencontreux dessein d'amplifier et de rajeunir les *signes* de la mort de César (*G.*, I, 466–88).—Le combat des ours et des taureaux (pages 113-4 de la réimpression) constitue un tableau dont l'idée semble empruntée à Virgile (*G.*, III, 215 *sqq.*).—Et de ce même poète procède (p. 148) l'invocation qui commence par le vers *C'est maintenant, o Muses honorables*. . . .

du temps, la mort.    En ce lieu, des vers impérissables s'imposent à la mémoire, et pas n'est besoin d'être un lettré pour se murmurer à soi-même:

>   O lac! rochers muets! grottes! forêt obscure! . . .

Oui, tel est aujourd'hui notre état d'âme en face de ces eaux consacrées.    La Muse semble les avoir chéries, et nous nous demandons avec une ardente curiosité quelle impression elles auront produite sur un auteur du xvi<sup>e</sup> siècle.

Or, cette impression, la voici:

>   Dedans le Lac que le Bourget denomme,
>   Le lavaret friand seul se renomme
>   Haran d'eau dousse, et, vivant tout à part,
>   Meurt aussi tost que de l'eau il depart.
>   Là le heron vole haut et crie aigre. . . .

Et c'est tout.    Au Lac du Bourget, Jacques Peletier n'a rien noté qu'un poisson et qu'un oiseau.    Deux oiseaux, pour être exact, car il ajoute au héron le cormoran.    Nous attendions autre chose, et mieux.    On éprouve une déception.

Viennent ensuite des pages qui sont un traité de physique. Elles foisonnent en théories souvent ingénues sur les métaux, les brouillards, les erreurs d'optique, les avalanches.    De nouveau, l'hydrographie triomphe.    Peletier observe que l'eau ne manque pas en Savoie puisqu'on y rencontre à chaque pas ruisseaux ou torrents.    Mais il faut s'entendre: cette province, où les fontaines ne sont pas trop bien aménagées, a "le moins de ce que plus elle a."    Comprenez que les eaux torrentielles sont aussi malsaines qu'abondantes.    Et regardez, pour preuve, ceux qui en boivent:

>   . . . . . . Bien peu y a d'entr'eus
>   Que l'on ne voye en devenir goitreus.

Toujours discourant, le sagace voyageur continue à cheminer, et tant il chemine qu'il arrive à une cité notable, Aix-les-Bains.

Un humaniste aurait dû se plaire, s'attarder en cette ville. Elle semblait attendre un historien.[1]    Là, par des pierres insignes, les Romains avaient marqué leur passage, et, déjà, les ruines des thermes sollicitaient les touristes.    Mais Peletier les a négligées. Seules ont retenu son attention les "salubres estuves" et, autour d'elles, une légion de serpents.    Leur venin est amorti par la

---

[1] Elle l'a trouvé.    Voir Gabriel Pérouse, *la Vie d'autrefois à Aix-les-Bains*, Chambéry, librairie Dardel, 1922.

chaleur du lieu, et ils sont tellement *sans danger* que les enfants les manient, les portent sur eux, s'en amusent.

Ne cherchez pas de transitions, ce serait peine perdue. Après les couleuvres d'Aix-les-Bains, on arrive brusquement à des remarques sur la hardiesse des sentiers qui longent les précipices et sur la dure existence qu'on mène, l'hiver, en haute montagne. Emprisonné sous la neige, encerclé d'une "horreur glaciale," on vit six mois "du pain d'une fournée." Heureusement, ces captifs jugent leur région "recreative," et ils ne voudraient pas s'établir ailleurs. Dès le printemps, ils descendent aux bourgades, troupe basanée; ils vendent leurs `chevreaux, des fromages, et remontent, garnis d'argent. Bref, loin d'envier "ceus qui pour endurer durent," ils endurent pour durer.¹ Chez des gens si résignés et contents de si peu, nulle crise de natalité. La province est beaucoup plus peuplée qu'elle n'en a l'air. Cela tient à ce qu'elle est, aussi, plus étendue qu'on ne pense. Il ne faut pas oublier que le sol ne forme que creux et bosses; si on pouvait le déplier, le dérouler, l'aplatir, il occuperait un vaste espace.

Toutes ces notes de voyage aboutissent à des leçons morales, et recèlent une sagesse tantôt secrète et tantôt, au contraire, proclamée. L'intention de certains vers gnomiques est annoncée par des guillemets qui rendraient inexcusable le fait de passer sans réfléchir. Réfléchir à quoi? A la démence, par exemple, des hommes qui grimpent "plus haut que les oiseaux ne volent," à la folle audace de ceux qui construisent leurs maisons sur des cimes vertigineuses, à l'ambition d'Hannibal qui, au lieu de s'arrêter devant le rempart des Alpes, s'avisa, pour le franchir, de le dissoudre avec du vinaigre . . . Ailleurs, Peletier songe à lui-même. Il souhaite imiter les Savoyards, renoncer aux belles-lettres, devenir "le laboureur qui cultive le val." Mais à peine a-t-il formé ce vœu qu'il se ressaisit et se demande: A quoi bon? Si mon désir était exaucé, je ne serais plus le moi que je suis; ce serait un autre moi que le mien qui profiterait du changement, et ainsi, qu'il s'accomplît ou non, mon moi actuel ne le saurait pas.

Saint-Jean-de-Maurienne, Moutiers-Salins, Chambéry sont nommés dans le poème, mais ces villes ne sont l'objet d'aucune description. L'auteur a préféré nous dépeindre la campagne ou, plus exactement, les jardins. Si j'avais le temps, déclare-t-il, j'aimerais à développer ce thème; je dirais. . . . Et il dit tout ce

---

¹ Traduisez : Les hommes, d'ordinaire, vivent pour souffrir; les Savoyards souffrent pour vivre.

que, faute de loisir, il prétend ne pouvoir pas dire. Ni composition, ni couleurs; il ne cherche pas à faire un tableau: il énumère. Le recensement des fleurs et des fruits ne le retient pas trop longtemps, mais il insiste sur les légumes. *A Jove principium!* Il salue "tout le premier" le chou, qu'il soit pommé ou *feuillu*; puis il cite l'artichaut, la laitue, les autres salades, la citrouille, la courge, "l'humide concombre."

Ne refusons pas à Peletier le droit de célébrer *les Saisons* avant Saint-Lambert, *les Jardins* avant Delille. Mais son "heureux jardinage," il aurait dû l'imprimer à part. La culture des plantes potagères n'a rien de spécifiquement savoyard, et le chou pommé ou frisé ne saurait, non plus que la courge ni la laitue, passer pour un caractère distinctif d'une province française.

Lorsqu'il en vient à la faune des Alpes, Peletier consacre, mieux avisé, quelques mots ou quelques vers au chamois, à la gelinotte, au lièvre blanc, à l'ours friand de miel, ami du raisin, et à la marmotte qui, morte la moitié de l'année, dort *tout en rond* au fond d'un trou. Non pas à cause de ce long repos, mais en raison, une fois réveillée, de ses comportements pleins d'astuce, cette *pécorette* fournit la matière d'un chapitre de morale, et enseigne à l'homme la "façon de vivre." Tu l'as voulu ainsi, ô Providence, et secrètes sont tes voies!

Après la revue des animaux, le poète annonce qu'il va parler des arbres, et non pas des arbres en général, mais de ceux "que Nature produit ès monts," le mélèze, par exemple, et le pin, et le sapin. Voici, une fois encore, une magnifique occasion de s'abandonner au souffle du lyrisme. . . . Le sapin! . . . A son culte, à sa gloire ont collaboré tous les arts; il a séduit les peintres, inspiré les musiciens; sa place, dans la littérature, est une place de choix; on lui a emprunté mille images; de son attitude héroïque on a conclu qu'il avait une âme; le peuple, pieusement, l'a entouré de légendes, et lui a prêté des intentions, un ascendant, une bienveillance en rapport avec la stature de cette harmonieuse divinité des hauts lieux. Que deviendront ces thèmes sous la plume de Jacques Peletier? Que fera-t-il de ces arbres nés de la montagne? Il remarque bien qu'ils sont odorants, éminents, rameux, mais il ajoute aussitôt: *d'usage grand.* Il faut que la vie matérielle de nos pères ait été vraiment fort étroite et dure pour que l'utilité plus que la beauté des choses leur ait paru digne d'être mise en vers. Ce qui frappe le touriste du xvie siècle, ce ne sont pas tant ces fûts splendides, ces vertes colonnes, que ce qu'on en peut extraire: la térébenthine, la poix, des résines de diverses sortes, et ni pins ni sapins ne seraient, au fond, admirables s'il n'en sortait pas une espèce de gomme *exquise pour l'artifice du charpentier*.

Maintenant qu'il a terminé ce dénombrement d'abord des végétaux puis des bêtes, le savant voyageur n'a plus qu'à dresser la liste des hommes qu'il a connus en Savoie. Elle mériterait qu'on l'étudiât, car elle contient des noms très notoires et d'autres qu'il serait intéressant d'identifier: mais nous laissons ce soin, ce plaisir à de plus érudits, l'objet de cette brève étude étant la Savoie, non les Savoyards.

Il n'est pas téméraire d'affirmer que, lorsqu'il s'assit à sa table pour rimer son troisième chant, Peletier n'avait presque plus rien à dire, et qu'il se demanda avec angoisse quel hors-d'œuvre, quel épisode il pourrait plaquer pour que la dernière partie de son livre fût d'une taille normale et eût l'air d'avoir quelque substance.

L'expédient auquel il s'arrêta fut de recommencer à gémir sur les calamités publiques et de raconter ensuite les signes qui avaient été, pour les clairvoyants, une prémonition de ces maux. Du coup, le volume se gonfle de treize ou quatorze pages. Elles s'avèrent doublement oiseuses puisque ces présages ne nous apprennent rien sur le pays où ils se déroulent, et que ce pays restera exempt des misères qu'ils préfigurent. Mais l'écrivain n'éprouve ni remords ni scrupule. Accroché au très riche filon virgilien, il l'exploite sans merci, multipliant les météores et accumulant les cataclysmes. Il signale en passant quelques menus tremblements de terre, une pluie de brandons et—fait *énorme*!—des "corps simulez" qui errent autour du Léman. Toutefois, ces incidents paraîtront peu de chose si on les compare aux inondations. Cette triste chronique en est remplie. La mer déborde, et chaque rivière. L'Arve, "ce mutin fleuve," sort de son lit à maintes reprises, et se jette avec une telle rage dans le Rhône que celui-ci coule à reculons, et que les moulins tournent à l'envers. Le poète finit par reconnaître qu'il est fatigué de ces déluges; l'obligation " de tant de fois un mesme fait redire" le dépite, le met en colère, et il se décide, renvoyant à plus tard "ces cas déplorables," à relater, en guise de diversion, un événement joyeux.

Il s'agit de l'arrivée à Annecy du *prince* de cette ville. Malade, il espère que la montagne lui rendra la santé, et il s'est mis en voyage avec ses deux enfants tout petits et sa femme d'excellente race, "clair sang d'Hercule et de Renée." Cette haute dame fut toujours heureuse: son premier mari, victime des guerres (euphémisme!), lui avait fait honneur, et du second, pourvu qu'il guérisse, elle aura le droit de se glorifier.[1]      Ainsi, elle sera l'ornement de la Savoie, et Peletier ajoute aussitôt que cette province possède une autre parure, à savoir les plantes médicinales.      Galante liaison des idées!

Les vers qui suivent sont d'un médecin ou, pour parler franc, d'un apothicaire, et ils renferment une très copieuse pharmacopée. Bien des remèdes que l'on va chercher jusqu'au bout du monde, y compris *l'opportun* et si utile tabac,[2] se rencontrent sur nos sommets "noblement herbuz."      Là croissent, "propres aux reins pour les vices qu'ilz ont," la *filipende* et la berle; les solanées qui procurent le sommeil et l'asaret "provocant à vomir" foisonnent partout; les prairies sont couvertes de ce narcisse qui attire au dehors l'épine enfoncée dans la chair, et il n'y a qu'à se baisser pour cueillir

> La saxifrage exquise aux graveleus,
> Le liseron exquis aux grateleus,

*l'agerat* qui "tue aux enfants les vers," le raifort sauvage, providence des gens qui souffrent d'une hernie, le cyclamen recommandable aux femmes en couches, et la cacalie grâce à laquelle se calme "l'aspreté de toux."

Ce n'est là qu'un spécimen des simples qui poussent dans les Alpes comme chiendent.      Le catalogue, si l'on se réfère au texte même, se développe autrement complet, et le rimeur a d'autant plus de mérite à épuiser sa matière médicale qu'il sent l'objection que l'on peut faire,[3] et qu'il se demande: où vais-je? et pourquoi me suis-je fourré "en chose . . . qui l'ornement du langage refuse"? Mais il est trop tard pour s'en dédire.      Non sans promettre de se montrer beaucoup plus élégant à la prochaine occasion, Peletier continue l'inventaire de cette *boutique de Phébus*, puis, l'ayant achevé et son dernier chant du même coup, il prend congé du lecteur en déclarant

> Au Tems ailé je consacre mes vers.

Le temps, lui, ne les a pas consacrés; il les a conservés, et c'est

---

[1] Ce passage est consacré à la personne et à la famille de Jacques de Savoie, duc de Nemours, né en 1531, mort le 15 juin 1585.   Il avait épousé Anne d'Este, fille de Renée de France et d'Hercule II, duc de Ferrare, veuve de François, duc de Guise, assassiné par Poltrot de Méré en février 1563.   Au moment où Peletier célébrait leur entrée dans Annecy, Anne et Jacques n'avaient que deux enfants, Charles de Savoie (1567–95) et Marguerite (1569–72).

[2] Voici sans doute l'un des tout premiers textes en vers où soit vantée (mais à cause de ses vertus curatives) l'herbe des *velus sauvages*, le "haut feuillu" petun.

[3] "Ces idées médicinales. . . flétrissent l'émail des prés, l'éclat des fleurs, dessèchent la fraîcheur des bocages, rendent la verdure et les ombrages insipides et dégoûtans." (J.-J. Rousseau, *Rêveries du Promeneur solitaire*, VII.)

déjà bien.   Le mérite de l'œuvre réside tout entier dans le thème initial, dans l'idée si féconde et, alors, si neuve de célébrer en tant de pages une haute région des Alpes.   Un tel dessein révélait, à la date où il fut conçu, beaucoup d'indépendance, d'originalité, et, quoiqu'on ne puisse pas dire que Peletier ait été un précurseur, puisque ceux qui l'ont suivi en foule ignoraient son existence, il n'en demeure pas moins vrai que, près de deux siècles avant les chantres ou les romanciers de la montagne, il s'était engagé sur une voie qui conduisit plus tard à la gloire.   Lui, elle ne le mena nulle part, et s'il resta inconnu, la faute ne doit pas en être imputée, car il offrait des possibilités sans limites, au sujet traité par lui, mais à la faiblesse de l'exécution, à la peine, d'ailleurs touchante, qu'il s'est donnée pour ajouter des ornements à une chose belle d'elle-même.

Au fond, il estimait que, toute seule et toute nue, la Savoie ne constituait pas une matière poétique, et il n'y aurait eu, à son avis, presque rien à en tirer s'il n'avait pas eu la chance d'être médecin, botaniste, physicien, philosophe, bref, un personnage en état de disserter, à propos d'un paysage, sur les règles de la morale et les mystères de la création.

Que, dans le domaine du lyrisme, la morale ait droit à une place, nul ne voudra le contester.   Bien des exemples prouvent que les problèmes de l'éthique ne sont pas condamnés à la prose, pourvu qu'on les aborde avec vigueur, qu'on en discerne les fines nuances, et que l'on fasse voir comment les lois générales aboutissent à des crises d'âme, entrent en conflit avec les passions, et exercent sur l'individu une répercussion dramatique.   Mais l'auteur de *la Savoye* paraphrase des proverbes; sa pauvre sagesse est celle des almanachs, du coin du feu, et ses vers ne gagnent rien à ces sentences de bonne femme.

Quant à la science qu'il étale, elle est aujourd'hui morte, périmée.   Aujourd'hui et depuis longtemps.   Mettre la physique en épopée, c'est se résoudre à un labeur valable pour un quart de siècle.   A chaque génération, la connaissance que l'on s'imagine avoir du monde se modifie, se transforme.   La science, comme le lion, avance en effaçant ses traces, et les ruines des systèmes écroulés n'intéressent que les historiens.   Peu d'années après Peletier, Du Bartas allait faire l'expérience du danger qu'il y a à vouer sa vie à des vérités d'un jour.   Toute œuvre bâtie sur un si instable fondement n'est bientôt plus que décombres.   On ne voit qu'une exception à citer: Lucrèce. . . . Mais c'était Lucrèce.

Voilà comment, à cause des moyens qu'il avait choisis pour durer, on ne se souvient plus du poète de *la Savoye*. Cet oubli n'est pas injuste, et on peut encore le bien expliquer par une autre raison qui nous montrera pourquoi même ceux qui ont lu le livre en ont tiré peu de joie et se sont trouvés déçus. L'écrivain manceau qui a fait, on se le rappelle, tant de voyages, s'attachait moins aux sites qu'aux gens; pareil à Ulysse, il se plaisait à comparer les mœurs des mortels, à contempler leurs cités, leurs travaux, et il réduisait la nature à servir de cadre aux sociétés. Cette prééminence de l'être pensant sur l'univers, Peletier l'admettait comme un article de foi, et il ne lui a fallu, pour le proclamer, que dix syllabes décisives:

C'est l'homme seul qui rend le lieu spectacle.[1]

Une telle théorie peut se défendre; mais il convient, si on l'adopte, d'en accepter aussi les conséquences, et la plus immédiate consistera nécessairement à bannir de la littérature la mer, la forêt vierge, le ciel avec ses nuages et ses étoiles, les solitudes et la solitude, les cimes, les glaciers,—et la Savoie.

Disons-le pour conclure: cette Savoie illustrée maintenant par des œuvres mémorables, son premier peintre *ne l'a pas vue*. Entendez que, n'y cherchant pas ce qu'on y découvrit plus tard, il ne la voyait point comme la virent Jean-Jacques et les fils de Jean-Jacques. Qu'on n'aille pas croire à un reproche! Il serait inique de blâmer Peletier parce qu'il avait l'âme de son temps. L'âme et les yeux. Comment les eût-il changés? Ceux-là seuls y arrivent qui ont reçu en partage le génie, un génie puissant et rare. Peletier fut un rimeur de bonne volonté. Paix à ses cendres! Ne lui refusons pas un souvenir: mais réservons notre gratitude et notre admiration à l'homme qui, sur la route qui monte de Chambéry aux Charmettes, se penchait sur la pervenche. La nature telle que nous l'aimons, ce fut lui qui l'inventa; il a su —magicien—amplifier, enrichir le domaine de notre sensibilité, et il a donné une signification neuve à la figure du monde.

HENRY GUY.

GRENOBLE.

[1] Livre II, p. 118 de la réimpression.

# LE LAI D'*EQUITAN* DE MARIE DE FRANCE

Le lai d'*Equitan* est loin d'être un des meilleurs représentants de l'art de Marie de France. Il n'a rien du charme étrange qui se dégage de ses lais féeriques, rien non plus de l'émotion prenante dont sont imprégnés la plupart de ses lais humains. Mais mérite-t-il vraiment l'épithète méprisante de "très insignifiant" que lui donne M. Schürr?[1] Nous ne le pensons pas. Le lai occupe dans l'œuvre de Marie une place à part; il mérite d'être examiné d'un peu plus près.

Le récit proprement dit tient en quelques lignes. Un roi aime la femme de son sénéchal et elle lui rend son amour. Mais les sujets exigent de leur souverain qu'il se marie. La femme s'en alarme. Alors son amant lui promet de l'épouser, si elle réussit à se rendre libre. Aussitôt elle imagine un stratagème qui la débarrassera de son mari. Mais le plan échoue; ce sont les coupables eux-mêmes, pris en flagrant délit, qui périssent misérablement dans la cuve d'eau bouillante destinée à leur victime.

C'était sans doute tout le contenu du conte primitif d'où Marie a tiré son petit poème. Un fait divers sans grandeur qui fournit plutôt matière à un fabliau ou à un conte drolatique qu'à un conte sentimental.[2] C'est à lui seul aussi que s'applique la "morale" qu'en tire la poétesse, sèche et banale:

> Tel porchace le mal d'autrui
> Dont tot le mal revert sor lui (v. 315-6).[3]

Mais ce conte ne comprend que la deuxième partie du lai. Il commence au vers 189. Marie elle-même le fait entendre de la manière la plus claire dans les vers immédiatement précédents où elle annonce l'histoire qui va suivre. Les amants échangent anneaux et promesses:

> Bien les tindrent, molt s'entramerent;
> Puis en morurent et finerent (v. 187-8).

[1] F. Schürr, *Das altfranzösische Epos*, 1925, p. 372.

[2] On a en effet tiré de ce thème plusieurs fabliaux; cf. la bibliographie de J. Bolte dans la 3ᵉ édition des Lais par Warnke, p. CVI, note 1.

[3] La même morale reparaît en termes très approchants à la fin de la fable LXVIII du recueil des Fables de Marie.

Ce sont presque les mêmes vers qui introduisent le lai des *Deus Amanz*:

> . . . deus enfanz qui s'entramerent:
> Par amor ambedui finerent (v. 3-4).

Cette deuxième partie du lai forme un contraste frappant avec la première. Le récit y court rapide, à la manière de Marie, allant droit au but, et dépouillé de tout ornement poétique ou littéraire. Un seul passage sentimental vient l'interrompre: la plainte de la femme (v. 196–226). C'est aussi le passage qui très habilement rattache la dernière partie du poème à la première. Les vers 225–6 reprennent presque textuellement les vers 119–120:

| | |
|---|---|
| Por vos m'estuet avoir la mort, | Du tot li puet faire confort |
| Car je ne sai autre confort | Et bien li puet donner la mort |
| (225-6). | (119-20). |

Ici, c'était l'homme, là, c'est la femme qui se lamente. Les deux scènes se font pendant et Marie souligne le fait par la reprise de la même idée et des mêmes paroles.

Mais c'est là, avec l'identité des personnages, le seul lien qui unisse les deux parties du lai. Pour le reste, elles diffèrent du tout au tout. A la deuxième, exclusivement narrative, s'oppose la première, essentiellement descriptive et psychologique. Si dans la deuxième moitié Marie reproduit simplement le conte primitif, tel qu'elle avait dû l'entendre, la première semble être sortie entièrement de sa propre imagination. Si la deuxième partie ne révèle aucune trace d'une influence étrangère, la première est farcie de réminiscences littéraires. Il n'y a là rien d'étonnant. Dans les premiers 190 vers Marie essaie d'expliquer comment naquit ce grand amour du roi pour la dame. De cela, le conte primitif ne disait certainement rien. Marie a dû inventer toute cette partie de son poème, exactement comme Chrétien de Troyes a inventé toute la première partie du *Cligès*. Or la genèse de l'amour était alors le thème de prédilection du roman courtois. La poétesse n'a ni pu ni voulu se soustraire à l'influence de traditions littéraires déjà solidement établies. Elle s'y est au contraire abandonnée dans la plus forte mesure et n'a fait que reprendre un thème qui avait déjà plus d'une fois été traité avant elle.

Mais dans *Equitan*, ce thème se présente sous un aspect particulier. C'est à tort que Mlle Camilla Conigliani déclare qu'il ne faudrait pas chercher chez Marie une conception spéciale de l'amour.[1]

---

[1] "*Non bisogna cercare in Maria una particolare concezione dell'amore*," Camilla Conigliani, dans *L'Amore e l'Aventura nei "Lais" di Maria di Francia*, *Archivum Romanicum*, II (1918), p. 282.

On rencontre, au contraire, chez elle une conception très particulière de l'amour, la même qui se manifeste d'ailleurs encore dans plusieurs œuvres contemporaines, dans les romans d'un Chrétien de Troyes et d'un Gautier d'Arras aussi bien que dans le traité théorique d'André le Chapelain, et qu'on est convenu d'appeler l'amour courtois.   Il est vrai — et en cela M$^{lle}$ Conigliani a parfaitement raison—que les éléments empruntés à la casuistique amoureuse sont chez Marie presque toujours accessoires et extérieurs à son œuvre;[1] mais enfin, ils sont là et donnent sa couleur particulière au moins à une partie de cette œuvre.   Car il faut bien remarquer que cette conception ne paraît que dans quelques-uns des lais: *Guigemar*, *Lanval*, *Eliduc* et *Equitan*.   Dans ce groupe, le lai d'*Equitan* se détache à son tour des trois autres. Tandis que dans ces derniers, comme on l'a déjà souvent constaté, Marie se rattache aux théories qui sont représentées en première ligne par le roman d'*Eneas*, on n'a guère remarqué que la conception qui se manifeste dans l'*Equitan* est de nature différente. Certes, au moment où elle compose le lai d'*Equitan*, Marie connaît déjà trop bien le grand modèle littéraire qu'était l'*Eneas* pour ne pas lui emprunter quelques-uns de ses thèmes et de ses procédés.   Elle donnera donc de la dame un portrait (v. 31–41; 55–7)[2] très pareil à celui de la fée dans *Lanval*,[3] et qui est peut-être directement inspiré, comme ce dernier, de celui de Camille dans l'*Eneas*.   Elle emploie sans hésiter les images, bien connues par l'*Eneas*, de la *mesnie d'Amors* (v. 58) et de la flèche (*sajete*) que le dieu lance et qui fait au cœur de si graves blessures (v. 59–61).[4] Elle sait qu'un refus équivaut à un arrêt de mort (v. 118–20).[5] Elle se sert aussi du monologue, le procédé technique depuis

---

[1] *Loc. cit.*, p. 292.

[2] Même si les vers 37-41 qui ne se trouvent que dans le manuscrit S étaient ajoutés par un interpolateur (voir E. Hoepffner, *La tradition manuscrite des lais de Marie de France*, dans *Neophilologus*, XII, 1927, p. 90), il n'en resterait pas moins la première partie du portrait, des vers 31 à 36, qui serait attribuable à Marie elle-même.

[3] Cf. notamment:

Les eulz ot vairs et bel le vis,   Les eulz ot vairs et blanc le vis,
Bele bouche, nes bien assis    Bele bouche, nes bien assis
   (*Equ*. 35-6).          (*Lanv*. 571-2).

[4] Cf. *Equitan* 58-61:      et *Eneas* 8065-7:

Amors l'a mis en sa mesnie,    Por lui l'a molt Amors navree;
Une saiete a vers lui traite    La saiete li est colee
Qui molt grant plaie li a faite.   Desi qu'el cuer soz la memelle.
El cuer li a lancie et mise.

[5] Cf. *Guigemar* 405; 501-4; *Eliduc* 349-50.

l'*Eneas*, pour analyser les sentiments de ses personnages (v. 68–92;
95–104).    Cela ne prouve pas encore une connaissance directe
de l'*Eneas*, mais cela prouve toujours une connaissance intime de
tout ce style courtois qui s'était formé et développé dans les premiers
romans antiques et arthuriens.

Certains passages semblent cependant bien provenir en droite
ligne de l'*Eneas* lui-même.    On a notamment signalé les vers 17–20
comme inspirés directement de l'*Eneas* 1881–2:

Cil metent lor vie en noncure,                 De sa vie n'a al mes cure:
Qui d'amer n'ont sens ne mesure;               Amors nen a sens ne mesure.
Teus est la mesure d'amer                                 (*En.* 1881-2).
Que nus n'i doit raison garder.
                (*Equ.* 17-20)

C'est possible, et c'est d'autant plus probable que le même épisode
de Didon fournit encore le passage déjà signalé qui est comme le
leitmotif du lai, à savoir la séparation et la mort:

Et si vos partirez de moi;                     Molt puis doter la departie.
Sovent l'oi dire, et bien le sai.              N'en quit avoir respit de mort,
Et je, lasse, que devendrai?                   Car n'avrai rien qui me confort
Por vos m'estuet avoir la mort,                           (*En.* 1736-8),
Car je ne sai autre confort
                (*Equ.* 222-6),

comme il fournit aussi cet autre mot, justifié dans la bouche de
Didon: . . . *cestui que destinee—a amené en ma contree* (v. 1299–
1300), qui reparaît comme la plainte d'Equitan: *A las, fet il, quel
destinee—m'amena en ceste contree* (v. 69–70), mais qui est là,
somme toute, peu à sa place, vu que cette aventure le roi était
délibérément allé la chercher.[1]    On pourrait encore ajouter le cas
suivant: opposant l'amour sincère à l'amour vénal, Marie traite
ce dernier de *bargaigne de borjois* (v. 156).    Or, l'*Eneas* emploie
la même image (*puis ce semble marchëandie*, v. 8292) là où il discute
le même problème de l'amour loyal qui n'est accordé qu'à un seul,
et l'autre espèce d'amour qui s'adresse en même temps encore à
d'autres participants (v. 8281–98).    Quoi qu'on pense de ces
rapprochements, ils prouvent en tout cas qu'au moment où Marie
écrit le lai d'*Equitan*, le monde des idées auxquelles le roman
d'*Eneas* paraît avoir donné le premier une forme littéraire lui est
tout ce qu'il y a de plus familier.

---

[1] Dans ce cas au moins, mais pas ailleurs, le rappel de la "destinée" n'est certainement plus qu'un cliché littéraire; cf. Schürr, *Zeitschr. für romanische Philologie*, L,
1930, p. 558, note 1.

Mais ce n'est pas cette conception de l'*Eneas* qui domine dans *Equitan*, comme dans *Guigemar*, *Lanval* et *Eliduc*. La conception dominante ici est celle que, faute de mieux, nous appellerons la conception "provençale." Entendons par là la conception outrée de cette toute-puissance de l'amour qui livre l'homme tout entier aux volontés, bonnes ou mauvaises, de la dame et fait de lui un instrument aveugle de la passion, qui ne recule ni devant la honte ni même devant le crime. M. Spitzer l'a bien reconnu quand il définit le "problème" de notre lai: "La toute-puissance de l'amour pousse au péché et à la mort,"[1] mais il n'en a pas indiqué les attaches littéraires qui nous ramènent en droite ligne à la conception exagérée de la poésie des troubadours.

Le morceau central, la longue discussion entre le roi et la dame, est un de ces débats sur un problème de casuistique amoureuse qui semblent avoir passionné les cercles courtois de l'époque, à en juger d'après les traces nombreuses qu'ils ont laissées dans la littérature contemporaine, romans, chansons ou traités théoriques. L'amour d'un roi pour la femme de son vassal, est-il possible?[2] Non, déclare la dame, car un riche, fort de sa puissance, ne vivrait pas dans cette crainte salutaire qui fait sans cesse trembler pour son amour celui qui aime trop hautement. Un pauvre, loyal, vaut donc mieux en amour qu'un prince ou un roi sans loyauté. L'amour n'a de valeur que dans l'égalité: *Amors n'est preuz, se n'est egaus* (v. 141–52). Si, répond le roi, car pour un vrai amant une dame sage, loyale et de nobles sentiments, fût-elle la plus pauvre du monde, est digne de l'amour sincère même des plus puissants seigneurs.[3] En amour, il n'y a pas de roi qui tienne, il n'y a qu'homme et ami (v. 175):

> Vos soiez dame, et je servanz,
> Vos orgueilleuse, et je proianz! (v. 179-80).

Ce renversement des rôles, l'homme qui s'humilie ainsi devant la dame et, faisant acte de vassal, se met tout à sa merci, c'est bien la conception qui trouve son expression la plus fréquente, sinon

---

[1] *Marie de France, Dichterin von Problem-Märchen, Zeitschrift für roman. Philologie*, L, 1930, p. 36; cf. Schürr, *ibid.*, p. 561.

[2] C'est exactement l'un des problèmes traités par André le Chapelain dans son *De Amore*, il est vrai avec des arguments différents; cf. éd. Trojel, 1892, p. 155 *ss.*: *Loquitur nobilior nobili.*

[3] Curieux le terme de "riches princes de chastel," employé par Marie (v. 164). Il fait songer à l'un des plus célèbres parmi les troubadours, à Jaufre Rudel, prince de Blaye.

la plus forte, dans les chansons des troubadours et de leurs disciples.
On n'en a aucun autre exemple dans les lais de Marie.   L'homme
s'y plie, bien-entendu, aussi aux désirs de sa dame, mais jamais
il ne va jusqu'à cette soumission absolue, à cet abandon total de
soi-même.

A ce trait viennent s'en ajouter encore d'autres, non moins
caractéristiques.   Tel le thème classique de la vertu ennoblissante
de l'amour.   Et ce n'est pas seulement l'homme qui "amende"
par l'amour, comme déjà Énée dans l'*Eneas*, mais aussi la femme
dont la courtoisie ne peut que gagner au contact de l'amour:

> Que devenroit sa cortoisie,
> S'ele n'amast par druerie? (v. 85-6).

Argument spécieux dont se sert Equitan pour s'abandonner sans
frein à sa passion criminelle.   Voici encore le thème de la puissance
de l'amour qui ne connaît ni sens ni mesure, la passion qui foule
aux pieds les lois de la raison:

> Teus est la mesure d'amer
> Que nus n'i doit raison garder (v. 19-20).[1]

Voici les fins courtois, ceux qui aiment leur dame pour ses
qualités "courtoises," opposés à ces mauvais amants qui l'aiment
seulement pour sa richesse ou pour sa puissance (v. 156-8).

On serait tenté d'ajouter le thème, cher aux premiers troubadours, de *l'amor de lonh*, l'amour qui naît pour une dame, avant
même qu'on ne l'ait vue.   "Sans l'avoir vue, il la convoita," est-il
dit d'Equitan (v. 45).   Mais dans *Milon* aussi,[2] la jeune fille
s'éprend d'amour pour un chevalier uniquement sur sa renommée
(v. 25-6).   Le thème était donc d'un usage courant.   Dans le cas
particulier d'*Equitan*, nous pouvons même en indiquer exactement
la provenance.   C'est Wace, qui dans le récit des amours d'Uter
Pandragon pour la belle Ygerne, avait ajouté aux données de
Geoffroy de Monmouth ce trait du roi qui s'éprend de la femme de
son vassal sans l'avoir jamais vue.[3]   Or, des ressemblances dans le

---

[1] Cf. dans les poésies lyriques de Chrétien de Troyes, tout imprégnées de l'esprit
courtois des troubadours: à qui veut aimer,

> Raison li covient despendre
> Et metre mesure en gages (Foerster, *Wörterbuch zu Kristian von Troyes*,
> [205*, I, 23-4).

> A l'entree ai despendue
> Mesure et raison guerpie (*ibid.*, v. 35-6).

[2] Et jusqu'à un certain point dans *Eliduc* (v. 273-4).

[3] *Brut*, éd. Leroux de Lincy, v, 8803 *ss*.

texte font voir que c'est là que Marie est allée chercher son inspiration.[1]   Quant au thème des amants inconstants (*novelier*) et trompeurs dont on se moque partout, il paraît encore, un peu modifié, dans *Guigemar* (v. 488–92).   Ce n'est pas un des thèmes qui appartiennent spécialement à la conception provençale.   Mais même sans ces derniers cas il en reste assez pour révéler dans notre lai un esprit très différent de celui qui domine dans tous les autres. *Equitan* représente bien un cas unique dans l'œuvre de Marie.

Cette œuvre offre ainsi un parallélisme curieux avec celle du grand contemporain de Marie, Chrétien de Troyes.   Chez celui-ci, dans *Erec*, la théorie de l'amour courtois est non pas tout à fait absente, comme on le dit quelquefois avec une exagération évidente,[2] mais du moins très peu accusée, comme dans la grande majorité des lais de Marie.   Par contre, dans *Cligès*, comme dans *Guigemar*, *Lanval* et *Eliduc*, elle apparaît très vigoureusement, à peu près dans la même forme que dans l'*Eneas*.   Enfin, dans *Lancelot*, on la trouve, comme dans *Equitan*, avec toute l'exagération de la conception dite provençale.   Chez Chrétien, les trois romans se succèdent dans un ordre chronologique.   Rien de plus tentant que d'appliquer le même principe aux lais de Marie.   A ce compte-là, on aurait d'abord, comme premier groupe, les lais dans lesquels ne se manifeste encore aucune influence de l'*Eneas*, ni dans la conception de l'amour, ni dans la présentation du récit.[3] Marie les aurait composés encore avant de connaître le grand roman antique.   L'influence de ce dernier apparaît par contre très nettement non seulement dans la conception de l'amour, mais aussi dans nombre d'autres traits, dans les trois lais de *Guigemar*, *Lanval* et *Eliduc*.[4]   Ceux-ci seraient donc venus après les autres sous l'inspiration immédiate de l'*Eneas* que Marie aurait appris à

---

[1] Li rois en ot oï parler
Et mult l'ot oïe loër..
.. ains qu'il la veïst,
L'ot il convoitie et amee..
Par ses privés la saluoit
Et son presant li envoit.
(*Brut*, 8803-18).

Li rois l'oï sovent loër.
Soventes fois la salua ;
De ses avoirs li envoia.
Sanz veüe la convoita
(*Equ.* 42-5).

[2] L'épisode de Mabonagrain est là pour prouver l'erreur d'une pareille assertion ; cf. en particulier les vers 6058-62 ; 6082-9.

[3] Ce seraient les lais du *Chievrefueil*, d'*Yonec*, des *Deus Amanz*, du *Bisclavret*, de *Milon*, du *Fresne* et du *Laostic*.   Le lai du *Chaitivel* occupe une place à part et ne rentre pas exactement dans cet ensemble.

[4] Les rapports de ces lais avec l'*Eneas* font l'objet d'une étude spéciale que nous avons consacrée à ce sujet et qui paraîtra prochainement.

connaître entre temps.  Enfin, elle aurait écrit en dernier lieu le
lai d'*Equitan*[1] dont les théories outrancières marqueraient la
dernière étape et le point culminant de son évolution.  Est-il
besoin de dire que cette construction théorique ne répond pas
nécessairement à la réalité?  De même que Chrétien est revenu
après Lanval à une appréciation plus saine des choses avec *Yvain* et
*Perceval*, en même temps qu'il se dépouillait du clinquant emprunté
à l'*Eneas*, de même Marie a pu écrire *Eliduc* ou *Yonec* même après
*Equitan*.  Il n'est peut-être pas superflu de mettre en garde
ceux qui voudraient tirer de ces faits des conséquences pour la
chronologie des lais.

Mais une autre conséquence, moins problématique, se dégage
de nos constatations.  De tous les lais de Marie, celui d'*Equitan*
est le plus cruel pour les amants.  Non seulement le châtiment
qu'ils subissent est plus sévère que partout ailleurs, mais on sent
aussi très distinctement qu'à aucun moment la poétesse n'accorde
au couple amoureux cette sympathie si tendre dont elle ne se
départ jamais à l'égard des amants.[2]  Or, c'est précisément dans
cette histoire sévère et brutale qu'elle introduit la théorie provençale
de l'amour courtois.  Est-ce un simple hasard?  Nous pensons
qu'en le faisant Marie a entendu prononcer une condamnation
sévère de cet amour qui n'est motivé par rien que par le simple
désir sensuel, qui n'a aucune excuse,[3] et qui frappe un vaillant
homme, le dévoué serviteur de son maître.[4]  Tel est donc l'amour
qui entraîne les amants au péché et au crime.

Là encore, Marie se rencontre avec Chrétien de Troyes.  On
sait que Chrétien n'a pas achevé lui-même son *Lancelot*, et on admet
généralement avec Foerster que s'il l'a abandonné, c'était parce que
la conception particulière qu'il devait y représenter sur les indications de la comtesse Marie de Champagne, le *sen* que celle-ci lui
avait imposé, ne lui convenait pas.  On retrouverait donc—et cela
n'étonnera personne de ceux qui connaissent quelque peu Marie de
France—chez cette dernière les mêmes sentiments à l'égard de
cette conception outrée que chez son grand contemporain, le grand
romancier mondain de la cour de Champagne; une condamnation

---

[1] Et peut-être aussi le *Chaitivel*.

[2] Sauf dans le *Bisclavret* où la femme est également criminelle, et peut-être dans
le *Chaitivel* qui trahit aussi, bien que moins nettement, une conception de l'amour à
la manière des troubadours.

[3] Le crime de la femme dans le *Bisclavret* a au moins une excuse : la crainte que peut
susciter la nature inquiétante du mari loup-garou.

[4] Voir son éloge aux vers 21-8.

inavouée et indirecte, mais pas moins certaine, de cet amour qui, sans excuse, dégrade et avilit ceux qui s'y livrent. Ce n'est que l'opinion personnelle de Marie comme c'était aussi celle de Chrétien: mais dans leur attitude se traduit sans doute aussi un courant d'opinion plus vaste qui existait dans une partie de la société courtoise de l'époque. C'est la même opposition qui se manifestait également dans le Midi dans les chansons d'un Marcabru.[1] Il est intéressant d'en trouver un écho dans l'œuvre de Marie de France.

E. HOEPFFNER.

Strasbourg.

---

[1] Voir Carl Appel, édition de *Bernart von Ventadorn*, Halle, 1915, p. lxiv *ss.*; E. Hoepffner, *Le troubadour Bernart Marti*, dans *Romania*, LIII, 1927, p. 127 *ss.*

# LA COBLA DE MARCHABRUN
## (1272–3)

TANDIS que la poésie provençale s'éteignait dans sa propre patrie, elle conservait en Italie, non seulement au Nord, mais à l'extrême Sud de la Péninsule, une singulière vitalité. Il suffit, pour s'en convaincre, de considérer le grand nombre de pièces politiques où se déversèrent, au cours des quarante dernières années du XIIIᵉ siècle, les espérances et les haines des partis en présence.

Celles de ces pièces qui concernent la lutte engagée, pour la possession du royaume de Naples, entre Charles d'Anjou et les successeurs de Frédéric II, Manfred et Conradin, sont bien connues; de celles qui ont pour auteurs des Italiens, M. G. Bertoni a donné une excellente édition et un riche commentaire;[1] de toutes, plus récemment, M. V. de Bartholomaeis a dressé une liste commode en les rattachant aux événements qui leur ont donné naissance.[2]

L'extinction de la dynastie souabe ne marqua pas la fin de la lutte qui, se ranimant après une accalmie d'une dizaine d'années, mit aux prises Charles d'Anjou, puis son fils Charles II, avec les princes aragonais, héritiers des droits des Hohenstaufen et dont l'enjeu fut la Sicile. Ces événements furent, eux aussi, jalonnés par une série de sirventés et surtout de coblas. Celles-ci, conservées sous une forme très altérée dans des manuscrits uniques, n'ont jusqu'ici que très peu attiré l'attention et n'ont pas été pourvues du commentaire historique qu'elles méritaient. Je ne m'occuperai ici que de l'une de ces pièces, dont on n'a pas encore d'édition critique et dont le sujet même n'a pas été déterminé exactement.

Le texte, conservé dans le seul ms. *P* (fol. 65 v°), a été publié assez incorrectement, par E. Stengel (*Archiv* de Herrig, t.L., p. 283). Mon ami Guido Mazzoni a bien voulu collationner pour moi le ms.: voici d'abord le résultat de cette collation. Je me borne à ponctuer, sans résoudre les quelques abréviations et sans indiquer les fautes de lecture de la précédente édition.

---

[1] *I trovatori d'Italia*, Modène, 1915.

[2] *La poesia provenzale in Italia nei secoli XII e XIII*, dans *Provenza e Italia*, Florence, 1930, pp. 1-77.

Rubr. (*à l'encre rouge*): Cobla de Marchabrun per lo rei Adoard e per lo rei A.

> Ben fora ab lui honiz lo ric barnage,
> En Biachi, se li Rois se sofria
> Q'Enric fos mort davant l'enmage
> 4 De Jesu Crist e de santa Maria;
> En Alduardo a receput l'oltrage
> El vituper, e sel vol, so sia!
> Mais eu conosc en lui tan fer ardimen,
> 8 Per c'om li des li mond enteramen,
> Non pogra refrenar son talen
> Qe d'aqest tort vengianmen fait no sia.
>
> En Biaqin, lo cont auist spaven,
> 12 Per q'a perdut sa terra malamen,
> Ma ia ures q'el fara breumen
> Cens meill de lui cobrar no en (?) no lo sabria.

Voici les corrections que je propose.

L'auteur étant étranger (probablement italien), il n'y a pas lieu de corriger ni les fautes de déclinaison ni quelques autres incorrections.

3 *suppl.* la sant' (*ou* sacr') e.—5 Odoard—6 so] aissi—7 tan fer a.] tan d'a.—8 li] lo—9 Ja n.p.—11 auist sp.] ac esp.—13 Mas ja veirez . . . tan b.—14 C'us meills; *supprimer* no en no.

Traduction.—Sire Biaquin, avec lui serait honni son noble baronnage si le roi tolérait qu'Henri eût été tué devant la sainte image de Jésus-Christ et de Sainte Marie; Édouard (aussi) a reçu l'outrage, et la honte, et, s'il le veut, ainsi soit-il! Mais je sais qu'il y a en lui tant de fierté que, même si on lui donnait le monde entier, il ne pourrait refréner son désir que de ce tort vengeance soit tirée.

Sire Biaquin, le comte a pris peur, et voilà pourquoi il a misérablement perdu sa terre. Mais vous verrez que sous peu il fera si bien que nul mieux que lui ne pourrait la recouvrer.

A C. Chabaneau[1] revient le mérite d'avoir identifié le destinataire de la pièce et les deux rois nommés dans la rubrique et aux v. 2 et 5. Selon lui, *En Biaquin* "pourrait être Biacquino da Camino, père de Ghèrardo da Camino, protecteur de Ferrari;" d'où il résulterait que la pièce aurait été composée dans la marche de Trévise, au Sud du Veneto. Chabaneau a reconnu dans "lo rei Adoard" Édouard Ier d'Angleterre et dans "lo rei A." Alfonse X de Castille. Mais en identifiant la victime, que le poète somme les deux rois de venger, à Henri de Castille, frère d'Alfonse, il a certainement

---

[1] *Biographies des troubadours*, dans *Hist. de Languedoc*, X, p. 365.

fait fausse route.[1]    Ce célèbre aventurier, s'il fut retenu de longues années dans les prisons de Charles d'Anjou, ne périt pas de la mort violente décrite aux v. 3–4.

Il suffit, pour trouver le mot de l'énigme, de se souvenir d'un dramatique épisode de l'histoire d'Italie et des beaux vers où Dante a cloué au pilori, en compagnie d'Ezzelino da Romano et d'Obizzo d'Este, "celui qui, dans le sein même de Dieu, perça ce cœur que l'on vénère encore sur la Tamise" (*Enf.*, XII, 115 ss.).

La victime, c'est Henri, fils aîné de Richard de Cornouailles, que l'on appelait "l'Allemand," parce que son père lui avait transmis ses prétentions à la couronne impériale.    Il fut assassiné en 1271, un dimanche de Carême, dans une église, à Viterbe, où était réuni un conclave, dont plusieurs autres princes, et parmi eux Charles d'Anjou, surveillaient jalousement les opérations.    Le meurtrier, c'est Gui de Montfort, fils du célèbre Simon, tué à Evesham en 1265, personnage ambitieux et violent qui avait été en Toscane, sous le titre de "vicaire général," l'exécuteur aveugle des volontés de Charles d'Anjou; en frappant Henri, il prétendait venger la mort de son père, mais il ne pouvait ignorer que Charles verrait sans déplaisir disparaître un des prétendants à la couronne impériale, particulièrement réputé pour sa vaillance et son habileté.[2]

A en croire la rubrique, les deux princes auxquels le poète confie la vengeance d'Henri seraient Alfonse de Castille et Édouard Ier d'Angleterre.    Le choix du premier n'est pas absolument invraisemblable; Alfonse était beau-frère d'Édouard et par conséquent allié à Henri; mais celui-ci était aussi pour lui un rival, et il semble s'être complètement désintéressé de cette affaire; remarquons au reste qu'il n'est pas nommé dans la cobla et que le "Alduardo" du v. 5 paraît être identique au "roi" du v. 2.

Quant à Édouard, Henri n'était pas seulement son cousin germain, il avait combattu à ses côtés et l'avait constamment assisté dans sa lutte contre les barons révoltés.

Notre cobla, qui le qualifie de "roi," est donc postérieure à

---

[1] Cette identification est acceptée, comme les précédentes, par F. Torraca, *Studi sulla lirica italiana del Duecento*, Bologna, 1902, p. 340.

[2] Le récit le plus authentique de cet événement est celui de la Chronique anonyme de Normandie, qui fait suite à celle de Robert de Mont (*Hist. des Gaules*, XXIII, 221); il a été utilisé par Ch. Bémont, *Simon de Montfort, comte de Leicester*, Paris, 1884, p. 252 (cf. la récente traduction anglaise de cet ouvrage, Oxford, 1930, p. 264 ss.) et par Ch. V. Langlois, *Le règne de Philippe III le Hardi*, Paris, 1887, p. 52 ss.

son avènement au trône (16 nov. 1272), et elle répondait parfaitement aux desseins qu'il nourrissait alors.

Dès qu'il avait reçu, en Palestine, la nouvelle de la mort de son père Henri III, il s'était embarqué pour l'Europe; et dès qu'il avait abordé en Italie, il avait sommé le pape de punir le meurtrier. Grégoire X s'était hâté d'obtempérer et avait pris contre Gui les mesures en apparence les plus énergiques, dont il rendit compte à Édouard dans une lettre dont le ton même donne une idée de l'insistance avec laquelle la requête avait été présentée.[1]

Le châtiment, toutefois, ne fut pas aussi rigoureux qu'on eût pu l'espérer. Gui, qui était allé implorer son pardon, probablement en échange de certaines garanties, fut simplement condamné à être interné dans un château des domaines pontificaux et la garde de sa personne fut confiée à Charles d'Anjou, qui lui portait, en effet, le plus grand intérêt et ne devait pas tarder à utiliser de nouveau son dévouement.[2]

Le comte nommé au v. 11 est plus malaisé à identifier. J'incline à reconnaître en lui Aldobrandino Rosso, beau-père de Gui, qui, au témoignage de Villani, le recueillit après le crime et lui donna asile en un de ses châteaux. Nous connaissons trop mal son histoire pour pouvoir contrôler l'assertion du v. 12 : il se peut en effet que, pris de peur, il ait évacué quelques terres qu'il disputait à des communes voisines. Le souhait que lui adresse le poète nous montre celui-ci animé de ces sentiments gibelins qui étaient en effet habituels chez les trouvères que protégeaient les hauts barons, ennemis nés des Guelfes.

Cet attentat avait eu un grand retentissement, et la légende en avait encore aggravé l'horreur: on racontait que le coup avait été porté au moment même de l'élévation, que le meurtrier était rentré dans l'église pour traîner le cadavre par les cheveux;[3] la seconde au moins de ces imputations n'a pas été recueillie par notre poète.

Cet abominable crime avait été utilisé aussi à des fins politiques : exactement à l'époque où fut composée notre cobla, un troubadour

---

[1] Voy. Potthast, *Regesta*, t. II, p. 1665 ss. N° 20682 (1 mars 1273) : cite le meurtrier à comparaître; n° 20712 (1 avril) : il le bannit, lui et ses complices; 20767 (29 nov.) il rend compte à Édouard des mesures prises.

[2] Sur le rôle ultérieur de Gui, sa campagne en Romagne en 1283, sa participation à la prise d'Arezzo en 1286, etc., voy. Perrens, *Histoire de Florence*, t. II (1877), p. 296 ss; Ch. V. Langlois, *Le règne de Philippe III le Hardi*, p. 137.

[3] Ces bruits ont été recueillis par Villani (*Istorie fiorent.*, VII, 39) et divers commentateurs de Dante.

inconnu écrivant dans le sud-ouest de la France, Austorc de Segret, introduisait dans un réquisitoire passionné contre Charles d'Anjou une strophe où, après avoir adjuré Édouard de venger la mort de son cousin, il le mettait en garde contre l'ambition des Capétiens qui menaçaient de ne lui laisser sur le continent "ni cime ni racine" et il le pressait de prendre l'initiative des hostilités.[1]   Dans ce sirventés, Alfonse de Castille n'est pas nommé, ce qui prouve que les défenseurs de la cause anglaise ne comptaient pas beaucoup sur lui.

A. JEANROY.

PARIS.

---

[1] *No sai qui'm so, tan sui desconoissen*; éd. par C. Appel (*Provenz. Inedita*, p. 14, et par C. Fabre (avec commentaire historique) dans *Annales du Midi*, XXII, 467–81; XXIII, 56-69).   M. Fabre a, le premier, identifié le "Haenric" du texte avec Henri l'Allemand.   Sur les querelles entre Philippe III et Édouard au sujet de l'Agenais et du Quercy toulousain, dont ils se disputèrent la possession à partir de 1271, voy. Lavisse, *Hist. de France*, III, 2e partie, p. 107 et *Histoire de Languedoc*, IX, p. 8 ss.

# THE "AGUILANEUF" AND "TRIMAZO" BEGGING SONGS AND THEIR ORIGIN

It is always a matter of regret when old popular customs die out, for with them a link often disappears which connects the rapidly changing modern world with the past. If we are not mistaken, we are in danger of losing in no far distant future the "Aguilaneuf" and "Trimazô" Songs and the customs they record, which were once so widely spread in Western Europe. It seems, therefore, not inappropriate, while we still have living examples with us, to examine the Songs and the customs and to endeavour to trace their origin.

Little bands of boys or young men, so the Songs tell us, used to visit well-to-do people in their homes, sing songs invoking blessings on the inmates of the houses, and receive in return gifts in kind such as eggs, butter, bread, cheese, cakes and wine or even a few halfpence. We still have the serenades of waits about Christmas time, and although it is becoming more the practice to give small gifts of money in return for the Carols sung rather than gifts in kind, we can still remember giving the waits "cakes and ale," which was the earlier custom.

The songs of this kind that are most widely represented in modern Europe are the "Aguilaneuf" and "Trimazô" Songs, and it is these songs we would chiefly study here, explain the nature of each and point out the remarkable similarities they show with the most ancient begging songs (*chansons de quête*) known, the almost forgotten Greek New Year Songs, the Swallow Songs of two thousand years ago. In all these songs we find the same theme —a little party of singers who make their way round from house to house singing songs at each and asking for gifts in kind or money in return.

## I

In former times the practice was much more common than it is now and was not limited, as it is in the case of our "waits," to the days before Christmas. We can point to similar rounds and begging songs on a number of different dates in various parts of France—on Christmas day (*Noël*):

> Seignors, or entendez à nous,
> De loin sommes venus à vous
> Pour querre noël.[1]

> Dieus soit en cheste maison,
> Et biens et goie a fuison!
> Nos sire noveus
> Nous envoie a ses amis,
> Ch'est as amoureus
> Et as courtois bien apris,
> Pour avoir des pairesis
> A nohelison.
> Dieus soit en cheste maison
> Et biens et goie a fuison![2]

at Rouen and in the country roundabout:—

> Aguignette,
> Miette, miette,[3]

in Le Charolais in Burgundy:

> L'aguiloné
> Du bon pain frais,[4]

on the day after Christmas, the Feast of Saint Stephen, at Tréguier in Brittany:

> Couignowa! Couignowa![5]

at Lézardrieux:

> Couignanvé! Couignanva![6]

at Vannes:

> Couignaneu![7]

---

[1] Ampère, "Poésies populaires de la France," in *Bulletin du Comité de la langue, de l'histoire et des arts de la France*, t. I (1852-53), p. 230.

[2] G. Raynaud, *Recueil de Motets français des XIIe et XIIIe siècles*, 1883, t. II, p. 113 f. For other "Noëls" cf. *Les Noëls Bourguignons de Bernard de La Monnoie*, publiés avec une traduction par M. Fertiault, Paris. Also Oscar Havard in *Le Monde hebdomadaire*, 20 janvier 1883, p. 19, col. 3 and p. 20, col. 1, and J. Tiersot, *Histoire de la chanson populaire en France*, Paris, 1889, pp. 240 ff.

[3] Charles Le Goffic, *Fêtes et coutumes populaires*, Paris, 1911, p. 152.

[4] Ampère, *loc. cit.*, t. I, p. 234 f.

[5] G. Le Calvez, "Les gâteaux d'étrennes," in *Revue des Traditions populaires*, t. I (1886), p. 18.

[6] Le Calvez, *ibid.*

[7] Le Calvez, *ibid.*

in Cornwall:

> Couignanno! Couignanvo![1]

on the eve of the New Year and New Year's day in Poitou:

> L'aguilaneuf![2]

and in Alsace, Limousin, Poitou, Saintonge and the West generally:

> Au commencement de l'année,
> Donnez-nous la guillanneu,[3]

or

> Le guillaneu nous faut donner, gentil maître; le guillaneu donnez-le-nous,[4]

in Le Velay:

> Nousta bella estrenna
> Dei proumié de l'on,[5]

on Twelfth Night, Epiphany, the Festival of the three Kings (*la Fête des Rois*) at Saint-Pol-de-Léon (Finistère):

> Inguinané!   Inguinané![6]

at Épinal:

> L'auguillonnot![7]

and the following "chant de quête":

> Beyez me lè pâ do Ro           [Donnez-moi la part du Roi
> Et d'la Reine s'elle y o co!    Et de la Reine si elle y est aussi]
> Auguignolo!   Aucoignolo![8]

on the eve of Shrove Tuesday (*Mardi-Gras*) at Béru, a little village in Champagne,[9] and at Warloy-Baillon in the department of the Somme:

> Ouguinel; mig et mig!          [Donnez-moi de la flammique (galette
> Donnez-mé d'ol flamigue;            grossière)
> Qu'all' fut bis, qu'all' fut blanc,  Qu'elle soit bise ou qu'elle soit blanche
> Ch'est por un 'omme qu'est point  C'est pour un homme peu friand],[10]
> freyant.

---

[1] Le Calvez, *ibid.*

[2] *Journal de Guillaume et de Michel le Riche* (de 1534 à 1586), p.p. A. D. de la Fontenelle de Vaudoré, Saint-Maixent, 1846, p. 371 n. 1; L. Desaivre, *Les chants populaires des Rois ou de l'Épiphanie en Poitou au XIXᵉ siècle*, 1888, p. 15.

[3] Bujeaud, *Chants populaires de l'Ouest*, t. II, p. 149.

[4] Ch. Le Goffic, *op. cit.*, p. 33.

[5] V. Smith, "Chants de Quêtes", in *Romania*, t. II (1873), p. 59.

[6] Ch. Le Goffic, *op. cit.*, p. 44.

[7] L. Desaivre, *op. cit.*, p. 11; cf. *ibid.*, p. 15.

[8] J. F. Cerquand, in *Mélusine*, t. I (1878), p. 267.

[9] Champfleury et Weckerlin, *Chansons populaires des provinces de France*, 1860, p. 209.

[10] Henri Carnoy, "Usages du jour du Mardi-Gras", in *Mélusine*, t. I (1878), p. 125.

on the fourth Sunday of Lent, Laetare Sunday, called in Germany
also Sommersonntag:——

| | |
|---|---|
| Summer, Summer, Summer, | |
| Ich bin a kleener Pummer, | [I am a little fellow, |
| Ich bin a kleener Keenich, | I am a little king, |
| Gat mer nie ze weenich. | Give me not too little. |
| Lot mich nie zu lange stiehn, | Let me not wait too long, |
| Ich muss a Heisla weiter giehn, | I must go on to the next house][1], |

on Good Friday in Burgundy and the country round Metz[2]
and all through Easter week in some villages in the department of
Seine-et-Oise.[3]

But while there is this diversity of date in different localities,
the large body of the Songs are New Year Songs, and examples are
extant from all over France, some parts of Germany and Scotland.
Many songs address the Master and the Mistress of some important
house, give them greetings and ask them to open wide their doors
and bring forth gifts in kind and money. This is perhaps the
oldest type of the "Aguilaneuf" Songs, some of these traits being
very ancient, for we shall find them again when we come to the
Greek Eiresione Songs:

> Messieurs et mesdames
> De cette maison,
> De cette maison
> Ouvrez-nous la porte,
> Nous vous saluerons,
> Notre guillanneu
> Nous vous le demandons,[4]

A similar song is recorded in Gascony:

> Lous coumpagnons sount arrivés
> Sur la porto d'un chibaliè
>     Ou d'un baroun.
> La Guillounè
> Il faut donner
> Aux coumpagnons,
> La Guillounè
> Il faut donner
> Aux coumpagnons.[5]

---

[1] Still sung in Silesia.

[2] De Puymaigre, *Chants populaires du pays messin*, t. I, p. 261 n.

[3] L. Desaivre, *op. cit.*, p. 14 f.

[4] Bujeaud, *op. cit.*, t. II, p. 148; the same song is recorded by Ch. Le Goffic, *op. cit.*,
p. 33.

[5] Bladé, *Poésies populaires de la Gascogne*, t. II, p. 272.

Sometimes the request is for God's share—la part à Dieu—of good things—a transparent euphemism:

> La part à Dieu,
> On vous la demande,
> S'il vous plaît donnez-nous du pain
> Nous sommes sans feu et sans flambe,
> Nous tremblons de froid, nous mourons de faim,[1]

or as is still sung in Beauce and elsewhere:

> Honneur à la compagnie
> De cette maison,
> A l'entour de votre table
> Nous vous saluons.
> Nous sommes v'nus de pays étrange
> Dedans ces lieux,
> C'est pour vous faire la demande
> De la part à Dieu.[2]

Sometimes to help buy a candle for the shrine of the Virgin:

> De Candé nous sommes,
> Tous honnêtes gens,
> Faites vos offrandes,
> Aussi vos présents;
> Vous ne sauriez davantage
> Fair'voir que vous aimez Dieu,
> Qu'en lui rendant vos hommages,
> En donnant la Guilaneu.
> Je f'rons faire un cierge
> De tous vos présents,
> Devant la bonn' Vierge
> Des Agonisants,
> Si vous y venez,
> Vous voirez comme il flambe,
> Si vous y venez,
> Vous le voirez flamber.[3]

In many cases the singers express impatience to go further and ask, if they are not to receive anything, to be allowed to go on. This, as we shall see later, is also an archaic trait:

> Si vous n'avez rien à nous donner,
> N'nous faites pas attendre,
> Car nous avons ailleurs aller
> Pour ramasser nos rentes.[4]

---

[1] Bujeaud, *op. cit.*, t. II, p. 152.

[2] Ampère, *loc. cit.*, t. I, p. 230.

[3] Oscar Havard, *loc. cit.*, 13 janvier 1883, p. 11, col. 2.

[4] Bujeaud, *op. cit.*, t. II, p. 152; cf. V. Smith, "Chants de quêtes", in *Romania*, t. II (1873), p. 62.

On receiving some gifts they thank in warm terms the Master and Mistress of the house and give them their blessing:

> Or, adieu donc, maître et maîtresse,
> De tous vos dons,
> J'vous remercions,
> Je prierons la Vierge Marie,
> Qu'elle vous mett' sous sa protection.[1]

The nature of the gift is not always defined, but in different parts of the country certain generic terms comprised them all. Thus "Hoguignettes," "Haguignettes," "Aguignettes," "Haguignon" all mean New Year's presents:

> Donnez-moi mes hoguignettes
> Dans un panier que voicy.
> Je l'achetai samedy
> D'un bon homme de dehors;
> Mais il est encore à payer.
> Hoguinano.[2]

> Donnez-moi mes aguignettes
> En l'honneur de Jésus-Christ,
> Aguignola,[3]

and "Guillonettes," "Guillonées," "Guillonnu," "Guillanneu," "La Guillouné" mean the same:

> Donnez-nous la Guillonnu,
> Guillonnu et guillonnette,
> Un p'tit morceau de galette,
> Guillonnu et guillonneau,
> Un p'tit morceau de gâteau.[4]

In Scotland the term is "Hogmanay":

> Rise up, good wife, and shak' your feathers,
> Denna think that we are beggars,
> We are bairnies come to play,
> Rise up and gie's our hogmanay.

The following couplet is also sung:

> Gies me cakes and let me run,
> My feet are sore and I am far from home![5]

---

[1] Oscar Havard, *loc. cit.*, 13 janvier 1883, p. 11, col. 3.

[2] E. Cortet, *Essai sur les Fêtes religieuses et les traditions populaires qui s'y rattachent*, 1867, p. 18; cf. *Le Monde hebdomadaire*, le 13 janvier 1883, p. 10; Ch. Le Goffic, *op. cit.*, p. 151.

[3] Julien Tiersot, *op. cit.*, p. 190.

[4] Bujeaud, *op. cit.*, t. II, p. 152; cf. *ibid.*, p. 148 f.; also L. Desaivre, *Les Aguilaneufs et les chants de quête de la Grèce*, 1905, p. 5; Ch. Le Goffic, *op. cit.*, p. 33 f.; Bladé, *op. cit.*, t. II, p. 272; Ampère, *loc. cit.*, t. I, p. 234.

[5] I owe these songs to the kindness of my friend the Rev. A. Macdonald of Dunino.

Like this last couplet, many of our "Aguilaneuf" Songs make it clear that cakes were the gifts the singers chiefly expected. In Brittany it was the custom to give to the children cakes or loaves of rye and wheat which contained some delicacy made of apples, honey and sugar, and these cakes were especially baked for the occasion. In Breton they were called "couign," a word which Le Calvez took to be the Breton form of "coin," corner, and explained that the cakes were so called because they were baked in the corner of the oven—"pains cuits dans les coins des fours."[1] This derivation, however, like others of the same kind, will not bear inspection, as we shall endeavour to show. The names given to these cakes are legion and they vary from province to province and from country to country. In the Somme, as we have seen, the name for the cakes was "flamigue,[2] "aguignette" at Rouen, "guillonnu" in the West, in Alsace "bierenwecken,"[3] and in Silesia "mehlweisschen." Charles Le Goffic has recorded many others:—"apognes" at Nevers, "cochenilles" at Chartres, "bourrettes" at Valognes, "cornabœux" in Berry, "cogneux" in Lorraine, "aguilans" at Vierzon, "quénioles" in Flanders, and others.[4] What we have said indicates clearly enough the nature of these songs and shows at the same time how widely spread they were in many countries of Western Europe from at least the xvith century on, for the term "Aguilaneuf" is mentioned by Rabelais,[5] Noël du Fail and other writers of the xvith century. What is not so clear is how the custom underlying these begging songs originated, and what could be the derivation of the term "Aguilaneuf" itself.

It has been thought by some scholars that our songs are survivals of Druid days and that the name "Aguilaneuf" means "au gui l'an neuf" and originally had some connection with the Druid ceremony of the cutting of the mistletoe.[6] In the same way H. Carnoy explains the form "ouguinel," quoted above, as meaning "au gui neuf."[7] Julien Tiersot, in his excellent *Histoire de la Chanson populaire en France*, abandons this derivation, but nevertheless claims that the name "Aguilaneuf" clearly bears the impress of its Celtic origin:—"*Aguilaneuf*, mot qui porte en

---

[1] G. Le Calvez, *loc. cit.*, t. I (1886), p. 18.

[2] *Mélusine*, t. I (1878), p. 125.

[3] Weckerlin, *Chants et chansons populaires du printemps et de l'été*, p. 9, n. 3.

[4] *Op. cit.*, p. 151 f.          [5] *Pantagruel*, ch. XI.

[6] See Ampère, *loc. cit.*, t. I, p. 234.          [7] *Op. cit.*, t. I, p. 125.

lui-même la marque de son origine celtique" (p. 188). In our opinion there is nothing Celtic either in the Songs themselves or in their name, and this we shall endeavour to prove in the pages that follow. H. Schuchardt compared the form "aguilaneuf" with the Spanish forms of the same word, "aguinaldo," "aguilando," and suggested that the French form might perhaps have been borrowed from the Spanish. For the metathesis of the consonants *l* and *n* he compared *guirnalda = guirlanda*. Both the French and the Spanish forms he thought might be derived from the Latin "calendae" and he instanced the form "chalendes"—the first day of the month[1]—a derivation which W. Meyer-Lübke pronounced quite impossible.[2] We agree with Meyer-Lübke in this and we think the same of Koerting's suggestion that these forms go back to a Basque word "aguindu."[3] Meyer-Lübke, however, like Diez before him, leaves the word unexplained, and so do Godefroy and Huguet, while Littré makes no mention of it. Others have attempted to explain other forms of the word, such as "Couignowa," "Couignoa," and have derived them from "couign"—angle, coin[4]— but this explanation, as we have said above, is as little convincing as the ones already mentioned, and leaves at the same time the other forms unexplained.

In the course of our researches we have taken note of many of the different forms of the word, and we mention the following as the most typical forms:—Hoc in anno;[5] Hoquinano, Hoguinano;[6] Inguinane;[7] Couignanno, Couignaneu, Couignanvo, Couignowa;[8] Guinnanée (*Annales de Bretagne*); Guy-na-né (J. Grimm, *Deutsche Mythologie*, 1878[4], Vol. III, p. 227); Aguignola (J. Tiersot, *op. cit.*, p. 190); Auguignolo (Mélusine, t. I (1878), p. 267); Guillanneu, Aguillanneu, according as the "*a*" of the definite article is considered part of the word or not (Bujeaud, *op. cit.*, t. II, p. 149; Ch. Le Goffic, *op. cit.*, p. 33; J. Grimm, *op. cit.*, Vol. III, p. 227); Guilané, Aguiloné (*Jahrbuch*, Bd. XIII, p. 231; *Bulletin du Comité de la Langue*, t. I, p. 235); Guillonnu, Aguillonnu (L. Desaivre, *Les Aguilaneufs et les chants de quête de la Grèce*, p. 5).

---

[1] *Romania*, t. IV (1875), p. 253.
[2] *Romanisches etymologisches Wörterbuch*, 1924[2], s.v. calendae.
[3] *Lateinisch-Romanisches Wörterbuch*, 1907, no. 376.
[4] G. Le Calvez in *Revue des Traditions populaires*, t. I (1886), p. 18.
[5] L. Desaivre, *Les Chants populaires des Rois*, p. 10.
[6] E. Cortet, *op. cit.*, p. 18,         [7] Ch. Le Goffic, *op. cit.*, p. 44.
[8] *Revue des Traditions populaires*, t. I (1886), p. 18 f.

Aguilaneu, Aguillanneuf (*Le Monde hebdomadaire*, 1883, p. 11, col. 2; Bujeaud, *op. cit.*, t. II, p. 153).

Now, it seems to us that, since all these forms denote the same thing, namely the festival of the New Year—*La Fête du nouvel an*—and the collection it was customary to make on this occasion,[1] any explanation of the one set of forms ought at the same time to explain the others.   In our opinion all these forms go back to the Latin "Hoc in anno," in the New Year, which was pronounced "Hoqui-nano" [ɔkinano] and very soon "Hoguinano" [ɔginano].   The Breton and Cornish "Guinnanée" [ginane] or "Couignanno" [kwinano], "Couignaneu" [kwinanø] are derived from the same "Hoquinano" or "Hoguinano" with aphœresis of the first syllable.   This is not a phenomenon without a parallel in popular speech, "tout à l'heure," for instance, is often pronounced "talœːr." With regard to the spelling -*ign* in some of these forms which at first sight looks like a palatal *ń* (*n mouillée*), it is really an oral *n* that we have in these words.   From the xIIIth century or early xIVth century on confusion in spelling between oral *n* and *n mouillée* was comparatively common.   We have come across forms like *roygne* for *roine*<regina, *pugnis* for *punis*, *ygnellement* for *isnelment*, and vice versa *lynnage* for *lignage*, *dinité* for *dignité*, *oinnement*, *uinnement* for *oignement*, *mesgnie*, *maignie*, alongside of *mesnie*< *mansionata, not to mention rhymes like *fontaigne* : *graine*, *certainne* : *refraigne*, *lontaigne* : *vainne*, *digne* : *beguine*.   Another Breton form "Inguinané" [ïginane] is also the same word with the first syllable preserved, but assimilated to the second.   The form "Haguignon" [aginɔn] is from the same source too, but with the last syllable dropped and the same incorrect spelling with *gn* for *n*. In the other cases we have obvious instances of the dissimilation[2] of *n* : the first of two *n*s in successive syllables being changed to *l* in "Aguilaneu" [agilanø], "Aguiloné" [agilɔne] and wrongly spelled with *ll* (*l mouillée*) in "Auguillonnot" [ɔgilɔno], "Aguil-lanneu" [agilanø] "Aguillanneuf" [agilanø];[3] the second of two *n*s in "Ouguinel" [uginɛl] and wrongly spelled with *gn* in "Auguignolo" [ɔginɔlo], "Aguignola" [aginɔla].   "Guillanneu"

---

[1] See Huguet, *Dictionnaire de la langue française du seizième siècle*, 1925, s.v. aguillanneuf.

[2] Dissimilation of *l* and *n* is well known, *e.g.* orphaninum > *orfelin*, Bononia > *Boulogne*, gonfanon and gonfalon.

[3] That the final *f* was never pronounced is clear from a poem recorded by Bujeaud, *op. cit.*, t. II, p. 153, in which "Aguillenneuf" rhymes with *feu*, *adveu*, *jeu*, none of which at any stage in their history ever had a final *f*.

[gilanø], "Guilané" [gilane], "Guillonnu" [gilɔny] have clearly the same derivation as "Aguilaneu," but with aphœresis of the initial syllable. In order to prove this, it is only necessary to put back *n* in the place of *l* or *ll* in all these forms and the older form "Hoguinano" becomes immediately apparent. Even the Scotch term "Hogmanay" seems to be the same "Hoguinano," but with syncope of the second syllable. Strange as it may seem, then, all these different forms have one common source—"Hoc in anno"—a fact which is not so improbable as it appears at first sight if one thinks of the changes in form that a word—and that a word belonging to a foreign tongue—constantly repeated in popular speech in different dialects would naturally undergo. In order to make the affinity of the various forms as well as their evolution visible at a glance, we add here a diagram in phonetic script:

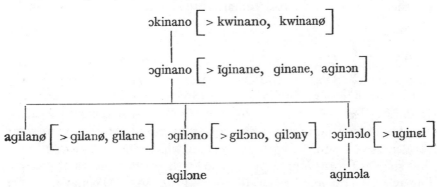

From what we have said, it is sufficiently clear that the "Aguilaneuf" Songs were from very early times New Year Songs, sung on the first day of the New Year or on New Year's eve. In the Middle Ages, however, it should be remembered that the year began at different dates in different regions. According to Gervais of Canterbury who wrote in the xIIIth century, some began the year with Christmas (December 25th), some with the Circumcision (January 1st), others with the Festival of the Annunciation (March 25th) or even Good Friday (Passion of Christ):—"Quidam enim annos incipiunt computare ab Annuntiatione, alii a Nativitate quidam a Circumcisione, quidam vero a Passione, '[1] and Nilsson in his study on the Christmas Festival corroborates this:—

---

[1] Quoted by É. Mâle, *L'art religieux du XIIIe siècle en France*, 1910³, p. 88. Cf. for remarks about the beginning of the year, L. Desaivre, *Les chants populaires des Rois ou de l'Épiphanie*, pp. 10 f., 14; J. B. Weckerlin, *op. cit.*, p. 3; *Le Journal de Guillaume et de Michel le Riche*, p. 92, n. 2; J. Tiersot, *op. cit.*, p. 188.

"Man zählt z. T. nebeneinander *anni a nativitate* (25. Dezember), *a Kal. Martiis, a creatione* (Frühlings-Tag-und-Nachtgleiche, 25. März), *a passione* und sogar Osterjahre."[1]   Later on the practice prevailed of beginning the year on January 1st,[2] but this practice was not regularized in France until the edict of Charles IX in 1565. Now this fluctuation in the beginning of the year explains why our "Aguilaneuf" Songs were sung, as we have already mentioned, on such different dates as Christmas, New Year's Day, Epiphany, Good Friday and Easter.   In olden times on each of these days they were quite rightly New Year Songs.

The customs and songs with which we have been dealing are, however, not limited to the dates we have mentioned.   We find almost identical begging songs sung on the 1st of May.   It is true that then they appear under another name—"Trimazô" Songs, but the fact is none the less remarkable and calls for explanation.

## II

The great difference between the "Trimazô" Songs and the "Aguilaneuf" Songs is the fact that the "Trimazô" Songs form part of the May-day festivities, for in other respects they are very similar.[3]   The term "Trimazô" denoted not only the songs themselves but also the singers—the young men and maidens who went from house to house singing songs in which they ask for gifts in kind such as bread, flour, eggs and so forth, or little pieces of money. The word has a number of forms: "Trimazô," "Trimâza," "Tri mâ ça," "Trimouset;" but the origin of the name is unknown, and we are at a loss to explain it.   In Lorraine "Trimazos" denoted three young girls dressed in white and adorned with ribands and flowers,[4] as if the word had something to do with "three."   On

---

[1] M. P. Nilsson, "Studien zur Vorgeschichte des Weihnachtsfestes," in *Archiv für Religionswissenschaft*, Bd. XIX, p. 101.   Compare also R. Chambers, *The Book of Days, a miscellany of Popular Antiquities in connection with the Calendar*, vol. I, p. 4, col. 2.

[2] See É. Mâle, *op. cit.*, p. 89.

[3] For details about the "Trimazô" Songs in the various countries and provinces, see De Puymaigre, *Chants recueillis dans le pays messin*, 1881², t. I, p. 247 ff.; J. Tiersot, *op. cit.*, p. 191 ff.; Philibert Leduc, *Chansons et lettres patoises*, 1881, p. 79 ff.; Ch. Le Goffic, *op. cit.*, p. 75 f.; J. B. Weckerlin, *Chants et chansons populaires du Printemps et de l'Été*, 1869, p. 25 ff.; Champfleury et Weckerlin, *Chansons populaires des provinces de France*, p. 209 f.; Cortet, *op. cit.*, p. 160 ff.; *Revue des Traditions populaires*, t. III (1888), p. 250 f.; Alfred Jeanroy, *Les origines de la poésie lyrique en France au moyen âge*, 1925³, p. 88, n. 1.

[4] See Ch. Le Goffic, *op. cit.*, p. 75 f.

the other hand "tremois," which seems to be related to the names we have mentioned, means the young corn which takes three months to come up.[1]   Again we have the connection with "three," and it may perhaps be that the word means "the third month," May being for the Romans formerly the third month of the year.   Be that as it may, our "Trimazô" Songs were sung on the first day of May or in the night preceding, as we learn from the following lines:

> Chantons gué!
> Joli mois de mai,
> Battons la roseïe!
> Filles, femmes, qui dormez
> Nous prions d'vous réveiller.
> Apportez quelques présents
> Aux garçons qui vont chantant.[2]

Here follows a strophe from a Lorraine song in which the "Trimazôs" ask for eggs or money:—

> " Lo tri mâ ça "
> C'est le mai, le joli mai,
> C'est le mai, le "tri mâ ça."
> Bonne dame de céans
> Faites du bien pour Dieu le Grand,
> Et des œufs de vos gelines,
> De l'argent de votre bourse,
> C'est le mai, le joli mai,
> Le joli "tri mâ ça."[3]

The same custom existed in the Vosges, especially at Bouzemont, and there it was the practice to attach a freshly budding branch to the door of the house by way of gratitude for the gifts received. The strophes that follow are a transliteration of the *patois* song sung in this district:

> Quand le mai vient à la ville
> Oh! le mai, le mai, le joli mai!
> Il y vient pain et farine;
> O Trémoussement! le joli mois de mai!
>
> Je reviens de voir les blés,
> Oh! le mai, le mai, le joli mai!
> Dieu les bénisse! ils sont beaux;
> O Trémoussement! le joli mois de mai!

[1] See J. B. Weckerlin, *op. cit.*, p. 26.
[2] *Le Temps*, 8 mai 1914, p. 3.
[3] J. B. Weckerlin, *op. cit.*, p. 25.

Pour les pauvres et pour les riches
Oh! le mai, le mai, le joli mai!
Donnez à la Vierge qui n'est point riche,
O Trémoussement! le joli mois de mai!

Une plaquette de votre bourse,
Oh! le mai, le mai, le joli mai!
Un œuf de votre poulette;
O Trémoussement, le joli mois de mai!

Un jambon de votre cochon,
Oh! le mai, le mai, le joli mai!
Une pinte de votre caveau:
O Trémoussement, le joli mois de mai![1]

In the province of Roussillon the Trimazôs, on arriving in front of a mansion, make a point of giving a friendly greeting to the Master and Mistress and all the inmates of the house, a trait we have already met with in the "Aguilaneuf" Songs:

En entrant dans cette cour
    Par amour
Nous saluons le Seigneur
    Par honneur,
Et sa noble demoiselle,
Les petits enfants et tous
    Par amour,
Les valets et chambrières.

Madame de céans,
Vous qui avez des filles,
Faites-les se lever,
Promptement qu'ell' s'habillent,
Nous leur pass'rons un anneau d'or au doigt,
A l'arrivée du "mez" de "moi". . .

Entre vous, jeunes filles,
Qu'avez de la volaille,
Mettez la main au nid,
N'apportez pas la paille;
Apportez-en dix-huit ou bien vingt,
Et n'apportez pas les couvains.

Si vous avez de nous donner,
Ne nous fait's pas attendre,
J'ons du chemin à faire,
Le point du jour avance.
Donnez-nous vat des œufs ou de l'argent,
Et renvoyez-nous promptement. . . .[2]

[1] E. Cortet, *op. cit.*, p. 167 f.    [2] Ampère, *loc. cit.*, t. I, p. 231 f.

With the exception of the first strophe the same song to all intents and purposes was sung in Poitou, although there the singers, if they receive no gifts in kind, sing the following strophe:—

> Si n'voulez rien donner,
> Donnez-nous la servante;
> Le porteur de panier
> Est tout prêt à la prendre;
> Il n'en a point, il en voudrait pourtant
> A l'arrivé' du doux printemps.[1]

On receiving their gifts, the "Trimazôs" add a few words of thanks:

> Madame, en vous remerciant
> De votre agréable présent,
> Que Dieu, par sa bonté,
> Donne la santé
> A toute la maison:
> Adieu vous dis, à une autre saison.[2]

But if they are sent away empty-handed, they wish the Mistress of the house as many children as there are stones in the field:

> J'vous souhaitons autant d'enfants
> Qu'y a de pierrettes dans les champs.[3]

In some of our songs, especially those from the department of Jura, the collection is made for the May Queen or May Lady, or as she is sometimes called the "Bride," "La Mariée," "L' Épousée," or simply "la reine" or "trimousette." Dressed in her best apparel, adorned with ribands and pretty things, a crown of flowers upon her head, and accompanied by an attendant troup of young men and maidens, the "Bride" or May Queen was often escorted from house to house and at each house the whole company would sing:

> Étrennez notre Épousée!
> Voici le mois,
> Le joli mois de Mai.
> Étrennez notre Épousée
> En bonne étrenne!
> Voici le mois,
> Le joli mois de Mai
> Qu'on vous amène.[4]

---

[1] Champfleury et Weckerlin, *Chansons populaires des provinces de France*, 1860, p. 111; cf. a similar song in Guillon, *Chansons populaires de l'Ain*, 1883, p. 571 f.

[2] *Romania*, t. II (1873), p. 62; cf. J. Tiersot, *op. cit.*, p. 193.

[3] J. Tiersot, *ibid*. Cf. Ph. Leduc, *op. cit.*, p. 85.

[4] E. Cortet, *op. cit.*, p. 161. See also De Puymaigre, *op. cit.*, t. I, p. 247; J. Tiersot, *op. cit.*, p. 191; R. Chambers, *Book of Days*, I, p. 572, col. 2; Murray, *New English Dictionary*, 1908, art. May-Lady.

The same custom existed in Champagne and Lorraine (J. Tiersot, *op. cit.*, p. 191); in Le Velay (*Romania*, t. II (1873), p. 60 ff.); at Bourg en Bresse (Ph. Leduc, *op. cit.*, p. 79; J. B. Weckerlin, *op. cit.*, p. 18); at Nîmes (E. Cortet, *op. cit.*, p. 160; De Puymaigre, *op. cit.*, t. I, p. 248); and also in Italy, where the collection is made for "La Sposa" or "La Contessa,"[1] Spain and Portugal (*Romania*, t. VII, p. 243, t. XIII, p. 462). There was also sometimes a King of May (*Roi de May*)[2] but his rôle was never important.

Other "Trimazô" Songs celebrate the Virgin Mary and then the collection is made in order to provide money to buy candles for her altar:

> Trimouzette! belle femme de céans,
> Nous revenons d'avas les champs;
> Nous 'ons trouvé les blés si grands,
> La blanche épine en florissant,
> Son fils Jésus, belle femme de céans.
>
> Si nous venons devant votre porte,
> C'est pas pour boire ni pour manger,
> C'est pour aider à avoir un cierge,
> Pour y lumer la Sainte Vierge,
> Son fils Jésus, belle femme de céans.
>
> Un petit grain de votre farine,
> Ne nous faites pas tant demander;
> Notre Dame est bonne assez
> Pour vous bien récompenser,
> Son fils Jésus, belle femme de céans.[3]

This practice exists in Champagne,[4] in Lorraine,[5] and the country round Metz. Here follows a song on behalf of Our Lady of Vernéville:

> Nous venons d'un cœur embrasé,
> Madame (ou Monsieur), c'est pour demander
> Ce qu'il vous plaira de nous donner
> Pour Notre-Dame de Vernéville,
> > Dame de céans,
> > C'est le mai, mois de mai,
> > C'est le joli mois de mai.

---

[1] See the poem quoted by d'Ancona, *Origini del teatro italiano*, II, p. 254 and cf. *ibid.*, p. 246, n. 4.

[2] *Revue des Traditions populaires*, t. III (1888), p. 250 f.

[3] J. B. Weckerlin, *op. cit.*, p. 26 f.

[4] Champfleury et Weckerlin, *op. cit.*, p. 209 f.; J. Tiersot, *op. cit.*, p. 192.

[5] J. B. Weckerlin, *op. cit.*, p. 27; Ch. Le Goffic, *op. cit.*, p. 75 f.

> Nous avons passé parmi les champs,
> Nous avons trouvé les blés si grands,
> Les avoines sont en levant,
> Les aubépines en fleurissant,
> > Dame de céans, etc.

> Si vous nous faites quelque présent,
> Vous en recevrez doublement,
> Vous en aurez pendant le temps,
> Vous en aurez au firmament.
> > Dame de céans, etc.

After having received their gifts, the singers before departing bless the Mistress of the house and wish her a long and happy life:

> En vous remerciant, Madame,
> De vos bienfaits et de vos dons;
> Vivez contente, vivez longtemps,
> Vivez toujours joyeusement.
> > Dame de céans,
> > C'est le mai, mois de mai,
> > C'est le joli mois de mai.[1]

Very much the same song was sung on behalf of Our Lady of Malavillers.[2]

These May-day Songs and customs were not limited to France and Italy, for others very similar to them are to be found as far away as Greece. Sir J. G. Frazer in recent times has described the May-day rites in Greece and the customs and songs that accompany them. Thus in Corfu, he tells us, "children go about singing May songs on the first of May. The boys carry small cypresses, decorated with ribbons, flowers, and the fruits of the season. They receive a glass of wine at each house. The girls go about carrying bouquets of flowers"[3]; and he records a song which he heard sung there. We quote a few lines of the translation:

> Lo, May has come—May has come—May has come and the month.
> May with the roses and April with the roses.
> April—April fresh and fair, May my darling,
> All over the world thou givest abundance of flowers and blossoms. . . .
> And may the master of the house live many years.
> May he live a hundred years and pass them,
> And may he scatter sweetmeats for the pleasure of his children,
> Not only sweetmeats but also (hazel) nuts,

---

[1] De Puymaigre, *op. cit.*, t. I, p. 250.
[2] De Puymaigre, *ibid.*, p. 254; cf. also p. 252.
[3] *Folklore*, vol. I, 1890, p. 518.

Open your pearly box
And put your hand, as you have learnt,
If you have pennies give us them, and if you have farthings,
And if you have sweet wine, bring it forth and pour it out for us.
We have said much to milord, let us say something to milady also.
Golden lady, silver lady—lady (all) golden, . . .
Milady, your little ones, may God bless them, . . .
And may we who have sung here now sing also next year.[1]

In this poem which, like the others we have quoted, announces the return of spring and the rebirth of Nature, there is no mention of the Virgin Mary or the May Queen, and indeed in olden times, as Bérenger tells us, the custom was to ask for gifts not for the May Queen but for the swallow, and he alludes to the swallow songs which are still sung in the island of Rhodes: "Les Grecs anciens et même les modernes au rapport de M. Guis, célèbrent la fête du printemps avec une joie qui annonce le retour des zéphirs et des roses.  A Rhodes les enfants exigeoient, à cette occasion, un tribut; ils avoient un jeu et une chanson qu'ils conservent encore. De là... est sans doute venu l'usage où sont nos enfants, le 1er mai, de demander un tribut, non *pour l'hirondelle*, comme anciennement c'étoit le mot, mais pour la jeune fille qui est assise à la porte de la maison parée de sa plus belle robe et des fleurs du printemps."[2] Charles Fauriel some forty years later in the introduction to his *Chants populaires de la Grèce moderne* alluded to the same swallow songs of the Rhodians and mentioned that their name was χελιδόνισμα, that they were sung each year on the return of spring, and that a collection was made on these occasions which was destined to defray the expenses of the shrine of some divinity: "Cette chanson s'appelait *Chélidonisma*, comme qui dirait *la chanson de l'Hirondelle*...  Elle était chantée par des troupes de quêteurs, pour lesquels c'était une manière convenue et consacrée de mendier de petites sommes d'argent primitivement destinées aux frais du culte de quelque divinité."[3]  Ampère also called attention to the *Chant de l'hirondelle*.[4]

The Swallow Songs, like our "Trimazô" Songs, celebrate the rebirth of Nature and the return of spring and were fittingly addressed to the swallow, for from time immemorial the swallow was the harbinger of spring.  Already for Hesiod the swallow was a sign of returning spring, and the proverb "One swallow does

[1] *Ibid.*, p. 519.
[2] Bérenger, *Les soirées provençales ou lettres sur la Provence*, Paris, 1786, t. I, p. 159.
[3] T. I (1824), p. civ.            [4] *Loc. cit.*, t. I, p. 231.

not make a summer" is almost as old as Homer. It may be worth while, therefore, to examine these survivals of ancient pre-Christian customs, and see if we have not possibly in them the far-off origin of our "Aguilaneuf" and "Trimazô" Songs.

## III

Only two or three Swallow Songs have come down to us. The two best known are the songs preserved by Athenaeus in his *Deipnosophists*.[1] Of these one is a poem by Phoinix of Colophon which is not the popular song that was actually sung from door to door but rather a learned composition based on it. The details preserved in the poem, however, are none the less precious. Athenaeus tells us that the singers of this song were called "κορωνισταὶ," because they made a collection for the "κορώνη," the daughter of Apollo. The poem opens with the request for gifts for the crow:

"Come, worthy people, give a handful of barley for the "crow," the daughter of Apollo, or a pot of wheat, or bread or little coins or what you will. Give, good people, to the crow some of the things each of you have; she will take even a lump of salt, for she greatly loves to feast on these things. He who now gives salt will give a honeycomb another time. Come, boy, set the door open!"

The other poem preserved by Athenaeus bears the stamp of a popular song, and was sung at the return of spring on March 1st or at the spring equinox. March 1st is still kept in many parts of Greece and Macedonia,[2] and the custom there is for boys to carry a painted wooden swallow with them on a pole in their rounds from house to house, announce the return of spring and sing a little song in which they ask for cakes and wine, cheese and wheaten loaves in the name of the swallow. This song which Athenaeus cites from the antiquarian Theognis, has been felicitously turned into English verse by M^me Martinengo-Cesaresco:

> The swallow comes! She comes, she brings
> Glad days and hours upon her wings.
> See on her back
> Her plumes are black,
> But all below
> As white as snow.

[1] See *Anthologia lyrica graeca*, ed. E. Diehl, Leipzig, 1925, I, p. 292, and II, p. 201 f.

[2] C. Fauriel, *op. cit.*, t. I, p. civ f.; W. W. Hyde, *Greek Religion and its survivals*, p. 112 f.; L. Sergeant, *New Greece*, p. 70.

> Then from your well-stored house with haste,
> Bring sweet cakes of dainty taste,
> Bring a flagon full of wine,
> Wheaten meal bring, white and fine;
> And a platter load with cheese,
> Eggs and porridge add—for these
> Will the swallow not decline.
> Now shall we go, or gifts receive!
> Give, or ne'er your house we leave,
> Till we the door or lintel break,
> Or your little wife we take;
> She so light, small toil will make.
> But whate'er ye bring us forth,
> Let the gift be one of worth.
> Ope, ope your door, to greet the swallow then,
> For we are only boys, not bearded men.[1]

Another poem, said to be the oldest of all, preserved in the so-called Herodotean life of Homer,[2] bears the title of "Eiresione," and was sung in Samos on the return of spring by troops of boys who went to the houses of the rich announcing peace and plenty, and expecting in return some small gifts. As long ago as 1877 Wilhelm Mannhardt pointed out that the poem is not one single whole, but composed of separate songs which are of different date and different metre.[3] The text is in many places corrupt, but the opening lines are approximately as follows:

We approach the halls of a very powerful man who has great influence and is blessed with conspicuous prosperity. Open wide of yourselves, ye doors, for Ploutos heavily-laden is coming in and with him thriving Mirth and kindly Peace; may all the jars be full and may the dough ever flow over from the kneading trough and now [bake?] the fair-looking cake of barley and sesame. . . .

Because the song is called an "Eiresione" song and the name of Apollo mentioned in it, Mannhardt concluded that it was sung at the festival of the "Thargelia,"[4] which corresponds approximately to the middle of May, and others have followed him in this.[5]

---

[1] Martinengo-Cesaresco, *Essays in the study of Folk-Songs*, p. 196 f. Cf. also Sainte-Beuve's translation in French in his *Tableau historique et critique de la poésie française et du théâtre français au XVI⁰ siècle*, Paris, 1843², p. 472, n. 2.

[2] See *Anthologia lyrica graeca*, t. II, p. 192 f.

[3] *Wald- und Feldkulte*, Berlin, 1877, vol. II, p. 243 ff.     [4] *Op. cit.*, p. 247.

[5] See A. B. Cook, *Zeus. A study in ancient religion*, Cambridge, 1914, vol. I, p. 339 and U. Pestalozza, "Le Tharghelie ateniesi," in *Studi e materiali di storia delle religioni*, t. VI, 1930, p. 242. I owe the latter reference as well as some hints about the Greek songs to the kindness of my learned friend and colleague, Prof. H. J. Rose.

The Eiresione, however, the laurel or olive branch decked with wool, which it was customary to hang with wine or oil, figs and cakes and carry in solemn procession before planting it in front of the sanctuary of Apollo, is not mentioned in the poem.[1]   It seems to us that our "Eiresione" Song is rather a spring song announcing the coming of peace and plenty in the new year, which was sung perhaps at the spring festival of Apollo round about the spring equinox[2] and that it was only later connected with the Greek Thargelia.   Be that as it may, however, we have a remarkable parallel to it in a song we have not mentioned yet, a May Song sung before the first of May at Swinton in South Lancashire some eighty years ago:

> All in this pleasant evening, together comers [come are?] we,
>> For the Summer springs so fresh, green, and gay;
> We'll tell you of a blossom and buds on every tree,
>> Drawing near to the merry month of May.
>
> Rise up, the master of this house, put on your chain of gold,
>> For the Summer springs so fresh, green, and gay;
> We hope you're not offended, [with] your house we make so bold,
>> Drawing near to the merry month of May.
>
> Rise up, the mistress of this house, with gold along your breast,
>> For the Summer springs so fresh, green, and gay;
> And if your body be asleep, we hope your soul's at rest,
>> Drawing near to the merry month of May.
>
> Rise up, the children of this house, all in your rich attire,
>> For the Summer springs so fresh, green, and gay;
> For every hair upon your head[s] shines like the silver wire,
>> Drawing near to the merry month of May.
>
> God bless this house and harbour, your riches and your store,
>> For the Summer springs so fresh, green, and gay;
> We hope the Lord will prosper you, both now and evermore,
>> Drawing near to the merry month of May.
>
> So now we're going to leave you, in peace and plenty here,
>> For the Summer springs so fresh, green and gay;
> We shall not sing you May again until another year,
>> For to draw you these cold winters away.[3]

[1] For details about the Eiresione, see Mannhardt, *op. cit.*, p. 214 ff.; J. Harrison, *Prolegomena to the study of Greek religion*, p. 79 ff.; Pestalozza, *loc. cit.*, p. 234 ff.

[2] See A. Mommsen, *Feste der Stadt Athen*, 1898, p. 451, n. 4.

[3] Chambers, *Book of Days*, vol. I, p. 547.

There are many archaic traits in this poem, and we have here also the visit to people of substance and wealth of a band of singers who pronounce a blessing on the house and announce the coming of peace and plenty.   It is true the pagan abstraction Ploutos, the Giver of Wealth, has been christianised, but that is only what we should expect to happen in the course of centuries.

The last part of our "Eiresione" Song is still more clearly a spring song, sung at the time when the swallow returns to these climes.   Although without the usual mention of the gifts expected, it is very similar to our other swallow songs and is obviously one of them.   The lines are as follows:

I come back, let me tell you, year by year like the swallow.   I stand barefooted on your threshold.   Come quickly, I beseech you, O mistress of the house, give something in the name of Apollo; if you give something, good; if not, we shall not tarry; for we are not come hither to lodge with you.

Now, despite their great age, these ancient Greek Songs have many striking points of resemblance with our "Aguilaneuf" and "Trimazô" Songs, which have doubtless not escaped the notice of the reader—the appeal to open the doors—the address to the Master and Mistress of the house—the request for gifts in kind or money—the fact that the singers have come from afar and cannot stay—and other traits.   Even if in our latter-day songs the swallow is no longer mentioned and its place is taken by the Virgin Mary or the May Queen, there is a resemblance, "un air de famille," in all these songs that it is impossible to mistake. Almost every link in the chain of evolution is complete, and it spans in all more than two thousand years.

But while the resemblances are many and obvious, the differences, due partly to the great age of the songs and partly to the country that gave them birth, call for some explanation, if indeed we have before us the unbroken development right through the ages of one and the same "genre," as would seem to be the case.   How did it come about that at one period the collection was made for the swallow, at another for the Virgin Mary, or the May Queen?   And if the "Aguilaneuf" and "Trimazô" Songs are the continuation of the "Swallow" Songs, how has it come about that the "Aguilaneuf" Songs are chiefly sung on New Year's Day, while the "Trimazô" Songs, like the "Swallow" Songs nowadays, are sung in May?   We do not flatter ourselves that we can solve these difficult problems, but we should like to make some suggestions which may perhaps contribute towards a solution.

## IV

That the collection originally made for the Swallow at the beginning of the New Year should at a later date have been made for the Virgin Mary is not surprising, if one remembers that in olden times in France the New Year began, as we have already mentioned, on March 25th, the festival of the Annunciation of the Virgin Mary. It was perhaps in this way that the old pagan custom was christianised. That the collection in the "Trimazô" Songs should often be made for the Virgin Mary instead of the May Queen is not surprising either, because all through the later Middle Ages and right on to modern times the Virgin Mary was in our opinion the May Queen. Is not May almost everywhere the month of the Virgin, and were not the dolls, which in some places on May-day were carried round in the train of the May-Queen and represented the May-Lady herself, dressed in blue cloaks, the time-honoured and traditional dress of the Virgin?[1]

At what date in history the Virgin Mary became the May Queen we cannot say, but she was not always the May Queen. At the present day, scholars look upon the May Queen and May-day rites and customs generally as being of pagan origin, but not all scholars trace them back to the same pagan practices. Some, as for instance Gaston Paris[2] and Alfred Jeanroy,[3] see in them Roman festivals and customs, such as the *Floralia*, while others like Hermann Suchier[4] and Eduard Wechssler[5] would trace them back to Germanic customs. All are agreed, however, on one point,

---

[1] R. Chambers in his *Book of Days*, vol. I, p. 578, col. 2, records that he saw one May morning at Debden in Essex, "parties of girls going about from house to house, carrying garlands of different sizes, some large, with a doll dressed in white in the middle, which no doubt represents what was once the Virgin Mary." Cf. Cook, *op. cit.*, p. 339. I have heard on May-day in Fife, children singing the following roundelay:

"Here we go round the mulberry tree
The mulberry tree, the mulberry tree,
Round about Madam Matanzay."

The last line is unintelligible as it stands, but it may perhaps be a corruption in children's speech of "Round about Marie my matines say." If this should be the right interpretation, it would connect the May Queen with the Virgin Mary.

[2] *Journal des Savants* 1891-92, reprinted in *Mélanges de littérature française du moyen âge* p.p. M. Roques, Paris, 1912, p. 611.

[3] *Les origines de la poésie lyrique en France au moyen âge*, 1925[3], p. 88 f.

[4] *Geschichte der Französischen Literatur*, 1900, p. 10.

[5] "Wechselbeziehungen zwischen romanischer und germanischer Literatur", in *Kritischer Jahresbericht über die Fortschritte der romanischen Philologie*, t. V (1897-98), II, p. 393 f.

namely that the May customs are pagan in origin. The Virgin Mary consequently, if we are right in supposing that she became at some time or other identified with the May Queen, was not always the May Queen, and the collections made in recent times by the "Trimazôs" for the May Lady, the "Bride," or the May Queen were not always on her behalf. As a result of long researches, we are convinced that the pagan goddess from whom our May Queen is derived is Cybele, the Mighty Mother of the Gods, whose cult, originally indigenous in Phrygia, was in 204 B.C. established in Rome, and in later times with the expansion of the Roman Empire spread along the north coast of Africa, into Spain and throughout the southern half of Gaul.[1] We shall have many proofs to bring of this fact in a book we have long been preparing on the "Origins of Lyric Poetry in France" and which we have already mentioned in other places. We shall be able to trace nearly all the May-day rites and customs back to the myths and ritual of this cult. Although the truth has never been suspected, we are convinced that the festivals of the goddess ultimately became the May-day festivals of Europe and that the goddess herself became the Queen of May —more than that, we are also convinced that the development of the cult of the Virgin Mary is chiefly due to the undying worship of the Mother, for many of the attributes of the pagan goddess reappear later, sanctioned by the Church, as attributes of the Virgin. Out of a number of proofs which we have not space to mention here we will select two, in order to show on the one hand that Cybele became the May Queen, on the other that she became identified with the Virgin Mary.

One of the most striking representations of the Mother Goddess is the huge rock sculpture at Arslan-Kaja. There, cut in the rock of the mountain side, sits the Mountain Mother flanked by two lions. Above the head of the goddess is a gable filled with finely cut figures now much effaced by time. On either side of the niche in which the goddess is seated is the framework of the doors of her mountain home. The doors are flung open so that the faithful may come and see her in bodily form and bring their flowers and offerings and lay them beside her. It was A. Körte who first revealed the meaning of the monument[2] and who pointed

---

[1] For the tracks of the Goddess in these territories see the illuminating book of J. Toutain, *Les cultes païens dans l'empire romain*, t. II, pp. 102 f., 119.

[2] *Mitteilungen des kaiserlich-deutschen Archäologischen Instituts, Athenische Abteilung,* t. XXIII (1898), p. 94 f. See also the photogravure of the monument at the end of the volume, Tafel II.

out further, that it is this monument of Arslan-Kaja that explains why Cybele in Grecian art is so often represented in a little shrine or naiskos. The Greeks of Asia Minor took over from the Phrygians and Lydians the age-old representation of the goddess on her mountain seat and, although in later works of art the mountain home was forgotten, the memory of the goddess in her niche lived on.[1] Amongst the most remarkable representations of this type are the sculptures of Agorakritos, which, while virtually identical with the Asiatic type, established the Athenian conception.

Fig. 1. CYBELE IM NAISKOS (WÜRZBURG).

Reproduced by the kind permission of Messrs. Walter de Gruyter & Co., Berlin, from a drawing which my friend Miss Evelyn G. Pierce very kindly made for me. The original will be found in an article by A. von Salis, " Die Göttermutter des Agorakritos," in *Jahrbuch des kaiserlich-deutschen Archäologischen Instituts*, Vol. XXVIII, p. 22.

[1] "Die kleinasiatischen Griechen übernahmen von Phrygern und Lydern das uralte Bild der im Berge thronenden Göttin, und wenn sie sie auch in den Einzeldarstellungen von ihrem Bergsitze loslösten, so blieb doch die an die alten Felsbilder erinnernde Nischenumrahmung etwas der Göttin Eigentümliches, das sich neben jüngeren freieren Bildungen mit echt religiöser Zähigkeit hielt," A. Körte, *loc. cit.*, p. 95.

of the Mother Goddess[1] (Fig. 1). This type of representation, which depicted the Goddess seated in a little shrine (naiskos), became very popular and was doubtless the original of the small shrines of the goddess which could easily be carried about. These shrines were doubtless the same, we might add *en passant*, as those of which we read in the Acts of the Apostles, Ch. XIX, v. 24, made by Demetrius, the silversmith, for Diana, for Cybele and Diana at Ephesus were one and the same goddess.[2]

Now, this representation of the goddess seated in a naiskos or

Fig. 2.   MAY QUEEN IN THE SOUTH OF FRANCE.

Reproduced by the kind permission of Messrs. W. & R. Chambers Ltd., Edinburgh, from R. Chambers, *The Book of Days*, Vol. I, p. 580.

[1] See A. von Salis, "Die Göttermutter des Agorakritos," in *Jahrbuch des kaiserlich-deutschen Archäologischen Instituts*, t. XXVIII (1913), p. 20 ff. Especially figures Nos. 9 and 10.

[2] See W. M. Ramsay, *The Church in the Roman Empire*, 1893, p. 124; O. Gruppe, *Griechische Mythologie*, t. II[2], p. 1554, n. 3.

little shrine, which renders so clearly the conception of the goddess seated in the doorway of her mountain home, was one of the favourite representations of the Mother in art. There is no doubt that it lived on for centuries. It lived on indeed so long, we would say, that it was still kept in memory long after the name of Cybele was forgotten. If we are not mistaken, it is one of the facts which are still able to prove to us that Cybele became the May Queen, for until quite recently in the South of France was not the May Queen decked like a goddess with wreaths and flowers and seated in state in the doorway of an old Gothic porch? (Fig. 2.) Chambers relates how, when quite a child, he saw a "May" "under the Gothic arch of an old church porch," and how his mother explained to him what a "May" was. The girls of each village, she said, "choose a pretty child, and dress her as you see; they seat her on a throne of foliage, they crown her and make her a sort of goddess; she is a May, the Virgin of May, the Virgin of lovely days, flowers and green branches. See, they beg of the passers by, saying, 'For the May.' People give, and their offerings will be used some of these days for a joyous festival."[1]

That a custom very similar to this existed also in England in the xviith century we may infer from the following lines of the poet Browne:

> As I have seene the Lady of the May
> Set in an Arbour (on a Holy-day),
> Built by the May-Pole, where the jocund Swaines
> Dance with the Maidens to the Bagpipe's straines.[2]

When one compares this picture of the May Queen with the sculptures of Cybele of which we have spoken, it is impossible not to be struck by the extraordinary general resemblance between them. The two thousand five hundred years or more which separate them in time have not introduced any changes which render the type unrecognizable. On the contrary the type seems permanent and unchanging in its main conception. It is true the lions of Cybele have disappeared, but that after all is only what one would expect to happen with the introduction of the goddess into Western lands. What has not changed is the idea of the goddess, seated in the doorway of her august home, ready to welcome her worshippers and receive their adoration and their offerings of flowers.

---

[1] *Op. cit.*, vol. I, p. 579, col. 2.

[2] *Britannia's Pastorals*, quoted by J. Brand, *Popular Antiquities*, vol. I, p. 125 and Chambers, *op. cit.*, p. 580.

This similarity of conception alone, even if we had no other proofs —and we have many—would be sufficient to prove that the May Queen of our times was once the mighty goddess Cybele.　After the fierce struggle with Christianity which ended in the fourth century with the defeat of the Mother of the Gods, the cult and worship of Cybele seems to disappear from off the face of the earth.　It did not disappear completely, however, for the worship of Cybele, debarred from becoming the official religion of the Roman Empire, lived on with many of its time-old rites and practices in the celebrations of the people, and these celebrations are now our festivities of the first of May.　In this way did Cybele become the May Queen.

Many of our readers have doubtless seen, as we have, triptychs of brass very similar in shape and design to the shrine or naiskos of the goddess, but on opening the folding doors of the shrine we find inside, not the Mountain Mother, but the Virgin Mary. This would seem to show some connection between Cybele and the Virgin Mary, which we will now investigate.

It is curious to note that the first church dedicated to the Virgin Mary should have been built in Ephesus, one of the great centres of the worship of the great Mother goddess of Phrygia, or as she was called in this region, Artemis.　This church, in which the famous Church Council was held in 431 A.D.[1] on the very site of the temple of Artemis, existed in the first years of the fifth century and took its name from Mary: ἐν τῇ ἁγιωτάτῃ ἐκκλησίᾳ τῇ καλουμένῃ Μαρίᾳ.[2]　This would lead one to suppose that there was some early identification of Artemis or Cybele with the Virgin Mary, and in point of fact there was.　"The Virgin Mother in Ephesus," writes W. M. Ramsay, "had been worshipped from time immemorial; and the people could not permanently give her up.　They required a substitute for her, and the Christian Mother of God took her place, and dwelt beside her in the hearts of the people."[3]　This is not the only case of the identification of the virgin goddess with the Mother of God for the same process was going on in many parts of Asia Minor.　"The old Virgin Artemis

<hr />

[1] K. A. H. Kellner, *Heortologie oder das Kirchenjahr und die Heiligenfeste in ihrer geschichtlichen Entwicklung*, 1901, p. 143.

[2] See G. Herzog, "La Sainte Vierge dans l'histoire," in *Revue d'histoire et de littérature religieuses*, t. XII (1907), p. 522 f.　Cf. W. M. Ramsay, *Pauline and other Studie* 1906, p. 142 f.

[3] *Op. cit.*, p. 157.

of the Lakes became the Virgin Mother of the Lakes, whose shrine amid a purely Turkish population is still an object of pilgrimage to the scattered Christians of Southern Asia Minor."[1]    "An indubitable example of the Virgin Artemis transformed into the Christian Mother of God," says the same writer, "is found at the northern end of the great double lake called Limnai."[2]    Ramsay also mentions the "House" of the Virgin, a place regarded as sacred, and called by the inhabitants of the district "Panagia Kapulu," "the All Holy (Virgin) of the Door."[3] It is impossible to mistake "the All Holy of the Door," for it is a name that can only denote the great Mother goddess who was also called "Parthenos," Virgin, to denote that she was unmarried and who, as we have mentioned above, was often represented as seated in the doorway of her mountain home.    "As at Ephesus," Ramsay concludes, "so on the Antiochian estates, the Parthenos Artemis was recognised in the paganised church of the fifth century as the Virgin Mother of God."[4]

Henri Graillot in his fine book on Cybele bears the same testimony.    The time-old devotion of the people of Anatolia for the Mother of the Gods passed to the Mother of God, and that is why it is in Asia Minor especially that we first hear of the title of "Theotokos," Mother of God, for the Virgin Mary.    The image of the Mother of God was set up wherever formerly the Mighty Mother was enthroned, so that it seemed as if the latter was restored to the veneration of the people.    Not that from all time there had been a cult of the Virgin in Asia Minor, but rather that the indigenous goddess Cybele in the struggle with Christianity was vanquished by the newcomer, so completely did the latter take over in herself the attributes of the former.    Slowly but surely Cybele, the Mother of the Gods, became Mary, the Mother of God:

Enfin la Mère de Dieu hérita de l'antique dévotion des Anatoliens à la Mère des Dieux.    Les souvenirs de l'une étaient trop vivaces pour ne pas profiter au culte de l'autre.    Aussi est-ce en Asie Mineure et en Syrie que se développe d'abord le rôle de la Théotokos.    Elle y occupa tout naturellement la place laissée par Cybèle, Artémis et Atargatis. . . . On installa volontiers son image aux lieux mêmes où trônait jadis l'antique Mère, qui semblait ainsi rendue à la vénération des foules.    Partout où le Metrôon reste debout,

---

[1] W. M. Ramsay, *The Church in the Roman Empire*, p. 466.

[2] *Op. cit.*, p. 138.                    [3] *Pauline and other Studies*, p. 145.

[4] *Studies in the History and Art of the Eastern Provinces of the Roman Empire*, 1906, p. 376.

la Mère du Christ en prend tôt ou tard possession; à Nova Isaura, la Mégalè Mêter devint la Mégalè Panaghia.   La coutume païenne, maintenue par l'iconolatrie, lui impose parfois les dénominations topiques de la divinité qu'elle remplace.   C'est ainsi que, dans la région des Limnai, quand elle recueille la double succession de la Parthenos Artémis et de la Mêter locales, elle devient l'Hagia Théotokos Limnas.   Celle-ci n'est, à vrai dire, que la métamorphose chrétienne de celles-là; et par elle, demeurée toujours présente et puissante au milieu des populations musulmanes, se transmet à travers les âges le culte préhistorique de la Mère  des Lacs."[1]

It would be a mistake to think that this identification of Cybele with the Virgin Mary was confined to Asia Minor, for we find the same process of identification at work in Italy.   Theodor Trede has shown how in a number of places the Mother of God is now worshipped where in older times Rhea or Cybele or even Isis were honoured.[2]   He mentions amongst other instances the pilgrimage to Monte Vergine, which in early times was sacred to the Great Mother, "Rhea Kybele," and he adds that the place is still to this day the object of pilgrimages, for there is still a Great Mother enthroned there—not any longer Rhea Kybele, but Maria.   The name has been changed, but the divinity has remained the same.[3]

In this connection the Milan festival must not be forgotten, which De Marchi considered to be a survival of the festival of Cybele called *canna intrat*, celebrated each year on March 15th.[4] On the festival of the Purification as early as the ninth century there was a procession in which an image of the Virgin Mary was carried round which bore the name *Idea*—indicating clearly Cybele and her native home.   When the pagan festival was christianised, candles, *cannelle*, took the place of the older *cannae*.[5]

It will be seen from what we have said that the cult of the Virgin Mary, which started officially with the decree passed at the Council of Ephesus conferring on Mary the title of "Theotokos"— Mother of God—[6] is nothing more or less than the perpetuation of the cult of the Great Mother of the Gods, and it is significant that just about this date in history the great cult of the mighty Mother disappears from view.   The identification of the Mother

---

[1] *Le culte de Cybèle, Mère des Dieux*, p. 409 f.

[2] *Das Heidentum in der römischen Kirche*, 1889, vol. II, p. 85 ff.

[3] *Op. cit.*, p. 87.

[4] Attilio de Marchi, "Trace del culto della 'Madre Idea' nei monumenti Milanesi," in *Rendiconti d. Reale Instituto Lombardo di Scienze e Lettere*, Ser. II, Vol. XXIX (1896), p. 737.

[5] See H. Hepding, *Attis, seine Mythen und sein Kult*, 1903, p. 149, n. 3.

[6] Cf. F. A. Lehner, *Die Marienverehrung in den ersten Jahrhunderten*, 1886², p. 84.

of the Gods with the Mother of God, once complete, ensured the triumph of Christianity throughout the Roman world, and this was probably the only way in which Christianity could have vanquished her very redoubtable rival. In this way did Cybele become the Virgin Mary.

All this is corroborated in a remarkable way by the dates of our present festivals. We now have two completely separate festivals —on the one hand the Church festival of the Annunciation of the Virgin Mary on March 25th, on the other the popular festival of the May Queen on May 1st. These two festivals, however, were originally only one, the festival of Cybele, and were divided into two by the play of the calendar. In order to make this clear, we must recall the facts.

The date of the Annunciation of the Virgin Mary, it is generally believed, originated in this way. There was a long-standing tradition, first mentioned by Tertullian, that Christ died on March 25th, and this day was especially observed in Phrygia, Cappodocia and Gaul and at one time even in Rome.[1] The death of Christ is recorded in the Calendar of Polemius Silvius, A.D. 448/449 under this date: "Christus passus hoc die."[2] Whether this was the "Dies sanguinis" of the festival of the Magna Mater Deum, as some alleged it was,[3] and the "Lavatio" of the same festival on March 27th, the resurrection of Christ, as the Calendar of Polemius Silvius stated under this date: "[L]avationem veteres nominabant —resurrectio," is another matter.[4] However this may be, it was argued that, since Christ could only have lived a complete number of years on the earth, the Incarnation must have taken place on March 25th, like the Crucifixion.[5] The visitation of Mary by the angel, therefore, must have occurred on March 25th, and this date was celebrated as the festival of the "Annuntiatio" as early as 492 under Pope Gelasius,[6] and about the seventh century this date became the official festival of the Annunciation, "Festum

[1] See J. G. Frazer, *Adonis, Attis and Osiris*, London, 1906, p. 199; Mgr. L. Duchesne, *Origines du culte chrétien*, Paris, 1903³, p. 261 f.

[2] *Corpus Inscriptionum Latinarum*, t. I, p. 261.

[3] See O. Gruppe, *Griechische Mythologie*, p. 1656, n. 7.

[4] *C. I. L.*, *ibid*.

[5] Duchesne, *op. cit.*, p. 261 ff. See also *ibid.*, p. 272; *Encyclopédie théologique*, t. VIII, p. 71, s.v. Annonciation; cf. Lehner, *op. cit.*, p. 204.

[6] See B. M. Lersch, *Einleitung in die Chronologie*, II Teil: *Der christliche Kalender*, 1899², p. 149 f.

s. virginis genitricis" in the West, while in the Eastern Church it was considerably older.[1]

These dates are the dates of the Julian Calendar which superseded the old pre-Julian Calendar. The latter had a cycle of four years of different length containing 355, 377, 355, and 378 days respectively. It is generally thought that the pre-Julian Calendar has left no trace behind it, and that is doubtless correct in the case of all official festivals of the Roman Church. We are inclined to think, however, that some pagan festivals, which were not recognised by the Church and which consequently did not figure in the Church Calendar, were little affected by the change to the Julian Calendar, and were celebrated as popular festivals on their original dates long after the introduction of the Julian Calendar, and this is all the more likely as the official Calendar was for years hardly observed beyond Rome. We have possibly an example of this in the case of the "Megalesia," the great festival of the Magna Mater Idaea at Rome, which is recorded in the Julian Calendar on April 4th, both in the Praenestine fragment[2] and in the Calendar of Philocalus[3] and others. Now, in the four-year cycle of the pre-Julian Calendar with its intercalary months this date of April 4th used to fall on very different days. In the years of the cycle which were short of the Julian year by ten days, namely the first and third years of the cycle, it fell on a date corresponding to our March 25th, a date which is exactly ten days earlier than April 4th, and in the years which included an intercalary month of twenty-seven or twenty-eight days, namely the second and fourth years of the cycle, it fell on dates corresponding to our May 1st and May 2nd, dates which are exactly twenty-seven and twenty-eight days later respectively than April 4th.[4] From time immemorial therefore, these were the dates on which the festival of Cybele was celebrated, and indeed it still is to this day on May 1st, for we have shown above how Cybele became the May Queen. She is still worshipped, too, on her other festal day, March 25th, but under another name, for the Mother of the Gods, as we have shown

[1] Lersch, *op. cit.*, p. 150.

[2] *C. I. L.* t. I, p. 235; cf. Warde Fowler, *Roman Festivals*, pp. 11 and 69.

[3] *C. I. L.*, t. I, p. 262.

[4] The intercalary month began on February 23rd, and with the five remaining days of this month plus the twenty-two or twenty-three extra days of the second and fourth years of the cycle it had in all sometimes 27 (22 + 5), sometimes 28 (23 + 5) days. See A. Boxler, *Précis des institutions publiques de la Grèce et de Rome anciennes*, Paris, 1911, p. 182.

above, had become identified with the Mother of God, the Virgin Mary.

The festival of Cybele was essentially a spring festival, celebrating the return of spring and the rebirth of Nature in all her manifold forms and the date of it was March 25th, the vernal equinox. But while the festival was celebrated at the vernal equinox, it is important to bear in mind the fact that the Phrygian calendar began the New Year at the spring equinox[1] and consequently that the songs sung on the occasion of the festival would naturally be New Year Songs. Now, this is the especial characteristic of the Swallow Songs, as we have seen. The swallow announces the return of spring and the coming of the fair season. In other ways, too, the Swallow Songs seem to be connected with the Phrygian festival. The songs themselves tell us, as we have mentioned above, that a collection was made in the name of the swallow or crow for the daughter of Apollo—

"ἐσθλοί, κορώνηι χεῖρα πρόσδοτε κριθέων τῆι παιδὶ τοῦ Ἀπόλλωνος"—

and Mannhardt records that similar collections were made for Artemis, the sister of Apollo, at the great Delian festival of Apollo which also fell at the vernal equinox.[2] In the Ionian islands, such as Rhodes and Samos from which our extant songs come, and in the Greek colonies along the coast of Asia Minor, Artemis was merely the Greek name for the goddess of the country, who was known on the mainland as Cybele. W. M. Ramsay asserts time and again that the goddess who was worshipped at Pessinus under the name of Cybele was worshipped at Antioch and at Ephesus, where Greek influence prevailed, under the name of Artemis.[3] Cybele and Artemis are along the coast of Asia Minor but two names for the same goddess. It is, therefore, not impossible that our extant Swallow Songs, which were obviously sung at a spring festival and one of which we owe to a native of Colophon, were originally connected with the great spring festival of Cybele. Even our Eiresione Song, we are inclined to think, was not originally connected with an offering of first fruits at the Greek "Thargelia," as Mannhardt declared,[4] but rather came by way of Samos from the mainland of Asia Minor, where it belonged originally to the worship of Cybele.

[1] H. Graillot, *op. cit.*, p. 116.  [2] W. Mannhardt, *op. cit.*, p. 248.

[3] *Cities and Bishoprics of Phrygia*, passim; cf. also O. Gruppe, *op. cit.*, t. II, p. 1536, n. 2; *ibid.*, p. 1532; Farnell, *Cults of the Greek States*, vol. II, p. 476, vol. III, p. 304.

[4] *Op. cit.*, p. 247.

We have in the cult of the Mighty Mother many of the traits mentioned in our poems. The collections made by the begging priests of the Mother (μητραγύρται) are well known. After the Phrygian cult had become established at Rome, these collections from house to house with the singing of songs in public were formally sanctioned,[1] and it is little surprising that the custom has lived on in our "Aguilaneuf" and "Trimazô" Songs.

There was, too, in the Phrygian cult an offering of first fruits, for one of the titles of the Mother Goddess was the "Corn-Mother" —"Mère du blé, Dame aux épis,"[2] and this is significant for, as we have seen, there are frequent allusions in our "Trimazô" Songs to the first appearance in the fields of the young wheat.

Lastly, on the festival of the Asiatic goddess there was the special offering of a cake made of barley and milk, a sort of unleavened bread, called γαλαξία, from which her festival took one of its names, Γαλάξια.[3] This cake was partaken of by the priests and distributed to the people.[4] In the secret mysteries of the cult, too, a loaf or cake of pure flour was offered to the goddess, of which the officiating priest and the initiates were then allowed to partake.[5] A. J. Reinach pointed out some years ago that this sacred bread or cake, eaten in Phrygia and Galatia in the worship of the Magna Mater, went by the name of "divinum panem,"[6] bread considered to be divine because it was used in the service of the divinity; and he connects this bread with the English "frumenty," eaten in certain parts of England on Christmas Eve, and with the "hot cross buns," eaten to this day on Good Friday.[7] According to Fosbroke hot cross buns were originally made of the dough kneaded for the host, and were accordingly marked with the sign of the cross, for the host in Roman belief was considered to be divine,[8] but more likely still the pagan custom of eating the sacred cake on the festal days of the goddess lived on in spite of

---

[1] H. Graillot, *op. cit.*, p. 76.    [2] H. Graillot, *op. cit.*, p. 80.

[3] Farnell, *Cults of the Greek States*, vol. III, pp. 289 and 382; A. Mommsen, *op. cit.*, p. 449; Th. Homolle, in *Bulletin de correspondance hellénique*, t. V (1881), p. 30.

[4] I have seen in a Greek church in Macedonia a similar cake to this handed round to the congregation at the end of the service.

[5] H. Graillot, *op. cit.*, p. 181.

[6] A. J. Reinach, "Le 'Pain Galate'," in *Revue celtique*, t. XXVIII (1907), p. 225.

[7] *Ibid.*, p. 235 f.

[8] See E. C. Brewer, *Dictionary of Phrase and Fable*, s.v. Hot.

Christianity and the Church was obliged to "baptize" it and mark the cake with the sign of the cross, just as it was obliged later to "baptize" the "Aguilaneuf" celebrations[1] which had been denounced by several Church Councils and forbidden under pain of excommunication.[2]    However this may be, it was just such cakes and loaves as these, made of pure flour—la farine blutée—that the singers of our "Aguilaneuf" and "Trimazô" Songs went out to collect, as we have seen, in their rounds from house to house.

If we sum up what we have said, it is clear that there is a close connection between our three kinds of song and the practices of the ancient festival of the goddess Cybele.    In spite of the two thousand years and more that have elapsed since the earliest of our songs was written, it is possible to maintain that we have in our "Aguilaneuf," "Trimazô" and "Swallow" Songs survivals of ancient practices that once belonged to the cult of the Mighty Mother. We can now understand how such similar songs as our "Aguilaneuf" and "Trimazô" Songs are sung on such different dates as New Year's Day, March 25th and May 1st, and how it is that the former are often connected with the Virgin Mary, while the latter more frequently celebrate the May Queen.    We can now understand how they can be sung at different dates and yet be survivals of the same pagan festival.    Although Christianity triumphed in the keenly fought struggle with paganism, many pagan beliefs and customs lived on alongside of the victorious religion and this is especially true of the practices of the cult of the Mighty Mother, Christianity's greatest rival.    The worship of Cybele has given us, amongst other things, our "Aguilaneuf" and "Trimazô" Songs, our festival of the first of May and the cult of the Virgin Mary.

CHARLES BERTRAM LEWIS.

St. Andrews.

---

[1] See *Le Monde hebdomadaire*, le 13 janvier 1883, p. 11, col. 1.

[2] See *Journal de Michel le Riche*, p. 318; L. Desaivre, *Les Chants populaires des Rois ou de l'Épiphanie*, p. 15.

# "CHASTIEL BRAN," "DINAS BRAN," AND THE GRAIL CASTLE

In the welcome edition of *Fouke Fitz Warin*, recently published in the *Classiques Français du Moyen Age* (No. 63, 1930), M. Brandin comments on Chastiel Bran as follows: "peut-être le château de Old Oswestry, et cette ville même," and cites Wright's edition, p. 187, as a reference.[1] Bran Fitz Donwal, who according to the text gave his name to the castle, receives from M. Brandin no comment at all.[2] Both place and person can be identified with certainty. It is well known that the romance of *Fouke* is a prose redaction of a lost original in verse, and that the author of the original version knew the Welsh border and particularly the neighbourhood of Ludlow (Dynan) and Whittington (Blancheville). After speaking of events in Henry the First's time, the romance returns to William the Conqueror:[3]

Le roy Willam Bastard aprocha les mountz e les vals de Gales, si vist une ville mout large, close jadys de hautz murs, qe tote fust arse e gastee, e par desouth la ville en une pleyne fist tendre ces pavylons. . . . Lors enquist le roy de un Bretoun coment la ville avoit a noun. . . . "Sire," fet le Bretoun ". . . le chastiel fust jadys apellé Chastiel Bran, mes ore est apelee la Vele Marche."

We are told that, on leaving Chastiel Bran later, the king came to a country near by, "e delees si est un chastelet q'est apellee Arbre Oswald, mes or est apelee Osewaldestré."[4] From Oswestry the king went south, crossed the Severn, and distributed to his best knights the lands from Chester to Bristol.

Taking the clues thus provided, we may make the following assertions regarding Chastiel Bran: (1) It was on or near the Welsh border. (2) It was in hilly country and was itself on a height. (3) It was not Oswestry itself but near by. (4) It probably lay to the north of Oswestry, since King William's direction from

[1] P. 89.

[2] P. 92. M. Brandin has also failed to notice the identification of Kahuz which I made in *Mod. Lang. Notes*, XLIII (1928), 218 f.

[3] P. 3.    [4] P. 7.

Oswestry on was southwards. All these conditions are fulfilled by Castell Dinas Bran on a steep hill near Llangollen, about twelve miles north-north-west of Oswestry. *Dinas*, it may be observed, is Middle Welsh for "fortress" and is simply a duplication of *Castell*; in fact, the castle is often called simply Dinas Bran. Ruinous walls still stand on this strategic hill overlooking the valley of the Dee.[1] But they are not the remains of the "ville gastee" mentioned by our author, for the original poem was written about 1260,[2] and the castle whose ruins we see to-day was built by Gruffydd ap Madoc, shortly before his death in 1270.[3] Evidently in the middle of the thirteenth century the hill-top was covered with the shattered walls of an older castle, of which we have no historic record.[4]

As for Bran Fitz Donwal we need have even less hesitation in making an identification. As the references to Brutus, Coryneus, and Geomagog which the "Bretoun" introduces into his discourse show, the author was drawing heavily at this point upon Geoffrey of Monmouth. Geoffrey introduces a Brennius, son of Dunuallo Molmutius.[5] In Wace the father's name appears as Donewalmolus and Donvalo Molinus,[6] and in Layamon, following Wace, as Donwallo, Dunwale, and Dunwal.[7] There cannot be the least doubt that the author of *Fouke* had Geoffrey's Brennius son of Dunuallo in mind as the Bran Fitz Donwal of his story. But the immediate source of his form Donwal was probably Wace.

A most interesting point lies in the form Bran, which does not occur in Geoffrey or Wace. But the Welsh redactions of Geoffrey, known as the *Bruts*, regularly use Bran where Geoffrey has Brennius and Wace Brenne.[8] Of course, the author of the original *Fouke* did not consult the Welsh texts. Two alternatives remain: he himself identified Wace's Brenne with the Bran of Dinas Bran, or else the local Welsh tradition had identified the

[1] For description see *Inventory of the Ancient Monuments in Wales and Monmouthshire, County of Denbigh* (L., 1914), 119 ff.

[2] *Romania*, LV (1929), 33, 37, 44.

[3] *Inventory*, etc., *County of Denbigh*, 121.

[4] J. E. Lloyd in his authoritative *History of Wales* (L., 1911), p. 244, describes the place in prehistoric times as "the hill-fort, named after Bran, a famous figure of Celtic story, which guarded the upper waters of the 'wizard stream'."

[5] Geoffrey of Monmouth, *Historia*, ed. A. Griscom (N.Y., 1929), 274, 276.

[6] Wace, *Brut*, ed. Leroux de Lincy (Rouen, 1836), I, 105, 108.

[7] Layamon, *Brut*, ed. F. Madden (L., 1847), I, 174, 175, 178.

[8] Geoffrey of Monmouth, *op. cit.*, 665. Wace, *op. cit.*, I, 110.

two already, and the Anglo-Norman author learned on the spot that Chastiel Bran was named after the famous king of British history, Brenne. The latter supposition seems to me more plausible, since we have noted that other Welshmen, the authors of the *Bruts*, habitually identified Brennius with the Welsh name Bran.

How much real local tradition is there in the story ascribed to the "Bretoun"? Of course there is none in the recital of the early history of Britain, a prolog supplied by the author of the original *Fouke* and derived by him from Wace or Geoffrey. But the adventures of Payn Peverel in Chastiel Bran seem compounded of two undoubted Welsh traditions, of which one tells of a Horn of Bran and the other is a tale of hidden treasure still connected with Dinas Bran in the nineteenth century.

At first sight the search for the Horn of Bran in Chastiel Bran may seem futile. The author of *Fouke*,[1] after giving the "Bretoun's" story, relates how Payn Peverel, entering Chastiel Bran, attacked a devil in the form of a giant, breathing fire, and overcame him by virtue of the cross on his shield. The devil revealed that there was a great treasure hidden under the castle: there was also a bull (*tor*), which was worshipped by pagan giants as their god, conferred on them this treasure, and foretold coming events. St. Augustine, however, had converted many of them to Christianity. Those familiar with the romance of *Perlesvaus* may be reminded by this narrative of two consecutive adventures of Perceval's.[2] The hero attacked a fire-breathing devil in the shield of a giant, and overcame him by virtue of the cross on his own shield. He next came to a castle, where there was a horn (*cor*), which was worshipped by pagans as their god, gave them great abundance of whatever they desired, and answered all questions. Perceval, however, converted thirteen of them to Christianity. When we remember that *c* and *t* are always being confused by medieval scribes, that in fact the Welsh translator of *Perlesvaus* read *tor* instead of *cor*,[3] the correspondence between the adventures of Perceval in the castle of the sacred *cor* and those of Payn Peverel in the castle of the sacred *tor* is too marked to be due to chance.

What then is the relation between the two stories? Sebastian Evans, Miss Weston, and Prof. Nitze have shown that the author

[1] Pp. 4 ff.
[2] C. Potvin, *Perceval le Gallois* (Mons, 1866), I, 198–203.
[3] *Y Seint Greal*, ed. R. Williams (L., 1876), 332, 653.

of *Fouke* knew *Perlesvaus*,[1] and those who have a strong antipathy to lost sources will jump to the conclusion that he has borrowed the two incidents from *Perlesvaus*, combined them in one, localized them, and attributed them to his own hero. But so simple a solution does not seem probable. *Fouke* knows nothing of the Illes des Olifanz, the Chevalier au Dragon, the Damoisele au Cercle d'Or, the copper men with their mallets; on the other hand, it makes much of the subterranean treasure, unmentioned in *Perlesvaus*, and tells us that it took the form of cattle, swans, peacocks, horses, and other beasts cast in gold—a feature probably suggested through some misunderstanding of a text which mentioned cattle, swans, etc., *and* gold (rather than *of* gold). When the author of *Fouke* in a later passage does borrow from *Perlesvaus*, he not only mentions his source but also follows it accurately.[2] The marked difference in his treatment of the Chastiel Bran passage leads to the conclusion that he did not borrow it from *Perlesvaus*, but that both stories go back ultimately to a common source.

This view is confirmed by the fact that he localizes the story at Chastiel Bran, as *Perlesvaus* does not, and by certain considerations which tend to show that this localization is an original feature. I have elsewhere brought together a considerable body of evidence to show that Welsh traditions concerning a Horn of Bran were one of the most powerful influences affecting the French romances of Arthur, particularly the Grail cycle, and that the Horn of Bran is to be detected in the sacred *cor* of *Perlesvaus*.[3] Prof. Mary Williams and I have shown that *Perlesvaus* contains strands of old Welsh tradition.[4] When we read in it that the devil in the horn already mentioned "donoit si grant abondance la dedanz de toute la riens que il desirroient que il n'estoit riens el monde qui lor faussist,"[5] we may justly recall the Horn of Bran, of which old Welsh tradition asserted: "The drink and the food that one

---

[1] S. Evans, *High History of the Holy Graal* (L., 1898), Introduction. *Romania*, XLIII (1914), 423 ff. *Mod. Phil.*, XVII (1919), 154.

[2] P. 84.

[3] *Romanische Forschungen*, XLV (1931), 71, 79, 86 ff.

[4] *Mélanges Bretons et Celtiques Offerts à M. J. Loth* (Rennes, 1927), " Arthuriana." R. S. Loomis, *Celtic Myth and Arthurian Romance* (N.Y., 1927), 73 f, 201-4, 247 f.

[5] Potvin, *op. cit.*, I, 203. That horns were sometimes conceived in the Middle Ages as containing precious objects, appears from four representations of the Magi. Cf. H. Kehrer, *Die Heiligen Drei Könige* (Leipzig, 1909), II, Abb. 109, 113, 156, 239.

asked one received in it when one desired."[1]   It will be observed how neatly this identification of the *cor* in *Perlesvaus* is supported in *Fouke* by the placing of the *tor* in Chastiel Bran—in the very region where several place-names show the familiarity of the Welsh Bran legend.[2]

Of course objections will be raised.   It can be urged that bulls were familiar to the imagination of the Middle Ages as objects of pagan worship, whereas horns were not.   *Queen Mary's Psalter* depicts nearly every *faus deus* or *maumeth* as a bull.[3]   Therefore, *Fouke* preserves the original tradition in the word *tor*, and *Perlesvaus* a corruption.   I admit the fact but not the inference. It is precisely the unfamiliarity of the medieval French imagination with a horn as the object of pagan or Christian worship which has led to confusions on a grand scale, confusions which no student of Grail romance can afford to disregard.   Faced with the word *cor* or its nominative *cors* in sacred associations, a French romancer inevitably sought for any other meaning than "horn," with results most mystifying but, once understood, most significant.[4]   Now it is obvious that one of the most natural interpretations would be to substitute *tor* for *cor*, and to see in the object of worship a bull.

Another possible objection to the theory lies in the fact that the earliest mention of the Horn of Bran occurs in a MS. of about the year 1460.[5]   This objection will carry no great weight with Celtists, who know how much ancient literature has been preserved only in MSS. of comparatively modern date.   It is, moreover, offset by the fact that Bran's Horn occurs in a list of magic objects, the Thirteen Treasures of the Isle of Britain,[6] some of which are mentioned in *Kilhwch and Olwen*, which dates roughly from the end of the eleventh century, and were doubtless famous before that time.   Three talismans in the list, I have tried to show elsewhere, appear in *Perlesvaus*; two of them, the Sword and the

---

[1] MS. Peniarth 77, National Library of Wales, reads (p. 214).   "Corn Bran galed or gogledd y ddiod ar bwyd a ofynid a gaid ynddo pan i damvnid."

[2] *Celtic Review*, IV (1907), 258.

[3] G. F. Warner, *Queen Mary's Psalter* (L., 1912), pl. 13, 14, 57, 67.

[4] *Romanische Forschungen*, XLV (1931), 80 f.

[5] MS. Peniarth 51, of which Mr. William Ll. Davies, Librarian of the National Library of Wales, kindly wrote me that it dates " circa 1460."

[6] Quite a few versions of this list are extant in MS., but the variations are mainly verbal.   Two versions have been published respectively by Ed. Jones in his *Bardic Museum* (L., 1802), 47, and by Lady Guest in her notes on *Kilhwch and Olwen* (found in most editions of her *Mabinogion*).

Platter of Rhydderch, could not have been derived from the French romance.[1]   There is reason, therefore, to believe not only in the antiquity of the talismans in the list, but also in their influence upon the very literature we are considering.   The correspondence between the sacred horn in *Perlesvaus* and the sacred *tor* of Chastiel Bran in *Fouke* could hardly have been noted by a Welshman and thus given rise to a Horn of Bran.   The probabilities are all the other way.   It was a Welsh tradition of Bran's Horn that explains the correspondence between the two romances.

Not only are the objections to the theory of little weight, but there remains a positive argument in its favour.   It has been the contentions of a notable line of scholars that the Welsh Bran is the original of the Fisher King of the Grail romances, usually named Bron.[2]   To their arguments I have added some of my own, and have also contended that Bran's Horn is one of the prototypes of the Grail and that the Grail castle, Corbenic, owes its name to a corruption of Chastiaus del Cor Beneit—a very mild instance of palaeographical confusion.[3]   There is far too much evidence on these points to repeat here; suffice it to say that it has proved convincing to several scholars.   Now it will be conceded that if we find that the same story is told of the castle of Corbenic as is told of the castle of the sacred *tor* and of the castle of the sacred *cor*, this group of hypotheses will receive remarkable confirmation.   And we do find just such confirmation.

In the Vulgate cycle we find three accounts of heroes who, like Payn, ventured to spend the night in the *palais* of the enchanted castle.   In the *Estoire del Saint Graal* Galaphes, lying in the *palais* of Corbenic is attacked by a man "ausi comme tous enflammes," who denounces his audacity and plunges a spear into him.[4]   "Si vint puis maint cheualier qui i voloit demorer Mais sans

---

[1] *Romanische Forschungen*, XLV, 69 f.

[2] Cf. *Mod. Lang. Rev.*, XXIV (1929), 418.   If I seem reckless in identifying Bran son of Dyfnwal, Bran Galed from the Gogledd, and Bran son of Llyr, I may plead that the first Bran is expressly said in MS. Jesus Coll., Oxford, No. LXI, to be King of the Gogledd (cf. Geoffrey's *Historia*, ed. Acton Griscom, p. 276, bottom), while the traces of the second and third Brans in French Grail romance show that they were identified if not originally identical.

[3] *Ibid. Rev. celt.*, XLVII (1930), 39 ff. *Romanische Forschungen*, XLV, 87 ff. Possibly the form *Corlenot* in the Montpellier MS. of Manessier, fol. 294 rᵒ (Potvin, *op. cit.*, VI (150, n. 2) is an independent corruption of *Cor-benoit*.

[4] H. O. Sommer, *Vulgate Version of the Arthurian Romances* (Washington, 1909), I, 288 f.

faille nus ni demoura que al matin ne fust troues mors." Compare *Fouke*: "Plusours vindrent pur vere les merveilles mes unqe nul n'eschapa." In the *Vulgate Lancelot* Gawain spends the night in the same *palais*, is pierced by a flaming lance, is warned by a knight to depart, fights with him, until both are exhausted.[1] The same romance tells how later Bohors essays the nocturnal adventure of Corbenic, how, as in *Fouke*, a terrible storm breaks, how he is pierced by a fiery lance, and immediately after encounters and vanquishes a gigantic knight.[2] A significant but badly garbled feature is the appearance to Bohors of a man suffering great torment who awaits his deliverer. In the morning Pelles asks Bohors if he has seen the Maimed King, the Fisher King, who was awaiting his deliverer. Though Bohors denies it and the details of the text will not permit identification of the Fisher King with the suffering man who had appeared to him, yet in an earlier form of the story, surely, Pelles' question was not meaningless, the Fisher King did dwell in the Castle of Corbenic, and was in fact seen by Bohors. It is most noteworthy that all three accounts of the night spent in Corbenic agree that the heroes behold worship paid to a holy vessel. Thus taken together, these three stories correspond in six points to the story in *Fouke*: (1) A hero spends a night in the marvel-haunted *palais* of a castle. (2) The adventure is usually fatal. (3) A storm breaks with thunder and lightning. (4) The hero fights with a fiery antagonist. (5) The castle has been or is the dwelling of Bran or the Fisher King. (6) In it worship is paid to a *tor*, which gives great wealth, or to a vessel, presumably the *cor beneit*, which provides abundant food. Such correspondences do not occur by accident. No further demonstration should be necessary that the Welsh tradition of the Horn of Bran is at the root of all these stories.

But a final fact seems to clinch the matter. *Fouke* states that the castle of King Bran was called "la Vele Marche." In the *Vulgate Lancelot* (ed. Sommer, IV, 259-67) the castle of King Brangoire is called "le chastel de la Marche." I have shown in *Modern Language Review*, XXIV, 420-23, that the name Brangoire

---

[1] *Ibid.*, IV, 344-7.

[2] *Ibid.*, V, 298-303. As I point out in my *Celtic Myth and Arthurian Romance*, 159-76, many of these adventures are developed under the influence of the Irish story of the adventures of Cuchullin in Curoi's castle. It is a neat corroboration of my hypothesis that in those versions of the Lit Merveil episode which are not combined with Grail tradition, viz. the Chateau Merveil and *Arthur of Little Britain* versions, there is no combat with the fiery knight.

is a slight corruption of Welsh *Bran Gawr*, "Bran the Giant," and that the story of Bohors' adventures at the Chastel de la Marche was derived from a source "close to Welsh traditions of Bran." Once more, then, the evidence dovetails together; once more we find confirmation for the belief that Welsh stories of Bran centered round this ancient fortress on the march of England and Wales.

The versions of *Perlesvaus* and the Vulgate cycle seem, like practically all Arthurian romance outside of *Kilhwch* and the *Dream of Rhonabwy*, to have their immediate source not in Wales but in Brittany.[1] The version in *Fouke* seems to be a rare example of Arthurian material taken directly from Wales. Everything points to the probability that the author of the original *Fouke* derived his story of Chastiel Bran on the spot—his knowledge of the region, the form Bran, and the fact that he alone grafts upon the common tradition a tale of hidden treasure which was actually localized at Dinas Bran as late as the nineteenth century. Payn Peverel, be it remembered, asked the fire-breathing devil whom he had overcome, " 'Ou est le tresor dont avez dit?' 'Vassal,' fait il, 'ne parles mes de ce qar yl est destine as autres.' " The winner of the Eisteddfod prize in 1898 reported the belief that there is a "cave beneath Castell Dinas Bran, near Llangollen . . . containing much treasure, which will only be disclosed to a boy followed by a white dog with *llygaid arian*, 'silver eyes.' "[2] It hardly seems probable that the author of the original *Fouke* should, by sheer chance, have been moved to incorporate a local legend of subterranean treasure awaiting its discoverer and to place it just where the same theme occurs six centuries later. It seems more probable that he found this theme already localized at Dinas Bran. Only the corrupt form *tor* suggests that the story was not taken directly from Welsh traditions of the Horn, but this form may have been due not to the author of the original *Fouke*, but to the prose redactor. In the original poem there may have stood, as in *Perlesvaus*, the correct form *cor*.

Though Dinas Bran offers the clearest evidence that it was once regarded by the Welsh as the abode of Bran and his vessel of plenty, and can be regarded by us as an original of Castle Corbenic, yet I have elsewhere advanced the claims of other sites as traditional

---

[1] R. S. Loomis, *op. cit.*, 24–30.

[2] John Rhŷs, *Celtic Folklore* (Oxford, 1901), I, 148. Cf. *Hamwood Papers*, ed. Mrs. G. H. Bell (L., 1930), 254.

localizations of the miraculous office of the Grail.   There are Ashbury Camp in Cornwall[1] and the island of Grassholm off Pembrokeshire.[2]   There is also a Caer Bran in Cornwall, with its provocative name surviving, but nothing more.[3]   These places, I still believe, were centres of Brythonic tradition concerning vessels of plenty.   Dinas Bran happens to have completer credentials, and also, by happy coincidence, fits admirably the famous story of Perceval's approach to the Grail castle as told by Crestien de Troyes.   Following the road from Ruabon to Llangollen, along the valley of the Dee, with occasional glimpses of Dinas Bran ahead, one may easily relive the encounter with the Fisher King and the sudden appearance of the enchanted castle.   It is pleasant, if irrelevant, to recall that over this very road George Borrow marched in 1854, and that his impressions of Dinas Bran are set forth in Chapters VI and VIII of *Wild Wales*.   Along this road also William Hazlitt strode in 1798, the year of *Lyrical Ballads*, ecstatic over the prospect of a visit to Coleridge, and was inspired by Llangollen Vale to one of the finest passages in *On Going a Journey*.   Even though the supernatural has disappeared from Dinas Bran, the region still possesses a natural glamour in its own beauty and its literary associations.[4]

ROGER SHERMAN LOOMIS.

New York.

---

[1] Loomis, *op. cit.*, 198-201.

[2] *Rev. celt.*, XLVII (1930), 58 f.

[3] W. Borlase, *Observations on the Antiquities of Cornwall* (Oxford, 1754), 315.

[4] Prof. T. Gwynn Jones in *Aberystwyth Studies*, VIII (1926), 71 n., calls attention to a number of places in the region around Dinas Bran which are named after other figures in the *Four Branches of the Mabinogi*.

# THE EVOLUTION OF A SIXTEENTH-CENTURY SATIRE

THE *Narrenschiff* of Sebastian Brant has benefited more than most works of its time by patient and detailed investigation; its popularity and influence are viewed quite differently to-day from, say, thirty years ago.  They must of course be for ever imperfectly known to us, but it is doubtful whether we have any real idea of the extent (both in time and area) of Brant's success as long as we estimate it merely by the translations of his book.  They are sure but slight signs of a popularity that is the more elusive because due in this case not to the intrinsic merit of the original work but to its didactic theme, akin to the chief preoccupations of the time and suggesting untold satiric possibilities.  To concentrate upon direct translations is therefore not only insufficient but misleading; primarily it stirred others, not to reproduce but to compose on parallel lines.  Much of this imitation was very inferior, but to the student it is important for the taste of the age, as well as for Brant's hold upon it.

This view is borne out by the study of a single instance of Brant's popularity outside his own country.  In bulk one of the slightest of the Fool satires, a mere offshoot beside those of such assiduous imitators as Drouyn or Bouchet, it seems nevertheless to have interested a certain public through a very long period—the known dates go from 1502 to 1600—presented as it was in widely differing guise and in at least three languages.  This last particular gives it a further claim to interest, since if its origin be really French, it affords yet another case of German culture transmitted by France to other countries.

It appears first, though certain things about it incline one to suppose a still earlier origin, as an appendix to a military treatise, *La Nef des Princes et Batailles de Noblesse*, printed in 1502 under the ægis of the celebrated doctor of Lyons, Symphorien Champier. The author, Robert de Balsac, is known as a somewhat boisterous seneschal of the Agenais, whose career in Italy and at home seems quite unconnected with the two works attributed to him.  The *Nef des Princes* has little but its title from Brant, and that possibly indirectly, but the appendix is much closer.    In this earliest edition it is introduced as follows:

> Sensuit le droit chemin de l'ospital et les gens qui le trouvent par leurs œuvres et maniere de vivre et qui pour vraye succession et heritage doivent estre possesseurs et heritiers dudit hospital et jouyr des privileges droitz et prerogatives ou aultrement leur seront fait grant tort et injustice.[1]

Fortunately this clumsy language is not continued in the body of the work, which is nothing more elaborate than a verbless list, abrupt and didactic to a degree, of the various sorts of people whose follies bring upon them worldly poverty and ruin.    They are for the most part careless folk, thoughtless in business and personal concerns, wasteful, slack in their own interests, some even quarrelsome or unjust.    The first sentences of the second edition will serve to show the character of the whole (it is worth while to note the shortened title):

> Le chemin de l'ospital.    Et ceulx qui en sont possesseurs et heritiers.    Et premierement
> > Gens qui ont petit et despendent beaucop.
> > Gens qui jouent voulentiers et perdent souvent.
> > Gens qui n'ont pas grans prises ne rentes et portent draps de soye et chiers abillemens.
> > Vieulx gens d'armes qui ont gaudi en leur jeunesse.
> > Gens qui despendent leurs biens sans ordre ne mesure.
> > Marchans qui achaptent chier et vendent a bon marché et a credit.

Half a dozen examples suffice to show the total lack of plan, the purposeless repetition and absence of any artistic effect.    To modern taste there is in such a bald catalogue nothing either to attract the public or to evoke imitation.    The only plausible explanation of its astonishing popularity seems to be that its very formlessness brought the more forcibly before the reader the well-known reality against which the satire was directed; it compelled imitation because of its moral aim and background and the catholicity of folly which such pin-point descriptions, so to speak, allowed it to embrace within comparatively small compass.

Of its indebtedness to Brant even the quotations above leave no

---

[1] This and the edition of 1505 in the B.M.    The Paris edition of 1525 and one of Troyes, s.d., in the B.N.    Twice reprinted: in 1859 by P. Allut in his *Etude* . . . *sur Symphorien Champier,* and less correctly by Tamizey de Laroque in *Revue des Langues Romanes,* 1886, pp. 276, *ss.*    The title, which persists through all transformations of the matter, seems to have no direct literary origin.    Until such be discovered we must credit Balsac with the mythical counterpart of such attested institutions as the "Ellend Herberg" in Strasburg, for which Geiler framed a constitution in 1501.    Cf. *Geilers Aelteste Schriften,* ed. Dacheux, pp. 26, *ss.,* and G. Kalff: *Westeuropeesche Letterkunde,* Groningen, 1923, I, 123 and note.

doubt. In the course of the work there are frequent parallels to some of the more striking of Brant's chapters. His eighth, for example, "Nit volgen gutem ratt," his fifty-eighth, "Syn selbs vergessen," his seventieth "Nit fursehen by zyt," his eighty-ninth, "Von dorechten wechsel" are all copied and repeated with little variation in the *Chemin*. The terse phrasing of the copy is a distant but undoubted echo of the sting of the original verses of 1494. Such a category as "Ceulx qui font leur dommaige pour faire plaisir a autruy" would perhaps never have occurred to the Frenchman, and would certainly have not been so beloved of his contemporaries, had not the translators and the public admired such lines as these:

> Wer grosz arbeit und ungemach
> Hat, wie er furdere frombde sach
> Und wie eyns andern nutz er schaff
> Der ist me dann eyn ander aff.

It was surely this foreign inspiration, at once novel and in accord with the temper of the times, that made Balsac's catalogue a success. We know of at least four editions, the latest at Paris in 1525; the transfer from Lyons may be taken as a fairly sure sign of importance and rapid sale. A more unusual proof of success is afforded by imitations and echoes in various didactic works of the time; an examination of these forms an important part of the history of Balsac's small work.

But in determining the degree of this imitation we are on dangerous ground, because of the very affinity with Brant. It is impossible in all cases to distinguish the *Chemin* from the general current of Fool literature popular in France during the early sixteenth century. Allusions of similar tenour to those of Balsac may equally well have been derived from the Latin of Locher or the French of Drouyn and Rivière. It is therefore prudent to notice one respect in which Balsac differs from many of his fellow satirists. The *Narrenschiff* contained in itself, and transmitted, a twin inspiration; it was a compound of indignation and scorn, attaining its effect by attacking the wicked as well as the foolish, exposing sins as well as follies. This double attack is important for the whole history of Brant's influence in Europe, but our immediate concern is to note that Balsac dealt almost exclusively with follies. His people are brought to beggary rather than to moral ruin, and the large majority of them err by worldly neglect more than by active wickedness.

From this point of view Gringore's satire *Les Abus du Monde*, published in 1509, is worth a moment's attention, since it has been claimed as directly inspired by the *Chemin*.[1] But a careful reading shows that the abuses in Gringore's mind are, strictly speaking, sins from which the world is suffering; in a dream he sees

> blaspheme et acquerre
> Qui aujourdhuy la terre tresmal traictent,

and is led to describe the forms of corruption and oppression that are rife in all classes of society. Only seldom does he approach Balsac's material, as for instance, when satirizing meddlers and gossips, but his difference of attitude is such that in one case at least his treatment is almost the contrary of his supposed source. We have seen how Balsac scorned merchants who sell at a loss; Gringore is wrathful because they do the opposite

> De la nature judaique les treuve
> Bon marché prennent et en vendant sont chiers.

Gringore, however, is not entirely unconcerned with the evolution of our satire; he undoubtedly influenced the production in 1513 of a poem by Laurens Desmoulins: *Le Catholicon des Maladvisez, autrement dit le Cymetiere des malheureux.* This author not merely copies some of Gringore's lines, but like him has a dream, and like him meets there

> Ung bel esperit nommé entendement,

who shows him first a great concourse of the heroes of antiquity, and then introduces him to various living types of humanity:

> Parler te fault de ceulx qui sont au monde
> Ou tout malheur, meschanceté abonde. . . .
> La veix venir par cours tresdiligens
> Diverses sortes et manieres de gens
> Qui de courir nullement n'estoyent las
> Il y avoit des gens de tous estatz
> Comme d'eglise, de noblesse, de labeur,
> Lesquelz faisoyent tres horrible clameur
> Chascun par soy disoit son motelet
> Sa complainte, son chant et virelet
> Lesquelz ouy mys tout par escript
> Ainsi que apres la teneur en ensuyt
> Sans nullement garder ordre ou mesure
> Fortune met souvent gens à laidure.

This is a fair summary of Desmoulins' theme save that it

---

[1] By E. Picot, in a note to art. 137 of his *Catalogue de la Bibliothèque Rothschild.* Some of the proverbs in Gringore's later work: *Notables enseignemens, adages et proverbes* (1527), are more akin to Balsac.

omits to state that he keeps no more, and no less, "ordre ou mesure" than Robert de Balsac, since his descriptions of all these poor folk are amplified from the items of the *Chemin*. He adapts his predecessor in a regular and circumstantial manner, giving first the title of each class, in Balsac's own words, then a description of his lot by a typical sufferer, and finally reflexions of the "acteur," as he terms himself, these last interspersed with an occasional anecdote or a rondeau. He keeps for the most part very close to Balsac, but does not hesitate to add certain items, or even to alter the phrasing when he can make it more pungent. Thus for "Ceux qui coupent leurs chausses au genoil et descouppent leurs pourpointz et habillemens" he substitutes "Mignons qui descouppent leurs abillemens pour faire des bragars." But it is evident that he has used his source as its form indicated that it should be used, as a series of pegs, so to say, to which he might attach such poetic developments as he wished. These vary from a mere versification of Balsac's commonplace to picturesque descriptions which seem to be of his own invention and certainly are the chief merit of his work. Thus he is careful, as we have seen, to provide a suitable framework for the dramatic entry of the various sorts of people he wishes to observe. He goes one better than his predecessor by making all his unfortunates end in a cemetery instead of an alms-house, but he does not make much capital out of the change; beyond an initial woodcut and occasional references to folk on the way thither, the body of the work has little to justify the title. Desmoulins is at his best in his spirited enlargements upon drunkards and gluttons. After quoting a case of a drunkard who killed both his parents, he launches upon a realistic description of the topers' church:

> Pour leurs cloches ilz ont voirres et potz . . .
> L'odeur des metz est l'ensens delectable . . . ,

and finishes the article with

> La malediction que font les yvrongnes à ceulx qui mettent de l'eaue en leur vin.[1]

The *Catholicon* perhaps showed the way to free imitation of Balsac's catalogue, for not long after we find two others, both by a certain Jacques d'Adonville, born at Épernon, a priest and

---

[1] This work had two editions: Paris, Jean Petit, 1513, and Lyon, Olivier Arnoullet, 1534. The sub-title of the first edition becomes the sole title of the second; cf. Baudrier, X, 67. Interesting evidence as to the duration of its popularity is furnished by a manuscript note at the end of the B.M. copy of the 1513 edition: a reader of 1605 has subtracted the original date, showing naively that he possessed a book 92 years old.

author of several didactic works.   He seems to have been attracted
by the moral quality of the *Chemin*, for his adaptations are little
more than versified admonitions against the multifarious sins which
lead to beggary; they are quite without the liveliness of Desmoulins'
work.   The first appeared in 1530 as *Les Moyens d'éviter merencolie,
soy conduire et enrichir en tous estatz par l'ordonnance de Raison.*
In the manner of the Grands Rhétoriqueurs the author insists that
the world can only be cured of its vice and folly by *Raison*, assisted
by *Bon Espoir;* together they will bring back the gay *Bon Temps*,
so long absent.   And to advance this millennium *Raison* in a
hundred seven-line strophes reproves and exhorts separately all
those whose follies Balsac had pilloried.   Late risers, for example
(Ceulx qui se couchent tost et se lievent tard):

> Toy qui bien tost te vas coucher
> Et au matin te lieves tard
> Cella ne te peut avancer
> Bien fairras d'y avoir regard
> Requis ne t'est d'estre un dormard,
> Cy desire bien et avoir
> De la peine te fault avoir.

Whatever the effect on the reader who felt convicted of this or
that particular sin, there is not much literature in such verses as
this.   But they serve to show the way in which the *Chemin* had
affected people, for even such a mediocre imitation was popular.
It had a second edition at Lyons in 1540 and this perhaps encouraged
d'Adonville to rewrite it in slightly more dramatic form, making
each verse the confession of the fool concerned, who deplores his
follies and warns others against them.   Of these *Regretz et Peines des
mal advisez*, as the title calls them, one example will suffice to show
the tenour and style, the spokesman for the dissolute soldiers
quoted above among the first items of Balsac:

> Le Quart.   Et moy qui suis un beau gendarme
> Durant qu'estoye en ma jeunesse
> Des biens que avoye sur mon ame
> J'en ai faict par trop grant largesse.
> A present je suis en vieillesse
> Et ne puis plus en guerre aller,
> La bezace me fault porter.[1]

Taking all the known editions into account, we have a total of

---

[1] The only known edition of the *Regretz* seems to be that in the B.N. of 1542
(Lyons, Arnoullet), although Picot claimed (against Montaiglon) that they were
written prior to the *Moyens*.   This latter work is reprinted in Montaiglon's *Recueil
de poésies*, II, 42, *ss.*

nine publications between 1500 and 1545, all of them elaborating in the same way a theme already introduced into France by Brant's translators, but the point and sting of which was lost in their verbosity.    Balsac recalls it in its briefest and barest expression and this brevity seems in itself to have been the spur which induced others not only to read it but to embroider its suggestions, to reinforce and versify its appeal.    One would think forty years a long life for such a collection of dry bones as the *Chemin de l'ospital*, and it looks like a freak of literary history that they were made to live more effectively in England than by any French imitator.    Yet so it turned out.    One of the most industrious of Tudor printers, Robert Copland, incorporated Balsac's title and a good part of his matter in his celebrated work, the *Hye Way to the Spyttel Hous*, and thus made the Frenchman in part responsible for one of the most vigorous satires of the time.    I have studied elsewhere the circumstances and import of this literary borrowing, and need only remark here that though the *Hye Way* has been variously appraised as a picaresque document, a satire of low life, and a contribution to Fool literature, it has this last merit only as an imitation in the first place of Balsac, and secondarily of Alexander Barclay.[1]

Copland is a better adapter than Desmoulins; he does not reproduce his source but uses it to give a fresh and original turn to his theme.    The reality with which he surrounds his borrowed matter is more graphic than in any other imitation of the *Chemin*. The poem begins in the most natural manner with a shower of rain, and sheltering with the porter of an almshouse, Copland questions him as to the inmates, and hears of all kinds of beggars, "clowners," "rogers" who seek lodging.    After 500 lines or so, the enquiry is extended to "all folke in generall, That come the hye way to the hospitall," and for the second half of the satire Balsac is the direct, though sometimes rather distant source. Among the many strict reproductions of his items we have:

> All such people as have lyttel to spend
> Wastyng it, tyll it be at an end.
> (Ceulx qui ont petit et despendent beaucop.)

or the slack officials, "Tresoriers, recepveurs et despenciers qui demeurent longtemps sans rendre leur compte et qui donnent

[1] Cf. Herford, *Literary Relations*, 357, ss., and my article, to be published shortly in the *Review of English Studies*, on *Robert Copland and his Hye Way*.    Of the original only one edition is known.    There is a convenient reprint in Hazlitt's *Remains*, IV, 17.

l'argent sans en avoir bon acquit," a trio to which the Englishman's experience of such dilatory people can add four others:

> Bayllyfs, stuardes, caters and renters
> Paymasters credytours and recyvers
> That be necligent to make rekenyngs
> Delyvering and trustyng without wrytynges.

But sometimes Copland works more freely, following the general impression of several similar cases in his source.   To the careless farmer, for example, Balsac made four allusions: "Ceulx qui par negligence laissent pourrir le foin du pré. . . . Ceulx qui laissent les prez et les jardins sans clorre et sans garder quant les fruitz y sont. . . . Ceulx qui laissent leur granche descouverte quand les biens sont dedans. . . . Ceulx qui laissent manger les prez et les bledz pour paresse d'aller jeter le bestail de dedans ou le faire garder."
Thus Copland:

> Fermours and other husbandmen that be
> In grete fermes and dooth not over se
> Theyr husbandry, but leteth theyr corne rote
> Theyr hey to must, theyr shepe dye in the cote,
> Theyr land untyled, undunged and unsowen,
> Theyr medowes not defenced and unmowen,
> Theyr fruyt to perysh, hangyng on the trees,
> Theyr catell scater and lose theyr honey bees.

Such writing as this, though not first-class, is obviously superior to anything else that Balsac has inspired; words are used in a conscious effort towards painting a detailed picture, an effort often successful since some of Copland's fools stand out as reasonable and, on occasion, vivid sketches.   There is throughout the *Hye Way* an attempt at form and setting, which again is more than partly successful.   And above all, Copland realises, as Balsac did vaguely, d'Adonville not at all, that the moral of the satire was closely bound up with reality, and would be tiresome unless presented with realistic detail.   By prefixing to Balsac's matter a lengthy account of contemporary English life, he avoids, and in so doing is unique in his handling of this theme, the monotony of a mere catalogue of folly.

The date of the *Hye Way* is not known, but we may put it safely about 1535.   Nor do we know how Copland came in contact with his source,[1] but he does not seem, despite the merit of his

---

[1] Such a line as 804: "Reason wyll drive them to come this way," and slight evidence from other translations of Copland, suggest that he knew the *Moyens* before the *Chemin*.

work, to have inspired anyone else to take up his material, either in England or elsewhere. From this point onwards we practically lose sight of our satire, nor indeed would anything but its rather surprising early success tempt us to look further for its traces. In this foreign imitation, if not in the French adaptations, it would seem to have reaped greater favour than the meagre original version would warrant. Curiously enough, however, there exists a late Dutch version in a collection of popular pieces printed at Antwerp in 1600. By contents as by date this seems to round off in a somewhat unlooked-for manner the evolution of the satire through the century.

The collection,[1] printed under the title of *Veelderhande Geneuch-lijcke Dichten, Tafel spelen ende Refereynen*, consists of popular tracts of earlier date, how much earlier is impossible to say since the publisher of 1600 gives no information as to how he procured them, but they include such things as "von sinte Niemant," "Moorkensvel" and others known in French, German or English versions from the first years of the century. So that our satire may have existed in Holland by the middle of the century; for the present it seems impossible to fix any closer date. Equally uncertain is the means by which it came, direct from France, through England, perhaps even through Germany, a possibility that should not be ruled out by reason of the absence of any German version that has survived to our own day. The title would lead us to suppose direct following of Balsac. It runs as follows: "*Den rechten weg nae tGaesthuys met die by weghen ende toe paden die daer leyden tot den Broodtsack.*" The procedure is similar to that of Copland in his adaptation of Balsac's items; some are kept in almost their original form, others are altered, amplified, and there are others again which seem to be original additions of the latest editor. Gamblers, for instance, are referred to in the terms of the first version, but later dicing and bowls are mentioned as special causes of the loss of time and money; "Alle die met Teerlinghen spelen ofte op klosbanen ende verliesen haer geldt ende haren tijdt." It is interesting to find an adaptation of an item that appears first in the second French edition of 1505. "Vieulx tabarins et menestriers" becomes in the Dutch the following: "Onde Luytenaers, Herpers, Tromslaghers, ende veel ander speellieden comen ooc by, om dat zyt lichtelijck winnen." The

---

[1] My first knowledge of this volume I owe to A. Pompen: *The English Versions of the Ship of Fools*, 1925, 194, note.

"Broodtsack" is not the only innovation: more important perhaps is that of a "Master" of the House, who at the end of the catalogue makes a will declaring all the foregoing his heirs and members of his household; those not guilty of the various follies mentioned are denied all part or lot in the establishment.

This brief analysis of its distinguishing features shows the *Rechten Weg* to be not essentially different from the preceding versions, to be indeed like them closely modelled on Balsac while at the same time endeavouring to make the satire more picturesque or dramatic.   It is instructive to note how each remodelling of the material seeks novelty in some respect; Desmoulins adds his cemetery, Copland his account of English beggar life, the Dutchman his "Broodtsack" and his "Meester van 'tGasthuys," even d'Adonville makes his fools confess each his own folly, or submit to a lecture upon it.   As we distinguish such attempts we seem to get an unusual glimpse into the preparation of second-rate literary material in the sixteenth century.   We see that popular reading could on occasion pass from one country and language to another, that a theme at first sight neither new nor striking could so fit the temper of the time as to produce in various forms matter that was not merely readable but sought after by more than one generation, even if disdained by the great who alone survive to represent the literature of an epoch.   And, after all, are we so sure that our satire was disdained by the literary princes of the French Renaissance?   It is more than possible, nay very likely, that Rabelais knew it when a printer's reader in Lyons; the great book he was engaged in writing was to crown, perhaps unconsciously, more than one of Balsac's satirical sallies.   The good seneschal had pilloried not only, as we have seen, merchants who sell cheap and buy dear, but "ceulx qui mangent leur blé en herbe" and it was Panurge who was to give life and point to such satire by being himself the most wasteful and extravagant of stewards "prenant argent d'avance, achaptant cher, vendant à bon marché, et mangeant son bled en herbe."

W. G. MOORE.

Manchester.

# ON THE ORIGIN OF "PELLES"

THE traits of Pelles, as set forth in the *Perlesvaus* or High History of the Grail, are briefly these:

He is brother to the Fisher [Grail[1]] King and to Perceval's mother; he is a hermit and lives in a forest, where he admonishes the Grail hero—all of which is an evident parallel to the *rôle* of the Hermit Uncle in Chrétien's *Conte del graal* (ed. Baist, ll. 6265 ff.). In addition, however, he was once *rois de la Basse Gent qui fu nomez Pelles* (1. 38), a position which he resigned for the cowl when his son, Joseus, committed matricide (l. 1080). The castle in which he reigned, and which has been on fire since this crime was committed, Perceval passes in a ship on his return from the Island Paradise[2] (l. 9817). It appears to be Pelles, who also became ruler of the Plenteous Isle, whence he was advanced to a *graignor roiaume* (l. 9628) because of his good rule.

In these additions of the *Perlesvaus* to Chrétien's brief account of the Hermit Uncle, Professor Rhŷs and I discerned many years ago a contamination with the Welsh tale of *Pwyll*. In view of the numerous contacts that the *Perlesvaus* has with Wales, the equation Pelles = Pwyll would seem to have much in its favour. For one thing, the author of the romance, writing in behalf of Glastonbury (Avalon), might readily have heard the Pwyll story. He knew other Welsh tales; for example, that about Gurgalan[3] [W. *gurguol* "werewolf"]. And the modern prejudice against admitting any Celticity in Arthurian romances cannot raise its head here. My object now is to deal with the linguistic aspect of this particular case, leaving further details for treatment in the forthcoming edition of the *Perlesvaus*.

According to Holder[4] (*Alt-Celtischer Wortschatz*), W. *pwyll* is

---

[1] So in Chrétien, ed. Baist, ll. 6377: *cil cui lan an sert fu mes frere.*

[2] This is the Four Horned or Four Cornered Castle, identified by Rhŷs, *Arth. Leg.*, 301, with Kaer Pedryvan and Kaer Sidi; see the *Harryings of Annwn* (Skene, *Four Ancient Books*, I, 264 ff.) and compare R. S. Loomis, *Celtic Myth*, pp. 201 ff.

[3] See Kittredge, "Arthur and Gorlagon," [*Harvard*] *Stud. and Notes*, VIII, 205.

[4] Cf. Pedersen, *Vergl. Gram. der keltisch. Sprachen*, Göttingen, II, 490: "Zu ir. ciall "Verstand" c. pwyll, br. poell, die -ill- aus -sl- haben; s. Thurneysen, *Handbuch*, S. 130."

MBret. *poellat*, Ir. *ciall*, Lat. *pĕllus*, and signifies "understanding" [*verstand*]. Holder cites the following:

(*Viscu*) CIL II 406: Pelli Flac[c]us frater c(uravit). (*Santa Cruz de la Sierra*) 675: Saturnina P[e]lli f(ilia) Iovi s(olutorio) a(nimo) i(ubens). (*Caparra*) 834: Bolosca[e] Pelli f(iliae). (Alcollarin, *al sur de la provincia de Cáceres*) 5301: Pellus Taltici f. an. L. G. Pelli f.

The *N. E. D.* gives *peller* or *pellar*, "exorcist," "wizard," "conjurer," as "dial. (Cornwall)."

To these references may be added the name *Pellitus* occurring in the *Historia regum Britanniae* (ed. Faral, III, pp. 289 and 294):

Venerat namque ad eum [Edwin] quidam sapientissimus augur ex Hispania, vocabulo Pellitus,[1] qui volatus volucrum cursusque stellarum edoctus, praedicebat ei omnia infortunia quae accidebant. [He is slain by Brianus, who] erexit burdonem quem supradixi, infixitque magnum sub pectore, atque eodem ictu interfecit.

As regards the OFr. form *Pelles*, the late J. D. Bruce (*Mod. Philol.*, XVI [1918], 124) remarked: "I have no doubt that, like a large percentage of the names in the prose romances, it was fabricated by the author of the romance which first introduced him into literature. This author made the name of his new Grail King alliterate with that of Chrétien's Grail Knight, Perceval, as was often done in such cases." To support this contention there is the fact that the scribes of the *Perlesvaus* MSS. frequently write *Perles* for *Pelles*. At the same time, since W. *pwyll* appears in Eng. as *peller*, in Bret. as *poell(at)*, it is in no wise hazardous to regard *pelles* as its derivative.

As regards the semantics of the word, "wizard," "conjurer," "augur," "admonisher," agree with the basic meaning of "understanding." Finally, we should note that in the Welsh Mabinogi, *Pwyll Prince of Dyvet*,[2] Pwyll is a hunter and woodsman, who, separated from his companions, meets Arawn, king of Annwvyn [properly an "abyss," also "realm of the dead," or "hades"]. With him Pwyll agrees "to exchange kingships" for one year. Ever afterward, the story goes, the title "Head of Annwvyn" clung to him. Thus this part of the Welsh tale has all the earmarks of an attempt to explain the meaning of the name *Pwyll*.

In similar fashion, in the Grail romance, the appellation Pelles

---

[1] Wace, *Brut*, ed. Leroux, ll. 14598 and 14728, gives *Pellis*, nom., and *Pellit*, obliq. Cf. the far superior Canterb. MS., fol. 157d, *pelliz*, fol. 159a, *pellit*.

[2] Cf. Loth, *Les Mabinogion* (2d ed.), I, 44; E. Anwyl, *Zeit. f. celt. Philol.*, I (1897), 278, and Cross, *Rev. celt.*, XXXI (1910), 438, n. 1.

belonged to a former *roi de la Basse Gent* [King of the Netherworld]. But, for the love of the Saviour, he has become *le bon Hermite*; and later he again (apparently) exchanges a kingdom for a *graignor reaume*.

Hence it appears to me altogether likely that the name Pelles was brought into the prose Grail romance from a Welsh source.

WM. A. NITZE.

CHICAGO.

# A VARIANT VERSION OF GEOFFREY OF MONMOUTH'S *HISTORIA*

On August 18th, 1753, Lewis Morris wrote from London to his brother William, "I have bought here a charming MS. on vellum, finely wrote in Latin, containing among other things the History of yᵉ Britons, translated by Galfrid (sef Stori Tyssilio), Giraldus Cambrensis's Itinerary of Ireland, and Conquest of Ireland with verses of yᵉ Sybils, articles of Munster, etc. This MS. is well bound, and formerly belonged to yᵉ Monastery of the Blessed Virgin Mary, near Dublin. Pray enquire where that monastery was, and when it was dissolved. The book is so fair and whole that it may last again a thousand years or more. It contains also Dares Phrygius's Siege of Troy, Explication of Merlin's Prophecies, verses on Ireland and Scotland, the Nature and Properties of Animals from Aristotle. It is remarkable that the writer took particular care in mentioning that the History of yᵉ Britons was translated from yᵉ British, both in the beginning and end of yᵉ book."[1] The present location of this manuscript is unknown (it was sold after Morris's death) but Evan Evans made extracts from it, and these are preserved in MS. *Panton* 37, now in the National Library of Wales. Evans's statements concerning this manuscript find confirmation in the fact that some few words puzzled him and he reproduced them as nearly as he could instead of transcribing them. These words are not sufficiently numerous to provide a very sure guide, but so far as I can determine they might well be abbreviations of the fourteenth or fifteenth century. In the transcript which follows[2] I have indicated these by parentheses, inclosing within them my own guesses at the meaning where I was able to guess, and have used the square brackets to represent Evans's own brackets.

I have not attempted to correct even the most obvious mistakes in this text; some may be due to Evans but quite clearly some of the others were in his source, and to attempt to bring this text into harmony with the printed copies will only serve to obliterate some of the differences between it and them.

An account of a Curious Manuscript which now belongs to Doctor Treadway Nash near Bevere Worcester 1773 bought out of the library of the

---

[1] John H. Davies, *The Letters of Lewis, Richard, William and John Morris, of Anglesey.* Oxford, 1906, I, 241-2.

[2] Printed with the kind permission of the Librarian, Mr. William Ll. Davies.

late Mr. Lewis Morris of Penbryn in Cardiganshire. This seems to be the first Edition of Galfrid's history, and differs very much from the printed copies.

This Manuscript was bought by me Lewis Morris of Galltvadog in Cardiganshire of Thomas Osborn bookseller of Grays Jnn July 1753. It contains these several heads.

. . . . . . . . . .

3. Galfridus Arthurius Monemutensis's translation of the history of Britain out of Welsh into Latin, with Merlin's prophecies without the common preface found in other Copies, and letter to the Bishop of Lincoln, or the Conclusion, where Malmsbury and Huntington and Caradog of Llan Garvan are mentioned. It is divided like the Heydelberg edition into twelve books, but not always distinguished, nor in chapters. It is more like the British Tyssilio, than any of the printed copies.

4. A commentary or explication of Merlin's prophecies. [N.B. These are set down paragraph by paragraph in red letters with Galfrid's explanations different from the printed copies.]

. . . . . . . .

6. The Articles of Munster A.D. 1310.

. . . . . . . .

Jn the leaf before the beginning of the book is the following account in text-hand.

Liber communitatis domus alme Virginis Marie juxta Dubliniam.

Jn isto volumine continentur Aristotelis Tractatus de Natura et proprietate animalium. Daretis excidium Trojanum. Historia Britonum a Galfrido Arturio translata. Prophetiae Merlini de duobus draconibus. Topographia Hybernica. Duo libri expugnationis Hyberniæ Gyraldi Barrii Cambrensis.

Sum Patricii Dowdal x Julii accomodat.      Wilielmo Ryano.

Jncipit historia Britonum a Galfrido Arturio Monemutensi de Britannica Lingua in Latinum translata.

BRITANNIA Jnsularum optima quondam Albion nuncupata est in occidentali Oceano inter Gallyam et yberniam sita DCCC millia passuum in longum CC vero in latum continens. Terra[1] optima frugibus et arboribus et alendis apta pecoribus ac jumentis vineas etiam in quibusdam locis germinans (set et auiū) ferax terra fluviis quoque multum piscosis habundans. ac fontibus aqua præcla copiosis. habet et fontes salinarum. habet et fontes calidos. Venis quoque metallorum eris. ferri. plumbi et argenti fecunda. Erat quondam civitatibus nobilissimis XXVIII insignita. Jnsula (haec) Britones et Pictos et scotos incolas recepit. Britones autem a quibus nomen accepit in primis a mari usque ad mare totam insulam insederunt. qui de tractu Armoricano ut fertur advecti sunt Britanniam. Qualiter vero et unde (urii) applicuerunt restat calamo perarare sequendo veterum historias qui a Bruto usque ad Cadwaladrum filium Cadwalonis actus omni conamine et ex ordine fecuerunt.

De Enea Post Trojanum excidium.

ENEAS post Trojanum Excidium cum Ascanio filio suo fugiens Ytaliam

[1] A mark here in the text indicates a marginal note which apparently reads *ati opima*.

navigio devenere.  ibique a Latino susceptus cum Turno Clauii Tuscorum regis filio dimicans eum interemit. regnumque Ytaliæ et Laviniam filiam Latini adeptus est.  De cujus (etiam?) nomine Lavinium.  Oppidum quod extruxerat appellavit et regnavit Eneas in Lacio annis iii. quo vita discedente, regnum suscepit Ascanius qui et Julius ejusdem filius dictus erat quem apud Trojam ex Creusa filia Priami regis genuerat, et secum in Jtaliam veniens adduxerat.  Qui Ascanius derelicto novercæ suæ Laviniæ regno Albam longam condidit Deosque et Penates patris sui Æneæ ex Lavinio in Albam Longam detulit.  Simulac Lavinium sponte redierunt.  rursum traducta in Albam (iterum) repetierunt antiqua delubra. educavit (an̄) ascanius summa pietate Postumum filium fratrem suum ex Lavinia procreatum et cum xliiiior annis regnasset silvium reliquit heredem et Ascanius cum xv erat annorum genuerat filium qui vocavit silvium a silvio fratre suo postumo. Hic furtive indulgens veneri nupserat cuidam nepti Laviniæ, eamque fecerat prægnantem.  Cumque id Ascanio patri suo compertum fuisset præcepit Magis suis explorare quem sexum puella concepisset.  Dixeruntque Magi ipsam gravidam esse puero qui et patrem et matrem interficerat. pluribus quoque terris in exilium peragratis ad summum tandem culmen honoris perveniret. nec fefellit eos vaticinium suum.  Nam ut dies partus advenere edidit mulier puerum et mortua est pariendo.  Traditur autem puer Nutriendus et Vocatur Brutus. et cum esset xv annorum comitabatur patri in venatu sagittarum in cervos dirigens inopino ictu sagittæ patrem interfecit.

Jndignantibus ergo parentibus in exilium pulsus est Brutus exulatus itaque navigio (petens?) in Græciam ubi progeniem Heleni filii Priami invenit qui sub potestate Pandrasi regis Græcorum in servitute tenebatur.  Pirrus etenim Achillis filius post eversionem Trojæ ipsum Helenum cum pluribus aliis inde secum in vinculis abduxerat, ut necem patris sui in ipsos vindicaret. Agnita igitur Brutus suorum Concivium prosapia Moratus est apud eos. Ibique in tantum militia et probitate vigere cepit ut inter omnes patriotas valde amaretur.  Divulgata itaque per universam terram fama probitatis illius.  Cæperunt ad eum confluere omnes qui de gente Trojanorum ibidem morabantur, orantes ut si fieri posset a servitute Græcorum liberarentur. quod fieri posse asserebant si ducem haberent qui eorum multitudinem in bello graviter regere possit.  Jn tantum enim infra patriam multiplicati erant ut vii millia in armis exceptis parvulis et mulieribus computarentur. Præterea erat quidam juvenis nobilissimus in Græcia nomine Assaracus qui partibus eorum favebat ex Trojana matre natus.  Hic tria castella que pater suus moriens sibi donaverat contra fratrem suum viriliter tenebat, que ei conabatur auferre frater, qui ex Concubina natus fuerat. fuerat autem ille patre et matre Grecus et asciverat regem cæterosque Græcos parti suæ favere. Jncipiens ergo Brutus virorum multitudinem et munitionum opportunitatem securius petitioni illorum adquiescevit.  Erectus itaque Brutus in ducem convocat Trojanos undique et oppida Assaraci munivit.  Ipso vero Assaracus cum Maxima multitudine virorum ac mulierum quæ eis adhærebant nemora et colles occupant.  Deinde per literas regem in hæc verba profatur.

Thus far the first chapter in this Mss.

The Latin Verses of Diana's Oracle &c are the same as those in the printed Copies.

J shall here transcribe another chapter. as a specimen from the body of the Mss. which is that of the arrival of Julius Cæsar and the Romans, in order to show what difference there is betwixt this and the printed Copies.

De primo adventu Cæsaris in Britanniam liber iiii$^{us}$.

Jnterea contigit Cæsarem subjugata Gallia in Britanniam transisse. sic enim scriptum est Anno ab urbe Condita DC$^{mo}$xx.iii. Ante vero incarnationem Domini Anno lx Julius Cæsar primus Romanorum Britannias bello pulsavit in navibus onerariis et actuariis circiter lxxx advectatus. Cum enim ad littus Rutenorum venisset et illinc Britanniam insulam aspexisset quæsivit a circumstantibus quæ patria quæ gens inhabitasset. Cumque nomen regni didicisset et populi *ate* Hercle ex eadem prosapia nos Romani descendimus qui ex Trojana gente processimus. Nobis Æneas post destructionem Trojæ primus pater fuit. Filius autem Brutus silvii Æneæ filius. sed ni fallor valde a nobis degenerati sunt. nec quid sit militia noverunt. Cum infra Oceanum extra orbem commaneant. Leviter cogendi erunt tributum nobis dare et obsequuium Romanæ dignitati præstare. Prius tamen per nuncios requirendi sunt ut Romanis subjiciantur et vectigal reddant ut cæteræ gentes. Quod cum litteris suis Cassibellano nunciasset Jndignatus rex epistolam suam ei remisit hæc verba continentem.

Cassibellanus Rex Britonum Caio Cæsari. Miranda est Cæsar Romanorum cupiditas, qui quicquid est usque auri et argenti in toto orbe terrarum sitiens. nos extra orbem positos præterire intactos non patietur. Censum exigis: tributarios nos facere quæris. quum perpetua libertate hactenus floruimus, qui a Trojana nobilitate sicut Romani descendimus. Opprobrium generi tuo Cæsar si intelligis, postulasti, qui isdem ortos natalibus jugo servitutis premere non erubuisti. Libertatem autem nos in tantum consuevimus traditam nobis ab antecessoribus familaris est. ut quid sit in ip̄o genere nostro servitus penitus ignoremus. Quam libertatem si Dii ipsi quoque conarentur auferre, nos omni nisi elaboremus ne quod nobis tanquam *instinctum* [istū?] aü est partum. Diis tanto tempore tenuimus per hostem mortalem amitteremus. Liceat igitur tibi Cæsar pro regno nos et libertate cum vita comite (fnerie) [sic MS. 9] indefessos contra stare et mortem subire paratos si tempus nostræ resolutionis (īstctē?) [sic MS. 9].

The last chapter in this Manuscript is as followeth.

Tunc Alanus sumptis de armariis libris et convocatis sapientioribus terræ suæ philosophis, cæpit per eos scrutari qū de prophetiis Aquilæ quam sestonie prophetavit q̄ de Carminibus sibyllæ ac Merlini in scriptis suis reperissent et ex pondo notificarent. ut viderent an revelatio Cadwaladri oraculis eorum concordaret. Et cum omnia hæc perscrutatus esset et nullam discrepantiam eorum reperisset. suggessit Cadwaladro ut divinæ Providentiæ pareret. et quod ei cælitus revelatum fuerat perficeret. Filium vero suum Jfor Ann nepotem suum ad regendum Britonum reliquios in Britanniam dirigeret. ne *genus*[1] eorum omnino interiret aut libertatem barbarica irruptione amitteret. Mox ergo Cadwaladrus renuncians secularibus pompis recto itinere venit Romam, ubi a Sergio Papa honorifice susceptus et criminum suorum omnium coram ipso confessione pio corde factam. languore inopino correptus xii die Calend. maii. Anno ab incarnatione Dni. DC.Lxxxxix. a Carnis contagione

---

[1] *gens q.* is written above this word, which Evans has underlined.

solutus celestis (c'ie) [q. an Civitatis] januam coronandus ingressus est. Juor vero cum XII navibus in Kambriam venit et convocatis reliqiis de nemoribus cum multitudine quam secum abduxerat saxones invadere mox decrevit et eos viriliter per XL.VIII annos oppugnavit. sed Juor de hac vita discedente Britones propter civile dissidium nullo modo saxonibus resistere potuerent. Nam ultio divina in tantum executa est Britones, ut de omnibus bellis victi discederent. Tunc vero Britones sunt appellati Gwalenses a Gwallone duce eorum sive a Galaes regina, sive a barbarie vocabulum trahentes. sed illi Britones qui in parte boreali Angliæ remanserunt a Britannica lingua degenerati, nunquam Loegriam vel cæteras australes partes recuperaverunt. Regum vero acta qui ab illo tempore in Gwallia successerunt et fortunas successoribus meis scribendas dimitto ego Galfridus Arthurus Monemutensis qui hanc historiam Britonum de eorum lingua in nostram transferre Curavi.

Explicit Historia Britonum a Magistro Galfrido Monemutensi in Latinum translata.

These selections, brief as they are, suffice to show the nature of this text and the differences between it and the standard one.[1] Some of the variations are doubtless due to scribal carelessness through a long period of copying, but it is hardly conceivable that carelessness alone could produce from Geoffrey's text that which we have here. Lewis Morris seems to have thought that it was a translation from the Welsh, but this is not probable; the statement to that effect in the manuscript is only another form of Geoffrey's claim to have had a British source, and the retention of his verses and much of his phraseology is against the supposition. On the other hand there are parallels between this version and some of the Welsh ones that present an interesting problem.

One incident of that kind is the account of how, when Ascanius attempted to establish his ancestral gods at Alba Longa, they twice returned to Lavinium. This must go back ultimately to Dionysius of Halicarnassus, but it has not been recorded as occurring in any Latin text of Geoffrey except this. It is found in Welsh in *Cotton Cleopatra B v* and the *Book of Basingwerk*, and in two late manuscripts, *Peniarth 265*, and *Panton 9* with which, according to J. G. Evans, *Havod 2* is "in verbal agreement" in this part. *Cotton Cleopatra B v* and the *Book of Basingwerk* represent one version;[2] another, represented by *Llanstephan 1*, may have had it, for although that manuscript is defective here, *Peniarth 265* agrees rather closely

[1] We now have in print the text of two good early manuscripts of the *Historia* and the "corrected" text of three others. These represent four different editions, yet except for the dedications and a few proper names they agree so closely that it seems justifiable to speak of a "standard" text.

[2] See *Speculum*, V (1930), 424 ff.

with other parts of it.[1]   The *Dingestow Court-Red Book* version,
*Peniarth* 44 (at least with its present beginning), and *Jesus* 61 do
not have it.   *Peniarth* 21 lacks the passage, and I have not seen
another copy of this version.

The passage about the parentage of Brutus which follows
immediately in the Latin of Morris's version also differs from
Geoffrey's account.   Most of the Welsh versions follow him in
mentioning only one Silvius[2] and in calling him the son of Ascanius,
although some manuscripts make Lavinia his mother and the wife
of Ascanius.   But the four texts mentioned above give to Aeneas
a son, Silvius, for whom there is, of course, plenty of justification
in Latin literature.   Two of them, *Peniarth* 265 and *Panton* 9
(presumably *Havod* 2 also), make Brutus the son of this Silvius and
give no children to Ascanius.   *Cotton Cleopatra B v* and the *Book of
Basingwerk* give to Aeneas and Lavinia a son Silvius, and to
Ascanius and his wife another, named Silvius in honour of his
uncle.   It is this second Silvius, sent to the court of Lavinia "to
learn manners and morals," "as soon as he could walk and talk,"
who becomes the father of Brutus.   Morris's Latin text, therefore,
comes close to this Welsh version, but it is not a translation of it,
and in other passages it does not even approach closely to it.
Neither is it a translation, even a free one, of any of the other
Welsh texts known to me, and the cause of its variations is still to
seek.   One can only hope—and in view of Morris's testimony to
the condition of the manuscript this hope may not be a vain one—
that the manuscript is still in existence and may some day come to
light, so that its peculiarities may be fully studied.[3]

JOHN J. PARRY.

ILLINOIS.

[1] Since writing the above I have examined the text of *Havod* 2, which also
contains this incident.   It is throughout a very faithful copy—almost letter for
letter—of those parts of *Llanstephan* 1 that remain, and there is every indication
that it was made before that manuscript became defective and that it represents
with equal fidelity the text of the parts now missing.   If this is so, the incident
was in one of the Welsh texts soon after 1200.

[2] Geoffrey does, in a later passage, mention a "Silvius Aeneas, son of Aeneas."

[3] At first sight the Latin text in *Peniarth* 265 might seem to present another
variant version.   It begins "Inclytissimo Principi, domino Roberto Claudiocestriæ
duci inuictissimo; Galfridus Monemutensis cum omni ueneratione Salutem," and
many pages have an unfamiliar look.   On closer investigation the text proves to be
rather close to the standard version (it does not agree with the Welsh on the opposite
pages) but intermingled with it is the version of Alfred de Beverley.   The two can
be disentangled but it requires patience.

# THE INFLUENCE OF MANZONI IN SPAIN

ITALIAN influence upon the Romantic movement in Spain, or upon the periods which immediately preceded or followed it, was not of great significance compared with the influence of England, France or Germany. The most important single Italian influence during the eighteenth and nineteenth centuries was undoubtedly that of Alfieri, upon which I hope at a future date to write at the length that the subject deserves. Yet, though Alfieri's popularity and the results of it lingered on in Spain after the Romantic movement had begun, they can hardly be said to have directly affected that movement. If most students of the period were asked what Italian author had the greatest vogue in Spain during the first half of the nineteenth century, they would probably name Alessandro Manzoni.

Whether such a statement is true, only a comparative study of the influence in Spain of Metastasio, Goldoni, Ugo Foscolo, Manzoni, Silvio Pellico and Grossi[1] will show: the mere recital of these names will no doubt confirm the belief of the reader who assumes the pre-eminence of Manzoni. The aim of this study is to examine the influence of Manzoni as shown by the actual documents. We may, however, at once allow that his writings were as much in accord with the spirit of Spanish Romanticism as those of almost any foreign author. If he did not exercise a long and profound influence upon the Spanish Romantic movement, we might almost say it must have been because of some accidental circumstances which kept a knowledge of them from Spanish writers. Born in 1785, he began, as did nearly all the Spanish Romantics also, by following the pseudo-classical authors then in vogue; idylls, satires and odes, of mythological inspiration and didactic quality, attached him to Monti and Parini. His ideas, before his religious conversion, were largely Voltairean. When they changed, he was still only twenty-five, and, during the next twelve years, he wrote a number of works which, wholly or in part, follow Romantic ideals: the *Inni Sacri*; the tragedies *Il Conte di*

[1] These are the only Italian authors of whose influence upon Spanish literature during this period I have any definite proof.

370

*Carmagnola* and *Adelchi*; odes, such as *Marzo 1821* and the *Cinque Maggio*; and finally the famous novel *I Promessi Sposi* (1827). How could such varied works as these, produced by a writer of European reputation, fail to appeal to Spain in the nineteenth century? It is true that eclecticism soon triumphed in Spain over romanticism, but Manzoni was not so *outré* a Romantic as to antagonize the Spanish eclectics: on the contrary, his moderation would appeal to them. His medievalism, patriotism and religious inspiration should have fed the Romantic revival in Spain, while his liberalism should have attracted to him the attention of a wider circle than any of professed *literatos*. It can be well understood, too, what an effect his *Promessi Sposi* would have in a country which for some decades devoured the *Waverley Novels* of Scott, and took so kindly to Chateaubriand. In the light of these beliefs we shall now endeavour to examine and interpret the facts.

## I

The first mention of Manzoni in Spain which appears to have any significance occurs in that cosmopolitan review *El Europeo*, which at once extolled eclectic ideals and familiarized Spaniards with the principles of foreign romanticism. To a considerable extent it was dominated by the Italian, Luis Monteggia, and appeared in Barcelona at a date when, across the Mediterranean, Manzoni had written almost all his chief works save *I Promessi Sposi* and was looked upon as standing at the head of those who cherished Romantic ideals. In the course of an article on romanticism, Monteggia refers to the *Conte di Carmagnola* (together with certain works of Byron, Chateaubriand and Schiller) as a drama typical of the "estilo romántico" and, in concluding the article, counsels his readers to study Schlegel, Sismondi, Manzoni and the *Conciliatore* for further information about romanticism.[1] The *Europeo* ceased publication in 1824, and the fact that this is one of its principal articles gives the two brief references an enhanced importance. But, at best, they are no more than two brief references, and, apart from them, there is no other such mention of Manzoni in the review as we should have expected: a score of minor writers receive more.

Neither the dramas nor the theories of Manzoni, it may be said at once, were to carry much weight in Spain, but his novel,

[1] *El Europeo*, 1823, No. 2, Article "Romanticismo."

*I Promessi Sposi*, certainly found its way into a good many homes and libraries. Considerable mystery surrounds the first known translation into Spanish, that of Felix Enciso Castrillón (1833), since the edition seems to have disappeared. But to judge from its reception, and the rapidity with which it was followed by other translations, it was the *Promessi Sposi* that gave to Manzoni whatever foothold he obtained in Spain. In 1834, this translation was being widely read. "El justo nombre de que Manzoni goza en el país de las letras," writes the *Boletín de Comercio* in that year, "excusa de encarecer el mérito del original. . . . Esta obra se ha traducido en casi todos los idiomas de Europa."[1] The same type of eulogy will be found in the *Revista española*[2] of 1834, and a number of other notices exist which are too conventional for citation. A most striking reference, however, appears in 1837, when Martínez de la Rosa, after eulogising Sir Walter Scott as an historical novelist whose fame had "risen to the highest point in Europe," places "the celebrated Manzoni" beside him on the strength of *I Promessi Sposi* alone: "bastante por sí sola para mantener en la nueva palestra [*sc.* de la novela histórica] el antiguo nombre y la gloria de Italia."[3] The collocation of Manzoni beside Scott is of great interest, though to-day it tends to make us contrast the vogues of the two writers in Spain, to the great disadvantage of the Italian.

The little group of Sevilian Romantics, who published so many short-lived reviews, and were markedly under the influence of the Duque de Rivas, were able in 1838 to read a flattering appreciation of Manzoni by José Amador de los Ríos in their review *El Cisne*[4]: "Es el que sostiene la escuela verdaderamente *romántica* en aquel país [Italia] . . . . Como prosaísta ha luchado cuerpo a cuerpo con *Walter Scott* en su romance titulado *I promessi Sposi*. . . . . Como poeta, su oda a la muerte de Napoleón . . . es de lo mejor que ha producido nuestro siglo, y sus tragedias históricas . . . ofrecen una nueva senda, y no mala, a la poesía *dramático-histórica* . . . . Puede llamarse últimamente a este célebre toscano el fundador de la escuela romántica en Italia, de una escuela legítima y de buena ley."

In 1836, the *Promessi Sposi* was again translated by Juan Nicasio Gallego—a tribute to the comprehensiveness of its appeal,

---

[1] 1834, No. 141.    [2] 1834, p. 233.

[3] *Doña Isabel de Solís*, Advertencia, Madrid, 1837, pp. v, vi.

[4] Pp. 123-4.

for Gallego was certainly no Romantic. Once again we have to record an edition which seems to have entirely disappeared, though fortunately, reprints of it being fairly common, it is possible to form some opinion of its nature. Wherever we have compared it with its original, it is considerably freer than is necessary. Frequently, especially in conversational passages which have an almost exact equivalent in Spanish, Gallego substitutes other expressions of similar, though not as a rule of identical meaning, and this tendency increases as the book proceeds. At the same time, it is throughout a translation, and never, for more than a few words together, a paraphrase. It translates the style and manner of Manzoni more faithfully than his words and is distinctly superior to many contemporary translations of Sir Walter Scott which we have had occasion to examine in the past.

## II

Again and again, in studying literary influences, one meets the phenomenon of the sudden outburst of a writer's popularity abroad, sometimes caused by the translation of one of his latest works, or occasionally by his death, but quite frequently by nothing that the historian can discover.[1] Such a wave of interest in the writings of Manzoni invaded Spain about the years 1841–2. José María Quadrado, then a youth of twenty-two, later associated closely with the literary renaissance in Catalonia, contributed a series of articles on his literary heroes—Victor Hugo, Schiller, Manzoni and Scott were the chief of them—to the Majorcan review *La Palma*. The Manzoni article[2] is one of the shortest and contains nothing that merits quotation. In the same year it is reprinted by the Granadine review *La Alhambra*,[3] and probably by other provincial periodicals no longer extant, for it was the custom for these ephemeral papers to sustain themselves by borrowings from each other. There was ample opportunity for such plagiarism during the next decade, for, as we shall shortly see, it seemed that Manzoni's *Cinque Maggio* had won him an even greater vogue in Spain than had the *Promessi Sposi*.

---

[1] The narratives of the fortunes of both Chateaubriand and Scott in Spain show this characteristic very markedly. See my articles on these subjects in *Revista de Filología Española*, 1924, Vol. XI, pp. 351-82, and *Revue Hispanique*, 1922, Vol. LV, pp. 227-310, respectively.

[2] *La Palma*, Palma, 1841, pp. 141-5.

[3] *La Alhambra*, Granada, 1841, pp. 301-5.

The *Semanario Pintoresco* has in 1844 an interesting article by Salvador Costanzo, entitled: "De las reformas que experimentó la poesía italiana después de mediado el siglo pasado, y de las poesías de Alejandro Manzoni."[1]   Paying tribute to Monti and Parini (the latter he calls "primer campeón de la noble cruzada de poetas de la nueva escuela"), to Cesarotti as the translator of Ossian, to Casti and to Foscolo, he reserves his greatest praises for Manzoni. There is hardly anything good that he will not say of him.  "Elevó a gloriosa altura la poesía italiana en estos últimos tiempos." "Ha sido en Italia el ilustre fundador de la escuela poética moderna." Though Manzoni refused in his plays to be bound by the unities, he wins Costanzo's approval by the fact that he perpetrated none of the "inverosimilitudes y extravagancias" of modern French dramatists.   And, as a result of all this, "el nombre de Manzoni anda hoy en alas de la fama por toda la Europa."

There follows a free translation, by the young Tomás Rodríguez Rubí, of the *Cinque Maggio*—a finer ode on the death of Napoleon, says Costanzo, than those of either Byron or Victor Hugo.   The first stanza may, for interest, be quoted:

> ¡ Pasó!   La muerte con siniestro giro
> Llegó una vez a la encumbrada roca
> Y al héroe se acercó.   Bebió en su boca
> El último, apagado, hondo suspiro:
> Le hurtó la luz que sus brillantes ojos
> Un tiempo despedían;
> Y al anuncio fatal de que yacían
> Inertes los despojos
> Del genio de la guerra. . . .
> Un eco aterrador, triste, profundo,
> Sordo rumor de la asombrada tierra,
> Los ámbitos llenó del ancho mundo.[2]

---

[1] *Semanario Pintoresco*, 1844, pp. 389-91, 394-5.

[2] The original reads:
> Ei fu.   Siccome immobile,
> Dato il mortal sospiro,
> Stette la spoglia immemore
> Orba di tanto spiro,
> Così percossa, attonita
> La terra al nunzio stà,
>    Muta pensando all' ultima
> Ora dell' uom fatale;
> Nè sa quando una simile
> Orma di piè mortale
> La sua cruenta polvere
> A calpestar verrà.

Rodríguez Rubí's *silvas* can only in the very broadest sense of the word be described as a translation. A comparison with their original will show that, though they are based upon it, they embroider the terse eloquence of Manzoni almost insufferably. Two years later, in 1846, Manuel Cañete entered into rivalry with Rodríguez Rubí, and produced a free version, also in *silvas*, and keeping but little closer to Manzoni. We quote again the first stanza for purposes of comparison:

> ¡ Fué !—Cual inmóvil el despojo humano,
> Sin el fuego de Dios que en él ardía,
> Postrado yace, la asombrada tierra,
> Al temeroso anuncio
> De que ya del gigante de los siglos
> Huérfana se veía,
> Atónita quedó.—Muda, pensando
> En el postrer momento
> Del hombre del destino,
> Ni se atreve a soñar su pensamiento,
> ¡ Cuándo de otro mortal dueño del hado
> La noble y digna planta
> A hollar vendrá su polvo ensangrentado!

In 1847 José Heriberto García de Quevedo made still another translation of the poem. His version, which appeared in the *Renacimiento*[1] for that year, and was dedicated to his friend Zorrilla, has the merit of following the original metre, which, with its harmonious *esdrújulos*, was particularly suited to the Spanish language, and which he used again more than once for poems of Italian inspiration.[2] It may be thought, however, with regard to this version, that, from the standpoint of the sense, he errs by keeping to it too closely for the genius of the language. The same year saw the publication of a very similar version by José Eugenio Hartzenbusch: we quote the first stanza of each.

| *García de Quevedo.* | *Hartzenbusch.* |
|---|---|
| Pasó . . . cual frío, exánime, | Murió. Cual sin el ánimo |
| Dando el postrer suspiro, | Grande que le ha regido, |
| Quedó el despojo inmémore | Su cuerpo inmóvil quédase, |
| Ya sin vital respiro; | Dado el postrer latido; |

---

[1] *El Renacimiento*, 1847, p. 15.

[2] See *Versos de J. H. García de Quevedo*, Caracas, 1857, pp. 7–11, 17–20, especially the latter, beginning:

> La hora sonó.—Del fúlgido
> Alcázar soberano
> Tronó tu voz terrífica,
> Se alzó tu eterna mano.

| | |
|---|---|
| Así la tierra atónita | Así la tierra atónita |
| Al triste anuncio está. | Con la noticia está. |
| Muda, pensando en la última | Piensa en las horas últimas |
| Hora fatal del hombre, | Del adalid, y calla, |
| Ni sabe si otra rápida | Dudando que en el hórrido |
| Planta que tanto asombre | Polvo de la batalla |
| Vendrá su polvo cárdeno | Otro varón tan ínclito |
| Segunda vez a hollar.[1] | La huella estampe ya. |

My own impression, on comparing these two versions, is that García de Quevedo's was the earlier, and that Hartzenbusch, having seen it, and deciding to compete with it, found that his predecessor had discovered some of the best equivalents. Thus, *sin el ánimo* was probably suggested by *exánime*, but, in the context, is certainly inferior to it. Similarly *el postrer suspiro* is the natural equivalent of Manzoni's *mortal suspiro*; *despojo*, of *spoglia*; *respiro*, of *spiro*, etc. Hartzenbusch, apparently dissatisfied with his rendering, attempted another shortly afterwards and produced one beginning:

> Murió—Cual yerto quédase,
> Dado el postrer latido,
> Del alma excelsa huérfano,
> El cuerpo sin sentido,
> Tal con la nueva atónito
> El universo está.
>    La hora contempla última
> Del hombre del destino,
> Y dudan que en el cárdeno
> Polvo de su camino
> Pie de mortal imprímase
> Que le semeje ya.[2]

Whether interest in *I Promessi Sposi* had been continuous in Spain during this time, or whether for some unknown reason it broke out afresh in 1850, it is impossible, from the evidence

[1] *Ibid.*, pp. 115–18.

[2] See: *Obras de encargo*, Madrid, Rivadeneyra, 1864. On the two versions see *Bibliografía de Hartzenbusch*, Madrid, 1900, pp. 287-8. I have not included among these translations a little-known one by José Joaquín Pesado, published at Mexico City in 1860. This bears very clear signs of having been derived from the version of García de Quevedo. It begins:

| | |
|---|---|
| Así como ya inmóbiles, | Muda, pensando en la última |
| Faltos de tanto aliento, | Hora del hombre fiero, |
| Sus despojos miráronse | Ni sabe cuando intrépido |
| Sin vida y movimiento, | Otro mortal guerrero |
| Así la tierra atónita | Como él su polvo fúnebre |
| A tanta nueva está. | Sangriento pisará. |

before us, to say. The facts are that that year saw the publication in Madrid of a new translation of the novel, by Alegret de Mesa, which was quickly reprinted, probably before the year was over. There is said to have been another translation which, if it ever existed, is no longer extant, published at Valencia in 1850, and certainly a new one was issued from Madrid in 1859. The known translations of the *Cinque Maggio* were collected, for the first, though not for the only time, in 1868.[1]

From a comparison of Alegret de Mesa's version with that of Gallego it would seem that the former's aim was to produce a translation which should keep more closely to the Italian than did Gallego's. It certainly succeeded in doing so, and in other respects cannot be said to be greatly inferior to its predecessor. Alegret de Mesa's translation has no preface, but contains occasional notes rendering the sense of the text more precise, and it is also illustrated with large numbers of engravings which make it a very handsome volume for the time at which it was produced. Its very bulk, format and presumed price testify to the popularity in Spain at this time of what the 1880 edition[2] went so far as to call "una de las mejores, si no es la mejor de las novelas escritas en este siglo."

With practically all the available evidence before us,[3] we are now in a position to estimate the extent and nature of Manzoni's influence in the Spain of the early nineteenth century. Certainly it was not very far-reaching. It is clear that, although *I Promessi Sposi* was translated almost at the beginning of the short life of the Spanish Romantic movement, none other of Manzoni's writings had any influence on that movement whatever, nor have I discovered that any Spanish author of the time was inspired either to imitate or to emulate it in his own language. The popularity of the *Cinque Maggio* I am inclined to attribute to the charm of the *esdrújulo*, which, it must be remembered, Romantic writers in Spain, and those who parodied them, had done much to popularize. The later vogue of the *Promessi Sposi*, whatever its causes, came at a time when the eclectic movement had triumphed and Spanish romanticism, in any but its most general sense, had passed into history.

[1] For details of these editions, see Bibliography below, Nos. 3-7.

[2] Bibliography, No. 13.

[3] A few more items can be gathered, or deduced, from some of the facts given in Section III, below.

## III

So far, in writing of Manzoni's vogue in Spain, we have been referring to Castilian literature.   But, since in no part of Spain was Manzoni as popular as in Catalonia, we must also consider his influence upon the Catalonian literary renaissance.  As from one aspect or another this matter has been touched upon already by scholars in four languages—Señor Tubino,[1] Signor Casella,[2] Senyor Montoliu[3] and M. Amade,[4]—we need do no more than fill in a few gaps which they have left and sum up the question as a whole.   M. Amade goes considerably farther than Señor Tubino in his estimate of the importance of Manzoni's influence, citing with approval the judgments of Menéndez y Pelayo,[5] and, more recently, Signor Casella,[6] on the subject.  "De tous les romantiques italiens," writes M. Amade, "celui justement que les Catalans aimèrent et admirèrent le plus, ce fut sans conteste l'auteur des *Fiancés* . . . dont l'italianisme si personnel semblait, en effet, s'écarter le moins dans cette œuvre de la formule du roman historique alors mise à la mode par Walter Scott."[7]  We may express M. Amade's sentiments in a slightly different way by saying that the type of romanticism which Manzoni represented belonged rather to Barcelona than to Madrid.[8]   Therefore we should expect both Catalans who wrote in Castilian and Catalans who devoted themselves exclusively to prospering the renaissance of their own language to take him as one of their principal foreign sources of inspiration.

Senyor Montoliu, in his unhappily still unfinished history of modern Catalan literature, is bold enough to describe the opening lines of Aribau's famous *Oda a la patria* as a "direct reminiscence of a passage from the *Promessi Sposi*."[9]   To us the resemblance

---

[1] *Historia del Renacimiento literario contemporáneo en Cataluña, Baleares y Valencia*, Madrid, 1880.

[2] See p. 379, n. 1, below.         [3] See pp. 378-9, below.

[4] *Origines et premières manifestations de la Renaissance littéraire en Catalogne au XIX<sup>e</sup> siècle*, par Jean Amade, Toulouse, 1924.

[5] *Estudios de crítica literaria*, Madrid, 1908, Vol. V, pp. 34-8.

[6] See p. 379, n. 1, below.  M. Amade is really considering Italian influence as a whole, though with special reference to Manzoni.

[7] *Op. cit.*, p. 272.  The whole paragraph should be read.

[8] Cf. E. Allison Peers: *El Romanticismo en España. Caracteres especiales de su esenvolvimiento en algunas provincias.*  Santander, 1924, p. 16.  It must not be forgotten that the *Europeo* was published at Barcelona.

[9] M. de Montoliu: *Manual d'Història Crítica de la literatura catalana moderna*, Primera part.  Barcelona, 1922, p. 86.

seems to go little farther than a similarity of situation and the verbal reminiscences in the words "Adéu-siau," "distingia" and "serres desiguals." The two passages are as follows:

Addio, monti sorgenti dall' acque, ed elevati al cielo; cime inuguali, note a chi è cresciuto tra voi, e impresse nella sua mente non meno che lo sia l'aspetto de' suoi più familiari; torrenti de' quali distingue lo scroscio, come il suono delle voci domestiche. . . . (End of Chapter VIII).

Adéu-siau, turons, per sempre adéu-siau,
o serres desiguals, que allí en la pàtria mia,
dels núvols e del cel de lluny us distingia,
per lo repòs etern, per lo color més blau!

In the second stanza of Aribau, the idea of a child growing up among the mountains is, though not expressed in so many words, latent in the first four lines, and the third and fourth:

coneixia també lo so de tos torrents
com la veu de ma mare o de mon fill los plors

make the possibility of direct influence definitely greater.[1] Whatever be the truth about this,[2] however, there is no doubt that Aribau was greatly attracted by Manzoni. The tone of the *Promessi Sposi* would have appealed particularly to one of his temperament, and it is said that it was at the suggestion of the Catalan Aribau that the Castilian Gallego, when staying at Barcelona, undertook to translate it.

The theme of the *Cinque Maggio* was naturally one which attracted the Catalonians, as they gradually recovered the linguistic, though not the political independence which they had lost for centuries. Llausàs translated it into Castilian in 1867, though not publishing it till 1879, with notes and an introduction. Adolf Blanch more than once imitated it.[3] Mn. Collell's patriotic poems were also influenced by Manzoni's.[4]

In the year after Llausàs first read his version before the Ateneo of Barcelona, the Catalan poet Martí Folguera produced a version in Castilian and another in Catalan. The former is

[1] Signor Casella ("Agli Albori del Romanticismo e del moderno rinascimento catalano," in *Rivista delle Biblioteche e degli Archivi*, 1918, Vol. XXIX, pp. 108-9) seems also to assume this influence, though he is less definite about it than Sr. Montoliu.

[2] M. Amade (*op. cit.*, pp. 422-3) believes, as I do, that the influence is small, though, on p. 273, he writes of it as "evident." It seems quite clear to me that any that there may have been is of the verbal kind suggested in the text.

[3] Cf. M. de Montoliu: *Manual d'Història Crítica de la literatura catalana moderna*, Primera part. Barcelona, 1922, p. 249.

[4] *Ibid.*, p. 250.

clearly very much indebted to its predecessors: two lines in the first stanza are identical, save for the position of the word *del*, with the same lines in Hartzenbusch's first version. As the Catalan version is very similar to it we quote it in the somewhat Castilianized spelling of the original,[1] together with Llausàs' rendering of the first stanza into Castilian.

| *Llausàs.* | *Martí Folguera.* |
|---|---|
| Ya fué.  Como quedábase, | Morí, y tal com sópita, |
| Dado el postrer acento, | quan l'ay mortal esclama, |
| Inmoble el cuerpo exánime, | jau sa despulla órfana |
| Falto del gran aliento; | de tanta y tanta flama, |
| Herida así y atónita | axis la terra, atónita, |
| La tierra al golpe está: | totduna ho sab, está; |
| Absorta en la hora última | muda pensant á l'última |
| De aquel predestinado: | hora del home insigne, |
| Ni sabe cuando análoga | no sab quan un altr' héroe |
| Huella de ser creado | com ell fatal, d'ell digne, |
| Su polvo en sangre húmedo | sas colossals reliquias |
| A conculcar vendrá. | a trepitjar vindrá. |

The *Inni Sacri* have been quoted by critics more than once as having left their mark on the Castilian lyrics of the Catalan Manuel de Cabanyes. Unless it be, however, as Menéndez y Pelayo asserts that it is,[2] in the thought and the rhythm of "La Misa Nueva,"[3] it is difficult to see any indebtedness to Manzoni's hymns in particular, and we are bound to say that this debt seems to us a very speculative one. What it is safer to affirm is that Cabanyes was influenced by contemporary Italian metric in general. Senyor Montoliu considers that "the poet who offers the most similarities with Cabanyes is without doubt Ugo Foscolo."[4] On the other hand, he gives, as an example of a poet who was certainly indebted to the *Inni Sacri*, the Catalan-Mallorcan, Josep Lluis Pons i Gallarza.[5] But neither in the lyrics of Pons nor in his literary theory have we been able to find any sure trace of such influence.

The Catalan writer on whom Manzoni left the deepest traces was probably Milá y Fontanals; Manzoni, Milá and Quadrado, wrote Menéndez y Pelayo, must certainly, both in temperament

---

[1] Llausàs prints it at the end of his *Cinco de Mayo* (pp. 130-3).

[2] *Estudios de crítica literaria*, Vol. V, p. 36.

[3] Cf. *Poems of Manuel de Cabanyes*. Manchester University Press, 1923, pp. 61-4.

[4] Montoliu, *op. cit.*, pp. 112-5.

[5] *Op. cit.*, pp. 251: "Com s' ha dit de Manzoni, podem dir d'En Pons i Gallarza que és el clàssic dels romàntics catalans; i gosaríem afegir que la lírica manzoniana dels *Inni sacri* ha deixat algun ressò amagat en la (seva) poesia."

and in habits, have been kindred spirits.[1] A more interesting comparison to make, however, and one that can be based, not upon speculation, but upon certain fact, is the purely literary one between Scott, Manzoni and Milá. In any case, there are abundant proofs of the attraction for Milá of Manzoni, as also of Scott. It apparently began rather late, for in the *Compendio del Arte Poética*, while Scott and other novelists who wrote in English are highly eulogized, there is not a word of Manzoni throughout the book except for one passing mention of his name on its very last page (p. 138), in the section on drama.[2] It was apparently strongest in the eighteen-fifties. We find him writing an article on Manzoni and Pellico in 1853[3], and, in a serious study of Manzoni the following summer,[4] in which he praises his use of history, his vivid imagination and his high moral tone, he renders tribute to the popularity in Spain of the *Promessi Sposi*, and describes its author as "one of the best lyric poets of whom Italy can boast." In 1859 he published a verse translation from Manzoni.[5] Later in life he wrote a prologue to the 1878 re-edition of Gallego's translation of the *Promessi Sposi*.[6] We have discovered no mention of Manzoni, however, in Milá's letters,[7] or in any of his other works. It is clear, then, that too much must not be made of this one among many of Milá's literary predilections.

On the whole, Manzoni's influence upon Catalonia, if less deep than some critics have supposed, seems to have been at least a fairly wide one. Llausàs' description of him suggests the broadest possible influence:

> . . . (El) grande escritor italiano que hermanó en sus *Himnos Sagrados* la profundidad bíblica con la forma clásica; labró en *El Cinco de Mayo* la grande oda escultórica del siglo; abrió con *Carmañola* y *Adalgisio* nuevos horizontes a la tragedia alfieriana; dió con *Los Novios* el más alto ejemplo de novela histórica; ilustró con las *Notas a sus tragedias* y con la narración de *La Columna Infame* la historia patria; fué sagaz crítico, especialmente en la

---

[1] *Estudios de crítica literaria*, Vol. II, pp. 5-6.

[2] I can find no justification for Menéndez y Pelayo's statement (*Estudios de crítica literaria*, Vol. V, p. 35) that Milá "basó en la célebre *Carta sobre las unidades dramáticas* [de Manzoni] una parte de su propia poética."

[3] *Gaceta de Barcelona*, October 14, 1853. Not reprinted.

[4] *Diario de Barcelona*, August 10, 1854. In *Obras, ed. cit.*, Vol. IV, pp. 331-5.

[5] "La Pasión." In *La Ilustración*, April 15, 1859.

[6] Cf. Bibliography, No. 12.

[7] *Epistolari d'en M. Milá y Fontanals*, ed. L. Nicolau d'Olwer. Barcelona, 1922. Yet among the correspondents are J. M. Quadrado, Martí Folguera and Pons i Gallarza, all of whom were Manzonists.

carta acerca de las *Unidades de lugar y tiempo en la tragedia* y en los *Discursos sobre obras mixtas de historia e invención*.[1]

Among the Catalonians only Manzoni's tragedies and his theory appear to have had little vogue. Drama in the native tongue developed late in the Catalan Renaissance, while literary theory very naturally preoccupied them little till their language was thoroughly well established in their literature. The *Inni Sacri*, on the other hand, may well have appealed to a people that has always been temperamentally religious; the *Cinque Maggio* to a people struggling for liberty. The *Promessi Sposi* should have been best received in that part of Spain where the historical novel was read with the greatest avidity. Manzoni's ideal of romanticism was the ideal of Catalonia and his personality exercised a strong attraction for one of Catalonia's greatest writers, Milá. If the actual proofs of his direct individual influence in Catalonian literature are even fewer than in Castilian, the suggestions of indirect influence may fairly be said to be greater.

E. ALLISON PEERS.

LIVERPOOL.

# BIBLIOGRAPHY

## SPANISH TRANSLATIONS OF MANZONI

This Bibliography is as complete as I have been able to make it, except that it includes no Catalan translations and does not go beyond 1885. I have prolonged it as far as this point chiefly in order to show how large a proportion of the translations were made at a date when Spanish romanticism, as a movement, no longer existed.

Following are the libraries which have been consulted, the abbreviations given in brackets being those used below: British Museum (B.M.); Bibliothèque Nationale, Paris (B.Nat.); Biblioteca Nacional, Madrid (B.Nac.); Biblioteca de la Universidad de Barcelona (B.U.); Biblioteca del Institut d'Estudis Catalans, Barcelona (B.Cat.); Biblioteca Menéndez y Pelayo, Santander (B.M.P.).

I have to acknowledge help and suggestions for the drawing up of this bibliography given by Sr. Ruiz Morcuende of the Biblioteca Nacional, Madrid, and by Sr. Rubió Balaguer, of the Institut d'Estudis Catalans, Barcelona.

It may not be out of place to add that Antonio Vismara, in his *Bibliografía*

[1] *El Cinco de Mayo, ed. cit.*, p. 101.

*Manzoniana* (Milan, 1875, p. 30) gives only three of the undermentioned translations.

1.  Lorenzo o los prometidos esposos, puesto en castellano por Felix Enciso Castrillón.   Madrid, **1833**, 3 vols.

[There is no copy of this in any of the libraries that I have consulted, though it is given by Palau and most other bibliographers, and I have found a fair number of notices of it in periodicals of the time.  Evidently only a small edition was printed.]

2.  Los Novios, historia milanesa del siglo xvi (*sic*), escrita en italiano por Alejandro Manzoni.  Traducida de la última edición por D.J.N.G., Barcelona, imprenta de A. Bergnes, **1836–7**, 4 vols., pp. 260, 228, 234.

[This is Gallego's translation, often reprinted.  The above details are compiled from Palau, Vismara and other sources, but I have found no copy of the original edition.]

3.  Los Prometidos Esposos, historia milanesa del siglo xvii, por Alejandro Manzoni.  Seguida de la historia de la columna infame inédita del mismo.  Traducidas del italiano por D. José Alegret de Mesa, abogado del ilustre Colegio de Madrid, publicadas por los Sres. Cabello y Hermano . . . Madrid, Vicente, **1850**.  2 vols., pp. 306, 84.

[B. Nac. and B.U. both have copies.  This was reprinted in another edition which I have been unable to find.  As Hidalgo and Palau both give an edition published by Gil, of Madrid, in 1850, it may perhaps be assumed to be the reprint in question, which Vismara describes as in (4) below.]

4.  Los Prometidos Esposos, historia milanesa del siglo xvii, seguida de la Columna Infame, escrita en italiano por el célebre Alejandro Manzoni. Madrid, imprenta de Don Gabriel Gil, **no date**.  4 vols., pp. 208, 204, 196, 180.

5.  A further edition is cited by Palau, with the details: Valencia, **1850**. [I doubt, however, if it existed.]

6.  Los Novios, por Alejandro Manzoni, traducción de "I Promessi Sposi" por Gavino Tejada, Madrid, Imprenta de Tajado, **1859**, 2 vols.

[B. Nac. has this edition, which its catalogue describes as "3ª Versión Castellana" —incorrectly, as it would seem from the above details.]

7.  El Cinco de Mayo o la Muerte de Napoleón.   Por José Joaquín Pesado.  Mexico, 1860.  [B.M.]

8.  El 5 de Mayo (oda a la muerte de Napoleón I) con traducciones castellanas y una portuguesa (por los Sres. Hartzenbusch, Pesada, Risel, Guillermo Matta, Rubí, J. Heriberto García de Quevedo, Cañete, Leandro Mariscal, Sanz y Rives y José Rames Coelho), **1868**.   [B.Nac.]

9.  Los Novios, traducido por Manuel Aranda y San Juan.   Barcelona, Ruidor, **1869, 1873** y **1879**, siempre en 2 vols.

[Palau alone gives this edition, in the words here used.]

10.  Los Novios.   Traducción de *I promessi Sposi*.   Por D. Gavino Tejada.   Valencia, **1875**.  [B.Nac.]

11.  Los prometidos esposos.   Sevilla, Perlé, **1876**, 2 vols.   [Palau.]

12.  Los Novios, Historia milanesa del siglo xvi (*sic*), traducción de Juan Nicasio Gallego, Barcelona, **1878**.

[B. Nac., B. Cat.  This edition has a prologue by Milá y Fontanals.]

13. El Cinco de Mayo, famosa oda italiana de Alejandro Manzoni a la muerte de Napoleón I, acaecida en igual día del año 1871. Nueva traducción española, en el metro del original por don José Llausás, etc. . . . Barcelona, 1879.

[B.M., B.Nac., B.U. B. Cat. gives also the seven other previous translations already mentioned. Dedicated to Milá y Fontanals.]

14. Biblioteca Clásica, Tomo XXXI. Los Novios. Historia Milanesa del siglo XVI (sic) por Alejandro Manzoni. Traducción de D. Juan Nicasio Gallego, Madrid, Víctor Saiz. 1880, pp. 526. [B.Nac., B.U.]

15. El Conde de Carmañola, traducida al español por Don Telesforo Corada.

[B. Nac.—No date, no place, no publisher's imprint. Part of the "Colección de Teatro selecto antiguo y moderno nacional y extranjero."]

16. Biblioteca Clásica. Tomo LII. Observaciones sobre la moral Católica por Alejandro Manzoni, traducción del italiano por D. Francisco Navarro y Calvo, Canónigo de la Metropolitana de Granada. Madrid, Navarro, 1882, pp. 324. [B.U.]

17. Antología de poetas líricos italianos, por J. L. Estelrich. Palma de Mallorca, 1889, p. 13; p. 386: "El Cinco de Mayo," trans. José Joaquín Pesado; p. 391: "Himnos Sacros," trans. José María Quadrado; p. 410: "La Guerra Civil," trans. José Rodríguez González; p. 414: "Adelchi," trans. Federico Baráibar.

[B. Cat. This is included, though later than the terminal date given above, as containing some translations made before that date.]

# LA POÉSIE ET L'ÉLOQUENCE D'AGRIPPA D'AUBIGNÉ

## LA COMPOSITION DU QUATRIEME LIVRE DES *TRAGIQUES*, LES *FEUX*.

LE quatrième livre des *Tragiques* qui, suivant l'expression d'Agrippa d'Aubigné dans son *Avis aux lecteurs*, "est tout entier au sentiment de la religion de l'autheur," est un des plus émouvants de tout le poème. Les *Feux*, c'est-à-dire les bûchers des martyrs de la Réforme, en sont le sujet. Débordant le cadre national dans lequel il s'était circonscrit jusqu'alors, remontant bien au delà de l'époque décrite précédemment dans les *Misères*, les *Princes* et la *Chambre dorée*, le poète s'est proposé de consacrer "dans le temple de Dieu" un tableau des "champions de la foi." La matière qui s'offrait à lui était des plus riches. Il était admis chez les Réformés que "l'Église de Dieu" n'avait pas laissé de subsister "parmi les épaisses ténèbres de l'ignorance et apostasie romaine."[1] L'ère des *Feux* commençait donc dès le xi$^e$ siècle avec les persécutions contre les Vaudois. Les Albigeois au xiii$^e$, les Wiclévistes au xiv$^e$ et les Hussites au xv$^e$ étaient les principaux représentants de cette "église de Dieu" persécutée par Rome. D'autre part, l'ère des *Fers*, c'est-à-dire les guerres religieuses, les prises d'armes, au cours desquelles des intérêts politiques s'étaient mêlés aux convictions religieuses, n'avaient pas mis fin aux *Feux*. Des fidèles, qui auraient pu recourir aux armes, avaient accepté de mourir pour la foi, en martyrs, "ayant eu jusqu'au bout le choix de la vie ou de la mort." Au temps même où d'Aubigné écrivait ses *Tragiques*, des bûchers se dressaient pour les hérétiques, en Italie.

Des récits de ces martyres avaient déjà été recueillis par centaines, dans telle compilation en latin, comme ce *Catalogus testium veritatis*, qui figure dans l'inventaire de la bibliothèque d'Agrippa d'Aubigné et dans le *Martyrologe* de Jean Crespin, qui, publié en 1556, fut réimprimé, avec de notables additions, cinq fois avant l'année 1616, date de la première édition des *Tragiques*.

---

[1] Crespin, *Histoire des martyrs persécutez et mis à mort pour la vérité de l'Évangile*. Édition de Genève, 1619, p. 24. Voir encore Théodore de Bèze, *Histoire ecclésiastique des Églises réformées au royaume de France*, au début.

Entre tant d'exemples d'héroïsme, quels sont ceux que d'Aubigné a choisis?—La première règle qu'il s'est fixée (vers 19–22) est de retenir les exemples propres à illustrer chaque sexe, chaque état et chaque âge. Dans son classement primordial, il a donc groupé, ici les vieillards, Jean Huss et Jérome de Prague (vers 61 et suivants); là, deux jeunes filles, toutes deux anglaises: Anne Askew et Jane Grey (vers 146–280); et cette catégorie, à laquelle le poète reviendra plus tard (vers 470 et suivants), s'enrichira de quelques exemples français: la demoiselle de Graveron (vers 462 et suivants), la "constante Marie" enterrée vivante (vers 529–542), et Marguerite Le Riche surnommée la dame de la Caille, d'après l'enseigne de sa boutique de librairie (vers 582–584). La série des humbles, dont les noms mêmes ont échappé aux annalistes, s'ouvre avec le tisserand qui monta sur la charrette des quatorze hérétiques de Meaux et fut brûlé avec eux (vers 383–390). Elle comprend le paumier d'Avignon qui fut exposé aux intempéries, suspendu dans une cage pendant deux ans et six mois (vers 392–420); les deux frères Lyonnais (vers 427–454) que le feu ne parvint pas à asphyxier; les cinq écoliers de Lausanne qui furent brûlés à Lyon (vers 455–514). Si la description des martyrs de cette dernière catégorie est particulièrement longue, c'est que d'Aubigné s'est plu à montrer la bonté de Dieu se manifestant plus évidemment dans la fermeté accordée "à ces pauvres objets saintement ignorants" (vers 1300).

Il s'en faut que cette classification par sexe, par âge, par état, embrasse tout son martyrologe. Près de la moitié des exemples rapportés reste en dehors de ces groupements; leur choix répond à des préoccupations étrangères au dessein primitif. Il s'explique parfois par des circonstances de la vie du poète: parce qu'en 1601, il avait rencontré à Paris le neveu du cardinal Baronius, fugitif de Rome,[1] il a narré d'après les rapports de ce transfuge du papisme les martyres de trois Anglais et du petit capucin Le Maigre (vers 1100—1225). Mais le plus souvent, il semble bien que l'imagination et la sensibilité du poète aient joué le rôle principal dans le choix des exemples retenus. Non qu'il ait visé à frapper d'horreur par le spectacle des souffrances et tortures infligées aux victimes. Il lui était aisé de provoquer par certaines descriptions une révolte instinctive de la chair et un frisson d'épouvante. Quelle monstrueuse horreur dans les "supplices exquis," dans les gehennes "finement" inventées par les bourreaux! Il les a

[1] Voir A. Garnier, *Agrippa d'Aubigné et le parti protestant*, t. II, p. 300.

mentionnées, certes, ces "peines subtiles!" C'est la serviette attachée à un cordon qu'à trois reprises on fait avaler à Gardiner et que l'on retire de son estomac "pour lui ulcérer les parties intérieures," rapporte Crespin:[1]

"Il avalla trois fois la serviette sanglante," dit simplement d'Aubigné (vers 305).

C'est ce "vaisseau" pointu du bas et qui allait s'évasant par le haut, comme le filtre, ou la chausse à hippocras, dans lequel on obligea Venot à se tenir pendant six semaines.   Il ne pouvait ni s'y coucher, ni s'y tenir debout "sinon sur le bout des pieds, le corps étant courbé," dit Crespin.[2]   D'Aubigné fait mention de cet atroce supplice, mais sans en souligner la cruauté:

> Venot quatre ans lié, fut enfin six semaines
> En deux vaisseaux pointus, continuelles gehennes,
> Ses deux pieds contremont avaient ploié leurs os.
>
> (Vers 357–369.)

Plus que l'horreur du supplice, ce qu'il met en relief dans le martyre de Venot, c'est l'éclat dont il fut environné, lors de l'entrée du roi Henri II à Paris:

> Il fut la belle entrée et spectacle du Roy,
> Ayant Paris entier spectateur de sa foy.
>
> (Vers 375–376.)

Car d'Aubigné n'entreprend pas uniquement de provoquer notre pitié, comme, dans les *Misères*, il l'avait fait pour les paysans victimes des guerres civiles, en étalant à nos yeux le spectacle des tortures subies par les martyrs.   Si tel ou tel martyre s'impose à son attention, c'est souvent en raison de son caractère symbolique ou pour sa valeur d'édification.   S'il cite Venot, ce n'est point pour nous émouvoir par la description de la "chausse à hippocras," gehenne raffinée; c'est pour illustrer cette idée que Dieu ne laisse pas l'homme, lorsqu'il est un clair flambeau de la vérité, consumer sa lueur sous le muid:

> Le ciel du triomphant fut le dais; le soleil
> Y presta volontiers les faveurs de son œil.
>
> (Vers 371–372.)

Bainam (vers 21) qui, sur le bûcher, pressa dans ses bras les fagots embrasés, est pour lui le symbole du chrétien victorieux, qui baise les armes de sa victoire.

Norris (vers 157), cheminant, de la porte de la prison jusqu'à

---

[1] Ouvrage cité, p. 216.        [2] Idem, p. 198.

l'échafaud, pieds nus sur des épines, est l'image du chrétien qui pour conquérir la gloire promise

> Va le sentier estroict qui est jonché d'épines.

Frith, qui baise les bûches enflammées, est semblable à Saint Etienne que Victor Hugo nous montre, dans les *Malheureux*, remerciant ses ennemis de lui avoir jeté le paradis pierre à pierre: ces bûches sont les échelons par lesquels il s'élève au ciel (vers 100).

Haux, brûlé à Cokshall, le 10 juin 1555, avant de rendre l'âme sur son bûcher, se souvint, nous dit Crespin,[1] qu'il avait promis à ses compagnons "d'élever les mains au-dessus de sa teste, pour leur témoigner que la violence de la flamme était tolérable." Ce geste des bras à demi-brûlés, formant derrière la tête du supplicié un nimbe sombre, prend chez d'Aubigné sa valeur de symbole:

> Sa face estoit bruslée et les cordes des bras
> En cendres et charbons estoient cheutes en bas,
> Quand Haux, en octroiant aux freres leur requeste,
> Des os qui furent bras *fit couronne* à sa teste.
>
> (Vers 131–134.)

Dans le lugubre supplice de l'Anglais, qui, lié sur un âne, est promené dans les rues de Rome pendant que six flambeaux lui brûlent la bouche, la langue, les joues, les yeux, un détail a frappé d'Aubigné: le martyr a pour monture un âne, comme Jésus au jour de son entrée triomphale à Jérusalem:

> Christ lui donna sa marque et le voulut faire estre
> Imitateur privé des honneurs de son maistre,
> Monté dessus l'asnon, pour entrer tout en paix
> Dans la Hierusalem permanente à jamais.
>
> (Vers 1175-1178.)

Ainsi la possibilité de donner une portée symbolique à une attitude, à un geste, à une contenance semble bien souvent avoir guidé d'Aubigné dans le choix des martyrs.

C'est en poète encore qu'il a relevé ses descriptions de certains traits de grâce ou de force. Les visages de ses suppliciés n'offrent guère qu'une expression unique, de sérénité et de résignation. Jamais il ne s'est avisé de les peindre altérés ou convulsés par la souffrance. En vain les bourreaux tentent-ils de rendre hideuse la face de l'Anglais promené sur l'ânon:

> Le Ciel de sa place
> Ne contempla jamais une plus claire face.
>
> (Vers 1172.)

---

[1] Ouvrage cité, p. 335.

Tous ces visages sont radieux d'extase, comme ceux des deux jeunes filles, compagnes de captivité de Bernard Palissy, à propos desquelles d'Aubigné a écrit le vers fameux:

> Une rose d'automne est plus qu'une autre exquise.

Le jour de leur supplice, dit-il, la nature les combla de toutes les grâces qu'elle réservait pour leur vie entière:

> Nature s'emploiant sur cette extrémité
> En ce jour vous para d'angélicque beauté.
>
> (Vers 1261–1262.)

Autant, sinon plus que les visages, les mains dans ces descriptions poétiques ont leur physionomie individuelle, comme dans certains tableaux de l'école hollandaise: mains virginales et délicates de Jane Grey et de ses suivantes:

> Les mains qui la paraient la parèrent encor . . .
> Par la main on la mène embrasser le poteau.
>
> (Vers 273 et 276.)

Mains rudes de Bilnée qui, la veille du supplice, pour faire épreuve du feu, se brûle un doigt à la chandelle:

> Le ferme doigt de Dieu tient celui de Bilnée.
>
> (Vers 181.)

Mains de Gardiner, qui tranchées l'une après l'autre, reçoivent du martyr, en suprême hommage de gratitude, un baiser.

Les mains divines elles-mêmes nous sont dépeintes par le poète, dans une attitude hiératique, qui est un symbole: elles sont croisées, pour signifier leurs refus de participer à l'œuvre méchante des hommes. Les bourreaux d'Avignon attendaient que les intempéries eussent raison de la fermeté du paumier enfermé dans sa cage.

> Mais du Ciel les mains pures
> Se ploièrent au sein, et les trompeurs humains
> Parfirent le procez par leurs impures mains.[1]
>
> (Vers 417–420.)

Ainsi, ce n'est pas sans raison qu'au début de ce livre, le poète, placé en face de sa conscience, comme devant un miroir, s'entendait reprocher d'avoir choisi ses martyrs pour servir "au style du siècle et à sa poésie" (vers 34); il ne pouvait se dissimuler que les facultés proprement poétiques, la sensibilité et surtout l'imagination

---

[1] Ces vers nous donnent peut-être la signification d'un détail du dernier sonnet de l'*Hécatombe à Diane* (éd. Réaume et de Caussade), t. III, p. 65:
> "Au tribunal d'amour . . .
> Où se prennent les mains innocentes et pures."
C'est-à-dire, où les mains du juge impartial demeurent oisives, prises l'une dans l'autre.

avaient bien souvent, comme nous venons de le montrer, décidé de son choix.[1]

\*     \*     \*     \*     \*     \*

Pour être efficacement édifiante, la description des supplices, dans l'esprit d'Agrippa d'Aubigné, comme précédemment dans celui de Crespin, devait être accompagnée des confessions de foi et des exhortations que les martyrs avaient adressées à leurs frères. "Leurs os et leurs cendres sont choses mortes," écrivait Crespin,[2] "voyons les vivants en leurs réponses, lettres et disputes."

Fidèlement, scrupuleusement, il rapporte donc les paroles des martyrs. D'Aubigné, plus brièvement, fait de même. C'est ainsi que l'éloquence est introduite dans les *Feux*, avec l'allocution d'Anne d'Askewe à ses compagnons,[3] avec le testament spirituel que Jane Grey écrit sur le livre du garde de la Tour de Londres,[4] avec les exhortations de la damoiselle de Graveron aux deux prisonniers qui refusaient de se laisser couper la langue,[5] avec les adjurations à la tolérance adressées par Anne du Bourg aux magistrats,[6] avec le prêche de Montalchine,[7] avec le discours du jeune Gastine.[8]

Ces deux dernières harangues se distinguent par leur ampleur: celle-là ayant soixante-quatre vers, l'autre, cent soixante. Des raisons différentes expliquent le développement donné à ces deux discours.

Richard de Gastine avait été arrêté avec son père Philippe et son oncle Nicolas Croquet, tous deux marchands de Paris; ils furent exécutés en juin 1569 "pour avoir fait exercice de leur religion en leur maison" et cette maison fut elle-même condamnée à être rasée. La notice que Crespin consacre à ces martyrs est brève.[9] Elle ne fait aucune mention des discours prononcés par le jeune Richard dans sa prison. Mais d'Aubigné avait un motif personnel de s'intéresser à cet adolescent. Il l'avait eu pour

---

[1] Comme un autre grand artiste du verbe, Victor Hugo, d'Aubigné se laisse guider parfois par le son même des vocables. Il y a dans ses vers les plus graves des jeux de mot :

"Isle saincte qui eut pour *nourrisson Norris!*" (vers 136).

Ailleurs, (vers 1205) il joue sur le nom du pape, Clément VIII :

"Cestuy-ci en la face
Du pape non clément l'appella Antechrist."

[2] Ouvrage cité, préface, article *Conformité des martyrs anciens aux derniers.*

[3] Vers 195-202.   [4] Vers 233-235.   [5] Vers 500-507.   [6] Vers 552-575, 591-595.
[7] Vers 693-702.   [8] Vers 735-896.   [9] Ouvrage cité, p. 776.

camarade, au temps où il étudiait à Paris, dans la maison du savant Mathieu Béroalde.[1]

> Nostre grand Béroalde a vu, docte Gastine,
> Avant mourir, ces traicts, fruits de sa discipline;
> Ton privé compagnon d'escolles et de jeux
> L'escrit: le fasse Dieu ton compagnon de feux!
>
> (Vers 973–976.)

Ainsi d'Aubigné a pu connaître par Béroalde les propos tenus par Gastine en sa prison.   Il savait, en tout cas, que son ancien camarade était fort instruit: il a fait mention dans son *Histoire Universelle*[2] de sa "grande doctrine."   Il estimait donc qu'il n'était pas contraire à la vraisemblance de lui prêter un discours où brilleraient l'érudition de l'humaniste et la doctrine du chrétien.

L'argumentation de Gastine se divise, en effet, en deux parties: la première, tissue de réminiscences de Sénèque, reproduit les raisons qu'invoquaient les anciens lorsqu'ils prêchaient le mépris de la mort.   Gastine allègue Caton d'Utique; Lucrèce qui se poignarda; Porcie, femme de Brutus, qui s'asphyxia en avalant des charbons ardents; Socrate, qui but la ciguë.

Dans la seconde partie, s'élevant au-dessus de l'argumentation traditionnelle de la sagesse stoïcienne, il démontre à ses compagnons captifs qu'ils sont plus libres que le méchant ou le tyran, car celui-ci emporte avec lui sa prison, c'est-à-dire sa conscience, partout où il va.   Pour finir, il rappelle le mot d'un martyr dauphinois, Lebrun, qui, "doctement advisé,"

> Quand il eut sa sentence avec plaisir ouïe,
> Respondit qu'on l'avoit condamné à la vie.
>
> (Vers 884–886.)

L'éloquence, dans cette seconde partie, est nourrie de la Bible. Elle rappelle celle des *Méditations sur les Psaumes* que d'Aubigné publia en 1630 dans ses *Petites œuvres meslées*.   Cette idée, par exemple, que le vrai captif, c'est le méchant, se trouve largement exposée dans la *méditation sur le psaume* 88:

> Nos consciences sont nos plus étroites prisons.   Le meschant une fois arrêté en cet estroit cachot encor qu'il eust à son commandement la campaigne, porte sa geole avec soi et les ceps de sa coupable pensée galopent avec lui.[3]

Et d'Aubigné fait suivre cette pensée de la citation des vers 825–828 des *Feux*:

---

[1] Sur cette période de sa vie, voir A. Garnier, ouvrage cité, t. I, pp. 34-36 et 43-51.

[2] Tome II, l. I, ch. I.

[3] Édit. Réaume et de Caussade, t. II, p. 196.

Cette prison le suit, quoy qu'il court à la chasse,
Quoy que mille païs comme un Caïn il trasse,
Qu'il fende au gré du vent les fleuves et les mers,
Sa conscience n'est sans cordes et sans fers.

Le trait par où le discours de Gastine s'éloigne le plus de la paraphrase des Psaumes est dans l'emploi fréquent d'apostrophes suivies de promptes répliques:

Vous estes enferrez?—Ce qui plus vous console,
L'âme, le plus de vous, où elle veut s'envolle.

Vostre langue s'en va?—Le cœur parle en son lieu.

(Vers 841–844.)

D'un autre style est le sermon de Montalchine. Jean Molle, de Montalcino, territoire de Sienne (d'où son surnom), était un cordelier, qui fut brûlé à Rome le 5 septembre 1553. Amené à l'église de Sainte-Marie-de-Minerve, dit Crespin, il "demanda congé de dire ouvertement ce qu'il avait en pensée," fit une profession de foi hérétique et invectiva les cardinaux et évêques présents, les traitant de "membres de l'Antechrist et enfants de Satan."[1]

D'Aubigné présente tout autrement le personnage. Il lui prête de l'adresse, le montre inventant une "finesse." D'après lui, le pape, craignant que le spectacle de l'agonie des martyrs n'émût le peuple en leur faveur, avait décidé de faire procéder de nuit aux exécutions. Montalchine, qui tenait à faire sa profession de foi en public, feint le repentir, demande à se dédire sur l'échafaud. Il y est conduit devant une foule de spectateurs. Là, des torches aux mains, il expose les points qui séparent la doctrine des Réformés de celle des Papistes. Toutes les différences s'accusent par trois mots; *seul*, *seule* et *seulement*, qu'il insère ingénieusement dans chaque article de son exposé. Ayant, à son aise, sans être interrompu, mené son parallèle jusqu'au bout, il conclut en optant pour *l'Évangile vrai* contre le Papisme et s'écrie, en jetant ses torches en l'air:

Vive Christ, vive Christ! et meure Montalchine.

(Vers 702.)

La profession de foi de ce martyr est la somme de la doctrine des Réformés. On n'en rencontre point de plus complète dans les *Tragiques*. L'exposé en est fait avec une recherche de la formule frappante et du trait, avec un balancement antithétique, qui l'apparente à l'éloquence du pamphlétaire plutôt qu'à celle du

[1] Crespin, ouvrage cité, p. 286.

sermonnaire.   D'Aubigné, on le sent, l'a traitée avec un soin particulier.   Il se trouve même (l'a-t-on jamais remarqué?) que son œuvre nous en offre deux versions: la seconde est en prose et figure dans cette lettre qu'il envoya en 1601, à la duchesse de Bar, sœur de Henri IV, et qui fut imprimée sous le titre de *Lettre à Madame sur la douceur des afflictions*.[1]   La comparaison des deux textes est curieuse à établir.   "Toutes les controverses des idolatres et de nous, dit la Lettre, sont signalées par ces trois mots: *seul, seule* et *seulement*."   Et Montalchine:

> Trois mots feront partout le vray departement
> Des contraires raisons: *seul, seule* et *seulement*.
> (Vers 650–651.)

Ils veulent que non seulement Jésus soit médiateur, mais la légion de leurs canonisez.   Nous avons Christ *seule* propitiation de toute créature.   Ils veulent que nous invocquions les anges et les hommes, nous Christ *seulement*.

> J'ay dit que Jesus *seul* est nostre intercesseur
> Qu'à son père l'accez par luy *seul* nous est seur:
> Les docteurs disent plus et veulent que l'on prie
> Les saincts médiateurs et la Vierge Marie.
> (Vers 663–666.)

Ils veulent que Christ soit immolé tous les jours; nous qu'il ait esté une fois *seulement*.

> J'ai presché que Jésus nous est *seul* pour hostie,
> *Seul* sacrificateur, qui *seul* se sacrifie.
>
> Les docteurs autrement, disent que le vray corps
> Est dans pain immolé pour les vifs et les morts,
> Que nous avons besoin que le prestre sans cesse
> Resacrifie encor Jésus-Christ en la messe.
> (Vers 653–658.)

Ils croyent que nos œuvres soient moyens de nostre salut; nous tenons ce bénéfice de sa mort *seule*.

> J'ay dit qu'en la foy *seule* on est justifié
> Et qu'en la *seule* grace est le salut fié;
> Les docteurs autrement et veulent que l'on fasse
> Les œuvres, pour aider et la foy et la grace.
> (Vers 667–670.)

Ils veulent qu'en la célébration de cette mort nous prenions le corps de Christ avec les dens chairnelles; nous par la bouche de la foy *seulement*.

> J'ay dit que nous prenons, prenants le sacrement,
> Cette manne du ciel pour la foy *seulement*;
> Les docteurs que le corps en chair et en sang entre,
> Ayant souffert les dents, aux offices du ventre.
> (Vers 659–662.)

[1] Sur la date (1600) et les circonstances de la composition de cette lettre, voir A. Garnier, ouvrage cité, t. II, p. 291-293.

Ici le texte de la Lettre oppose aux sept sacrements de l'Église romaine les deux sacrements de l'Église ancienne et cette opposition manque dans le prêche de Montalchine.

Ils veulent, continue la Lettre, que le pape pardonne les pechez; nous que ce soit Dieu *seul*.

> J'ay dit que Jésus *seul* peut la grace donner,
> Qu'autre que luy ne peut remettre et pardonner:
> Eux, que le pape tient soubs ses clefs et puissances
> Touts trésors de l'Eglise et toutes indulgences.

La Lettre oppose ensuite la pratique de la confession romaine à la confession à Dieu, et cette antithèse est comprise dans les vers précédents. Elle se termine par un retour sur la justification par la foi dont il a déjà été question et dans la Lettre et dans le sermon de Montalchine.

La concordance entre les deux textes n'est pas complète: l'autorité de l'Écriture opposée à celle de la tradition romaine, la négation du Purgatoire et des limbes, l'assertion que le pape n'est que l'évêque de Rome, la revendication du droit de prier en langue vulgaire sont des articles qui manquent à la Lettre et que Montalchine expose avec quelque développement. La version en vers est donc postérieure à la version en prose, qui est de 1600. Satisfait du tour original (à notre estime, parfois un peu artificiel) qu'il avait donné à cette somme de la doctrine réformée, d'Aubigné l'a transporté dans le discours de Montalchine, dont il vantait l'adresse.

Tels sont les caractères de la poésie et de l'éloquence et tel est leur rôle dans les *Feux*. Ce livre est encadré par deux larges tableaux inspirés l'un de l'*Apocalypse*, l'autre de la *Genèse*. Le premier nous décrit l'entrée triomphale dans la Jérusalem céleste des martyrs, "portant l'écharpe blanche" et ayant "pris le caillou blanc," signe d'élection. Le second nous montre la colère du Tout-Puissant au spectacle de l'injustice qui règne sur la terre. Il se repent de l'avoir formée; il est prêt à la noyer dans un *nouveau* déluge; de dépit, il lui tourne le dos et retourne aux Cieux. Si grandioses que soient ces peintures, elles sont moins propres que le martyrologe lui-même à nous renseigner sur le génie poétique et le talent oratoire d'Agrippa d'Aubigné. C'est son choix entre tant de martyrs qui nous instruit le mieux des tendances ordinaires de son imagination. La classification qu'il avait adoptée d'abord était fort satisfaisante pour la raison; mais ce cadre trop rigide a éclaté et la trace même en a presque disparu sous l'amas de tant d'autres exemples qui ne doivent leur raison d'avoir été choisis qu'aux traits symboliques, pittoresques ou poétiques qu'ils comportaient.    Pareillement, l'éloquence dans ce livre revêt, en ses deux principales productions, des caractères qui sont en rapports intimes avec le tempérament de l'auteur.    Il y a bien dans le discours de Gastine, long de cent soixante vers, une division en deux parties, l'une qui reproduit l'argumentation païenne contre la crainte de la mort, l'autre qui est purement chrétienne; mais dans chacune de ces deux parties, on ne découvre aucun plan, aucune gradation, aucun enchaînement logique; ce sont des effusions, ou plutôt des méditations, comme celles que d'Aubigné écrivait en paraphrasant les Psaumes.    Quant au prêche de Montalchine, avec ses antithèses, ses traits, sa formule typique reprise à chaque article, il offre les caractères de l'éloquence du pamphlétaire, qui vise à fixer l'attention par une couleur voyante, des traits heurtés, des formules dont l'énigme apparente s'éclaircit soudainement.    Avec les *Misères*, ce livre est peut-être dans les *Tragiques* celui qui reflète avec le plus d'exactitude le tempérament d'Agrippa d'Aubigné.

JEAN PLATTARD.

POITIERS.

# a, ã, ɑ, ɑ̃n IN FRENCH AND ANGLO-NORMAN

THE sound system of Modern French contains two **a**-*sounds*, the palatal, (front), sound, **a** (*patte* **pat**) and the velar, (back), sound, **ɑ** (*tasse* **tɑs**), nasalised in *an, grand* **ã, grã**, etc.

How far back may this divergence be traced? A question that is by no means easy to answer, and pending a closer investigation of the sound changes of the modern period than the one I have as yet been able to attempt, the conclusions reached in this paper must be regarded as tentative only.

In considering the history of the oral sounds **a** and **ɑ** in the pronunciation of to-day, a point to note is the large amount of fluctuation in the distribution of the two sounds. According to M. Grammont, "... les personnes sont nombreuses qui les distinguent mal, et c'est pour l'**ɑ** que les divergences individuelles de prononciation ou les flottements sont le plus fréquents."[1] Taking the indications M. Grammont affords us but grouping them rather differently, we obtain the following lines of distribution of the sounds in stressed syllables.

Beginning with the words in which oral **a**-*sounds* are derived from Old and Middle French **a** (i.e. excluding at first the Modern groups **wa** and **wɑ** derived from Middle French **we̜** (< **oi**)), the palatal pronunciation **a** is ordinarily found in the stressed syllable:

(1) Before all groups of consonants, other than those consisting of *voiced plosives* + **r** or l, e.g. *acte* **akt**, *apte* **apt**, *caste* **kast**, *calme* **kalm**, *marbre* **marbr**, *battre* **batr**, *nacre* **nakr**, *rafle* **rafl**, *pinacle* **pinakl**, etc.

(2) Before **r** (**ʀ**) followed by a mute final consonant, e.g. *part* **par**, *tard* **tar**, *marc* **mar**, etc.

(3) Before pronounced single consonants, with the exception of those mentioned below; these consonants may have been earlier either final of the word or intervocalic, e.g. *mal* **mal**, *ail* **a·j**, *bravade* **bravad**, *patte* **pat**, *cage* **kaž**, *hache* **aš**, *sale* **sal**, *femme* **fam**, *canne* **kan**.

[1] *Traité Pratique de Prononciation française*, p. 27.

The velar variety ɑ is found ordinarily under the following conditions:

(1) When the *a-sound* results from the coalescence of two vowels, e.g. *âge* ɑːž, *bâille* bɑːj.

(2) Before the groups consisting of *voiced plosive* + l or r, e.g. *fable* fɑbl,[1] *cadre* kɑdr, *cadavre* kadɑvr.

(3) Before consonantal groups or sounded single consonants which were earlier preceded by s or z, e.g. *âpre* ɑpr, (< *asperem*) *plâtre* plɑtr, *hâte* ɑt, *mâle* mɑl, *blâme* blɑm.

(4) When final of a word in modern speech if the sound preceded earlier the group s + *consonant* and more variably when preceding *final mute* s, e.g. *mât* mɑt (< **mast**), *appas* apɑ, *las* lɑ, *tas* tɑs, *gras* grɑ.

(5) In the ending *-aille*, and when preceding z and s (< s): more variably before r (< r), and before v, cf. *paille* pɑ·j, *volaille* volɑ·j, *base* bɑz, *vase* vɑz, *basse* bɑs, *passe* pɑs; *rare* rɑr, *gare* gɑr (but *barbare* barbar), *brave* brɑv, *grave* grɑv (but *bave* bav, *cave* kav).

In all the words containing the velar sound it is worthy of note that the vowel is long, and M. Grammont calls attention to the fact that in the pronunciation of many people every long *a-sound* is velar, every short one palatal.[2]

In the pronunciation of the modern group **wa** (< earlier wẹ < oi), there is much hesitation: a is usually employed, (e.g. *boîte* bwat, *soir* swar), but the sound is ordinarily velarised when preceded by r (ʀ) or when followed by mute ə, e.g. *roi* ʀwɑ, *croix* kʀwɑ, *droite* dʀwat, *oie* wɑ, *soie* swɑ.[3]   In words in which the group is final of a word or stands before a final mute consonant, pronunciation varies, cf. *loi* lwa,[3] *soi* swa,[3] *voix* vwa[3] but *foi* fwɑ,[3] *bois* bwɑ,[3] *poix* pwɑ.[3]

The amount of vacillation in the modern **a**-*sounds* suggests that the divergence between them is of relatively recent development, and this inference, obvious in the case of the **wa**-group, finds support also in the earlier history of the vowel, for in the earlier stages of the language it is evident that it was only the palatal variety that was in use.   For the Gallo-Roman period this pronunciation is indicated (*a*) by the palatalisation of preceding

---

[1] In *table, étable* and adjectives in *-able* the vowel is ordinarily palatal.

[2] *Op. cit.*, p. 30.

[3] Michaelis and Passy admit both ɑ and **a** in their *Dictionnaire Phonétique*.

velar consonants, for example, in *char*, *chien*, *jardin*, *manger*, *plaie*, *noyer* and (*b*) by the passage of a *tonic free* to ẹ (whatever the process that led to this result may have been).    In the sixteenth century it is also still the palatal sound which is dominant.    Ronsard comments on the likeness between ẹ and ạ; "*E* est fort voisine de la lettre *a*, voire tel que souvent sans i penser nous les confondons naturellement," and the frequent confusion of the two sounds in this century and the following one is not entirely due to the lowering influence of juxtaposed **r** and the reaction against this influence, cf. Rosset, *Les Origines de la Prononciation Moderne*, pp. 84, *et seq.*

It is, in fact, only in the early eighteenth century that any variety in the quality of the **a**-*sounds* is explicitly recognised, first apparently by the grammarian Boindin (*c.* 1709): "Il y a quatre voyelles qui... indépendamment de la quantité, sont par elles-mêmes susceptibles de trois différentes modifications, savoir d'une modification aigüe, d'une modification grave, d'une modification nazale... *a*, *tache*, *tâche*..."[1]    In this matter, however, as so often, it is probable that the clear recognition of change in pronunciation lagged considerably behind the change itself.

Close study of the grammarians of the Late Middle and Early Modern French period confirms this hypothesis, for it indicates that one must not place too much reliance on their discernment, particularly in this matter of quality of vowel sound.    Latin-trained, as they all were, their attention was focussed too exclusively at first on quantity and their recognition of qualitative differences, even among the vowels in which such differences were earlier and more evident, was very slow and fumbling.[2]    It is therefore quite possible that velarisation of the **a**-*sound* had begun considerably before Boindin's time but was masked to some extent by quantitative differences.    This supposition receives confirmation in two ways: (*a*) The beginnings of velarisation of the sound in the position in which it is most consistently velarised in modern French (before effaced prae-consonantal **s**) is suggested by the chance remark of a scholar on another subject.    In the *Dialogues françois pour les ieunes enfans*, written by the printer Plantin in collaboration with Jacques Grevin and published in 1567, one of the interlocutors says in speaking of the use of the circumflex accent: "Il se met quelquefois sur l'*a* asçauoir lors qu'il le faut prononcer ouuertement, comme

---

[1] Cited by Thurot, *De la Prononciation française*, II, 570.

[2] Cf. Beaulieux, *Histoire de l'Orthographe française*, I, ch. 7, II passim.

en ce mot *theâtre* et *âtre*, ausquels les vulgaires auoyent accoustumé d'adiouster un *s* apres l'*a*.    Ce cheuron rompu donques montre la difference qu'il y a à prononcer *theâtre* et *batre*."[1]    (*b*) Modern French pronunciation indicates a connection between the lengthening of the ɑ-*sound* and its velarisation[2], and it is significant that the use of the velar sound in Modern French coincides very closely with the conditions that produced lengthening in the sixteenth century, allowance being made for lengthenings produced subsequently by the later effacement of sounds.    According to the remarks of sixteenth century grammarians, vowel-lengthening was induced by the following causes:—

(1) The effacement of prae-consonantal **s** or **z**, cf. Bèze: "Omne *s* sequente consonante quiescens ... vocalem praecedentem producit, ut ante *sl hasle*,... *sm blasme*,... *st haste, taste*..."[3]

(2) The effacement of final **s**, cf. Peletier: "Memes a la fin d'aucuns moz qui se prononcet a part, la lettre *s* ne sonne point que par une maniere d'allongement e produccion de voés... comme an *keurs, durs*."

(3) The coalescence of two vowels, as for instance in *âge* (< *eage*), *bâille* (<*baaille*).[4]

(4) The influence of **z** intervocalic, **l** *mouillée* before final ə, and of double **r** (in process of simplification to **r** (?) ), cf. Bèze: "Omnis syllaba ante geminatam *rr* producitur"[5]; "*s* inter duas vocales, per *z* pronuntiata vocalem singularem et diphthongum antecedentem producit,[6]" "*A* cum *i* quiescente ante duplex *ll* molle cum *e* foeminino dictionem finiente est longum, ut *aille*... *caille, faille, maille, paille*..."[7]

(5) More variably, lengthening influence was also attributed to the consonants *s* (< *ss*) in intervocalic position, e.g. in *basse, grasse*.[8]

The use of ɑ was increased by subsequent sound changes that induced further lengthenings; it was modified often by

---

[1] Cited by Beaulieux, *op. cit.*, II, p. 61.

[2] Cf. M. Grammont's remark above, p. 397.

[3] Th. Beza, *De Francicae linguae recta pronuntiatione* (ed. Tobler, Berlin, 1868), p. 90.

[4] Cf. Thurot, *op. cit.*, II, pp. 587-591.

[5] *Op. cit.*, p. 90.        [6] p. 89.        [7] p. 89.

[8] Cf. Thurot, *op. cit.*, II, p. 675.    Lengthening of vowels before **v** appears to be first mentioned in the seventeenth century, cf. Thurot, II, pp. 672-5.

analogical factors, by the introduction of loan-words and sometimes by the desire to distinguish homonyms,[1] but it seems probable that the velarisation of the sound had its beginnings not later than the Middle French period.

ā and ā̃. In Modern French the nasal a-*sound* is velar but the a-*sound* heard in most of the words in which denasalisation has taken place is palatal, cf. the pronunciation of *femme, panne, paysanne, campagne* (O.F. fãmə, pãnə, païzãnə, kãpãɲə). The pronunciation of the denasalised vowel in these words and others similar makes it highly probable that at the period in which denasalisation of their vowel sound was taking place (the Late Middle and Early Modern French), it was the palatal variety of the nasal low vowel that was still in use in educated Parisian speech. It is this sound also which is indicated for the Old French period throughout the region in which ẽ and ã̃ fell together, i.e. broadly speaking in the Ile de France, the Orléanais and the eastern region.

The velarisation of the modern nasal vowel ã̃ is in all probability due to the lengthening induced by the absorption of the nasal consonant in the nasal vowel.

In the western and northern region the development of Old French ã̃ appears to have differed very considerably. Here, as is well known, ẽ, from e nasalised by the *n*-sounds, remained distinct from ã̃, but a fact more rarely noticed is that in this same region the nasal low vowel was both velarised and rounded, i.e. passed through ã̃ to ǫ̃ or ǭ̃ (õ:). In the northern region, where local forms of speech secured some representation in extant texts, rhymes in fifteenth century plays indicate the completed double process, cf. the rhymes *enfan : mond, Mahon : an, dame : monde.*[2] A first indication of the beginning of this pronunciation is probably given by the rhyme *aune : manne* that Froissart permits himself.[3] For the western region we have the rather later but explicit testimony of Peletier du Mans: "Vrèi êt qu'an Normandie, é ancous an Bretagne, an Anjou é an votre Meine... iz prononcet l'*a* deuant *n* un peu bien grossemant é quasi comme s'il i auoèt *aun* par diftongue; quand iz diset *Normaund, Nauntes, Aungers, Le Mauns, graund chere*" (cited by Thurot, II, 430). The pronunciation of the diphthong *au* in the sixteenth century was somewhat variable but

[1] Cf. Grammont, *op. cit.* p. 27.

[2] *Mystères et Moralités du ms. 617 de Chantilly,* éd Cohen, p. xxiii.

[3] *Poésies,* éd. Schéler, I, p. 229; cf. also *Intr.* to the Chandos Herald's *Life of the Black Prince,* p. viii.

it is probable that the pronunciation that Peletier has in mind is the one that appears to have obtained in the earlier part of the century and which may be noted approximately by ǭ (ɔ:), the sound heard in Modern English *awe*, *law*.

ã Anglo-Norman.   In Anglo-Norman, as is well known, the spelling *an* began to be replaced by *aun* in the early thirteenth century, the earliest examples of the spelling as yet detected being those in the early thirteenth century fragment of a prose *Lapidary*, published by the late Professor Studer and Miss Joan Evans.[1]

In later Anglo-Norman the spelling *aun* alternates occasionally with *o*, cf. the alternative forms *esquinauncye* and *la quinoncye* in the *Char* of Bozon, l. 246, the spellings *daunye* and *dauneour*[2] used by the scribe of Bozon's *Contes* to represent the O.F. words *doneie*, *doneour*, originally loan-words from the south, and late M.E. spellings such as *chonge*, *penonce*.[3]

These spellings indicate clearly that pronunciation of the nasal **a**-*sound* in Anglo-Norman must have gone through the same processes as the western and northern French sound, i.e. velarisation and rounding, the only difference observable being one of pace, for here, as so often, the insular development, unimpeded by tradition, forged ahead of the slower moving continental French.

The choice of the spelling *au* to represent the first stages of this process is explicable if I am right in supposing that the diphthong *au* in its passage to the sound ǭ (the stage attained in the later sixteenth century), went through the following stages 'aṳ < 'ɑ̄u > 'ɑo > 'ɑǫ> ǭ (ɔ:) > ǭ > (*autre* > *aotre* > *ǭtre* > *ǭtre*), for once the diphthong had reached the stage **au** or **ao** the digraph *au* would represent, better than any other available symbol, a long velar **a**-*vowel* gradually rounding.

ɑ Anglo-Norman.   In late Anglo-Norman the spelling *au* occurs also rather unexpectedly in another type of words, those in which *a* precedes mute prae-consonantal **s**, e.g. *chaustel*, *bauston*, *tauster*, *portaustes*, *trovaustes*.[4]

If I am right in attributing to the spelling *au* before a nasal consonant the value of a lengthened **a**-*sound*, this spelling is readily explained, for its use would only mean that in Anglo-Norman as in

---

[1] *Anglo-Norman Lapidaries*, Oxford, 1924.

[2] *Contes*, éd. P. Meyer, p. 169, *Intr.* xxxviii.

[3] Prior, *Cambridge A.N. Texts*, p. xxiii.

[4] Cf. *Boeve de Hauntone*, éd. Stimming, p. 173.   Tanquerey, *L'évolution du Verbe*, p. 575.

continental French **a** before effaced **s** was lengthened and velarised, the only difference between Anglo-Norman and continental French being again one of pace.   This hypothesis serves to explain a curious rule of the *Orthographica Gallica*; "Et a la foithe escriue-retz *s* en lieu de *u*, come *ascun, blasmer*, etc. et serra sone *aucun*" (H. 32, p. 8), and thus secures some corroboration.

M. K. POPE.

OXFORD.

# SHAKESPEARE'S FRENCH

THERE is sufficient French in Shakespeare's plays to show that he knew the language fairly well, and could probably speak it colloquially and read it without much difficulty. It was, with Latin, the foreign language he knew best, though he may have been able to read Italian too. Indeed, apart from the proof found in the plays, it would be necessary to assume Shakespeare had a reading knowledge of the two modern languages, or at least of French, in order to explain his literary debts. Most of his sources, it is true, were accessible in English translations or adaptations, or could be found second-hand in the works of his predecessors. But two Italian tales, one from Ser Giovanni's *Il Pecoroni* (which contains the main theme of the *Merchant of Venice*) and the other from Cinthio's *Hecatommithi* (Un Capitano moro), the source of Othello, were not available in English, as far as is known. Nor were Belleforest's *Histoires Tragiques*, a popular collection of tales and romances translated into French chiefly from the Italian, which supplied Shakespeare with the plots of *Hamlet* and *Much Ado About Nothing* and probably of *Romeo and Juliet* and *Twelfth Night* also.

The question as to how and where Shakespeare learnt his French would of course be difficult to answer with certainty. Stratford Grammar School would provide him with his Latin, but it is not likely that he would have much opportunity of learning French in his native town, unless there were Huguenots who had set up as teachers of French, as they did in several places. The most likely answer is that on his arrival in London he was able to pick up a knowledge of the language among the considerable population of Huguenot refugees who did so much to forward the study of their language in England at this time.[1] Shakespeare's private life is wrapped in mystery, yet everything points to the fact that he was brought into touch with the French Huguenots almost immediately after his arrival in London[2] in

---

[1] K. Lambley, *The Teaching and Cultivation of the French Language in England in the Sixteenth and Seventeenth Centuries*, 1920, Ch. 3 and 4.

[2] My authority for dates and the chronology of the plays is Sir Sidney Lee's *Life of Shakespeare*.

1586, through his friend and fellow townsman, Richard Field, the printer. Field had served his apprenticeship with the Huguenot publisher, Thomas Vautrollier, and on Vautrollier's death, which took place at about the time of Shakespeare's coming to London, he married his widow and carried on his business. Shakespeare was on friendly terms with Field and his wife, and his first two printed works—*Venus and Adonis* (1592) and *The Rape of Lucrece* (1593)—were published by his old Stratford friend.

So that, from the beginning of his life in London, Shakespeare was in touch with Huguenot circles through Field, his French wife and their friends. Later on, there is a more definite record of this connection. For some time before and after 1604 Shakespeare lodged in Silver Street, Cheapside, with a French family called Montjoy, near neighbours of Field. Certain details of his life with this family have been preserved in some legal documents connected with a lawsuit of 1612 (Bellott v. Montjoy) when Montjoy, who was a tiremaker, was sued by Bellott, his son-in-law and former apprentice, because he had not fulfilled a contract alleged to have been made at the time of his daughter's marriage with Bellott in 1604. Shakespeare was summoned as a witness for the plaintiff and signed a statement testifying that he was acquainted with the family during the period of Bellott's apprenticeship (1598–1604). Other evidence shows that Shakespeare "who laye in the house" helped to bring about the marriage. At any rate these documents[1] indicate that for several years, probably from about 1598 onwards, and perhaps earlier, Shakespeare was in daily contact with a Huguenot family.

No doubt this explains why he uses French fairly freely in two plays he wrote at that period,—*Henry V*, performed early in 1599, and *The Merry Wives of Windsor*, composed at about the same time. In most of the plays written previously French is not altogether absent, but it is limited to a sprinkling of words, most frequent in *Love's Labour's Lost* and *All's Well That Ends Well* where the scene is laid in France. While there is nothing to prove a special knowledge of French, this habit of annexing French words would none the less seem to suggest that Shakespeare often heard French spoken, and so was led to introduce certain familiar words and phrases into his dialogue—such as *allons!*, *bonjour*, *pardonnez-moi*. He had a special fondness for *monsieur* and *sans*. "This is

---

[1] Discovered and published by C. W. Wallace, *University Studies*, Nebraska, U.S.A. and *Harper's Magazine*, March, 1910.

the ape of form, Monsieur the nice," says Berowne of Boyet (*L. L. L.*, V.2.326) and indeed the title Monsieur is nearly always used to imply ridicule or contempt. Bottom addresses the fairies as *Monsieur* in the *Midsummer Night's Dream*, "Monsieur Cobweb, good monsieur, get your weapons in your hand" (Act IV, Sc. 1). Maria calls Malvolio Monsieur Malvolio (*Twelfth Night*, Act III, Sc. 2) and Monsieur Jacques of *As You Like It* is called Monsieur Melancholy by Orlando (Act III, Sc. 2) and Monsieur Traveller by Rosalind (Act IV, Sc. 1), while Caliban is addressed as Monsieur Monster (*Tempest*, Act III, Sc. 2). Instances of the use of "sans" are very frequent in both the earlier and later plays, in such phrases as "sans question," "sans fable," "sans bound," "sans compliment," "sans intermission," "sans all," etc. "My love to thee is sound, sans crack or flaw" Berowne assures Rosalind (*L. L. L.*, Act V, Sc. II, l. 416) and she retorts "sans 'sans' I pray you." *Parle* is another word Shakespeare uses very often, and he also has a liking for *certes* and *perdy*.[1]

But in *The Merry Wives* and especially in *Henry V* there are more than mere words and phrases. Dr. Caius, the "renowned French physician" of the first play, talks pigeon English intermingled with French, no doubt the sort of jargon Shakespeare was used to hearing among the Huguenots (Act I, Sc. 4, Act II, Sc. 3, Act III, Sc. 2, Sc. 3, ll. 159 *sq.*, Act IV, Sc. 5, ll. 85 *sq.*, Act V, Sc. 5, ll. 227 *sq.*). He notes the phonetic peculiarities of this English consistently throughout: *v* for *w* (vat-what), *t* or *d* for *th* (vit-with, de-the), *sh* for *ch* (mush-much), and the addition of a sort of *voyelle d'appui* after words ending with a consonant (do you tell-a me, verefore shall I be content-a, etc.). There are also mistakes in verbs—(vat is you sing? etc.) and pronouns (*me* for *I*) but peculiarities of vocabulary are few, the oath *by gar*, *no* for *not*, *intend* in the sense of *hear*, *speak* for *say* or *tell*. The proportion of French among this jargon is not very great.

It is in *Henry V* that we can best judge of Shakespeare's knowledge of French. The whole of Scene 4 in Act III where Katharine has a lesson in English from her waiting maid who has been in England is written in French. The princess learns the names of the parts of the body, and Shakespeare is conversant enough with

---

[1] Other French words used by Shakespeare are maugre, oeillards, matin, chanson, perdu, lunes (in his lunes), cardecu (quart d'écu), cautel, ceinture, antre, chaudron (in sense of entrails), égal, fardel, foutra, foison, prest (ready), sot (fool), envoy, bon, vive le roy, mort du vinaigre (an oath), espérance, rendez-vous. References in A. Schmidt, *Shakespeare Lexicon*, 2 vols.

French to end the scene with a pun on the words *foot* and *gown* which can only be described as "impudique," as Katharine admits herself. This conversation bears a close resemblance to the series of questions and answers found in the manuals for learning French or French and English prevalent at this period, the most popular of which, De la Mothe's *French Alphabet* and Holyband's *French Littleton*, were published by Field.[1] Unfortunately it cannot be identified with a passage in any manual known, but it seems just possible that Shakespeare may have glanced through one of these and got from it the idea of this scene. Here and there, in other scenes, French phrases, chiefly exclamations, are put into the mouths of French knights (O Dieu vivant, Dieu de batailles, Mort de ma vie, etc., Act III, Sc. 5 and Sc. 7, Act IV, Sc. 2 and Sc. 5) and the Dauphin is made to quote from the Genevan Bible (Act III, Sc. 7, l. 68)—another sign of Shakespeare's Huguenot connections at this time;[2] the passage is from 2 Peter ii, 22, "Le chien est retourné à son propre vomissement et la leuge lavée au bourbier." The corrupt form "leuge" is replaced by "*truie*" in modern editions in accordance with the text of the Bible, though it appears more like a corruption of *laie*.

In two scenes of the play only does Shakespeare depict his French and English characters as having difficulty in understanding each other's language. The first (Act IV, Sc. 4) represents Ancient Pistol in difficulties with a French soldier he has taken prisoner. A boy has to come to the rescue and serve as interpreter, when Pistol, whose knowledge of languages is evidently limited to the odd French and Latin words he drags into his conversation (Act II, Sc. 1, l. 75, Act IV, Sc. 1, ll. 36 *sq*, *Henry IV*, Pt. 2, Act II, Sc. 4, l. 193 and Act V, Sc. 5, l. 102), and his captive are talking at cross purposes, and Pistol is mistaking French words for English ones, *Seigneur Dieu* for *Signieur Dew* (the soldier's name, he thinks), *bras* for the English *brass*, and *moi* for the small coin *moy*. "Is that a ton of moys?" asks Pistol when the soldier exclaims "Pardonnez-moi." In the second scene (Act V, Sc. II, ll. 98–304) Henry makes love to Katharine, who, considering the very elementary lesson she receives earlier in the play, manages to understand his English very well. Henry's French is purposely made very lame and halting, although Katharine assures him: "Sauf votre honeur, le François que vous parlez il est meilleur que l'Anglois lequel je

---

[1] K. Lambley, *op. cit.*

[2] He also gives the name of Montjoy to the French herald.

parle." It hangs upon his tongue, as he says, like a new-married wife about her husband's neck, hardly to be shook off. On the other hand the French of Katharine and her waiting-woman, as well as that of the soldier in the previous scene (the boy is English: "I do not know the French for fer and ferret and firk" he protests to Pistol) may no doubt be taken as Shakespeare's attempts at correct French. Making due allowance for the corruption of the text and for printers' errors, it can be described as fairly correct and colloquial, with inaccuracies of grammar and idiom here and there. It is certainly not the French of a Frenchman. "Que dit-il, que je suis semblable à les anges?" asks Katharine— "Ouy, sauf votre Grace, ainsi dit-il—O bon Dieu, les langues des hommes sont plein de tromperies." And the French soldier thanks Pistol for sparing his life in the following words, which the boy translates for his benefit and no doubt that of the audience too: "Sur mes genoux je vous donne mille remerciements et je me estime heureux que je ai tombé entre les mains d'un chevalier, je pense, le plus brave, valiant et trés distingué seigneur d'Angleterre." The rest of the French is of the same quality.

In the later plays Shakespeare almost ceases to use French, which is partly to be explained no doubt by the fact that he abandoned comedy for tragedy to a great extent. There are still a few words in the trio of comedies he wrote after *Henry V*, *Much Ado About Nothing*, *As You Like It* (in which the scene is laid in France) and *Twelfth Night*, where, when Sir Andrew Aguecheek announces to Sir Toby Belch his intention of abandoning his suit and returning home, Sir Toby asks "Pourquoi, my dear knight?" which baffles Sir Andrew: "What is 'pourquoi'? do or not do? I would I had bestowed that time in the tongues that I have in fencing, dancing and bear-baiting." But he manages to greet "Monsieur" Viola in French later on—"Dieu vous garde, Monsieur.—Et vous aussi, votre serviteur" (Act I, Sc. 3 and Act III, Sc. 1).

Even if Shakespeare had been deeply versed in the French language, he could not of course have used it very freely in plays intended for an English audience (as it is he often has recourse to an interpreter, as in the scenes with Pistol's boy, and Katharine's waiting-woman). But the quality of the French he goes out of his way to insert seems to prove that he had a colloquial, superficial, perhaps fluent knowledge of the language, probably acquired chiefly by ear. He could no doubt read a fairly simple style without difficulty, but it is doubtful whether he would find such authors as Rabelais and Montaigne, with both of whom, especially the latter, he had some acquaintance, easy to read in the original.   It is fairly certain that he read Montaigne in the translation (published 1603) of his friend Florio, a fellow *protégé* of the Earl of Southampton and a teacher of Italian whom Shakespeare is sometimes supposed, very improbably, to have depicted in the schoolmaster of *Love's Labour's Lost*, Holofernes—a name he may have taken from *Gargantua* (Ch. 15).   If he had read *Gargantua*, as is likely, it was no doubt in a translation too (the giant is mentioned in *As You Like It*—Act III, Sc. 2, l. 238).   And Beatrice in *Much Ado About Nothing* (Act II, Sc. 1, l. 140) refers to the *Hundred Merry Tales*, no doubt an English version of the *Cent Nouvelles nouvelles*.   A good deal of French literature was accessible in translation at that time, and it seems likely that Shakespeare would use English versions.   How much French literature he had read, and to what extent he was influenced by it, is another and very vexed question which it seems rash to answer as definitely as M. Gillet does, for instance, in his recent volume on Shakespeare.[1]

K. REBILLON-LAMBLEY.

RENNES.

---

[1] "Nul n'a plus fréquenté l'Italie et la France, Plutarque, Ovide, Boccace, l'Arioste, Rabelais, Montaigne"—Louis Gillet, *Shakespeare* (1931), p. 344.   M. Gillet would have it that the character of Falstaff is inspired by Panurge.

# LE "PERE HOOP" DE DIDEROT:
## ESSAI D'IDENTIFICATION

Au début d'octobre 1759, Diderot, éloigné de Sophie Volland par les soupçons d'une mère trop vigilante, s'en alla passer le reste de l'automne à la campagne, chez le philosophique baron d' Holbach, au Grandval.[1]   La Correspondance avec Sophie n'y perdit rien. Tout ce que le nouvel hôte du Grandval avait fait, lu, vu, dit ou entendu dire pendant la journée, il le jetait le soir sur le papier pour le plus grand plaisir de son amie... et pour le sien.   Le lendemain les "bouquets," volumineux, richement documentés, affriolants prenaient le chemin de la rue des Vieux-Augustins. Riches en renseignements sur Diderot lui-même, ces lettres pourraient nous permettre d'étudier les réactions du grand *angliciste* quand, à quarante-six ans, il se trouva enfin en contact direct avec un Anglais, ou plutôt un Écossais.   Dans les notes qui suivent, dédiées au fin connaisseur de littérature écossaise qu'est M. Kastner, nous nous proposons d'étudier seulement la curieuse figure de l'homme qui provoqua ces réactions, en l'espèce notre mélancolique compatriote, le "père Hoop."

Il en vaut la peine.   Il a fait la joie de tous les lecteurs de Diderot, de la fine et charmante Sophie comme du farouche Carlyle et de l'austère Morley.   Mais jusqu'ici il est resté dans cette pénombre où, malgré son manque notoire de réticences, Diderot laisse si souvent ses personnages; et la note du savant M. Tourneux : "M. Hoop, chirurgien écossais sur qui nous n'avons pu trouver aucun détail biographique" n'est pas faite pour nous encourager.   Essayons cependant d'être plus précis en interrogeant Diderot.   Les citations seront longues; elles ne manqueront pas de piquant.

Brusquement, sans préparation aucune, le 15 octobre 1759, Diderot met sa correspondante en face de M. Hoop :

... Je fis trois trictracs avec la femme aux beaux yeux d'autrefois [Mme de Saint-Aubin]; après quoi le père Hoop, le Baron et moi, rangés autour d'une grosse souche qui brûloit, nous nous mîmes à philosopher sur le

---

[1] Actuellement sur le territoire de la commune de Sucy-en-Brie, canton de Boissy-Saint Léger (Seine-et-Oise), gare Sucy-Bonneuil, à 20 kilomètres de la Gare de la Bastille.

plaisir, sur la peine, sur le bien et le mal de la vie. Notre mélancolique
Écossois fait peu de cas de la sienne. . . . On parla ensuite d'un M. de Saint-
Germain[1] qui a cent-cinquante à cent-soixante ans et qui se rajeunit, quand
il se trouve vieux. On disoit que si cet homme avoit le secret de rajeunir
d'une heure, en doublant la dose il pourrait rajeunir d'un an, de dix, et retourner ainsi dans le ventre de sa mère. "Si j'y rentrois une fois, dit l'Écossois,
je ne crois pas qu'on m'en fît sortir." A ce propos il me passa par la tête un
paradoxe . . . et je dis au père Hoop, car c'est ainsi que nous l'avons sur-
nommé parce qu'il a l'air ridé, sec et vieillot: "Vous êtes bien à plaindre! mais
s'il étoit quelque chose de ce que je pense, vous le seriez bien davantage.—
Le pis est d'exister et j'existe.—Le pis n'est pas d'exister, mais d'exister pour
toujours.—Aussi je me flatte qu'il n'en sera rien. . . .

Jusqu'à la fin du mois M. Hoop reste au Grandval, affichant un
pessimisme absolu, se distinguant par ses boutades, assistant, en
collaborateur érudit et sardonique, à la composition de l'article
SARRASINS de l'Encyclopédie, cependant que les quolibets, les
plaisanteries de corps de garde et les éclats de rire fusent de tous les
coins du salon. Dès avant le 30 octobre, il a conquis l'Encyclopédiste : "Nous perdons l'Écossois demain. J'en suis fâché; c'est
un homme de bien qui a du sens et des connoissances. Sa mélancolie l'a promené dans tous les coins du monde, et je tirois parti de
ses voyages " ; le 3 novembre : "Le père Hoop nous a quittés."[2]

L'année suivante, vers la même époque, Diderot retourna au
Grandval. Il y retrouva l'Écossais, déjà installé et prêt à causer :
"Après le souper, les dames se sont retirées, et nous avons un peu
philosophé, debout, le bougeoir à la main. La bonne conversation.... Il s'agissoit des Chinois. Le père Hoop et le Baron en
sont enthousiastes."[3] Dans sa lettre du 14 octobre, Diderot fait,
à sa façon, la biographie de son ami :

Nous nous sommes promenés seuls, le père Hoop et moi, depuis trois
heures et demie jusqu'à six. Cet homme me plaît plus que jamais. Nous

---

[1] Aventurier célèbre, qui passait pour avoir trouvé un élixir vital. Revenant à
Paris en 1759, le baron de Gleichen fit sa connaissance: "C'est une facétie de Milord
Gower . . . qui a valu à M. de Saint-Germain le renom de posséder une médecine qui
rajeunissait et rendait immortel; ce qui fit composer le conte bouffon de la vieille
femme de chambre d'une dame, qui avait caché une fiole pleine de cette liqueur divine:
la vieille soubrette la déterra et en avala tant, qu'à force de boire et de rajeunir, elle
redevint petit enfant." *Souvenirs de Charles-Henri baron de Gleichen*, éd. P. Grimblot
(Techener 1868), xlviii+227 pp., p. 126.

[2] *Œuvres complètes de Diderot*, éd. Assézat et Tourneux, t. XVIII, pp. 406-30;
Denis Diderot, *Lettres à Sophie Volland, texte, en grande partie inédit, publié pour la
première fois d'après les manuscrits*, par André Babelon (Gallimard [1931]), t. I,
pp. 107-42. Nous citons le texte de l'édition Babelon, quoiqu'elle n'apporte presque
rien de nouveau en ce qui concerne Hoop.

[3] Lettre du 25 septembre 1760. *Lett.* I, p. 185.

avons parlé politique.     Je lui ai fait cent questions sur le parlement d'Angleterre. . . . A propos du bonheur de la vie, je lui ai demandé quelle étoit la
chose qu'il estimoit le plus dans ce monde. . . .—Celle qui m'a toujours
manqué, la santé.—Et le plus grand plaisir que vous ayez goûté?—Je le
sçais, mais pour l'expliquer, il faut que je vous entretienne de ma famille:—

Nous sommes deux frères et trois sœurs.     En Écosse, comme en quelques
provinces de France, la loi absurde assure tout à l'aîné; mon aîné fut la coque-
luche de mon père et de ma mère; c'est à dire qu'ils mirent tout en œuvre
pour en faire un mauvais sujet, et ils ne réussirent que trop bien.     Ils le
marièrent le plus tôt et le plus richement qu'ils purent; ils se dépouillèrent
en sa faveur de tout ce qu'ils avoient.     Mais cet enfant mal né et mal élevé
les fit bientôt repentir de l'indépendance totale où ils avoient eu la faiblesse
de le mettre.     Il . . . contraignit son bon vieux père et sa bonne vieille
mère à abandonner leur maison, emmenant avec eux leurs filles, et ayant à
peine de quoi se nourrir, bien loin d'avoir de quoi marier[1] ces filles déjà
grandes; leur frère avoit encore arrangé les affaires[1] de manière qu'on n'en
pouvoit même exiger leur dot.     Le dessein à tous ces malheureux étoit de
sortir d'Édimbourg et d'aller cacher en Castille leur misère et l'ingratitude de
leur fils.     Cependant la mélancolie, qui m'a promené dans presque toutes les
contrées du monde, m'avoit conduit à Carthagène.     Ce fut là que j'appris
le désastre et la détresse de mes parents.     Je tâchai de les consoler et de les
tranquilliser pour le présent et sur l'avenir.     Je vendis le peu que j'avois et
je leur en envoyai le prix.     Jetant ensuite les yeux sur les fortunes rapides
qui se faisoient autour de moi, je me mis à commercer; je réussis: en moins de
sept ans, je fus riche.     Je me hâtai de revenir; je rétablis mes parents dans
l'aisance; je châtiai mon frère, je mariai mes sœurs, et je fus, je crois, l'homme
le plus heureux qu'il y eût au monde.

En achevant ce récit, il avoit l'air fort touché.     "Mais à quoi, lui demandai-
je, avez-vous employé les premières années de votre jeunesse?—A l'étude de
la médecine, me répondit-il.—Mais pourquoi n'avez-vous pas suivi cet état?—
Parce qu'il falloit ou rester ignoré dans la foule, ou faire le charlatan pour en
sortir.—Il est bien dur de renoncer à son état, après en avoir fait tous les frais.—
Il est bien plus dur de ramper, de languir dans l'indigence, ou de fourber."
. . . Après l'étude, ce qui lui avoit plu davantage c'étoient les voyages;
il voyageroit encore à l'âge qu'il a. . . .

Voilà en gros notre promenade, si vous en exceptez une anecdote polissonne qui s'est glissée, je ne sçais comment, tout à travers de choses assez
sérieuses.     Il faisoit un cours d'accouchement chez un homme célèbre
apellé Grégoire.     Ce Grégoire croyoit sérieusement qu'un enfant qui mouroit
sans qu'on lui eût jeté un peu d'eau froide sur la tête, en prononçant certains
mots, étoit fort à plaindre dans l'autre monde; en conséquence, dans tous les
accouchements laborieux, il baptisoit l'enfant dans le sein de la mère. . . .[2]

## Le 15 octobre il est encore question de M. Hoop:

Des pluies continuelles nous tiennent renfermés. . . . Le père Hoop,
les yeux à moitié fermés, la tête fichée sur ses deux épaules, et les mains collées

---

[1] *Marier, affaires*: corrections (de la main de Diderot) à la place de *établir, choses*.
[2] *Lett.* I, pp. 220-23.

sur ses deux genoux, rêve, je crois, à la fin du monde. . . . Comme il n'y a rien à tirer de moi, le Baron . . . s'adresse au père Hoop. *Eh bien, vieille momie, que ruminez-vous là?*—Je rumine une idée bien creuse.—*Et cette idée, c'est?*—C'est qu'il y a eu un moment[1] où il n'a tenu à rien que l'Europe ne vît un jour le souverain pontificat et la royauté réunis dans la même personne et ne soit retombée à la longue sous le gouvernement sacerdotal.[2] [Suivent de longues considérations[3] anticléricales, anticatholiques ou antichrétiennes, agrémentées d'allusions au "magianisme des Perses," aux cénobites "dans plusieurs contrées de l'Asie," aux "Jésuites, souverains et pontifes au Paraguay," aux Nambouris, et au prophète Osée. Mais ici on serait bien embarrassé de dire où Hoop s'arrête et où Diderot commence, où les observations personnelles viennent se joindre aux réminiscences de l'œuvre de Voltaire.[4]]

Et enfin :[5]

Encore un mot de nos Chinois. . . . On a beau faire, on ne les tire point de leur assiette tranquille. Fripons entre eux et avec l'étranger, ils disent que ce sont leurs dupes qui sont des sots ou des étourdis. "Une fois, dit le père Hoop, je fus un de ces sots, de ces étourdis-là, c'est à dire que je fus trompé par un commerçant chinois et fripon. J'allai lui représenter combien il m'avoit lésé: *"Cela est vrai*, me répondit-il, *vous l'êtes beaucoup, mais il faut payer.*—Mais où est la bonne foi, la droiture?—*Je n'en sçais rien, mais il faut payer.*" Après avoir essayé les paroles douces, j'en vins aux gros mots, je l'appelai coquin, maraud, fripon. "*Tout ce qui vous plaira, mais il faut payer.*" Je n'en pus jamais tirer autre chose, et je payai. En recevant mon argent: *Étranger*, me dit-il, *tu vois bien que tu n'as pas gagné un sou à te mettre en colère. Eh! que ne payois-tu tout de suite, sans te fâcher? Cela eût été beaucoup mieux.*"

Voilà notre personnage campé. Hoop est, dans les bruyantes discussions du Grandval, le porte-parole attitré des Chinois et des Anglais : tantôt "enfourné dans la lecture de ses bons amis les Chinois qu'il a vus si longtemps à Canton," tantôt expliquant à Diderot émerveillé les mystères du Parlement, la sténographie alors ignorée en France, les mœurs londoniennes, le "*spline*," avec tous ses symptômes (*experto crede* : " Je sens depuis vingt ans un malaise général," etc.), le caractère des montagnards écossais, avec une anecdote à l'appui :

Le père Hoop avoit un ami à la bataille qui se donna entre les montagnards écossois, commandés par le prétendant, et les Anglois. Cet ami étoit parmi ceux-cy; il reçoit un coup de sabre qui lui abat une main; il y avoit une bague de diamant à l'un de ses doigts; le montagnard voit quelque chose qui reluit à terre, il se baisse, il met la main coupée dans sa poche, et continue de se

---

[1] Au moment du Concile de Trente, 1545-63.
[2] *Lett.* I, p. 225-6.  [3] *Lett.* I, pp. 227-33.
[4] Ce n'est pas pour rien qu'un exemplaire de l'*Essai sur les Mœurs* se trouvait sur la cheminée du salon au Grandval; *Lett.* I, p. 273.
[5] Lettre du 15 octobre 1760. *Lett.* I, pp. 234-6

battre. Ces hommes connoissent donc le prix de l'or et de l'argent, et s'ils ne livrèrent pas le prétendant, c'est qu'ils ne vouloient point d'or à ce prix.[1]

Puis quelques touches mélancoliques viennent assombrir le portrait : et cependant, bien que victime du spleen national, Hoop est "de la société la plus agréable. Il lui reste je ne sais quoi de sa gaieté première qui se remarque toujours dans son expression. Sa tristesse est originale et n'est plus triste." Avec cela, "homme de bien" et digne d'être cité en exemple à Sophie, "femme de bien"[2] : "Depuis son histoire il est devenu pour moi tout à fait intéressant. Voyez, chère amie, l'effet d'une seule bonne action."[3] Mais, hélas, sa santé est mauvaise, si mauvaise qu'il songe au suicide; le 10 novembre, Diderot se défend de toute exagération à ce sujet : "Je n'ai rien outré à la peinture du père Hoop. Il a été sur le point de secouer le fardeau. A vous parler vrai, je ne compte pas qu'il finisse naturellement." Le dernier bulletin, cependant, est plus rassurant : "A Paris, le 21 novembre 1760... Le père Hoop se porte un peu mieux. Il m'a dit à l'occasion du nouveau roi[4] une histoire très cynique..."[5]

C'est là la dernière mention de Hoop dans les Lettres à Sophie; mais Diderot reviendra sur lui à quatre reprises : —

Dans les *Fragments politiques* — *Sur les Chinois* :[6] "S'il y a un peuple au monde vide de tout enthousiasme, c'est le chinois. Je le dis et je le prouve par un fait que je tiens du plus intelligent de nos subrécargues..." Suit la rencontre de Hoop avec le "commerçant chinois et fripon," *supra* p. 412.

Dans le *Neveu de Rameau*[7] (qui date en partie de 1760), à propos des bonnes actions :

Une personne de ma connaissance s'était réfugiée à Carthagène; c'était un cadet de famille dans un pays où la coutume transfère tout le bien aux aînés. Là il apprend que son aîné, enfant gâté, après avoir dépouillé son père et sa mère trop faciles de tout ce qu'ils possédaient, les avait expulsés de leur château et que les bons vieillards languissaient dans une petite ville de la province. Que fait alors ce cadet, qui, traité durement par ses parents, était allé tenter la fortune au loin? Il leur envoie des secours; il se hâte d'arranger ses affaires, il revient opulent, il ramène son père et sa mère dans leur domicile, il marie ses sœurs.

Dans *Diderot et l'abbé Barthélemy* :[8] "Dernièrement, au Grandval,

---

[1] *Lett.* I, p. 301.

[2] "Adieu, femme de bien !" Lettre du 18 octobre 1760, O.C. XVIII, 506.

[3] *Lett.* I, p. 271.      [4] *à l'occasion du nouveau roi.* Sic.

[5] Inédite jusqu'ici, elle paraît dans l'édition Babelon, I, p. 333.

[6] O.C. IV, 47.      [7] O.C. V, 426.

[8] *Dialogue philosophique inédit*, Messein, 1921, 64 pp., p. 47.

le père Hoop me contait qu'il avait vu, dans un village de la Suisse dont le curé était absent ou malade, un pasteur protestant remplacer ce curé dans ses fonctions."

Enfin, dans l'*Histoire des Indes* de l'abbé Raynal, à laquelle Diderot collabora, comme bien d'autres, et où nous retrouvons textuellement l'anecdote de Hoop sur le "commerçant chinois et fripon."[1]

\*       \*       \*       \*       \*       \*

Un examen attentif du texte nous permet de relever dans la biographie de Hoop, telle que Diderot l'a faite, quelques contra-dictions ou invraisemblances.   Au dix-huitième siècle, "en Écosse comme en quelques provinces de France, la loi absurde assuroit tout à l'aîné"; c'est possible, mais pas avant la mort du père, et si "les bons vieillards" abandonnent leur maison à Édimbourg (première version, celle des *Lettres à Sophie*) ou leur château (seconde version, celle du *Neveu de Rameau*), c'est qu'ils le veulent bien.   Par la suite ils "languissaient dans une petite ville de la province," selon la seconde version; mais d'après la première, "le dessein à tous ces malheureux étoit de sortir d'Édimbourg et d'aller cacher en Castille leur misère et l'ingratitude de leur fils aîné."   En quoi ce départ pour la Castille les aurait-il avancés?   Leur cadet se trouvait à Carthagène, c'est à dire soit dans l'Amérique du Sud, soit en Murcie, dans l'un ou l'autre cas assez loin de la Castille.   Que faisait le cadet à Carthagène?   Selon la première version, la mélancolie y avait conduit ses pas; mais le *spleen* ne nourrit pas son homme. Y vivait-il donc aux frais des "bons vieillards"?   Que non pas. Car d'après la seconde version, "traité durement par ses parents, il était allé tenter la fortune ailleurs."   Tentative en apparence infructueuse, puisqu'il "s'était *réfugié* à Carthagène."   Bien ou mal traité par ses parents, au reçu des mauvaises nouvelles il "vendit le peu qu'il avoit et leur en envoya le prix" (première version), ou "leur envoya des secours et se hâta d'arranger ses affaires" (seconde version).   Sans attendre l'arrivée des "bons vieillards" et des trois demoiselles Hoop sur le sol trompeur de l'Espagne, si Espagne il y a, il "se mit à commercer.   Il réussit et en moins de sept ans il fut riche."   Il fut même "opulent"; il fut "le plus intelligent de nos[2] subrécargues," disent les *Fragments Politiques*.   "Il se hâta de

---

[1] *Hist. Ind.*, I, i, pp. 148-9; Feugère, *Revue d'Hist. litt.*, 1913, p. 354.

[2] Pour Diderot *nos* comporte souvent un sens très général; cp. "Pringle, Petit, *nos* plus célèbres anatomistes."   Il s'agit de Sir John Pringle [1707-82], l'ami de Franklin et de Monboddo.

revenir, rétablit ses parents dans l'aisance, châtia son frère et maria ses trois sœurs." Ainsi bon fils, bon frère, avait-il mérité à tous égards l'estime du sensible auteur du *Père de famille*. Devant une telle série de "bonnes actions," comment oserions-nous dire que l'une d'entre elles manque un peu de couleur locale et nous paraît française plutôt qu'écossaise? Le rôle capital que joue dans la vie de Hoop l'établissement de ses trois sœurs est peut-être moins naturel chez un Écossais que chez Diderot qui était obsédé par l'idée de doter ou de faire doter sa propre fille.

\* \* \* \* \* \*

Un examen attentif du texte nous permet également d'écarter les hypothèses émises jusqu'ici sur l'identité du "mélancolique Écossais." Les commentateurs parlent du "père Hoop" comme d'un respectable vieillard à la tête chenue et à la barbe blanche. Nous nous demandons pourquoi. Si d'Holbach et ses amis traitaient familièrement le noble étranger de *vieux*, c'est évidemment qu'il ne l'était pas. *Vieux*, ses velléités de suicide perdraient tout intérêt. Et puis le témoignage de Diderot est formel : "Le père Hoop est jeune," dit-il à Sophie qui s'était trompée tout comme les autres, "je ne sçais pas s'il a les quarante-cinq ans que vous lui donnez, mais à cent ans il aura le même visage. Le Baron l'appelle vieille momie."[1] Nous ne savons même pas, nous, si en 1760 il avait trente-cinq ans; le "père Hoop" nous renseignera-t-il lui-même? —

A huit heures du matin [C'est Diderot qui parle, le 6 novembre 1760] . . . je dormais. . . . J'entendis frapper à ma porte: c'étoit l'Écossois. Il entre, ouvre mes rideaux, et dit: *Allons, debout; c'est sur les lieux hauts que le soleil est beau à voir. M. Marchais sera de la partie.* . . . Chemin faisant je lui demandai [à M. Marchais, "un jeune marin"] quel âge il avoit. "Trente ans, me dit-il.—Trente ans! repris-je avec étonnement. Vous en paroissez au moins quarante-cinq. Qu'est-ce qui vous a vieilli si vite?—La mer et la fatigue." "Ah! chère amie, quelle peinture ils me firent de la vie de la mer! . . ." [Celle que Hoop en fit, description d'une tempête sur les côtes de Chine, contient cette phrase significative: *On est bien vieux quand on a passé une entière journée dans ces transes-là.*][2]

Qu'est-ce à dire sinon qu'un homme peut avoir "l'air ridé, sec et vieillot" sans être vieux? Diderot qui donnait quinze ans de

[1] Cp. aussi: "Mme d'Aine [la mère de Mme d'Holbach] l'appelle *bibi de son cœur*. Si vous voyiez ce bibi-là ! nous en faisons des ris à mourir." Lettre du 28 octobre 1760, I, p. 272; "Il vous trouvera [Sophie] très-aimable . . . mais il ne vous aimera pas. Il est si vieux, si vieux, si las de vivre." Lettre du 1er novembre 1760, I, p. 288.

[2] *Lett.* I, pp. 295-96.

trop au jeune M. Marchais était bien capable de vieillir de dix ans "la vieille momie" du Baron.

La nationalité même de Hoop paraît avoir intrigué les critiques; une hypothèse ingénieuse de M. R. Loyalty Cru[1] en ferait un Écossais de Hollande, un des frères Hope, riches banquiers d'Amsterdam. Aucun des membres de cette famille célèbre dont l'ancêtre Henry Hope, Écossais, s'établit à Rotterdam vers 1664 ne paraît avoir eu, au dix-huitième siècle, une carrière ressemblant le moins du monde à celle du "père Hoop"[2]; de plus, au dix-huitième siècle, ces Hope étaient très hollandais et fort peu écossais. Le père Hoop, lui, était essentiellement un Écossais d'Écosse, "profondément instruit des usages de son pays,"[3] ami de quelqu'un qui s'était battu contre le prétendant en 1745–46, instruit également des prouesses de Teresia Constantia Phillips[4] en 1748, et des anecdotes qui couraient sur le compte de Georges III lors de son avènement (25 octobre 1760), mieux renseigné sur les affaires d'Outre-Manche qu'un gazetier de Hollande. Il ne nous semble pas davantage que les trois candidats écossais présentés en seconde ligne par M. Cru supportent l'analyse.[5] Citons pour mémoire quelques autres homonymes que nous remarquons dans les documents de l'époque.[6]

Les éditeurs de Diderot, M. Babelon comme M. Tourneux, voudraient que "l'homme célèbre appelé Grégoire," héros de l'"histoire polissonne" racontée par Hoop, fût un des Gregory,

---

[1] *Diderot as a disciple of English Thought*, New York (Columbia University Press) 1913, xiii+498 pp.

[2] Voir, par exemple, Henry W. Law and Irene Law, *The Book of the Beresford Hopes* (Heath Cranston, 1925, 281 pp.; pp. 15 et 267-70).

[3] *Lett.* I, p. 271.                    [4] *Ibid.*

[5] *Op. cit.*, p. 86 "one of the three brothers of Charles Hope, 2ᵈ Earl of Hopetoun (1710-91)." Le second comte de Hopetoun, *John* (1710-91), avait en effet trois frères (et neuf sœurs). Mais son frère aîné mourut avant 1742 et rien ne laisse supposer que ses deux autres frères aient été chirurgiens comme Hoop.

[6] "M. Hope, mezzo Inglese, mezzo Ollandese, e richissimo" [sans doute un des Hope d'Amsterdam], de passage aux Délices en route pour l'Italie, le 3 octobre 1760 (alors que notre Hoop était au Grandval), selon la lettre de recommandation que Voltaire lui donna ce jour-là pour le Marquis Albergati Capacelli, voir Cru, *op. cit.*, p. 87; un "Monsieur Hop" dont le nom se trouve dans une lettre de Horace Walpole à la Comtesse d'Ailesbury, du 20 juillet 1761; Oliver Hope, descendant des Hope of Craighall, domicilié en France, 18 juin 1767, mentionné dans les *Funeral Escutcheons, recorded in the Lyon Office*, Scottish Record Society, 1908, p. 29; "Monsieur Hoppe, Hollandais," demeurant rue de Richelieu qui fréquente les salons philosophes ... et "prend à ses appointements la demoiselle de Valmont," mentionné par J. Mathorez, *Les Étrangers en France sous l'ancien régime* (Champion 1919-21), xi+446 pp., t. II, p. 327.

célèbres médecins écossais.   M. Babelon cite même dans son index "Gregory," à l'exclusion de *Grégoire* que porte son texte.   M. Tourneux, dans sa belle édition du *Neveu de Rameau*,[1] revient une dernière fois sur Hoop : "un Écossais hypocondriaque et humoristique sur qui l'on n'a pu jusqu'ici recueillir de renseignements précis.   On sait, et toujours par Diderot, qu'il avait étudié la chirurgie et suivi les cours d'obstétrique de John Gregory."—C'est précisément ce que, pour notre compte, nous ne savons pas, et ce dont nous doutons fort.   A la rigueur, John, seul de tous les Gregory, aurait pu compter Hoop parmi ses élèves.   Mais en 1759 John Gregory n'avait que trente-cinq ans; il n'était pas encore "célèbre," et on ne voit pas bien où Hoop aurait pu suivre ses cours.[2]   Pour nous le Grégoire en question s'appelait......Grégoire. Il s'agit de l'accoucheur parisien dont la célébrité tapageuse[3] attirait bon nombre d'étudiants étrangers, entre autres, en 1738, l'Écossais William Smellie.[4]   D'après ce dernier,[5] les élèves écossais de Grégoire rentraient dans leur pays fort déçus.   L' "histoire polissonne"[6] faisait partie du bagage de tous les carabins et

[1] Paris (Rouquette) 1884, xxix+204 pp.; p. 68.

[2] John Gregory (1724-73), étudiant en médecine à Édimbourg, 1741-42, professeur de philosophie à Aberdeen, 1746-49, démissionna en 1749 pour faire de la clientèle à Aberdeen et plus tard (1754) à Londres. Il revint à Aberdeen en 1755 prendre la succession de son frère aîné, James (mort le 5 novembre 1755), comme professeur de médecine. C'est seulement en 1764 qu'il fut nommé à la chaire de médecine à Édimbourg.

[3] "Midwifery is taught here by several, but the person of most repute is Mons. Gregoire, whose machine has made much noise all over Europe." *A short comparative View of the Practice of Surgery in the French Hospitals*, London 1750, cité par John Glaister, *Dr. William Smellie and his contemporaries*. (Maclehose, 1894), xciv+369 pp.; p. 26.

[4] "In order to avoid this loss of children . . . I procured a pair of French forceps. . . . I proceeded to Paris, where courses on midwifery were at that time given by Gregoire." Wm. Smellie, cité par Glaister, *op. cit.*, p. 21. William Smellie [Ne pas confondre avec son homonyme l'encyclopédiste dont il sera question plus tard] (1697-1763), docteur en médecine, Glasgow, février 1745, accoucheur à Londres depuis 1739, était l'auteur d'ouvrages traduits en français dès 1754.

Il y avait deux Grégoire, *père* et *fils*. Ce n'était pas chose facile que de tenir une clinique d'accouchement à Paris sous l'ancien régime. Le 28 mars 1729 Grégoire *père* fut jeté en prison parce qu'il "attirait chez lui des femmes grosses qui étaient visitées par des apprentis étrangers"; voir Paul d'Estrée, *Une clinique d'accouchement au XVIIIe siècle; document inédit*, dans *La Médecine anecdotique*, éd. Dr. Minime N° de février, 1901. Le chirurgien accoucheur dont Smellie en 1738, et plus tard sans doute Hoop suivirent le cours était Grégoire fils.

[5] Glaister, *op. cit.*, p. 26.

[6] Il n'est pas nécessaire de supposer que Hoop, qui raconte son "histoire polissonne" en octobre 1759, connaissait par avance le chapitre XX de *Tristram Shandy* portant le même sujet scabreux et paru seulement le 1er janvier 1760; voir Cru, *op. cit.*, p. 92.

quelques-uns sans doute la mettaient par plaisanterie sur le compte du trop illustre Grégoire.   C'est à Paris, et non en Écosse, que Hoop a fait son cours d'obstétrique.

\*     \*     \*     \*     \*     \*

Nous sommes un peu plus à l'aise pour chercher le vrai Hoop. Mais n'attendons pas du récit de Diderot l'exactitude rigoureuse d'une biographie en règle.   Diderot n'a rien du biographe [1]; le "père Hoop" d'autre part, dans ses entretiens avec le Philosophe, était visiblement un humoriste à l'écossaise; son anecdote sur le Montagnard d'Écosse qui, tout en se battant glorieusement, ne se départ pas des principes d'une sage économie, offre toutes les caractéristiques d'une "Aberdeen story."   Qu'il s'agît de flegme britannique, de spleen ou de suicide, Hoop, type curieux, seul représentant de l'île inconnue, était là pour en conter à ce bon Diderot, avide du détail pittoresque, de l'anecdote morale, de la "bonne action."   Diderot, lui, n'avait pas d'humour.   Il voulait seulement amuser Sophie "femme de bien"; et dans cette correspondance hâtive, enfiévrée, dont Hoop ignorait l'existence et qui ne nous était pas destinée, il s'est sans doute glissé quelques éléments de "drame bourgeois."

Tenant compte de la mentalité de nos deux témoins, essayons de reconstituer la biographie vraisemblable de cet invraisemblable "père Hoop" de Diderot.   Il a dû naître à Édimbourg, entre 1715 et 1725, d'une bonne famille.   Il fit ses premières études de médecine dans sa ville natale et les continua à Paris avec Grégoire et d'autres professeurs plus justement renommés.   Ensuite il voyagea, comme chirurgien de bord, selon l'habitude des jeunes médecins écossais de son époque, jusqu'au jour où, à Carthagène en Espagne,[2] il apprit les malheurs arrivés à ses parents.   Il changea son fusil d'épaule et continua ses voyages comme subrécargue, peut-être après un stage comme chirurgien de bord doublé de subrécargue. C'est ainsi qu'il visita la Chine, c'est à dire Canton, le seul port

---

[1] "Tout s'exagère, tout s'enrichit un peu dans mes pensées." *Salon de* 1767, O.C. XI, 115: "La vie de Diderot n'était qu'un rêve continuel."   M^me Necker, *Mél.*, I, 207.

[2] Carthagène (Espagne) bien plutôt que la ville de l'Amérique du Sud assiégée par la flotte anglaise en 1741.   L'erreur "Castille" serait-elle due au fait que Diderot aurait mal entendu les paroles de Hoop ?   Carthagène (Espagne) est située au fond d'une baie fermée par deux promontoires, le *Castillo* de las Galeras et le *Castillo* de San-Julian.

chinois alors ouvert aux Européens.[1]  Après avoir passé sept ans
au plus à "commercer," il rentra à Édimbourg vers 1740 ou 1750,
suivant l'âge qu'on lui donne.  Il y resta plusieurs années, le
temps… de marier trois sœurs, et consacra ses loisirs, s'il en avait, à
ses deux distractions favorites, "l'étude et les voyages."

\*      \*      \*      \*      \*      \*

Rien d'anormal dans sa carrière jusqu'ici.  C'est celle du
chirurgien écossais classique du 18e siècle, type social bien connu
de l'époque; c'est, *mutatis mutandis*, celle de Smollett, d'Akenside,
de Patrick Russell, de William Fordyce, pour ne citer que quelques
cas illustres.  Smollett, dont les œuvres préoccupent les invités
du Baron en 1759,[2] était, lui aussi, un cadet de famille pauvre;
né en 1721, il est à quinze ans aide-chirurgien à Glasgow; chirurgien
de marine à vingt ans, il fait en 1741 la campagne de Carthagène
(Amérique du Sud) — y trouve les matériaux de *Roderick Random* —
et revient passer son doctorat, à Aberdeen, en 1750.  Akenside, né
la même année que Smollett, est à dix-neuf ans membre de la
Medical Society d'Édimbourg; à vingt-trois ans il se fait recevoir
docteur à Leyde et atteint la gloire littéraire comme poète des
*Pleasures of Imagination* (que d'Holbach traduira ou fera traduire
en français quelques mois avant l'arrivée de Hoop au Grandval).
Fordyce, né en 1724, et Russell, né en 1727, sont des amis d'Akenside[3] et ses successeurs immédiats à la Medical Society.  Ayant
interrompu ses études pour suivre les armées du roi comme
chirurgien, Fordyce les reprend en France après la paix de 1748;
Russell, à vingt-cinq ans, est à Alep, auprès de son frère Alexander,
médecin de la factorerie anglaise, collaborant avec lui à la *Natural
History of Aleppo*, qui paraîtra en 1756.

Hoop est bien de cette génération de jeunes savants écossais qui,
aide-chirurgiens à quinze ans, suivent les cours récemment
organisés à Édimbourg ou à Glasgow, prennent ensuite le chemin
de Leyde et de Paris, et enfin, désireux d'amasser un petit pécule ou
simplement de voir du pays, entrent au service de Sa Majesté ou
de l'East India Company.  Avant de s'établir comme médecins à

[1] H. Weber, *La Compagnie française des Indes*, 1604-1875 (Rousseau, 1904),
xix+698 pp., p. 493; A. J. Sargent, *Anglo-Chinese Commerce*, Clarendon Press,
1907, p. 6.

[2] Compte-rendu, janvier 1760, d'une traduction de son *Histoire d'Angleterre*,
dans la *Corr. litt.*, IV, p. 177.

[3] Voir les lettres adressées en 1742 et 1743 par Akenside à Russell et à David,
frère de William Fordyce, *Works*, Aldine ed., Preface, p. lxxxviii.

Édimbourg ou à Londres, ils parcourent l'Europe, voire l'univers. La mentalité de Hoop est aussi caractéristique. Il appartient visiblement à ce milieu d'intellectuels édimbourgeois dont la hardiesse en matière de religion dépassait en 1759 celle de d'Holbach et qui déjà se mettaient à fonder des sociétés à l'instar des salons philosophiques de Paris. Le " chirurgien édimbourgeois moyen " de 1759 est un homme qui a voyagé, qui est philosophe et s'en vante, et qui dans une discussion philosophique est parfaitement capable de tenir tête à un encyclopédiste français — et même de lui en remontrer, pour peu qu'il s'agisse de Chinois, de montagnards d'Écosse, de pessimisme général ou seulement splénétique.

\*       \*       \*       \*       \*       \*

A une date indéterminée avant le 15 octobre 1759, Hoop quitta l'Athènes du Nord pour Paris. Puisqu'on ne voyageait pas en pleine guerre de Sept Ans pour le plaisir de voyager, son but était sans doute l'étude.[1] Il fut accueilli à Paris par d'Holbach, ancien étudiant de Leyde, qui recevait volontiers les savants étrangers de passage et venait de publier une traduction française du poème de son ancien condisciple à Leyde,[2] le docteur Akenside.[3] D'Holbach s'était jeté avec ardeur dans l'étude de l'histoire naturelle[4] et dans la traduction de livres scientifiques allemands et anglais. Il était d'origine allemande; son français n'était pas très sûr; son anglais l'était moins encore. Le Baron se faisait aider dans ses travaux scientifiques, comme, plus tard, dans sa vaste production littéraire. Il avait sans doute ses raisons en invitant à passer quelques semaines chez lui au Grandval non seulement son excellent ami Diderot, philosophe et grand écrivain français, mais aussi Hoop, grand voyageur et philosophe écossais.

Hoop y resta jusqu'au 2 octobre, jour où il partit pour une destination à nous inconnue, peut-être pour Édimbourg. L'année suivante il retourna au Grandval avant la mi-septembre. Il était

---

[1] On entrait facilement en France en passant par la Hollande. Le *Scots Magazine*, année 1759, p. 491, cependant, porte à la connaissance de ses abonnés un arrêté ministériel (General Post Office 20 août 1759) exigeant dorénavant la possession d'un passeport.

[2] W. H. Wickwar, *Helvétius and Holbach*, in Hearnshaw, *French Thinkers of the Age of Reason*, Harrap, 1930, 252 pp., p. 201.

[3] *Les Plaisirs de l'Imagination : Poème en trois Chants, par M. Akenside, traduit de l'anglois.* A Amsterdam, Chez Arkstée & Merkus, et se trouve à Paris, Chez Pissot, Quai de Conti. 1759 [Compte-rendu, mars 1759, dans la *Correspondance litt.* de Grimm, IV, p. 93].

[4] " Ne trouvez-vous pas singulier que l'histoire naturelle soit la passion dominante de cet homme ? " Diderot, lettre du 9 octobre 1759. *Lett.* II, 97.

encore en France le 21 novembre, mais il dut repartir bientôt après pour l'Écosse — s'il est permis de supposer que le recueil de chansons écossaises reçu par Diderot avant le 12 octobre 1761[1] lui fut adressé par le seul ami écossais qu'on lui connût jusqu'alors. Est-il resté en relations épistolaires ou autres avec Diderot ou même avec d'Holbach? Rien ne subsiste pour le prouver.

\* \* \* \* \* \*

C'est là le "père Hoop" vraisemblable. Quel a pu être le vrai? Un homme remarquable certainement, puisqu'il avait retenu longuement l'attention de "la tête la plus encyclopédique qui ait peut-être jamais existé"[2] — au point que vingt ans[3] après Diderot en parlait encore. Remarqué en France, cet homme ne pouvait passer inaperçu dans sa ville natale.

D'abord, il ne s'appelait pas "Hoop," mais très probablement Hope.[4] *Hoop* n'existe plus en Écosse, comme nom de famille, depuis le xvıe siècle; c'est une ancienne orthographe écossaise de *Hope*; c'en est aussi une notation phonétique française (cp. Van *Loo*), et Diderot qui écrivait sans sourciller "Mariveau" et "Mme de Sévigney" pouvait bien se contenter de "Hoop." N'y a-t-il pas parmi les Hope de 1760, sur lesquels nous avons des renseignements, un seul homme qui réponde à peu près au signalement du "père Hoop"? Qu'il y répondît exactement, et la discussion serait close. Mais pourquoi le véritable père Hoop ne serait-il pas John Hope, né à Édimbourg le 10 mars 1725, cadet de famille pauvre,[5] chirurgien, élève des Facultés d'Édimbourg et de Paris, condisciple d'Akenside aux cours d'anatomie et de matière médicale à Édimbourg et son collègue plus tard,[6] camarade de Russell et de

---

[1] *O.C.*, XIX, 67.     [2] H. Meister, *Aux Mânes de Diderot*.

[3] C'est surtout à la troisième édition [1780] de l'*Histoire des Indes* de Raynal que Diderot collabora. Feugère, *loc. cit.*, p. 351.

[4] Comme l'ont très bien vu M. Tourneux, éd. *Neveu de Rameau*, p. 68, et M. Cru, *op. cit.*

[5] Second fils de Robert Hope, chirurgien et apothicaire à Édimbourg, qui était le quatrième fils de Sir Archibald Hope, Lord Rankeillor (1639-1706), et petit-fils de Sir John Hope, baronet, chef de la famille Hope of Craighall.

[6] William Smellie, *Lives of ... Dr. John Gregory*, Edinburgh, 1800, p. 2. Samuel Bard, le célèbre médecin new-yorkais, né à Philadelphie en 1742, commença ses études de médecine à Londres sous la direction d'Akenside et d'Alexander Russell. Suivant leurs conseils il prit en septembre 1762 le chemin d'Édimbourg, où il passa plusieurs années avec Hope et gagna en 1764 la médaille de botanique. Rev. John McVickar, *A Domestic Narrative of the Life of Samuel Bard*, M.D., LL.D., New York, 1822, 244 pp., pp. 55 and 75.

Fordyce,[1] un des membres fondateurs, en 1754, avec Adam Smith, David Hume et Allan Ramsay (qui tous fréquenteront la société holbachique), du club le plus philosophique d'Édimbourg,[2] professeur de matière médicale et de botanique à l'Université de sa ville natale depuis 1761,[3] protecteur de William Smellie, qu'il aida financièrement à fonder l' *Encyclopédie Britannique*,[4] âme damnée de Lord Monboddo qui fut, comme Diderot, un darwinien avant la lettre? Ses titres, son curriculum vitæ, tout semble nous donner raison.

Malheureusement John Hope n'a pas laissé de mémoires. Les seuls documents le concernant que nous ayons pu recueillir appartiennent à un autre genre que celui des Lettres à Sophie et ne nous présentent pas un grand homme en pantoufles. Ce sont de rares et secs traités de botanique, quelques lettres, inédites, adressées au grand Linné,[5] des papiers scientifiques[6] et un livre de

[1] Hope fut un des quatre membres élus à la Medical Society d'Édimbourg en l'année 1744-45, les trois autres étaient William Fordyce, Patrick Russell et Richard Smith.

[2] La fameuse "Select Society," fondée en mai 1754 sur l'initiative surtout du peintre Allan Ramsay et d'Adam Smith. Dans les réunions du club, les membres les plus distingués et les plus fidèles n'étaient pas les plus éloquents; Adam Smith y fit péniblement un seul discours; David Hume n'y desserrait jamais les lèvres; voir Dugald Stewart, *Life of William Robertson*, où l'on trouve reproduite, à l'Appendice, la liste imprimée des membres, en novembre 1754, au nombre, déjà, de 130, et John Rae, *Life of Adam Smith*, Macmillan, 1895, xv+449 pp., p. 107.

[3] Hope fut nommé le 13 avril 1761 King's Botanist for Scotland, et le 25 avril (*Kay's Edinburgh Portraits* I, p. 415) professeur à l'Université.

[4] Trois volumes 4ᵗᵒ 1771. Smellie, né à Édimbourg en 1740, fut un des premiers élèves de Hope, qui lui fournissait des fonds quand il s'établit pour son compte comme éditeur, le 25 mars 1765; il publia aussi une traduction abrégée de Buffon en neuf volumes; voir *Kay's Edinburgh Portraits* II, p. 209.

[5] Conservées à la Linnean Society of London. Elles sont en latin et traitent seulement d'envois d'échantillons, exemple celle du 9 mai, 1767:
"Specimen sed valde imperfectum plantae tua benevolentia Hopæa dictae ab amico Gardenio nuper accepi et ad te mitto: melius postea expecto." [Adresse, en français]:
"Monsieur Le Chevalier Von Linne à Upsala avec une boîte."
Au British Museum nous trouvons une lettre adressée par John Hope à un correspondant inconnu, le priant d'intervenir auprès du premier ministre Lord Bute en faveur d'un projet d'agrandissement du Jardin botanique à Édimbourg. Add. MSS. 5720, f. 115, 1762:—". . . I am in the train of having an extensive correspondence wᵗ London Paris Holland Danemark Russia Ireland North America the East and West Indies . . . and just now a direct correspondence is begun with Linnæus himself at Upsal. . . . Edinb. 15 Aprile 1762."

[6] En 1895 les exécuteurs testamentaires de John Hope, W.S., Moray Place, à Édimbourg, déposèrent aux archives du Royal Botanic Garden un nombre

comptes,[1] également inédit, les témoignages émus et respectueux d'élèves reconnaissants au moment de sa mort [le 10 novembre 1786], surtout l'éloge funèbre lu devant la Medical Society d'Édimbourg par son disciple Andrew Duncan.[2]

Duncan nous apprend que John Hope commença la pratique de la chirurgie sous la direction de son père à Édimbourg et suivit ensuite les cours de la Faculté de Médecine. Jusqu'à l'âge de dix-neuf ans tout lui réussit; puis, par suite de malheurs que Duncan ne précise pas, obligé de subvenir aux besoins de ses parents, il se vit contraint de se livrer à certaines besognes, que Duncan ne précise pas non plus, et d'interrompre ses études.

A ces données sommaires nos recherches ne nous ont permis d'ajouter que peu de chose. La cause première des malheurs de John Hope semble avoir été la mort de son père, survenue le 17 novembre 1743. Nous ignorons le rôle joué dans ces circonstances par les trois fils[3] du chirurgien Robert Hope; le peu que nous savons de l'aîné, Archibald, est tout à son honneur; le troisième fils était encore très jeune. Quoi qu'il en soit, John Hope avait été élu

considérable de papiers ayant appartenu à son père Thomas Charles Hope et à son grand-père le professeur John Hope. Ces papiers sont tous d'un intérêt purement scientifique. Nous devons ces renseignements à l'obligeance du successeur actuel du grand botaniste, M. W. Wright Smith, professeur de botanique à l'Université d'Édimbourg et directeur du Royal Botanic Garden, qui a bien voulu les contrôler lui-même. D'autre part les successeurs des notaires qui en 1895 procédaient au classement des documents Hope (D. & J. H. Campbell, W. S., 31 Moray Place, à Édimbourg), croient pouvoir nous assurer que le dossier de 1895 ne contenait aucun papier personnel concernant notre personnage.

[1] Conservé à la National Library of Scotland. Très détaillé par la suite, ce livre de ménage ne donne guère pour les deux premières années (1760-2) que le chiffre global:

| *Mrs. Hope and children.* | | | | *Household expenses.* | | |
|---|---|---|---|---|---|---|
| 1760 | .. | £13 | 3 5½ | £34 | 14 | 10 |
| 1761 | .. | £6 | 17 10 | £87 | 2 | 10½ |
| 1762 | .. | £24 | 4 1 | £112 | 16 | 5 |

A partir de 1762 les chiffres des deux colonnes deviennent de plus en plus importants, à mesure que la famille s'augmente. Hope eut quatre fils et une fille. Le troisième fils, Thomas Charles Hope, né le 21 juillet 1766, étudia à Paris sous la direction de Lavoisier et devint en 1787 professeur de chimie à l'Université de Glasgow.

[2] Andrew Duncan: An Account of the Life, Writings, and Character of the late Dr John Hope. Professor of Botany in the University of Edinburgh. Delivered as the Harveian Oration at Edinburgh, for the Year 1788. Edinburgh (Charles Elliott, 1789), 31 pp.

[3] (1) Archibald, qui exerça les fonctions de Collector of Excise à Haddington, se maria deux fois et eut une nombreuse progéniture: il mourut en 1793; (2) John, le botaniste; (3) Robert, lieutenant de "*Marines*" en 1755 et dès lors en état de gagner sa vie; capitaine au 122e de ligne, en 1760.

membre de la Medical Society d'Édimbourg [1] et avait fait à Paris des études régulières de médecine[2] – et de botanique sous la direction de Bernard de Jussieu,[3] – avant d'être reçu docteur en médecine, le 29 janvier 1750, à l'Université de Glasgow. Entre 1750 et 1761, c'est-à-dire jusqu'à sa nomination à la chaire de matière médicale et de botanique, il exerça sa profession de chirurgien à Édimbourg. Sans interruption? Nous n'en savons rien, car les documents signalent sa présence à Édimbourg à des dates assez espacées. A-t-il, entre dix-neuf et trente-cinq ans, fait un voyage d'études ou un voyage comme chirurgien de bord ou comme subrécargue, à l'exemple de ses camarades? A-t-il jamais été à Canton?[4] Il ne nous est pas possible de le prouver. S'est-il trouvé à Paris à l'automne de 1759 et de 1760? La chose n'est pas improbable, étant donné l'absence de preuves de sa présence à Édimbourg à ces deux dates. Nous ne voyons pas davantage en quoi son mariage, à Édimbourg, le 24 février 1760,[5] c'est à dire trois mois après le premier séjour au Grandval, serait une objection à ce voyage. S'il attendait la succession de l'illustre vieillard Charles Alston[6] comme professeur de botanique, c'est surtout en sa

[1] En 1744; voir p. 422, *supra*, note 1; cp. Sir Wm Fordyce, *The great Importance and proper Method of cultivating and curing Rhubarb in Britain for Medicinal Uses* ... London, 1792, 27 pp., p. 2: "The late Dr Hope of Edinburgh, my old fellow-student there, of whom I cannot forbear saying that, whether regarded as a Botanist, a Physician or a man, he was an ornament to his country."

[2] "Mr Hope, who had studied Medicine regularly at Edinburgh and Paris ... was this day ... publicly examined. And, upon his retiring, the Faculty having approved his performances, resolved to confer the Degree of Master of Arts and then the Degree of Doctor in Medicine upon him." *Minutes of Meeting of Faculty*, de l'Université de Glasgow, le 29 janvier 1750, que nous devons à l'obligeance de M. J. C. Ballantyne, de l'Université de Glasgow.
Le 6 novembre 1750 Hope devint Licentiate of the Royal College of Physicians.

[3] Duncan, *op. cit.*, p. 8.

[4] Si oui, il a dû y aller sous les auspices de l'East India Company, qui gardait jalousement le monopole du commerce avec la Chine. Nous devrions donc retrouver son nom dans les riches archives de l'India Office, dans les documents en grande partie inédits de l'East India Company; livres de bord, listes des officiers, chirurgiens de bord (Écossais pour la plupart), subrécargues, autorisations accordées à des particuliers à faire du commerce, etc. Or nous n'y avons trouvé ni un seul Hoop (naturellement), ni un seul Hope dont la carrière offrît quelques analogies avec celle de notre personnage. Il faut ajouter, cependant, que dans les documents qui vont de 1740 à 1760 il y a des lacunes considérables.

[5] "Dr John Hope, phisician in New Kirk p. and Miss Juliet, daughter to deceast Dr George Stevenson, physician in New North p., 24 Feb. 1760." *Edinb. Marriage Registers* (Scottish Record Society, 1922), p. 353.

[6] Titulaire de la chaire de matière médicale et de botanique depuis 1738, mort le 22 novembre 1760, âgé de soixante-dix-sept ans. Selon Duncan, *op. cit.*, p. 10, dès la mort d'Alston l'opinion publique désignait Hope comme son successeur.

qualité d'ancien élève de Bernard de Jussieu. Rien de plus naturel que d'aller puiser encore une fois aux sources de la science française même en temps de guerre. Nous sommes à l'époque où des corsaires anglais, trouvant dans un navire qu'ils ont capturé des caisses d'échantillons adressées à M. de Buffon, s'empressent de les lui faire parvenir. Si les Anglais étaient indulgents pour la botanique, les Français l'étaient-ils moins pour les botanistes? En 1760 la science ne connaissait pas encore les frontières. [1]

Le " père Hoop " était, selon Diderot, " original."[2] John Hope avait une physionomie intéressante qui eut les honneurs de la caricature.[3] "Homme de bien,"[4] philosophe,[5] grand érudit, il fréquentait à Édimbourg une société où la science et l'excentricité se réunissaient volontiers dans le même personnage. Des Athéniens du Nord le plus savant, ou dans tous les cas le plus hardi, le plus " moderne " et le plus excentrique, était l'invraisemblable juge Monboddo. Or Monboddo avait quatre amis qui se rencontraient une fois par semaine chez lui pour discuter librement tous les grands problèmes tant politiques que religieux : le chimiste Joseph Black (1728–99), membre des Académies des Sciences de Paris et de Saint-Pétersbourg, né à Bordeaux, fils d'un Écossais qui s'honorait de l'amitié de Montesquieu; le géologue, Joseph Hutton (1726–97), qui avait fait ses études de médecine à Édimbourg et à Paris et avait beaucoup voyagé en France; l'encyclopédiste Smellie, traducteur de Buffon — et John Hope.[6]

[1] Sénac de Meilhan est élu en 1760 membre du Royal College of Physicians (Edinburgh), (Thompson, *Life of William Cullen*, p. 624), et le 14 juin il écrit à Sir A. Dick pour le féliciter de son élection comme Président. Mrs Atholl Monson Forbes, *Curiosities of a Scots Charta Chest*, 1897, p. 204.     [2] *Lett.* I, p. 234.

[3] *A Complete Collection of the Portraits and Caricatures Drawn and Engraved by John Kay, Edinburgh*, from the year 1784 to 1813, Vol. I, No. 60: "Dr Hope, Professor of Botany."

[4] "I am glad to hear that Hope is so much your friend, as I really believe him to be a good sort of a man and one who wishes well to mankind in general." Lettre du Dr William Buchan de Sheffield à William Smellie [ ? 1762], citée par Kerr, *W. Smellie*, I, 255.          [5] C'est l'épithète que Duncan et Fordyce appliquent à Hope.

[6] "Lord Monboddo gave his *learned suppers* . . . once a week and his guests generally were Drs Black, Hutton & Hope, and M[r] Wm Smellie, printer." *Kay's Edinburgh Portraits* (1838), I, p. 20.

Monboddo (1714–99), pendant son séjour aux universités de Leyde et de Groningue avait appris le français (W. Knight, *Lord Monboddo*, London, 1900, p. 4). Ayant enquêté à Paris sur la fameuse "Douglas Cause," dont les détails sensationnels parvinrent naturellement aux oreilles de Diderot et par conséquent à celles de Sophie Volland (*Lett.* du 20 décembre 1765), il ajouta à d'autres excentricités restées légendaires celle de porter un mirifique costume en satin blanc, représentatif, selon lui, de la dernière mode parisienne.

Hope était à Édimbourg d'une discrétion à toute épreuve sur son passé français. C'était un silencieux.[1]  Dans les réunions de la " Select Society " il semble avoir pris la parole aussi rarement que Hume et Adam Smith.[2]  Mais, comme beaucoup de silencieux, quand il se mettait à causer, il causait bien, et il eut même l'honneur d'éblouir par sa conversation un compagnon de voyage qui s'appelait Samuel Johnson.[3]  On ne savait pas, et on ne saura jamais, comment il parlait chez Monboddo, mais la rumeur publique prêtait aux quatre commensaux du célèbre juge des propos fort diserts et fort peu orthodoxes.  *Après* 1761 John Hope est un personnage en vue, le digne professeur de botanique, introducteur du système linnéen en Écosse.[4]  Mais *avant?*  En 1759 et en 1760?  Pourquoi n'aurait-il pas été capable, au cours d'un voyage d'études, de tenir au Grandval le rôle du " père Hoop " ?  L'absence de preuves matérielles ne nous autorise pas à l'affirmer; mais la tentation est forte.

R. L. G. RITCHIE.

BIRMINGHAM.

---

[1] De John Hope, le 2 novembre 1781, le plus illustre de ses élèves, Sir James Edward Smith, dit, *Memoir and Correspondence* 1833, I, 20, "His behaviour was at first (as it generally is) a little reserved."

[2] Dans les "Minutes of the Select Society" [National Library of Scotland, MS. 23, I, 1] son nom figure trois fois: p. 7, sur la Liste des Membres établie en 1754; p. 57: Hope préside la réunion du 16 avril 1755; p. 64: il fait partie d'un comité de membres chargé d'étudier des questions d'histoire naturelle et de chimie.

[3] "Aug.-Nov. 1773: He had, as one of his companions in the coach, as far as Newcastle, the worthy and ingenious Dr Hope, botanical professor at Edinburgh. Both Dr Johnson and he used to speak of their good fortune in thus accidentally meeting; for they had much instructive conversation." Johnson's *Journey to the Western Islands of Scotland* and Boswell's *Journal of a Tour to the Hebrides with Samuel Johnson, LL.D.*, ed. R. W. Chapman, (Oxford Univ. Press), 1924.

[4] Pour la carrière de John Hope après sa nomination à la chaire de médecine en 1761, voir l'article du *Dictionary of National Biography*.

# CORRESPONDANCE
### DE
## KARL BARTSCH ET GASTON PARIS
### DE 1865 A 1885
#### TROISIEME PARTIE: 1871.

J'ai publié dans les *Mediaeval Studies in memory of Gertrude Schoepperle Loomis*[1] la première partie de cette correspondance (lettres I–XI): je me permets de renvoyer à cette publication pour les renseignements généraux sur les relations de Bartsch et de Gaston Paris et pour quelques notes particulières.

La deuxième partie (lettres XII–XVII) a été imprimée dans le volume des *Neuphilologische Mitteilungen* dédié à Arthur Långfors à l'occasion de son cinquantième anniversaire, le 12 janvier 1931 (t. XXXII, 1931, No 1/5, p. 127–145).

La numérotation des lettres continue ici celle de la première et de la deuxième parties.

PARIS.                                MARIO ROQUES.

## XVIII
*Heidelberg,* 15. *Juni* 71.

Mein theurer Freund,

Nicht wissend wo Sie weilen, und doch erfüllt von Verlangen, etwas von Ihnen zu hören, richte ich diese Zeilen unter Michelants[44] Adresse an Sie, in dem ich hoffe er wird Mittel finden sie Ihnen zu zustellen. Das einzige was ich von Ihnen hörte, war eine Notiz im Briefe Viewegs,[45] der mir aus Braunschweig schrieb, dasz Sie bis zum 18. März sich wohl befunden und während der Schreckenszeit warscheinlich in der Champagne waren.[46] Als wir uns am 12. August Abends mit "à revoir" trennten, glaubte ich nicht, dasz meine Abreise so nahe sei.[47] Als ich am andern Morgen auf die Bibliothek kam, vernahm ich dasz die Hinderungen der Abreise der Ausländer nun beseitigt seien, und man rieth mir von der Erlaubniss Gebrauch zu machen. Und wie gut war es, sonst wäre ich auch ein Opfer der allgemeinen Ausweisung geworden, wie so viele wie auch unser Freund Vieweg. So verliesz

---

[1] Paris, Champion, et New York, Columbia University Press, 1927, pp. 413 et suivantes (tirage à part, paginé 1-31). Je renverrai à cette publication par l'abbréviation *Med. St.*, en indiquant les pages du volume et celles du tirage à part.

ich Paris am 14. Aug. früh, und kam nach einem Aufenthalte in
Lüttich (bei Liebrecht)[48] und beim Baron v.d. Leyen am 24. Aug.
in Rostock an. Was liegt aber zwischen dieser Zeit und heute—
welcher Jammer, welches Elend! Wie tief beklage ich das arme
Frankreich, wie sehr alle, die dem Dienste der Wiszenschaft dort
ihr Leben widmeten—denn es wird Jahre dauern, ehe der Dienst
der Wiszenschaft wieder zu Blühte und Pflege kommt.[49]—Ich
schreibe Ihnen von hier aus, das wird Sie nicht wundern: meine
Hoffnungen, hierher zu kommen, haben sich erfüllt. Nun werden
wir uns leichter einmal sehen, Sie werden uns besuchen und wir
werden über alles Erlebte mit einander reden. Mich verlangt
unendlich, eine Nachricht von Ihnen zu haben wo und wie Sie die
ganze Zeit gelebt haben. Schreiben Sie mir *recht bald*. Heute
nur noch eine Bitte. Meine altfranz. Chrestomathie (2. Aufl.)
ist im Drucke, ich habe die ersten Bogen übersprungen, weil Sie
mir Ihren Alexis-Text und die Verbesserungen zu Passion und
Leodegar versprochen hatten. Ist Ihnen das möglich, so schicken
Sie es mir. Die Druckbogen des Alexis könnte ich Ihnen nach
Wunsch wiederschicken. Aber werden Sie aufgelegt und fähig
zur Arbeit sein?—Also recht bald hoffe ich auf eine Nachricht.
Vielleicht wiszen Sie auch wo P. Meyer ist, Vieweg schrieb, er
sei in England. Herzlich grüszt Sie

Ihr

K. BARTSCH.

XIX

*Paris, ce* 27 *juin* 1871.

Vous ne m'auriez pas reconnu, mon cher ami, si je vous avais
répondu tout de suite. *Semper ab incoepto sibi constat!* Croyez
cependant que votre lettre m'a fait un bien grand plaisir et que je
l'attendais avec impatience quoiqu'avec certitude. J'avais déjà
appris votre translation à Heidelberg, et je suis heureux de vous
apporter mes félicitations tardives; je suis bien content de vous
savoir plus près de nous et j'espère que nous en profiterons tous
les deux. Votre départ précipité de Paris m'a empêché alors
de vous dire adieu comme je l'aurais voulu; mais j'ai été dans
le moment fort satisfait de votre départ; votre situation à Paris
n'était pas inquiétante, mais enfin il pouvait survenir d'un moment
à l'autre quelque incident fâcheux, et surtout je songeais aux préoccupations que devait avoir votre femme. Le 15 août dans
la journée je passai chez vous et j'appris que vous étiez parti le
matin. Pour moi, voici en résumé mon histoire depuis ce jour.

Je suis retourné le 16 à Avenay, où je suis resté jusqu'au 5 septembre; quand les désastres de Sedan nous montrèrent le siège de Paris comme un avenir prochain, je ne pus rester en Champagne, et, après un voyage très difficile, je rentrai ici le 8.   J'y ai passé cinq mois fort tristes, comme vous pouvez penser, n'ayant pas les illusions répandues autour de moi, seul avec mon beau-frère, et n'ayant aucune nouvelle des miens.   Dès qu'on a pu sortir de Paris, je suis allé embrasser mon père en Champagne, puis je suis revenu à Paris pensant y rester.   Mais quand la Commune est arrivée, je n'ai pas eu envie de subir un second siège bien plus terrible que le premier, et où aucun devoir ne m'obligeait de rester. Je suis parti de Paris dans les derniers jours de mars, je suis allé en Suisse retrouver ma sœur, qui avait passé le temps du siège sur les bords du lac de Genève, puis je suis revenu en Champagne, où mon père m'appelait pour venir un peu à son aide dans ses rapports souvent difficiles avec les troupes qui occupent notre pays.   J'y ai appris les horribles suites de l'insurrection du 18 mars, et je suis rentré à Paris il y a environ trois semaines.   Je ne sais pas encore combien de temps j'y resterai, en tout cas jusqu'au mois d'août. Écrivez-moi, vous me ferez bien plaisir; il est possible que plus tard j'aille faire un tour en Alsace, et nous trouverons peut-être l'occasion de nous voir.[50]   Vous savez que je suis naturellement paresseux, et vous jugez que je n'ai rien fait pendant tout ce temps-là: vous jugez bien.[51]   Le pauvre *Alexis* en est resté où il en était, et je vais seulement en reprendre l'impression.[52]   Je n'ai qu'un exemplaire des épreuves, ce qui me rend assez difficile, pour le moment, de faire ce que vous me demandez.   Mais si vous voulez bien me dire le passage dont vous avez besoin, je vous le copierai tout de suite *bien lisiblement*, soit avec, soit sans les variantes, comme vous le désirerez.   Ces variantes sont de deux genres; au bas des pages les variantes de texte; à la suite du texte les formes orthographiques du ms. de Hildesheim que je n'ai pas conservées.   Vous recevrez celles que vous désirerez, et tout de suite je vous le promets.

Tous nos amis d'ici vont bien; Meyer vous envoie ses salutations.   La pauvre *Revue Critique* sera probablement une des victimes de la guerre; nous donnerons cependant les derniers numéros que nous devons à nos abonnés pour l'année dernière, mais je ne pense pas que nous entamions une sixième année.[53] Nous aimons mieux, Meyer et moi, consacrer nos forces à la *Romania*, qui paraîtra, je l'espère, en janvier 1872.[54]   Je veux l'ouvrir par un travail sur le mot *Romania* lui-même et sur les dérivés *romans, romance* etc.[55]   Si vous aviez quelque fait à m'indiquer qui pût illustrer ce sujet, je vous en serais très-reconnaissant. Je suis étonné qu'aucun de ces mots n'ait été employé par les Allemands du moyen-âge.

J'ai passé toute cette année dans un grand abattement, mais je sens que maintenant l'amour du travail renaît.   Nous ne sommes pas ici aussi désespérés que vous pouvez croire.   La crise terrible que nous avons traversée peut nous faire beaucoup de bien, si nous sommes assez sages pour en profiter.   J'espère en particulier que les études nationales de philologie et de littérature pourront continuer le mouvement qu'elles avaient commencé dans les dernières années.   Nous verrons.   La guerre a si bien démontré les dangers de l'ignorance et ses conséquences funestes que la France se sentira peut-être amenée à entrer dans une voie d'instruction plus sérieuse dans tous les sens.   Quant à vous, je ne doute pas que vous n'ayez énormément travaillé depuis que je n'ai eu de vos nouvelles.   Les relations de librairie ne sont pas encore renouées avec l'Allemagne, et je ne sais absolument pas ce qui s'est fait chez vous depuis un an.   Si vous avez publié le second volume de Wolfram[56] ou autre chose, j'espère que vous penserez à moi.   Il est bien vrai que vous faites un marché de dupe d'échanger vos ouvrages contre les miens,—tant pour la qualité que pour la quantité,—mais vous m'y avez habitué et cette coutume me plaît fort.

Si vous voyez Wattenbach,[57] veuillez me rappeler à son bon souvenir.   J'ai acheté à Genève son livre sur l'écriture au moyen-âge; je l'ai lu avec intérêt, bien que ce ne soit pas très-nouveau. Permettez-moi d'espérer que Madame Bartsch me garde un petit coin dans sa mémoire, et croyez-moi bien, mon cher ami,

Votre tout dévoué,

G. Paris.

7, *rue du Regard.*

## XX

*Heidelberg,* 2. *Juli* 1871.

Lieber Freund,

Es ist heute grade ein Jahr, dass ich von Rostock abreiste, um die Reise nach Paris anzutreten—und welche Welt von Ereigniszen liegt zwischen damals und heute!   Ich danke Ihnen herzlich für die Mittheilungen über Ihr Ergehen, ich freue mich innig dasz Sie all das Schwere so gut durchgemacht haben.   Ich freue mich auch der Aussicht, dasz wir uns vielleicht bald persönlich begegnen; es wäre vielleicht am hübscheste hier, wenn Sie sich dazu entschlieszen wollten. Meine Gedanken für die Ferien stehen nicht auf grosze Reisepläne; da, wie ich höre, die Philologenversammlung wegen der Leipziger Messe vielleicht auf Pfingsten 1872 verlegt werden wird, so gedenke ich am Rhein zu bleiben und meinen alten Baron v.d. Leyen[58] aufzusuchen. Das würde im September etwa geschehen. Den ganzen August bin ich sicher hier. Schreiben Sie mir also von Ihren Reiseplänen, und wo wir zusammentreffen könnten. Ich bin auch damit ganz einverstanden, dasz wir uns im Elsasz irgendwo treffen, in Straszburg, oder wo Sie wollen. Es wäre mir ein rechtes Bedürfnisz mit Ihnen mich auszusprechen.

Dasz Sie voll Hoffnung in Frankreichs Zukunft blieben, höre ich gern; auch dass Sie für die Entwickelung der wiszenschaftlichen Bestrebungen nichts fürchten. Wenn ein Land von den immensen materiellen Mitteln Frankreichs auch von seinen geistigen den rechten Gebrauch macht, dann kann es ihm nicht fehlen. Nur sollen die Völker sie zu einem edleren Ringkampfe anspannen als zu dem eisernen der Waffen.

Wenn Sie es für bedenklich halten die Druckbogen des Alexis der Post anzuvertrauen, so nehme ich den Vorschlag, mir Ihren Text abschriftlich zu schicken, gern an. Ich wünsche nur den Text, keine Varianten; und zwar dasselbe Stück, das auch in der ersten Auflage steht, also Strophe 1–67. Dann aber theilen Sie mir doch auch die Collation der Passion und v. St. Léger mit, so weit sie in der Chrestom. stehen, nämlich Passion str. 30–89, u. St. Léger str. 1–25. Collationieren Sie entweder mit Diez oder mit dem Texte der Chrestomathie, wie Sie wollen.

Den 2. Band von Wolfram würde ich Ihnen gern schicken, wenn Sie mir einen Weg bezeichneten. Vielleicht ist es am besten, wir verschieben das bis wir wiszen, ob wir uns hier oder anderswo sehen. Dann wird auch der 3. Band ziemlich fertig gedruckt sein.

Wattenbach habe ich Ihre Grüsze bestellt, er erwidert dieselben herzlich. An Meyer lege ich ein Paar Zeilen bei, mit der Bitte sie zu übergeben; hat er noch seine frühere Adresse?

Meine Frau grüszt mit mir Sie herzlich. Hoffentlich hören wir bald wieder von Ihnen. In unveränderter Gesinnung

Ihr

K. Bartsch.

XXI[59]

[*juillet* 1871]

Excusez-moi, mon cher ami, de vous avoir tant fait attendre; c'est un peu long, et j'ai été fort occupé tous ces jours-ci. Vous avez un texte d'Alexis meilleur que le mien; car en le recopiant j'ai corrigé plus d'une petite inadvertance.

Je ne sais pas encore du tout ce que je ferai; et il est possible que je ne quitte pas Paris; je suis en train de travailler et c'est si rare que j'ai peur de couper cette bonne veine. Je suis heureux en tout cas que vous passiez le mois d'août à Heidelberg; c'est celui où j'ai le plus de chances d'aller de votre côté.

Mille amitiés à votre femme, qui veut bien se souvenir de moi. Croyez-moi bien, cher ami,

Votre dévoué

G. Paris.

La *Romania* paraîtra le 1er janvier, j'espère. Nous y recevrons des articles d'Allemands, mais en français. Les articles en français seront payés 60 fr. la feuille, ceux en allemand 35 fr. seulement, parce qu'il y en aura 25 pour le traducteur.


XXII

*Heidelberg* 30. *Juli* 71.

Lieber Freund,

Besten Dank für die Abschrift des Alexis und die Collation der Passion und S. Léger; diese Collation ist doch auszerordentlich ergiebig gewesen, und ich freue mich, der erste sein zu können, der einen Theil derselben verwerthen kann.

Ich werde mich gern unter die Reihe der Mitarbeiter der Romania zählen, wenn Sie nicht schon ohnehin reichlich mit Beiträgen versehen sind und die meinigen entbehren können.[60] Die Aufforderung zur Betheiligung an sich ist mir aber ein erfreuliches Zeichen, wie ich auch umgekehrt hoffe, dasz Sie und andere Freunde dem deutschen "Jahrbuch" sich nicht ganz entziehen werden.[61] Von den "Romanischen Studien" von Böhmer ist ein Heft erschienen, wonach ich keine grosze Concurrenz für Sie und für Lemcke fürchte.[62]

Sie schrieben mir nicht, auf welchem Wege d. h. durch welche Buchhandlung ich Ihnen künftig Sachen von mir schicken kann, da ja Vieweg wohl noch nicht wieder in Paris ist. Auch wegen der Zuwendung der Germania wäre mir das lieb zu wiszen, die ich fernerhin gegen die Romania austauschen werde.

Wenn wir uns sehen, könnte es am besten in der 2. Hälfte des August geschehen; denn es wäre möglich dasz ich vor Mitte August noch einen kurzen Ausflug machte, um die berühmten Oberammergauer Passionsspiele zu sehen. Es wäre mir sehr lieb, wenn ich ziemlich bald Ihre Entschlüsze erführe, und wie und wo wir uns sehen können. Laszen Sie mich also bald wieder etwas hören und seien Sie von uns herzlich gegrüszt d. h. von meiner Frau und Ihrem

treu ergebenen

K. Bartsch.

XXIII

*Heidelberg* 18. *Octob.* 71.

Lieber Freund,

Leider ist aus der in Aussicht gestellten Begegnung im Herbste nichts geworden: ich wartete immer auf eine Nachricht von Ihnen, bis ich aus Ihrem Schweigen schlieszen muszte, dasz Sie den Plan ganz aufgegeben. Ich war nur immer kurze Zeit von hier weg, einmal 10 Tage im Bairischen Gebirge, wo ich das Oberammergauer Passionsspiel mir ansah (über welches ich auch in einer Zeitschrift berichten werde), und dann 14 Tage in Homberg beim Baron v. d. Leyen, der mich dann hierher begleitete.

Heute habe ich eine Bitte an Sie. Bei der ersten Auflage der Chrestom. hatten Sie die Gefälligkeit, die Vorrede zu übersetzen; ich möchte Sie auch bei der zweiten um das Gleiche ersuchen, da ich fürchte, dasz, wenn ich es mache, es von der ersten allzusehr absticht. Ich weisz nicht, ob ich die Vorrede der 1. Aufl. auch wieder mit abdrucken lasze oder nicht; wie denken Sie darüber?

Aus dem Literar-Centralblatt entnehme ich, dass die Revue Critique doch wieder erscheinen wird. Das freut mich ausserordentlich; denn ich würde ihr Eingehen als einen entschiedenen Verlust nicht nur fur die französische Wiszenschaft, sondern für die Wiszenschaft überhaupt gehalten haben. Es versteht sich, dass ich auch ferner Ihr Mitarbeiter bleibe, wenn Sie Sachen von mir haben wollen.

P. Meyer habe ich vor einigen Wochen geschrieben, er hat mir aber noch nicht geantwortet, auch die "Derniers Troubadours" bis jetzt nicht geschickt.

In den nächsten Tagen beginnt unser Wintersemester; ich habe in den Ferien mit Arbeiten ziemlich aufgeräumt; so dasz ichs in Winter leichter haben werde.    Soll ich Ihnen den Parzival wieder durch Franck schicken?    Ist Vieweg wieder in Paris?

Mit herzlichen Grüszen

der Ihrige

K. Bartsch.

(*Suit, sur* 2 *pages, le texte allemand du* Vorwort zur zweiten Auflage *de la* Chrestomathie).

### XXIV[63]

*Lundi* 22 *octobre* [1871]

Mon cher ami,

J'étais allé passer deux jours à Versailles, pendant lesquels votre lettre m'a attendu.

Voilà la chose.[64]    Vous trouverez que j'ai procédé un peu librement avec l'original, mais les phrases étaient tellement construites que pour les rendre françaises il a fallu presque toujours en déplacer les éléments.    Je vous engage à réimprimer la préface de la 1ère édition.    Dans ce cas, changez, à la ligne 5, *donné* en *donnée*.—Je pense que vous auriez bien fait, dans votre nouvelle Préface, de dire que vous profitez des critiques qui ont été adressées à votre première édition: vous savez qu'on vous reproche d'*ignorer* trop ce que font les autres.    Il serait facile, après "les fautes de la 1ère édition," d'ajouter: "J'ai profité (en maint *effacé*) naturellement des critiques qui m'ont été adressées," ou quelque chose de pareil.

A mon grand regret je n'ai pu voyager ces vacances, je l'ai espéré jusqu'à la fin.    J'espère être plus heureux l'année prochaine. Un de mes amis, G. Monod, était aussi à Oberammergau et en rendra compte.[65]    La libr. Franck a tout à fait repris ses affaires, je serai très-heureux d'avoir le Parzival; le Willehalm[66] n'a pas encore paru?    San-Marte a écrit là-dessus un livre des plus faibles; je trouve étonnant qu'il ne cite ni moi ni Gautier.[67]    La Revue critique vous remercie; la Romania paraîtra décidément le 1er janvier.    Charta deest.    Vale.

G. Paris.

## XXV

*An G. Paris.*

*Heidelberg 3. Dec. 71.*

Lieber Freund,

Sie erhalten meinen Dank spät; ich hoffte ihn zugleich mit Übersendung der beiden letzten Bände des Wolfram auszusprechen, aber der Buchhändler verzögert die Ausgabe des fertigen Werkes mehr als billig, Sie erhalten es daher nächstens durch Buchhandel. Der Willehalm liegt, wenigstens vorläufig, nicht in meiner Absicht; die 3 Bände enthalten nur Parzival u. Titurel. Über den ersteren habe ich vor einer Woche hier einen öffentlichen Vortrag gehalten, der vielen Beifall fand und der vielleicht später einmal mit anderen derartigen Sachen zusammen im Druck erscheint. An Vorträgen fehlt es hier überhaupt nicht; ich hielt vor einigen Wochen einen andern über das Passionsspiel in Oberammergau, derselbe wird im Januar gedruckt werden. Meine akademischen Vorlesungen machen mir viel Freude, mehr als im Sommer: ich habe in der Deutschen Grammatik (4 stündig) und in einem Colleg über Göthe u. Schiller (2 st.) recht fleiszige und eifrige Zuhörer. Überhaupt ist die geistige Atmosphäre hier eine viel bewegtere als in Rostock, und ich habe bisher keine Ursache gehabt den Tausch zu bereuen.

Im vorigen Sommer gaben Sie mir in Paris Kelle's Übersetzung des Otfrid[68] zur Kritik für die Revue. Wenn auch der Verleger nicht mehr darauf rechnen wird, so fühle ich mich doch halb verpflichtet, das Recensionsexemplar nicht geschenckt anzunehmen, und werde Ihnen daher, wenn ich Ihres Einverständniszes sicher bin, eine Anzeige des Buches für die R. Cr. schicken.

Die neue Auflage der Chrestomathie wird nicht vor Februar ausgegeben werden, und zwar aus buchhändlerischen Interessen. Indesz werde ich doch vielleicht schon früher Exemplare erhalten und Ihnen eines zuschicken. Ihrem Rathe, die Vorrede auch der 1. Auflage beizubehalten, werde ich folgen, und in die Vorrede zur zweiten eine Bemerkung nach Ihrer Andeutung einschalten. Es ist allerdings vielleicht ein Fehler von mir, dasz ich nicht überall und immer nachschlage, ob etwas von mir Gefundenes nicht schon irgendwo ein anderer gesagt hat. Indesz, denke ich, passiert mir das doch nur bei unwichtigen Sachen, wo auf das Entdecken so viel nicht ankommt. Aber unter meiner Ehre würde ich es halten, die Meinung und Entdeckung eines Andern mir wiszentlich anzueignen; und das thun manche und zwar mitunter auch sehr berühmte Leute.

San-Martes Buch über den Willehalm ist wieder eine rechte Dilettantenarbeit, wie alles was er gemacht hat. Die Nichtbenutzung Ihrer und Gautier's Arbeiten ist in der That ein starkes Stück.

Nehmen Sie nochmals meinen herzlichen Dank für Ihre nicht mühelose Übersetzung der Vorrede!

Mit freundlichem Grusz

Ihr

K. BARTSCH.

## NOTES.

[44] Sur Henri Michelant, voir la notice de P. Meyer (*Romania*, XIX, 489-90); il était en relations avec plusieurs savants allemands et collabora de façon active au *Jahrbuch* de Ebert-Lemcke.

[45] Cf. l. II (*Med. St.*, 417, n. 5 et t. à p., 8, n. 1).

[46] A Avenay, cf. l. V et ci-dessous l. XIX.

[47] La retraite des armées françaises sur Metz avait eu lieu le 10 août; les évènements se précipitaient: le 13 et le 14 août se produisait la retraite de Metz.

[48] Félix Liebrecht (1812-1890), bien connu par ses travaux de littérature comparée.

[49] G. Paris a tenu à répondre sur ce point à Bartsch, cf. ci-dessous l. XIX, avant-dernier alinéa; la fondation de la *Romania* et de la *Société des Anciens textes français* procèdent en partie du désir de marquer la continuité du travail français; cf. aussi, p. 437, la note *aux lecteurs* en tête de la *Revue critique* de 1872.

[50] G. Paris alla en effet en Alsace, mais, je crois, seulement en avril 1872, comme il l'indique dans sa lettre à Rodolphe Reuss mise en tête de sa *Dissertation sur le Ligurinus* (cf. la note suivante) et datée du 18 juillet 1872: "Vous vous souvenez, écrit-il (p. VI), de mon passage à Strasbourg dans les premiers jours d'avril, de nos promenades désolées dans les ruines, et de la morne stupeur où nous nous arrêtâmes tous les deux, —elle vous accablait encore malgré le temps écoulé et me saisit de nouveau au souvenir de ce moment,—quand brusquement, au milieu de la carcasse noircie d'une grande nef sans toit, au-dessus d'une porte béante, vous me montrâtes d'un geste ce mot en grands caractères: BIBLIOTHECA."

[51] Gaston Paris n'avait pas été aussi inactif qu'il le dit: il avait fait à l'Académie des Inscriptions une communication sur le *Ligurinus*, qui fut imprimée dans les *Comptes-rendus des séances* du mois de janvier 1871, et réimprimée avec une longue addition sous le titre: *Dissertation critique sur le poème latin du Ligurinus attribué à Gunther*; Paris, Franck, 1872.

[52] En fait, l'impression de l'édition célèbre de la *Vie de Saint Alexis* ne fut reprise qu'en 1872.

[53] Nous retrouvons la même inquiétude exprimée dans l'*Avertissement* placé en tête du fascicule comprenant les n° 34-37 de la *Revue critique* à la date du 1er septembre 1871: "Après un an d'interruption, nous reprenons la publication de notre recueil, que nous avions cru, en août 1870, suspendre pour quelques semaines. Nous devons vingt numéros à nos abonnés de l'année dernière: nous les leur donnerons en cinq fascicules, pareils à celui-ci, d'ici au mois de décembre. Nous ne publierons pas de

numéros pour l'année présente ; recommencerons-nous à paraître en 1872 ? c'est ce que nous ignorons encore.    La *Revue* subit le contrecoup des épreuves terribles par lesquelles nous avons passé : nous ne pouvons calculer les chances de vie qui lui restent. L'œuvre que nous avions entreprise ne nous semblait pas dépourvue d'utilité ; nous croyons que, si dans toutes les branches de l'activité nationale, on avait fait ce que nous avons tenté dans notre humble sphère, on aurait évité les désastres qui viennent de frapper la France.    Cette manière de voir sera-t-elle suffisamment partagée?    Pouvons-nous encore espérer servir, par le travail que nous faisons ici, le progrès des lumières et des méthodes scientifiques dans notre pays ?    Nous ne savons, et nous sentons que bien des conditions sont changées autour de nous.—Nous ferons connaitre à nos abonnés, naturellement, dans le dernier de nos fascicules complémentaires, le sort définitif du recueil auquel ils prêtent leur appui."

Mais la *Revue* reparut régulièrement à partir de 1872 : le n° 1 de cette année (6 janvier) était précédé d'une longue note aux lecteurs qu'il m'a paru intéressant de reproduire ici presque en entier pour ce qu'elle nous apprend de l'état d'esprit de G. Paris et de ses amis à cette date, de leurs préoccupations et de leurs espérances scientifiques et nationales et de leur noble effort de volonté réfléchie :

"A NOS LECTEURS.

"La *Revue critique* reprend aujourd'hui le cours régulier de sa publication.    Un instant nous avons pu craindre qu'après le déchirement profond que la guerre laissait derrière elle, il n'y eût plus de place en France pour un organe qui juge les auteurs et les livres sans acception d'origine et de nationalité et au seul point de vue de la vérité et de l'utilité scientifiques.    C'est surtout de l'Allemagne que nous venaient les ouvrages d'érudition et d'histoire que nous croyions devoir recommander et proposer en exemple, et nous pouvions être aisément enveloppés dans le sentiment que la guerre a laissé aux cœurs.    Mais sur ce point comme sur beaucoup d'autres la France s'est montrée plus forte et a mieux soutenu l'épreuve que ne l'annonçaient des prophètes trop disposés à prévoir le mal.    On avait dit que notre pays s'enfermerait de plus en plus dans ses défauts et que la frivolité et l'ignorance y seraient d'autant plus à l'ordre du jour qu'elles prendraient le masque du patriotisme.    Nous ne sommes pas enclins à exagérer notre importance : mais notre réapparition est l'un des nombreux signes qui prouvent que ces jugements faisaient tort à l'esprit public.    En présence des encouragements que nous ont donnés, non pas seulement nos amis, mais des personnes que nous aurions pu croire moins bien disposées pour nous, nous avons vu que la *Revue critique* pouvait reprendre la tâche qu'elle s'est spontanément imposée il y a six ans.    Du moment qu'elle en avait la faculté, c'était un devoir pour elle de reparaître.

"Puisque la nation fait en ce moment son examen de conscience et puisque l'heure est aux considérations rétrospectives, il nous sera permis de dire que les évènements ont justifié au delà de toute prévision les conseils et les avertissements que nous n'avons cessé de donner.    Nous n'avons pas besoin d'insister sur une idée qui est aujourd'hui évidente pour tous les esprits sérieux : si chacun avait fait, dans les limites de sa sphère, les mêmes efforts pour tenir la France au courant des progrès accomplis à l'étranger et pour la mettre en garde contre les inspirations d'une confiance aussi excessive que mal éclairée, d'immenses malheurs auraient été épargnés au pays.    Nous n'avons jamais hésité à dénoncer les points faibles et les lacunes que nous apercevions dans la vie intellectuelle de la nation et il n'a pas tenu à nous qu'on n'y avisât.    Nous avons signalé tous les symptômes du mal : l'affaissement qui, depuis vingt ans surtout, s'était produit dans les esprits ; les habitudes de camaraderie qui, sous les dehors d'une haute et universelle bienveillance, avaient effacé chez le plus grand nombre jusqu'à la notion de la science ; le scepticisme, conséquence naturelle de l'ignorance, et qui se croyait le dernier mot du savoir ; les développements littéraires substitués aux recherches scientifiques et l'élégance (dans le sens étymologique du mot), le choix fait parmi les productions antérieures, remplaçant la poursuite du nouveau ; enfin pour couronner le tout, l'infatuation qui, pour faire passer des œuvres malsaines ou chétives, inventait les noms d'école française ou de science française, espérant dissimuler sous ce pavillon la médiocrité ou la fausseté de la marchandise.   Toutes les fois que des épithètes pareilles se présentent, l'esprit doit entrer en défiance : car il n'y a qu'une histoire, une critique, une érudition, comme il n'y a qu'une stratégie et une balistique.

"Nous ne voulons pas dire cependant que nous aussi n'ayons pas eu nos illusions. Il y a des passages dans les livres allemands que nous lisions sans les comprendre et qui aujourd'hui ont pris pour nous une signification que nous étions loin de soupçonner. Quand M. Westphal, dans la préface de sa grammaire allemande publiée en 1869, disait que par la pureté de ses voyelles et le bon état de conservation de ses consonnes, la langue allemande était bien au-dessus des idiomes romans et slaves, et quand il tirait de ce fait la conséquence qu'après la période de domination que l'Allemagne avait eue au moyen-âge une période analogue se reproduirait certainement dans les temps modernes [*Grammatik der deutschen Sprache*; Préface, p. vi], nous nous contentions de sourire : nous savons aujourd'hui de quel sentiment partait cette prédiction.   Quand M. Kiepert, en 1867, parcourait le département des Vosges et du Haut-Rhin et interrogeait les paysans pour amasser les matériaux d'une carte de la frontière des langues, publiée à son retour à Berlin, nous croyions naïvement que c'était la curiosité scientifique qui le guidait.   Nous comprenons mieux les choses aujourd'hui.   Mais si nous avons vu avec amertume comment la science était mise par nos voisins au service des passions les moins désintéressées, nous ne songerons pas à les imiter.   Nous ne saurions pas mêler la haine à l'érudition et le pharisaïsme à la critique.

"La *Revue* n'aurait plus de raison d'exister si elle cessait d'être sincère et sans arrière-pensée.   Loin de croire que la sévérité puisse déplaire à nos lecteurs, nous craignons que quelques-uns ne soient devenus injustes pour notre pays.   Il est certain qu'il s'y publie beaucoup de mauvais ouvrages : mais on en fait aussi de sérieux et d'excellents.   Seulement l'attention du public était ailleurs : nous tâcherons plus que jamais de ramener l'esprit vers les travaux approfondis et durables, vers la science sévère, vers les méthodes rigoureuses.   Il nous a semblé d'ailleurs qu'au moment où la guerre est venue tout arrêter, le public entrait dans de meilleures voies : il ne s'agit que de poursuivre et d'accélérer un mouvement déjà commencé.

"Sauf ce point, nous resterons en 1872 ce que nous étions au mois de janvier 1870. Notre corps de rédaction, qui s'est augmenté, mais non modifié, en est le plus sûr garant.   Nous remercions nos collaborateurs pour le concours qu'ils nous promettent : comme nous l'avons dit souvent, la *Revue* sera ce qu'ils la feront. . . . Puissions-nous grouper de plus en plus autour de nous ceux qui ont à cœur l'avenir intellectuel et moral de notre pays."

[54] Le *prospectus* de la *Romania*, lancé en 1871, annonçait de même le premier numéro pour janvier 1872 ; ce numéro parut avec quelque retard, cf. *Romania*, I, 127.

[55] L'article de G. Paris, *Romani, Romania, lingua romana, romancium*, ouvre en effet le premier volume de la *Romania*, pp. 1-22 ; cet article, malgré la mention *à suivre* qui le termine, n'a pas été continué.

[56] Bartsch publia, dans les *Deutsche Classiker des Mittelalters* de Pfeiffer, *Parzival* et *Titurel* de Wolfram d'Eschenbach en 3 vol. de 1870 à 1877.

[57] Sur W. Wattenbach, voir *Romania*, XXVI, 608 ; le livre dont il est ici question est *Das Schriftwesen im Mittelalter*, Leipzig, 1871.

[58] Cf. 1. VIII et XIV.

[59] Ce court billet est écrit au bas de la 6e page d'une copie complète de la *Vie de Saint Alexis*, précédée elle-même de la collation avec le ms. de Clermont des morceaux de la *Passion* et du *Saint Léger* imprimés dans la *Chrestomathie* de Bartsch.

[60] En fait Bartsch n'a pas collaboré à la *Romania*.

[61] G. Paris et P. Meyer avaient encore collaboré au *Jahrbuch* au début de 1871 ; leur collaboration s'arrêta là.

[62] Les *Romanische Studien* publiées par Ed. Boehmer, à Halle, paraissaient par fascicules à intervalles irréguliers, cf. *Romania*, I, 260 et 263.

[63] Lettre écrite au bas de la 2e page de la traduction par G. Paris de la préface à la 2e édition de la *Chrestomathie* française de Bartsch.

[64] C'est la traduction indiquée à la note précédente.

[65] Gabriel Monod (1844-1912) ; il était le collègue de Gaston Paris à l'École des Hautes-Études depuis la fondation de l'Ecole et il collaborait à la *Revue critique*. L'article sur la *Passion* d'Oberammergau a été recueilli par G. Monod dans ses *Portraits et souvenirs* (Paris, 1897), pp. 345-60.

[66] Le *Willehalm* de Wolfram d'Eschenbach, que Bartsch n'a pas édité.

[67] San Marte, *Ueber Wolframs von Eschenbach Rittergedichte Wilhelm von Orange*, Quedlinburg, 1871.   Cf. *Romania*, II, p. 112 : "Disons en passant que l'auteur de ce travail, utile à certains points de vue, commet de singulières méprises, et ignore aussi bien l'existence des *Épopées* de M. Gautier que de mon *Hist. poét. de Charlemagne*."

[68] Otfrid von Weissenburg, *Evangelienbuch*, trad. en allemand moderne par J. Kelle, Prague, 1870.

# A PROPOS DU *PAMPHLET DES PAMPHLETS*

Le célèbre *Pamphlet des Pamphlets*, de Paul-Louis Courier, parut en 1824. Le succès en fut très vif; du 28 mars, jour de la mise en vente, au 5 avril, il s'en enleva 5000 exemplaires.[1]

Les contemporains n'en goûtèrent pas seulement l'étincelante dialectique, renouvelée des *Provinciales*; ils y retrouvèrent leurs rancunes et leurs souvenirs. Mais, en étudiant la matière dont est fait ce pamphlet sur le pamphlet, car c'est là, j'imagine, le sens de son titre assez énigmatique, on a la surprise, l'illusion peut-être, d'y voir surtout reflétée une histoire déjà ancienne—pour un pamphlet.

*　　*　　*　　*　　*　　*

Le mot pamphlet, d'abord. Il paraît s'être acclimaté dans notre langue avec peine. Il nous est venu d'Angleterre, naturellement, vers le début du XVIIIe siècle; le premier exemple qu'en donne Littré est de 1705, et de Bayle; celui-ci demande à l'un de ses correspondants, "par la première *Commodité* un *Pamphlet*, qui a pour Titre, *Dutch-Politicks*."[2] Le mot est encore tout anglais; il franchit la frontière dans le bagage des protestants et des réfugiés. L'Académie l'admet en 1762: "Mot anglais, qui s'emploie quelquefois dans notre langue, et qui signifie brochure"; la 5e édition du Dictionnaire (1798) reproduit, sans plus, cette définition. Le mot n'a pas encore, pour l'Académie, de sens péjoratif; il désigne simplement un écrit de faible étendue, et il oscillera longtemps entre deux sens, l'un de quantité, l'autre de qualité.[3] Il n'est pourtant pas impossible qu'on l'ait pris assez tôt en mauvaise part;

---

[1] *Courrier français* du 30 mars, et R. Gaschet, *Paul-Louis Courier et la Restauration.*
—Pour Courier, je renvoie à l'édition des *Pamphlets politiques et littéraires*, Paris, Paulin, 1832, 2 vol.

[2] *Lettres choisies*, Rotterdam, 1714, III, 897, 1er décembre.

[3] Le second exemple de Littré, au sens quantitatif, est tiré du *Dictionnaire philosophique*, art. Bethsamès.—Je n'ai pas retrouvé le mot dans l'admirable XVIIIème siècle de M. Brunot; l'Index lexicologique ne paraîtra que dans le tome II.—Le *Dictionnaire général* n'ajoute rien à Littré qu'il reproduit (incomplètement).

Littré cite un exemple de Diderot, *Claude et Néron* (1779), "l'appro-
bateur du pamphlet," qui ne se trouve pas à la place alléguée (II,
109) dans les éditions de 1782, 1821 et 1843, et qui reste à critiquer;
puis un autre, de Chateaubriand, *Génie*, I, I, 1, mais Littré l'a
mal analysé, il relève nettement du sens quantitatif; et enfin, un
troisième, de Courier et de notre *Pamphlet des Pamphlets*.  C'est
peu.

Le mot existait: mais dans quelle mesure vivait-il?  Se ren-
contre-t-il ailleurs que sous la plume des anglicisants?  Il est et
restera en concurrence avec le vieux mot français *libelle*, qui date
pour le moins du xiiie siècle, et qui lui aussi hésite entre le sens
étymologique de quantité et le sens péjoratif de qualité.  On
croirait volontiers que la Révolution lui a donné, comme à la chose,
une impulsion vigoureuse.[1]  Il semble usuel vers le commencement
du siècle, du moins sous une forme dérivée qui paraît s'être imposée
plus facilement et plus vite: "On me répondait en propres termes,
écrit B. Constant: "Que le gouvernement ait une action libre.
Gardez de le laisser déconsidérer sous la flétrissure de pamphlétaires
ou d'orateurs indiscrets."[2]  Je crois cependant que son époque
climatique n'arrive qu'avec la Restauration, et l'occasion en fut
le dépôt (5 juillet 1814) de la première loi sur la presse, avec les
discussions ardentes qui s'en suivirent.—Notons en passant qu'à
cette date, et durant tout le régime, le mot presse désigne tout
ce qui s'imprime, et non pas seulement les journaux; il s'est
particularisé avec l'extension qu'a prise la presse au sens où nous
l'entendons.

Je ne puis entrer dans l'extrême détail, et d'ailleurs, je n'aurais
pas tous les éléments nécessaires pour le faire; il me suffira de
poser quelques jalons.  En 1814, avant le 5 juillet,[3] B. Constant
publie un opuscule intitulé *De la liberté des brochures, des pamphlets
et des journaux* etc.  Les premières lignes et la fin du premier
paragraphe montrent à l'évidence qu'il prend le mot pamphlet

---

[1] ". . . tous ces pamphlets dont tant d'agitateurs ont fait un usage si répréhensible
depuis vingt-cinq ans" (discours de Fleury, séance du 6 août 1814, *Moniteur* du 8).

[2] Séance du Tribunat, 16 nivôse an 8-6 janvier 1800.  Cité dans les *Observations
sur le discours prononcé* (le 11 août) *par S. E. le ministre de l'Intérieur en faveur du projet
de loi sur la liberté de la presse*, p. 27.—Le mot pamphlétaire n'apparaît que dans la 6e
édition du Dictionnaire de l'Académie (1835): "Pamphlétaire.  Auteur de pamphlets.
Il ne se prend guère qu'en mauvaise part."  Le mot *libelliste* est admis dans la 5e,
en 1798.

[3] Voir la note au revers du titre de la 2de édition et les pp. 13 note et 18.

au sens purement quantitátif; il l'emploie d'ailleurs rarement dans le corps de l'ouvrage, qui est presque tout entier consacré aux journaux; il préfère en général le mot *brochure*.[1]    Il ne s'explique pas sur la distinction qu'il fait entre la brochure et le pamphlet; mais il ressort du titre et de plusieurs textes contemporains que le pamphlet tient le milieu pour la longueur entre la brochure et le journal.

Le 5 juillet, jour où le ministre de l'Intérieur dépose son projet de loi, un M. Faure, qui demande une censure limitée, éprouve le besoin de définir le pamphlet: "En rendant les imprimeurs responsables, on mettra une digue au torrent des méprisables productions de tant de pamphlétaires.    J'appelle pamphlet tout ouvrage anonyme, publié sans nom d'imprimeur" (*Journal des Débats*). Tant la définition du mot est encore laissée à l'arbitraire de chacun.

Il n'a pas encore, et je ne sais s'il aura jamais tout à fait ses grandes entrées dans la langue officielle.    Le projet de loi du 5 juillet ne parle que d'"écrits d'un petit volume," de "libelles diffamatoires."    Le ministre usera pourtant du mot pamphlet dans son discours du 11 août, mais en le soutenant, en l'ennoblissant: "des pamphlets, tristes écrits, enfans mort nés!" (*Moniteur* des 6 juillet et 12 août; *Débats* du 6 juillet).    De même, en 1816 (*Moniteur* du 8 décembre), le ministre de la police, Decazes, et au mois de février 1820, le ministre des Affaires étrangères, Pasquier, ne l'emploieront que dans leurs discours introductifs: "Ce sont les livres, et non les pamphlets, dit Pasquier, qui ont éclairé le monde."    Le mot ne semble pas gagner grand terrain dans les sphères gouvernementales.

Les *Observations* de Constant sur le discours du ministre (août 1814) marquent une réaction, politique, bien entendu, non linguistique, mais l'une emporterait l'autre, contre l'abus des mots pamphlet et pamphlétaire par les ennemis de la liberté: les livres sont saufs, il s'agit de préserver des rigueurs de la loi les ouvrages de moindre étendue, et aussi d'empêcher la création d'un préjugé contre eux.    Comme six semaines plus tôt dans son premier opuscule, Constant n'emploie jamais le mot pamphlet qu'en le dissociant de tout sens péjoratif; quant au mot pamphlétaire, bien qu'il le donne pour l'expression consacrée (p. 18), il n'en use qu'à son corps défendant et en le désavouant (pp. 15, 18, 19); il essaie

---

[1] Pour *pamphlet*, voir pp. 2, 7 (en concurrence avec *brochure*), 8 (en rapport avec l'Angleterre); pour *brochure*, pp. 2, 7, 14.    Les mots *libelle*, *libelliste*, paraissent pp. 32, note 1, 3, 34 n. 1, 35 note.

même de le réhabiliter: "Parmi *les pamphlétaires* des Anglais, je compte les premiers de leurs hommes d'état, Burke, Sheridan, Mackintosh, et mille autres"; et en note: sous la Révolution, "presque tous les hommes distingués sont devenus pamphlétaires; je vois dans ce nombre. . . . M. Mounier, M. de Clermont-Tonnerre, M. de Lally, M. de Montlosier, M. de Chateaubriand, M. de Bonald et M. Ferrand." Choix de noms malicieux: les deux derniers sont ceux d'ultras illustres. Mais le tout n'est dit qu'en passant, et sans y attacher autrement d'importance.

Constant n'est peut-être pas un très bon indice de l'état de la langue; il sait l'anglais, le sens originel pèse sur son usage, et il essaie visiblement d'y réduire l'emploi des mots pamphlet et pamphlétaire. La pratique des autres écrivains différerait de la sienne en ce que le sens péjoratif s'étend, sans pourtant s'imposer. Le mot pamphlet se présente assez souvent, soit seul, et dans ses deux sens, soit escorté d'épithètes qui en créent, ou en précisent, ou en exagèrent l'acception défavorable—médiocres et méprisables, bien médisants, absurdes et scandaleux, incendiaires, dégoûtants, etc.—, soit en concurrence avec les mots brochures, petits écrits, écrits dangereux et calomnieux, libelles clandestins, libelles clandestins et anonymes, écrits séditieux, calomnieux ou diffamatoires, écrits dangereux et calomnieux, etc. Tout le vocabulaire du genre y passe. Évidemment, le mot, sans doute, en raison de son origine étrangère, n'a pas de sens ni d'emploi fixes.

Il n'en est pas tout à fait de même du mot pamphlétaire; le sens en est plus assuré; on remarque dans la *Gazette de France* du 11 avril 1815 une expression significative: la fièvre pamphlétaire. Le sentiment de mépris que connote le mot prend quelquefois, implicitement ou explicitement, une nuance précise: le pamphlétaire est l'homme qui vend sa pensée et sa plume. Ainsi l'entendent les *Débats* dans un article du 2 août 1814; ainsi le proclame l'avocat du roi en requérant contre Courier (*Procès*, I, 190, 1821).

Au total, il se pourrait que le *Pamphlet des Pamphlets* eût fait plus pour la fortune du mot pamphlet que toute la polémique contemporaine. On n'emploie plus guère aujourd'hui, sauf dans la langue juridique, le mot libelle; au contraire, on emploie assez couramment le mot pamphlet, avec cette nuance, cependant, qu'il désigne plutôt l'attaque, privée ou publique, mais de tendance et de couleur politiques. Pour le reste, calomniateur et menteur suffisent.

\*　　\*　　\*　　\*　　\*　　\*

Venons au fond; négligeons l'anecdote des artichauts; laissons de côté la seconde partie, la plus longue, du *Pamphlet des Pamphlets*, cette vigoureuse apologie du pamphlet par le tant bon ami de l'auteur, Sir John Bickerstaff, écuyer—un très proche parent de l'Isaac Bickerstaff qui publia soi-disant le *Tatler*, de Steele—, et tenons-nous-en à la première partie.

Elle prend sa source dans les poursuites intentées à Courier pour son *Simple discours* contre l'achat du château de Chambord. Courier comparut en cour d'assises le 28 août 1821; réquisitoire, plaidoierie, réplique et duplique entendus, le jury rendit après trois quarts d'heure de délibération un verdict de culpabilité, qui valut à l'inculpé deux mois de prison et deux cents francs d'amende. Pour le dire en passant, le réquisitoire de l'avocat général n'est pas aussi pâteux, aussi lourd, aussi rebutant que Courier le prétend dans son *Procès* (1821); il ne manque pas de nerf, il se lit sans fatigue ni déplaisir; et si la démonstration que Courier a outragé la morale publique paraît tant soit peu subtile et tirée, il faut, je crois, reconnaître que M. de Broë, dans sa conviction, a plaidé adroitement, spécieusement, une cause difficile.[1]

Courier utilise dans le *Pamphlet* quelques souvenirs d'audience et la conversation, réelle ou imaginaire, qu'il eut ensuite sur le grand degré avec M. Arthus-Bertrand, l'un de ses jurés, et libraire: celui-là même qui, d'accord avec ses principes, avait publié la *Vie de Jeanne d'Arc*, de Lebrun, en 4 volumes et 1818 pages, exemple mémorable de longueur parfois insane et d'élégance surannée.

Le réquisitoire n'a paru que dans le *Moniteur* (29 août 1821) et les journaux en donnent des comptes-rendus.[2] Nulle part, non pas même par Courier dans son *Procès*, ne se trouve mentionné le fameux *Vil pamphlétaire* . . ., ce "mouvement oratoire des plus beaux," qui "assomma" l'accusé "sans remède." Courier note seulement, à propos du second passage inculpé, un "beau mouvement d'éloquence," et l'avocat, Me Berville, dont la plaidoierie est imprimée au cours du *Procès*, fait allusion aux "nombreux

---

[1] Un tout petit détail: Courier (*Procès*, 186) fait dire à M. de Broë: "Elle (la liberté d'écrire) enjamba sur la licence." Le réquisitoire imprimé parle (je crois) de Courier et dit, qu'il devait empiéter, etc.—Pour ce qui suit, voir mon *Michelet historien de Jeanne d'Arc*, II, 189.

[2] Quérard ne mentionne que deux réquisitoires de M. de Broë dans des affaires de 1825-1826.—Outre le *Moniteur*, j'ai lu la *Quotidienne*, les *Débats* et le *Constitutionnel*. La *Gazette des Tribunaux* ne commence qu'au mois de novembre 1825.

mouvements oratoires," aux "éloquentes amplifications," aux "personnalités amères (et beaucoup trop amères)" de l'avocat général.    On n'a pas la réplique de ce dernier.    Ou le *Vil Pamphlétaire* . . . vient de la réplique, ou il a été retiré à l'impression, ou c'est Courier qui l'a dégagé, avivé, inventé, et il doit rejoindre les mots historiques qui n'ont pas été prononcés, sans être absolument faux pour cela.[1]

La partie restée la plus célèbre du *Pamphlet des Pamphlets* est la définition du pamphlet lui-même.    On verra qu'elle associe les éléments de quantité et de qualité, mais en laissant encore la prééminence au premier.    C'est là surtout que se sent l'influence de Pascal.    Courier ne reproduit pas les formes et jusqu'aux termes de la dialectique pascalienne par pure admiration littéraire; il voit là un moyen, entre dix autres, d'attribuer son procès et sa condamnation aux Jésuites, au "parti-prêtre," à la Congrégation.

Il rencontre donc M. Arthus-Bertrand sur le grand degré:

Je le saluai; il m'accueillit, car c'est le meilleur homme du monde, et chemin faisant, je le priai de me vouloir dire ce qui lui semblait à reprendre dans le *Simple Discours* condamné.    Je ne l'ai point lu, me dit-il; mais c'est un pamphlet, cela me suffit.    Alors je lui demandai ce que c'était qu'un pamphlet et le sens de ce mot qui, sans m'être nouveau, avait besoin pour moi de quelque explication.[2]    C'est, répondit-il, un écrit de peu de pages comme le vôtre, d'une feuille ou deux seulement.    De trois feuilles, repris-je, serait-ce encore un pamphlet?    Peut-être, me dit-il, dans l'acception commune; mais proprement parlant, le pamphlet n'a qu'une feuille seule; deux ou plus font une brochure.    Et dix feuilles? quinze feuilles? vingt feuilles?    Font un volume, dit-il, un ouvrage.

Moi, là-dessus, Monsieur, je m'en rapporte à vous qui devez savoir ces choses.    Mais, hélas! j'ai bien peur d'avoir fait en effet un pamphlet, comme dit le procureur du roi.    Sur votre honneur et conscience, puisque vous êtes juré, M. Arthus-Bertrand, mon écrit d'une feuille et demie est-ce pamphlet ou brochure?    Pamphlet, me dit-il, pamphlet, sans nulle difficulté.    Je suis donc pamphlétaire?    Je ne vous l'eusse pas dit par égard, ménagement, compassion du malheur; mais c'est la vérité.    Au reste, ajouta-t-il, si vous vous repentez, Dieu vous pardonnera (tant sa miséricorde est grande!) dans l'autre monde.    Allez, mon bon Monsieur, et ne péchez plus; allez à Sainte-Pélagie.[3]

---

[1] M. de Broë emploie une fois le mot pamphlet et deux fois le mot pamphlétaire; il préfère le mot libelliste (Voir *Procès*, 200, 227).    Sa plus belle trouvaille en ce genre est celle-ci: "le libelliste trempant dans le fiel sa plume guidée par la haine de nos rois."

[2] "Ce mot (pouvoir prochain) me fut nouveau et inconnu." *Provinciales*, Première lettre; voir toute la discussion sur le pouvoir prochain.

[3] Parodie des formes de la confession.

Assurément, la définition de Courier se tire aisément de la notion même de pamphlet. Son marchandage avec M. Arthus-Bertrand, on le retrouve déjà dans Horace, sous la forme de l'argument du tas de blé, et Horace ne l'avait pas inventé. Mais il y a là aussi, entre le pamphlet et le livre, une distinction qui a une réalité et une date historiques.

Notons d'abord que le parallèle tracé par M. de Broë dans son réquisitoire entre l'historien et le pamphlétaire ne l'amorçait que faiblement. L'avocat général établit de l'un à l'autre une différence de fond. A l'historien, l'impartialité, le souci de la vérité; au pamphlétaire, l'esprit de spéculation et de lucre, la recherche du scandale, la calomnie. Mais aussi, l'historien "mérite protection, ne fût-ce qu'à cause de l'importance et de la longueur de son entreprise; il offre au lecteur un ensemble, un tableau complet, tandis que le libelliste ne présente jamais, dans un tableau historique, que le côté qui convient au parti dont il est le champion."

En fait, la distinction remonte à la loi sur la presse du 21 octobre 1814, la seule qui ait mesuré la liberté de publication au volume des ouvrages.

En déposant le projet, le 5 juillet, l'abbé de Montesquiou, ministre de l'Intérieur, disait:

"On a reconnu depuis longtemps que les écrits d'un petit volume étaient les seuls qui, faciles à répandre avec profusion et propres à être lus avec avidité, pussent troubler immédiatement la tranquillité publique; . . . les écrits de ce genre sont aussi les seuls contre lesquels la loi prenne d'avance quelques précautions: tout ouvrage de plus d'un volume ordinaire pourra être publié librement; le Roi et la nation n'ont rien à en craindre. . . . Cette considération, tirée du volume des écrits, n'a rien que de raisonnable."

En conséquence, tout écrit de moins de trente feuilles (ce chiffre fut ensuite réduit à vingt) pouvait être soumis à la censure.

Quand Courier écrit:

. . . C'est sans doute qu'avec ce poison il y a dans les pamphlets quelque chose. . . . Oui, des sottises, des calembours, de méchantes plaisanteries. Que voulez-vous, mon cher Monsieur, que voulez-vous mettre de bon sens en une misérable feuille? Quelles idées s'y peuvent développer? Dans les ouvrages raisonnés, au sixième volume à peine entrevoit-on où l'auteur en veut venir.

Et plus loin:

Vous en verrez assez d'autres et de la meilleure compagnie, qui . . . mentent à tout venant, trahissent, manquent de foi, et tiendraient à grand déshonneur d'avoir dit vrai dans un écrit de quinze ou seize pages; car tout le mal est dans ce peu. Seize pages, vous êtes un pamphlétaire, et gare Sainte-Pélagie. Faites-en seize cents, vous serez présenté au roi,

ce développement de la définition paraît sans nul doute tout naturel. Mais d'autre part, on ne peut s'empêcher de penser que le 11 août 1814, l'abbé de Montesquiou avait déjà dit: "La censure établie dans le projet de loi n'a été conçue que pour favoriser les bons auteurs. En France, les ouvrages de quelque importance s'élèvent toujours à plusieurs volumes, parce que l'on approfondit toutes les questions pour y porter plus de lumière. C'est pourquoi l'on a cru devoir fixer un nombre de feuilles (480 pages in 8, 720 in 12, calcule Raynouard, le rapporteur) au dessous duquel la censure pourrait exercer sa surveillance, sans craindre d'inquiéter les auteurs livrés à des méditations véritablement utiles." Et plus d'un orateur devança le ministre ou lui fit écho, parfois avec une solemnité prudhommesque, comme certain M. Faget de Baure.[1]

La loi avait été abrogée sur ce point par ordonnance du 20 juillet 1815. Mais que les débats n'en fussent pas oubliés en 1820, les paroles de Pasquier nous l'ont prouvé, et c'est d'eux que s'inspire, sciemment ou non, M. de Broë dans son réquisitoire.

Courier poursuit:

Voilà comme il me consolait. Monsieur, lui dis-je, de grâce, encore une question. Deux, me dit-il, et plus, et tant qu'il vous plaira, jusqu'à quatre heures et demie qui, je crois, vont sonner.[2] Bien, voici ma question. Si, au lieu de ce pamphlet sur la souscription de Chambord, j'eusse fait un volume, un ouvrage, l'auriez-vous condamné? Selon. J'entends, vous l'eussiez lu d'abord, pour voir s'il était condamnable. Oui, je l'aurais examiné. Mais le pamphlet, vous ne le lisez pas? Non, parce que le pamphlet ne saurait être bon. Qui dit pamphlet, dit un écrit tout plein de poison. De poison? Oui, Monsieur, et de plus détestable, sans quoi on ne le lirait pas. S'il n'y avait du poison? Non, le monde est ainsi fait; on aime le poison dans tout ce qui s'imprime. Votre pamphlet que nous venons de condamner, par exemple, je ne le connais point; je ne sais en vérité ni ne veux savoir ce que c'est; mais on le lit; il y a du poison. M. le procureur du roi nous l'a dit, et je n'en doutais pas. C'est le poison, voyez-vous, que poursuit la justice dans ces sortes d'écrits. Car, autrement, la presse est libre; imprimez, publiez tout ce que vous voudrez, mais non pas du poison. Vous avez beau dire,

---

[1] Dans la bouche duquel on trouve cette expression curieuse: "les prolétaires de lettres" (*Moniteur* du 10 août). Un autre écrivain de même trempe présente les mêmes vues dans les *Débats* du 3 août (compte-rendu d'une brochure anonyme favorable à la loi).—Voir B. Constant, *Observations*, pp. 11-13.

[2] Il est, Monsieur, trois heures et demie. . . . *Tartuffe*, IV, 1.

messieurs, on ne vous laissera pas distribuer le poison.   Cela ne se peut en bonne police, et le gouvernement est là qui vous en empêchera bien. . . .[1]

La métaphore du poison a fait une belle carrière sous la Restauration.   "Que seraient les fonctions de nos magistrats, demande Constant dans ses *Questions* de 1817 (p. 25), si elles consistaient à extraire du poison des phrases les plus innocentes?"—"Le venin caché peut n'être découvert qu'avec effort et contention d'esprit," affirme le ministre de 1817 (Constant, *Discours*, I, 270).—Et Constant déclare encore aux ultras le 14 février 1822 (*ibid.*, II, 73) ne pas croire "aux poisons cáchés qui servent si heureusement à *leurs* orateurs dans leurs figures de rhétorique."   Mais la contagion s'est étendue aux écrivains de gauche, et l'épidémie avait pris naissance en 1814, comme on le prouverait sans peine.

Courier achève malignement:

Une feuille, dis-je, il est vrai, ne saurait contenir grand chose.   Rien qui vaille, me dit-il, et je n'en lis aucune.   Vous ne lisez donc pas les mandemens de monseigneur l'évêque de Troyes pour le carême et pour l'avent? Ah! vraiment, ceci diffère fort.   Ni les pastorales de Toulouse sur la suprématie papale?   Ah! c'est autre chose, cela.[2]

La riposte semble commandée par le sujet, quand on veut faire apercevoir derrière les robes des juges d'autres robes.   Il se rencontre cependant que la loi du 21 octobre 1814 portait à son article 2 que seraient publiés librement, quel que fût le nombre des feuilles, 1° les écrits en langues mortes et en langues

---

[1] Comparer, dans les *Questions sur la législation actuelle de la Presse en France et sur la doctrine du ministère public relativement à la saisie des écrits et à la responsabilité des auteurs et imprimeurs*, de B. Constant (1817), ouvrage si chaudement loué par le *Moniteur* des 25 et 29 juillet qu'il s'attira le 31 une protestation, et dont les *Lettres normandes*, recueil libéral mais non des mieux disposés d'abord pour Constant, diront que c'est son plus beau titre à la reconnaissance publique et un véritable triomphe littéraire, comparer cette phrase de Hua, avocat du roi; "Parlez, écrivez.   Dites la vérité au Roi, aux chambres, aux ministres.   Savez-vous où est votre garantie?   Elle est dans l'amour du bien public" (*Questions*, p. 93; *Moniteur* du 15 juin).   Je ne prétends pas qu'il y a là chez Courier une caricature.   Cependant, il n'est pas impossible que son *Pamphlet des Pamphlets* soit farci d'allusions; c'est dans ce sens qu'il faudrait chercher pour une édition.

[2] Le fameux Etienne Antoine de Boulogne (1747-1825), prêtre réfractaire, chapelain de Napoléon (1806) et aumônier de la Cour (1807), secrétaire du Concile de Paris (1811) et emprisonné pour avoir résisté aux volontés de l'Empereur (1812-1814). Il fut élevé en 1809 à l'évêché de Troyes.   Gams (*Series* etc.) le qualifie de firma sui temporis ecclesiae columna.   Quérard mentionne de lui plusieurs mandements, dont une Instruction pastorale sur l'impression des mauvais livres, et notamment sur la nouvelle édition des Œuvres de Voltaire et de Rousseau, qui a, dans l' édition de Toulouse, 16 pages juste.   Ses *Œuvres* en 8 vol. parurent en 1826 ss.—Anne-Antoine-Jules de Clermont-Tonnerre, archevêque de Toulouse du 28 août 1820, cardinal du 2 décembre 1822, mort le 21 février 1830.   Il n'a pas de notice dans Quérard.

étrangères, 2° les mandemens, lettres pastorales, catéchismes et livres de prières. . . ."[1]

En somme, de toutes les lois de la Restauration sur la liberté de la presse, c'est avec celle de 1814 que le *Pamphlet des Pamphlets* serait le plus en harmonie. Il n'y aurait rien d'étonnant à ce qu'elle fût restée vivante dans la mémoire de Courier. C'était la première loi du régime sur la presse, et ce fut la première violation de la Charte, un mois après sa promulgation. Toute la France libérale était aux aguets, attendait le nouveau pouvoir à ses actes, suivait les débats parlementaires avec une attention passionnée.

Il n'est pas nécessaire de supposer que Courier s'est souvenu et inspiré de cette loi clairement et volontairement; mais il a pu travailler sur des notions qu'elle avait laissées dans son esprit. Aussi n'ai-je pas rapproché du *Pamphlet des Pamphlets* certaines pages de Constant qui ne sont pas sans analogie avec lui; Courier les avait lues, selon toute apparence; mais les mêmes circonstances devaient entraîner les mêmes réactions chez deux hommes orientés dans le même sens.

Le *Pamphlet* se suffit. On le lit et on le goûte toujours, parce qu'il s'est élevé au-dessus de l'occasion et qu'il s'adresse au bon sens universel. Je le crois cependant chargé de plus de matière historique qu'il ne semble au premier abord et on ne lui enlève rien en y cherchant les reflets des luttes d'une génération.

G. RUDLER.

Oxford.

---

[1] Quant aux *Provinciales*, dont Courier fait faire ensuite à M. Arthus-Bertrand un si chaud éloge, il est curieux de les voir opposer par l'abbé de Perrault (*Parallèles*, éd. 1693, II, 296) à tous les dialogues de l'antiquité. "Faire entrer en comparaison dix-huit petits papiers volants avec les dialogues de Platon, de Lucien, de Cicéron, qui font plusieurs gros volumes?", s'exclame le président. "Le nombre et la grosseur des volumes n'y fait rien," réplique l'abbé. Tant il n'y a rien de nouveau sous le soleil. Mais voilà un joli synonyme français au mot pamphlet.

# RENOUVIER ET VICTOR HUGO

Au point peut-être le plus important de son dernier grand livre systématique, *Le Personnalisme* (1902), Renouvier a placé ces vers de Hugo: (p. 103)

> . . . . Or, la première faute
> Fut le premier poids.   Dieu sentit une douleur,
> Le poids prit une forme. . . .
> Le mal était fait.   Puis tout alla s'aggravant
> Et l'éther devint l'air, et l'air devint le vent.
> L'âme tomba, des maux multipliant la somme,
> Dans la brute, dans l'arbre, et même au-dessous d'eux,
> Dans le caillou pensif, cet aveugle hideux. . . .
> Et de tous ces amas des globes se formèrent,
> Et derrière ces blocs naquit la sombre nuit.
> Le mal, c'est la matière, arbre noir, fatal fruit.

Ces vers ont pour Renouvier une importance capitale, car Renouvier est partisan de la création par Dieu d'une société parfaite, et se trouve devant le problème de la transformation de cette société en un monde largement livré au mal.   A cette question "sociale" se joint pour Renouvier une question physique: il a placé à la création du monde une matière homogène, librement utilisée par les esprits.   Or la matière que nous connaissons est agglomérée en masses séparées les unes des autres par des abîmes de vide au moins relatif.   Et ces masses sont soumises à la loi de la gravitation.   Comment la matière est-elle passée de l'état homogène à l'état d'agglomérations éparses?

La réponse de Renouvier est celle du poète: *La première faute fut le premier poids.—Le poids prit une forme.*   Notons dans le passage cité l'idée de la chute de l'âme dans l'animal, le végétal, le minéral.   C'est également une idée largement exploitée par Renouvier.   Mais pour bien voir l'importance du passage à cet endroit du livre du philosophe, il faut reprendre plusieurs conceptions communes aux deux rêveurs.   Pour Renouvier comme pour Hugo,

(i) Le monde primitif était impondérable et formé d'une société d'esprits supérieurs vivant dans une matière subtile et obéissante;

(ii) la chute morale a été l'origine de la pesanteur physique;

(iii) la réincarnation est le mécanisme nécessaire de l'évolution des âmes;

(iv) la rétribution se fait automatiquement, toute âme coupable souffrant elle-même des conséquences de ses crimes;

(v) et enfin le monde primitif, ruiné par la chute, et reconstitué par les réincarnations, sera rétabli, en présence de Dieu.

Mais sur tous ces points, c'est le philosophe qui donne à son imagination plus libre cours que le poète lui-même. Armé de ses connaissances techniques, il semble se donner pour tâche d'établir les détails précis et scientifiques de la rêverie, naturellement restée assez vague, du poète.

### I. *Le Monde Primitif Impondérable.*

Dieu n'a créé que l'être impondérable.
Il le fit radieux, beau, candide, adorable. . . .
L'être créé, paré du rayon baptismal,
En des temps dont nous seuls conservons la mémoire,[1]
Planait dans la spendeur sur des ailes de gloire;
Tout était chant, encens, flamme, éblouissement;
L'être errait, aile d'or, dans un rayon charmant
Et de tous les parfums tour à tour était l'hôte;
Tout nageait, tout volait.

*(Bouche d'Ombre)*.

Hugo insiste, dans ce premier tableau, sur le fait que la matière n'est pas un poids: l'être radieux plane, nage, vole, erre, comme un rayon, sur une aile, de parfum en parfum: rien ne l'empêche de se déplacer à son gré. C'est ce que Renouvier appelle:

Un monde créé à l'état parfait, dans une forme unitaire, dirigé par des créatures intelligentes premières qui formaient une société une et harmonique (*Personnalisme*, p. 101).

La matière, en effet, n'est pas encore agglomérée en masses:

Nous ne voyons pas pourquoi les effets de la force attractive universelle des corps, la gravitation, auraient dû être répartis entre eux avec les énormes inégalités de distribution qui proviennent des agglomérations de matière inorganique, maintenues dans l'isolement (p. 91).

Au contraire, les corps des êtres et les milieux environnants étaient déterminés de telle manière que l'action mécanique de l'homme fût aisée, son corps libre (p. 92).

Or nous vivons maintenant dans un monde où l'homme ne se déplace que très péniblement, et fait très mal ce qu'il veut faire, à cause de la gravitation. Comment l'homme est-il passé de l'état léger à l'état lourd?

[1] C'est un ange non tombé qui parle.

## II.   *La Chute*: *Pesanteur*.

Le poète se contente de nous donner le principe de ce change-ment, dans le passage cité par Renouvier: *La première faute fut le premier poids.   Le poids prit une forme.*   Hugo ne se met pas en peine d'expliquer comment; sans doute ne se soucie-t-il guère d'entrer dans le domaine des sciences physiques.   Ayant posé le principe, il passe aux conséquences de la chute, sans en expliquer le comment.   Mais Renouvier a dû considérer que c'était là une lâcheté intellectuelle, pardonnable à un poète, inexcusable chez un philosophe, qui doit savoir la physique.   Aussi s'est-il attaqué en face au problème et a-t-il une solution à nous proposer.   Certes, son imagination a dépassé, et de beaucoup, celle du poète.   Voici l'histoire.

Chez ces êtres primitifs existaient déjà, en puissance, les pas-sions de l'homme actuel; et en particulier, le besoin de domination. Quelques-uns d'entre eux voulurent régner sur leurs semblables. Ils se mirent donc à accumuler cette matière subtile primitive, uniformément répandue dans l'espace, et sur laquelle ils avaient prise par leurs membres.   Ils constituèrent ainsi différents amas destinés à servir de projectiles contre les autres êtres, ou de protection contre des attaques possibles.   Naturellement, cette préparation à la guerre, une fois commencée, suscita des pré-parations contraires, en des points assez éloignés les uns des autres, l'accumulation de la matière constituant ainsi, entre les points de concentration, de grands vides.

Mais alors la loi de gravitation entra en jeu.   Jusque là, sur une matière uniformément répandue dans l'espace, la gravitation n'avait que peu de prise.   Mais les énormes agglomérations maintenant constituées se mirent à tourner les unes autour des autres, suivant leur masse.   Et de plus les êtres qui les avaient amassées ayant pour but de se combattre les uns les autres, essayè-rent de les lancer les unes contre les autres, en projectiles.   D'où des collisions, des tourbillons, des dégagements de chaleur, des incandescences: des soleils, des planètes, des systèmes stellaires.

C'est ainsi que "la première faute fut le premier poids," puis-que "tout alla s'aggravant."   Le monde primitif était en ruines, par suite de la faute morale, de l'ambition, de divers êtres libres.

Sans la gravitation, ces premiers êtres se seraient infaillible-ment exterminés; mais les masses qui devaient aller écraser les ennemis, se mirent à tournoyer suivant les lois newtoniennes.

Ces lois, établies par Dieu dans ce but, sauvèrent donc les êtres, malgré les catastrophes inévitables dues aux impulsions de combat. Les ambitions et les luttes durent alors se développer à l'intérieur de chaque système. La gigantomachie première se transforma en convulsions géologiques, puis en guerres humaines.

Remarquons en passant que cette conception première du mal: l'ambition, la cruauté, la guerre, est aussi celle de Hugo: dans la *Légende des Siècles*, le mal, c'est la cruauté; la chute, c'est Caïn tuant Abel. *Le Satyre* dit:

> Tristes hommes, ils ont vu le ciel se fermer . . .
> . . . et dans la joie affreuse de la mort
> Les plis voluptueux des bannières flottantes.

L'homme apporte avec lui, du monde premier, cette tendance au massacre. Renouvier s'exprime moins élégamment, mais quelques extraits de son chapitre XVI *La Ruine du Monde primitif* devront ici nous suffire:

> Imaginons maintenant que ce globe formé de couches concentriques intérieurement homogènes, constitué pour la durée indéfinie, soit modifié par l'intervention de volontés qui changent l'ordre interne de distribution des densités en amoncelant, en divers lieux, très distants les uns des autres, de la sphère cosmique, la matière inorganique industriellement transportée. Ce serait l'établissement, d'une part, de masses concentrées, de l'autre, de grands milieux intermédiaires, demeurés des sièges de matière diluée au degré nécessaire pour ne plus offrir de résistance sensible aux mouvements de translation des corps solides (p. 94).

> Il ne reste à demander à l'hypothèse que l'explication des mobiles passionnels auxquels ces hommes ont dû obéir. . . . Mais ces mobiles se conçoivent aisément, en rapport direct avec les passions communes de la guerre et les moyens naturels d'attaque et de défense qu'elles suggèrent (p. 95).

> Une telle entreprise poussée à bout, si elle eût pu l'être, n'était rien moins que la transformation du système unitaire en un système astronomique, mais désordonné . . .

> . . . l'action de la gravitation entre les masses distantes donnait nécessairement lieu à des mouvements spontanés de translation; et il ne fallait pas que ces mouvements prissent un grand développement pour que les forces devinssent ingouvernables . . . (p. 97).

Ainsi leurs projectiles, et même leurs forteresses échappèrent aux premiers êtres, et se mirent à tournoyer dans l'espace, puis à s'accumuler en masses incandescentes.

"Ainsi," conclut Renouvier (p. 99) "notre hypothèse nous donne, pour la conséquence de la ruine du monde primitif, cet état primitif du soleil qui, suivant l'hypothèse de Laplace, a été le point de départ des phénomènes de division, par l'effet du refroidissement et de la condensation dont est sorti notre système planétaire."

Renouvier, partant du monde primitif hugolien, plein d'une matière subtile, peuplé d'êtres libres et heureux, est arrivé à produire la nébuleuse dont l'astronomie a besoin comme point de départ de ses systèmes.

### III. *Les Ames et la Réincarnation.*

Nouveau problème, évité par le poète, mais que le savant n'a pas le droit d'éviter. Qu'est-il arrivé aux âmes de ces premiers êtres dans ces catastrophes? Les masses accumulées sont emportées par une nouvelle loi de gravitation, et finissent leur course dans des incandescences qui détruisent toute vie. Comment les êtres ont-ils survécu?

Problème qui subsiste dans notre monde actuel, où le corps meurt, et entre dans un état de putréfaction tel que l'âme n'y peut demeurer. Comment l'âme survit-elle, dans ces états inhabitables de la matière?

Hugo sait qu'elle survit, puisqu'elle se réincarne. Mais comment elle survit, Hugo ne le sait pas. Renouvier le sait. Avec quelle profonde joie le poète aurait-il lu le livre du philosophe, et y aurait-il trouvé la réponse à tous les problèmes qu'il n'avait pu résoudre. Il aurait certes ajouté une strophe à son poème *Les Mages* en l'honneur de Renouvier.

Le principe de la réponse est simple. Il suffit d'être assez scientifique, et tous les problèmes sont résolus. L'âme étant un être métaphysique est sans dimensions propres, elle s'exprime par des moyens physiques qui ont des dimensions, depuis le corps complet jusqu'à la cellule de la semence ou de l'ovum; sur ces moyens physiques, les forces extérieures, comme la chaleur, ont action; et lorsque la chaleur devient insoutenable, la monade spirituelle abandonne ses enveloppes l'une après l'autre, et finit ainsi par se réfugier dans les espaces intermoléculaires, que n'atteint pas la radiation calorifique, que n'atteignent pas non plus les effets de la décomposition de la matière organique. Là, la monade est inconsciente, ayant perdu ses moyens d'expression, mais elle est aussi indestructible; et dès que les conditions extérieures redeviendront favorables, dès que l'incandescence sera suffisamment atténuée, dès que la matière organique redeviendra habitable, la monade reprendra ses moyens d'expression, et, à l'aide des éléments extérieurs propices, se rebâtira un corps, redeviendra une conscience. (Chap XV: *La conservation et la reproduction de l'organisme humain sous de nouvelles lois.*)

Remarquez que Renouvier suit Hugo en admettant la réincarnation de l'être humain dans l'animal, et plus bas encore nécessairement, l'état intra-moléculaire étant même au-dessous de l'état minéral, et l'être étant périodiquement obligé de s'y réfugier. Or Hugo, en cela, s'était singularisé parmi les occultistes de son temps, qui ne voulaient, comme Madame Blavatsky, admettre que des réincarnations humaines. Le principe hugolien que l'homme tombe d'autant plus bas physiquement qu'il est déchu moralement, est clairement exprimé par Renouvier:

> Ces formes intermédiaires sont en rapport avec la déchéance de l'homme qu'il faut supposer descendu moralement par sa chute à l'état animal, et physiquement, en son genre terrestre futur, à la forme de la séparation sexuelle et de la génération (p. 123).

La théorie hugolienne[1] que l'animal n'existe pas en lui-même, mais n'est que la forme construite par les vices de l'âme réincarnée, n'est donc pas du tout opposée à la théorie de Renouvier, et le philosophe aurait fort bien pu l'adopter s'il l'avait connue. Mais Renouvier a eu peur des conceptions du poète sur ce point, et n'en a pas compris le détail. Sur le principe fondamental, il n'y a aucun doute:

> Ce n'est point une seule fois que chaque personne doit revivre sur la terre à la faveur du passage à l'acte d'une de ces puissances séminales, c'est un certain nombre de fois, nous ne savons lequel (p. 125).

Deux autres points les rapprochent encore. D'abord la théorie de la nécessité de l'oubli entre les réincarnations.

> Ces individus que la mémoire ne relie pas les uns aux autres et qui n'ont entre eux aucun rapport généalogique terrestre, n'ont pas davantage le souvenir de la personne que chacun d'eux vient continuer sur la terre. Cet oubli est une condition de toute théorie de la préexistence (p. 126).

Hugo a chanté de même:

> . . . la mémoire antérieure
> Qui le remplit d'un long oubli.          (*Magnitudo Parvi*).

> —Dieu, quand une âme éclot dans l'homme au bien poussé
> Casse en son souvenir le fil de son passé. . . .
>                                        (*Bouche d'Ombre*).

[1] Cf. Saurat: *La Religion de Victor Hugo* (Hachette), p. 154, et p. 184 *et sqq.*

Cette théorie théosophiste hindoue que certains hommes peuvent se souvenir des vies passées n'est acceptable ni pour Renouvier ni pour Hugo.

L'autre point qui les rapproche est leur protestation commune contre l'Inde.

> Jadis, sans la comprendre et d'un œil hébété
> L'Inde a presque entrevu cette métempsycose,

dit la *Bouche d'Ombre*. Acceptant la théorie de la réincarnation, ni Hugo ni Renouvier ne veulent qu'on les croie influencés par l'Inde. Hugo dit que l'Inde a *presque entrevu*, et n'a pas compris. Renouvier explique que l'Inde, bouddhique ou brahminique, n'a pas reconnu la valeur de la personnalité, de sorte que dans l'Inde, le but ultime des réincarnations est l'anéantissement de la personnalité:

Il s'agit toujours de la rentrée des âmes dans l'unité d'où elles sont sorties, et où rien n'existe réellement, parce que rien ne se distingue. Mais l'hypothèse que nous exposons, plaçant à l'origine une société d'êtres humains parfaite, reconstitue à la fin la même entre les mêmes, et stable à jamais, entre les personnes qui se retrouvent après les longues épreuves dont s'est composée pour chacune sa longue pérégrination au travers des écueils de la vie (p. 128).

Même idée que lorsque Hugo, plus précis encore, écrit:

> Et Jésus, se penchant sur Bélial qui pleure,
> Lui dira: c'est donc toi!

Les deux Occidentaux veulent à tout prix sauver la personnalité. C'est pour cela qu'ils protestent ensemble contre l'Inde.

## IV. *Rétributions*: *bourreaux et victimes.*

Deux citations nous suffiront sur ce point:

*La victime et le bourreau sont le même homme,* ainsi que nous l'a dit Schopenhauer: non pas, comme le pensait le philosophe, que toutes les personnes ne soient qu'une seule volonté, une conscience unique, dont l'illusion serait le monde; mais parce que chaque personne a été fatalement tour à tour le bourreau et la victime (*Le Personnalisme,* p. 221).

> L'assassin pâlirait s'il voyait sa victime;
> C'est lui . . .
>         . . . Tout méchant
> Fait naître en expirant le monstre de sa vie,
> Qui le saisit. . . .         (*Bouche d'Ombre*).

Et Renouvier exprime exactement l'idée de Hugo lorsqu'il écrit:

Le résultat de ses vies terrestres, pour cette personne humaine, la préparation qu'elle aura reçue pour la vie dans le monde des fins, n'est autre que cette connaissance du bien et du mal . . . (p. 220).

C'est en effet la pénétration en nous de l'intuition morale, la seule intuition de Dieu que nous ayons, qui est le but de la réincarnation pour Hugo.[1]

### V. *Le Rétablissement du Monde Primitif.*

". . . A l'origine une société d'êtres humains parfaite, reconstitue à la fin la même entre les mêmes, et stable à jamais. . . ." nous dit Renouvier.

Ainsi au cours du rétablissement de la société universelle de ces hommes immortels quels que soient les modes, actuellement imprévoyables, de leur naissance et de leur intégration organique, en harmonie avec les lois du monde parfait, ils viendront au jour pour se reconnaître en retrouvant la mémoire de leurs vies passées, de leurs relations, des événements, et de l'histoire de la Terre et des Terriens, tous ceux qui ont été liés par le sang, l'amitié, les idées et les croyances communes ou contraires, la paix ou la guerre (p. 220).

Je ne veux pas citer à nouveau toute la fin de la *Bouche d'Ombre* : c'est, en vers lyriques, l'interprétation anticipée de la prose consciencieuse de Renouvier :

> Les douleurs finiront dans toute l'ombre; un ange
> Criera: Commencement!

Pour le poète comme pour le philosophe, la société parfaite sera l'assemblée des élus, comprenant *tous* les êtres premiers régénérés, dans la lumière de Dieu. Pas d'enfer, pas d'exclusion : la souffrance des réincarnations a redonné à tous les êtres leur noblesse d'origine, en leur apprenant à *tous* la loi morale, la loi d'amour.

Curieuse correspondance entre Renouvier et Hugo, et du commencement à la fin de leurs systèmes.

Non certes que Renouvier ait suivi Hugo. Il le connaissait bien, il l'aimait beaucoup. Il lui a consacré deux admirables volumes, et son étude sur la philosophie du poète est un modèle et un reproche pour la critique littéraire proprement dite. Mais enfin Renouvier était d'une mentalité trop scientifique, trop discursive pour être influencé par Hugo. La différence entre leurs deux styles est édifiante à ce sujet.

Comme tous les philosophes, Renouvier est venu se heurter aux problèmes insolubles. Moins sage que la plupart de ses confrères (et encore, ils sont bien moins sages qu'on ne croit,—et *ne sont pas ce qu'un vain peuple pense*), il a essayé de voler là où il ne pouvait plus marcher. Peut-être sa sympathie pour Hugo

---

[1] Voir Saurat, *La Religion de Hugo*, p. 184 sq.

sortait-elle d'un tempérament foncier un peu semblable, malgré la différence des cerveaux et des cultures.

Peut-être, et c'est là que j'aimerais à trouver la solution, Renouvier a-t-il été influencé, du côté scientifique, par ce mouvement occultiste que Hugo a interprété en poésie.

En tout cas, ils se sont rejoints. Leçon pour tous ceux qui ont crié, si facilement, à l'absurdité des idées de Hugo; ils hésiteront peut-être un peu à crier également à l'absurdité des idées de Renouvier, le maître de Hamelin, le maître de tant d'autres.

Lorsque les philosophes s'y mettent, ils ne sont pas moins absurdes que les poètes; et qui le leur reprochera? Car ce qu'il faut dire, c'est: lorsque l'esprit humain s'y met, il est constamment égal à lui-même dans l'absurdité, c'est à dire dans la quantité du vrai qu'il peut percevoir.

"Il savait," a écrit Voltaire en parlant de Leibnitz, "de la métaphysique ce qu'on en a su dans tous les temps, c'est à dire fort peu de chose." Les critiques sur Hugo, comme sur Renouvier, hélas, ne seront les bienvenues que de la part de ceux qui ne se figurent pas en savoir plus qu'eux.

DENIS SAURAT.

LONDRES.

# LOUIS MÉNARD AND THE RELIGIOUS PROBLEM

OF all the thinkers who during the last century strove to reconcile the claims of Science and Religion, none provided a solution more paradoxical than that of Louis Ménard. His career also remains a paradox because, although a friend of Renan and Berthelot, a guide and master of the Parnassians, of Anatole France and Maurice Barrès, he was, to the end, ignored by all but a cultivated *élite*. Since his death, some effort has been made to popularize the man and his writings[1]; but its effect has been so small that it is now impossible, outside a few libraries, to obtain any of his works except the *Rêveries d'un païen mystique*, or indeed any of the books written about him. As Barrès himself observes: "The reading-public is too numerous to-day. The mass of readers, by concentrating on a mediocre book, create successes that are not justified, and throw into the shade works of the highest value."[2]

Ménard appears to have forestalled Renan in his general conclusions; but he also completes Renan. He is more just in his interpretation of Greek Polytheism; and at the same time he explains the symbolical value of the Christian dogmas more convincingly than does the author of the *Origines du Christianisme*. As brilliantly as Renan he shows how the exigencies of the reason and the æsthetic sense may be reconciled with those of the moral conscience; and how the free-thinker may, without inconsistency, remain a member of the religious communion in which he has been born.

The events of Ménard's life are only of minor importance for the history of his mind. To say that he came of a family forcibly converted to Catholicism under Louis XIV; that he was born in Paris on 19th October, 1822; that he took part in the Revolution of 1848, went into exile in London and Antwerp, and

[1] *Le Tombeau de Louis Ménard*, by various writers, Paris, 1902. P. Berthelot, *Louis Ménard et son œuvre*, Paris (no date). *Rêveries d'un païen mystique*, avec une préface de Maurice Barrès, Paris, 1909. *Rêveries d'un païen mystique*, édition définitive, précédée d'une étude sur l'auteur par Rioux de Maillou, Paris, 1911.

[2] Barrès, *op. cit.*, p. xxxi.

made the acquaintance of Louis Blanc and Karl Marx; that in 1871 he approved of the Commune, and was only spared execution owing to an illness which had struck him down; that in his later years he was appointed Professor of Universal History at the Hôtel de Ville; and that he died in obscurity in 1901[1]—to tell these things of the man is to tell little about the thinker. "Do not talk about me," he once said to a would-be biographer, "talk about my ideas."

The truth is, Ménard was marvellously endowed both by nature and by his studies to arrive at the synthesis which alone can solve the most urgent moral problem of our time. Science, though fully accepted, had not stripped him of religion. To abandon belief in the supernatural was not, for him, to abandon a mystical adoration of the gods. Ménard was one of the most tolerant of men; and by virtue of an intellect of the first order, as penetrating as it was comprehensive, he holds out a hand to those philosophers and scientists of to-day who are striving towards the same ideal. The Paracelsus of his age, he realized, better than any man of the Renascence, the Renascence ideal of the scholar. His researches in chemistry alone entitle him to fame. He conducted experiments in the crystallization of carbon, and the discovery of collodium was due to him; he was a painter of talent; and a poet of distinction. If the revival of Hellenic studies reached its apogee towards 1860, this was in large part the work of Ménard.[2] Greek he knew perfectly; but he was more than a philogist; he was above all a historian and a philosopher.

For this purpose he came at exactly the right moment in the evolution of European thought. It was by way of history, and in particular the history of the religions so popular in the nineteenth century, that after successive initiations he perceived that one may apply to the fables of all the religions the words of Sallust: "The thing never happened, and yet it is eternally true."

Modern research has traced the origin of these ideas, which represent not so much a reaction against Voltairean rationalism as a necessary development of the scientific attitude. They derive mainly from Germany, from Kreuzer's works on the symbolism of the religions. Elaborated in France by Benjamin Constant and Edgar Quinet, they received their final expression in the writings of Renan and Ménard. The theory had probably taken shape in

---

[1] See F. Desonay, *Le Rêve hellénique chez les Poètes parnassiens*, Paris, 1928, pp. 77-81.

[2] Desonay, *op. cit.*, pp. 81-3.

Ménard's mind some years before he formulated it in *De la morale avant les Philosophes* (1860) and completed it by his Doctorate thesis *Du Polythéisme hellénique* (1863).    His literary production is more distinguished than bulky.    He wrote an *Histoire des anciens Peuples de l'Orient* (1882), an *Histoire des Israélites* (1883), an *Histoire des Grecs* (1884), a *Symbolique des Religions anciennes et modernes* (1896).    But the cream of his ideas and the noblest specimens of his style are to be found in the little volume of essays, dialogues and verses entitled *Poèmes et Rêveries d'un Païen mystique*.[1]

\*    \*    \*    \*    \*    \*

Ménard reveals himself at the outset as a convinced champion of the religious feeling.    "Humanity (he writes) has never been deceived, all its dogmas are true, all the Gods it has adored are indeed types of the divine."[2]    To the old free-thinker, hostile to religion, Ménard makes the liberal Protestant reply: "You see in religion only a collection of dogmas more or less inacceptable to the rational mind of a philosopher.    I see in it something far more important: namely, an ideal rule for the conduct of life."[3]    Many, if not most, of the dogmas of religion being founded on belief in the supernatural, it is inevitable that the progress of the scientific spirit should bring to bear criticism which appears ruinous to such beliefs.    Nevertheless, religion is what matters above all: it is "the soul of a people," the divine vision whereby it lives: and nothing is more dangerous than to demolish the metaphysical doctrines on which a society has been built up.    "Life (says Ménard) ceases for man when the soul has left the body it once animated: the soul of peoples is their religion; a people which has denied its Gods is a dead people. . . ."[4]    Thus it happened in the Roman decadence, as the Eumenides show Socrates, prophetically, in the vision in which they reveal to him the ultimate consequences of his teaching.    First, the breaking of the images, those divine creations of the Greek genius:

For a people that has denied its Gods, the things that bear witness to the genius and piety of their ancestors are visible causes of remorse whose very

[1] *Rêveries d'un païen mystique*, Paris, 1876.    Enlarged edition, *Poèmes et Rêveries,* etc., Librairie de l'Art indépendant, 1895.    The references in the present article are to the edition of 1895.

[2] *Vox in Deserto. Rêveries*, p. 3.

[3] *Alliance de la Religion et de la Philosophie*.    Ibid., p. 208.

[4] *Le Voile d'Isis. Ibid.*, p. 158.

presence is importunate.   So they melt the images of metal, and break the statues of marble. . . . They repeat, after the philosophers, that man has no fatherland but heaven, and they surrender the earth to the strong.   The Gods of old had saved Greece from the invasion of the Medes, but the manly virtues have perished with the ancient religion.   The world wraps itself in its winding-sheet, the lights of heaven go out one by one and all things are once more plunged in darkness.[1]

And thus it will happen again, if the western world breaks with the Christian tradition.   Already the signs of disintegration can be detected.   "Religion," says one of Ménard's protagonists, "is a bond between consciences.   This bond no longer exists among us, and that is why our social system is afflicted with so grave a malady."[2]   Only this time the disorder will be more extreme, and the night darker, for one cannot see that any new religion can replace the religion of the spirit.[3]   There are moments when the sage may well despair of humanity and seek consolation in the past, for "when the present offers no more hope, the future no more promises, the society of the dead is better than that of the living."[4]

\*        \*        \*        \*        \*        \*

In Ménard's eyes, then, none of the religions are true in the sense in which their sectaries have believed in them, but all are true in a philosophical sense.   The key to their meaning is supplied by the symbolical interpretation: the gods and dogmas of the religions represent in the form of symbols the laws and hidden forces governing the universe.   They are the ideas which the Egyptian Hermes consigns in the sacred books to his disciple Asclépios.   In them, he says, "the human mind, in the untrammelled soaring of its virgin years, translated into manifold symbols its intuition of the nature of things."[5]   As a historian, Louis Ménard applies this principle to Greek Polytheism and to Christianity.   As a philosopher, he brings the results of his enquiry to the solution of our own problems.

Greek Polytheism is the cult which commands his veneration above all others.   It rests on "the idea of law, that is, of order, proportion and harmony."[6]   This order is not imposed by a

---

[1] *Socrate devant Minos.   Ibid.*, pp. 63-4.

[2] *Alliance de la Religion et de la Philosophie.   Ibid.*, p. 205.

[3] Ménard here agrees with Renan.   See *Vie de Jésus*, p. 244.

[4] *Du Polythéisme hellénique.*          [5] *Le Voile d'Isis.   Rêveries*, p. 156.

[6] *Du Polythéisme hellénique*, p. ii.

single God; it arises out of the harmony and voluntary submission of autonomous forces, symbolized in the gods and goddesses of Olympus. The fables of Polytheism, even those which appear most scandalous, even those which concern the metamorphoses of Zeus, are amazing in their penetration. Ménard abounds in commentaries on these myths; in the *Banquet d'Alexandrie*, for example, he makes Chérémon and Porphyre explain the connection between the fables of Pandora and Prometheus:

If there were no industry, man would have his mate . . . but it was civilization that created woman; that is why the poet combines the two in that charming maiden, adorned with all the gifts of the Gods and condemning man to toil because she loves luxury and hates poverty. Her curiosity opens the vase from which escape all the evils of civilized life, evils unknown to barbarous peoples. In this way Zeus sends men an evil for a good, since Pandora's birth is a punishment for the acquisition of fire. The reason for this punishment and for the torture of Prometheus is that industry is a struggle against the cosmic powers, and that for man there is no struggle without suffering.

And Porphyre comments on these fables as they are frequently depicted on the Sarcophagi:

On one side you see Prometheus moulding human bodies, while Athena, the divine intelligence, gives them life by placing a butterfly[1] on their heads. In the middle you see the tortures of Prometheus, symbol of terrestrial life, and on the other side his deliverance by Heracles. Man is a spark of the celestial fire in a lamp of clay, a God exiled from heaven and chained by the bonds of necessity to the Caucasus of life, where he is devoured by ever-recurring anxieties. But the effort of the heroic virtues breaks his chains and delivers him from the beaks and talons of the vultures. . . .[2]

·Not only does Polytheism afford a satisfactory explanation of the problems of life, but the whole of Greek civilization arises out of Greek mythology. The harmony of autonomous principles finds a counterpart in the assemblage of free city-states, and, within each state, in the republican form of government. And if anything be needed to set the crown on this civilization, the happiest moment in the history of the human race, it is to be found in the consummate works of art which it brought forth, the unrivalled poems and dramas, the statues which are the admiration of humanity, the temples rising in serene and marmorean splendour under the skies of Hellas. "In our own age of reflection and analysis (says Ménard), ideas seem to be more clearly expressed by scientific formulae than by symbols, but, happily for art, this has not always

---

[1] Symbol of the soul.    [2] *Le Banquet d'Alexandrie. Rêveries*, pp. 83-4.

been so.  If universal attraction had never been regarded as an active power, a living law, a divine being, we might have the works of Laplace, but we should not have the Venus of Milo."[1]

The symbolical method applies with equal precision to the dogmas of Christianity.  It is natural that Ménard should find in the Jewish fables a counterpart to the Greek, and in particular to those of Pandora and Prometheus.  Unlike Renan, however, he regards Christianity as the final outcome of Polytheism.  "For my part I do not hesitate to seek the sources of the Christian tradition in Greek Polytheism, of which Christianity is the natural complement and legitimate conclusion."[2]  Or, as he makes Valentin say: "One may at least see in the religion of the Greeks, as in that of the Jews, a preparation for Christian truth.  One may regard Caucasus as an image of Calvary, and the toils of Heracles as a vague prophecy of the passion."[3]  The idea of "Redemption by the death of a Man-God is not a dogma peculiar to the Christians. The Greeks themselves borrowed it from the Egyptians. . . ."[4] And it is equally certain that the doctrine of the immortality of the soul is not Jewish at all, but derived from Greek philosophy.[5]

Most critics have been struck by the remarkably complete character of the Christian system and by its perfect adaptation to the needs of the human heart.  One may observe that its characteristic dogmas are arranged in pairs: in each pair the first, which might crush man with its rigour, is happily counterbalanced by the second, which raises and consoles him.

"The fables," says Ménard, "are true in whatever sense one takes them;"[6] and he proceeds to prove it.

The drama of Eden is unrolled every day under our very eyes.[7] The child, whose conscience is not yet awakened, is in paradise, in the limbo of moral life.  He is unaware of his weakness, and like the animals he does not know that he is naked.  He is innocent as they are, and he has no need to struggle, for he cannot distinguish good from evil.  This knowledge he can only acquire through his first fault, and this first fault can only be an act of disobedience: "Why hidest thou thyself?  Hast thou eaten of the tree, whereof

---

1 *Évolution religieuse.  Ibid.*, p. 259-60.

2 *Alliance de la Religion et de la Philosophie.  Ibid.*, p. 209.

3 *Le Banquet d'Alexandrie.  Ibid.*, pp. 84-5.          4 *Ibid.*, p. 90.

5 *Ibid.*                      6 *Évolution religieuse.  Ibid.*, p. 263.

7 Cf. *Banquet d'Alexandrie* (*Ibid.*, p. 84): "Le jardin d'Éden, c'est l'état des âmes avant leur incarnation. . . .  L'âme, tombée par la naissance dans la prison du corps, est soumise à l'esclavage du péché et ne peut en être délivrée que par la vertu du Rédempteur mort sur la croix pour le salut du genre humain."

I commanded thee that thou shouldest not eat?" The child knows that he has done wrong, he can distinguish between good and evil. It is a fall, for he was innocent and now he is no longer innocent, and yet without the fall there would be no redemption.

How far away is that paradise of lamented virginity, where there was no remorse! For now man is condemned to toil, to the hard toil upon himself, to the perpetual necessity of choosing between passion and duty. Two ways are open before him; one leads to salvation, the other to perdition, one to heaven, the other to hell. Why should we reject these mythological expressions which render the thought so clearly? Heaven is moral perfection: one sees God face to face, because God is good in the absolute. Hell is final corruption. . . . By making such a habit of duty accomplished that one becomes incapable of an infamous or cowardly deed, one will be above temptation. . . .

How can we arrive at this redemption? By an incessant struggle against our selfish passions, and by the sacrifice of ourselves to others' happiness. This unreserved abnegation joins man to absolute good, which the Christian mythology calls God. To love God above all things is to subordinate all one's actions to the moral law revealed in the conscience. This supreme virtue finds its ideal type in the Man-God who sacrifices himself for his brethren; he is the highest expression of the divine in humanity.[1]

There are pages in the *Banquet d'Alexandrie* where Ménard brings to the analysis of this problem the subtlety of a theologian. To Origen, who has described Christ's death and passion, the pagan Chérémon replies:

You are right, all this is something grand and new in the world, and if you merely wished to show in it the apotheosis of the just man dying for the truth, let him be received among the Heroes, but on condition that he was only a man. . . . Think you that I can be touched by the execution of a God clothed in human form, who knows perfectly well that his death is no more than a stage-play and that he will rise again in three days to sit down on the right hand of the Father? Man can give his life as a sacrifice, the Gods cannot, and therein man is superior to the Gods. If our soul is immortal, they alone know it, and they have hidden this mystery from us out of respect for human virtues, which would lose all their merit if they awaited any reward other than the divine peace that comes of duty accomplished.

But Nouménios, more profound, now intervenes:

It seems to me that if the Christians regarded Christ as a man deified for his virtue, they would be doing what we reproach Euhemerus with when he confused the Gods with the Heroes. It is of the essence of the divine to be eternal, but it manifests itself in time, and if, by his teaching and his life, a man has revealed a God to other men, he is truly the incarnation of that God. When the Christians tell us that Christ is God and man at once, they effect the apotheosis of human virtue, they translate Stoic Ethics into the language

[1] *Mythologie chrétienne. Ibid.*, pp. 286-7.

of mythology which is the natural language of the religions; and as I know of nothing more divine than self-sacrifice, Christ has his place in my Pantheon.[1]

Jesus is present every time the host is offered up: this symbol of the Catholic Church, says Ménard, is profoundly true, and he demonstrates it in a remarkably original manner.

The Man-God reveals himself eternally in all his incarnations. . . . Since Christianity has become the religion of Europe, . . . redemption by suffering has had innumerable repetitions on the bloody stage of history: the persecution of heretics and infidels, the stakes where they burned John Huss and Jerome of Prague, Vanini and Étienne Dolet, and Savonarola and Giordano Bruno, the massacre of the Albigensians and the Vaudois, the Auto-da-fés, the prisons of the Inquisition, the Night of Saint-Bartholomew and the Revocation of the Edict of Nantes. All these victims of the Church shine in the glory of the Christian firmament; and thus Christ is present each time in the host.[2]

Finally, the apotheosis of humanity would be incomplete if the feminine had no part in it;[3] hence the cult of the Virgin. It was necessary indeed that the Man-God who effects redemption by suffering, should be born of a pure virgin, for (as Ménard explains) "it is purity of soul which gives birth to the divine idea." And it was natural that the Virgin should after a time be invoked as a mediator. The Christian law was severe, the joys of life were proscribed: Jesus himself seemed to have withdrawn far above his worshippers, too high to be reached even by their prayers. Who should carry these prayers to him, but his Mother, "the propitious and luminous deity whom none invokes in vain?"[4]

Finally, the Christian mythology has been justified like the Hellenic, not only by the civilizations which it has formed, but by the art which it has inspired, by the Gothic cathedrals, hardly less miraculous than the temples of ancient Greece, and by the even more consummate masterpieces of Botticelli and Raphael.

Greece had conceived and realized all the types of human beauty, and with them had peopled its Olympus; but Greek art had not thought of combining in a single type the two ideal forms of the Feminine, namely the Virgin and the Mother. Christian art has supplied what was lacking: the Virgin-Mother has always been its favourite type. The feminine ideal which floated confusedly in the dreams of the Middle Ages needed a definite form: the Renascence realized this form, and the true apostle of the Mother of God is Raphael. . . . Raphael's Madonna . . . is the most sublime creation of Christian art: it is even more beautiful than the Gothic cathedrals or the frescoes of the Vatican.[5]

---

[1] Ibid., p. 91-2.  [2] Le Verbe. Rêveries, pp. 246-7.
[3] Apothéose du Féminin. Ibid., p. 316.  [4] Évolution religieuse. Ibid., pp. 256-7.
[5] Apothéose du Féminin. Ibid., pp. 315-6.

Such, in brief, is Louis Ménard's interpretation of the religions. His place in modern thought corresponds to that of the Alexandrian school in antiquity; the note which he strikes is altogether Alexandrian.   If his ideas are now generally accepted by scientific historians, it does at least appear that they were new in their own day, and that he was the first European fully to understand the symbolical view of religion.   The dates of publication of his works might well mislead us here.   The essential ideas which they contain had been arrived at by him and propagated among his friends *before* the year 1860 when he began to publish them.   But Ménard cared nothing for publicity and allowed others to steal or to exploit ideas which were truly his.   Thus his discovery of collodium has been attributed to other scientists; while much of his Hellenism is associated in the public mind with the Parnassians, who were skilful enough to popularize it.   A few of the greatest scholars and writers have done homage to his genius; but the public and the critics as a whole have ignored his existence, and the first edition of the *Rêveries* passed almost unnoticed.

\*          \*          \*          \*          \*          \*

Original as Ménard appears in his historical work, he is even more daring and paradoxical when applying his ideas to the problems of to-day, and in particular to the conflict between science and religion.   One fact he recognizes at once:

Science asserts her position as queen of the world.   She abolishes slavery, which Christianity had not dared to do.   She makes Law, basis of ancient Ethics, the necessary complement of Duty, which is the principle of Christian Ethics.   She promises to free the mind and to harness the forces of Nature, to bring us back to intuition by way of experience, and to make truth conscious of itself.   May she carry out her promises! the future is hers.   But do not let us, in our hopefulness, think we are climbing into heaven.[1]

We have replaced the symbols of Polytheism and Christianity by scientific or philosophical abstractions, and we believe these truths to be deeper than the old truths.   But it is evident that they are not absolute.   In the first place the moral conscience sets a limit to them.   It is not true that the interests of science override those of morality: "there is no scientific discovery worth the sacrifice of a moral feeling."[2]   If it be argued that the advancement of science justifies vivisection,

Where (asks Ménard) have I read the phrase: "It is expedient for us that

[1] *Évolution religieuse. Rêveries*, pp. 258-9.
[2] *Lettre d'un Mandarin. Ibid.*, p. 297.

one man should die for the people."[1]   I think it is in the Gospel, which obviously condemns the utilitarian policy, for it puts the words into the mouth of Caiaphas. . . . True, the text speaks of a man, and not of another mammal; but are morals only imperative between beings of the same species?   If, as M. Renan hopes, Darwinism were to produce by selection a race of animals superior to the human species, would this race have the right to subject us, in its own interests, to experiments in vivisection? . . . Claude Bernard's sister sought to make reparation for the crimes of experimental physiology by opening a dogs' home.   In the Last Judgment this expiatory offering made by a woman's humble conscience will weigh more, in the unerring balance, than all the discoveries of her brother.[2]

The truths of science are also limited by æsthetics.   Are we sure that the ancients, who personified the elements and the forces of Nature, were less wise than we?   And if not, should we not do well once more to adopt their mythology?   "Modern science," says Ménard, "smiles disdainfully at the Greeks, who dreamed of a dryad in every oak of Dodona, and an oceanid in every wave of the sea; and yet the old conceptions contain a truer notion of universal life than all our lifeless abstractions, and moreover have the advantage of providing models for statuary and painting.   Where we see forces and principles, the Ancients saw Gods; we call attraction what they called Aphrodite; it is a question of words, and one is no clearer than the other."[3]

The truths of science are therefore only partial truths: they must be completed by the truths of religion and of art.   The time has come, it would appear, for an effort of synthesis and conciliation.   Man has adored many Gods, and each of them has been true.   "Every form of the ideal, every affirmation of the human consciousness, is one of the rays of the eternal truth, one of the facets of the universal prism."[4]   May we not, in the temple of our hearts, have a place for all of them?[5]   "Who knows whether the holy traditions of ages past will not bring calm to the fever and disquiet of to-day?   Many enough are the negations that hold us prisoners in the dark, many enough the doubts that have accumulated and bar the way to the unknown.   To surmount this barrier we cannot receive too much help from all the religions reconciled. More and more the shadows are enfolding us: let the highest

---

[1] John xi, 50.

[2] *Lettre d'un Mandarin.   Rêveries*, pp. 296-7.

[3] *Évolution religieuse.   Ibid.*, p. 259.

[4] *Le Banquet d'Alexandrie.   Ibid.*, p. 92.

[5] See *Évolution religieuse.   Ibid.*, p. 261-2.

heavens kindle for us all their stars! If it is good to have one religion, it cannot be bad to have several."[1]

And this is the solution at which Ménard actually arrives: a Polytheism more complete than that of Greece, and satisfying to every need of the human spirit.

> Le temple idéal où vont mes prières
> Renferme tous les Dieux que le monde a connus.
> Évoqués à la fois dans tous les sanctuaires,
>     Anciens et nouveaux, tous ils sont venus;
>
> Les Dieux qu'enfanta la Nuit primitive
> Avant le premier jour de la Création,
> Ceux qu'adore, en ses jours de vieillesse tardive
>     La terre attendant sa rédemption;
>
> Ceux qui, s'entourant d'ombre et de silence,
> Contemplent, à travers l'éternité sans fin,
> Le monde qui toujours finit et recommence
>     Dans l'illusion du rêve divin;
>
> Et les Dieux de l'ordre et de l'harmonie,
> Qui, dans les profondeurs du multiple univers,
> Font ruisseler les flots bouillonnants de la vie,
>     Et des sphères d'or règlent les concerts;
>
> Et les Dieux guerriers, les Vertus vivantes
> Qui marchent dans leur force et leur mâle beauté,
> Guidant les peuples fiers et les races puissantes
>     Vers les saints combats de la liberté;
>
> Tous sont là: pour eux l'encens fume encore,
> La voix des hymnes monte ainsi qu'aux jours de foi;
> A l'entour de l'autel, un peuple immense adore
>     Le dernier mystère et la grande loi.
>
> Car c'est là qu'un Dieu s'offre en sacrifice:
> Il faut le bec sanglant du vautour éternel
> Ou l'infâme gibet de l'éternel supplice,
>     Pour faire monter l'âme humaine au ciel.
>
> Tous les grands héros, les saints en prière,
> Veulent avoir leur part de divines douleurs;
> Le bûcher sur l'Œta, la croix sur le Calvaire,
>     Et le ciel, au prix du sang et des pleurs.
>
> Mais au fond du temple est une chapelle
> Discrète et recueillie, où, des cieux entr'ouverts,
> La colombe divine ombrage de son aile
>     Un lis pur, éclos sous les palmiers verts.

[1] *Vox in Deserto. Ibid.*, p. 8.

> Fleur du paradis, Vierge immaculée,
> Puisque ton chaste sein conçut le dernier Dieu,
> Règne auprès de ton fils, rayonnante, étoilée,
> Les pieds sur la lune, au fond du ciel bleu.[1]

\*     \*     \*     \*     \*     \*

Ménard's conclusions are such that they challenge a personal judgment: we may agree or disagree with them, we cannot remain indifferent.

He deserves gratitude because, like Renan, he helped to make religion acceptable in a new way, and thus effected the transition, more smoothly than would otherwise have been possible, between the integral Christianity of the past and the religion towards which liberal Christians and religious-minded scientists are now moving. Ménard also taught the free-thinker to be tolerant. The conclusion of all his writings, and it now appears inescapable, is that we should never break with the great traditions of the past: we should all, whatever our creed, remain faithful to the religious communion in which we have been born.

But once this has been said, the peculiar solution offered by Ménard is surely chimerical. Pagan cults will in practice reappear: in their worst form we see them on every hand; but does any one believe that Polytheism can ever again flourish in its pristine splendour? And would it not be equally fruitless to present to the world at large the Christian dogmas in the form in which they are presented by Ménard? The masses of mankind are incapable of separating the material or historical aspect of a dogma from its moral or symbolical content; and at the same time (as Ménard saw very clearly—more clearly than Renan) they need a mythology. The religion which Ménard offers us is a religion for scholars and artists, whereas, for the bulk of men, there is no return to the past, and there is no more possibility of repose for the religious conscience of mankind than there is for the material universe.

We live in the twilight, if not of the white races, at least of the civilization that can properly be described as Christian. It is no accident that our age recalls the decadence of the Roman world and that the characteristic thinkers of the nineteenth century, a Renan, a Ménard, a Matthew Arnold, have repeated the spiritual experiences of Marcus Aurelius. We can never know the ultimate secret of human destiny, and it is good that we should never know it. Renan here agrees with Ménard: "Only the Gods know

---

[1] *Panthéon. Ibid.*, pp. 327-8.

whether the soul is immortal, and this mystery they have hidden from us, out of respect for the human virtues."[1]   We can, however, be Stoics: in the modern world this is indeed the only moral attitude possible for the wise.   Ménard, like Arnold, makes it the theme of one of his noblest sonnets.

### STOÏCISME.

Sois fort, tu seras libre; accepte la souffrance
Qui grandit ton courage et t'épure; sois roi
Du monde intérieur, et suis ta conscience,
Cet infaillible Dieu que chacun porte en soi.

Espères-tu que ceux qui, par leur providence
Guident les sphères d'or, vont violer pour toi
L'ordre de l'Univers ?   Alors, souffre en silence,
Et tâche d'être un homme et d'accomplir ta loi.

Les grands Dieux savent seuls si l'âme est immortelle;
Mais le juste travaille à leur œuvre éternelle,
Fût-ce un jour, leur laissant le soin de l'avenir,

Sans rien leur envier, car lui, pour la justice
Il offre librement sa vie en sacrifice,
Tandis qu'un Dieu ne peut ni souffrir ni mourir.[2]

If our moral ideal is the same as that of Antoninus, our metaphysical beliefs cannot differ materially from his.   He too has doubts, and yet he hopes, he believes that the Gods *must* be.

"In departing from this world," he writes, "if indeed there are gods, there is nothing to be afraid of; for gods will not let you fall into evil.   But if there are no gods, or if they do not concern themselves with men, why live on in a world devoid of gods, or devoid of providence ?   But there do exist gods, who do concern themselves with men."[3]

"This," says Renan, "is the dilemma with which we are faced every hour of our lives; for if the most complete Materialism proves right, then we who have believed in truth and goodness will not be greater dupes than the others.   Whereas if Idealism is right, we shall have been the truly wise ones, and wise in the only satisfactory way, that is, without expectation of self-interest and without having counted on any reward."[4]

---

[1] *Le Banquet d'Alexandrie. Rêveries,* 91.  Cf. *Marc-Aurèle et la fin du monde antique,* pp. 264-5.

[2] *Rêveries,* p. 309.

[3] *Meditations,* Bk. II, Sec. 11.  Trans. G. H. Rendall.  Macmillan, 1901, pp. 13-14.

[4] *Marc-Aurèle,* p. 263.

It may be, as Ménard thinks, that Christianity is the last of the great religions. In this case, the decline in Christian belief now generally apparent can only fill us with foreboding: "the lights of heaven will go out one by one, and darkness will overshadow the world." But it is more likely that a new religion will appear, and give new life and hope to humanity. If so, the revelation can only come from science. Modern science, it has long been observed, possesses all the characteristics of a religion. More and more it is drawing to itself the genius which formerly found expression in literature and the arts. There is no conflict between the scientific Idea and the religious Idea: on the contrary, official science is friendly to religion. The mechanistic theory having, for the present at least, been discarded in favour of a species of Idealism, the universe now appears as the creation of thought, and as existing by virtue of thought[1]; for that matter, an accredited spokesman of modern science in no way disavows the conclusions of Berkeley's philosophy.[2] At the same time the theory of determinism no longer holds the field unchallenged; science "has no longer any unanswerable arguments to bring against our innate conviction of free-will."[3]

The immense progress which the present century has seen in physics and cosmogony, the hypotheses of Planck, Einstein and Eddington, hypotheses which, if they are not always wholly confirmed, will at least prove fruitful of truth, discoveries of a fundamental character following one another in rapid succession— all point to the probability that we are on the brink of knowledge so profound that it will constitute a new revelation.

This revelation will have a symbolism or mythology of its own, for it is only in such terms that the deepest truths can be conveyed; but it will be a symbolism adapted to our needs. At the beginning of *The Mysterious Universe*, Sir James Jeans reproduces from Plato's *Republic* the myth of the men imprisoned in the cave; this symbol he uses when speaking of "the signals from the outer world of reality, which are the shadows on the walls of the cave in which we are imprisoned." So also when he sums up the conclusions of Physical Science in the now famous inference: "We have already considered with disfavour the possibility of the universe having been planned by a biologist or an engineer; from the intrinsic evidence of his creation, the Great Architect of the Universe now

[1] Sir James Jeans, *The Mysterious Universe*, pp. 148-9.
[2] *Ibid.*, pp. 136-7.　　　　　　　　　　　　　[3] *Ibid.*, p. 29.

begins to appear as a pure mathematician"[1]—in such passages he is using symbolical language which, as we have seen, is the natural language of the religions.

The character of the Religion of Science will be predominantly intellectual; for, as Renan says, cultured humanity is not only art-loving, and moral; it is also curious and scientific.[2]   The new religion will not pretend to supersede, but only to supplement, Christianity.   And when this final revelation has been made, the religious experience of mankind will be complete.   Hellas was chosen by the Gods to reveal to men the religion of Beauty; Palestine was singled out as the cradle of a religion supremely moral.   In each case the revelation was perfect: we are no more likely to surpass the Greeks in the domain of art than we are to outgrow the Christian tradition: we shall only return to these great religions with renewed understanding.   But a land which has given birth to the divine pays for the privilege with its life; "it seems that when God has revealed himself in a country, he dries up its life-blood for ever."[3]   So it was with Hellas and Palestine. Which peoples or countries will receive the unique but perilous mission of revealing to mankind the religion of the future?

A. LYTTON SELLS.

DURHAM.

[1] *Ibid.*, p. 134.
[2] *Avenir de la Science*, éd. Calmann-Lévy, 1890, p. 12.
[3] Renan, *Les Apôtres*, p. 364.

# DIE GRUNDLAGEN DER PASTURELLE

ALS ich bei Edgar Piguet, *L'Évolution de la pastourelle*, Berner Dissertation 1927, S. 16 Anm., eine kurze Inhaltsangabe des Artikels von M. Delbouille, *L'Origine de la pastourelle*, *Mémoires de l'Académie de Belgique*, Nr. 1350, Bruxelles 1926, las, fürchtete ich, dass er alles Wesentliche einer Idee, die ich im Kopfe trug, bereits vorweggenommen haben würde, sodass eine Veröffentlichung von meiner Seite überflüssig geworden sei. Nun habe ich mir die Schrift kommen lassen und sehe, dass wir zwar in den Resultaten übereinstimmen, dass ich aber immerhin noch einiges zur Stütze seiner These beizubringen imstande sein würde. Zuvor muss ich aber, da sein Aufsatz auch nicht jedermann so leicht zugänglich sein wird, eine orientierende Inhaltsangabe desselben vorausschicken.

Nach einem Ueberblick über die bisherigen Theorien wendet er sich polemisierend gegen die letzte derselben, die von Faral, die die Pasturelle auf die antike Bukolik zurückführt. Er macht vor allem mit Recht darauf aufmerksam, dass dieser unsere Gattung von den anderen *Chansons dramatiques* loslöse, in denen die Heldin keine Hirtin sei, sondern irgendein anderes weibliches Wesen, im Uebrigen aber Scenerie und Handlung, Verführung oder Verführungsversuch, sich völlig entsprechen. Und nun bringt er sein neues Material, das wohl den meisten von uns entgangen sein wird, wie auch er selbst erst durch Jeanroy persönlich darauf aufmerksam gemacht wurde. Es sind lateinische Gedichte einer Hs. des 12. Jh's, deren Entstehungszeit man nach dem Inhalt genauer zwischen 1141 und 78 festsetzen kann, hg. von Nicolau d'Olwer, *L'escola poética de Ripoll en els segles X-XIII*, im *Anuari de l'institut d'estudis catalans*, 1923. Es sind Liebesgedichte, und die Heldin des zweiten wird Judit genannt, die in erwähntem Zeitraum als Nonne in Remiremont gelebt hat. Es sind natürlich keine Pasturellen, da die Mädchen ja nicht Hirtinnen, sondern Nonnen sind, im Uebrigen aber gleichen die Gedichte Zug um Zug den Romanzen und Pasturellen, wie diess der Verfasser schlagend nachweist. Mit am meisten Gewicht legt er auf Nr. 26, das Gedicht *de somnio*, welches erzählt, wie der Dichter im Traume eine herrliche Jungfrau sieht, die sich ihm als aus königlichem Geschlecht entstammt vorstellt und ihm, wenn er ihre Liebe erwidere, Gold und schöne Kleider zum Geschenke verspricht. Er hält diess für eine Umkehrung der Pasturellensituation, in der der Ritter durch seine edle Herkunft dem Bauernmädchen zu imponieren und sie durch Versprechen von Kleidern und Kostbarkeiten zu verführen sucht.

Dem Einwand, dass diese lateinische Liebesdichtung Nachahmung der vulgärsprachlichen sei, begegnet D. durch Hinweis auf ältere, dem Ende des 11.Jh's angehörige Gedichte, unter denen ich speziell das bekannte der Cambridger Hs. hervorhebe, das er wie Andere als Gespräch zwischen Kleriker und Nonne auffasst. Er paraphrasiert:

> Er: Der Frühling ist da, das Gras grünt auf der Wiese.
> Sie: Was soll ich tun?
> Er: Geniesse meine Liebe! Der Wald bedeckt sich mit Laub und die Vögel singen in den Bäumen.
> Sie: Nichts liegt mir am Gesange der Nachtigall. Ich habe mich Gott ergeben, du sollst nicht mit ihm in Wettstreit treten.
> Er: Ich liebe dich, setze dich zu mir. Geniesse meine Liebe, ich will dir wunderbare Schätze geben.
> Sie: Alle irdischen Dinge vergehen wie die Wolken des Himmels. Nur Gottes Reich ist ewig. Ich glaube an ihn: Was er verspricht, wird er geben.
> Er, reuevoll: Ich habe gelästert.
> Sie: Gott wird dir gnädig sein; aber diene ihm, wie ich ihm diene.

Endlich das älteste der hierher gehörigen Gedichte, die *Invitatio* des 10. Jh's. Der Inhaltsangabe nach "der Liebehaber fleht, die Geliebte weist die Geschenke zurück, die ihr Entgegenkommen wohl belohnen würden," scheint D. wenigstens den Schluss der Pariser Hs. für unecht zu halten. In diesen lateinischen Gedichten sieht er nun die Vorläufer der vulgärsprachlichen Romanzen und Pasturellen, in Kleriker und Nonne die Vorläufer von Ritter und Hirtin. Dieser Uebergang ist schon vor Mitte des 12. Jh's vollzogen, da der *Roman de Thebes* bereits eine Anspielung darauf macht und schon Cercamon *pastoretas* gedichtet haben soll.

D. kennt natürlich noch nicht die im gleichen Jahre mit seinem Aufsatz erschienene Ausgabe der Cambridger Lieder von Karl Strecker, Berlin 1926, und Brinkmanns *Enstehungsgeschichte des Minnesangs*, Halle a/S 1926, aber auch nicht den voraufgehenden Aufsatz von Strecker, *Zu den Cambridger Liedern*,

(*Zschr. f. deutsches Altertum*, 62, 209 ff.) und Brinkmanns *Geschichte der lateinischen Liebesdichtung im Mittelalter*, Halle a/S, 1925, sogar nicht einmal die Textherstellung von Steinmeyer in der 3. Auflage der *Denkmäler* von Müllenhoff und Scherer, sowie die Bemerkungen Ehrismanns in dessen *Geschichte der deutschen Literatur bis zum Ausgang des Mittelalters*, I, 232, München 1918, und die meinigen im 44. Bande der *Beiträge zur Geschichte der deutschen Sprache und Literatur*, S. 427. Seine Paraphrase des Gedichts, das man Kleriker und Nonne nennt, ist reine Phantasie. Mit Recht sagt aber Ehrismann, der Liebhaber sei ein vornehmer Herr: "ein Geistlicher würde unmöglich Weltgüter versprechen." Ich habe ihn einen Ritter genannt, weil der *miles* als Concurrent des *clericus* um die Liebe der Nonne auch sonst erscheint; vgl. den Tegernseer Briefwechsel. Die Möglichkeit der Ergänzung ist jetzt durch Streckers genauen Abdruck einerseits auf eine festere Basis gestellt, anderseits werden durch die genaue Angabe des verfügbaren Raums manche bisherige Ergänzungen hinfällig. Leider sind gerade die beiden letzten Strophen gar nicht mehr herstellbar; doch müssen sie m. E. die definitive Abweisung oder die Bekehrung des Ritters enthalten haben. Ehrismann trifft das Richtige, wenn er schreibt "jedenfalls siegt die Tugend." Der Einwand Streckers "niemand erklärt, warum ein Gedicht mit so erbaulichem Inhalt besonders sorgfältig vernichtet wurde," scheint mir nicht schwer zu wiegen; was in der Seele des Radierers und Schwärzers vorgieng, können wir freilich nicht erraten: vielleicht verstand er die althochdeutschen Wörter nicht und vermutete etwas Obscönes hinter ihnen. Man mag also folgende Paraphrase des Leserlichen oder Herstellbaren geben:

> Er: Der Frühling ist da, es grünt das Gras in der Aue.
> Sie: Was willst du, dass ich tue, sage mir das.
> Er: Geniesse meine Liebe, nun singt die Nachtigall im Walde.
> Sie: Mögen die Blumen blühn, möge die Nachtigall singen: Christi
>     Narde duftet süsser, dem ich mich geweiht habe.
> Er: Setze dich zu mir.
> Sie:
> Er: Liebste Nonne, geniesse meine Liebe: ich will dir dazu gar viele
>     Freuden der Welt geben.
> Sie: Das schwindet alles wie die Wolke am Himmel: nur Christi Reich
>     währt in Ewigkeit.
> Er: Ich glaube, dass er im Himmel gar herrlich regiert, ich glaube, dass
>     er in Wahrheit halten wird, was er versprochen hat.

Auch an dieser Paraphrase ist manches unsicher: eines aber scheint mir, angesichts des sonstigen regelmässigen Wechsels der Er- und Sie-Strophen, ziemlich sicher, dass die letzte leserlich überlieferte Strophe von dem Manne gesprochen wird, der ein Glaubensbekenntniss ablegt und damit seine Bekehrung bezeugt, ohne dass man auf das überlieferte *bikere* der letzten sonst kaum leserlichen Strophe allzuviel Gewicht zu legen braucht.

Nicht geringere Schwierigkeiten, aber anderer Art, bietet das ältere Lied, jene *Invitatio* des 10. Jh's (Nr. 27 bei Strecker). Sie ist besonders wichtig, weil man bei ihr kaum von einer Beeinflussung durch die vulgärsprachliche Lyrik reden kann. Es ist ebenfalls ein Gespräch zwischen einem Manne der Welt und einer Nonne. Ich glaube mit Brinkmann, dass die Rede des Mädchens nur aus ihrem Nonnencharakter zu begreifen ist, wenn ich auch in der Begründung dieser Ansicht und in der Deutung der Strophen von ihm abweiche: mit Streckers "das versteh ich nicht" kann ich mich nicht zufrieden geben. Ich kann aber auch nicht denken, dass die Antwort des Ritters, wenn wir ihn so nennen wollen, den Schluss des Gedichtes gebildet hat: ich glaube, dass alle 3 Hss., resp. ihr Archetypus, denselben bereits verloren haben müssen. Ich gebe nun die Paraphrase, wobei ich mir der Kühnheit der Interpretation der Rede des Mädchens wohl bewusst bin: ich denke sie mir als eine *virgo subintroducta*, eine Nonne, die mit einem Priester, Mönch oder Einsiedler wie eine Schwester als *uxor spiritualis* zusammen lebte, was freilich nur in Irland sich bis ins 10. Jh. erhalten zu haben scheint (K. Meyer, *Selections from Ancient Irish Poetry*, p. 113), oder als eine *Reclusa*, in der Nähe von deren Zelle sich andere Nonnen ihre Zellen gebaut haben, sodass sich ein vertrauter Verkehr entwickelt, wie etwa bei dem Freund des kleinen Johann von Gorze, dem Reklusen Humbert: "von seinem Fenster aus erteilt Humbert den Nonnen vertraulichen Unterricht," s. Zoepf, *Das Heiligen-Leben im 10. Jh.*, Leipzig & Berlin, 1908, S.114.

> Er: Es komme die süsse Freundin, die ich wie mein Herz liebe; tritt ein in mein Gemach, das mit allem Schmuck geschmückt ist. Dort sind gepolsterte Ruhebetten, das Haus mit Teppichen behängt, Blumen im Hause verstreut, mit duftenden Kräutern gemischt. Dort steht ein Tisch mit allen möglichen Speisen beladen, reiner Wein im Ueberfluss und was immer dich, Liebste, erfreut. Dort tönen die süssen Drehleiern, laut werden die Flöten geblasen, der Knabe und die kluge Jungfrau singen dir schöne Lieder. Dieser schlägt die Zither mit dem Plectrum, jene singt die Lieder zur

> Leier, Diener bringen Schalen mit verschiedenen Weinen. Schon schmilzt Eis und Schnee, Blatt und Kraut ergrünen, die Nachtigall singt in den Wipfeln, die Liebe brennt im innersten Herzen.
>
> Sie: Ich war als Einsiedlerin im Walde und liebte abgeschiedene Orte. Ich floh oft die Menge und des Volkes unreinen Haufen. Ich mied den Lärm und grosse Ansammlungen. So freut mich auch nicht ein solches Gastmahl so sehr wie die süsse Zwiesprach, und alle Ueppigkeit nicht so sehr wie die traute Gemeinschaft.
>
> Er: Was frommt es zu verschieben, Erwählte, was doch später geschehen muss. Tue schnell, was du doch tun wirst, ich meinerseits werde keine Verzögerung verschulden. Komm doch, erwählte Schwester, mir vor Allen geliebte, helles Licht meines Auges, grösserer Teil meiner Seele.

Wieder finden wir den vornehmen Herrn, der dem frommen Mädchen alle Herrlichkeiten der Welt in Aussicht stellt. Ihre Weigerung nimmt er nicht ernst, sondern betrachtet sie nur als einen unnützen Aufschub. Damit kann das Gedicht unmöglich zu Ende sein, eine definitive Absage des Mädchens ist das Mindeste, was erfolgen muss.

Nur eine Strophe eines solchen vulgärsprachlichen Gedichts, die Weigerung der Nonne als *sponsa Christi* enthaltend, ist uns in der Hs. der *Carmina burana* erhalten:

> Sie: Wäre all die Welt mein zwischen dem Meer und dem Rhein, ich wollte darauf verzichten, wenn nur der König von Engelland in meinem Arme läge.

Der Text in Minnesangs Frühling 3, 7 hat noch in der letzten Auflage *diu künegin von Engellant* und *an minen armen*: das sind aber nachträgliche Korrekturen von anderer Hand, die für den echten Text nicht in Frage kommen. Für die wortspielende Bezeichnung des himmlischen Bräutigams als König von Engelland habe ich a. a. O. Beispiele gebracht, die von Strauch, *Beiträge zur Geschichte der deutschen Sprache & Literatur*, 47, 171, noch vermehrt worden sind. Strauchs Bedenken, "bliebe ein solcher Nonnenwunsch im Rahmen der übrigen deutschen Stücke der *Carmina burana* jedenfalls auffallend," teile ich nicht, findet sich doch auch die erste Strophe von Walthers Kreuzlied daselbst. Palgens Deutungsversuch a. a. O. 46, 301 ff. beruht ganz auf der späteren Korrektur *diu chünegin*, hält die an ganz anderer Stelle der Benediktbeurer Hs. überlieferte Strophe *Tougen minne diu ist guot* für mit unserer Strophe dem gleichen Gedicht angehörig und leitet die Strophenform aus Frankreich her, indem er sie für eine Variante einer Strophe Wilhelms von Poitiers hält, ohne zu bedenken, dass wir es mit der Moroltstrophe zu tun haben, die in Deutschland jedenfalls eine ziemliche Verbreitung gehabt haben muss, da sie als Form für das Epos von Salomo und Morolt gewählt worden ist. Spanke (*Litbl. f. germ. u. rom. Phil.*, 1931, 114) hat nun wirklich einen König von England herausgefunden, der in Deutschland sich aufgehalten hat: Richard Löwenherz!!

Diese drei Gedichte, die *Invitatio* des 10., das Kleriker und Nonne betitelte des 11. und diese Moroltstrophe des 12. Jh's bilden eine feste Gruppe. Sie sind von Klerikern verfasst und stellen den Verführungsversuch eines weltlichen Herrn, des *miles* oder Ritter, gegenüber einer Nonne dar. Der Mann ist dabei der Blamierte, da er von dem frommen Mädchen abgewiesen wird. Das ist die gleiche Tendenz, wie sie der Tegernseer Briefschreiber verfolgt, wenn er vor den Rittern wie vor Ungeheuern warnt: *quia me a militibus quasi a quibusdam portentis cavere suades.* Zu dieser Gedichtgruppe gehört nun auch ein spätes provenzalisches, es stammt erst aus dem Jahre 1288, das die Hirtin an die Stelle der Nonne setzt. Ich nehme aber an, dass Johan Esteve nicht der erste war, der diesen Personenwechsel vornahm, sondern dass er auf Vorbilder des 12., vielleicht des 11. Jh's zurückblickt. Er erzählt (Audiau, *La pastourelle dans la poésie occitane du moyen-âge*, Paris, 1923, S.92 ff.; *Nouvelle Anthologie des troubadours*, Paris, 1928, S.311 ff.), wie er eines Tages eine betende Rinderhirtin angetroffen und begrüsst habe. Sie erwidert den Gruss, macht aber das Zeichen des Kreuzes über ihn, wie man es über Sterbenden macht:

Er: Liebes Mädchen, was bringt euch jetzt dazu, mich so zu besegnen?

Sie: Herr, weil euer Gesicht das Aussehen eines Sterbenden hat.

Er: Liebliches Mädchen, sagt mir doch nicht etwas Unerfreuliches! Da ich euch wahre Liebe entgegenbringe, seid mit mir eines Sinnes.

Sie: Auf Gott setzet eure Hoffnung; denn Leben, Herr, erkenne ich wahrlich nicht in euch: memento mori.

Er: Bei meinem Vater, Mädchen! Ihr macht mir nicht gerade Mut.

Sie: Herr Bruder, schlecht aussehend finde ich euch: das tut mir leid.

Er: Ihr könntet mich leicht heilen, Fräulein, wenn ihr mir eure Liebe gewährtet.

Sie: Herr, Gottes Braut bin ich, und will keinen andern Herrn.

Er: Mädchen, haben die Minoriten eine Begine aus euch gemacht?

Sie: Nein, Herr, bei dem König, den ich anbete. Aber von ganzem Herzen will ich bis an mein Ende dem dienen, der für uns als Märtyrer den schweren Tod am Kreuze leiden wollte.

Er: Dass ihr Gott dienen wollt, Mädchen, darüber freue ich mich sehr.

Sie: Herr, der Tod schreckt mich; denn heute rot, morgen tot, und man kennt nicht seinen Tag noch seine Stunde, und wer in Sünde stirbt, geht der ewigen Freude verlustig.

Er: Holdes Mädchen, gebe Got, der die Welt erhält, dass nicht wilder Tod uns hinwegraffe!

In dieser Gedichtgruppe, die durch je ein Exemplar vom 10. bis zum 13. Jh. vertreten ist, einst aber sicher viel zahlreicher war, sehe ich allerdings die Keimzelle jener Pasturellen, in denen der Ritter von der Hirtin abgewiesen wird und als der Blamierte abzieht.   Denn ich sähe, wenn die Dichtgattung in Ritterkreisen entstanden wäre, keinen Grund dafür, dass die Aristokraten sich selbst diese blamable Rolle zugeteilt hätten.   Bestand die Gattung einmal, so konnte sie allerdings zu solcher Selbstironisierung führen und auch in den betroffenen Kreisen erheiternde Wirkung üben.   Es gibt noch andere Romanzen in Gesprächsform, in denen Nonnen auftreten oder Pasturellen mit frommen Hirtinnen: auf diese gehe ich hier nicht ein.   Dass auf die Entwicklung der Gattung einerseits die antike Bukolik, anderseits die an Jahreszeitenfeste geknüpfte volkstümliche Lyrik gewirkt hat, ist mir sehr wahrscheinlich.   Es ist überhaupt methodisch richtiger, nicht alles mit Gewalt auf eine einzige Grundursache zurückführen zu wollen, sondern eine gewisse Polygenese zuzugestehn.

S. SINGER.

BERN.

# A NOTE ON PASCAL'S *PARI*.

THAT veteran and well-exercised hare, the *Pari* of Pascal, still supplies sport on both sides of the Channel. He has not been finally caught; he is still frisking and doubling, and I make no excuse for giving him a short run in this Miscellany.

Dropping the sporting image, the *Pari* with its disconcerting utterance *Cela vous abestira* still supplies *Pascalisants* with food for discussion and debate. It is plainly patient of misunderstanding, and, especially, it is difficult to fit into the Apology, the plan of which I for one am much concerned to disentangle from the mass of fragments found in Pascal's death-chamber and published by his friends in 1670 under the title of his *Pensées*.

In order to find the proper place for his particular argument it is necessary to bear in mind Pascal's intention, as it may be gathered from the accounts of the lecture which Pascal delivered to *ces messieurs* in 1658. Of these there are two, a diffuse and rambling one by Filleau de la Chaise (*Discours sur les Pensées de M. Pascal*), and a succinct summary by Pascal's nephew, Étienne Perier, forming the Preface to the Port Royal edition of the *Pensées*. From them we learn that Pascal's purpose was to touch the heart of the *libertins*, the incredulous and careless men of the world, frankly indifferent to religion. He did not intend an argumentative defence of Christianity *in vacuo* like so many previous and recent apologies, e.g. Charron's *Trois Vérités* (1593) or Grotius's *De veritate religionis christianae* (1627). He has in mind a friend whom he desires to convert, or rather, since conversion is the work of Grace alone, to prepare for the sowing of the divine seed. He seeks to save a human soul, to put a man with whom he is familiar into the Way of Salvation.

How does he purpose to bring such a man, with whom he had been in touch during his brief but vehement sojourn in Vanity Fair, living for a couple of years, 1653 and 1654, as an *honnête homme* among *honnêtes gens*, not indeed to believe at the first attack, but to give consideration to the Christianity which he despises, and with which he, Pascal, is all aflame?

He does not begin with metaphysical or even historical evidence—proofs of the Being of God and their natural inferences. No, he simply bids the man look inward; or rather he draws a picture of human nature in which the man will recognize his own features. He draws a two-fold picture, man's misery and man's greatness; he shews that man is a bundle of incompatibles, miserable with the greatest of all miseries, the sense of lost greatness. He seeks to shake his hearer out of his torpor, and he secures his indolent attention by directing it to a really interesting topic, viz., himself; and his method, with its constant references to Montaigne and his Essays, *le bréviaire des libertins*, with its humour and wit, is all so close to life, cutting so near the bone, that the hearer is aroused and ready, nay eager, to hear more.

What is this brilliant mathematician, this man of science and man of the world, this *grand M. Pascal*, going to say next? Here is the point in the Apology at which I should place the Wager. It is meant to move a man at a particular stage of his education; and if Pascal introduced it into his lecture (which has been doubted, as we shall see anon), I think it would have had force here, and here alone.

Now, whatever the effect may be supposed to have had upon the man for whom the argument was first intended, upon us the Wager comes with something of a shock. Let us face it.

God is infinitely incomprehensible, quite outside the reach of human reason. Do not expect Christians to prove Him or their belief in Him, which they frankly declare to be, according to human measure, folly. Yet He either exists or does not exist. Which alternative will you have? It is no question of reason. Reason is quite incapable of deciding this way or that. It is a toss up, a game of heads and tails, which you are bound to play. You must lay your money one way or the other; you are committed to it, you cannot escape. Which side will you take, for you must take a side? Weigh what your gains and your losses will be, if you stake all on heads, i.e. God's existence. If you win, you win eternal, infinite happiness; if you lose, you lose temporal happiness, which is exactly naught. If there was an infinity of chances and only one for God's existence, still you ought in reason to stake all on that, for although you risk a finite loss by so doing, the risk is reasonable. Any finite loss, nay, certain loss, is reasonable, if there is on the other hand the possibility of infinite gain.

Such is the argument, and it must be admitted that to represent our believing or not believing in God's existence as analogous to staking money at a gaming table, is, when we first come upon it, positively shocking; and all the more so when we find that Pascal urges the venture of Faith by an elaborate calculation of chances which it is difficult for anyone to follow but a professed mathematician or a hard-bitten gamester. It seems unworthy, and Voltaire was not slow to point this out. "Cet article paroit un peu indécent et puérile; cette idée de jeu, de perte et de gain ne convient point à la gravité du sujet."

But there is a further shock awaiting us.

The Freethinker is supposed to be convinced by Pascal's logic, but he cannot take the plunge. He is still the prey of his passions and the slave of his reason. He cannot believe. He would fain make the venture without believing, but he cannot. "Oui, mais j'ai les mains liées et la bouche muette. On me force à parier, et je ne suis pas en liberté. On ne me relâche pas, et je suis fait d'une telle sorte que je ne puis croire. Que voulez-vous que je fasse?" Pascal bids him follow the way by which others have begun who were in the same case, i.e. by acting as if they believed, by taking holy water, hearing Masses said, and the like. "Naturellement mesme cela vous fera croire et vous abestira" i.e. will stupefy you, dull the passions which consume you, suppress the difficulties which your reason suggests to you. "Mais c'est ce que je crains," cries the *libertin*, and we cannot blame him.

*Cela vous abestira.* The editors of Port Royal did not dare reproduce this brutal expression. Victor Cousin who was the first to publish it, in 1845, exclaims: "Quel langage! Est-ce donc là le dernier mot de la sagesse humaine? La raison n'a-t-elle été donnée à l'homme que pour en faire le sacrifice, et le seul moyen de croire à la suprême intelligence est-il de nous abêtir?"

No doubt that is the first reaction of the ordinary reader to Pascal's argument. But reflection shews that Voltaire and Cousin have missed the point. Pascal has in view a particular character at a particular psychological crisis. The man before him is the Chevalier de Méré, scholar, freethinker, wit, purist, and gamester, who piqued himself on being the perfect *honnête homme*; or Damien Mitton, the disillusioned, indolent worldling, who covered his essential selfishness under a cloak of carelessness; or any other typical man of the town.

Pascal has already induced him to look inward and behold the weakness of man in general and of himself in particular, both morally and intellectually. He has brought him to admit that Reason is incompetent to determine whether God exists or not. So far as Reason goes, to believe or not to believe is a pure toss up.

Pascal will have plenty to say about the real grounds of belief when he comes to speak of the "heart," i.e. of spiritual insight; but for this the Freethinker is not yet qualified.   At present it is a mere hazard, but one for which he is prepared, because his indifference has been shaken.   So the hazard is set before him, and he is made to feel that making the venture one way or the other is inevitable.   He is not allowed to say, "I won't venture, I won't bet."   If he does not choose to believe, that is tantamount to choosing not to believe, for the consequences will surely come. The choice must be made, and the nature of the chances on one side and the other are algebraically set before him after a manner that he will understand from his own worldly experience.   Pascal, it cannot be too often asserted, is not addressing the man in the market-place, but the man of the green cloth table—Méré or Mitton.

Next as regards the methods whereby the *libertin*, when he has made his venture, is to acquire real belief.   He is to act as though he already did believe.   And here comes in the Cartesian theory of the automaton which Pascal readily adopted.   "Il étoit du sentiment de Descartes sur l'automate" says his sister, and "Il ne faut pas se méconnoître; nous sommes automate autant qu'esprit" he says himself; and again and again he urges that "the machine," i.e. the automatical part of our nature, should be brought into play.   It lies behind nearly all that he says so frequently about the force of habit and the effects of custom. The Machine then has its part in preparing the way for Faith. In order to remove the obstacles to Faith which arise from our bodily nature and its passions, we must discipline the body, create an artificial nature which, instead of combating the reflective will, may be trusted to follow its directions with docility.   To put it in plain language, in order to encourage belief, you must lay aside the pleasures in which you have hitherto been lapped, and make room for Faith to grow.   Habit, which while abandoned to the caprice of our spontaneous tendencies, was a deceitful force, becomes, as soon as it is regulated, a means of believing.

One cannot emphasize too strongly the occasional character of Pascal's argument.   But there are moments of depression in the spiritual experience of each of us when uncertainty spreads over the soul, and doubts as to fundamentals arise.   At such times the "Wager" is not without force.   The Will to believe despite apparent impossibility sustains the faltering Faith until the mists clear away and the voice of the Heart resumes its power.   And in another connexion, the teaching of the value of habit, of custom, of association with others in acts of religion, and of the weight of authority in the creation of belief, is of importance. It is an argument which may serve those who as educators of youth are concerned to keep alive habits of piety learned in childhood. In a word, it is good for schoolmasters and dons.

From this mild moralizing I turn again for a few moments to history and criticism. To begin with, the "Wager" is, I believe, mathematically sound, or at least defensible. The introduction of infinity into the equation irresistibly depresses the scale wherein it is thrown. And the beauty of the formula was much admired by contemporary opinion. John Locke in the *Essay* (1690) uses it to weigh the advantages of a good life *plus* the hope of eternal happiness against a bad life *plus* the fear of endless misery. John Craig in his curious *Theologiae christianae principia mathematica* (1699) calculates geometrically by its means the infinitely superior value of the hope of happiness promised by Christ over that of the expectation of happiness in this life. Most relevant of all is the Oratorian, Michel Mauduit, who in a tract against atheism is loud in his praise of Pascal's argument, only regretting the laconism of its form.

Un raisonnement si solide et si convainquant meritoit bien d'entretenir le lecteur plus longtemps, et il est sans doute que Monsieur Pascal luy eust donné, comme à ses autres Pensées, la juste étendue qu'il meritoit s'il eust eu le loisir de travailler à ce grand édifice dont nous n'avons que les matériaux. (Cf. *Traité de la religion contre les athées, les déistes et les nouveaux pyrrhoniens* (1677).)

Pascal might have liked the praise, but he certainly would not have endorsed the development of the argument. He could never have regarded his equation as a decisive proof of the truth of Christianity, nor have founded a system upon it. As we have seen, it is with him an *argumentum ad hoc, ad hunc,* and at best a prelude. On the other hand, it is not a mere *tour de force*, a mathematical puzzle. Pascal is desperately in earnest. You see that from the vigorous ejaculations with which his page is punctuated.

"Voyons . . . Il faut parier. . . . Vous estes embarqué. . . . Voilà un point vuidé," etc,

‣ and from the fever with which his thoughts are flung upon the paper, and above all from the solemn adjuration with which the piece ends,

"Si ce discours vous plaist et vous semble fort, sçachez qu'il est fait par un homme qui s'est mis à genoux auparavant et aprez pour prier cet estre infiny et sans parties, auquel il soumet tout le sien, de se soumettre aussi le vostre pour vostre propre bien et pour sa gloire, et qu'ainsy la force s'accorde avec cette bassesse."

It is stamped with the true Pascalian fervour. But is it original? The notion of a balance between profit and loss in matters of belief is very ancient. It appears in Arnobius (*adv. Gentes*, II, 11) (*c.* 300 A.D.), who calls upon us to believe the promises of Christ because we run no risk in believing them even if they are vain, whereas the unbeliever runs an enormous risk, if they are true. Ramon de Sebonde (*fl.* 1432) in his *Theologia Naturalis*, translated by Montaigne in 1569, had balanced the two contradictory propositions, "God is; God is not," and had drawn, by a rule of nature, the pragmatic conclusion that man is bound to choose the alternative which brings him most benefit, perfection, and dignity whereby he may acquire contentment, consolation, and hope. Pascal may have known Arnobius; he certainly knew Sebonde by way of Montaigne; but neither Arnobius nor Sebonde has the notion of a wager.

Then there was Silhon, who in his *De l'Immortalité de l'âme* (1634), distinguishing between the natural and moral proof of his proposition, defined the latter as consisting of a multitude of diverse arguments in which the understanding does not see clearly enough to be exempt from doubt, yet cannot decline to believe, unless the will compels or desire inclines thereto. Here are no mathematics and no wager. But the wager at least is present in the *Démonstration de l'Immortalité de l'âme tirée des principes de la nature* (1637) of the Jesuit Father, Antoine Sirmond.[1] Sirmond, like Pascal a short generation later, longs to see men cured of the passions which hold them slaves to unbelief; he too admits that there is no proof positive of immortality; he too argues that it would be wise to act as if immortality were proved; he too balances loss and gain. His appeals sound like Pascal's though they lack Pascal's eloquence.

Il est vrai que l'assurance du présent vaut mieux que l'incertitude de l'avenir, lorsque d'ailleurs il y a quelque proportion entre les deux. Mais s'il s'agit d'une vie, d'une mort éternelle, quelle apparence d'avoir égard à une vie, à une mort temporelle?

Finally, Sirmond compares the case of the *libertin* to that of a man who, confronted with an adversary of equal calibre, should consent either at tennis or dice to stake, in order to win a farthing,

[1] Cf. L. Blanchet, *Rev. de Métaphysique et de Morale* (1919).

the most flourishing and opulent of kingdoms, the possession whereof is assured to him. Pause, cries Sirmond, and count the cost.

It is hardly necessary to point out the piquancy of the situation, if it were true that Pascal read and used the Jesuit's argument, especially when we remember that this Jesuit is precisely the one upon whom Pascal bestowed some of his shrewdest blows in the Tenth *Provincial*.

Thus to be willing *et ab hoste doceri* denotes a generosity that refuses to be blinded by prejudice such as we look for in St. Paul, but which surprises us in Pascal.

It is possible that in his lecture unfolding his plan of apology before *ces messieurs* Pascal did not bring in the argument of the Wager for fear lest they should prove less open-minded than he and loath to incur contamination with the accursed thing. Much has been made of the fact that Filleau de la Chaise in his account makes no mention of it. He certainly does not emphasize it, or even make direct reference to it; but he has a sentence which seems to suggest or recall it. "Ce seroit fou d'en douter (i.e. some historical fact) et de ne pas exposer sa vie là-dessus, pour peu qu'il y eust à gagner."

Be that as it may, Pascal needed not to be nervous. The Port Royalists, mathematicians and logicians to a man, were delighted with the *Pari* when they happened upon it among Pascal's papers. They give it a prominent place in their book (Ch. VII) and prefix a very sensible introductory statement. They modify the text indeed, after their manner, and I have said they cut out the daring phrase "Cela vous abestira"; and they soften down Pascal's frank advice as to taking holy water and hearing masses by way of preparation for belief into a general and colourless phrase: "imitez leurs actions extérieures." Perhaps they thought it more dignified.

And this brings me to the last of my random remarks, which is this.

M. E. Baudin has recently, in the *Revue des sciences religieuses* (April, 1924), writing acutely and most usefully on Pascal's philosophy, his relation to Descartes, etc., argued at length that the peccant word *abestira* has not here its natural meaning of "stupefy," but a strictly Cartesian connotation: "let the *bête*, the automaton come into play." "Le sens obvie, rendre inintelligent et stupide, est nettement à écarter." Is it likely, he asks, that just when Pascal is dangling before the freethinker the possibility of believing, he should frighten him away by the humiliating suggestion of a voluntary *abrutissement*?  I am not at all convinced by M. Baudin's pleading.  We have to consider what *abêtir* meant to the reader of the time; and there is no evidence of which I am aware that it had a peculiarly Cartesian connotation.  M. Baudin makes much of Pascal's repeated contrast of the *ange* and *bête* in man.  But the contrast, as far as I can see, is always strictly moral— the higher nature as against the lower.  Pascal said "That will stupefy you"; and we have seen how.  If he was thinking of an outside reference it is more likely to have been the *Stultus fiat ut sit sapiens* of 1 Cor. iii. 18.  What lay at the back of his mind was the profitable employment of the mechanical side of human nature, the automaton, in order to produce a state of Faith.  But after all, M. Baudin's conclusions are acceptable and we are in ultimate agreement.  Only it seems to me a pity that he has introduced a gratuitous and unnecessary explanation into the web of his sound reasoning.

H. F. STEWART.

CAMBRIDGE.

# UN FRAMMENTO DI UN NUOVO MANOSCRITTO DELL'ANONIMO POEMA IN ANTICO FRANCESE DI *BARLAAM E JOSAFAT*

E' noto che dalla leggenda di Barlaam e Josafat fu tratto, nell'alto medio evo, un romanzo greco foggiato secondo la versione siriaca di un libro persiano e che una traduzione latina ne è stata eseguita successivamente verso la fine del secolo x.  Parimenti sappiamo che da tale rifacimento derivano tre poemi francesi del secolo XIII:[1] anonimo il primo; del troviero anglonormanno Chardri il secondo; opera di Gui de Cambrai il terzo, composto intorno al 1225.  Tanto la tradizione manoscritta che a noi li ha fatti giungere, quanto la materia leggendaria, che essi variamente trattano, sono state vagliate ed esaurientemente illustrate dalla sagace dottrina e dalle diligenti ricerche di eminenti studiosi,[2] quali, per tacer d'altri, Gaston Paris, Paul Meyer, Carl Appel, E. C. Armstrong.  Più completa e più elevata, anche dal lato dell'arte e dello stile, la composizione di Gui de Cambrai, ma non per questo meno interessante quella dovuta all'anonimo e della quale appunto a noi piace adesso segnalare una nuova redazione, di cui, per mal'avventura, non ci è rimasto più che un breve frammento.

L'anonima versione adunque tale è rimasta, come ha fatto notare l'Armstrong, non già per il caso, ma perchè il compilatore

---

[1] Ved. per quanto concerne le varie versioni qui indicate *Barlaam u. Josaphat, französisches Gedicht des dreizehnten Jahrhunderts von* Gui de Cambrai, *nebst Auszügen aus mehreren anderen romanischen Versionen herausgeg. von* H. Zotenberg u. P. Meyer, Stuttgart, 1864; Gui von Cambrai, *Balaham u. Josaphas nach den Handschriften von Paris u. Monte Cassino herausgeg. von* C. Appel, Halle, 1907; E. C. Armstrong, *The French metrical Versions of Barlaam and Josaphat with especial Reference to the Termination in Gui de Cambrai*, Princeton–Paris, 1922 (cf. C. Appel, in *Zeitschr. für roman. Philologie*, XLV, 1925, p. 359 sgg.); Chardry's *Josaphaz, Set Dormanz u. Petit Plet, herausgeg. von* J. Koch, Heilbronn, 1880.

[2] Ved. E. Kuhn, *Barlaam u. Joasaph, eine bibliographische-literaturgeschichtliche Studie*, München, 1893 (*Aus den Abhandlungen d. k. bayer. Akademie der Wiss.*, I. Cl, XX. Bd., I. Abt.), e le mirabili pagine di G. Paris, *Saint Josaphat*, in *Poèmes et légendes du moyen âge*, Paris, 1899, 181 sgg.  Ved. ora *Die deutsche Literatur des Mittelalters, Verfasserlexicon*, Berlin u. Leipzig, 1931, 167-172.

suo ha voluto serbare l'incognito, facendosi conoscere solo come religioso, e tacendo persino il suo rango.[1] Scrive egli, infatti:

> Por celui doivent tuit proier
> Clerc e borjois e chevalier—
> Soit evesques o clers o prestre,
> Dieus li otroit l'amor celestre!—
> Qui de cez deus mist en memoire
> La vie, la mort e l'estoire.
> Molt a bien emploié sa paine.
> Pensé i a mainte semaine,
> Estudïé maintes vesprees
> E veillié plusors matinees.
> Or prion Dieu qu'il vive a aise
> E que s'oroison a Dieu plaise
> E que s'ame soit en remire
> E en repos e sanz martire
> Au jor qu'ele devïera
> E que del cors se partira.

Di questa versione conoscevansi finora tre manoscritti, tutti del sec. XIII, e cioè il n. 473 della Biblioteca Inguimbertina di Carpentras (Car), il n. 949 della Biblioteca Municipale di Tours (T), contenenti l'intero poema, ed inoltre il n. 552 della Biblioteca Municipale di Besançon (B) con pochi frammenti di esso. I manoscritti di Carpentras e di Tours erano stati già indicati dallo Zotenberg e dal Meyer, che ne hanno offerti alcuni saggi;[2] la esistenza del frammento di Besançon è stata segnalata, qualche tempo fa, dall'Armstrong.[3] A codesti manoscritti che del poema conservansi in Francia, ci è grato adunque segnalarne ora un altro, purtroppo oggi ridotto ad un misero lacerto, che trovasi in Italia. Il frammento è stato da noi rinvenuto,[4] molt'anni or sono, nella Busta 24 dei documenti dell'Archivio Comunale di Cividale del Friuli, oggi in

---

[1] Ved. Armstrong, *op. cit.*, p. 3.

[2] Ved. la citata pubblicazione dello Zotenberg e del Meyer.

[3] L'Armstrong ha dato un' esauriente notizia dei codici di Besançon, Carpentras e Tours, a p. 15 sgg. della sua opera.—Ci professiamo gratissimi ai signori G. Gazier, R. Caillet e G. Collon, conservatori rispettivamente delle Biblioteche Municipali di Besançon, Carpentras e Tours per la molta amabilità con la quale ci hanno favorito notizie e fotografie degli accennati codici del poema, per i necessari raffronti col nostro frammento.

[4] Del rinvenimento è cenno nelle *Memorie storiche cividalesi*, bullett. del R. Museo di Cividale, vol. I, 1905, p. 75.—Ringraziamo l'amico conte Ruggero della Torre, direttore del Museo cividalese, della fotografia che per noi ha fatto eseguire del frammento.

quel Regio Museo Archeologico così giustamente famoso per i preziosi cimeli che ha l'invidiato vanto di custodire.[1]  Si tratta di un foglio cartaceo di mm. 293 × 206, scritto come B Car T nel *recto* e nel *verso* a due colonne, che contano, come in T, 36 righe ciascuna, meno la prima che ne ha 35.  Vi si scorgono gli spazi lasciati in bianco e segnati con le solite piccole lettere per apporvi le iniziali corrispondenti, che dovevano essere a colori.  Il frammento, che, come si rileva dalle traccie delle pieghe ancora assai distinte, dovette essere stato, non si da chi e quando, piegato in quattro, proviene da un manoscritto perduto, che chiamiamo Civ, il quale comprendeva sicuramente l'intero poema.  La scrittura corsiva sembrerebbe eseguita in Francia e di certo risale alla seconda metà del sec. xiv, come il lettore potrà constatare dall'unito facsimile.[2]  Il codice nostro non aveva per fermo i pregi onde distinguonsi i suoi più nobili confratelli di Besançon, di Carpentras e di Tours vergati su membrana con accurata e bella lettera e adorni altresì d'iniziali colorate, e dovette certo essere destinato ad un uso più umile e più modesto.

Un pio e dotto uomo, il buon canonico Lorenzo d'Orlandi, primo conservatore del Museo Cividalese,[3] che nel secolo scorso diligentemente riordinò le vecchie carte del Comune di Cividale, imbattutosi nel nostro frammento, non s'avvide trattarsi del poema composto sulla trama dell'antica leggenda e annotò sul foglio: "Canzone Provenzale," che un'altra mano più tarda, ripetendo la designazione, attribuì addirittura al 1320.  Il frammento, che consta in tutto di 145 versi, corrisponde press'a poco ai versi 5440–5585 di Car e T e contiene un brano di una conversazione fra Josafat e suo padre, il re Abennero, di cui l'Orlandi ha voluto indicare l'argomento con le parole: "Della caduta dell'uomo e della riparazione per la morte e risurrezione e ascensione di Cristo in Cielo"; ed è questo uno di quei tanti colloqui del poema, dove le belle parabole buddistiche egregiamente si prestano ad interpretazioni e adattamenti cristiani.  Nella versione di Gui de

---

[1] Ved. G. Fogolari, *Cividale del Friuli*, Bergamo, 1906.

[2] Un elemento per stabilire a un di presso la data e la provenienza sarebbe la filigrana della carta.  Nel nostro documento, la filigrana raffigura un frutto ovale in forma di mandorla.  C. M. Briquet, *Les filigranes*[2], Leipzig, 1923, II, n[1]. 7406–7 e p. 405, la giudica però di provenienza italiana e l'ha riscontrata in carte dell'alta Italia, Udine compresa, che vanno fra il 1360 e il 1370.

[3] Ved. A. Zorzi, *Guida dei RR. Museo Archeologico, Archivi e Biblioteca di Cividale del Friuli*, ivi, 1899, prefaz.

Cambrai, il medesimo episodio si ha nei versi 5505 e seguenti e con questo inizio:

> Deus jors apries ceste aventure
> Se porpensa par quel mesure
> Il pora s'uevre mieux mener.
> A Yozaphas en va parler;
> Li varles va encontre lui,
> Et ses pere par fin anui
> Ne s'i daigne nes approchier,
> Ki le soloit tout jors baisier
> Et acoler con son enfant, etc.[1]

Ma sarà tempo ormai di chiederci quale posto spetti, fra gli altri manoscritti già conosciuti, al codice, di cui il nostro frammento ci ha mostrato la esistenza. L'esame del testo di esso ci porta a stabilire che Civ va collocato accanto a Car e T per le molte affinità che con essi presenta, e va inoltre rilevato che alcune volte si accosta più al primo, alcune altre, invece, più al secondo. Il riscontro poi di Civ con le parti corrispondenti di Car e T ci mostra che in Civ mancano due versi (23 e 24) e che, alla lor volta, Car tralascia i vv. 87 e 95, conservando per quest'ultimo lo spazio in bianco, e T omette i vv. 116 e 117. Le differenze che si osservano fra i tre manoscritti non sono, del rimanente, sostanziali, talchè si può affermare che essi provengono tutti da una fonte medesima Y, come la definì l'Armstrong,[2] ma che non è l'originale X, al quale più si avvicina B. Abbiamo, per tal modo, il gruppo affine Car Civ T e accanto ad esso, ma indipendente, B che risale più direttamente alla fonte comune, dalla quale deriva anche un certo numero di versi che sono stati introdotti nella chiusa del manoscritto Cassinese del poema di Gui de Cambrai.[3] Per ciò che concerne la ortografia del frammento, va notato che Civ reca anch'esso molti errori, anzi in maggior copia delle altre due redazioni affini, i cui trascrittori appaiono più accurati e meno disattenti del nostro che ha pentimenti, omette lettere e parole e addirittura, come abbiamo visto, qualche verso.

In quanto poi alla origine del frammento ed alla sua singolare esistenza in mezzo agli antichi documenti dell'Archivio di Cividale, nulla ci è dato poter dire. Anche ogni ipotesi sarebbe azzardata. Tutt'al più potrebbe darsi che il manoscritto, cui il frammento appartenne, siasi trovato fra i codici che saranno stati nel palazzo

---

[1] Ved. ediz. Appel cit., p. 163 sgg.
[2] Ved. Armstrong, *op. cit.*, p. 19.
[3] Ved. Armstrong, *op. cit.*, p. 19 e Appel, in *Zeitschrift* cit., p. 360.

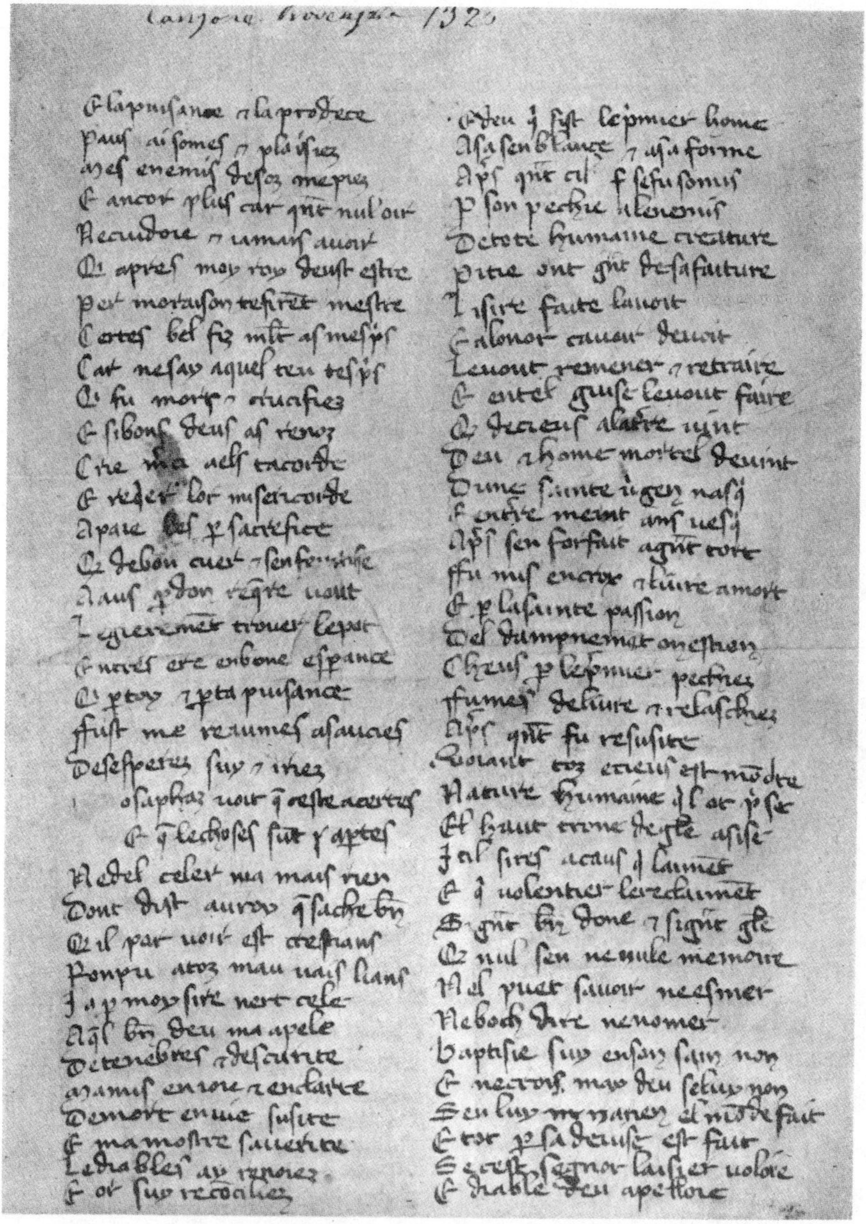

Frammento di Cividale (Civ), c. 1 $A_{1-2}$

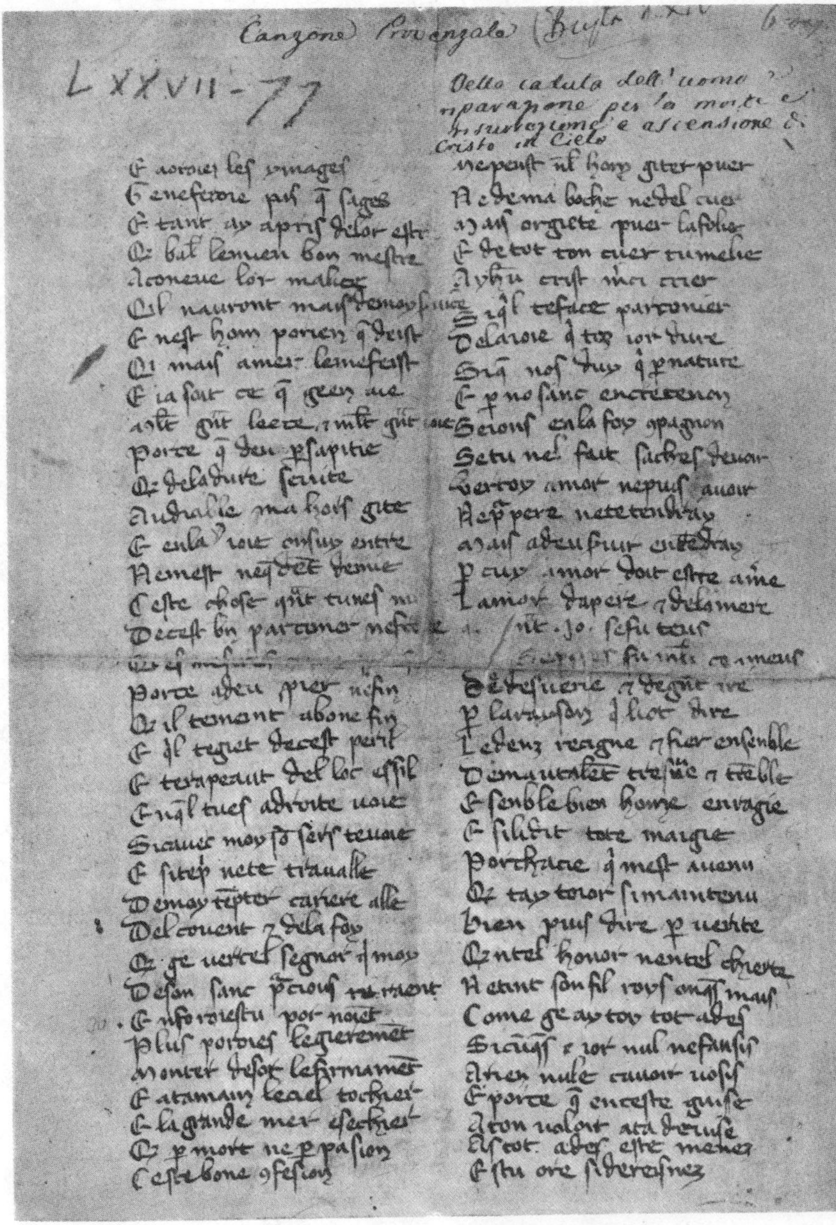

FRAMMENTO DI CIVIDALE (CIV), c. 1 $B_{1\ 2}$

del patriarca d'Aquileia Bertrando di San Genesio, francese di origine, che visse nella prima metà del Trecento.[1] Ad ogni modo, non sarà da provarne maraviglia, quando si pensi alla diffusione che la lingua francese aveva acquistato in quei tempi, specie nel settentrione d'Italia,[2] dove non è infrequente il rinvenire, presso le corti signorili o presso elevati personaggi, codici anche preziosi che costituiscono cospicui vestigi della cultura oitanica fra noi, della quale sono anche non spregevoli testimoni le rime francesi che i nostri tabellioni si piacevano intercalare fra le scritture dei loro stracciafogli e i libri francesi di cui spesso si trova la menzione negli inventari di antiche anche modeste biblioteche.

Comunque la esistenza di questo frammento, che ci è parso opportuno recare a conoscenza degli studiosi in questa raccolta intesa a rendere omaggio ad un così valoroso e benemerito cultore dell'antico francese, anche in servigio di chi si accingerà all'edizione integrale[3] dell'anonimo poema, sembra a noi che possa costituire una novella prova della larga fortuna che ebbe nell'età medievale la fantasiosa leggenda, oggetto di così abbondanti rifacimenti.

Ed ecco ora il testo del frammento al quale, per gli opportuni raffronti, aggiungiamo le varianti di Car e T.

c. 1 A₁       E la puisance et la proece
                 Paus ai somes et plaisiez
                 Mes enemis de soz me piez
                 E ancor plus car quant nul oir
        5   Ne cuidoie et iamais auoir
                 Qui aprés moy roy deüst estre
                 Per mo raison te firent mestre
                 Certes bel fiz mult as mespris
                 Car ne say a quel teu t'es pris
       10   Qui fu mors et crucifiez
                 E si bons deus as renoz
                 Crie merci a els t'acorde
                 E requier lor misericorde

1 *Cod.* prodece *con la* d *tagliata.*

[1] Ved. C. Tournier, *Le bienheureux Bertrand de Saint Geniès, professeur à l'Université de Toulouse, patriarche d'Aquilée,* Toulouse–Paris, 1929; P. S. Leicht, *Breve storia del Friuli²,* Udine, 1930, p. 116 sgg.

[2] Ved. P. Meyer, *De l'expansion de la langue française en Italie pendant le moyen âge,* in *Atti del Congresso internaz. di scienze storiche,* Roma, vol. 1904, IV, Sez. Storia delle letterature, p. 61 sgg.; F. Novati, nel vol. *Attraverso il medio evo,* Bari, 1905, pp. 257 sgg.; 298 sg.

[3] Ci associamo all'Appel nell'augurio che l'Armstrong, il quale meglio d'altri vi è preparato, abbia a darci la desiderata edizione.

Apaie les par sacrefice
15 Que de bon cuer et sen feintise
A aus pardon requere uout
Legierement trouer le pot
Entrés ere en bone esperance
Qui par toy et par ta puisance
20 Fust me reaumes asauciés
Desesperez suy et iriez

.  .  .  .  .  .

.  .  .  .  .  .  .  .

[J]osaphas uoit que c'este acertes
25 [J]E que le choses sunt apertes
Ne del celer n'ia mais rien
Don dist au roy que sache bien
Que il par uoir est crestians
Ronpu a toz mauuais lians
30 Ja por moy sire n'ert celé
A quel bien deu m'a apelé
De tenebres et d'escurité
M'a mis en ioie et en clarté
De mort en uie susité
35 E m'a mostré sa uerité
Le diables ay renoiez
E or suy reconciliez

**c. 1 A₂**     E deu qui fist le premier home
A sa senblance et a sa forme
40 Aprés quant cil se fu somis
Par son pechié a l'enemis
De tote humaine creature
Pitié out grant de sa faiture
Li sire faite l'auoit
45 E a l'onor c'auoir deuoit
Le uout remener et retraire
E en tel guise le uout faire
Que de cieus a la terre uint
Deu et home mortel deuint
50 D'une sainte uirgen nasqui
E en terre meint ans uesqui
Aprés sen forfait a grant tort
Fu mis en crox et liuré a mort
E par la sainte passion
55 Del dampnement ou estion
Cheüs par le premier pechiez
Fumes deliuré et relaschiez
Aprés quant fu resusité
Voiant toz e cieus est monté
60 Nature humaine qu'il ot prise

55 *Cod.* on.          59 *Cod.* mondte, *con la* d *tagliata.*

El haut trone de gloire asise
Icil sires a çaus qui l'aiment
E qui uolontier le reclaiment
Si grant bien done et si grant gloire
65 Que nul sen ne nule memoire
Nel puet sauoir ne esmer
Ne boch dire ne nomer
Baptisié suy en son sain non
E ne croi may deu se luy non
70 Sen luy n'a rien el monde fait
E tot par sa deuise est fait
Se cest segnor laisier uoloie
E diable deu apelloie

c. 1 B₁

E aoroie les ymages
75 Ge ne feroie pas que sages
E tant ay apris de lor estre
Que Balaam le mien bon mestre
A coneüe lor malice
Qu'il n'auront mais de moy seruice
80 E n'est hom po rien que deïst
Qui mais amer le me feïst
E ia soit ce que ge en aie
Mult grant leece et mult grant ioie
Por ce que deu par sa pitié
85 Que de la dure seuité
Au diable m'a hors gité
E en la ioie ou suy entré
· Ne m'est nequedent demie
Ceste chose quant tu n'es mie
90 De cest bien parçoner ne frere
Qui es me sires et me peres
Por ce a deu proier ne fin
Que il te meint a bone fin
E qu'il te giet de cest peril
95 E te rapeaut del loc essil
En quel tu es a droite uoie
Si c'auec moy son serf te uoie
E si te pri ne te traualle
De moy tempter c'ariere alle
100 Del couent et de la foy
Que ge uer cel segnor qui moy
De son sanc precious raent
En feroies tu por noient
Plus poroies legierement
105 Monter de sor le firmament
E a ta main le ciel tochier
E la grande mer esechier

69 *Cod.* crois *con la* s *tagliata.*      102 *Cod. precede* raent *un* ra *concellato.*

                          Que par mort ne par pasion
c. 1 B₂                   Ceste bone confesion
        110   Ne peüst nul hom giter puer
              Ne de ma boche ne del cuer
              Mais or giete puer la folie
              E de tot ton cuer tu melie
              A yhesu crist merci crier
        115   Si qu'il te face parçonier
              De la ioie qui toz ior dure
              Si que nos duy qui par nature
              E par no sanc entretenon
              Seions en la foy conpagnon
        120   Se tu nel fait saches de uoir
              Ver toy amor ne puis auoir
              Ne por pere ne te tendray
              Mais a deu seruir entendray
              Por cui amor doit estre amere
        125   L'amor da pere et de la mere
              [Qua] nt Josaphaz se fu teus
                   Se peres fu mult conmeus
              De desuerie et de grant ire
              Par la rayson qui li ot dire
        130   Le denz recigne et fier ensenble
              De mautalent tresue et trenble
              E senble bien home enragié
              E si li dit tote maigié
              Porcachie qui m'est auenu
        135   Que t'ay toior si maintenu
              Bien puis dire par uerité
              Qu'en tel honor n'en tel chierté
              Ne tint son fil roys onques mais
              Come ge ay toy tot adés
        140   Si c'unques ior nul ne fausis
              A rien nule c'auoir uosis
              E por ce que en ceste guise
              A ton uoloir a ta deuise
              As tot adés esté menez
        145   Es tu ore si dereisnez.

                                      LUIGI SUTTINA.

Roma.

---

[1] *Car* Et.   *Car T* puissance.   *T* e.   *Car* les poestez *T* proesce.   2 *Car T* Par. *Car* ex *T* els.   *Car* somis *T* mis.   *Car* plassiez *T* e a plaisiez.   3 *Car T* anemis. mes.   4 *Car* et; *omette* car.   5 *Car T omettono* et.   6 *Car T* deust rois.   7 *Car T* Par. *Car* moroison *T* moreison.   *Car T* nestre.   8 *Car* biax *T* biaus.   *Car T* filz.   9 *Car*

*T* Que. *Car* quex. diex *T* deu. *Car* mis. 10 *Car* morz *T* mort. *Car* crucefieiz
*T* crucefiez. 11 *Car* Et. *Car* diex *T* dex. *Car T* renoiez. 12 *Car* merciz.
esx. 13 *Car* Et. 14 *T* sacrifisse. 15 *Car T* Qui. sanz faintise. 16 *Car* elx
*T* els. *Car T* requerre. *Car* uuet *T* uieut. 17 *Car T* puet. 18 *Car T* entrez.
*Car* iere *T* estoie. 19 *Car T* Que. *T* e. *Car T* puissance. 20 *Car T* mes.
*Car* roialmes *T* roiames. *Car T* essauciez. 21 *Car* desperez en *T* desesperez. *T* e.
22-23 *mancano in Civ. Ne diamo il testo di Car con le varianti di T*: Et (*T* E) ai le
cuer mult esmeuz (*T* esmeu) Quant sias fol conseil remiz. *T reca in luogo di quest'
ultimo verso il seguente*: De ce que t ai ensi perdu. 24 *Car T* cest. 25 *Car* Et
*Car T* les. *T* sont. 26 *Car* do. mes. 27 *Car T* Donc. *Car* al. ce saches *T*
saiche biens. 28 *T* por. *Car* puoir. *Car T* crestiens. 29 *Car* Rompuz. *Car T*
maluais liens. 30 *Car* sire niert par moi *T* certes par moi niert. 31 *Car* ma diex *T*
quels bien dex. 32 *Car* docurte *T* e doscurte. 33 *T* e an. 34 *Car T* a. *Car*
suscite *T* soscite. 35 *Car* Et mostree *T* E mostre a. 36 *Car T* Les. 37 *Car* Et.
*T* Si me. raconciliez. 38 *Car T* A. *Car* dieu. 39 *Car* samblance. *T* semblance e.
40 *Car* Apres ce que; *dopo que sta ie espunto con sopravi* cil. *T* sormis. 41 *Car T* as
*Car* anemis. 42 *T* tot. 43 *Car T* ot. 44 *Car T* sire qui. 45 *Car* Et lanor.
quauoir *T* qauoir. 46 *Car* uielt ranener. ratraire. 47 *Car* Et. *T* an. *Car* uielt.
48 *Car* Et dou ciel en. *T* des ciex. 49 *Car* Et. *T* E. *Car T* dex uns hom
mortex. 50 *Car T* uirge. 51 *Car* Et. *T* an. *Car* xxx. *T* trente. *Car T* anz.
52 *Car* sanz *T* sans. *Car* forfet. 53 *Car T* croiz liurez. 54 *Car* Et. *Car T* sa.
55 *Car* ou estion. *T* o estion. 56 *Car* Eheu *T* Cheu. *Car T*. pechie. 57 *T* e.
*Car* ralaschie *T* relachie. 58 *Car* resuscitez. *T* resoscitez. 59 *T* Voient. *Car*
elx *T* est. *Car T* el ciel montez. 61 *Car* Ou. amise *T* assise. 62 *T* cel. *Car*
acelx *T* et cels. 63 *Car* Et seignor et dieu le claiment *T* qui par lui son non. 64 *T* e.
65 *Car* sens *T* nus seus en nulle mimoire. 66 *Car* porroit *T* pooit. 67 *Car T*
boche. *T* conter. 68 *Car* Bapaptisiez *T* Bautissiez. *T* an. *Car T* saint. 69 *Car*
Et. dieu. 70 *Car T* sanz. 71 *Car* Et. uet. 72 *Car* cel. *T* laissier. 73 *Car*
Et diables diex *T* les diables. *Car T* apeloie. 74 *Car* Et. 75 *Car* Je. *T* saiges.
76 *Car T* Car. *Car* son. 77 *Car T* Par. *T* Barlaam. 78 *Car* Et. *T* E. *Car*
que neu ai *T* conneue. 79 *Car* Ja nanauront. 80 *Car* Et. *T* Nest home. *Car T*
por rien quil. 81 *Car* Que mes. *Car T* les. 82 *Car* Et. ice. ie *T* ge ioie.
83 *Car* leesce. *T* proece. 84 *Car* diex. *T* dex. 85 *T* Qui. laidure. *Car T*
seruete. 86 *Car* hor *T* ors. gete. 87 *Manca in Car. T* E ma mis a cresteinte.
88 *T* que dant. *Car T* que demie. 89 *Car T* ioie. nies. 90 *Car* ses biens.
*Car T* parconiers. *T* e. *Car T* freres. 91 *Car* est. *T* ies. *Car T* mes. *T*
speres *con la prima* s *espunta*. 92 *Car* de dieu. 93 *Car T* ta maint. 94 *Car* Et.
*T* get. 95 *Car omette il verso, lasciando il relativo spazio in bianco. T* toi rapiant
do lonc. 96 *T* quoi. *Car T* ies. *T* en. 97 *Car T* quauec. *Car T* tenoie. 98
*Car* Et. *Car T* trauaille. 99 *Car T* tenter. *Car* quarier. *T* que arier. *Car T*
aille. 100 *Car* Conuenant *T* Conuenent. *Car* et. 101 *Car T* iai uers. *Car T*
seignor. 102 *Car* precieux *T* precios. *Car T* raient. 103 *Car T* Car. *Car* ce *T* se.
*Car T* feroies por. *Car* noiant *T* neant. 104 *Car* porroies. 105 *T* sus. 106
*Car* Et. 107 *Car* Ou *T* O. *Car T* grant mer tote. *Car* escsechier. *T* sechier.
108 *Car* passion *T* paission. 109 *Car T* confession. 110 *Car* Ne me. *Car T*
poist. *Car T* nus. *T* om. geter. *Car* fuer. 111 *Car T* la. 112 *Car* Mes
*T* Mais chelles laise. *Car* laisse donc. 113 *Car* Et. 114 *Car T* la merci quier.
116 *Car* iors. *T omette questo v. e il seguente*. 117 *Car* nus. 118 *Car* Et. *Car*
*T* per sanc nos. *Car* entrataignons. *T* autretaignom. 119 *Car T* Soions. *Car*
compaignons *T* compaignom. 120 *Car* faiz. *T* fais saiches. 121 *Car* Vers.
122 *T* tenrai. 123 *Car* Mes. diev. 124 *Car* qui. 125 *Car* Amors et de. *T* Celle
de. e. *Car T* de mere. 126 *Car T* teuz. 127 *Car T* Ses. *T* piere *con la* i
*espunta*. *Car T* conmeuz. 129 *Car T* quil. 130 *Car T* Les *T* danz. fiert.

*Car* ensemble *T* ansamble.   131   *Car T* maltalant.   *Car* tressue et *T* e dire.   132 *Car* Et.   *Car T* semble.   *T* anragie.   133 *Car* Et.   *Car T* dist tot ce.   135 *Car T* Qui.   toz iors.   136 *T* Que bien.   *Car* de uerite *T* uerte.   137 *T* onor.   *Car* honor   quen.   138 *Car* fil nus *T* nuls.   *Car T* mes.   139 *Car* Con meiai fait toi. *T* Con io.   et tot.   140 *Car* Que on.   nul ior.   *T* que on.   ior ne.   141 *T* nulle. *Car* que tu.   *T* quauoir.   142 *Car T* Porce.   *Car* as este a ta.   *T* as en.   144 *Car* Et tiex trez *T* Estes trestot.   *Car T* ades menez.   145 *T* Jestu.   *Car* ores.   desfrenez *T* desfernez.

# NOTICE D'UN RECUEIL MANUSCRIT DE MOTETS

LE manuscrit Helm. 1099 de la bibliothèque grand-ducale de Wolfenbüttel,[1] n'est pas inconnu des romanistes.[2] Son histoire commence à s'éclaircir quelque peu grâce aux recherches du Rév. Prof. J. H. Baxter; on peut sans trop s'aventurer admettre avec lui que jusqu'au xvie siècle il a fait partie de la bibliothèque du Prieuré, puis de celle de l'Université de St. Andrews (Écosse); en 1553, M. Wagner, agissant pour le compte de Mathias Flacius (Illyricus), réussit à le soustraire à cette dernière et à le faire passer en Allemagne avec plusieurs autres manuscrits, entre autres le Registre du Prieuré de St. Andrews et un manuscrit musical du même caractère que le nôtre.[3] Ces trois manuscrits font maintenant partie de la bibliothèque grand-ducale de Wolfenbüttel.

Notre ms. est un petit volume de parchemin mesurant 132mm × 178mm; il est en bon état, sauf la reliure, et contient 255 folios;[4] c'est à la fois un hymnaire, un graduel, et un recueil de motets sacrés et profanes en latin et en français. Les morceaux qui le composent sont écrits de mains différentes, toutes très soignées et faciles à lire; elles appartiennent sensiblement à la même période (fin du xiiime—commencement du xivme siècle). La notation musicale est admirable de délicatesse et de clarté; la portée musicale est de quatre, souvent de cinq lignes. Ce dernier fait semble montrer qu'il a été écrit pour un organiste.[5] Les initiales de chaque morceau sont alternativement rouges et bleues, avec une ornementation bleue ou rouge; quelques-unes (commencement des folios 116 r°, 123 r°, 193 r°) sont enluminées en rouge, bleu

---

[1] C'est à l'obligeance de M. le Conservateur de la Bibliothèque grand-ducale de Wolfenbüttel et à la courtoisie du Rév. Prof. Baxter de l'Université de St. Andrews que je dois le privilège d'avoir pu examiner à loisir ce ms. à la bibliothèque de l'Université de St. Andrews.

[2] Cf. à la bibliographie les ouvrages de G. M. Dreves, O. von Heinemann, A. Jeanroy, F. Ludwig, M. Milchsack, G. Steffens, A. Stimming.

[3] Helm. 628.

[4] Le dernier folio porte le n° 263; il faut y ajouter les folios 218 a et 219 a. Il y a sept folios où la portée musicale a été tracée, mais qui n'ont ni texte ni musique (fol. 25, 26, 30, 61, 62, 88, 89); le folio 211 n'est qu'un fragment de deux lignes, qui n'est du reste pas à sa place; il manque certainement un feuillet entre 133 et 134.

[5] *Organistae utuntur in libris suis quinque regulis* (de Coussemaker, *Scriptores*, I, 350; cf. H. Lavoix, *La Musique au siècle de St. Louis*, p. 249).

et or.   Enfin aux folios 31 r⁰, 92 r⁰, et 145 r⁰ nous trouvons trois miniatures représentant toutes les trois des clercs (trois dans la première, trois dans la seconde, un dans la troisième) chantant au lutrin.   Ces miniatures, spécialement la seconde, sont très intéressantes au point de vue du dessin comme au point de vue du coloris; malheureusement elles ne sont pas en très bon état, elles sont toutes les trois un peu abîmées et effacées.   En résumé, l'apparence même de notre ms. nous montre que, sans être un livre de grand luxe, il est d'un travail très soigné, et digne de prendre place dans quelque grande bibliothèque.

Comme nous le verrons plus amplement bientôt, la variété des écritures, la diversité des morceaux (graduels, hymnes, motets latins et français), les répétitions montrent bien que, du point de vue du texte, le ms. manque d'unité: c'est une collection de pièces de provenances diverses.

Il n'en va pas de même pour la musique, sur laquelle nous ne saurions nous prononcer; les experts semblent reconnaître, sans le dire formellement, que c'est elle qui fait l'unité du recueil.

La plus grande partie du ms. a été écrite en France; peut-on préciser davantage?   C'est douteux.   Quelques graduels de messes spéciales, celle de Ste. Catherine, par exemple, sont donnés aussi dans un ms. de Fontevrault.[1]

Une section entière (voir n⁰ 5 ci-dessous) est d'une main anglaise ou écossaise.

Le ms. se laisse aisément diviser en plusieurs parties:

1. Folios 1–6.   Le manuscrit est incomplet du commencement; le folio 1 r⁰ ne donne que la musique; la ligne prévue pour le texte est vide, et aucun espace n'a été laissé pour les initiales. Le texte commence au verso : (*Ad*) *juva me, Domine, salvum me fac*, qui est le second verset du graduel de la messe de St. Étienne (26 Décembre).   La musique est écrite sur quatre portées, l'une pour le chant (portée de quatre lignes), les trois autres (portées de cinq lignes) donnant vraisemblablement différents modes du faux-bourdon et l'accompagnement d'orgue.

2. Les folios 6–46 contiennent un mélange de graduels et d'hymnes; l'écriture qui est française date du troisième tiers du XIIIᵐᵉ siècle, la musique est écrite sur trois portées (4 lignes, 5 lignes, 5 lignes).   Parmi les graduels que nous trouvons ici, il

---

[1] Voir les graduels d'une messe spéciale de St. Germain, de St. Martin, des SS. Anges.

y en a deux qui peuvent nous servir à déterminer l'origine de cette partie du ms. : le graduel d'une messe spéciale en l'honneur de St. Germain : *Sancte Germane. O Sancte Germane, sydus...* (fol. 10 r°) ; et celui d'une messe de Ste. Catherine, donné aussi dans un ms. de Fontevrault : *Virgo. Sponsus amat sponsam* (fol. 12 v°). Ces deux graduels indiqueraient que cette partie du ms. provient de la France, peut-être de Fontevrault même. Au folio 31 r°, se trouve la miniature que nous avons déjà signalée ; l'écriture change légèrement, quoique appartenant toujours à la même période. Le texte consiste en hymnes latines (n°ˢ 1–10 de la table) qui se retrouvent toutes dans le *Répertoire* d'Ulysse Chevalier ; plusieurs d'entre elles sont extrêmement intéressantes, comme le *Dic, Christi veritas* (fol. 33 r°),[1] le *Veri floris* de Hébrade de Hohenburg (fol. 39 v°), le *O Maria virginei* de Philippe de Grève (fol. 43 r°).

3. Les folios 47–91, d'une écriture différente et un peu plus récente (xivᵐᵉ siècle), nous donnent de nouveau des graduels, au nombre d'un peu plus de trente ; la musique n'y est plus notée que sur deux portées (4 lignes et 5 lignes). Ces graduels n'ont rien de bien remarquable ; ils appartiennent au propre du temps, au propre des saints et à différents communs ; ils se suivent sans beaucoup d'ordre. Citons le graduel d'une messe spéciale en l'honneur de St. Martin : *Hic Martinus pauper et modicus* (fol. 80 r°) et celui d'une messe en l'honneur des Saints Anges : *In conspectu angelorum psallam tibi* (fol. 79 r°) que Chevalier signale dans un livre de prières gallican.[2] Cette partie du ms. serait donc, comme le montre du reste l'écriture, d'origine française. Il est aussi digne de remarque que nous retrouvons ici plusieurs graduels que donnait déjà la partie précédente : *Judea et Jherusalem* (fols. 6 r° et 47 r°), *Exiit sermo* (14 r° et 66 v°), *Dilexit Andream* (23 v° et 80 v°), *Judicabunt Sancti* (20 r° et 86 v°). Pour les trois premiers, la musique est identique dans les deux parties.

4. La partie suivante (folios 96–122) ne contient que des hymnes dont la musique n'est plus écrite que sur deux portées. L'écriture est très différente, plus grosse et en même temps plus hardie, sans être moins élégante ; elle appartient aussi au xivᵐᵉ siècle. Les hymnes que nous trouvons ici sont toutes

---

[1] Cf. N. Fickermann, 'Philippe de Grève, der Dichter des *Dic Christi veritas*,' *Neuphililogus*, XIII. 1, p. 71.

[2] Cf. *Repertorium*, n° 28002, *Orat. Gall.* (xvᵐᵉ s.) ; cf. aussi Dreves, XXV, 51.

d'un grand intérêt (nᵒˢ 11–20 de la table), spécialement le *Deduc Syon uberrimas*, invocation éloquente et passionnée à la justice et à la vengeance divines contre les mauvais pasteurs qui changent l'Église en une caverne de pillards : *spelunca vispillonum facta est ecclesia*.[1]

5. Des motets en latin (nᵒ 21–32 de notre table), des motets en français (nᵒˢ 1–5) et des hymnes latines (nᵒˢ 33—40ᵃ) forment le contenu de la partie suivante (folios 123–144); la musique est toujours écrite sur deux portées, mais l'écriture change; elle devient plus petite et plus massive, elle perd beaucoup de son élégance; elle est probablement anglaise ou écossaise et date de la fin du xiiiᵐᵉ ou du commencement du xivᵐᵉ siècle. Quelques traits anglo-normands introduits par le scribe dans ces chansons purement françaises sont une preuve de plus de la provenance insulaire de cette partie du ms.[2]

Quatre de ces motets français nous sont inconnus; le cinquième, notre nᵒ 2 *Glorieuse Deu amie* est cité dans les *Incipit* de A. Långfors.[3] Relevons dans notre nᵒ 1 une allusion à Tristan :

J'ai beu du boivre amer
Dont Tristrant mourut. (134 vᵒ).

Quant aux hymnes et motets latins, ils n'offrent la matière qu'à un tout petit nombre de remarques. L'un des motets, *Agmina militie celestis*, est de Philippe de Grève. La plupart de ces pièces sont citées dans le *Répertoire* de Chevalier, sauf le nᵒ 27 *Ad solitum vomitum* et le nᵒ 28 *Ad veniam perveniam*, que nous n'avons pas réussi à identifier.

On pourrait, s'il était nécessaire, tirer une autre preuve de l'indépendance de cette partie du ms. à l'égard des autres du fait que plusieurs hymnes données dans cette partie se retrouvent ailleurs; par exemple, nos nᵒˢ 33 et 36 font déjà partie de notre premier groupe d'hymnes (nᵒˢ 10 et 5); les nᵒˢ 22, 24, 26, 27, 28, 29, 30, 31 se retrouvent dans les parties suivantes (nᵒˢ 68, 44, 49, 60, 41, 58, 54, 48).

---

[1] Fol. 93 rᵒ. Cf. Chevalier *Repertorium*, nᵒˢ 25333 et 25712; Dreves, XXI, 142.

[2] On peut signaler des fautes évidentes montrant que le scribe ne savait guère le français : *sa lamameles* pour *sa mamele*; *en yver ne neste* pour *en yver n'en este*; *don este* pour *d'oneste* ; *sil* pour *sis* ; de nombreuses fautes contre la déclinaison et enfin quelques graphies.

[3] Vol. I, p. 148, prologue de la prière *Gloriuse Marie, du cel seynte reygne*. Cf. Naetebus, VIII, 64. Notre ms. ne donne que le prologue; la prière elle-même provient d'un ms. anglo-normand.

Finalement trois lignes sans musique ont été ajoutées au bas du folio 144 v° pour remplir l'espace resté vide : *Omni pene curie president*, c'est une dénonciation de la vénalité de la justice.[1]

6a.   A partir du folio 145 jusqu'à la fin, notre ms. ne contient plus, à une ou deux exceptions près, que des motets sacrés ou profanes.   La musique n'est plus écrite que sur une portée de quatre lignes, l'écriture est du commencement du xiv^me siècle; on pourrait presque dire que c'est un nouveau livre qui commence.

Les motets sacrés, en latin, sont disposés en trois séries plus ou moins strictement alphabétiques.   La première série (fol. 145 r°–155 v°) comprend dix-neuf motets (n^os 41–50); plusieurs lettres manquent (J, K, P, Q, U, Y, Z); un motet commençant par L (*Laudes* n° 45) s'est égaré après D. Plusieurs morceaux sont communs à cette série et à d'autres parties du ms.[2]   Presque tous se retrouvent dans le *Répertoire* de Chevalier.[3]   Signalons encore ici une belle hymne de Philippe de Grève *In veritate comperi* (n° 50).

La seconde série alphabétique (fol. 155 v°–178 r°) donne 31 motets (n^os 60–80, 85–94) et 4 hymnes (n^os 81–84); elle est incomplète et s'arrête après S, sans du reste qu'il y ait une coupure entre cette série et la série suivante; en outre plusieurs lettres manquent avant S (C, G, H, L, P, Q); la musique de deux autres (n^os 73 et 92) est omise ou incomplètement notée. Un très grand nombre des morceaux de cette série sont relevés par Chevalier.[4]   Ajoutons enfin que, sauf deux, les motets que nous avons ici ne se retrouvent pas ailleurs dans le ms.[5]

En marge des premières lignes de sept motets de ces deux premières séries, les premiers mots de sept chansons françaises ont été écrits en rouge; le texte complet de six d'entre eux se retrouve ailleurs dans le ms.   Ce sont : *Quant voi la rose*,[6] *Lautrier joir*,[7] *Mult est fous*,[8] *Se jai ame*,[9] *Quant foilent*,[10]

---

[1] Chevalier *Repertorium*, n° 31277; Dreves, XXI, 150.

[2] N^os 41 (28), 42 (97), 44 (24), 47 (101), 48 (31), 49 (26), 54 (30), 58 (29).

[3] Excepté *Ad veniam* (no 41, cf. plus haut); *Benedicta regia virgo* (n° 42, cf. plus bas); *Candida virginitas* (n° 43); *Ne sedeas sortis ad aleas* (n° 53).

[4] Excepté les n^os 60, 64, 65, 71, 89, 90, 92.

[5] Excepté les n^os 60 (127), 68 (22).

[6] F. 145 r°; cf. n° 68 de la table des motets français.

[7] F. 145 v°; L manque.   Cf. n° 3a de la même table.

[8] F. 146 r°; cf. n° 4.          [9] F. 146 v°; cf. n^os 3 et 52.

[10] F. 150 v°; cf. n° 7.

*Quant nest la flor en la pre,*[1] *Laiu tret en mai.*[2]

La troisième série alphabétique (fol. 178 r⁰–192 r⁰) donne 36 motets assez irrégulièrement arrangés; plusieurs lettres manquent (G, I, K, T); F est placé avant E, on trouve O parmi les S, un M avec les V; puis après V un mélange de différentes lettres, etc.   Il est à remarquer que la plupart des motets que nous avons ici ne sont pas signalés par Chevalier[3] et que nous n'en trouvons que deux qui soient communs à cette série et à une autre partie du ms.[4]

6b. La dernière partie du ms. nous donne 137 motets, tous en français, sauf un *Tanquam suscipit vellus pluviam* (n⁰ 17) déjà donné du reste parmi les motets latins (n⁰ 57).   Si à ces 136 motets français nous ajoutons les 5 motets des folios 134–137, et si nous en retranchons les motets copiés plus d'une fois,[5] nous arrivons au chiffre de 136 motets différents en français.

Ces motets sont de différentes sortes : les n⁰ˢ 1–5, 21, 29–118 sont des motets proprement dits; les n⁰ˢ 6–28 (sauf 21, 23, 26) sont des *trebles*, 23 et 26 sont des quadruples.   Les motets proprement dits (29–118) sont arrangés en trois séries alphabétiques : la première (29–47) contient dix-neuf motets et est très régulière, mais elle est incomplète et s'arrête après T; la seconde (48–109) en a soixante, quelques-uns ne sont pas à leur place,[6] certaines lettres manquent (G, K, R), et la série s'arrête, elle aussi, après T; la troisième série, neuf motets (110–118), est très incomplète et finit dans le désordre.

Notre ms. présente des ressemblances très marquées avec d'autres mss. du même genre; un examen rapide du ms. Helm. 628 de la bibliothèque grand-ducale de Wolfenbüttel suffit à montrer que ces deux mss. ont des rapports étroits.   Le ms. XXIX. 1. de la bibliothèque Laurentienne de Florence a aussi une ressemblance frappante avec certaines parties du nôtre; des 28 hymnes latines que nous avons énumérées plus haut, 23 se retrouvent dans le ms. de Florence; un très grand nombre de motets, sauf ceux de notre dernière série alphabétique, leur sont aussi communs.   Enfin le ms. H. 196 de la Faculté de Médecine de Montpellier, qui a fourni à G. Raynaud toute la matière de son premier volume,[7] a un nombre

---

[1] F. 153 v⁰; cf. n⁰ 29.

[2] F. 157 r⁰; lire: *L'autrier en Mai* (Raynaud *Bibl.* 94).

[3] Les seuls morceaux qu'on retrouve dans Chevalier sont: n⁰ˢ 100, 101, 104, 106, 108, 113, 114, 116, 117, 120, 122, 127.

[4] Les n⁰ˢ 97 (42), 101 (47).

[5] N⁰ˢ 3–52–129, 4–110, 56–80, 68–117.          [6] N⁰ˢ 61, 70, 71, 72, 73.

[7] Cf. l'étude de G. Jacobsthal, *Zeitschrift f. rom. Phil.*, III, p. 526.

considérable de morceaux en commun avec notre ms., des hymnes latines,[1] des graduels,[2] des motets sacrés.[3] Mais surtout le nombre de motets français qui se retrouvent dans les deux mss. est considérable; pas moins de 72 morceaux, sur les 136 que nous avons cités plus haut, appartiennent également au ms. de Montpellier et au nôtre : ceci autoriserait à supposer qu'ils ont une source commune. Les quatorze motets qui lui sont communs avec le ms. de Bamberg[4] semblent peu en comparaison.

Ajoutons que ces motets ont les sujets les plus variés, depuis les chansons pieuses jusqu'aux oaristys.

F. J. TANQUEREY.

LONDRES.

## HYMNES ET MOTETS LATINS
### I. HYMNES.

| N[os] | Incipit | Fol. |
|---|---|---|
| 1. | Salvatoris hodie sanguis pregustatur . . . . . | 31 r |
| | Chev. 17818; Milch. I, 169. | |
| 2. | Dic Christi veritas . . . . . . | 33 r |
| | Chev. 25477; Drev. XXI, 125. | |
| 3. | Relegentur ab area fidelis . . . . . . | 35 r |
| | Chev. 17295; Milch. I, 169. | |
| 4. | Veni creator spiritus, spiritus recreator . . . . | 36 r |
| | Chev. 21208; Trench 177. | |
| 5. | (Ysaias cecinit) synagoga meminit (cf. nº 36) . . . | 38 v |
| | Chev. 9119; Milch. I, 167. | |
| 6. | Veri floris sub figura (Hébrade de Hohenburg) . . . | 39 v |
| | Chev. 21422; Drev. XX, 50; Milch. I, 224. | |
| 7. | Quis tibi Christe meritas laudes . . . . . | 40 v |
| | Chev. 40377; Drev. XLIX, 220. | |
| 8. | Quid tu vides Jeremia . . . . . . | 42 r |
| | Chev. 16674; Milch. I, 165. | |
| 9. | O Maria virginei flos honoris (Philippe de Grève) . . | 43 r |
| | Chev. 13226. | |
| 10. | Crucifigat omnes Domini crux (cf. nº 33) . . . | 46 v |
| | Chev. 3987; Milch. I, 164. | |
| 11. | Presul nostri temporis . . . . . . . | 92 r |
| | Chev. 15351. | |
| 12. | Deduc Syon uberrimas . . . . . . . | 93 r |
| | Chev. 25333; 25712; Drev. XXI, 142. | |

[1] Cf. nº 35.          [2] Messe de St. Germain, etc.
[3] Cf. nos 47, 50, 54, 56, 61, 62, 78, 79, 88.
[4] Cf. A. Stimming, *Die altfranzösischen Motette*, etc. (Bibliographie).

## II.  MOTETS.

## HYMNES.

## MOTETS FRANÇAIS.

| Nᵒˢ | Incipit | Fol. |
|---|---|---|

(2) Al cor ai une alegrance. *Ténor* Et gaudebit
Stimming, p. 80.

8. (1) En ce chant qe je chant . . . . . . 197 v
Stimming, p. 80.

(2) Roissoles ai roissoles. *Ténor* Do . . .
Stimming, p. 81.

9. (1) Hare, hare, hye godalier . . . . . 197 v
Raynaud II, 68.

(2) Balaam, godalier ont bien. *Ténor* Balaam.
Raynaud II, 69.

10. (1) Lonc tens ai mise m'entente . . . . 198 v
Raynaud I, 63; Besançon 716, Nᵒ 46.

(2) Au coumencement d'esté. *Ténor* Hec dies.
Raynaud I, 64.

11. (1) Se je servi longuement . . . . . 199 v
Raynaud I, 64; Stimming, p. 70.

(2) Trop m'avez ore essali ma dame. *Ténor* Pro patribus.
Raynaud I, 65.

12. (1) De jolif cuer doit venir . . . . . 200 v
Raynaud I, 96.

(2) Je me cuidai bien tenir. *Ténor* Et gaudebit
Raynaud I, 97; (Cf. *idem, Biblio.* 1471); Stimming, p. 42.

13. (1) Se valors vient d'estre amorous et gai . . . 201 v
Raynaud I, 131; Stimming, p. 8.

(2) Bien me sui aparceuz. *Ténor* Hic factus.
Raynaud I, 132; Stimming, p. 9.

14. (1) Bien me doi desconforter. . . . . 202 v
Raynaud I, 121.

(2) Cum li plus desesperez qi soit. *Ténor* In corde.
Raynaud I, 121.

15. (1) Li douz maus m'ocit qe j'ai . . . . 203 v
Raynaud I, 17; Stimming, p. 54.

(2) Ma leiauté m'a nuisi vers amor. *Ténor* In seculum.
Raynaud I, 18; Stimming, p. 55.

16. (1) Qui d'amors veut bien joïr . . . . 204 v
Raynaud I, 2.

(2) Qui longuement voudroit joir d'amors. *Ténor* Nostrum
Raynaud I, 2.

17. (1) Tanquam suscipit vellus pluviam (cf. *Motets latins* 57) . 205 v
(2) Quant nest la flor en la prée. *Ténor* Tanquam
Raynaud I, 23.

18. (1) Quant revient et fuelle et flor . . . . 206 v
Raynaud I, 5.

(2) L'autrier jouer m'en alai. *Ténor* Flos filius eius.
Raynaud I, 6.

| N<sup>os</sup> | Incipit | Fol. |
|---|---|---|

---

[1] Cf. Bartsch, *R. et P.*, II, 65; est-ce un motet ?
[2] Cf. Bartsch, *R. et P.*, II, 100.

---

[1] M. Jeanroy ne croit pas que ce soit un motet.   [2] Cf. *Romania*, VII, 100.

| Nᵒˢ | Incipit | Fol. |
|------|---------|------|

¹ Cf. *Romania*, VII, 99.

| Nᵒˢ | Incipit | Fol. |
|---|---|---|

75. Hyer matin jouer m'en alai. *Ténor* Latus (cf. nᵒ 182)  .  234 ʳ
    Raynaud I, 176.

76. Hyer matin a l'enjornée. *Ténor* Domino  .  .  .  234 ʳ
    Raynaud II, 50; Stimming, p. 89.

77. Hui main au douz mois de moi. *Ténor* Hec dies  .  .  234 ᵛ
    Raynaud I, 164.

78. J'ai si mal n'i puis durer. *Ténor* In seculum .  .  .  235 ʳ
    Raynaud I, 116; Raynaud, *Biblio.* 850.

79. Il a plus en mon cuer joie. *Ténor* Do .  .  .  .  .  235 ᵛ
    Stimming, p. 90.

80. Je chant qui plorer devroie. *Ténor* Latus  .  .  .  235 ᵛ
    Raynaud I, 165.

81. Li plusor se plaignent d'amors. *Ténor* Fo .  .  .  .  236 ʳ
    Raynaud I, 171.

82. La bele en cui ge me fi. *Ténor* Johanné  .  .  .  236 ᵛ
    Raynaud I, 4.

83. La fille den Hue renvoisie et drue. *Ténor* In seculum  .  237 ʳ
    Raynaud, *Biblio.* 2066; Stimming, p. 91.[1]

84. L'en dit qe j'ai amé. *Ténor* Flos filius eius  .  .  237 ᵛ
    Stimming, p. 91.

85. Merci de cui j'atendoie secours et aïe. *Ténor* Fiat .  .  237 ᵛ
    Raynaud I, 169.

86. Mout est fox qi fame croit. *Ténor* Domino (cf. nᵒ 4)  .  238 ʳ

87. Ne quier d'amors a nul jor chanter. *Ténor* Hec dies  .  236 ᵛ
    Stimming, p. 92.

88. Or me tendront riche mauves a fol. *Ténor* Hodie perlustravit  239 ʳ
    Stimming, p. 92.

89. Por noient me reprent hom. *Ténor* Johanne  .  .  239 ᵛ

90. Par un matin me levai (cf. nᵒ 23[2])  .  .  .  .  240 ʳ

91. Por conforter mon corage. *Ténor* Co. .  .  .  .  240 ᵛ
    Raynaud, *Biblio.* 19.[2]

92. Por alegier la dolor qe d'amor. *Ténor* Domino  .  .  241 ᵛ
    Stimming, p. 93.

93. Qant voi la rose espanir. *Ténor* Co. .  .  .  (cf. nᵒ 44)  .  241 ᵛ

94. Qant yver define et faut. *Ténor* Flos  .  .  .  242 ʳ
    Stimming, p. 94.

95. Que demandez vous qant vous m'avez. *Ténor* Latus  .  342 ᵛ
    Stimming, p. 94.

96. Qant li nouviaus tens repere. *Ténor* Surge  .  .  .  243 ʳ
    Raynaud II, 6.

97. Qant la verdor en pascor et le glai. *Ténor* Go. .  .  .  243 ᵛ
    Stimming, p. 95.

98. Qant voi la flor en l'arbroie. *Ténor* Et tenuerunt .  .  244 ʳ
    Raynaud I, 201.

---

[1] Aussi dans Bartsch, *Past.* II, 26.    [2] Aussi dans Bartsch, *Past.* III, 6.

[1] Cf. *Archiv f.d.S.d.n.S.u.L.*, Vol. XLI, p. 361.

## BIBLIOGRAPHIE

P. Aubry, *Cent Motets du XIII<sup>e</sup> siècle*, III<sup>e</sup> partie, p. 20.

C. Bartsch, *Romances et Pastourelles françaises des XIII<sup>e</sup> et XIV<sup>e</sup> siècles* (1870), (Bartsch *R. et P.*).[1]

U. Chevalier, *Repertorium Hymnologicum* (Chev.).

De Coussemaker, *L'art harmonique aux XII<sup>e</sup> et XIII<sup>e</sup> siècles* (de Cousse.).

E. Du Méril, *Poésies populaires latines* (du Méril).

G. M. Dreves, *Analecta Hymnica Medii Aevi*, XX, pp. 26-7 (Drev.).

M. Flacius, *Hymni et Sequentiae cum compluribus aliis*, etc. (édit. Milchsack), (Flac.).

O. von Heinemann, *Die Handschriften der herzoglichen Bibl. zu Wolfenbüttel*, Band III, p. 54.

A. Jeanroy, *Bibliographie sommaire des Chansonniers français* (Classiques français du moyen âge), p. 30.

A. Långfors, *Les Incipit des poèmes français antérieurs au XVI<sup>e</sup>*, Tome I.

H. Lavoix, *La musique au siècle de St. Louis*.

F. Ludwig, *Repertorium Organorum*.

M. Milchsack, *Hymni et Sequentiae* (cf. Flacius), (Milch.).

M. Mone, *Lateinische Hymnen des Mittelalters* (Mone).

G. Morel, *Lateinische Hymnen des Mittelalters* (Morel).

G. Naetebus, *Die nicht-lyrischen Strophenformen des altfranzösischen* (Naetebus).

G. Raynaud, *Bibliographie des Chansonniers français des XIII<sup>e</sup> et XIV<sup>e</sup> siècles* (Raynaud, *Biblio.*).

G. Raynaud, *Recueil de Motets français des XII<sup>e</sup> et XIII<sup>e</sup> siècles* (Raynaud).

G. Steffens, *Die altfranzösischen Liederhandschriften von Siena* (*Archiv f. d. S. d. n. S. u. L.*, Vol. LXXXVIII, p. 304.)

A. Stimming, *Mélanges Chabaneau* (identique à l'article des *Rom. Forsch.* XXIII, pp. 95-101).

A. Stimming, *Die altfranzösischen Motette der Bamberger Handschrift*, pp. xxviii-xxxiv (Stimming).

H. Wackernagel, *Deutsche Kirchenlieder* (Wacker.).

*Bamberger Handschrift* (Ba).

*Ms. H.* 196, Faculté de Médecine de Montpellier (Mont.).

[1] Le nom ou titre entre parenthèses indique l'abréviation employée dans le courant de l'article, et spécialement dans les tables.

# THE LITERARY CIRCLE OF MARGARET OF NAVARRE

AMONG the more prominent characteristics of that admirable woman, Margaret of Angoulême, Queen of Navarre, were an eager and intellectual curiosity and a love of literary composition fostered by an astonishing facility. It was the first of these characteristics that had the most influence on the thought and literature of her age. Her poems, with the exception of *Le Miroir de l'âme pécheresse* and four minor pieces, were not printed till 1547, that is to say, five years after Héroet's *La Parfaicte Amye* and three years after Scève's *Délie*, the two chief if not the only important poems which represent the transition from Marot to the *Pléiade*. The influence of these, truly says her latest biographer, was limited to her own age and to a very narrow circle.[1]

The same may be said of the *Heptaméron*. It was not published till 1558 and, though various writers from the sixteenth century onwards borrowed from it, it was only the tales themselves and not their psychological interest which attracted them.

With her eager curiosity and thirst for knowledge Margaret shared fully in the interest which Italy had aroused in France since the memorable expedition of Charles VIII. As a girl she learnt Italian from her mother, and in her father's library at Cognac were Petrarch's *Trionfi* and Dante's *Divina Commedia* in Italian and French. Her early poems show the influence of Petrarch, and later she became a close student of Dante; two of the chief poems of her *Dernières Poésies*, *Les Prisons* and *Le Navire*, bear strong traces of his influence. The latter is written in *terza rima*.[2] Among the Italians who flocked to France, either at the invitation of Francis I, or (for the most part) uninvited, the only men of letters of any distinction were Luigi Alamanni, and Matteo Bandello.[3] Margaret knew the former personally and most

---

[1] Pierre Jourda, *Marguerite d'Angoulême*, 2 vols. 1930. Treating, as it does, her life and writings under every aspect with great fulness, this is likely to be the authoritative work on the subject, for a long time.

[2] Jourda, *op. cit.*, I, 573–5.

[3] Perhaps I should add the neo-Latin poet, Tagliacarno (Theocrenus), who came to France in 1522, and died Bishop of Grasse at Avignon in 1536.

probably she also knew his poems, which were published in France—the *Opere Toscane* at Lyons in 1531–2[1] and his didactic poem, *La Coltivazione*, at Paris in 1546. Some of her stories are similar to Bandello's, but the general opinion is that while she has never borrowed from him he has sometimes borrowed from her, e.g., her 70th story. She corresponded with Vittoria Colonna and she possessed a copy of her poems. Works with which she was certainly well acquainted were *Il Cortegiano* and *Gli Asolani*, and she founded *L'Histoire des Satyres et des Nymphes de Diane* on one of Sannazaro's Latin eclogues. But it is the *Decameron* which is most closely associated with her name and from which, as she herself tells us, she derived the idea of making a similar collection of stories and giving them a similar setting. At her command Antoine Le Maçon completed his translation of Boccaccio's great work. Though it was not published till 1545 he had begun it long before—in fact soon after his return from Italy in 1531— and it was known to Margaret and the Court some years before its appearance in print. In 1541, or at latest in the following year, she conceived the idea of writing a French *Decameron*, that is to say of adding to the stories which she had already written till they reached the number of a hundred, and of giving them a similar framework to Boccaccio's. Apart from the task that she set Le Maçon she does not seem to have inspired any of the translations from the Italian that appeared during her brother's reign. Jean Martin, the most active translator from the Italian of the time —the translator of the *Arcadia* (1544) and *Gli Asolani* (1545) and the reviser of existing translations of Caviceo's *Libro del Peregrino* (1528) and the *Hypnerotomachia* (1546)—does not seem to have had any connection with her Court. The revision of Jacques Colin's translation of the *Cortegiano* (1537) by Melin de Saint-Gelais and Estienne Dolet (1538) was made at the instance of the Lyons publisher, François Juste.

The field in which the influence of Margaret was most strongly and most widely felt was that of Platonism. But before I discuss this, it will be well to give the names of those men of letters who enjoyed the Queen of Navarre's patronage either as her servants or otherwise, and who may be described as belonging to her literary circle.

The first man of letters to enter her service was Clément Marot, who became one of her *pensionnaires* in 1519, but he left it in 1526.

[1] See Jourda, *op. cit.*, II, 708–23.

to succeed his father as *valet de chambre* to the king.[1]  Margaret, however, continued to take an interest in him and shielded him on more than one occasion from the consequences of his change of religion.  But she cannot be said to have had any influence on his verses; rather, she was his disciple in her lighter and more trivial pieces.  Victor Brodeau was at once a disciple of Marot's and in the service of Margaret.  He appears in the list of her household as *valet de chambre* in 1524, as secretary in 1527, and as secretary and controller general of the finances of Alençon from 1529 to 1540.  He died comparatively young in the latter year, leaving some religious poems of no poetic value.[2]  Of far greater importance is Antoine Héroet, who is inscribed in 1524 as in receipt of a pension of 200 *livres* and again from 1529 to 1539 as a *pensionnaire extraordinaire* for the same amount.[3]  It is not quite clear when Charles de Sainte-Marthe entered the Queen of Navarre's service.  Miss Ruutz-Rees thinks in 1539,[4] temporarily at least, but he is not mentioned in Frotté's register till 1548, a year before her death, when he is inscribed as councillor and master of requests.  His *Poésie Françoise* published in 1540 shows that at this date he was influenced by her few published poems, but its Platonism is extremely limited.

The record of Bonaventure Des Périers'[5] service with Margaret is enigmatical and incomplete, like that of the rest of his life.  It seems clear, however, from the evidence of his poems that he was

[1] See A. Lefranc and J. Boulenger, *Comptes de Louise de Savoye et Marguerite d'Angoulême*, 1905 (for 1512, 1517, 1524, 1529).  Marot appears in the list for 1524.  See also H. de La Ferrière-Percy, *M. d'Angoulême, son livre de dépenses* (1540–9), 1662.  This is an analysis of the book of expenses kept by Jehan Frotté, who succeeded Brodeau as secretary and controller.

[2] See P. Jourda, *Rev. d'hist. litt.*, 1921, 30 ff.

[3] He is said to have been born in 1492.  He took orders before 1543, was made Bishop of Digne in 1552 and died in 1568.  See his *Œuvres poétiques*, éd. F. Gohin, 1909 (*Soc. des Textes Français Modernes*).

[4] She infers this from the account which Sainte-Marthe gives in the Funeral Oration for Margaret of her journey from Paris to Plessis-lès-Tours in 1539 on the news of her daughter's illness.  The vividness of his account shows it to be the work of an eye-witness.  See Caroline Ruutz-Rees, *Charles de Sainte-Marthe*, New York, 1910.  M. Jourda agrees, though with hesitation, in putting the journey in 1539.

[5] The two most recent accounts of him are those of L. Delaruelle in *Rev. d'hist. litt.*, XXXII (1925), 1 ff., and P. A. Becker, *B. des Periers als Dichter und Erzähler* (Akad. der Wissenschaften in Wien. Phil.-hist. Klasse, Bd. 200, Abhandlung 3) Vienna and Leipsic, 1924.  M. Lucien Febvre in an article *La publication du Cymbalum Mundi* (*Rev. du XVIᵉ siècle*, XVII, 1 ff.) points out how little, in spite of all efforts, has been done since A. Chenevière's book in 1885 to clear up all the uncertainties of his life.

first attached to her household in the summer of 1536[1] when she was at Lyons with the Court. Apparently he combined the duties of secretary with that of *valet de chambre*, but as his name does not appear in Frotté's list of her household for 1539 he was probably, suggests M. Delaruelle, employed as a supernumerary. In October 1541 a special payment was ordered to be made to him for his wages up to the end of the previous December, because he had been "omis estre couché en l'estat (the budget)."

Both M. Delaruelle and Prof. Becker have pointed out that the old story of his having been dismissed by Margaret for the publication of the *Cymbalum Mundi* in the winter of 1537–1538 is not supported by any evidence. Rather his poem *Du Voyage de Lyon à Notre-Dame-de-L'Isle*, which relates to the year 1539, points to the contrary. In the edition of his works published in 1544, soon after his death, by his friend Antoine Du Moulin, he is entitled *valet de chambre* to the Queen of Navarre and the volume is dedicated to her.

In 1536 Du Moulin[2] was already installed in her household as one of her secretaries, and it was evidently through his good offices that his fellow Burgundian, Des Périers, whom he had met at Avignon between 1531 and 1535, obtained his appointment.[3] Du Moulin remained in Margaret's service till 1543 or 1544, when he joined the celebrated Lyons printer, Jean de Tournes, as reader, editor, and general adviser. Among the numerous works which he edited were the poems of Pernette du Guillet (1545), and a translation into French of the *Enchiridion* of Epictetus by himself. He died in 1551.

Among Margaret's *valets de chambre* for the years 1539 and 1540 is Jacques Simon, who is to be identified with Symon Silvius *dit* J. de la Haye, who by the Queen's orders translated Ficino's celebrated Latin commentary on the *Symposium* (1546) and edited the *Marguerites de la Marguerite* (1547). On the other hand, Antoine Le Maçon, the translator of the *Decameron*, was never, so far as we know, a member of her household. But when in 1540 or 1541 he read a specimen of his translation to her in the presence of the King, she was so delighted with it that she ordered him to

---

[1] See several epigrams addressed to the Queen of Navarre (*Œuvres*, éd. Lacour, I, 147–61).

[2] See A. Cartier and A. Chenevière in *Rev. d'hist. litt.*, II, (1895) 469 ff; III. 90 ff. and 248 ff.

[3] See Des Périers, *Œuvres*, I, 148 and 160.

complete it. It was printed in 1545. Pierre Boaisteau and Claude Gruget, the successive editors of her own tales, were both members of her household. As is well known, Boaisteau published them nine years after her death, that is to say in 1558, without giving (except by implication) the authoress's name, and with considerable alterations and omissions, under the title of *Histoire des Amans Fortunez*, and in the following year Gruget, moved to indignation by Boaisteau's treatment of the text, brought out a more faithful edition (substituting, however, three tales of his own invention for three of Margaret's, which the first editor had omitted) and gave it the title of *Heptaméron*.[1]

We have seen that Margaret was at Lyons in the summer of 1536. She had been there with the Court since the previous November, and she did not leave till the beginning of August. During her stay scholars and men of letters were presented to her, among them Maurice Scève and Estienne Dolet, the latter of whom owed largely to her his pardon for the homicide that he committed on the last day of 1536;[2] but neither he nor Scève belonged to her entourage. Nor did Hugues Salel,[3] the translator of the first ten books of the Iliad (1545), who was one of the earliest helpers of Dolet and who was regarded, chiefly on the strength of his translation of the Iliad (made by order of Francis I), as one of the chief poets of his day. Sébillet, in his *Art poëtique françois* (1548), couples him with Marot, Saint-Gelais, Héroet, and Scève, while du Bellay in the preface to his *Olive*, ranks him with the three latter, but significantly substitutes Ronsard for Marot. He was in too easy circumstances to need a protectress, being *maître d'hôtel* to the King, almoner to the Queen, and since 1543 Abbot of Saint-Chéron near Chartres, but he was evidently regarded with favour by Margaret as well as by her brother. This we may infer from a poem addressed to him by Marot and from the fact that the poems of his secretary, Oliver de Magny, which were dedicated to him, are prefixed by verses, of which the majority indeed are written by members of the *Pléiade*, but a few by men who had been in Margaret's service or belonged to her circle.[4]

---

[1] See P. Jourda, *op. cit.*, II, 656–60.

[2] C'est toy, par qui liberté puis avoir" (A la Royne de Navarre—*Le Second Enfer*, 1544 (reprinted by Techener).

[3] See H. F. Cary, *The Early French Poets*, 1846, pp. 40 ff.; C. Calmeilles, *Hugues Salel*, Tours, 1899; Hélène J. Harvitt, *Modern Philology*, XVI (1919), 595 ff.

[4] See O. de Magny, *Les Amours*, éd. E. Courbet, pp. xiv–xvii. Salel's works were published in 1540 (N.S.).

Among these latter may be reckoned Nicolas Denisot, or the Comte d'Alsinois, as he called himself, who was tutor for three years to the three older daughters of the Protector Somerset, and who edited the Latin verses, probably written at his suggestion, which they wrote on Margaret's death. I do not know when he came within the Queen of Navarre's orbit, but it is stated that he presented his fellow-townsman, Jacques Peletier of Le Mans, to her about 1539. If this is correct, the introduction must have taken place in January 1540, when she was at Paris for the festivities in honour of Charles V. Later in this year Peletier returned to Le Mans as secretary to the Bishop, René du Bellay. During the four years (1544–1548) of his residence at Paris as Principal of the College of Bayeux, Margaret spent very little, if any, time in the capital, and Peletier's dedication to her of his *Œuvres poétiques* in 1547 is the only sign of any further relations with her.

Melin de Saint-Gelais, owing to his favour with the King and his prominent position at the Court—he was royal almoner and custodian of the royal library at Fontainebleau—must have been well known to the King's sister. But there was nothing in common between his essentially mundane and frivolous muse and her religious and serious one. The one bond of sympathy between them was their interest in Italian literature. Like Margaret, he wrote occasionally in *terza rima*.

We may now consider how Margaret's interest in Platonism and encouragement of its study reacted upon her circle. M. Abel Lefranc in his admirable chapter on *Le Platonisme et la Littérature en France*,[1] emphasizes the point that there was a double current of Platonism, one "philosophical and learned, inclining more to special questions of method and pure metaphysics," the other "more vague in nature and wider, more universal in scope." The first was represented in France by scholars—Dolet, Ramus, and Louis Le Roy; the second by poets and men of letters, such as Antoine Héroet, and Charles de Sainte-Marthe. This second current, it may be added, was largely concerned with the question of love, whether it simply proclaimed the superiority of spiritual to sensual love, or whether, following the lines of Plato's *Symposium*,

---

[1] It first appeared in the *Rev. d'hist. litt.* for 1896 and was republished in *Grands Écrivains Français de la Renaissance*, 1914, pp. 63–137. With this should be consulted his *Marguerite de Navarre et le Platonisme de la Renaissance, ib.*, pp. 139–249, which first appeared in the *Bibliothèque de l'École des Chartes*, 1897 and 1898. Both chapters have been revised and brought up to date.

it expounded a real philosophy of love of which the two chief doctrines were that love is the desire for beauty and that beauty is identical with goodness. The main source of inspiration for this philosophy was Marsiglio Ficino's Latin commentary on the *Symposium*, but it must be remembered that this was never published as a separate work, but only in the collected edition of Ficino's *Opera* as part of *In divinum Platonem Epitomae*. Moreover, as the *Opera* were not published till 1516[1], two of the popular works in Italian which deal with the subject, namely Leone Hebreo's *Dialoghi di Amore* (written in 1502)[2] and Bembo's *Gli Asolani* (1505), must have been based on a first hand study of the *Symposium*.[3] Later than Ficino's commentary came Mario Equicola's *Libro di natura d'amore* (1525), Castiglione's *Il Cortegiano* (1526), in which Bembo, one of the characters who takes part in the discussions, expounds the whole philosophy of love with great eloquence,[4] and the *Dialoghi* of Sperone Speroni (1542). The list may be completed by the addition of Caviceo's *Libro del peregrino*, a silly and prolix love-story, which became very popular in France and was translated by F. Dassy in 1527 and by Jean Martin—his work being merely one of recision—in 1528, and of Alberti's *Deifira*, which was not translated till 1547.[5]

"It was probably about the year 1540," says M. Lefranc, "that a marked taste for the Platonic doctrines began to awaken in the Queen of Navarre." But it must be borne in mind that her Platonism was inextricably mingled with the Christian mysticism that she had imbibed in her earlier years, in which her first instructor seems to have been her spiritual director, Bishop Briçonnet. She must also have learnt much from a clearer and more consistent thinker than the Bishop, namely Jacques Lefèvre d'Étaples, the doyen of French humanists and reformers. Both men

[1] At Venice. His Latin translation of Plato was published at Florence in 1483–84, and of Plotinus at the same place in 1492. The Plato was published in Paris in 1518, 1522 and 1533.

[2] But not published till 1535, after the author's death.

[3] Book IV, cc. LI–LXX. The greater part is taken from the *Symposium*, Ficino's commentary, the *Asolani* and the *Tre libri d'amore* of Francesco Cattani of Diacceto (1446–1522), a Florentine who was Ficino's pupil (I do not know this last work). See the edition of the *Cortegiano* by V. Cian, Florence, 1908. I doubt whether anything comes from the *Phaedrus* except the reference to the story of Stesichorus.

[4] M. Gohin and M. Festugière have discovered independently that Corrozet's graceful little *Le conte du rossignol* is in part translated from Caviceo.

[5] See for the whole question, Jean Festugière, *La philosophie de l'amour de Marsile Ficin et son influence sur la littérature française du XVIe siècle*. Coimbra, 1923.

owed much to the great German reformer and mystic of the early Renaissance, Nicholas of Cues, whose works, including eleven never before published, Lefèvre, at the desire of Briçonnet whose secretary he was, edited in three volumes (1514). Before this he had edited the writings of other mystics, of the Neo-Platonist who wrote under the name of Hermes Trismegistus, and of the great Spanish mystic, Ramón Lull.[1]

In the same year (1540) in which Margaret's interest in Platonism was awakened, Charles de Sainte-Marthe, who, whether or not he was at that time a regular member of her household, formed almost certainly, as we have seen, part of her suite on her journey to Plessis-lès-Tours in 1539, published a volume entitled *Poésie Françoise*. At that date the only poems of his patroness that had appeared in print were *Le Miroir de l'âme pécheresse* and three short pieces. But Miss Ruutz-Rees suggests that Sainte-Marthe had become acquainted with her ideas, partly by conversation and partly by the circulation in manuscript of such poems as she composed about this time. This is a little problematical, especially as the *Dernières Poésies* belong to the last two years of her life and the *Chansons spirituelles* were probably written after 1540. But the point is not important for, as Miss Ruutz-Rees says, Sainte-Marthe's "attempts at Platonism in the *Poésie Françoise* are rather weak." It should be noticed that she finds in them echoes not only of Margaret, but of Leone Hebreo, Bembo, and *Il Cortegiano*.

The first of the Queen of Navarre's circle who put into practical shape the interest in Plato that she had communicated to them was Bonaventure Des Périers, who at some time not later than 1541 presented her with a prose translation of the *Lysis*, a short dialogue, which may be regarded as a sort of introduction to the *Symposium*, and accompanied it with a rather feeble poem on the same subject, entitled *Queste d'amitié*. In 1542 was published a work of much greater importance, *La Parfaicte Amye* of Antoine Héroet. It contained, besides the poem of that name in three books, a paraphrase in verse of Aristophanes's fantastic allegory in the *Symposium*. This latter, entitled *Androgyne*, had been presented to the King in manuscript six years earlier. It lies beyond the scope of this modest article to give an account of *La Parfaicte Amye*, which has been admirably edited with the rest of Héroet's *Œuvres*

---

[1] The most important poems for Margaret's mysticism are: *Le Miroir de l'âme pécheresse* and *L'Oraison de l'âme fidèle* (probably written between 1527 and 1531) and *Les Prisons* (*Dernières Poésies*).

*Poétiques* by M. Ferdinand Gohin.    Suffice it to say that its theme is the spiritual love of a married woman who has been forced into an undesirable marriage for her true lover, that it borrows from the *Phaedrus* and the *Phaedo*,[1] a favourite with Margaret, as well as from the *Symposium*, from *Il Cortegiano* and from *Gli Asolani*,[2] that it shows several points of contact with Margaret's writings, and that by 1556 it had been printed fifteen times, seven times in itself and eight times with the other poems of the controversy. "Petit œuvre," says Estienne Pasquier, "mais qui en sa petitesse surmonte les gros ouvrages de plusieurs.[3]

In the same year as *La Parfaicte Amye* there appeared *La Contr'amye de Court* by Charles Fontaine, the Platonism of which is particularly interesting, because, as Mr. Hawkins has well brought out, it comes direct from Plato—mainly from the *Symposium*, but also from the *Phaedrus*—uncontaminated by any Neo-Platonic or mystical infiltration.[4]    But as Fontaine's attempts to obtain the favour of Margaret of Navarre were apparently unsuccessful it does not concern us here.

For similar reasons a more important poem which appeared in 1544, Scève's *Délie*, need not detain us.    We have seen that Scève was presented to Margaret in 1536, and eleven years later he contributed—it may be presumed with her approval—a couple of sonnets to *Les Marguerites de la Marguerite*.    But he did not belong to her circle.    Rather he himself was the centre of a circle of his own, sometimes called the School of Lyons, but really too small and unimportant to merit the name of a School.    Moreover, there is very little Platonism in *Délie*, and what there is comes at second-hand from Leone Hebreo, Bembo, Sannazaro, Equicola, and Speroni.    On the other hand its Petrarchism is very pronounced.[5] One must not be misled by the fact that *Délie* is an anagram of *L'Idée*.    The whole poem is modelled on Petrarch, and its inspiration, or rather its very numerous borrowings, come partly from the

---

[1] In the Bib. Nat. is a MS. of a translation of the *Phaedo* by Jean de Luxembourg which must have been made before 1540 (Lefranc, *op. cit.*, p. 134).

[2] The account of the Fortunate Island and its Queen (II, 1061–end) comes from *Gli Asolani* (Venice, 1553 f. 108 v⁰). This was noted by Cary as long ago as 1846.

[3] There is a good résumé of the work in L. R. Hawkins, *Maistre Charles Fontaine, Parisien*.    Cambridge, Mass., 1916, pp. 105–12.

[4] See Hawkins, *op. cit.*; Grace Frank, *The Early Work of C.F.*, in *Modern Philology*, XXIII (1925).

[5] The distinction between Platonism and Petrarchism which M. Laumonier has pointed out in his *Ronsard poète lyrique*, p. 480, seems to me quite clear, and I do not agree with M. Parturier (*Délie*, p. xvi, n. 4), that it is too subtle.

fountain-head itself, and partly from the Petrarchists of the close of the fifteenth and the beginning of the sixteenth century—Il Chariteo, Tebaldeo, Pamfilo Sasso, Sassoferrato, and above all, Serafino di Aquila.[1]

In 1545 Jean Martin published his translation of the *Asolani*.[2] In 1546 Margaret's *valet de chambre*, Symon Silvius, translated Ficino's Latin commentary on the *Symposium*, prefixing to it a longish poem in which he traces an elaborate comparison between Amour or spiritual love and Cupido or sensuous love, and pays a delicate compliment both to Ficino and Margaret.[3] In the autumn of this year after a visit to the Baths of Cauterets in May, she definitely began to carry out her project of composing a new *Decameron*. She wrote the prologue in September, and before the end of the year she must have written at least the earlier of the epilogues. In those to the 8th and the 19th stories she states clearly and succinctly her doctrine of spiritual love, in the former epilogue by the mouth of Dagoucin and in the latter by that of Parlamente, who stands for herself. "Je suis ferme à mon opinion," says Dagoucin, "que celluy qui ayme, n'ayant aultre fin ne desir que bien aymer, laissera plus tost son ame par la mort, que ceste forte amour saille de son cœur." "Encores ay-je une opinion," says Parlamente, "que jamais homme n'aymera parfaicte- ment Dieu, qu'il n'ait parfaictement aymé quelque créature de ce monde."

In the same year (1546) Richard Le Blanc (possibly a brother of Estienne Le Blanc, the translator of Cicero's *Philippics*, who was one of Margaret's secretaries) translated Plato's *Ion*, "qui est de la fureur poétique et des louanges de poésie,"[4] and in the following year (1547) Pierre Du Val, Bishop of Séez, translated another short dialogue, the *Crito*, by the King's orders.[5] The translator was the successor of Nicolas Dangu, the original of Dagoucin, in

---

[1] For Scève see Baur, *Maurice Scève et la Renaissance Lyonnaise*, 1906; *Délie*, ed. E. Parturier, (*Soc. des Textes Français Modernes*) 1916; *Les Poètes Lyonnais*, ed. J. Aynard (*Chefs d'Œuvres Méconnus*), 1924.

[2] Rare—there is a copy in the British Museum, 1074, E.5.

[3] See Lefranc, *op. cit.*, pp. 115–120.

[4] M. Lefranc could only find one copy at Paris, but there is one in the British Museum, 8460 bbb 7.

[5] M. Lefranc possesses a copy, but could not hear of any one in France. There is one in the British Museum 701 C. 15 (4). An earlier translation of the *Crito* (1542) is ascribed to Simon Vallambert by La Croix du Maine, but it is doubtful whether it ever existed.

the see, and M. Lefranc points out how Margaret, whose Duchy of Alençon formed part of the diocese, had always been on excellent terms with its successive bishops.    He also remarks that several passages in *Les Prisons* show that she had made a special study of the *Crito*.[1]

In September 1547, Jacques Peletier published at Paris his *Œuvres poétiques*.[2]    The volume is dedicated to the Queen of Navarre and two short poems are addressed to her, but I cannot detect in it any trace of her influence.    We saw that, though Peletier was apparently presented to her in 1540, he cannot be said to have belonged to her circle.

In the previous March a privilege had been granted to her *valet de chambre*, Symon Silvius, to print a collection of her poems. Two days later (31st March), the King died, and the work of revision, which doubtless the Queen took in hand herself, was delayed by her grief for her beloved brother.    Among the additions that she made were the long poem of *Le Navire*, in which her sorrow finds full expression, and several *Chansons spirituelles*.    In consequence *Les Marguerites de la Marguerite des Princesses tres illustre Royne de Navarre* did not appear till probably November or December 1547.[3]    It was printed at Lyons by Jean de Tournes. The first volume, as M. Jourda has pointed out, consists mainly of religious, and the second of non-religious poetry.    It is in the second therefore, entitled *Suyte des Marguerites*, that we may expect to find the expression of her Platonism.    But M. Jourda says that it is difficult to trace specific debts.    The influence of Ficino had by this time—the poems of the *Suyte* are nearly all later than 1540—so thoroughly impregnated her thought that her debt to him has become purely general.    It is the same with regard to the Italian reproducers of his doctrines, with whom she was equally familiar.    Next to Ficino, however, M. Jourda thinks she owes most to Bembo.    To these sources are due her two essential themes, that love is of divine essence and leads to God, but that it is also a source of grief and anxiety.    M. Jourda further notes a striking resemblance between her theory of love and that of Héroet, as expressed in *La Parfaicte Amye*.[4]

---

[1] *Op. cit.*, pp. 127–30.

[2] The privilege is dated September 1.    The volume is of especial interest as containing the first poem of Ronsard's to appear in print.

[3] See P. Jourda in *Rev. du XVIᵉ siècle*, XII (1925), 230.

[4] *Marguerite d'Angoulême*, I, 510–511.

During the remaining year of her life—she died December 21, 1549—she went on writing poetry, but nothing more of hers was printed till in 1896 M. Lefranc edited with a full introduction her *Dernières Poésies*. Here again M. Jourda notes an "influence d'ensemble plus que de détail," but he finds traces of short passages from the *Symposium*, the *Phaedo*, the *Crito*, and the *Ion*, the two latter, which have no bearing on the philosophy of love, being as we have seen, dialogues which had been recently translated into French. Among the poems which express Margaret's philosophy with special charm are the *Épître à l'abbesse de Fontevrault* and two *Chansons spirituelles*, XXV ("Avés poinct veu la malheureuse") and XXVII ("Seigneur je suis la mignonne.")[1] All three are beautiful in sentiment and the two *chansons* have a real poetic value.

On December 21, 1549 the Queen of Navarre died, and fifteen days later her faithful servant, Charles de Sainte-Marthe, wrote a Latin Funeral Oration for a memorial service at Alençon. This he published simultaneously with a French version in April 1550, and he appended to each a small collection of poems written either by *protégés* of the Queen or by friends of his own. Among the contributors were Pierre Du Val, Antoine Héroet, Nicolas Denisot, and two future members of the *Pléiade*, Baïf and Daurat.[2] During the ten years which had elapsed since the publication of his *Poésie Françoise*, Sainte-Marthe "had had time," says Miss Ruutz-Rees, "to acquaint himself more closely with Plato's *Dialogues;* and, as a consequence, the direct impress of Plato upon his thought is strikingly shown in both orations."[3] He may have found some of his references in Stobaeus, but others, which are not in Stobaeus, must have come direct from Plato. Among these latter Miss Ruutz-Rees has noted references to the *Cratylus*, the *Crito*, the *Menexenus*, the *Phaedrus*, and the *Phaedo*.[4] In all these Sainte-Marthe shows himself as a student of Plato at first-hand and not through the medium of Ficino or his Italian followers.

From this rapid sketch of the influence of Margaret of Navarre on Platonism in France it will be seen that the two members of her circle who carried their study of Plato furthest were Héroet and Sainte-Marthe. While Des Périers, Le Blanc, and Pierre Du Val

---

[1] *Dernières Poésies*, pp. 28 ff., 314 ff., and 325 ff.

[2] See C. Ruutz-Rees, *op. cit.*, pp. 187–93. The French version was reprinted by Montaiglon in his edit. of the *Heptaméron*, 1880, I, 21-130.

[3] *Op. cit.*, p. 393.

[4] *Op. cit.*, p. 388, n. 2.

contented themselves with translating a single short dialogue, they made an independent study of several of the dialogues. How far they were inspired by conversations with their patroness or by reading her writings either in manuscript or in print it is impossible to say, but they certainly read Plato for themselves either in Greek or Latin. It is doubtful whether Héroet knew Greek. He probably used the new edition of Ficino's Latin translation published by Badius and Petit in 1533. Though he borrows from the *Phaedrus* and the *Phaedo,* he chiefly confines himself to the *Symposium* and to the doctrine of spiritual love. Sainte-Marthe on the other hand does not seem to have paid particular attention to the *Symposium.* In *La Poésie Françoise* he simply expresses his belief in the superiority of spiritual to corporeal love,

> J'ayme d'Esprit et l'Esprit non le Corps,
> Par ainsi est mon Amour immortel.

In the Funeral Orations he shows that he had studied Plato from a wider and more general point of view than that of the philosophy of love.

Dolet, as we saw, did not belong to Margaret's circle, and his translations of the spurious *Axiochus* and *Hipparchus,* which were published with his *Second Enfer* in 1544, were at most the result of the general interest in Plato which the Queen of Navarre had aroused, and not of any special promptings on her part. Scève must also be excluded, not only as being outside her influence, but as having embraced the doctrine of spiritual love rather as a Petrarchist than as a Platonist. We do not know how or when Fontaine became interested in Plato. Mr. Hawkins quotes some lines from Sainte-Marthe's *Poésie Françoise* (1540), in which his name is coupled with that of Héroet, and suggests as a reason that they both wrote poems of a Platonic nature.[1] But this is a pure conjecture. It is more likely that Fontaine's interest in Plato did not begin till after he went to Lyons in 1540. In the intellectual society of that city he would soon have learnt that the study of Plato was looked on with favour by the King's sister, that most generous of patronesses. Though she never, it seems, visited Lyons from 1540 to her brother's death and only once afterwards— from July to near the end of September 1548—the comparatively long stay which she made there with her mother from November 1524 till the middle of August 1525, and again with the Court

[1] *Op. cit.,* p. 86.

from November 1535 to the beginning of August 1536,[1] must have left strong memories of her gracious presence and of her keen interest in all intellectual matters.  I fully agree with M. Lefranc that Platonism in France did not originate at Lyons, but that it was through the literary circle of Margaret of Navarre that the "School of Lyons" was introduced to it.[2]

In the above remarks I do not pretend to have said anything new, but I have tried to coordinate the many valuable contributions to our knowledge of the period of transition from Marot to Ronsard —say from 1540 to 1550—that have been made during the last twenty years.  I have approached the subject from the point of view of the influence of Margaret of Navarre on her immediate circle.  I have therefore left out of account not only Fontaine, who had no relations at all with her, but men like Dolet and Scève and Peletier, whose connection with her seems at the most to have been slight or merely formal.  Further, it must be borne in mind that her influence made itself felt less through her writings than through her personality and her intellectual leadership.  When M. Jourda claims for her poems that "as much or perhaps more than *Délie* or *La Parfaicte Amye* they have opened a road to the *Pléiade*," this must be understood in the sense that they helped to create an atmosphere which was favourable to high ideals and serious poetry.

ARTHUR TILLEY.

CAMBRIDGE.

---

[1] The Court was there again from September 2 to October 12.  (See the itinerary of the Court in Vol. VIII of the *Catalogue des Actes de François I^er*).  But I do not know whether Margaret was with the Court.

[2] M. Lefranc speaks of Héroet as one of the School, but he was never at Lyons. I agree with M. Aynard that there was no School of Lyons.

# UN DEBAT ENTRE CATALANS SENTENCIAT PEL CONSISTORI DE TOLOSA EN 1386

És un fet prou conegut, sobre el qual no caldria insistir, la fundació de la "sobregaya companhia del consistori de Toloza," que set individus varen llensar una crida en 1323 a diverses contrades, entre les quals Barcelona. A derreries del segle xivé, en 1393, el rei Joan I va encarregar a dos tractadistes i poetes cataláns, la fundació a Barcelona d'un consistori de la gaya ciencia a l'estil del de Tolosa. Entre aquestes dates extremes els poetes cataláns acudien a Tolosa. N'hi hagueren que de joves (Luís Icart, Guillem de Masdovelles), eren premiats a Tolosa, i de vells acudien a Barcelona; una volta fundada l'escola de Barcelona ja no tenien els nostres poetes perqué remetre a Tolosa els seus dictats devots.

L'obgecte d'aquest treball no és altre sinó presentar una tençó inédita de la qual varem donar una curta notícia en un llibre nostre[1] i que en una obra que acabem de imprimir en reproduim alguns estractes, peró el debat enter és publica ara per primera vegada. És troba en un unic cançoner per nosaltres siglat H^a, que és el manuscrit 7 de la Biblioteca de Catalunya, procedent de les de Vega i Sentmanat i de Marián Aguiló.

És molt sensible que no tinguem propiament altre registre dels poetes llorejats amb la Violeta o altres joies que el que va formar l'any 1456 l'honorable tolosenc Guillem de Galhac amb grans llacunes d'anyades; és clar que al seu temps tan tardá disposava d'elements consistorials que si no n'hagués reunit les rares dades, no en tindriem ara cap. No cal dir que d'aquest any 1386 que ens interessa ara, ne se'n sap res a Tolosa. Anem doncs a la publicació de la tençó i reservarem per després algunes observacións que ens haurá suggerit.

TENÇÓ FETA ENTRE JACHME ROVIRA E BERNAT DE
MALLORQUES, L'ANY M.CCC.LXXXVI.

Senyer Bernatz, dues puncelhas say
Eguals de pretz, de bondat, de riquesa,
E lurs donzehls d'amor l'una se presa
Mas elha ges no·l vol ne·l té per gay.

[1] *L'antiga escola poética de Barcelona*, Barcelona, 1922, p. 95.

L'autre vos dich que l'ama coralmén
D'on grans servirs len fay senes mesura
E z elh en re de'mar lieys no se cura.
Diatzme leu re de qui·s deu far servey.

Jachme.

Totz fis aymans de bon cor mantindray
En fayts subtil, ses neguna falcesa,
Per sostenir femma qu'és sabiesa,
Jo·l Fin'Amor per cert defensarai;
Car no deu hom perlar fentament
D'amor leyal amb gent d'auta natura,
Mas ajudar si, com ditz l'Escriptura,
Cels qu'es amatz deu amar leyalmén.

Bernatz.

Lo Deus d'Amor tempta ls aymans decay,
Si trobará dins lur cor fortalesa,
Com Jhesús fech a Joch ab gran empresa;
Perque·l donzehl no deu haver servey
D'amnar si·donchs pasciença perdén,
Lo qual mot fort rem tota criatura,
E deu haver esper dins sa clausura
Car Deu no falh als sperans fortment.

Jachme.

Qui vol muntar pus alt que Deus no play
Les fis aymans no viu ges ab franquesa,
Car si defalh lo sen e saviesa,
Qui munta mays que no deu trob bays cay.
Si com ha dit Jhesús al mandamén
Que z amar Dieu qui ama per dretxura
E no fazent a z altra fort-fatxura
Pus qu' amatz és deu amar finamén.

Bernatz.

Nos jutges pros, en aquest partimén
Serà, si·l platz, dret seguir d'amor pura,
Lo sen *Germá de Gontaut*, on atura
Granda valors e bondatz eysamén.

Jachme.

Mossen *Ramon*, que bon entendimén
*Galvarra* vull, ses neguna lancura,
Per la meu part, car ha testa madura,
Que ·ns fará dar en breu lo Jutgamen.

Bernatz.

SENTENÇA DONADA PER LOS JUTGES, ÇO ÉS, LOS VII
MANTENIDORS DE THOLOSA LO JORN DE SANTA CREU
DE MAY, AB LA QUAL FON CONDEMNAT BERNATZ.

Nos, Jutges per vos elegitz,
Vostres procés vist e legitz,
Haut concell de grans senyors
Cavahlers e burgés e doctors,
Sperts en la gaya Sciencia
(La qual als fis aymans agença)
E sisens en part tribunal
Ins la maysó comunal
O s'era nostre Jutgemén
Fazen dretzura claramén,
E·ls sants Avengelis denan,
Ab nostres mans dretes senyan,
Nostres hulhs vesen equitat;
Dizén: qu'aycell anemorat
Deu amar ley que z aman fort,
Servén de bon cor tro la mort,
Car lonch temps aman e servén
Farà vinclar l'entendimén
D'aycella que no·l vol amar
Car per servir e amb preguar
Dieu, és auzits lo peccador.
Doncs, segons l'us de Fin'Amor,
No ley deu ges desemparar,
Mas tostemps servir e z honrar;
Car aman contra son voler,
D'altre no deu haver plazer.
E per çò la sentença dam
E z en les despeses condempnam
En Bernat, car ha mal trausit.
Així vos havem definit
Vostre procés al Consistori
Denan les gens notori.
Dades foren al mes de may
Lo jorn que l'auzel son gay
En l'any de Deu mil e ccc.
Ladonhcs corrien certamens
Afegint-hi vuitanta seys,
Sapiats ni mes ni menys.

FINIT.

Alló que mes sorprén d'aquesta tençó és la tria de jutges que
fa cadascun dels debatidors.    Jacme Rovira tria Germá de Gontaut
i a Bernat de Mallorques li plau mossen Ramon Gabarra, els quals

tolosencs son coneguts. Fa constar En Guillem Molinier, el principal autor o compilador de *Les Leys d'Amors*, que formaven part del consistori l'any 1355. De quina manera podien trobar-se en el cas de judicar vints-i-un anys mes tard, això és en 1386? El cert és que els jutges triats no responen. Qui sab si ja eren morts? Qui pren la judicatura pel seu compte son els set mantenidors en pes, d'una manera anónima com solien i en la diada típica de les clàssiques sentències de la Santa Creu de maig que s'escau el dia 3: aquesta era la costum usualment establerta per l'escola académica de Tolosa.

També ens demostra una relació entre Barcelona i Tolosa, sinó la coneixèssim per altres diversos indicis. Dos catalans qüestionen sobre un fet purament amorós: és tracta de dues donzelles i de dos galáns; un donzell està enamorat d'una donzella que no n'hi fa cap cas; l'altra donzella estima a l'altre galán el qual no li correspon. És desitja saber si val més estimar o esser estimat. A la proposició que li fa en Jacme Rovira, en Barnat de Mallorques diu depressa que prefereix esser estimat, és clar que en Jacme defensa que val més estimar. Ja havem vist com la senténcia dels set mantenidors condemna Bernat. Una altra cosa; resolien els mantenidors de Tolosa, que només podien premiar obres devotes, qüestions amoroses? Si dos poetes catalàns trien per jutges els tolosencs Germá de Gontaut i Ramon Gabarra és sens dubte que'ls coneixien; podrien els tolosencs haver anat a Barcelona o els barcelonesos coneixien Tolosa; potser una cosa i l'altra peró el fet de la relació i de la coneixença és evident.

Els dos poetes catalàns també son coneguts; En Rovira per una altra obra en llaors de virtuts, peró del mallorquí se'n saben tres noms que tots es refereixen a una sola persona: Bernat de Palma, B. de Mallorques i el Mercader Mallorquí; és autor d'una obra que comença "Cercats d'huymay," que no hi ha cap dubte que esdevingué famosa sobretot pel só, avui perdut; set cançoners el porten i és retreu en altres obres en prosa la tonada aplicada a d'altres lletres en plé segle xvé. És sensible que per les grans llacunes d'En Galhac i per la curta menció d'En Guillem Molinier no hi ha manera de saber quins eren els set mantenidors de l'any 1386. Com s'ha vist aquest consistori ignorat senténcia una qüestió amorosa amb la mateixa solemnitat que si és tractés de les usuals poesies a llaor de la Verge Maria que es disputaven la Violeta. De totes maneres tenim una obra i una data que abans eren desconegudes. En el conjunt d'aquests textos poden observar-se els abundosos catalanismes que provenen o de l'escrivent del manuscrit o de la dificultat de trasmetre la sentença els propis tençonants. Ja és cosa sabuda que, en aquesta època, els poetes catalans aprovençalaven el seu llengnatge tan com podien, però la llengua pròpria (que usaven exclusivament per la prosa i en tots els actes de la vida) els sortia a flor de llavi, i per conseguent, a flor de ploma.

JAUME MASSO TORRENTS.

Barcelona.

# L'*OASIS* DE LECONTE DE LISLE
## (*Poèmes Barbares*)

LE 15 février 1855, dans la *Revue des deux Mondes*, Leconte de Lisle inaugure avec *Les Hurleurs* et *La Jungle*[1] la série de ses poèmes animaliers. Il présente à ses lecteurs dans *La Jungle* pour la première fois un de ces puissants seigneurs qui sont les vrais souverains de la nature tropicale et dont il se plaira à dire la misère autant que la grandeur. Celui-ci, c'est "le roi rayé," "la bête formidable habitante des Jungles." Le poète nous fait assister à son sommeil et à son réveil.

Son sommeil dit sa puissance. Le prince de la jungle s'endort le ventre en l'air: ses ongles qu'il dresse répandent au loin la terreur; sa queue qui remue atteste que sa vie ne s'arrête pas et peut le relever bien vite; pour respecter son repos, toute rumeur s'éteint; la panthère elle-même rampe et le python glisse; si la cantharide vibre, c'est en son honneur.

Mais son réveil dit sa misère. Quand l'ombre descend à l'horizon en nappe noire, il ouvre les yeux; il jette au loin un regard "morne"; il tend l'oreille; en vain: le désert est muet; il n'entend pas les daims ni les gazelles bondir vers les cours d'eau cachés; la faim creuse son flanc maigre; alors ce roi, qui ne mangera pas aujourd'hui, miaule tristement.

En 1858, dans les *Poésies Nouvelles*, voici un autre grand souverain, non moins fort, mais non moins famélique: "le roi du Sennaar," le lion. Celui-ci, qu'est ce qui donna au poète l'idée de nous le présenter? Ce fut, je crois, cet ouvrage: *Voyage à Méroé, au fleuve Blanc, au delà de Fazogl, dans le midi du royaume de Sennâr, à Syouah et dans cinq autres oasis, fait dans les années 1819, 1820, 1821 et 1822, par M. Frédéric Cailliaud.* Imprimerie Royale, 1826–1827; 4 vol.

L'auteur avait fait, de 1815 à 1818, un premier voyage dont le récit avait été publié sous ce titre: *Voyage à l'Oasis de Thèbes.* Une occasion lui parut s'offrir de pousser son exploration au delà de la jonction des deux Nils. Mohammed Ali affranchissait et agrandissait l'Égypte. Son fils, Ismayl-Pacha, conquérait le pays au sud du confluent. Son centre d'action était Sennaar, capitale

---

[1] Le poème sera plus tard intitulé *Les Jungles*.

du royaume de ce nom, qu'il venait d'enlever au roi Bâdy en juin 1821. Ce fut là que Cailliaud se dirigea.

Il arriva à Sennaar le 21 juin 1821. Il y séjourna jusqu'au 30 novembre. Il partit le 1er décembre pour le Fazogl qui est au sud-est de Sennaar. Il revint dans cette ville le 22 février 1822, et repartit alors pour l'Égypte. Pendant cinq mois et demi il avait donc exploré les environs de Sennaar; pendant près de trois mois, le pays qui s'étend au sud. Vainement il avait essayé d'atteindre le Nil Blanc. Dans une excursion faite du 5 au 7 juillet à Djebel Mouyl il n'en avait été éloigné que de deux jours de marche; mais on lui avait conseillé de ne pas tenter de s'y rendre.

Au cours de ce long séjour dans le royaume de Sennaar, le voyageur recueillit un grand nombre d'observations très précises. Son IVe volume comprend un *Bulletin Météorologique*, où il note jour par jour la température, l'état du ciel, le vent; et un *Journal de Route*, où il note *heure par heure* la direction d'après la boussole, la distance parcourue, la latitude et la longitude, les accidents géographiques (villages, bois, marécages). Par ce caractère scientifique, l'ouvrage devait plaire à Leconte de Lisle.

Ce que le poète remarque d'abord, c'est la nature du sol, telle qu'elle est du moins au nord de la ville de Sennaar:

Le sol depuis Ras el Gartoum, présente sur divers points *une gangue ou concrétion calcaire*[1] renfermant des détritus de *plantes* marines. La superficie de ces *rochers* est en partie *teinte par* l'oxide de fer (T. II, p. 216).

Le voyageur constate qu'il y a quatre saisons au Sennaar. L'hiver commence en janvier et finit en mars: vent du nord, nuits froides, ciel souvent couvert. Après un court printemps, un été brûlant:

Avril et mai sont les deux mois les plus chauds: le samône, vent brûlant qui vient du nord-ouest, se fait sentir à cette époque durant trente à quarante jours; cette direction est d'autant plus remarquable que le vent chaud ou khamsyn, qui vient en Égypte en passant à travers le même désert lybique *et porte son haleine brûlante jusque sur la haute Nubie*, le khamsyn, dis-je, souffle du sud-ouest et du sud-est, c'est à dire, en sens inverse du samône (T. II, p. 261).

Après l'été, la saison des pluies. Elles sont torrentielles et accompagnées d'horribles coups de foudre. Elles laissent, quand elles ont cessé de tomber, des mares pestilentielles:

Les pluies cessent à la fin de septembre. Le sol, profondément imbibé, conserve çà et là à sa surface *des mares d'eau stagnantes*: ces eaux, mises en fermentation par l'action subite de la chaleur, répandent des *miasmes* putrides,

---

[1] Je souligne les passages qui me paraissent avoir attiré l'attention de Leconte de Lisle.

qui joints aux *vapeurs* non moins pernicieuses que la terre exhale, vicient l'air et engendrent une foule de maladies; les fièvres surtout exercent de grands ravages jusqu'en janvier.    Aussi, à l'approche de cette époque désastreuse, les habitans riverains du fleuve s'empressent-ils de déserter les villages avec leurs bestiaux et de fuir loin de cette atmosphère empestée (T. II, p. 262).

Dans le voyage qu'il fait de la ville de Sennaar au Fasogl, le voyageur note souvent des marais sur son *Journal de Route*.    Le 13 décembre: *sol marécageux*; le 14: *sol marécageux*; le 15: *grand marais*; le 16: *grand marais*; le 20: *plusieurs mares d'eau*.    [T. IV.] On comprend sans peine que l'abondance de ces mares ait frappé le poète.

La végétation ne manque pas le long des rivières.    Le voyageur note souvent les *palmiers-doums*.    Ces bois sont habités par des oiseaux.    Le 13 juin 1821, huit jours avant d'arriver à Sennaar, Cailliaud écrit:

Je voulus entrer dans le bois . . . pour y surprendre quelques animaux; j'y vis beaucoup de singes, les traces fraîches de l'éléphant, des pintades et divers oiseaux à beau plumage, mais *ne poussant que des cris aigus* (T. II, p. 217).

A son premier séjour dans les environs de Sennaar, il vit beaucoup d'*ibis*.    A son second séjour plus un seul.    Il apprit que les ibis émigrent, comme les hommes, au moment où le pays devient malsain.

Les animaux sauvages sont nombreux:

On compte l'éléphant, la giraffe, la gazelle, le rhinocéros, le lion, la hyène, le bagare ou bœuf sauvage, le loup, le chat musqué, la chèvre mambrine, l'onagre, et divers quadrupèdes de moindre importance; trois ou quatre espèces de singes, des autruches.    Les serpents y sont nombreux et variés; on en remarque qui ont dix à douze pieds de longueur.    L'*hippopotame* et le crocodile *dominent* au milieu des autres habitans du fleuve (T. II, p. 272).

La population indigène est hostile.    Dans une marche très pénible à travers la terre, le voyageur et son escorte sont sans cesse sur leurs gardes, parce que des troupes de nègres sont aux alentours.

J'envoyai mon Arabe à la découverte; il *s'avança en silence à la faveur des buissons* (T. II, p. 389).

Des marchands circulent.

Dans toutes les contrées de la Nubie et du Sennâr, les Arabes nomades sont intelligens et industrieux.    Ceux de la presqu'île de Sennâr jusqu'à Fudassy, se livrent avec activité au commerce . . . .    Ils sont doux, laborieux, et supportent avec constance les fatigues des longs et fréquens voyages qu'ils sont obligés de faire pour acheter et pour vendre.    Les Arabes des environs du Fazogl et du Bertâl *voyagent ordinairement sur des bœufs qui portent aussi leurs marchandises* (T. III, p. 62).

Le voyageur dit sans cesse "le *royaume de Sennâr*." Il s'est enquis de l'histoire du pays. D'après la tradition, c'est l'antique Macrobe, où régnèrent, après le temps de Cambyse, douze reines et dix rois. Vinrent plus tard les Foungis, qui l'an 890 de l'hégire, c'est à dire l'an 1484 de l'ère chrétienne, "fondèrent une monarchie, dont le trône a été occupé par vingt-neuf rois, qui régnèrent l'espace de 335 ans" (T. II, p. 255). Le voyageur donne la chronologie de ces rois du Sennaar, rectifiant celle de Bruce. Cette chronologie, il la tient du roi Bâdy lui-même, le roi dépossédé en juin 1821 par Ismayl-Pacha, fils de Mohammed Ali. Mais soulevée contre l'envahisseur la population indigène massacra Ismayl.

En lisant cette histoire des rois de Sennaar, Leconte de Lisle sourit: après une dynastie, une dynastie; après celle-ci, une autre; après Amârah Dou Nags, Nayl son fils; après eux, un autre Amârah, puis des Abd-el-Quâder, puis des Tabl, des Aouanseh, sept Bâdy;[1] après le septième Bâdy, le fils du Khédive; après lui de nouveau un roi nègre . . . En vérité, pense le poète, ces royautés sont bien éphémères! Les historiens ne voient-ils pas que la vraie dynastie, la seule légitime est celle qui n'a jamais été dépossédée, celle qui règne sur les bêtes comme sur les hommes? "Le roi du Sennaar, le chef," c'est le lion.

Et le poète, pour dire la grandeur, mais aussi la misère de cette royauté, compose *l'Oasis*.

Dans le portrait que le voyageur a fait du pays il choisit les traits les plus significatifs. Mais, pathétique autant qu'il est pittoresque, son propre tableau tend tout entier, avec une admirable unité, à nous faire comprendre les difficultés et les souffrances de la vie pour tous les êtres dans ces lieux où l'on mange peu et où l'on respire mal.

C'est le soir. Le soleil est tombé comme un bloc lourd. De "sombres lueurs" qui traînent encore éclairent tristement ce pays au moment où ses habitants vont se réveiller pour boire et manger.

En quatre vers, le poète ramasse les traits qui d'après Cailliaud donnent au sol sa physionomie: les concrétions calcaires renfermant des détritus de plantes et teintes en rouge par l'oxyde de fer, les innombrables mares exhalant des vapeurs pestilentielles.

> Le rugueux Sennaar, jonché de pierres rousses,
> Qui hérissent le sable ou déchirent les mousses,
> A travers la vapeur de ses marais malsains
> Ondule jusqu'au pied des versants Abyssins.

[1] T. II, pp. 255-57.

Le soir tombe. Alors le poète nous fait entendre "les cris aigus" des Koucals que le voyageur avait entendu le 18 juin 1821. Puis, il nous fait voir et entendre les hyènes: elles secouent leurs dos maigres, car elles ont faim; elles râlent, car elles respirent mal; elles se glissent "de buissons en buissons," car elles ont peur. (Leconte de Lisle a donc attribué aux hyènes cette précaution que dans le livre du voyageur il a vu prendre aux hommes.)

> Les hyènes, secouant le poil de leurs dos maigres,
> De buissons en buissons se glissent en râlant.

Un admirable tableau de trois vers nous fait assister ensuite à la vie pénible de l'hippopotame: il souffle bruyamment, car il respire mal; il se meut lourdement, car il vit dans la vase, et il a besoin de vautrer son ventre dans les joncs pour le nettoyer; le Nil Blanc prend dans ces vers tout son sens: c'est le fleuve de la boue. (Leconte de Lisle, estimant avec vraisemblance que le pays ne devait pas changer beaucoup d'aspect pendant les deux journées de marche qui avaient séparé Cailliaud du fleuve, n'a pas hésité à y transporter la scène de son drame.)

> L'hippopotame souffle aux berges du Nil Blanc
> Et vautre, dans les joncs rigides qu'il écrase,
> Son ventre rose et gras tout cuirassé de vase.

On voit ensuite les chacals se rendre à l'abreuvoir. Ils s'en vont vers une eau rare et saumâtre; ils y vont "en bandes," par sûreté; "en longeant les nopals" qui les cachent; et cette misérable boisson, ils doivent s'exposer pour la boire à la morsure d'innombrables bigaylles:

> Autour des flaques d'eau saumâtre où les chakals
> Par bandes viennent boire, en longeant les nopals,
> L'aigu fourmillement des stridentes bigaylles
> S'épaissit et tournoie au-dessus des broussailles.

La dernière partie du tableau arrête nos regards sur l'arbre du pays, le palmier-doum et sur les ibis qui y logent;[1] en même temps elle évoque la vision de l'immense désert qui est là-bas au sud et fait souffler sur tout le paysage ce khamsyn qui porte en Nubie la chaleur et l'humidité du Sennaar:

> Tandis que, du désert en Nubie emporté
> Un vent âcre, chargé de chaude humidité,
> Avec une rumeur vague et sinistre, agite
> Les rudes palmiers-doums où l'ibis fait son gîte.

---

[1] La saison où le poète nous transporte n'est-elle pas celle où les ibis ont émigré ?

Voilà le royaume, voici le roi.

C'est son heure. Le poète l'a logé dans une montagne analogue à celle que Cailliaud a vue à deux jours du Nil Blanc, à Djebel-Mouyl. Celle-ci a de huit à neuf cents pieds d'élévation; elle est de *granit* à lames de feld-spath; des cavités naturelles s'y ouvrent. Le lion du poète nous apparaît sous une roche concave. Elle est pleine "d'os qui luisent," qui luisent parce qu'ils ont été dépouillés de toute chair par les dents d'une famille affamée. Le chef aiguise ses ongles durs contre "l'âpre granit": ne doit-il pas chaque jour entretenir ses armes en bon état? Il arque ses reins, dont la souplesse va lui être si nécessaire. Levé, il s'avance au dehors "d'un pas mélancolique," du pas d'un être condamné à conquérir sans cesse sa nourriture et à avoir souvent faim. Alors, il aspire l'air du soir sur le seuil de cet antre que le poète qualifie justement de "famélique."

Le lion aperçoit au loin dans l'oasis des hommes du Darfour campés avec leurs bœufs. Ils se sont arrêtés là après une marche fatigante par des "terrains bourbeux." Sous une lune froide, sous un ciel livide, ils sont assis autour d'une eau "terne," donc peu profonde et impure. Cette misérable boisson arrose un sobre repas de "mil et de maïs." Ils s'endorment "en parlant du retour au pays": en ce lieu ils souffrent; c'est là-bas qu'ils auront de la joie. A leurs côtés, les bœufs "rêvent de grasses herbes," d'herbes qu'ils ne peuvent manger ici; ils sont couchés, non sur des litières, mais sur un "lit de graviers." Pourquoi donc ces hommes et ces bœufs sont-ils ce soir dans l'oasis? Parce que la nécessité de conquérir la nourriture quotidienne a fait d'eux des marchands et des nomades. La vie est dure pour eux comme pour le lion. Mais de leurs tristesses le lion n'a cure. Après tout, ils sont ici des intrus. Ils sont chez lui, non chez eux. C'est lui qui est le roi du pays. Ils ont pris sa place. Avec leur feu de ronce sèche ils ont fait fuir les bêtes qui étaient les proies naturelles du souverain. Ils les remplaceront. D'un bond, le roi du Sennaar se lance dans l'oasis: pour assouvir sa faim, il aura la chair des bœufs ou la chair des bouviers; elle est à lui.

Aux deux derniers vers du poème, nous voyons le ventre du lion qui bat, ses cheveux que la faim hérisse, l'élan qui le plonge dans l'ombre "en quelques bons nerveux."

Leconte de Lisle, haïssant le mélodrame, ne nous fait pas assister au carnage:

Voici ton heure, ô roi du Sennaar, ô chef . . .
. . . . . . . .
A toi la chair des bœufs ou la chair des bouviers!
Le vent a consumé leurs feux de ronce sèche;
Ta narine s'emplit d'une odeur vive et fraîche,
Ton ventre bat, la faim hérisse tes cheveux,
Et tu plonges dans l'ombre en quelques bons nerveux.

De l'ouvrage de Cailliaud, l'auteur de *l'Oasis* a donc tiré une pièce magnifique. Tout le Sennaar y est entré; son ciel, son sol, ses mares, son atmosphère, ses animaux. Mais Leconte de Lisle prétend n'être pas qu'un peintre de la nature; il prétend en être le philosophe. Il veut en dire les lois comme les aspects. Le royaume du lion, qui l'a intéressé par son pittoresque, l'a intéressé surtout parce que c'est un des lieux du monde où apparaissent le mieux les souffrances et les cruautés de l'implacable lutte pour la vie. Ces cruautés il n'a pas à les excuser: elles sont inévitables, donc légitimes. Mais ces souffrances l'attristent et l'irritent. Une profonde émotion anime secrètement toute la peinture du poète réputé impassible, et aucun lecteur n'est assez froid pour échapper à la contagion de cette mélancolie.

JOSEPH VIANEY.

MONTPELLIER.

# LA DANSE AUX AVEUGLES, LES LOUPS RAVISSANS
## ET
# LES ACCIDENS DE L'HOMME
### VARIATIONS SUR UN THEME MACABRE.

DANS l'introduction de son édition du *Mors de la Pomme*,[1] M. Schneegans a remarqué les ressemblances qui existent entre ce poème et "deux œuvres curieuses qui mériteraient d'être étudiées et publiées, et que nous ne connaissons que par l'analyse qu'en donne Langlois dans son *Essai sur la Danse des Morts*.[2] La première et la plus remarquable est une *Vision de la Mort* qui se trouve dans les 62 dernières pages des *Loups ravissans*, poème en prose et en vers de Maistre Robert Gobin, 'doyen de chrestienté de Laigny-sur-Marne'...L'autre œuvre, dont Langlois publie le texte au tome II de son *Essai*, est intitulée *les Accidens de l'Homme*, et se trouve dans les *Heures* faites pour Simon Vostre à partir de 1510, et surtout dans les éditions de 1512–1520." L'opinion de M. Schneegans est que la *Vision* et les *Accidens* dérivent d'un même original (p. 546).

Examinons les deux œuvres avant d'essayer de trouver le "même original" dont elles dérivent.

La *Vision de la Mort*[3] comprend 24 gravures sur bois, d'une force et d'une beauté de ligne remarquables, représentant la Mort, la chute de l'Homme, la mort de Caïn, les différents genres de mort subite et violente, et se termine par le Jugement dernier. Les gravures sont accompagnées d'un texte en vers dans lequel la Mort et son serviteur Accident vantent leur puissance et où différents personnages de l'histoire ancienne ou contemporaine racontent comment ils sont morts pour avoir commis différents péchés.

Tout ce que nous savons de l'auteur de ce poème se trouve à la fin de l'édition de son livre : *Cy fine ce present livre des loups ravissans, fait et composé par maistre Robert Gobin, prestre, maistre es ars, licencié en decret, doyen de crestienté de Laigny-sur-Marne, au dyocese de*

---

[1] *Romania*, t. XLVI (1920), p. 544.

[2] Rouen, 1851. Sur la *Vision*, voir le t. I, (fin), *Lettre de M. C. Leber . . . sur l'origine de la Danse Macabre*, etc.

[3] Ce titre est l'invention de Leber, non pas de Gobin.

*Paris, advocat en cours d'eglise.   Imprimé pour Anthoine Verard, marchant libraire, demourant a Paris* etc.

Les bibliographes ne sont pas d'accord sur la date du livre de Gobin.   La Croix du Maine[1] date l'édition de Vérard de 1510, Du Verdier[2] de 1505, Macfarlane[3] vers 1503.

A deux reprises (ff. *i* ij *v⁰* et *kk* iv), Gobin raconte l'histoire d'Hémon de la Fosse, exécuté en 1503 pour avoir violé le Saint Sacrement.[4]   Goujet[5] avait déjà relevé ces deux passages.

Mais à deux autres endroits, Gobin parle de l'année 1505 :

(f. *a* ij *v⁰*)   Advis m'estoit que je m'aloys esbatre *ce premier jour de janvier mil cinc cens et cinq*, pour voir les champs, etc.

(f. *A* ij *v⁰*)   Et chascun de vous a part soy contemple
Comment *l'an mil cinq cents cinq*, a Paris,
Maintz tresoriers par Accident marris
Si furent fais pour leurs faultes trop grandes.

La première de ces dates pourrait être une invention de l'auteur, écrite même avant 1505 ; la seconde a pourtant l'air de s'attacher à des événements authentiques.

*Les Loups ravissans* auraient donc été composés après, ou dans le courant de l'année 1505, ou même, si la première de ces deux dates est exacte, après le premier janvier 1506 (n. s.)?

A un autre endroit, Gobin fait dire à Accident (f. *ss* iv *v⁰*) :

Je suis Accident qui jadis
En l'eaue si feis trebucher
Le Pont Nostre Dame, pas dix
Ans n'y a, qu'on tenoit si cher.

Or, le Pont Notre-Dame s'écroula le 25 octobre 1499,[6] donc, comme Leber l'a déjà remarqué, "puisqu' il n'y avait pas encore dix ans que ce désastre avait eu lieu quand le poète le rappelait dans ses vers, on peut en inférer que l'impression de son poème, dont la date n'est pas indiquée, appartient à l'année 1508 ou 1509, ou qu'elle ne remonte pas plus loin."[7]

Faut-il essayer de préciser davantage, en faisant remarquer qu'il n'y a qu'un autre nom de nombre qui rime avec *jadis*, c'est *six*,

---

[1] *Bibliothèques françoises*, éd. Rigoley de Juvigny (Paris, 1772), t. II, p. 388.

[2] *Ibid.*, t. III, p. 424.

[3] *Antoine Vérard—Illustrated Monographs issued by the Bibliographical Soc.*, No. VII (London, 1900), p. 84.

[4] Voir Félibien et Lobineau, *Hist. de la Ville de Paris* (1725), t. III, p. 903.

[5] *Bibliothèque françoise* (Paris, 1745), t. X, p. 182.

[6] Selon Félibien, *loc. cit.*, t. III, p. 896; le 13 octobre selon Pierre Grognet, *Mercure de France*, novembre, 1740, p. 2416.

[7] Langlois, *Essai*, t. I, *Lettre*, etc., p. 60.

et que si Gobin ne l'a pas employé, c'est parcequ'il y avait déjà plus de six ans depuis la chute du Pont Notre-Dame lorsqu' il composa son livre ? Dans ce cas, notre *terminus ab quo* serait encore 1506. Je conclue donc que les *Loups Ravissans* datent de 1505–1506.

Les *Accidens* sont une série de quatrains qui accompagnent 26 petites gravures représentant, comme nous le verrons, des sujets analogues à ceux des *Loups*. Langlois[1] a dit que ces gravures acompagnées de quatrains "se trouvent dès 1495 dans les *Heures* publiées en espagnol par Simon Vostre" et qu'on " ne les rencontre guère, à vrai dire, que dans les éditions postérieures données par ce même libraire à partir de 1510–1512."

J'ai examiné *Las Horas de nuestra Senora, con muchos otros oficios y oraciones. Imprimé a Paris par Nic. Higman pour Simon Vostre* (Bibl. nat., Rés. B. 9800) citées par Langlois, sans trouver le moindre signe des gravures ou des quatrains. J'ai pu constater aussi que l'édition des *Accidens* donnée par Langlois était incomplète ; elle ne contient pas les quatrains que j'ai numérotés 23 et 24, et les quatrains 18–22 sont donnés dans l'ordre 18, 21, 22, 19, 20.[2]

Je reproduis ici la série complète des *Accidens* d'après les *Heures à l'usage de Chalon* (Bibl. Ste. Geneviève, Œ. 286).

Je ne donnerai pas le texte complet de la *Vision* de Gobin, mais seulement une description des gravures, avec un résumé du texte. Leber a fait sa description d'après un exemplaire dont les différents cahiers avaient été mal rassemblés par le relieur ; il décrit les images 16–20 dans l'ordre 16, 20, 21, 22, 17, 18, 19.

### LA VISION DE LA MORT de ROBERT GOBIN
(Bibl. nat., Rés. Ye 851).

I

f. ss i *v°*.

*La Mort assise dans un cimetière, une faux dans sa main droite, indiquant un tombeau ouvert de sa main gauche.*

Dix dizains commençant chacun par :
  "Je suis la Mort"
dans lesquels la Mort décrit sa puissance.

II

f. ss iv.

*Accident, armé d'une flèche, entraîne avec lui trois hommes.*

Six dizains dans lesquels Accident décrit comment il prend les humains. Remarquons :

"Je suis Accident qui gens livre
A Mort par diverse maniere,
L'ung faisant cheoir quant est yvre
Dedans estangt ou en riviere.
L'autre fais tomber en arriere
Du feste de quelque maison ;
L'autre meurt sans confession,
L'autre est bruslé en son lict,
L'autre fais sans cause et raison
Maintes fois pendre sans respit.

---

[1] *Essai*, t. I, p. 344 ; t. II, p. 22.

[2] J'ai remarqué que les numéros XV–XXIV sont omis des *Heures à l'usage de Chartres* (Bibl. Ste Geneviève, Œ. 288 (6)).

## III

f. *ss* v *v⁰*.

*Adam et Eve sous l'Arbre, autour duquel le Serpent s'est enroulé; ils cachent leur nudité de leur main gauche. La Mort tient Adam par le bras.*

Adam raconte l'origine de la mort par le péché et rappelle aux humains que tous doivent mourir.

## IV

f. *tt* i *v⁰*.

*Accident assiste à la mort d'Abel. Caïn frappe celui-ci d'une mâchoire.*

La Mort, Accident, Abel et Caïn racontent comment Abel fut la première victime de la Mort.

## V

f. *tt* v.

*Le noble, le prélat et le laboureur. Accident tire le premier par son manteau.*

La Mort prie les trois états de vivre plus convenablement en citant l'exemple de saint Louis.   Xerxès, type du roi orgueilleux, raconte son histoire.

## VI

f. *vv* iv.

*Accident avec Mortalité, Guerre et Famine; celle-ci tient un paquet de verges à la main.*

Guerre, Famine et Mortalité racontent comment elles servent la Mort en tuant les hommes.

## VII

f. *vv* vj *v⁰*.

*Accident pique de son dard un guerrier que la Guerre a terrassé.*

La Guerre raconte qu'elle a tué Cyrus, "roy de Perse et d'Asie," lequel, type du convoiteux, raconte son histoire.

## VIII

f. *xx* ij *v⁰*.

*Mortalité (Accident) frappe de sa faux quatre personnages couchés sous ses pieds.*

Mortalité exhorte les pécheurs à bien vivre.

## IX

f. *xx* iv *v⁰*.

*Famine (Accident); à sa droite, une femme à genoux qui porte un bébé dans des langes; à sa gauche, deux hommes étendus par terre.*

Famine expose ses méthodes, et le "roy Archilaus, filz du roy Herodes qui fist tuer les Innocens," raconte comment il fut puni pour avoir offensé Dieu.

## X

f. *xx* vj *v⁰*.

*Accident, monté sur un bœuf, atteint un homme de son dard et piétine une femme couchée par terre. Un troisième personnage lève les bras en signe d'horreur.*

Discours d'Accident et de Gannelon "qui trahit les douze pers," exemple d'avarice.

## XI

f. *yy* iij.

*Une garde-malade entre deux malades. Maladie (Accident) tue celui qui est à droite de la garde.*

Maladie expose ses méthodes et demande aux humains d'être charitables.

## XII

f. *yy* vi *v⁰*.

*Accident fouette un homme assis devant une table sur laquelle il y a de l'argent. A droite, un homme et un enfant.*

Accident prévient les "possesseurs de mondaines richesses" contre la mort subite.   Histoire de "Zambrias, roy des Juifz" racontée par lui même.

## XIII

f. *zz* iij *v⁰*.

*Accident perce de son dard un homme qui s'est accroché à une branche d'arbre pour ne pas tomber dans l'eau. Au fond, un homme tombe du haut d'un château fort; une femme le regarde d'une fenêtre.*

Accident raconte comment il prépare la fin des orgueilleux.   Marcus Manlius Capitolinus, exemple d'outrecuidance, décrit comment il est mort.

### XIV

f. zz vi.

*Un homme égorge un autre homme.*
*Accident les regarde.*
Accident décrit comment on meurt aux
mains des brigands des bois.  Récit de
"Cacus, meurtrier et larron."

### XV

f. rr ij *v⁰.*

*Accident regarde le bourreau qui va*
*pendre un homme qu'il a monté sur*
*une échelle.  Il y a déjà un pendu au*
*gibet.  Un homme assiste à cette scène.*
Accident prévient les "maistres d'ostelz
et gouverneurs de roys" contre le danger
de vouloir s'emparer du trône.  Il
cite les exemples d'Olivier le Daim et du
Connétable de Saint Pol.  Récit d'Aman,
"gouverneur d'Assuere."

### XVI

f. rr iv *v⁰.*

*Accident tue un empereur que soutient un*
*autre homme; un roi regarde, horrifié.*
Accident dit comment il tue les rois.
Récit d'Alexandre le Grand.

### XVII

f. A i.

*Accident saisit un homme qui compte son*
*argent.  Deux hommes le regardent.*
Accident parle de la mort de "ces rece-
veurs et grans tresoriers Qui de l'argent
des princes ont maniment."  Récit de
Bétisac, trésorier du duc de Berry.

### XVIII

f. A iij.

*Accident transperce un homme armé,*
*couché par terre.  A droite, un homme*
*s'en va, une lance sur l'épaule.*
Accident bat les hommes forts.  Récit
de Gauvain.

### XIX

f. A v *v⁰.*

*Accident frappe de son dard une femme*
*couchée par terre.  Deux autres la*
*regardent; l'une d'elles se joint les mains.*
Accident: "A ces mignotes femmes tant
precieuses

. . . Je fais flaistrir leur beauté quant
    frapees
    Ilz (*sic*) sont de moy."
Récits de "Dalida" et de "Mirra, fille
du roy de Chippre."

### XX

f. B ij.

*Même gravure que XIII.*
Accident parle contre les juges et les
procureurs   malhonnêtes.   Récit   de
"Tulles, prince d'eloquence latine."

### XXI

f. B iv *v⁰.*

*Accident saisit un de trois musiciens munis*
*de flûtes.*
Accident attaque les amoureux.

### XXII

f. C vi *v⁰.*

*Accident emmène un hermite suivi de deux*
*religieux.*
Accident parle contre les "faulx moynes,
ypocrites apostaz."   Discours des Papes
Jean XII et Boniface VIII.

### XXIII

f. C iij.

*Accident étrangle un homme qu'il a forcé*
*à genoux, et qui tient une bourse dans sa*
*main gauche.  Au fond, à droite, deux*
*spectateurs.*
Accident parle contre les biens mal acquis
et contre les héritiers convoiteux.
*Requeste des mors aux vivans.*

### XXIV

f. C v.

*Le Jugement dernier.  Dieu le Père au*
*centre; à sa droite un homme, au ciel un*
*lys; à sa gauche, une femme, au ciel une*
*épée; à ses pieds, les morts qui ressuscitent.*
(Cette gravure est sûrement d'une autre
main que les 23 autres; elle est très
inférieure à celles qui précèdent).
La Mort décrit le Jugement dernier et
supplie les hommes de bien vivre.

## LES ACCIDENS DE L'HOMME

d'après les *Heures à l'usage de Chalon* de Simon Vostre (1512).
(Bibl. Ste Geneviève, Œ. 286).

### I

*La Mort assise dans un cimetière, un dard
à la main droite, indiquant un tombeau
ouvert de sa main gauche.*

Par mon nom suis apellee Mort,
Ennemye des humains.
Le riche, le povre, floibe (*sic*) ou fort
Occis quant mez sur luy les mains.

### II

*Gravure : même su·et que Gobin III.*

Adam et Eve transgresserent
L'edict de la Divinité,
Lors sur eulx pouoir me donnerent
Et dessus leur posterité.

### III

*La Mort frappe Abel que Caïn a frappé
d'une massue. Cf. Gobin IV.*

Cayn, comme mal entendu,
Frappa Abel par inconstance;
Le sang du juste respandu
Cria treshault a Dieu vengence.

### IV

*Accident, le prélat, le noble, le laboureur et
un quatrième personnage. Accident tire le
premier par sa robe. Cf. Gobin V.*

Saiges, princes, jeunes et vieulx,
De ruer jus treuve moyens,
En toutes places et tous lieux,
Par divers inconveniens.

### V

*Gravure : même sujet que Gobin X.
Accident sur un bœuf, etc.*

Bonté, Vertu, Sens et Vaillance
Adnichile du tout en tout.
Riches abis, pompe, puissance
Je consomme et en viens a bout. ·

### VI

*Accident saisit par le collet un homme assis
devant un coffre et qui tient une bourse de
sa main droite. Deux hommes au fond.
Cf. Gobin XVII.*

Aux jeunes gens l'assault je livre
Quant s'endorment en leurs biens,
Et qu'il cuident longuement vivre,
Par moy sont prins et despechez.

### VII

*Accident aide un guerrier armé de toutes
pièces à tuer un homme par terre. Cf.
Gobin VII.*

En batailles, guerres, alermes,
Altercations et combats,
Destruitz les plus puissans gens d'armes
Et metz affin tous leurs debatz.

### VIII

*Accident (Famine), un paquet de verges
à la main, piétine des gens couchés par terre.*

Quant le peuple se determine
Pecher, ou son maistre et seigneur,
Je les aboliz par famine,
Ainsy qu'il plaist au Createur.

### IX

*Accident (Mortalité), une faux à la main,
piétine des corps humains. Cf. Gobin
VIII.*

Les corps remplis de vilité
Occis par divine sentence;
C'est soubdaine mortalité
Que plusieurs nomment Pestilence.

### X

*Famine, Guerre, Mortalité et Accident.
Cf. Gobin VI.*

Les cueurs des humains tiens en serre
Par ces trois que voyés icy:
Mortalité, Famine, Guerre,
Qui mettent plusieurs en souci.

## XI

*Accident (Maladie) transperce une femme que soutiennent deux autres.*

Malladie souvent combat
Les povres mondains, et assomme;
Nature contre elle debat,
Parquoy peult reschapper maint homme.

## XII

*Accident pousse de son dard un homme qui tombe du haut d'une tour de château fort. Cf. Gobin XIII.*

Par Accident sont succombez
Plusieurs en estancz et rivieres,
Les aultres de hault lieu tumbez
Sont mors en diverses manieres.

## XIII

*Accident aide un homme à égorger un autre homme, à la lisière d'un bois. Cf. Gobin XIV.*

Larrons, pillars, meurtriers meschans,
Guettant les chemins et les bois,
Tuent pelerins, bourgois, marchans
Par accident souventefoys.

## XIV

*Accident regarde le bourreau qui attache un condamné à la potence. Cf. Gobin XV.*

Telz meurtriers larrons, par sentences
Diffinitives criminelles
Meurent a gibetz et potences;
La sont pugnis de leurs cautelles.

## XV

*Le bourreau va décapiter une victime avec une épée. Accident pique la victime avec son dard.*

Crime de leze-majesté
Commettent aucuns par fallace,
Dont on voit maint decapité
En marché ou publicque place.

## XVI

*Accident frappe un empereur de son dard. Cf. Gobin XVI.*

Empereurs, princes ou seigneurs
N'epargne, soit droit ou soit tort;
Tant soient plains de mondains ho-
Je fais dessus eulx mon effort. [neurs,

## XVII

*Accident transperce la poitrine d'un homme qui tient une lance. Au fond, un jeune homme. Cf. Gobin XVIII.*

Je suis si cruelle et diverse
Que quant il me plaist, tout soudain,
Force, beaulté abbas renverse.
Contre moy on debat en vain.

## XVIII

*Accident frappe une femme couchée dans un lit. Cf. Gobin XIX.*

Regardés ! plaisans faces joieuses
Des creatures feminines
Fais devenir laides, hideuses,
Quant leur baille mes disciplines.

## XIX

*Accident étrangle un homme qui tient une bourse. Plusieurs personnes regardent cette scène. Cf. Gobin XXIII.*

Des hommes j'ay deconfis maint
Aians biens terriens, finance,
Lesquels, quant tumbent en mes mains,
Ils perdent de Dieu congnoissance.

## XX

*Accident pique un enfant couché dans un berceau et enlève de sa main droite deux petits personnages.*

A, a, a, mourir il me fault,
Et n'ay fait qu'yssue et entree,
Car sur moy Mort donne l'assault
De son dart, qui point ne m'agree.

## XXI

*Accident emmène un homme qui a une bourse à la ceinture.*

Aucuns edifices font faire
Qui cuident ne mourir jamais,
Mais souvent, ains que les parfaire,
Leur baille mortel entremetz.

## XXII

*Accident pique un homme assis avec une femme devant un festin.*

Las ! Je cuidois bien estre fort
En nourissant ma charnalité,
Aujourd'uy vif et demain mort
En ce monde, c'est verité.

### XXIII

*Accident tenant un luth, accompagne trois musiciens.* Cf. *Gobin XXI.*

Mes menestrelz par accordance
Sonnent chançons, ce n'est pas fainte;
Tous les humains a ceste dance
Sont subgetz dancer par contrainte.

### XXIV

*Accident tient un hermite par la main.* Cf. *Gobin XXIII.*

Sur les bons frape a tous propos,
Par le vouloir de Dieu les meine
En eternel lieu de repos;
Mauvais conduis en lieu de peine.

### XXV

*Le Jugement dernier.* Cf. *Gobin XXIV.*

Aprés cette dance mortelle
Qui l'homme de vie desherite,
Dieu donra sentence eternelle
A chascun selon sa merite.

### XXVI

*Un homme à barbe, vêtu d'une longue robe et d'une grande cape. Une banderolle se déroule dans la partie supérieure de la gravure.*

Homme mondain, regarde et voy
En ton cueur ceste pourtraicture;
Mourir convient; vela la loy
Que Dieu a baillé a Nature.

Passons maintenant à l'original de ces deux œuvres.

Langlois[1] a cru que les gravures des *Accidens* avaient été copiées sur celles de la *Vision.* M. Émile Mâle,[2] et, par conséquent, M. Schneegans,[3] croient que "les manuscrits illustrés du *Mors de la Pomme* ont certainement inspiré l'artiste qui composa pour... Simon Vostre les jolies bordures des *Heures* de 1512... Le thème une fois donné, les variations pouvaient être infinies. Aussi, le dessinateur de Simon Vostre ne s'est-il pas cru obligé de copier servilement son modèle. Il a inventé plus d'un épisode." En 1929, dans un article intitulé *Die französischen Totentänze,*[4] M. Werner Mulertt indique (p. 149) le *Mors de la Pomme* comme source des *Accidens* et des *Loups ravissans.*

Il est vrai, en effet, que certaines illustrations du *Mors de la Pomme* ressemblent à celles de Gobin et des *Accidens.*[5] Mais pour moi, une indication plus nette de la source commune de la *Vision* et des *Accidens* se trouve dans le titre même de ceux-ci, et dans l'importance donné au personnage Accident dans les vers de Robert Gobin. Langlois[6] avait bien remarqué que

[1] *Essai*, t. II, p. 146.

[2] *L'Art religieux en France à la fin du Moyen Age*, p. 411 (Paris, 1908).

[3] *Loc. cit.*, p. 538.

[4] *Berliner Beiträge zur Romanischen Philologie, Band I. Wechssler-Festschrift* (Jena und Leipzig, 1929).

[5] Adam et Eve, *Acc.* II, *Mors*, f. 107 *v⁰*; Caïn et Abel, *Acc.* III, *Mors*, f. 109; le changeur et le bourgeois, *Acc.* VI, *Mors*, f. 112 *v⁰*; la mort par accident, *Acc.* XII, *Mors*. f. 109 *v⁰*; l'empereur, *Acc.* XVI, *Mors*, f. 113; la Mort frappe une personne au lit, *Acc.* XVIII, *Mors*, f. 111; la Mort et l'enfant, *Acc.* XX, *Mors*, f. 110 *v⁰*; la Mort au festin, *Acc.* XXII, *Mors*, f. 110; le Jugement dernier. Les renvois aux *Loups ravissans* se trouvent plus haut, dans ma description des *Accidens.*

[6] *Essai*, t. II, p. 145.

certains vers de la *Danse aux Aveugles*, "ouvrage que l'on sait se rapprocher des *Loups ravissans*,... semblent tout à fait convenir" à la gravure que j'ai décrite plus haut sous le chiffre XV. Et M. Schneegans[1] a écrit : "Nous retrouvons la Mort sur un bœuf, symbole de force et de lenteur obstinée, dans la *Danse des* (sic) *Aveugles*, ainsi que le personnage d'Accident." Mais ni Langlois ni M. Schneegans n'a examiné de plus près les relations qui pouvaient exister entre les *Loups ravissans*, les *Accidens* et la *Danse aux Aveugles*.

Pierre Michault, auteur de la *Danse aux Aveugles*, composa sur la mort d'Isabelle de Bourbon, comtesse de Charolais, une *Complainte* dans laquelle la Mort dit à Vertu :

> Vous avez sceu ja de moy, somme toute,
> En ung traictié par cest auteur dicté,
> Comme je suis aveugle et n'y vois goute,
> Et tout vivant a ma dance se boute
> Sans eschapper par vertu ne pité[2],

référence nette à la *Danse aux Aveugles* qui nous permet de dire que celle-ci fut composée avant le 26 septembre 1465, jour où trépassa la seconde femme de l'héritier de Bourgogne.

Comme les autres œuvres de Pierre Michault, le *Doctrinal du Temps Présent* et le *Procès d'Honneur Féminin*, la *Danse aux Aveugles* est une pièce allégorique en vers et en prose. L'auteur y raconte comment Entendement le conduisit à un endroit où il vit une foule de gens qui dansaient devant trois personnages aux yeux bandés, l'Amour, la Fortune et la Mort.[3] Chacun de ces personnages fait un discours dans lequel il démontre le pouvoir qu'il a sur le genre humain.

La *Danse aux Aveugles* a été beaucoup lue aux xve et xvie siècles; il en existe de nombreux manuscrits[4] et plusieurs

---

[1] *Loc. cit*, p. 546, note.

[2] *La Danse aux Aveugles et autres poésies du XVe siècle*, p. 150, p.p. Lambert Douxfils (Lille, 1748 et Amsterdam, 1749).

[3] H. R. Patch, *The Goddess Fortuna in Mediaeval Literature*, p. 118, note 1 (Cambridge, Harvard University Press, 1928), cite plusieurs œuvres qui réunissent ces trois personnages, sans toutefois leur donner l'importance qu'ils ont dans la *Danse aux Aveugles*.

[4] Bibl. nat., MSS. fr. 1119, 1186, 1654, 1696, 1989, 12788, 22922, 24442; n. acq. fr. 10722.

Arsenal, MSS. 2070, 5113.
Chantilly, Musée Condé, MS. 146 (anc. 1513).
Lille, MS. 342.
Genève, Bibl. de l'Université, MS. fr. 182.
Londres, British Museum, MSS. Harley 4473, 7546.
Bruxelles, Bibl. royale, MSS. 11018, 11025.

éditions.[1] On en connaît une traduction flamande contemporaine.[2] Le discours de la Mort fut imprimé par Claude Nourry, à Lyon, en 1519[3], avec le *Débat du corps et de l'âme, la Complainte de l'âme damnée* etc., à la suite de la *Grant danse Macabre des hommes et des femmes*.

Comme les éditions de la *Danse aux Aveugles* sont presque inaccessibles, et comme il est indispensable de connaître en détail le discours de la Mort, je le reproduis ici, d'après le manuscrit français 1654 de la Bibliothèque nationale (ff. 171–176) :

I

Je suis la Mort, de Nature ennemie,
Qui tous vivans finablement consomme,
Adnichilant a tous humains la vie,
Reduis en terre et cendre tout homme.
Je suis la Mort qui "dure" me surnomme
Pource qu'il fault que tout je mette a fin.
Je n'ay amy, frere, parent n'affin
Que je face tost rediger en pouldre,
Et suis de Dieu commise a celle fin
Que l'on me doubte trop plus que tonnant
    fouldre.

II

Eve et Adam, puis leur creation,
En trespassant la divine ordonnance
Et commettant prevarication,
Se soubzmirent a mon obeissance
En moy donnant plain pouoir et puissance
Sur eulx, de fait, et leur posterité,
Pour les murdrir de mon auctorité.
Sy entray lors en paisible saisine
De˜aneantir toute humanité,
Bois, feulle et fleur, fruit, bouton et racine.

III

Cayn me fist la premiere ouverture
En respandant le sang Abel son frere,
Qui lors fut mis premier soubz couverture
De la terre, qui estoit sa grant mere.
Car il senty lors mon anguoisse amere
Et de mon dart la pointure subite
Qui est sy griefve, sy mortelle et despite
Qu'elle abat jus tout fort bras sagittaire,
Et donne a tous, que ung seul n'en respite,
Plus hideux coups que canon ne veuglaire.

IV

Ainsy, doncques, en possession mise
Pour de mes droix paisiblement user,
J'ay prins depuis a ma seulle devise
Ceulx qu'il me a pleu, sans faindre n'abuser,
Et n'ay voulu affranchir n'excuser
Bonté, Beaulté, Sens, Vertu et Vaillance.
Que je n'ay fait venir a ceste dance
Generalment toute char naturelle,
Qui jadis fut, par desobeissance,
Soubzmise a moy et a ma loy mortelle.

---

[1] Voir Brunet, *Manuel*, III, 1701; *Supp.*, 1206; *la France litt. au XVᵉ siècle*, p. 137; Copinger, *Supplement to Hain*, II, i, 4023-27.

[2] Campbell, *Annales de la typographie néerlandaise*, no. 1704.

[3] E. Picot, *Catalogue . . . Rothschild*, t. I, p. 353, no. 541. C'est fort probablement cette édition qui a été reproduite au début du XVIIIᵉ siècle par Jacques Oudot et ses successeurs, à Troyes: *la Grande Dance Macabre des hommes et des femmes*, etc., *Troyes, chez Jacques Oudot*, s.d. (Bibl. nat., Rés. Ye 206); *Idem, chez la veuve de Jacques Oudot, et Jean Oudot, son fils*, 1729 (Bibl. nat., Estampes Te 15, pet. in-fol.); *Idem, chez Pierre Garnier* 1728 (Bibl. nat., Rés. Ye 803).

Dans ces éditions, la fin du discours de la Mort a subi certains changements qui n'ont pas d'importance pour cette étude. J'ignore si ces changements se trouvent dans l'édition de 1519.

### V

Et sur ce beuf, qui s'en va, pas a pas,
Assise suis, et ne le haste point,
Mais sans courir, je mes a grief trespas
Les plus bruians, quant mon dur dart les point.
Je pique et poins quant je congnois mon point,
Sans adviser qui assez a vescu,
Et sy ne craingz ne targe në escu,
Car quant me plaist, je pique et aguillonne,
Et ne sera jamais mon dart vaincu
Par royal ceptre ou flourissant couronne.

### VI

J'ay mes ostilz, mes mortelz instrumens,
Pour mes exploix a coup interiner,
Et, sans viser a raisons ne argumens,
Fais les vivans sans arrest definer.
Et n'est vivant qui sceust adeviner
Comment je prens maintes fois les humains,
Car j'ay moyens trop divers en mes mains,
Des quelz pluisieurs differamment sont mors,
Et ont souffert, l'un plus et l'autre mains,
Les blessures de mes tresaigres mors.

### VII

Eage souvent, a sa fleuste et tabour,
Endort pluisieurs, entretant que je viens,
Et an a an, mois a mois, jour a jour,
Les fais passer sans advertir de riens.
Ilz s'endorment sur leurs temporelz biens
Et n'ont de moy souvenance ou memoire,
Ains estiment leur terrienne gloire
Tousjours durable, au moins incorruptible,
Jusques je viens qui fiers de ma chassoire
Pour leur donner effroy grief et terrible.

### VIII

Puis Accident, a son cornet de vache,
Qui a ung cry trop hideux et soudain,
Murdrist plus gens que espee ne hache,
Qui tout submet au dangier de sa main.
On voit souvent, du jour au lendemain,
Aucun vivant estre sain, dru et gras,
Qui tost est mort dormant entre deux draps,
Et ne scet on les moyens conspirer.
Ung autre aussy est huy tresfort de bras
Qui tost sera sur le point d'expirer.

### IX

Dieu pluisieurs fois, en vengence cruelle,
Donne aux pecheurs vivans dessus la terre,
Par meurs pechiez, discencion mortelle
Que l'en nomme plus expressement : Guerre.
Par ceste cy tant de vivans aterre
Que mon dart est tant plain de rouge sang.
Et quant aucun en eschappe tout francq,
Il a respit, mais il est court et brief,
Car pou après, quant je serche le rancq,
Je assiez sur lui mon dart par ung coup grief.

### X

Ung pays est pugny par grant famine
Par[1] les pechiez ou du peuple ou du prince.
Par ce moyen je runge, mors et mine
Pluisieurs terres, regions et provinces,
Et tant en prens, tant en romps, tant en pince
Qu'on ne les peut nombrer, dire ou escripre.
Je gaste a coup ung royaume, ung empire.
Je constrains tous a povrement morir,
Et n'est qui puist a mon dart contredire
Pour languissans en ce cas secourir.

### XI

Et pluisieurs fois ma bonne chamberiere,
Mortalité, est en terre transmise,
Qui mains miliers en fait couchier en biere
Par les exploix qu'elle tient en franchise.
Humanité est a elle soubzmise,
Et soubz son joug a incliner son chief
Elle lui fait maintesfois grant meschief,
Diminuant rudement ses suppos;
Et pour avoir de ses suppos le chief,
Elle abat tout sans adviser propos.

### XII

Par le moyen de ces trois verges dures,
Plus cruelles que devorans lyons,
J'ay eu jadis d'humaines creatures,
En pluisieurs lieux, infinis milions,
Et tant ay fait que maintes regions
Sont a present par moy inhabitees,
Car de mon dart ont esté sagittees,
Et depuis n'ont eu secours ne resourse.
Compte ne fais de vies limitees
Quant pour pugnir le Createur se course.

---

[1] Lire : *pour*.

### XIII

Souvent aussy ma loyale servante,
Maladie, rue jus pluisieurs corps,
Mais de tuer pas tousjours ne se vante,
Ains eschappent aucuns d'elle pour lors,
Et nonobstant qu'ilz ne sont par ce mors,
Sy n'ont ilz pas, pourtant, trop long respit,
Car tost aprés, comme par grant despit,
Soudainement je les frappe et renverse,
Et n'ont loisir de languir en leur lit
Puisque je fiers d'estoc a la traverse.

### XIV

Car[1] Accident, qui ne dort ne sommeille,
Ains est tousjours en aguet ou embuche,
Pluisieurs murdris, vaincz, occis et traveille,
Et par moyens trop divers je les huche.
L'un chiet en l'eaue, l'autre de hault tresbuche;
L'un meurt de chault et l'autre meurt de froit,
L'autre a le cuer de douleur trop estroit;
L'un meurt de doeul, l'autre meurt de poison;
L'un meurt a tort et l'autre meurt a droit
Par Accident, qui en donne achoison.

### XV

Puis ces brigans murdriers, larrons de bois,
Amis de Mort et serfz dyaboliques,
Par Accident font mains cruels explois,
Lesquelz j'appreuve et tiens pour autenticques.
Ilz tuent gens par voyes moult oblicques
Et murdrissent maintesfois innocens.
J'en ay par eulx tué maintes fois cens
Qui sont a moy piteusement rendus,
Et tost aprés, par bon droit je consens
Que les murdriers soyent mors et pendus.

### XVI

Par Justice, qui souvent m'anticipe,
Pluisieurs larrons fais a ces gibés pendre,
Et les depars l'un de l'autre, et dissipe,
Pour les faire venir en mes mains rendre.
Et se je veul, lors, mon pouoir estendre,
L'un est noyé, l'autre est decapité,
L'autre est, espoir, pour ung temps respité
Par don de prince ou par aultre aventure,
Mais tost aprés, sans mercy ne pité,
Je les trebuche en terre et pourriture.

### XVII

Puis Accident en ces bateaulx marins
Fait trebuchier pluisieurs gens et perir,
En excitant ces hideux vens aerins
Ou l'un ne peut a l'autre secourir.
Et autrement il en fait tant morir
Par mer, par terre, et en ville et aux champs,
De gens d'eglise, de nobles, de marchans,
Qu'il n'est vivant qui en pensast le nombre.
Et pluisieurs fois meurent matz et meschans
Ceulx qui ont eu par Accident encombre.

### XVIII

Ainsy doncques, mes menestrelz tresgens,
Par leur beau jeu et attrayans maniere,
Finablement font venir toutes gens
Ceans dancer a la dance derniere,
Et je mes tout en recluse taniere,
Faisant payer le tribut naturel
Qui est assis sur tout homme mortel,
Pour le reduire a la fin corruptible,
Car puis qu'il est soubzmis a ung joug tel,
Il fault qu'il ait enfin ung coup horrible.

### XIX

Et mes explois ne restrains ne admodere
Pour vaillance, noblesse ne haulteur.
J'estains a coup, sans ce que riens differe,
Beauté, sçavoir, force, bien et haulteur,
Prenant autant le roy ou l'empereur
Que le plus serf; point n'y fais difference.
Car je ne crains honneur, preeminence,
Lignage, sens, richesse ou hardiesse,
Ains fais souffrir a tous la penitence
Du poingnant dart que pour tuer je dresse.

### XX

Les fortunez et les mondains eureux
Sont maintesfois premiers en mes greniers,
Et meurent matz, doulans, craintifz, paoureux
Et desplaisans d'eslongier leurs deniers.
Ces amoureux ne laisse pas derniers,
Car je les fais a ma dance venir,
Et a regret mes durs coups soustenir
Pour demonstrer que mon pouoir surmonte
Tous les deduis qu'autres peuvent tenir,
Et sy ne tiens ne d'amours ne d'eulx compte.

## XXI

Je fais ternir a coup beauté mondaine
Et tout oudeur tourner en puant fiens;
Je fais tarir par force la fontaine;
Je fais pourrir les gens ains que les chiens.
Fresche couleur fais retourner en riens,
Le sang muer et les vaines restraindre,
Derompre nerfz et cleres voix estraindre,
Les sens morir, les yeulx perdre lumiere,
Et quant je veul de mon dart fort estraindre,
Riens n'est sy fort que ne renverse en biere.

## XXII

Ces corps bien fais, ces femenins visaiges,
Dorelotez partout mignotement,
Paingz, fardez, reluisans comme ymaiges,
Je fais flatrir et puir laidement,
Et par mon dart, en ung tout seul moment,
Fais rediger une femme joyeuse
En grant laideur, trop horrible et hideuse,
Donnant aux vers la char tant bien nourrie
Qui est par moy mise a fin trespiteuse,
Pour retourner en matiere pourrie.

## XXIII

Donnant ainsy mes douloureux assaulx,
Fais oublier tous les estas mondains,
Et par telz hurs, a mes marris vassaulx,
Oste l'espoir de Dieu et de ses Sains.
Car quant ilz sont serrez entre mes mains,
Le pas mortel, par sa dure rigueur,
Leur donne angoisse et extreme langueur
Tant et sy fort qu'ilz perdent souvenance.
Par quoy memoire est hors de sa vigueur
Et Dieu souvent est mis en oublyance.

## XXIV

Je fais aux bons le chemin et passaige
Pour les guider jusques au lieu de joye,
Les conduisant droit a leur heritaige,
Ainsy que fait pelerin la monjoye.
Mais aux mauvais je despesche la voye
Par ou ilz vont en eternel supplice.
Faisant doncques l'exploit de mon office,
Meine chascun au lieu de sa desserte,
Soit de vertu, ou soit de malefice
Ilz ont par moy la gaingnë ou la perte.

## XXV

Tout homme est nez pour morir une fois,
Voyla le mes de la fin de ses jours,
Mais pluisieurs sont qui cuident toutes fois
Fuir de mes mains par variables tours,
Et font amas, pensans vivre tousjours,
Acquierent dons et font grans edifices,
Veulent regner et avoir grans offices,
Mais quant je viens, a coup les desherite,
Et n'ont, enfin, de tous leurs artefices,
Riens pardurable, excepté leur merite.

## XXVI

Dansez, doncques, vivans, a l'instrument,
Et advisez comment vous le ferez.
Aprés danser, viendrez au Jugement
Ouquel estroit examinez serez,
Et la tout prest le Juge trouverez
Qui de vos fais vous rendra le salaire.
Qui bien aura dansé pour lui complaire
Aura ung pris riche et inestimable.
Le mal dansant aura pour son douaire
Feu eternel, puant, abhominable.

Si l'on compare les *Accidens de l'Homme* avec les passages du poème de Michault que j'indiquerai ci-dessous, et qu'on se rapporte ensuite aux passages de la *Vision* de Gobin qui correspondent aux *Accidens*, la parenté entre ces trois pièces paraîtra encore plus nettement qu'à une lecture superficielle — car même à une lecture superficielle la ressemblance ne pourrait être autre que frappante.

*M*(ichault) I, *A*(ccidens) I; *M* II, *A* II; *M* III, *A* III; *M* IV et V, *A* V; *M* VII, *A* VI; *M* IX, *A* VII; *M* X, *A* VIII; *M* XI, *A* IX; *M* XII, *A* X; *M* XIII, *A* XI; *M* XIV, *A* XII; *M* XV, *A* XIII; *M* XVI, *A* XIV; *M* XVIII, *A* XXIII; *M* XIX, *A* XVI et XVII; *M* XX, *A* XXII; *M* XXI et XXII, *A* XVIII; *M* XXIII, *A* XIX; *M* XXIV, *A* XXIV; *M* XXV, *A* XXI; *M* XXVI, *A* XXV.

J'ai remarqué ailleurs[1] les ressemblances qui existent entre la première partie des *Loups Ravissans* de Robert Gobin et le *Doctrinal du Temps Présent* de Pierre Michault; je souligne ici celles de la seconde partie du livre de Gobin, la *Vision de la Mort*, avec un passage de la *Danse aux Aveugles* du même Michault. Gobin n'a fait que broder sur le dessin original fourni par le discours de la Mort.

Quant aux *Accidens*, ce ne sont autre chose qu'une réduction en quatrains des dizains de Pierre Michault; les mêmes phrases se trouvent dans les deux œuvres, et presque dans le même ordre. L'auteur (?) des *Accidens* a emprunté à la *Danse Macabre* le quatrain (XX) de l'enfant et ajouté le quatrain (XXVI) moralisant de la fin. Le reste, c'est du Pierre Michault.

On n'a pas encore trouvé de manuscrit de la *Danse aux Aveugles* dans lequel les strophes débitées par la Mort soient accompagnées d'illustrations semblables à celles qui accompagnent les vers de Gobin et les *Accidens de l'Homme*. Il existe, par contre, une petite plaquette sur vélin, du XVIe siècle, dans laquelle se trouvent vingt-trois strophes de la *Danse aux Aveugles* accompagnées de petites gravures dont la plupart des sujets sont identiques avec ceux des *Loups ravissans* et des *Heures* de Simon Vostre. Ces gravures ressemblent fort à des gravures marginales de livre d'Heures. Cette plaquette se trouve actuellement à la Bibliothèque nationale sous la cote : *Vélins* 2257. Goujet[2] l'a connue; Gabriel Peignot[3] l'a prise pour un exemplaire des *Images de la Mort* d'Holbein. J.-G. Kastner[4] remarqua le premier que le texte était celui de la *Danse aux Aveugles*. Cette réunion des strophes de Pierre Michault avec des gravures semblables à celles qui se trouvent dans les livres d'Heures et dans les *Loups ravissans* semble indiquer indiscutablement la source commune des *Accidens* et de la *Vision de la Mort*. Pour compléter cette étude, j'ajoute une liste de ces gravures numérotées comme la strophe de la *Danse aux Aveugles* qu'elles accompagnent.

I la Mort; II Adam et Eve; III Caïn *égorge* Abel, cf. *Accidens* XIII; IV la Mort et les trois États; V la Mort sur un bœuf; VII cf. *Acc.* VI; IX Guerre; X Famine; XI Mortalité; XII la Mort, Famine, Guerre et Mortalité; XIII Maladie; XIV cf. *Acc.* XII; XV cf. *Acc.* XIX; XVI

[1] *Le Doctrinal du Temps Présent*, Introduction, § III (Paris, E. Droz, 1931).

[2] *Loc. cit.*, p. 186.

[3] *Recherches historiques sur les Danses des Morts*, p. 66 (Paris, 1826).

[4] *Dissertations et recherches ... sur la danse des Morts*, p. 19 (Paris, 1852).

la Mort et le Bourreau; XIX la Mort et l'Empereur; XX cf. Gobin XVII; XXI Caïn tue Abel (cette gravure aurait dû accompagner la strophe III); XXII cf. *Acc.* XI; XXIII Job, sur son fumier, reçoit ses amis; XXIV la Mort et l'Hermite; XXV cf. *Acc.* XXI; XVIII la Mort et les Musiciens; XXVI le Jugement dernier.

A la fin se trouve une gravure dont le sujet est le même que la XXVIe des *Accidens*; en dessous, des vers latins.

Il s'agirait maintenant de trouver les sources de la *Danse aux Aveugles*, ou plutôt du discours de la Mort. Car Michault n'a pas tout inventé dans ce discours. Le thème des trois fléaux, Mortalité, Famine et Guèrre, n'était pas neuf.[1] L'idée que tout homme meurt par vieillesse ou par accident avait déjà été exprimée en français; on la trouve chez Eustache Deschamps[2] et dans les *Vigilles des Morts* de Pierre de Nesson.[3] Quant au passage suivant, d'Eustache Deschamps, il n'est qu'un résumé avant la lettre des ravages d'Accident :

> L'un est tué par aguet et envie,
> L'autre en guerre, l'autre meurt par rumour,
> L'un meurt par feu, l'autre meurt par navie
> Et l'autre chiet de planchier ou de tour.
> L'un est pendu quant il est malfaictour,
> Et l'autre pert le chief par cas soudain.
> En ce monde n'a que paine et tristour,
> Il n'est homme qui n'ait point de demain.[4]

Le fond du discours de la Mort paraît être basé sur des thèmes traditionnels que Michault a réunis dans un seul poème. Ce qui frappe surtout chez Michault, c'est ce personnage d'Accident, représentant de la mort subite et brutale, personnage que je n'ai trouvé dans aucune œuvre antérieure à la *Danse aux Aveugles*. Il paraît dans un poème antérieur à 1465 mais presque sûrement postérieur à l'ouvrage de Michault, le *Pas de la Mort* d'Amé de

---

[1] Voir P. Perdrizet, *La Vierge de Miséricorde. Étude d'un thème iconographique*, pp. 134-5. (Paris, 1908, *Bibl. des Éc. fr. d'Athènes et de Rome, fasc.* CI).

[2] *Œuvres*, t. V, p. 398, pièce 1090, vers 11-14 (*S.A.T.F.*) :
> Car la chair de misere plaine,
> Des qu'elle naist, a mourir prent,
> Pour sa corruption mondaine,
> Par vieillesse ou par accident.

[3] Piaget et Droz, *Pierre de Nesson et son œuvre*, p. 105 (Paris, 1925):
> Car il est, des que tu es né,
> Ordonné que soyes tué
> Par accident ou par nature.

[4] *Œuvres*, t. II, p. 198, pièce 18, vers 11-20.

Montgesoie[1]; nous avons vu comment il a été transporté dans les *Loups ravissans* de Robert Gobin et dans les livres d'Heures de Simon Vostre.

M. Émile Mâle a suggéré[2] et le comte Alexandre de Laborde a affirmé[3] que la *Danse aux Aveugles* a "donné à quelques artistes l'idée de représenter la Mort montée sur un bœuf, et menaçant les hommes d'une longue flèche." En attendant la preuve du contraire, j'ajoute à la théorie de M. Mâle et du comte de Laborde celle-ci : Pierre Michault a inventé le personnage allégorique d'Accident, et la *Danse aux Aveugles* et non pas le *Mors de la Pomme* est le "même original" dont dérivent la partie des *Loups ravissans* qu'on a intitulée la *Vision de la Mort*, et les quatrains imprimés par Simon Vostre sous le titre des *Accidens de l'Homme*.

THOMAS WALTON.

PARIS.

---

[1] Sur Olivier de La Marche, imitateur du *Pas de la Mort*, voir Walton, *Amé de Montgesoie, poète bourguignon du XVᵉ siècle*, dans *Annales de Bourgogne*, t. II, fasc. II, p. 151 (Dijon, juin 1930).

[2] *Loc. cit.*, p. 410.

[3] *La Mort chevauchant un bœuf, origine de cette illustration de l'office des morts dans certains livres d'Heures de la fin du XVᵉ siècle* (Paris, 1923).

# THE "KEEPERS OF THE THRESHOLD" IN THE ROMANCE OF *PERLESVAUS*

In the Prose Perceval, or the romance of *Perlesvaus*, we find the following episodes.

Gawain[1] having wandered through many realms comes to a rich country in the midst of which stands a castle. This he finds surrounded by great walls, and the entrance strongly fortified. He sees a chained lion lying in the midst of the entrance of the gate, the chain being fixed in the wall. On either side of the gate are two men made of beaten copper, fastened to the wall, who, by means of a contrivance, shoot bolts from a crossbow, with great strength and wrath. Gawain, fearing both lion and men, dare not approach the gate. Looking up above the wall he sees people who appear to be of holy life, priests clad in albs and knights bald and old, also clad in ancient garments. In each crenel of the wall stands a cross and shrine; above the wall where one issues from a great hall which forms part of the castle is another shrine or chapel, surmounted by a tall cross, on each part of which stands another, placed a little lower, and above each of these stands a golden eagle. A priest who has come out through the gate tells Gawain that this is the entrance to the land of the rich Fisher King, and that within the service of the most holy Grail is about to begin. Gawain is further told that he may not enter until he brings the sword wherewith St. John was beheaded. If, however, he is able to bring it then the entrance will be "abandoned" to him, and there will be great joy on his account in all the lands where the Rich Fisher holds sway.

We also read[2] that Perceval, accompanied by Lancelot, Gawain and the damsel with the dead knight (slain by the Knight of the Dragon) wander together, until they see before them a castle seated in a fair meadow surrounded by great running waters and protected by high walls, the great halls being well provided with windows. As they approach they notice that the castle whirls more rapidly

[1] *Perceval le Gallois, ou le Conte du Graal* (Potvin, 1866), I, 63-5.
[2] *Ibid.*, 194-5.

than the wind, and at the top the archers with cross bows of copper draw their shafts so vigorously that no armour in the world may withstand their strokes. Together with them are men of copper[1] that turn and sound (their horns) so loudly that the whole earth trembles. Below, at the entrance, they notice lions and bears chained, which roar with such might and fury that all the earth and the valley resound. The knights draw rein and gaze at the marvel. They are told by the damsel that this is the Castle of Great Endeavour (Chastel de Grant Esfort). Neither Lancelot nor Gawain may go nearer, without meeting their death, but should Perceval wish to enter he is to hand her his lance and shield which she will carry before him as guarantee, while he is to bear himself as a good knight should, and thus he will pass into the castle. None may enter save him that goes to vanquish the Knight of the Dragon, and to win the Golden Circlet and the Grail, and put an end to the false law with its horns of copper. As Perceval reaches the Turning Castle he smites with his sword at the gate so strongly that he cuts a good three fingers into the shaft of marble. The lions and the bears that were chained to guard the gate slink away to their dens, the castle ceases to turn and the archers to shoot. Three bridges before the castle rise as soon as Perceval has gone beyond. Lastly[2] we find that Perceval, having recovered from the wounds sustained in overcoming the Knight of the Dragon, leaves the castle of the Queen of the Golden Circlet and reaches the Copper Castle. Within the castle are people who worship the copper horn, believing in no other god. In the horn, which stands on four copper columns and roars so loudly at all hours of the day that it can be heard for a league all around, dwells an evil spirit which replies to any question the worshippers may care to ask and supplies them with all they need. At the entrance to the gate of the Castle are two copper men made by magic, holding two great iron mallets which they are in the habit of striking alternately and so heavily that nothing can pass between their blows without being utterly crushed. The castle, on the other hand, is so enclosed and shut in all around that no one can possibly enter within. Perceval full of wonder at the castle fortress and the dangerous entrance crosses a bridge which is within the entrance and approaches those guarding the gate. A voice above the door begins to call out, telling him to go forward safely, to have no care of the copper men guarding the gate, nor to fear

---

[1] The text has *cuiriez*, for cuiuriez?    [2] *Ibid.*, 201-2.

their blows, for they have no power to hurt such a good knight as he is. So he approaches the copper men who immediately cease to strike, their iron mallets remaining quite still, and he enters the castle where he finds a great number of men, all misbelievers and of weak faith.

It is noticeable that in each of these episodes the knights find the castle guarded by wild animals and by copper men who defend the entrance either by shooting copper bolts or by striking with iron mallets. Generally they are placed at the entrance, but in one instance they have been transferred to the walls of the castle.

Readers of the Arthurian romances are well acquainted with entrances to castles which are guarded by dangerous beasts, especially lions. Similar guardians are found in medieval literature generally. To quote one or two instances only: In Irish literature,[1] we learn that Labraid's queen Liban appears to be able to visit the Otherworld at will. The path to the region inhabited both by Labraid and the Men of Fidga (his enemies against whom he requires the help of the sun-god Cuchulinn) is guarded by two double-headed serpents. When Liban brings to her court a person who is destined to return alive she has to protect him at the danger spot by taking him by the shoulders. Again, in the *Voyage of Saint Brendan*,[2] a Latin legend of the ninth century, we read that when Saint Brendan and his companions arrive at the gate of Paradise they find it guarded by flaming dragons. Above the entrance hangs a lance (sword), with point downwards, so sharp that it would have pierced the hardest diamond. The angel accompanying them calms the dragons and removes the lance, and so they are able to enter. In Bunyan's *Pilgrim's Progress* Christian sees before him a stately palace, called Beautiful. To reach it he has to enter a narrow passage about a furlong from the porter's lodge. This passage is guarded by two lions which cause Christian to hesitate until the porter's voice assures him that they are chained and can do him no harm. They are placed there to test the pilgrim's faith and to discover those who have none.

This may be true of the animals found at the gate, but it does not explain the presence of the copper men guarding the entrance. These are best explained by regarding them as the "Keepers of

---

[1] Windisch, *Irische Texte*, 210, 219, §§ 14, 34, ll. 21-23; *Rev. celt.*, V, 231; Rhys, *Hibbert Journal* (1881), 641.

[2] Benedeit, *Voyage of St. Brendan*, ed. E. G. R. Waters, Oxford, 1928, 88-89. (Anglo-Norman and Latin versions.)

the Threshold." Such officials are found in all countries, with functions distinct from those of the ordinary porter or keeper of the gate.

Along with the hearth,[1] the threshold of a house, palace, temple, etc., appears to have always been considered the most sacred part of the building (it is still so regarded among many races in Africa and elsewhere) which required special protection. This was no doubt due, at least in part, to the fact that the dead were (and still are) buried either beneath the threshold or, where there were hearthstones, beneath these; elsewhere they were buried in the hut, just as in early times in our own country the dead were buried in the floor of the cave which still continued to be the home of the survivors, although among some peoples to-day the hut is at once deserted and abandoned to the dead after a burial has taken place within. Most early races believed the spirits of the dead haunted the place of interment and hence these spots assumed especial sanctity. Among the Romans whose gates and avenues were guarded by the double-headed Janus, the threshold (*limen*) appears to have been invested with a high degree of sanctity, for not only was it sacred to Vesta, but it also enjoyed the advantage of a god all to itself, a sort of divine doorkeeper, or Keeper of the Threshold, named Limentius.

Even to-day among all peoples there are many curious superstitions connected with the threshold.[2] A great number of these concern the *tabu* laid on the young bride as she enters for the first time her new home. In no case may she touch the threshold, if she desires prosperity; either her husband, or in some cases his mother, or the best man, must carry her in, or at least lift her over the threshold. In ancient India it was the rule that the bride should cross the threshold of her husband's house with her right foot foremost, but should not stand on the threshold. Similarly among the southern Slavs at Mostar in Herzegovina and elsewhere. In modern Greece the bride may not touch the threshold with her feet: to avoid doing so she is lifted over. In Wales it was considered very unlucky for a bride to place her feet on or near the threshold, and so she was carefully lifted over the threshold and

---

[1] The hearth-stone was of special importance in Welsh law: for instance, it helped to prove ownership, in case of destruction by fire. In an old folk-song, *Yr hen wr mwyn*, it is here the old fisherman desires to be buried at his death.

[2] Frazer, *Folklore in the Old Testament*, Vol. III, Ch. XII, "Keepers of the Threshold."

into the house. Brides who were lifted were generally fortunate, but trouble awaited those who preferred walking into the house. One finds the same custom in Lincolnshire and in Scotland. Among the Brahuis of Baluchistan, if they are folk of means, they take the bride to her new home mounted on a camel in a *kajāva* or litter, while the bridegroom rides along astride a horse. Otherwise they must needs trudge along as best they may afoot. As soon as they reach the dwelling, a sheep is slaughtered on the threshold, and the bride is made to step on the blood that is sprinkled, in such wise that one of the heels of her shoes is marked therewith. A little of the blood is caught in a cup, and a bunch of green grass is dropped therein, and the mother of the groom stains the bride's forehead with the blood as she steps over the threshold. In Syria a sheep is sacrified by both Greeks and Protestants outside the door of the house, and the bride steps over the blood of the animal while it is still flowing. Such a sacrifice is also observed in many parts of Africa.[1]

The Threshold is sacred on other occasions also in some countries. In Morocco no one is ever allowed, under any circumstances, to sit on the threshold of a house or at the entrance of a tent. The Kurmis, the principal class of cultivators in the Central Provinces of India, say that " no one should ever sit on the threshold of a house, this is the seat of Lakshmi, the goddess of wealth, and to sit on it is disrespectful to her." The Kalmuks think it a sin to sit on the threshold of a door. In Fiji to sit on the threshold of a temple is *tabu* to any but a chief of the highest rank. All are careful not to tread on the threshold of a place set apart for the gods: persons of rank stride over; others pass over on their hands and knees. The same form is observed in crossing the threshold of a chief's house.

The caliphs of Bagdad " obliged all those who entered their palace to prostrate themselves on the threshold of the gate, where they had inlaid a piece of the black stone of the temple at Meccah, in order to render it more venerable to the people who had been accustomed to press their foreheads against it. The threshold was of some height, and it would have been a crime to have set foot upon it." At a later time, when the Italian traveller Pietro della Valle visited the palace of the Persian kings at Ispahan early in the seventeenth century, he observed that "the utmost

---

[1] For worship at the threshold and sacrifice among the Jews, see Ezekiel xlvi. 2, 12; and Esther ii, 21, for mention of "those who kept the threshold."

reverence is shown to the gate of entrance, so much so that no one presumes to tread on a certain step of wood in it somewhat elevated, but, on the contrary, people kiss it occasionally as a precious and holy thing." Any criminal who contrived to pass this threshold and enter the palace was in sanctuary and might not be molested. . . . This threshold is in such veneration, that its name of Astanè is the denomination for the court and the royal palace itself.

In order to ensure that no one entering sacred edifices or palaces should tread on the threshold and thus desecrate it men were appointed whose office it was to guard the entrance. Thus in the temple at Jerusalem there were three officials, apparently priests, who bore the title of "Keepers of the Threshold." That they were more than mere doorkeepers the following instances will prove. When Marco Polo visited the palace at Peking in the days of the famous Kublai Khan, he found that " at every door of the hall (or, indeed, wherever the Emperor may be) there stand a couple of big men like giants, one on each side, armed with staves. Their business is to see that no one steps upon the threshold in entering, and if this does happen they strip the offender of his clothes, and he must pay a forfeit to have them back again; or in lieu of taking his clothes they give him a certain number of blows. If they are foreigners ignorant of the order, then there are Barons appointed to introduce them and explain it to them. They think, in fact, that it brings bad luck if any one touches the threshold. From the account of Friar Oderic,[1] who travelled in the East in the early part of the thirteenth century, it would appear that sometimes these Keepers of the Threshold at Peking gave offenders no choice, but laid on lustily with their staves whenever a man was unlucky enough to touch the threshold. When the monk de Rubruquis, William of Ruysbroeck, who went as ambassador to China for Louis IX, was at the court of Mangu-Khan, one of his companions happened to stumble at the threshold in going out. The warders at once seized the delinquent and caused him to be carried before "the Bulgai, who is the chancellor, or secretary of the court, who judgeth those who are arraigned of life and death." However, on learning that the offence had been committed in ignorance, the

[1] *Itinerarium fratris Oderici, Acta Sanctorum,* Janvier I, 486: *Rev. celt.*, XLVII, 233 *et sqq.*, and compare the Welsh version, *Ffordd y Brawd Odrig* (fifteenth century), Stephen Williams, Univ. of Wales Press, 1929, where, as the editor points out to me, the Welsh translator has not appreciated the Latin, " Ante portam palatii sunt Barones custodientes, *ne aliquis limen* portae *tangat*," and suggested another reason for their presence, "lest any one enter without his errand being known."

chancellor pardoned the culprit, but would never afterwards let him enter any of the houses of Mangu-Khan. Plano Carpini, who travelled in Tartary about the middle of the thirteenth century, a few years before the embassy of de Rubruquis, tells us that any one who touched the threshold of the hut or tent of a Tartar prince used to be dragged out through a hole made for the purpose under the hut or tent, and then put to death without mercy.

From these many instances it seems perfectly justifiable to conclude that the copper men whom Gawain, Perceval and others found at the entrance to the castles were the representatives of these Keepers of the Threshold, whose business it was to protect the threshold and prevent any one from stepping on the sacred spot. These men were evidently worked by an ingenious contrivance (in one instance the word *angin* is used), which was set in motion by the unwary traveller as he unwittingly trod on the threshold. In our third episode the worshippers in the Copper Castle would know of the danger and how to avoid it: and no doubt in an early version of our romance the voice above the door (the priest and the damsel), in addition to telling the knight to go forward fearlessly, would warn him against the danger ahead and also tell him how to escape it.

The construction of automata has occupied the attention of mankind from very early ages and we have very early notices of their appearance. In addition to legends of the tripods of Vulcan and the moving figures of Dædalus, Archyton of Tarentum is reported as long ago as 400 B.C. to have made among other mechanical contrivances a pigeon that could fly, while Hero of Alexandria describes in his book upon pneumatics a number of automatic contrivances which depend upon well-known principles. Other ancient writers record similar devices. Numerous instances of the construction of automata are recorded in the Middle Ages. Regiomontanus (Johann Müller, 1436–1476) is said to have made of iron a fly which would flutter round a room and return to his hand, and also an eagle which flew before the Emperor Maximilian when he was entering Nuremburg. Roger Bacon (*c.* 1214–*c.* 1294) is credited with having forged a brazen head which spoke (this may have a peculiar significance for certain of our romances), while Albertus Magnus (1193–1280), the great alchemist and scholastic philospher, made an automaton which he animated with the elixir of life. It was named Android and acted as *doorkeeper*, but St. Thomas Aquinas, to whom it was presented by its master, broke it to pieces, according to some because it became too loquacious.

Such automata were therefore by no means unknown at the time the romance of *Perlesvaus* was written, towards the end of the twelfth or the beginning of the thirteenth century. It is interesting to find them replacing the Keepers of the Threshold, so that the sanctity of this part of the building should be securely preserved: was it because even then machinery was felt to be more reliable than man?

In Wales these officials appear to have been well known, as distinct from the Porter who is an important officer in Welsh law. The term *amhinogau* or *amhiniogau*,[1] from the word *hinog*, "threshold" (now *rhinog, rhiniog*, with agglutination of the article, *yr*) occurs in the *Laws* of Hywel the Good, of which the earliest recensions are said to date from the tenth century. There the word means both "threshold" and "door lintel," just like the Latin *limen*, and even "door posts," while by extension it is applied to the *guardians* of this part of the dwelling.[2] The notion, not only of the sanctity of the threshold, but also of the guardians of this sacred part, was therefore familiar in Wales and would no doubt be so to the author of our romance who, I have many reasons for believing, was not only well acquainted with Wales, but was in all probability a Welshman.

MARY WILLIAMS.

SWANSEA.

Since the above was written I have found another instance of copper automata in an Arthurian romance. "In a passage of the Spanish Lançarote which must represent Pseudo-Robert's Lancelot, in a description of the *Lecho de Merlín* (see also Merlin-Huth, II, 59 f.), we read: *y sobre los dos pilares de la cabeza estavan dos imagénes de donzella fechas de cobre tan maravillosamente que parescían bibas, y lançava la una á la otra una pelota de oro, y la otra la rescevía, y ansí jugavan todo el día*" (ed. Balaguer in *Revista de fil. esp.*, XI, 296). See also E. Brugger, *The Illuminated Tree in Two Arthurian Romances* (*Publications of the Institute of French Studies*, New York), 1929, p. 84, n. 58, from which this passage is quoted.

---

[1] Ifor Williams: *hin, amhiniog*—*Bulletin, Board of Celtic Studies*, II, Pt. IV (May 1925), 303.

[2] Cf. Lewis, *Bardd-rin* (1929), 51, who suggests that *amhinogeu* means "keepers of land boundaries," and connects the word with *mabinogi*.

# ROLAND, VERS 3630

CE vers, dans le manuscrit d'Oxford, est ainsi libellé:

*Respondent Franc: Sire, ço nus estoet.*

Il fait suite à d'autres, dans lesquels Charlemagne, en pleine bataille avec les Sarrasins, et après avoir tranché la tête de leur chef, "l'amiral" Baligant, demande un dernier effort à ses troupes pour parachever la victoire: Vengez ceux qui sont morts, dit-il, soulagez ainsi (*si esclargiez*) vos cœurs et vos désirs; car ce matin je vous ai vus pleurer. A quoi ses soldats, tous ensemble, répondent ce qu'exprime le vers 3630.

Oui, mais qu'est-ce que ce vers signifie? Il a terriblement embarrassé les commentateurs. On s'en aperçoit à la façon approximative dont ils le traduisent. Léon Gautier traduit: "Il le faut! Il le faut!"; M. Bédier ne nous en apprend pas beaucoup plus en donnant cette interprétation-ci: "Il nous faut ainsi faire." M. Foulet, qui a rédigé le glossaire de son édition, adopte sa manière d'entendre le passage: "Il nous faut faire cela." Quant à l'éditeur américain, M. Jenkins, si consciencieux d'ordinaire, il donne son explication en note du passage (2e édition, p. 250) et la voici: "that we *must* do" i.e. vengier noz doels (v. 3627).

J'ai toute sorte d'objections à faire à ces diverses tentatives d'interpréter un passage obscur. En ce qui concerne la dernière, je ferai d'abord observer qu'il est au moins arbitraire de rapporter ço au premier des trois verbes exprimant, dans ce qui précède, la pensée de Charlemagne. Ensuite il l'est davantage d'admettre grammaticalement que ço, qui ne peut être le sujet d'un verbe impersonnel, en puisse devenir ainsi l'unique régime. *Estovoir* est un verbe dont les origines restent obscures,[1] mais dont l'emploi est fort clair. Il est toujours suivi, lorsqu'il a un régime, d'un infinitif qu'il détermine. Sur la centaine d'exemples que nous donne Godefroy, je n'en relève que deux où l'infinitif manque; l'un

---

[1] Voyez l'intéressant, mais peu décisif, essai de M. Walberg, dans *Romania*, XL, p. 610 sq.

doit être fautif (il est de Robert de Blois) et l'autre est emprunté à un proverbe, où ledit infinitif est sous-entendu:

> *Ou vente ou pleut, si vet qui estuet.*[1]

Le cas du vers 3630 serait à mon su unique, et je n'hésite pas à le révoquer en doute.   Dans le poème il y a huit autres exemples de *estoveir*, et chaque fois, le verbe en question est suivi d'un infinitif ou exprimé (119, 292, 300, 1151, 1242, 1257, 2858) ou sous-entendu (295).[2]

Comment donc nous tirer d'embarras?

Je ne vois que deux solutions possibles.

La première et la plus simple, ce serait de lire ainsi le vers 3630:

> *Respondent Franc: Sire, ço nus est oes.*

La modification est insignifiante; elle améliore considérablement le sens du passage.   Car le substantif *oes* est d'usage courant; Godefroy en offre des exemples (s.v. *ues*) qu'il ne traduit, du reste, pas toujours bien.[3]   Une des acceptions que *oes* possède convient fort bien ici: "c'est nécessaire" ou, comme Gautier traduisait il y a longtemps, "il le faut."   C'est le même emploi qu'on note dans *Brandan*:

> *Pus moult a tart trovent .i. crues*
> *Que fait un duis qui lor est oes.*[4]

Ce sens un peu particulier semble avoir disparu assez tôt, sauf dans la locution *mestier et oes*, dont les exemples sont fréquents aux xiiie et xive siècles, de même que ceux de l'expression *a ues* = "au profit, dans l'intérêt de," et même *auuec ues*, plus ancienne qu'il n'apparaît dans Godefroy.[5]   Nous n'avons d'autres exemples

[1] Comprenez *si vet cui estuet aler*.   Mais ici pas de régime direct exprimé.   Cf. *Roland*, 295.

[2] Le vers 295 est celui-ci:
> *sin ai un filz, ja plus bel n'en estoet.*
M. Foulet (*Glossaire de R.*, p. 386) traduit: d'en *chercher* un plus beau.   W. Foerster traduisait *einer schoeneren-braucht man nicht* (s. ent. *zu haben*).   Cp. *Coron. Looïs*, 10: *De meillor home n'estuet que nus vos chant*(=*estuet chanter*).

[3] Godefroy a, notamment, mal traduit le passage qu'il allègue du *Brut* de Munich; il a omis de ranger à part *mestier et ues*, etc.

[4] Vers 638; la var. est *ados* dans l'édition Waters, et le sens plutôt "qui les accommode, qui fait leur affaire."

[5] Il y a dans *Troie* plusieurs exemples de *ad ues*, vers 3043, 18026, 23043, 28188. Quant à *auec ues* on l'a plusieurs fois dans *Perceval* (4708, 9151, 9267) et, comme l'observe Foerster dans son glossaire de Chrétien (s.v. *ad oes*), il tend à prendre la place de l'autre tour.   Parfois tel manuscrit a l'un, tel autre, l'autre, par ex. au vers 9267.

de *oes* dans *Roland* que dans la locution *ad oes* (373, 1859, 3678); mais l'essentiel est que *oes* fasse partie du vocabulaire de l'auteur.

Il est une autre façon de corriger le vers, qui, je le confessse, m'agréerait davantage. Mais elle repose sur une comparaison du ms. d'Oxford avec le reste de la tradition. Pour ceux qui croient à la "précellence" dudit manuscrit, c'est là une sorte de crime de lèse-majesté. Heureusement, ils sont rares, et M. Jenkins lui-même ne s'est pas interdit des emprunts et des substitutions, lorsque le sens lui paraissait l'exiger.

Or, si nous interrogeons les autres copies du poème, nous constatons que deux d'entre elles seulement renferment le passage discuté.

Venise IV[1] a ceci:

> *Respond François sire parlez ne ue stol.*

Et Paris:

> *Dient Fransois: ainzis le nos esteut.*

Il faudrait peu modifier Venise IV, dont la supériorité s'impose de plus en plus à moi au cours des ans, pour arriver à un vers correct dans O:

> *Respondent Franc: sire parler n'estoet.*[2]

Ce qui est autrement énergique que la vague réplique que l'on met dans la bouche de ces braves, en leur faisant dire qu'en effet "c'est nécessaire," c'est-à-dire qu'ils doivent venger leurs morts (s. ent.). Or, par une coïncidence, dont je n'entends rien conclure, mais qui est amusante, le traducteur allemand, qui rapporte assez fidèlement l'adjuration de Charles, supprime les mots à l'aide desquels ses soldats l'approuvent ou la ponctuent. Chez lui, les paroles sont jugées inutiles; les exploits seuls comptent:

> *Thie Christenen tâten iz sô gerne* (8533).

C'est incontestablement la meilleure version, bien qu'elle ne soit pas française.

M. WILMOTTE.

LIÉGE.

---

[1] Stengel, par erreur, dans son excellente édition imprime V[7], p. 353.
[2] Comparez dans le passage de Gaimar, allégué par Godefroy:
> *Li rois respont: N'estoet parler.*